凹

OWN

阅读，然后拥有自己的思想

REPORT ON CHINA CLASSIFIED CORPORATE GOVERNANCE INDEX

R E P O R T
C C H O R I
C L A S S I F
C O R P O R
G O V E R N A
I N D

中国
上市公司治理
分类指数报告

No.18

2019

高明华
刘波波

等／著

社会科学文献出版社
SOCIAL SCIENCES ACADEMIC PRESS (CHINA)

国家社会科学基金重大项目（批准号：14ZDA025）阶段性成果

北京师范大学"双一流"建设支持项目

高明华教授简历

南开大学经济学博士，北京大学经济学博士后，现为北京师范大学公司治理与企业发展研究中心主任，经济与工商管理学院二级教授，博士生导师，国家社科基金重大项目首席专家，中国公司治理论坛主席。兼任教育部工商管理类专业教学指导委员会委员，上海证券交易所首届信息披露咨询委员会委员，中国投资协会民营投资专业委员会副会长，中国行为法学会企业治理分会副会长，中国产权协会董事分会主要发起人和首席经济学家，中国贸促会全国企业合规委员会专家委员，凤凰财经研究院特邀经济学家，海南仲裁委员会仲裁员，多所重点大学研究机构的学术委员或研究员，多个政府机构和企业的咨询专家。先后就职于南开大学、北京大学和中国银行总行。

2001年初，高明华创立北京师范大学公司治理与企业发展研究中心，这是最早的公司治理专门研究机构之一。早在20世纪90年代初期，作为最早研究中国公司治理问题的学者之一，高明华就提出了国有资产三级运营体系的设想，对国企公司治理进行了较深入的探索。其关于国有资产三级运营体系、国企分类改革和分类治理、国企董事会治理、国企负责人分类和分层、企业负责人自我约束等观点均为国家及有关政府机构所重视或采纳。29年来，作为中国公司治理理论的探索者和先行者，高明华及其研究团队取得了丰硕的成果，奠定了其在学术界的领先地位。2007年，在国内外率先提出"中国公司治理分类指数"概念，并创立"中国公司治理分类指数数据库"，推出"中国公司治理分类指数系列报告"，已出版6类18部指数报告，出版指数报告居国内首位，并建成了国内最大规模的公司治理分类指数专业性数据库。中国公司治理分类指数系列被国内外专家认为是"可以列入公司治理评级史册的重要研究成果"。2014年10月，发起成立"中国公司治理论坛"。

高明华主持及参与的国内外各类重要课题有 40 余项，独立、合作出版著译作 54 部，发表论文和研究报告 300 余篇。相关成果（包括合作）曾获第十届和第十一届孙冶方经济科学奖等各种奖励，其代表性著述主要有：《关于建立国有资产运营体系的构想》（1994）、《权利配置与企业效率》（1999）、《公司治理：理论演进与实证分析》（2001）、《公司治理学》（2009）、《中国国有企业公司治理分类指引》（2016）、《政府规制与国有垄断企业公司治理》（2016）、《公司治理与国有企业改革》（2017）、"中国公司治理分类指数报告系列"（2009 ~ 2019）（包括高管薪酬、自愿性信息披露、财务治理、企业家能力、董事会治理和中小投资者权益保护等 6 类 18 部），主编"治理译丛"（4 本）和"公司治理与国企改革丛书"（8 本）。

研究方向：公司治理、国资监管与国企改革、民营企业发展、资本市场等。

课　题　组

目 录
CONTENTS

第一篇 总 论

第二篇　中小投资者权益保护指数

第三篇　董事会治理指数

第四篇 企业家能力指数

第五篇　财务治理指数

第六篇 自愿性信息披露指数

第七篇 高管薪酬指数

第八篇 政策建议

第一篇　总论

导　论

2019 年，是中华人民共和国成立 70 周年，国有企业改革继续着攻坚之战，金融市场继续着强监管之旅。不管是国企改革攻坚，还是金融市场强监管，基础性工程都是公司治理。因此，全面评价上市公司的治理现状，将是一个永恒的课题。

自 2007 年开始，中国公司治理分类指数研究已历经 13 个年头。截至本年度（2019年），我们的公司治理研究创造了四个全国之最：一是出版公司治理指数报告种类最多，有 6 类；二是出版公司治理指数报告数量最多，有 18 部；三是列入国家重点图书的公司治理指数报告最多，"十二五"期间的 12 部报告全部被列入"十二五"国家重点图书，2017 年度报告也被列入"十三五"国家重点图书；四是建成了全国最大规模的、专业性的"中国公司治理分类指数数据库"。也由此，"中国公司治理分类指数报告系列"被国内外专家认为是"可以列入公司治理评级史册的重要研究成果"。

已出版的中国公司治理指数报告包括：中国上市公司高管薪酬指数报告（2009/2011/2013）、中国上市公司（自愿性）信息披露指数报告（2010/2012/2014）、中国上市公司财务治理指数报告（2011/2013/2015）、中国上市公司企业家能力指数报告（2012/2014）、中国上市公司董事会治理指数报告（2013/2015）、《中国上市公司中小投资者权益保护指数报告（2015）》、《中国公司治理分类指数报告 NO.15（2016）》、《中国公司治理分类指数报告 NO.16（2017）》和《中国上市公司治理分类指数报告 NO.17（2018）》。2015 年及之前的公司治理指数报告都是按"类"出版的，每类指数报告不仅有大量的指数数据分析，更有对指数数据的各种有效性检验，而后者证明了指数数据的客观性和可靠性。

多年来对指数数据的有效性检验已无须重复，加之研究资源条件（主要是研究力量）和不便言明的环境所限，使得之前按"类"出版公司治理指数报告已变得非常困难。更重要的是，作为一项探索性研究，每类隔年开发和出版一次，指数数据缺乏年度连贯性，不能建立起连续和平衡的面板数据，而社会上对我们的指数数据的需求越来大。于是，从 2016 年开始，我们在过去 9 年开展中国上市公司治理水平评价成功经验的基础上，集中研究资源，同时开发 6 类公司治理指数，以对中国公司治理水平进行多维度、全景式评价，帮助使用者从不同维度了解中国公司治理，尤其便于为研究人员、投资者、政府和企业提供时间序列的大数据支持。基于这种考虑，2016 年开始，我们把过去 6 类独立的指数报告合并，每年的指数报告只出版一部，这部公司治理指数报告同时涵盖 6 类指数。

6 类指数报告的合并，无疑使报告的篇幅大幅扩大，因此，就只能撤下部分内容，包括已无多少必要的指数数据有效性检验、每年度的文献综述（因每年增加的指数研究文献并不多），以及全部的 6 类指数排名。但其实，6 类指数排名并非撤下，2016 年和 2017 年被制作成光盘附在报告中，自 2018 年开始，改为采用电子版形式。由于电子版没有容量限制，6 类指数的各种排名，包括按行业、按地区、按所有制、按上市板块，以及总体排名，都可以由读者自由选择。几年前有人建议我们在 6 类指数基础上构造一个综合的公司治理指数，以了解上市公司的整体治理水平。尽管我们一直不主张编制公司治理总指数（原因在下文分析），但本年度我们还是接受这个建议，编制了中国上市公司治理总指数，并加入本年度的指数报告中。

2016 年的《中国公司治理分类指数报告》第一次以"新面目"问世，即把原来按"类"单独出版的公司治理指数报告整合到一个报告中，"类"没有变，但报告整体化了，指数数据全面化了，自此以后的各年度都沿用了这种整合化的报告。实际上，2016 年以来的报告更像是一部统计年鉴，在当下的大数据时代，这样的统计年鉴是非常稀缺的。另外，由于我们评价的对象是上市公司，所以从 2018 年开始书名更改为《中国上市公司治理分类指数报告》。

一　为什么公司治理评价要分类

公司治理研究属于多学科研究领域，包括经济学（主要是新制度经济学、微观金融学）、工商管理（主要是战略管理学、财务学）、法学（主要是民商法学、诉讼法学）、政治学（主要是政府监管）、社会学（主要是社会责任）等。在公司治理评价研究上，不同学科的研究者往往侧重点不同，如法学家侧重从国家层面来研究各国的公司治理相关法规是否健全和到位。法学家对公司治理的评价很难从微观的企业层面来研究，因为立法和执法都是国家层面的问题，不是企业所能左右的。经济学家和管理学家对公司治理评价的研究则主要着眼于微观的企业层面，但是，在如何评价公司治理上，却存在分歧。有的学者侧重公司治理整体的评价，有的学者则侧重公司治理不同方面或类型的评价。

公司治理涉及投资者（股东）、董事会、监事会、经理层、财务治理、信息披露、利益相关者（或社会责任）、政府监管等许多方面，显然，要从整体上评价一个企业的公司治理水平，几乎是不可能的事情，即使做到了，也是不全面的。一方面，公司治理涉及面广泛，在评价中不可能考虑到所有方面；另一方面，也是更重要的，公司治理的不同方面，或者不同维度，没有清晰的界限，不同方面往往存在交叉。比如，投资者权益保护（有学者称之为股东治理）不能不涉及董事会，因为董事会是投资者的代理人；也不能不涉及财务治理，因为股东是重要的财务主体，其与其他财务主体存在财权配置问题；也不能不涉及信息披露，因为股东的一项重要权利就是知情权。再比如，董事会治理不能不涉及股东治理，因为董事是股东选举产生的，董事会的构成取决于股东不同的投票方式，有的国家则主要取决于股东持股比例（像中国）；也不能不涉及经理层，因为总经理（CEO）是董事会选聘的，其贡献是由董事会评估的，与贡献对应的报酬是由董事会决定的；也不能不涉及信息披露，因为独立董事是外在于企业的，需要充分的信息才能进行科学决策和对经理层进行有效监督。还比如，利益相关者涉及股东、董事、高管、员工、债权人、供应商、客户、社会居民（尤其是周边居民）等众多群体，他们与企业都有密切的关系，有的还贡献了专用性投资，评价利益相关者治理水平显然与股东治理、董事会治理、财务治理、社会责任等都有交叉。如此等等，不一而足。

公司治理不同方面或维度的界限不能严格划清，如何把这些方面或维度进行整合，一些指标到底应该放在哪个维度中，难以有一致的意见，从而在计算总指数时就容易出现一些指标的重复问题，而如要避免重复，就需要把某些维度的相同指标剔除，但这又造成这些维度的不完整或低估问题。而且，发布总指数有个缺陷，就是容易忽视薄弱环节，比如单纯看人均收入，就无法从中判断高收入者和低收入者的收入差距，从而容易忽视低收入者的贫困问题。同样道理，如果企业、投资者、监管者和其他利益相关者只注重公司治理总指数，就可能在表面光鲜的背后，掩盖公司治理的"病根"，导致久病不治，不利于公司的可持续发展，最终损害各利益相关者的利益。而分类指数却可以直指"病根"，从而有利于及时化解风险。

以上就是我们编制中国公司治理分类指数13年来一直没有编制总指数的原因。

顺便提到一点，有学者提出"经理层治理"这个概念，我们认为这个概念是不成立的。经理层可以参与治理，如进入董事会，但进入董事会的经理人员不能太多，英美等发达国家一般是1～2名；否则，董事会对经理层的监督就失去了意义，董事会就不能独立了。反过来，董事会也不能为了独立性而拒绝任何经理人员（尤其是总经理）进入，因为经理人员是走在市场最前沿的一群人，他们最了解市场，最了解竞争对手，最了解行业发展态势，因此，董事会的战略决策离不开经理人员，经理人员是战略决策的起草者，只不过不是战略决策的最终决定者，最终决定权掌握在董事会手中。由此，1～2名经理人员进入董事会足矣。经理人员是董事会战略决策的执行者，尽管拥有独立的日常经营决策权，但需要董事会的监督（不是干预）和指导。可见，总体上，经理人员属于被治理者。在公司治理结构中，治理主体主要是股东和董事会，不是经理层，经理层是治理的客体，因此，不存在"经理层治理"的概念。

既然难以从整体上评价公司治理水平，分类评价就是必要的了。近年来，有学者专注于评价公司治理的某个方面，其中，对董事会治理水平、信息披露水平进行评价的相对较多，也有对社会责任进行评价的，但由于对社会责任的界定争议太大，加之绝大部分企业没有社会责任报告，在年报中体现的社会责任内容又没有一致的格式和标准，因此，社会责任评价难以做到客观。自2007年开始，我们对公司治理进行分类评价，在国内最早使用"中国公司治理分类指数"的概念。最初，我们设计了八类公司治理指数，包括投资者权益保护、董事会治理、企业家能力、财务治理、信息披露、高管薪酬、社会责任、政府监管。由于各方面限制，没有一次性研制，而是隔年研制一个"新类"，同时继续评估已开发的"旧类"。至2016年，我们研制完成前六类，出版了15部公司治理指数报告。之后便开始了六类指数的同时开发。需要说明的是，尽管我们没有专门研制社会责任指数，但相关类型公司治理指数，如企业家能力指数、自愿性信息披露指数，都涵盖了社会责任的一些指标。

分类评价公司治理水平，不需要严格划清不同类型之间的界限（因为这种严格的界限是不存在的），而应允许不同公司治理方面评价的部分指标（只是少部分）的交叉（这种交叉是必须的，原因在于公司治理的不同方面本身就有交叉），这一点，在整体评价时是难以做到的。由于允许少部分指标的交叉，从而分类评价对某一个方面来说，指标更全面，评价结果也更客观，这一点对于整体评价来说同样也是做不到的，因为指标过多就会出现不同方面的重复，而作为一个整体是不允许有重复指标的。更重要的是，分类评价可以使监管者、投资者、董事会、经理层等各利益相关者更容易判断公司治理问题到底出在哪里，从而精准给出解决的方案，这是公司治理分类评价的最大优点。

这里有必要提及一下目前正在兴起的ESG评价问题，因为它也是一种整体评价。所谓ESG，就是环境（environment）、社会（society）和治理（governance）的简称。对于企业来说，"环境"是指企业对环境或生态的保护，"社会"是指企业的社会责任，"治理"就是指公司治理。其实，从严格的公司治理理论意义上，ESG是不成立的，因为它对公司治理的理解倒退了。

从 20 世纪末开始，原先狭义的公司治理就逐渐被广义的公司治理所替代。美国学者布莱尔（Blair, Margaret M., 1995）是较早地划分狭义公司治理和广义公司治理的学者。她认为，狭义的公司治理是"有关董事会的结构和权利，或者是股东在董事会决策中的权利和天赋特权"，而广义的公司治理则可归纳为"一种法律、文化和制度性安排的有机整合"，是"关于把哪些约束和要求强加给那些管理公司的人，公司经理必须服务于谁的利益，企业不同组成人员拥有哪些影响和追索权以及他们能在什么压力下去观察其利益是否被保护等一系列安排"。① 狭义的公司治理是基于对公司治理的传统的理解，即公司治理主要集中于股东所有权和经营权分离而可能导致的经营者对股东利益的损害问题，因此狭义的公司治理就是一种所谓的"股东价值观"（Shareholder-value Perspective）。广义的公司治理是从一个更宽泛的思维框架来理解公司治理，即公司不仅仅对股东，而且要对更多的利益相关者的预期做出反应，包括经理、雇员、债权人、顾客、政府和社区等。这些多元的利益必须协调，以实现公司长期的价值最大化。由于强调公司利益相关者的权利和利益，因此广义的公司治理被视为一种利益相关者价值观（Stakeholder-value Perspective）。由于公司不同利益相关者权益保护的客观存在，并且直接关系着企业的可持续发展，因此，广义的公司治理取代狭义的公司治理就成为必然了。

从广义的公司治理理解，公司治理包括社会责任，而社会责任包括环境保护，因此，ESG 不是一个科学的概念。从我们六类公司治理指数的评价看，其中就包括公司的社会责任，如企业家能力指数中专门设有"社会责任"维度，自愿性信息披露指数中设有"利益相关者"维度（针对不同利益相关者的自愿性信息披露）。另外，独立董事也不仅仅代表投资者，而应代表更广泛的利益相关者。因此，从实际意义上，我们的六类公司治理评价也可以说是 ESG 评价。当然，把"E"和"S"从公司治理中独立出来，也有其意义，它有助于突出这两个方面的重要性。

二 中小投资者权益保护指数

2015 年，我们在国内首次对中国全部上市公司的中小投资者权益保护水平进行了测度，2016～2018 年又进行了三次测度，本年度是第五次测度。五次测度结果表明，中国上市公司中小投资者权益保护水平尽管有所提高，但仍然非常不到位。

---

① 〔美〕玛格丽特·M·布莱尔：《所有权与控制：面向 21 世纪的公司治理探索》，段毅才等译，中国社会科学出版社，1999，第 2～3 页。

在我们开发的六类公司治理指数中，按开发时间，中小投资者权益保护指数是最后一类，但本报告却把它列至首位，因为，我们认为，中小投资者权益保护在公司治理中应居于核心地位。尽管严格来说，各类投资者权益应该平等地得到保护，这是各国法律尤其是市场经济发达国家的法律都明确规定的。然而，现实却是，中小投资者权益是最容易受到侵害的，尤其是在市场经济不成熟、法律不健全、存在一股独大的国家，中国无疑是在列的。即使是西方市场经济成熟的国家，之所以有专门的保护中小投资者权益的法律规定，也是因为中小投资者处于弱势地位。当然，在英美习惯法系国家，投资者基本上都是"中小"的，甚至都是"小"的。当前，中国国企改革如火如荼地进行着，国企发展混合所有制必须要吸引更多的中小投资者参与，包括那些看起来很"牛"但一旦参与到国企混改中便会变"小"的投资者，而中小投资者参与国企混改的最大担忧就是其权益如何得到切实和平等的保护；民营企业要发展壮大，同样需要吸引更多的中小投资者参与，单纯依赖"一股独大"来实现其增长，无异于缘木求鱼、自断双臂。因此，把中小投资者权益保护置于核心地位，不是要忽视大投资者的权益，而是为了更好地实现各类投资者权益，实现共同增长。

何为"中小投资者"？从字面上理解，中小投资者是相对于大投资者（大股东）而言的。但大投资者也是一个相对概念。在一个较小规模企业中的大投资者，若被置于一个规模很大的企业中，则可能就是中小投资者，甚至是小小投资者。因此，中小投资者只能是限定在一个企业内的相对概念，换言之，中小投资者是指某个企业内相对于大投资者的其他投资者。这里，还有以下两点需要进一步明晰。

（1）中小投资者概念应该限定在什么企业内？

无疑，应该是有多个投资者或投资主体多元化的企业，但这样的企业大体有三类：一是合伙制企业；二是有限责任公司；三是股份制公司（包括非上市的股份制公司和上市的股份制公司）。

合伙制企业是指由两人或两人以上按照协议投资，共同经营、共负盈亏的企业。很显然，在合伙制企业里，由于信息共享且共同经营，企业尽管有多个投资者，但不存在中小投资者权益保护的问题。尽管也可能有部分投资者不参与经营，从而可能遭受一定风险，但合伙制企业的出资人通常不会太多，而且具有参与经营的法定权力，因此这种风险在法律上是可以避免的。

有限责任公司由50个以下的股东出资设立，每个股东以其所认缴的出资额对公司承担有限责任。这类公司筹资规模小，一般适合于中小企业。这类企业不必发布年报，看似存在信息不对称，有些投资者因不参与决策和经营而可能遭受风险，但因投资者人数有限，出资额有限，且承担有限责任，而且，投资者参与决策和监督的成本低，因此，风险总体是可控的。从中小投资者权益保护角度，这类企业似乎也难被纳入考虑范围。

股份制公司是指由 3 人或 3 人以上（至少 3 人）的利益主体，以集股经营的方式自愿结合的一种企业组织形式。其主要特征是：发行股票、股东众多、所有权分散、风险较大、收益波动性大。尤其是其中的上市公司，由于投资者多而分散，参与决策和监督的成本较高，尽管要求依法公布公司信息，但信息不对称程度仍然很高，加之投资者的知识局限性，代理问题仍然严重，投资风险仍然较大。此时，中小投资者权益保护问题就变得相当突出。

综合三类企业的特点，从中小投资者权益保护角度看，最应该关注的是股份制公司，尤其是其中的上市公司。

（2）与中小投资者相对的大投资者如何界定？

没有对大投资者或大股东的界定，就谈不上中小投资者及其权益保护问题。那么，哪个或哪些投资者可以被界定为大投资者？是第一大股东，还是前几大股东，比如前五大股东，抑或前十大股东？其实，这难以有一定之规，要看投资者是否对企业具有实际控制力。现实的股份制公司尤其是上市的股份制公司中，尤其是中国的上市公司中，普遍存在"一股独大"或实际控制人现象，这个"独大"的股东通常就是第一大股东或实际控制人（第一大股东和实际控制人也有不一致的），也就是一个公司中出资比例最大的投资者，对于这种公司，除了第一大股东，都可以列为中小投资者，他们的权益最容易受到侵害。但是，也存在"几股共大"的公司，即一个公司中共存几个持股比例相近的大股东，这几位出资者尽管也有大小之分，但由于比较接近，彼此可以互相制衡，他们的利益在公司中基本上可以得到保证。而除这几位股东之外的其他投资者，就可以认为是权益容易受到侵害的中小投资者。从这个角度，中小投资者是指一个公司中除了拥有实际控制力的投资者之外的其他投资者。

总之，从权益保护角度，中小投资者可以界定为：股份制公司中，除对公司拥有实际控制力的大股东之外的其他投资者。

那么，如何评价中小投资者权益保护水平？

在目前存在的其他有关中小投资者权益保护的评价中，存在一些明显的缺陷，导致中小投资者权益保护的真实水平难以反映出来，主要表现为：一是评价依据的标准偏低，不能反映中国与发达国家之间的差距；二是评价指标不完整，不能完整反映中小投资者的权利以及保障中小投资者行权的制度环境；三是指标权重的确定过于主观，使得评价结果有些随意；四是数据来源缺乏可持续性，样本选择少或缺乏典型性，使得评价难以纵向比较；五是把公司治理与投资者权益保护的法律法规分割开来。

　　本报告借鉴国内外已有中小投资者权益保护评价研究成果，基于国内既有的相关法律法规，特别参照国际先进的中小投资者权益保护规范，提出了中小投资者权益保护四个维度的指标体系，即知情权、决策与监督权、收益权和维权环境。我们认为，信息不对称是大股东和经营者侵占的前提条件，中小投资者决策与监督权缺失是大股东和经营者侵占的权利基础，收益权是中小投资者权益保护的直接体现，维权环境体现了中小投资者权益保护的救济手段，因此，知情权、决策与监督权、收益权和维权环境是中小投资者权益保护的四个不可分割的组成部分。

　　知情权维度主要从公司定期报告披露的及时性、年报预披露时间与实际披露时间的一致性、预告业绩与实际业绩的一致性、公司是否因违规而被监管机构公开批评、谴责或行政处罚、外部审计是否出具标准无保留意见、公司是否建立与投资者沟通平台、分析师和媒体关注度、独立董事过去 3 年的任职经历是否详细披露、可预见的财务风险是否披露等方面，来考察中小投资者对公司经营决策关键信息知情权的落实情况。

　　决策与监督权维度主要从是否采用网络投票制、是否实行累积投票制、是否采用中小投资者表决单独计票、独立董事比例、有无单独或者合计持有公司 10% 以上股份的股东提出召开临时股东大会、独立董事是否担任本公司董事长、有无单独或者合并持有公司 3% 以上股份的股东提出议案、三个委员会是否设立（审计、提名、薪酬）、审计委员会主席是否由独立董事担任、董事会上独立董事的实际出席率、董事长是否来自大股东单位等方面，来考察中小投资者行使权利和监督代理人的情况。

　　收益权维度主要从个股收益率是否大于或等于市场收益率、现金分红、股票股利、财务绩效、增长率、是否 ST、是否有中小股东收益权的制度安排（分红权）等方面，来考察中小投资者的投资回报情况，包括现实的回报和可预期的回报。

　　维权环境维度主要从股东诉讼及赔偿情况，控制性股东是否因直接或者间接转移、侵占公司资产受到监管机构查处，是否建立违规风险准备金制度，投资者关系建设情况，董事会或股东大会是否定期评估内部控制，各专门委员会是否在内部控制中发挥作用，是否披露公司存在重大内部控制缺陷，风险控制委员会设置情况，股价异动等方面，来考察中小投资者权益维护方面的制度建设情况。

　　上述四个维度中，决策权、监督权、收益权是中小投资者的天然权利，任何国家的法律也都明确中小投资者享有这些权利，并非只有大股东才拥有这些权利。由于大股东经常处于控制地位，大股东的这些权利是可以得到保证的，但中小投资者的这些权利经常丧失，甚至被人为侵占和剥夺。要实现这些权利，中小投资者还必须拥有公司经营信息的知情权，没有充分的知情权，决策权、监督权、收益权将无从谈起。即使有了充分的知情权，如果维权环境偏紧，这些权利仍然难以落实。因此，知情权、决策与监督权、收益权、维权环境四个方面应该作为一个不可分割的整体，构成完整的中小投资者权益保护系统。

评价中小投资者权益保护的目的是希望对广大中小投资者产生导向作用，促使中小投资者高度重视自身的权益维护，引导中小投资者理性投资，降低中小投资者的投资风险，帮助监管机构实现针对性监管。同时，促使中国公司按照国际规范，落实中小投资者的各项权益，实现公司的长期、有效和规范运作。具体包括以下几个方面：（1）帮助政府监管机构了解中小投资者遭遇的侵害类型及程度，促使政府加强中小投资者权益保护的立法和执法工作，使政府监管更加有的放矢。（2）帮助中小投资者降低信息不对称程度，使投资者更好地了解自己的代理人即董事会的治理情况以及由此产生的潜在风险，从而有效规避投资风险，发现有长期价值的投资对象，提升投资收益。（3）帮助公司了解自身对中小投资者权益保护的情况，督促自己不断提升对中小投资者权益保护的水平，避免内幕交易和利益输送等侵害行为，以增强中小投资者的投资信心，获得更多的融资机会。（4）防止股市炒作误导中小投资者，避免股市崩盘风险，促使资本市场真实反映公司信息，引导股票价格客观反映公司业绩，推动资本市场实现稳定发展并走向成熟。（5）助推国有企业发展混合所有制取得成功。国企混改是国资和民资的混合，进入国企的民资，基本上属于中小投资者，或者进入后只能做中小投资者。鉴于目前大股东和经营者侵害中小投资者的普遍性而造成的中小投资者的忧虑，如何有针对性地加强对进入国企的民资的保护，是政府和国企必须考虑的首要问题。（6）为上市公司中小投资者权益保护的实证研究提供数据支持。

三　董事会治理指数

2013～2018年，我们对中国全部上市公司的董事会治理水平进行了五次测度，本年度是第六次测度。六次测度结果表明，中国上市公司的董事会治理水平仍然偏低，董事会治理亟须改革和改进。

何为董事会治理？我们认为，董事会治理是指董事会作为治理主体，如何通过一系列正式或非正式制度安排，通过有效治理，实现委托人的利益诉求和公司的可持续发展。其主要内容包括：（1）董事会作为代理人如何做到对委托人尽职尽责？（2）董事会作为决策者如何做到科学决策？（3）董事会作为监督者如何做到监督到位而不会被经营者（被监督者）所干扰？（4）董事会作为利益主体如何做到既有动力又不被利益所"俘房"（激励与约束）？（5）董事会作为责任主体如何对自己的决策和监督错误、失误独立承担责任？

目前理论界存在把董事会治理泛化的现象，即把董事会治理混同于或基本混同于公司治理。这种混同在 20 世纪 80 年代之前的西方发达国家非常普遍，那时的公司治理在现今被称为"狭义的公司治理"。如前文所述，"狭义的公司治理"的核心是股东利益至上，董事会一切问题的核心就是股东利益，这就是所谓的公司治理的股东价值观。其实，那时不是把董事会治理混同于公司治理，而是等同于公司治理，这是那个时代公司治理研究的局限性所在。因为，由于所有权和经营权的分离，董事会作为股东的代理人，是不可能全心全意为股东服务的，尽管理论上他们应该如此。于是，20 世纪 80 年代之后，有了更广义的公司治理。既然董事会不可能全心全意为股东服务，那就必须有单独的股东治理以及其他利益相关者的参与治理。股东治理以及其他利益相关者的参与治理，意味着股东和其他利益相关者不能把全部希望都寄托在其代理人董事会身上，他们必须积极参与到公司治理中来。由此，股东治理和其他利益相关者的参与治理就与董事会治理成为互相补充的公司治理的重要方面。不同的主体，职责不同，从而治理的内容也就不同，需要区别对待，因此不能再回到 20 世纪 80 年代之前，把董事会治理等同于或混同于公司治理。

那么，如何评价董事会治理水平？

从根本上说，董事会治理评价是对董事会治理质量的评价，这种质量评价的实质是评估董事会在多大程度上代表投资者的利益①。也就是说，是否代表投资者，在多大程度上代表投资者，是董事会治理评价的全部内容。但在现有的董事会治理评价中，却存在严重的评价缺陷，导致董事会治理的真实水平难以反映出来，主要表现为：一是重形式评价轻实质评价；二是由于把董事会治理混同于公司治理，从而在董事会治理评价中，把一些不属于董事会治理范畴的指标纳入董事会治理评价指标体系中，如股权结构；三是把董事会治理评价等同于董事会业绩评价，或者把董事会业绩作为董事会治理评价的重要内容，这无疑是对董事会治理的误解或错误认识；四是一些指标或者无法判断董事会治理的有效性，或者不具有可操作性，主观性很强，难以对董事会治理的有效性做出判断，如"董事会规模"和"董事会会议次数"。

本报告借鉴国内外已有董事会治理评价研究成果，参照国际先进的董事会治理规范，同时也考虑国内既有的相关法律法规，提出了董事会治理四个维度的指标体系，即董事会结构、独立董事独立性、董事会行为和董事激励与约束。如此确定的指标体系和评价结果接近国际标准，高于国内既有法律和政策规定。

---

① 从企业可持续发展角度，董事会尤其是其中的独立董事也应该代表除股东以外的其他利益相关者。由于能够实现企业的可持续发展，董事会代表除股东以外的其他利益相关者，本质上也是代表投资者的利益，尤其是代表投资者的长期利益。

　　董事会结构维度主要从外部董事比例，有无外部非独立董事，两职是否合一，董事长是否来自大股东单位，有无小股东代表，有无职工董事，董事学历，年龄等于和超过60岁的董事比例，是否设置审计、薪酬、提名和合规委员会等方面来衡量董事会成员构成和机构设置情况，以此来评价董事会结构的有效性。

　　独立董事独立性维度主要从审计委员会主席是否由独立董事担任，独立董事中有无财务专家、法律专家、其他企业高管，是否存在政府背景，独立董事是否担任本公司董事长，是否同时在多家公司担任独立董事，独立董事实际出席董事会比例，独立董事津贴是否超过10万元，是否详细披露独立董事过去3年的任职经历等方面来衡量独立董事的专业素质和履职情况，以此来评价独立董事是否能够实现独立履职。

　　董事会行为维度主要从内部董事和外部董事是否有明确的沟通制度、投资者关系建设、是否存在董事会提交的决议事项或草案被股东大会撤销或者否决的情况、是否有规范的《董事会议事规则》、财务控制、董事会是否有明确的高管考评和激励制度、是否披露股东大会出席率等方面来衡量董事会行为相关制度的建立及执行情况，以此来评价董事会的实际履职情况。

　　董事激励与约束维度主要从执行董事薪酬是否与其业绩相吻合，股东诉讼及赔偿情况，董事会成员是否遭到监管机构处罚或谴责，是否有明确的董事考核或薪酬制度，是否公布董事考评/考核结果，是否披露董事薪酬情况，是否有董事会会议记录或者董事会备忘录，是否有董事行为准则相关的规章制度，独立董事是否明确保证年报内容的真实性、准确性和完整性或不存在异议等方面来衡量董事激励和约束制度的建立及执行情况，以此来评价董事激励与约束机制的健全程度和有效性，尤其是约束机制的健全程度和有效性。

　　在四个维度中，前两个维度侧重从形式上来评价董事会治理制度的健全程度，后两个维度则侧重从实质上来评价董事会治理的有效性。董事会治理制度没有形式上的健全，就不可能产生实质上的有效。但反过来，董事会治理制度有了形式上的健全，却未必产生实质上的有效。董事会治理制度只有在形式上健全充分落到实处后，才能实现董事会治理的真正有效。在现实中，从监管机构的要求看，中国上市公司董事会的设置近乎健全（并不等于完善），但董事会治理仍然不断遭到诟病。在我们对2012～2018年期间六个年度董事会治理的评估中，达到及格（60分及以上）的公司比例分别只有11.32%、5.89%、6.33%、8.24%、9.12%和17.51%。尽管近五年来及格率一直在提升，但仍然很低，这恰恰反映了中国上市公司董事会治理形式和实质的高度背离和不对称。因此，要全面了解中国上市公司董事会治理的质量和效果，就不能仅仅满足于形式上的评价，更要重视实质上的评价，实现形式和实质的高度统一。

评价董事会治理的目的是希望对中国已上市公司和计划上市公司的董事会治理发挥导向作用，促使中国公司按照国际标准，不仅从形式上，更要从实质上，实现中国公司董事会的全方位规范化运作，并引导投资者的投资方向，降低投资者的投资风险，帮助监管机构实现针对性监管。具体包括以下几个方面：（1）帮助投资者尤其是中小投资者降低信息不对称程度，使投资者更好地了解自己的代理人即董事会的治理情况以及由此产生的潜在风险和价值，从而有效规避投资风险，发现有长期投资价值的企业，提升投资收益。（2）帮助政府监管机构了解上市公司董事会的运作和相关政策法规的执行情况，从而使政府监管更加有的放矢，并促使政府对公司董事会的运作施以规范化引导。（3）帮助公司了解自身董事会治理存在的问题，督促自己不断提高董事会治理的质量，以增强投资者的投资信心，获得更多的融资机会。（4）向投资者和其他利益相关者及时提供真实、完整的信息，是董事会的重要职责，市场获得可靠、及时和完整的信息，有利于保证股票价格与公司真实业绩的吻合度，而这种吻合是资本市场成熟的重要标志。（5）为上市公司董事会治理实证研究提供数据支持。

四　企业家能力指数

2012 年，我们在国内首次对中国全部上市公司的企业家（CEO）能力进行了测度，2014～2018 年又进行了四次测度，本年度是第六次测度。六次测度结果表明，中国上市公司 CEO 由于不具有独立性，以及责任机制不到位，CEO 能力的发挥受到严重制约，企业家能力处于低下水平。

何谓企业家？熊彼特在 1934 年出版的《经济发展理论》中指出，企业家就是创新者。按照熊彼特的观点，社会任何领域都存在企业家，不仅有企业界企业家，也有政界企业家、教育界企业家、学界企业家等，这可以说是广义的企业家。本报告的企业家是指企业界企业家，这可以说是狭义的企业家。

在熊彼特的创新意义上，企业内的企业家显然不是一个人，也不是几个人，而是多个人，甚至是一种集体行为。那么，我们对企业家的评价是针对一个人，还是针对几个人，或者是针对一个企业家群体？

企业的发展需要创新，创新者越多，创新越活跃，企业发展就越充满生机和活力。不过，如果因此而评价多个企业家（即创新者），或者是评价一个企业家群体，那么我们的评价对于企业家市场的形成和发育就没有多少针对性意义。因此，对企业家的评价只能针对一个特定的创新者。

那么，如何选择这个特定的创新者？无疑，这个创新者只能是企业的领袖，因为企业的领袖是企业家的典型代表。在现实的企业中，企业的领袖一般有两个人选，或者是董事长，或者是总经理（或称总裁，或称CEO）。如果两职由同一人担任，那就不存在选择的难题；如果两职由两个不同的人担任（这是绝大多数企业的情况），那么选择哪一个来评价？

其实，这个难题是人为制造的，原因在于我们中很多人把董事长和总经理的职能误解了。在中国，董事长通常被确定为公司的"一把手"，董事长的权力要高于总经理。其实，公司治理层是通过契约来规范的，是没有"一把手"概念的，董事会是一个会议体，董事的权力是平等的，董事长仅仅是"董事会的发言人"或"董事会召集人"，并不是凌驾于其他董事和总经理之上的领导者，向总经理授权进行企业正常经营管理工作的是董事会而不是董事长。因此，应在厘清董事会职能的前提下，高度重视总经理或总裁或CEO（为简便，以下均使用"CEO"）的独立性和能动性，应使CEO在法律框架内和恪守董事会战略决策的前提下发挥其最大潜能。况且，在企业实践中，董事长中也有很多属于兼职角色，这些董事长既不在公司领薪（一般在股东单位或自身所在单位领薪），也不负责公司经营管理工作，如果我们评价的对象是董事长，则意味着不是所有的董事长都能进入我们的评价范围，这就使评价失去了一般性。而CEO则是所有公司都具有的角色，况且我们评价的目的是引导政府、企业和投资者要高度重视总经理的地位，尊重总经理在不违反董事会决策下的自由裁量权并且独立承担责任，就此看来，我们所选择的企业家的典型代表就只能是CEO了。

那么，如何评价企业家能力？

近些年，国内外相关学者对企业家能力及评价进行了深入的研究。然而，已有研究却存在三个方面的不足：一是在理论研究方面，各个理论视角都仅仅停留在某一层面对企业家的界定上，没有一个完整的、有说服力的概念界定，或者仅把评估对象确定为相同规模的企业，或者忽视企业家关系网络能力的评估。二是在实证研究方面，大部分学者对企业家能力的研究主要聚焦在理论分析的定性研究层面，实证研究明显不足，这是因为缺少连续的、可比较的、客观性强的大数据支持。三是简单地将人力资源测评方法用于企业家能力评价。人力资源测评只是基于个人背景和经历（基本上都是个人提供的成功的经历，缺少失败的经历）所做的一种比较主观的潜在能力评价，至于被评对象的实际能力，尤其是其诚信水平，是难以测评出来的。

本报告借鉴国际先进的评价标准，基于中国国情，着眼于推动职业经理人市场，提出了企业家人力资本、关系网络能力、社会责任能力和战略领导能力四个维度的指标体系，力求对中国企业家能力做出全面的、客观的评价。

企业家人力资本维度主要从学历（最高学历）、工作年限、工作经历变更、是否担任其他公司的独立董事、是否有海外留学和工作经历、选聘路径等几个方面进行评价。这些方面对于一家要聘任 CEO 的公司来说，并非是现实的企业家能力，而是潜在的企业家能力。尽管如此，企业家人力资本却是企业家能力中最基础的能力。一旦存在某种或某些动力机制，这些潜在的企业家能力就会很快变成现实的企业家能力，如企业家的激励或约束机制，通过这些动力机制，能够促使 CEO 产生把潜在能力变成现实能力的欲望。当然，这些动力机制不属于企业家能力评价的范围。

企业家关系网络能力维度主要从政府官员是否到企业访问、CEO 是否陪同政府官员出国访问、是否担任党代表、是否担任人大代表、是否担任政协委员、是否在军队任过职、CEO 任职期间是否获得相关荣誉称号、是否在行业协会任职、是否曾经在政府部门任职等几个方面进行评价。从规范的市场规则角度，关系网络能力是不应该被纳入企业家能力评价范围的，因为关系网络可能存在"寻租"问题。然而，关系网络并不必然产生"寻租"，而正常的关系网络也能够为企业带来资源，并进而能够促进企业发展。况且，把关系网络能力纳入评价范围，有助于我们判断中国企业家更偏重于哪个方面能力的培养，或者比较企业家哪个方面的能力更加突出。比如，人力资本与关系网络能力是否存在替代关系？关系网络能力是否更多地通过履行社会责任而获得？等等，了解这些问题对于发展和培养中国的经理人市场无疑是意义非凡的。

企业家社会责任能力维度主要从企业是否捐赠慈善事业、CEO 是否在非营利组织兼职（如担任理事）、CEO 个人有没有被证监会谴责、有没有产品质量或安全（含环境安全）等问题的重大投诉事件、员工的收入增长率是否不低于公司的利润增长率、有无现金分红、有无债权人和股东诉讼等几个方面进行评价。企业的持续发展包含众多利益相关者的努力和投入，其中很多投入具有高度的专用性，一旦损失将难以收回，如员工投入了专用技能和劳动、社区居民可能承受了企业释放的环境污染、顾客可能承担了因产品质量低劣对身心造成的损害等，无疑这些利益相关者的努力和投入必须从企业得到回报。把社会责任能力考虑到企业家能力评价中，目的是引导企业家树立强烈的社会责任意识，承担起更多的社会责任。更重要的是，对利益相关者承担责任，是企业家诚信意识和水平的重要反映，没有这种责任担当，就不能称之为企业家。

企业家战略领导能力维度主要从 CEO 贡献、国际化程度、企业员工数、企业总资产、企业在行业中的地位、企业有无完整的 ERP 系统、企业有无制定战略目标和计划等方面进行评价。企业家战略领导能力实际上是企业家各种能力的综合体现，企业家其他方面的能力最终要落实在其战略领导能力上。在存在一个成熟的经理人市场的情况下，CEO 必须本着对企业利益相关者高度负责的精神，以其敏锐的市场和战略意识，恪尽职守，尽最大努力制定出科学和可行的企业经营决策，一旦董事会批准该决策，

CEO 就必须坚决贯彻和执行。不过，需要特别强调的是，CEO 绝不是被动地执行董事会批准的决策，被动接受董事会决策的 CEO 不是真正意义上的企业家。作为 CEO，他（她）的企业家能力实际上更多地体现在日常经营决策的制定和执行中，战略性决策更多的是指明方向，是框架式的，具体如何落实，需要靠 CEO 的开拓和创新。也正是这一点，体现出我们把 CEO 作为评价对象的原因所在。

评价企业家能力的目的是希望对企业家市场选择发挥导向作用，进而促进中国经理人市场（或称企业家市场）的发展，具体说，就是要促使政府和社会各界认识到：（1）CEO 的独立性和能动性以及问责机制是至关重要的，这样才能促使 CEO 能够在恪守法律和董事会战略决策的前提下发挥其最大潜能。（2）高能力的企业家只能产生于职业化的经理人市场，从而应高度重视职业经理人市场的建设。（3）经理人完备信息的披露是职业经理人市场建立的要件，这些信息中，不仅有潜在能力的信息，更有实际能力的信息；不仅有成功的信息，也有不成功的信息。在充分、真实的信息中，体现着企业家诚信经营、敢于创新和担当的品质与精神。经理人市场必须有惩戒机制，即必须能够让不诚信的经理人承担隐瞒信息的代价。（4）选聘 CEO 的权力必须回归董事会，只有在董事会独立选聘并对选错承担责任的情况下，董事会才有动力选出最有能力的企业家。

五　财务治理指数

2010 年，我们在国内首次对中国全部上市公司的财务治理水平进行了测度。2012～2018 年又进行了五次测度，本年度是第七次测度。七次测度结果表明，中国上市公司的财务治理仍然不理想，权利配置不合理，内控不力，监督不严，激励和约束不到位，中国上市公司的财务治理仍需要改进。

财务治理是关于企业财权配置、财务控制、财务监督和财务激励的一系列正式和非正式制度安排，这些制度安排通过财权配置将各个财务主体紧密联系起来，同时通过财务控制、财务监督和财务激励对财务主体形成合理的控制、监督和激励。较高的财务治理质量不仅能够合理配置各财务主体的权责利，有力控制各个财务环节，有效监督财务行为，还能适当激励财务主体，是公司正常运行的关键保障。

财权配置、财务控制、财务监督和财务激励是财务治理的四个不可分割的部分，是我们借鉴国内外已有财务治理研究成果，参照国际先进的财务治理规范，同时也考虑国内既有的相关法律法规而提出来的。其中，财权配置是指财务决策权在各个财务主体之间的配置和落实，主要的财务主体包括股东（股东大会）、董事会、总经理（CEO）、首席财务官（CFO）。当然还有其他利益相关者，如政府、员工、供应商等，但这些利益相关者的财权是可以包含在董事会中的，但这种"包含"必须有一个前提，那就是董事会是以股东为核心的所有利益相关者的代理人，作为这种代理人，董事会与经理层是监督与被监督的关系，进一步说，董事会是必须独立于经理层的，否则，就容易发生董事会和经理层"同体"现象，其他财务主体的利益将无法得到保证。在董事会治理缺乏独立性的情况下，即使形式上反映了各财务主体的利益，各财务主体的利益也得不到切实保证。因此，公允的财权配置可以实现公司分权制衡，杜绝独裁，保障财务活动的合法性和透明度。

财务控制是指财务权力的执行过程，具体包括企业的内部控制体系和风险控制体系。健全的财务控制能够从程序上保证财务信息生成的合法、合规，提高财务信息的真实性和准确性，从而保证财务主体决策的科学性和可行性。2001年和2002年，美国安然和世界通讯两家公司爆发财务丑闻，促成了《萨班斯－奥克斯利法案》（*Sarbanes-Oxley Act*）的出台。该法案的核心就是强化财务控制，包括三个方面：一是建立公众公司会计监察委员会，对会计师事务所提供的上市审计服务进行监管；二是对上市公司高管人员造假予以重罚；三是在美上市企业必须建立内部控制体系。这被认为是美国自20世纪30年代经济大萧条以来涉及范围最广、处罚措施最严厉、影响力最大的上市公司法案。该法案的全称是《公众公司会计改革投资者保护法案》。不难看出，财务控制在投资者权益保护中具有重要作用。

财务监督是指对财务权力执行的监督。这种监督需要相应的机制设计，包括企业内部监督机制和外部监督机制。内部监督主要来自董事会，尤其是其中的审计委员会；外部监督主要来自外部审计机构和政府监管部门，当然也包括广大投资者，甚至包括公众。而监督机制要有效发挥作用，有赖于信息的公开、全面和真实，有赖于董事会的独立性，有赖于外部审计机构的中立性，更有赖于政府监管部门的立法和执法的公信力。

财务激励是指对财务主体投入的回报，这种投入既包括资金资本的投入（如股东的资金投入），也包括人力资本的投入（如企业高管和员工的人力投入）。有投入就必须有相应的权力和利益，前者即财务权力，后者即财务激励。财务激励是财务治理的驱动器，适当的财务激励能够有效激发企业各利益主体的工作热情和积极性，降低经营者的道德风险。在财务激励中，核心的是股东利益，如果股东合理的回报得不到保证，将会影响股东投资的信心，进而会影响资本市场的稳定。

以上四个方面中，财权配置是财务治理的核心和基础，合理的、有效的财权配置能够协调各个利益相关者的利益，从而有利于形成合力；财务控制和财务监督是手段，前者重在财权执行，后者重在对财权执行的监督；财务激励是财权执行的结果，财权最终要落实在利益方面，没有财务激励，各财务主体就不可能形成合力。财务治理的四个维度，不是独立发挥作用的，它们共同构成了财务治理系统，只有系统性发挥作用，才能保证企业的健康和可持续发展。

那么，如何评价财务治理水平？

基于我们提出的财务治理的四个方面（或维度），即财权配置、财务控制、财务监督和财务激励，我们设计了既具有科学性和客观性，又具有可操作性和稳定性的指标体系。由于借鉴了国际先进的财务治理规范，因此，如此确定的指标体系和评价结果接近国际标准，高于国内既有法律和政策规定。

财权配置维度主要从关联交易是否提交（临时）股东大会讨论通过、独立董事薪酬和高管股票期权是否通过（临时）股东大会、两权分离度、董事会是否提出清晰的财务目标、内部董事与外部董事是否有明确的沟通交流制度、独立董事比例、独立董事中是否有财务或会计方面的专家、董事长和总经理是否两职分离、CFO是否具有高级职称或相关资格认证等方面来衡量各财务主体的权利是否得到合理配置，以此评价财权配置的有效性。需要注意的是，如果财权配置过于形式化，尽管表面上看各个财务主体都可以在财权配置中找到自己的"位置"，但这并不能保证财权配置的有效性。

财务控制维度主要从董事会或股东大会是否定期评估内部控制、各专门委员会是否在内部控制中起作用、董事会或股东大会是否披露具体内部控制措施、风险控制委员会设置情况如何、公司财务弹性、公司对外部资金依赖程度、是否披露可预见的财务风险因素、是否为ST公司等方面来衡量企业内部控制体系和风险控制体系的健全程度，以此评价财务主体决策的科学性、可行性和抗风险性。

财务监督维度主要从审计委员会设置，外部审计是否出具标准无保留意见，公司网站是否披露当年和过去连续三年财务报告，公司是否披露公司发展前景的相关信息，公司是否披露关联方交易状况，公司是否对会计政策的变化做出解释，公司是否因违规而被监管部门公开批评、谴责或行政处罚等方面来衡量企业内外部监督机制的到位情况，以此评价内外部监督机制的效果。

财务激励维度主要从现金分红、股票股利分配、高管薪酬支付的合理性、薪酬委员会设置情况、公司是否采用股票期权激励政策、员工报酬增长率是否不低于公司营业收入增长率等方面来衡量各财务主体的收益保障情况，以此评价财务主体的动力。

评价财务治理的目的是希望对中国已上市公司和计划上市公司的财务治理发挥导向作用，促使中国公司按照国际标准，尊重各财务主体的权益，实现中国公司财务运作的规范化，从而降低财务风险，提高抗风险能力。具体包括以下几个方面：（1）有助于投资者进行理性投资，塑造投资者长期投资的信心。财务治理评价可使投资者尤其是中小投资者认识到公司的潜在风险和价值，从而有效规避投资风险，发现有长期价值的投资对象，提升投资收益。由于中国目前中小投资者权益受到大股东和经营者的侵害比较普遍，因此，财务治理对于中国中小投资者权益的保护，具有特殊的意义。（2）有助于监管者进行针对性监管，严防财务欺诈。财务治理评价可以帮助政府监管机构了解公司财务运作的规范化程度，尤其是能够洞悉国家有关财务运作的法律法规的落实情况，从而使政府监管更加有的放矢，并促使政府通过经济和法律手段对公司的财务运作施以规范化引导。（3）有助于企业及时发现潜在风险，防患于未然。财务治理评价可使公司了解自身财务治理中存在的问题，督促公司不断提高财务治理水平；不仅有助于发现本公司与其他公司财务治理的差距，而且也有助于发现本公司财务治理与国际水平的差距，从而及时弥补不足和缺陷，保证投资者的投资信心，获得更多的融资机会。（4）有助于资本市场反映公司真实信息，实现资本市场有序运行。财务治理评价可以发现信息失真，信息失真会加大投资者投资的财务风险，从而导致投资者转移投资方向。因此，财务治理评价能够引导公司披露真实信息，进而促使资本市场的股票价格反映公司真实绩效，股票价格和公司真实绩效的吻合是资本市场成熟的重要标志，也是防止股市动荡甚至"股灾"的重要因素。（5）有助于大数据平台建设，深化财务治理理论研究和实证分析。近些年财务治理研究总体落后于公司治理其他方面的研究，一个重要原因是缺乏财务治理的大数据支持。财务治理评价所赖以支撑的数据库提供了深化财务治理理论研究和实证分析的平台，而且基于大数据的财务治理研究更加符合现实。

六 自愿性信息披露指数

2010 年和 2012 年，我们对中国全部上市公司的信息披露水平进行了测度，测度结果表明，中国"能不说就不说"的现象非常普遍。"能不说就不说"属于自愿性信息披露范畴，而强制性信息披露则不存在多大问题，于是，从 2014 年开始，我们对中国上市公司信息披露的评价改为专门对其中的自愿性信息披露的评价，2016～2018 年又进行了三次评价，本年度是对自愿性信息披露水平的第五次评价（总计七次评价）。五次评价结果证明，在中国上市公司中，"能不说就不说"现象仍然非常普遍和严重。

自愿性信息披露（Voluntary Disclosures）是相对于强制性信息披露而言的。自愿性信息披露的关键词是"自愿"。"自愿"，顾名思义，就是可披露也可不披露。披露了，使用者欢迎；不披露，监管者也不会追究，因为监管者没有追究的法律依据，但并不意味着其他需求者（尤其是投资者）不追究或不计较；投资者追究与否，取决于投资者权益保护的法律是否健全（如有无集体诉讼和集体索赔法律）；更多的投资者是计较的，如何计较，这就涉及市场机制了，即投资者可以"用脚投票"。投资者是上市公司信息的最大需求者，也是上市公司的核心利益相关者，投资者不投资，公司上市就没有意义了。但投资者投资依赖于其所获取的信息，不同投资者的信息需求不同。随着市场的完善，越来越多的投资者的投资趋于理性，他们不再满足于监管机构强制要求公司披露的信息，而是通过更多的信息来最大限度地降低自己的投资风险，即追求所谓信息的"有用性"，而强制性披露难以满足许多投资者所要求的"有用性"。如果投资者难以获得他们认为"有用"的信息，他们就会认为投资有风险，从而不投、少投、转投，如果很多投资者不投、少投、转投，则这家公司就可能被并购或倒闭，这就是投资者的"用脚投票"。从这个角度讲，自愿性信息披露并不是可有可无的，而是上市公司吸引投资者的不可或缺的重要方式。

不论是自愿性信息披露还是强制性信息披露，都没有统一的国际标准。在一个国家是自愿性披露的信息，在另一个国家可能是强制性披露的信息。一般来说，市场发育程度越高，相应的法律制度就越完善，就越注重自愿性信息披露，通过投资者"用脚投票"来促使上市公司自愿披露更多的信息；相反，市场发育程度越低，相应的法律制度就越不完善，"用脚投票"的效果就越差，通过自愿披露信息就难以满足投资者投资要求，从而就越强调强制性信息披露。但这是一种比较理想的状态，实际情况比理论推导的情况要糟糕得多。原因在于，企业都是追求最大利益的"经济人"，都有投机取巧的本性，只要不违背法律规则，对自己不利的信息就尽量不披露。因此，即使在市场经济高度发达的英美等国家，也通过大量的规则甚至法律，强制性要求上市公司披露更多的信息。我们不难看到，尽管英美等国家市场经济很发达，但其强制性披露信息的范围远远大于市场经济还不太发达的中国。

然而，由于市场千变万化，投资者的信息需求也多种多样，而规则和法律都是由人制定出来的，每个人的理性都是有限的，从而，再细致的强制性披露信息也难以满足投资者理性投资对信息的需求。另外，企业外部的利益相关者也绝不仅仅是单一的投资者，供应商、客户、居民（尤其是企业周边居民）都是企业的重要利益相关者，他们对企业也有各种各样的信息需求，而其中很多信息难以被纳入强制性范畴。显然，自愿性信息披露不是可有可无的，而是必需的。比如，高管薪酬结构及额度信息。该项信息在英美等国家的披露是很完整的，即不仅要披露高管薪酬总额，还要披露薪酬结构以及各部分的额度，如固定薪金、奖金、股票、股票期权、养老金等。但这些信息在中国属于自愿性披露范畴，几乎没有几家上市公司披露该项信息。那么，该项信息对于投资者是否必须？回答是肯定的，因为通过该项信息，投资者可以了解高管的长期薪酬和短期薪酬构成，并进而了解高管行为是满足于企业短期发展还是立足于企业长期发展。再比如，董事任职经历，在英美等国家公司对该项信息的披露也很详细，但在中国则属于自愿性披露范畴。该项信息对投资者同样至关重要。原因在于：董事（会）是投资者的代理人，他们要代表投资者对经营者进行监督。通过董事任职经历的详细披露，投资者可以了解董事是否与经营者有关联，以判断董事和经营者是否存在合谋的可能性；对于中小投资者而言，还需要了解董事是否与大股东有关联，以判断董事是否仅代表大股东，进而可能侵害中小投资者的利益。

自愿性信息披露也是企业诚信经营的重要体现。诚信意味着企业必须向包括投资者在内的利益相关者及时披露真实、全面的信息，这不仅是为了降低投资者的投资风险，更是为了增强投资者的投资信心。因为，投资者"被骗"一次容易，"被骗"第二次就难了，"被骗"多次几乎不可能，而且，"被骗"具有扩散效应，失去投资者意味着企业经营的失败。对于供应商、客户等利益相关者来说，也是如此。

总之，自愿性信息披露尽管是"自愿"的，但不是可有可无的。企业要想获得可持续发展，就不能仅仅满足于强制性信息披露，而必须高度重视自愿性信息披露。尽管自愿性信息披露增加了信息披露的成本，但相对于企业由此获得的投资者信心和其他利益相关者的信赖，以及企业的良好声誉和长期发展，这些成本支付是非常值得的。

那么，如何评价自愿性信息披露水平？

在既有的其他相关研究中，主要采取三种形式对自愿性信息披露进行评价：一是由分析师和相关实践人员评价，但不公布指标体系和计算方法。显然这种评价的结果难以验证，而难以验证就不能让使用者监督，不能监督就难以保证其客观性，会有很大程度的主观性，投资者使用的针对性就很差；二是选择年报中具有代表性的指标作为衡量自愿性信息披露的指标。这种评价用个别指标来替代范围较广的自愿性信息整体，有以偏概全的倾向，投资者难以通过这种评价克服自己的投资风险，与第一种形式的评价相同，投资者使用时基本没有针对性；三是自己构建体系庞大的自愿性信息披露指标体系，但很多指标难以获得数据，尤其是难以获得连续数据，因此，操作性较差，难以连续进行跟踪和比较分析。

本报告借鉴国内外已有的自愿性信息披露评价研究成果，基于国内信息披露相关法律法规，特别参照国际先进的信息披露规范，立足于投资者权益保护，提出了自愿性信息披露四个维度的指标体系，即治理结构、治理效率、利益相关者和风险控制。

治理结构维度主要评价董事会构成、董事学历和任职经历（不含兼职、社会称号等）、专门委员会构成、监事会构成和成员、高管层学历、高管层任职经历（不低于三年）（不含兼职、社会称号）等方面的信息披露情况。这些信息的披露对于投资者了解代理人（董事会、监事会、经理层）有无可能代表自己作为委托人的利益，以及是否着眼于企业发展（尤其是长期发展）具有重要价值。

治理效率维度主要评价股东大会（包括临时股东大会）股东出席率、股东大会（包括临时股东大会）投票机制、董事考评制度及结果、董事会议事规则、董事会召开方式、独立董事参与决策、高管薪酬结构及额度、高管层关系网络等方面的信息披露情况。这些信息的披露重在评估治理结构的有效性，对于投资者了解代理人的实际履职效果具有重要价值。

利益相关者维度主要评价投资者关系建设情况、社会责任、债权人情况、债务人情况、供应商情况、客户情况等方面的信息披露情况。这些信息的披露对于投资者了解自己的利益是否得到尊重和保护具有重要价值。其中，投资者关系信息是企业直接针对投资者的沟通渠道和沟通方式的信息，而社会责任以及债权人、债务人、供应商、客户等方面的信息，则能让投资者详细了解企业其他利益相关者对自己利益的影响，使投资者能够以更加理性的心态来对待多元化的企业经营，这无疑也是对投资者的一种尊重。

风险控制维度主要评价企业发展战略目标、盈利能力、营运能力、偿债能力、发展能力、会计师事务所、宏观形势对企业的影响、行业地位（或市场份额）、竞争对手等方面的信息披露情况。这些信息的披露对于投资者降低投资风险、获得稳定的投资回报具有重要价值。

不难看出，基于自愿性信息披露四个维度设计的指标体系，能够使投资者全方位了解企业，从而满足自己理性投资的信息需求。在这四个维度中，投资者不仅能够从形式上了解代理人是否有可能代表自己作为委托人的利益，而且能够了解到代理人的实际履职效果；不仅能够了解自己与企业的沟通渠道和方式，感觉到自己受到尊重的程度，而且能够了解自身投资风险的大小。显然，这种基于投资者保护的自愿性信息披露四维度评价，是一种全方位的评价，也是一种更客观的评价。

评价自愿性信息披露的目的是希望中国上市公司改变"能不说就不说"的旧观念，树立"能说的都要说"的新理念，具体包括如下几个方面：（1）自愿性信息披露不是可有可无的，它对投资者理性投资具有重要价值，而投资者基于"有用信息"而进行投资对企业的发展尤其是长期发展具有重要影响。（2）在市场不成熟尤其是法律不健全的情况下，自愿性信息披露应更多地转化为强制性信息披露，单纯靠自愿是不能满足投资者理性投资对信息的需求的。（3）法律规则要具有很强的威慑作用，如果因信息披露不到位而使投资者和其他利益相关者遭受严重损失，即使这些信息披露属于自愿性，企业负责人也必须承担重大责任，并给予高成本的处罚。（4）自愿性信息披露对董事会的科学决策和经理层的有效监督也具有重要影响。独立董事是外在于企业的，而独立董事拥有参与战略决策以及对经理层进行监督的权力。独立董事的科学决策和对经理层的有效监督高度依赖于充分、真实的信息披露，这其中也包括自愿披露的信息；否则，就会产生决策科学性差和监督失效的可能，而这些直接影响企业的发展。

七　高管薪酬指数

2007 年，当我们开始进行中国公司治理分类评价时，首选的便是高管薪酬指数，即高管薪酬合理性评价。然而遗憾的是，由于当时没有开发数据库系统，只是运用传统的方法采集数据，加之经验不足，数据丢失严重。2008 年，我们从头再来，仍是因首次开发，经验缺乏，研究工作进展缓慢，当我们于 2009 年 5 月完成《中国上市公司高管薪酬指数报告 2008》的撰写时，各上市公司新的年度报告已经公布，出版的价值已经降低。于是，我们再次采集新年度的数据，最终完成并出版国内首部《中国上市公司高管薪酬指数报告 2009》；2011~2018 年，我们又进行了五次评价；本年度是第七次评价。六次评价结果表明，中国上市公司高管薪酬存在比较严重的不合理问题，包括激励过度和激励不足。

高管薪酬是一个敏感而又十分重要的问题。20 世纪 80 年代末 90 年代初，英国率先发起公司治理运动，并很快波及整个世界，其起因就是公司高管薪酬大幅超过公司绩效而过快增长，由此引起公众和股东的大为不满。在此背景下，1995 年 7 月 15 日英国发表了《格林伯里报告》（*Greenbury Report*），其核心就是关于公司董事会报酬决定和相应说明的《最佳做法准则》。

20 多年后的今天，我们仍犯着当初公司治理运动发生时和发生前的错误。不过，这种错误在中国发生了部分变化，即高管薪酬人为减少导致公司业绩的更大幅度下滑。而在规范的公司治理中，高管薪酬与公司业绩应该是吻合的。这说明，我们的公司治理还没有真正融入全球公司治理运动之中，公司化改革在较大程度上还是形式上的。

中国在高管薪酬上出现的问题，与市场（尤其是资本市场和经理人市场）不成熟、不完善存在着密切的关系。这种不完善主要表现在两个方面：一是对于国有企业来说，政府或大股东代理人干预或过度控制；二是对于民营企业（非国有企业）来说，则是家族或创始人干预或过度控制。

对于国有企业来说，一方面，政府仍然掌控着国有企业大部分决策的权力；另一方面，国有企业又总是处于失控之中。这两个方面看似一个悖论，其实二者之间具有必然的联系，前者是后者的直接原因。正是由于政府干预或控制过多，企业才会向政府隐瞒真实信息，或上报虚假信息，而政府与企业之间的代理链条过长，以及政府对企业的非现场决策又使这种隐瞒和虚报成为可能。在政府不了解企业真实信息的情况下，某些企业高管就可以利用其所控制的国有资产任意所为，如购置豪华的办公设施、发放过高的福利和超标准的在职消费等。近几年，高管薪酬又部分走向了反面，即政府主导下的"一刀切"式的降薪，而这种方式的降薪，使得很多国有企业的高管薪酬偏离了其对企业的实际贡献，即出现了激励不足，由此产生的企业改革和发展不力，也严重侵害了投资者权益，其中也包括国有投资者的权益。显然，政府主导下的国有企业公司治理改革，其成本是很高的，效果则是不高的。

对于民营企业来说，尤其是家族或创始人过度控制下的上市公司，一是信息披露不充分，透明度不高；二是企业上市的主要（甚至是首要）目的是圈钱，而不是完善公司治理。这种不完善的市场会产生三个方面的负面效应：其一，高管人员（与家族大股东或创始人往往混同）不能及时地、充分地向投资者（尤其是中小投资者）报告公司的真实经营绩效；其二，高管人员可能会利用内部信息人为地操纵股价，甚至可能为了巨额套现而制造虚假信息；其三，董事会难以对高管人员进行有效监督，而是常常形成利益共同体。显然，在不成熟的市场上，试图使高管人员的未来利益与公司和投资者的利益有机结合起来，是很难实现的。

在完善的市场上，高管薪酬的高低并不是由某个政府机构或家族大股东和创始人说了算的。高管的薪酬可能很高，也可能很低，但不管高低，均是由市场决定的，也是投资者认可的。这是因为：第一，完善的市场使董事会可以在市场上选聘高管人员，并使董事会对选错人负起责任来；第二，完善的市场要求高管薪酬及其相关信息必须对外公开，以接受政府、投资者和公众的监督；第三，完善的市场意味着制度安排的强化，而强化的制度安排大大加大了高管的违规成本，使其远远高于违规的收益。

在涉及报酬问题时，很多国有企业还沿袭过去的思维逻辑，即先讲贡献，再讲报酬。而市场选择恰恰相反，是先讲报酬，再讲贡献。但如果贡献达不到报酬支付的要求，则意味着经营者违反了合同，该经营者就要被解聘；如果贡献超过报酬支付要求，则会给予奖励。在这种情况下，经营者要求的薪酬与其贡献将是基本吻合的。

如何评价目前中国上市公司高管薪酬，既是一个理论问题，又是一个技术问题。在现实中，人们总感觉高管的薪酬过高了，于是谴责声不断。其实，这种感觉正确与否，需要进行科学的分析。实际上，相对于公司绩效，高管的薪酬有偏高的，也有偏低的，当然，也有适度的。只是关注高管薪酬的绝对值是没有多少意义的，因为高管对企业的贡献不同。因此，有必要对高管薪酬的合理性进行科学评估。

如何评估高管薪酬的合理性？显然，对高管薪酬的评估难以采取前面五种指数的方法。对高管薪酬的合理性进行评估，只能基于企业绩效，或者准确地说，基于高管对企业的实际贡献。同时，由于各行业性质不同，还需要考虑不同行业对高管实际贡献的影响。本报告所做的工作就是考虑企业绩效，运用科学的方法，计算出上市公司的高管薪酬指数，以此评价高管薪酬的合理性。通过这一研究，既希望能对高管激励制度研究及公司治理理论的完善有所贡献，也希望能有效服务于公司治理实践，充分发挥其信号显示作用，为股东、董事会、经营者、政府及其他利益相关者提供一个高管薪酬治理的"晴雨表"。

八　本报告内容和特色

本报告是作为第三方评价机构的北京师范大学公司治理与企业发展研究中心研制和出版的年度公司治理指数成果。报告依据国际通行的公司治理规范，尤其借鉴了《G20/OECD 公司治理准则（2015）》的基本精神，同时基于中国的制度架构和现实国情，分类设计了中国公司治理评价指标体系，在此基础上，运用科学的方法，计算出了 2018 年 3490 家上市公司的中小投资者权益保护指数、董事会治理指数、企业家能力指数、财务治理指数和自愿性信息披露指数，以及 3484 家上市公司的高管薪酬指数，进而在前五类指数基础上形成了公司治理总指数，并对六类指数和总指数进行了排序和比较分析。

本报告是对中国资本市场开放以来上市公司中小投资者权益保护、董事会治理、企业家能力、财务治理、自愿性信息披露和高管薪酬合理性，以及公司治理总水平的全面评估，在很多方面填补了国内外在公司治理评价研究方面的空白。报告全面评估了中国上市公司六方面治理的现状，深刻揭示了中国上市公司六方面治理存在的问题，对于全面、客观地反映中国上市公司的治理水平，了解政府在公司治理方面的立法和执法现状，具有非常重要的现实意义。同时，报告又构成了中国公司治理理论和实证研究的重要基础，是企业强化公司治理以保证企业可持续发展的重要依据，是监管机构加强公司治理立法和执法的重要参考。尤其是，它对于加强投资者尤其是中小投资者的权益保护意识、引导投资者理性投资、降低投资风险，具有重要的参考价值；对于助推国有企业深化改革，尤其是混合所有制改革，同样意义非凡。

（一）本报告主要内容

本报告主要内容包括八篇 26 章内容。

报告的第一篇是总论，包括导论、第 1 章和第 2 章，第八篇只包括第 26 章，中间六篇 23 章是对六类公司治理指数的统计分析，这六篇的结构基本相同，包括总体指数统计分析、分项指数统计分析（高管薪酬指数没有分项指数，故没有该部分分析）、所有制比较统计分析、年度比较统计分析。具体内容如下。

（1）设计了全面、客观、专业、可连续、可验证、可重复的中小投资者权益保护、董事会治理、企业家能力、财务治理、自愿性信息披露评价指标体系。根据各指标体系计算出来的五类公司治理指数具有科学性、可靠性和可比性。据此，公司可以发现公司治理五个方面的不足和潜在风险，促使公司提升治理水平；投资者可以发现具有更大投资价值和更低投资风险的投资对象；监管机构可以发现资本市场中潜在的风险点和潜在的违规因素，并及时予以矫正，从而为投资者创造更好的投资环境。

（2）基于公司绩效计算了高管薪酬指数并进行了评价。本报告基于公司绩效，并考虑行业因素，计算出了高管薪酬指数，然后根据统计学的四分之一分位法，将高管薪酬激励划分为激励过度、激励不足和激励适中三个区间。与其他五类公司治理指数不同的是，高管薪酬指数不是越高越好，也不是越低越好，而是数值越居中越好，表明激励与绩效是匹配的，而两端的数据表明激励与绩效偏离较大，薪酬制度是低效率的。从高管薪酬绝对值与高管薪酬指数的比较看，高管薪酬绝对值高的不一定激励过度，高管薪酬绝对值低的也不一定激励不足，衡量高管薪酬合理与否要结合公司业绩，即应该考虑相对薪酬。

（3）全样本、全方位评估了中国上市公司中小投资者权益保护、董事会治理、企业家能力、财务治理、自愿性信息披露、高管薪酬六方面的治理水平。本报告以沪深两市近乎全部 A 股上市公司（只剔除退市和年报不完整的少量公司）为研究对象，从总体、地区、行业、上市板块等多角度评价了中国上市公司六方面的治理水平。研究发现，中国上市公司中小投资者权益保护指数、董事会治理指数、企业家能力指数、财务治理指数、自愿性信息披露指数都基本符合正态分布，总体指数均值无一达到 60 分，及格率（60 分及以上）分别是 8.40%（比上年略降）、17.51%（比上年大幅提升）、0%（与上年相同）、12.58%（比上年较大幅度下降）和 15.79%（比上年较大幅度上升），总体上仍处于低下水平，尤其是企业家能力。高管薪酬指数均值为 203.9151 分（比上年有所下降），其中激励适中、激励过度和激励不足三个区间的高管薪酬指数均值分别是 92.0925 分、614.8905 和 16.5849 分，均比上年有不同程度的下降，三个区间相差很大；激励适中、激励过度和激励不足三个区间的高管薪酬均值分别是 88.30 万元、94.23 万元和 96.26 万元，都比上年有所上升，但三个区间高管薪酬差别不是很大。高管薪酬指数和高管薪酬的对比，反映出高管薪酬与高管贡献的极不吻合，尤其是激励不足和激励过度区间的高管薪酬均值更是如此。

（4）从四个维度或分项全面评估了中国上市公司中小投资者权益保护、董事会治理、企业家能力、财务治理、自愿性信息披露五方面的治理水平。其中，中小投资者权益保护指数分解为知情权、决策与监督权、收益权和维权环境四个分项指数。四个分项指数中，只有知情权分项指数的均值略超 60 分；而对于中小投资者权益保护最具有实质意义的决策与监督权以及收益权两个分项指数的均值则很低，都未达到 47 分。董事会治理指数分解为董事会结构、独立董事独立性、董事会行为和董事激励与约束四个分项指数。四个分项指数中，只有独立董事独立性和董事会行为两个分项指数的均值略超 60 分，其中董事会行为分项指数本年度首次超过 60 分，这意味着董事会行为的进一步规范化；董事会结构分项指数均值则未超过 40 分，反映出董事会结构并未如人们想象中那么健全；具有实质性治理意义的董事激励与约束分项指数均值未超 55 分。企业家能力指数分解为人力资本、关系网络能力、社会责任能力和战略领导能力四个分项指数。四个分项指数中，只有社会责任能力分项指数均值接近 60 分，其他三项都在 30 分以下，这意味着 CEO 因不具有独立性而难以发挥最大潜能。财务治理指数分解为财权配置、财务控制、财务监督和财务激励四个分项指数。四个分项指数的均值差异较大。财务监督和财务控制两个分项指数均值都在 68 分左右；财权配置分项指数均值略超 40 分；财务激励分项指数均值则还不到 27 分。自愿性信息披露指数分解为治理结构、治理效率、利益相关者、风险控制四个分项指数。四个分项指数只有治理效率分项指数刚超过 60 分，其他三项都在 46～53 分之间，处于较低水平。

（5）从所有制角度对中国上市公司中小投资者权益保护、董事会治理、企业家能力、财务治理、自愿性信息披露、高管薪酬等六方面的治理水平做了深入的比较分析。从均值上比较，在董事会治理指数、企业家能力指数和自愿性信息披露指数上，都是非国有控股公司高于国有控股公司；而中小投资者权益保护指数和财务治理指数则是国有控股公司高于非国有控股公司。在这五个指数上，都是中央企业（或监管机构）控制的公司高于地方国企（或监管机构）控制的公司。对于高管薪酬指数，非国有控股公司大大高于国有控股公司，中央企业（或监管机构）控制的公司高于地方国企（或监管机构）控制的公司；非国有控股公司薪酬激励适中和过度的比例都高于国有控股公司，而国有控股公司薪酬激励不足的比例远高于非国有控股公司，中央企业（或监管机构）和地方国企（或监管机构）控制的公司在薪酬激励适中、过度和不足中的占比相差不大。需要注意的是，在比较高管薪酬指数时，没有考虑客观存在的政府赋予部分国企的垄断因素。

（6）对中国上市公司中小投资者权益保护、董事会治理、企业家能力、财务治理、自愿性信息披露、高管薪酬等六方面的治理水平做了深入的年度比较分析。从均值上比较，中小投资者权益保护指数，2014～2017 年连续上升，2018 年略有下降；董事会治理指数，2012～2015 年连续下降，近三年连续上升，尤其是 2018 年升幅较大；企业家能力指数，2011～2017 年连续下降，2018 年有较大幅度上升；财务治理指数，2014～2017 年连续上升，2018 年下降；自愿性信息披露指数，近五年下降和上升交替出现，2018 年大幅上升。高管薪酬从绝对值上比较，2012～2018 年年均增长 6.30%，2018 年比 2017 年上升 3.60%；从薪酬指数看，2012～2018 年从 130.49 分上升到 203.92 分，2018 年比 2017 年下降 7.22 分；相比 2017 年，2018 年薪酬绝对额上升，薪酬指数却下降，反映了高管薪酬的小幅上升并没有带来对应的绩效增长。

（7）对中国上市公司治理总指数进行了测算。本年度在六类公司治理指数的基础上，计算了 2015～2018 年中国上市公司治理总指数。四年来，上市公司治理总指数连续上升，2016 年升幅最大。其中，国有控股公司和非国有控股公司都是连续四年上升，2015～2017 年国有控股公司都低于非国有控股公司，2018 年则是国有控股公司高于非国有控股公司。

（8）基于六类公司治理指数大数据，以及典型调研，本报告提出了中国企业改进公司治理的政策建议。

（二）本报告主要特色

本报告的最大特色就是把公司治理指数分为六类，六类公司治理指数既有共性也有各自的特色。

六类公司治理指数的共性表现在以下六个方面。

（1）指标体系设计借鉴国际通行的公司治理规范。全球经济一体化是世界经济发展趋势，中国也有越来越多的企业走向海外或国外，与全球市场融为一体。同时，各国公司治理尽管有自己的特点，但趋同的方面越来越多，发达国家长期以来形成的规范的公司治理，正逐渐演化为国际通行的治理规范，像《G20/OECD 公司治理准则》，正在世界许多国家得到重视和贯彻。在指标设计时引入国际通行的标准，有助于引导中国企业尽快融入国际体系，有助于中国企业的国际化。

（2）指标评分标准清晰。评分标准模糊、难以分层是指标评分之大忌，是产生主观评价的主要根源。为此，在确定指标体系时，一方面力求指标标准清晰可辨；另一方面，对于容易产生主观判断的部分指标，制定近乎苛刻的分层标准。由于评分标准清晰，加之对数据录入人员进行严格的培训，尽管评价对象是全部 A 股上市公司，数据量庞大，但仍能保证数据的高准确度。

（3）全样本评价。本报告的评价对象是沪深两市 A 股全部上市公司，这与既有研究只是抽样评价形成明显区别。抽样评价得出的结果不能代表全部，尤其是其中的所谓"最佳"只能是抽样中的"最佳"，而不是真正的"最佳"，无法得到上市公司的普遍认同。更有甚者，个别评价依赖于部分专家的主观推荐，指标体系只是针对推荐出来的公司，这种评价无疑是极不严肃的。

（4）数据来源公开可得，评价具有连续性。指标数据全部可以从证监会、公司年报、公司网站等公开的权威渠道取得，避免通过问卷调查等主观性很强、不能连续、调查对象不稳定的渠道获取数据，从而使公司治理指数评价具有连续性，评价对象高度稳定，评价结果更加客观，可以长期跟踪分析。

（5）评价标准全公开，评价结果可验证。这是本报告的最大特色。13 年来，我们一直秉持这一做法，这种做法极具挑战性和风险性，因为标准全公开意味着每个公司和研究者都可以验证评价结果的准确性和客观性，从而容不得我们犯错误。该系列指数报告曾经是唯一全面公开评价标准的研究成果，现在已经产生示范效果，近年来也有其他相近研究公开其评价标准。

（6）避免模糊指标。在既有评价研究中，存在不少模糊指标。以董事会治理评价为例，有研究者把董事会规模、会议次数等纳入评价指标。其实，董事会规模多大、董事会会议次数多少才是最佳的，难以断定，从而无法给出公认的客观标准。没有公认的客观标准，就不能得出评价结果。像这类指标，只能说，它们对董事会治理有影响，而不是董事会治理本身。在本报告中，指标体系设计均按照既有法律法规，尤其是遵从国际规范，所有指标均有公认的标准，这保证了评价结果的客观性和可比性。

六类公司治理指数各自的特色表现在如下方面。

（1）对于中小投资者权益保护指数，指标体系分为权利行使和权利行使保障两个层面。前者包括决策与监督权以及收益权两个维度，后者包括知情权和维权环境两个维度；前者对中小投资者更具有实质意义，后者则要保障中小投资者权益得到落实。这种指标体系的设计，可以全面评价中小投资者权益保护的实际水平。

（2）对于董事会治理指数，要回归"董事会"。董事会治理是公司治理的重要组成部分，甚至是核心范畴，但不是全部，因此，本报告克服了既有研究中混沌不清的缺陷，把不属于董事会治理的指标予以剔除（如股东大会、股权结构、监事会等），基于董事会作为股东的代理人和经营者的监督者以及本身作为利益主体的角度来设计指标体系，从形式上和实质上全面评价董事会治理的水平。

（3）对于企业家能力指数，指标体系设计充分考虑企业家的潜在能力和现实能力。为了反映企业家能力的全貌，在指标设计上，不仅有反映企业家潜在能力信息的指标，如教育水平、工作年限、工作经历、选聘路径等，更有反映企业家实际能力信息的指标，如关系网络、社会责任、对企业的实际贡献等；不仅有反映企业家成功信息的指标，如被聘为独立董事、担任人大代表、国际化战略等，也有反映不成功信息的指标，如贷款诉讼（未按期偿还）、投资者低回报或无回报、被监管机构谴责等。指标体系的设计，要能够体现企业家诚信经营、敢于创新和担当的品质与精神。

（4）对于财务治理指数，指标体系设计借鉴国际财务报告准则。在全球资本市场趋于一体化的情况下，采用国际财务报告准则，财务报告将具有透明度和可比性，从而可以大大降低公司的会计成本，提高公司运营绩效。因此，将国际财务报告准则部分纳入财务治理指标体系，有助于加快提高企业财务治理的规范化程度，也有利于提升其国际化水平。

（5）对于自愿性信息披露指数，从投资者权益保护角度设计指标体系。信息披露的目的是吸引投资者关注和投资，投资者理性投资的前提也是充分、真实和及时的信息披露，无疑，投资者是上市公司所披露信息的主要使用者，因此，自愿性信息披露评价指标体系的设计必须紧密围绕投资者，以投资者为核心，使投资者使用时具有很强的针对性。基于这种考虑，指标体系要全面但又不宜过多，要使投资者利用有限的知识了解他们所需要的全面信息。同时，指标体系要具有可连续的数据支持，以便投资者进行连续的跟踪分析，引导投资者立足于公司的长远发展，而不是仅仅满足于短期回报。本报告的四个维度指标体系就是基于以上原则而设计的。其中，治理结构维度反映代理人是否可能代表投资者，治理效率维度反映代理人是否实际代表投资者，利益相关者维度反映投资者（以及其他利益相关者）是否得到尊重，风险控制维度反映投资者投资的实际结果。

（6）对于高管薪酬指数，基于绩效对高管薪酬进行客观评价。既有的高管薪酬研究大都基于高管薪酬绝对值，这种研究简单地把高薪酬等同于高激励，或者把低薪酬等同于低激励，其结果便是盲目攀比。而本报告的研究表明，考虑企业绩效因素后可以对高管的实际贡献做出客观评价，考虑到高管的实际贡献，则高薪酬未必高激励，低薪酬也未必低激励，这种评价有利于避免高管薪酬的攀比效应。

本报告强调公司治理评价要分类，但本年度也开始测算中国上市公司治理总指数。本报告特别指出，公司治理涉及领域很广，很难形成全面的各分类指数，且不同方面的界限不能严格划清，因此，编制总指数，只能是一个"大约数"。这也可视为本报告的一个不那么"特色"的特色吧。

第 1 章　中国公司治理分类指数指标体系、计算方法和评价范围

如导论所述，公司治理涉及很多方面，如中小投资者权益保护、董事会治理、企业家能力、财务治理、信息披露、高管薪酬、社会责任（包括环境保护责任）、政府监管等诸多方面，本报告基于已经相对成熟的、连续出版的"中国上市公司治理分类指数报告系列"，只包括其中的中小投资者权益保护、董事会治理、企业家能力（含企业家的社会责任）、财务治理、自愿性信息披露、高管薪酬六个方面。

1.1　中国公司治理分类指数研究的两个关键问题

与已经出版的六类 17 部指数报告一样，本报告采取的方法是"指数"形式。在指数研究中，有两大关键问题，分别是指数涉及的指标体系选择和指标权重设计，这两个方面构成了指数研究的核心内容。

在指标体系选择上，考虑到公司治理是一个国际话题，以及全球经济一体化的发展，本报告在制定各类指数的指标体系时，既参照国际先进的公司治理规范，包括国际组织的公司治理准则和市场经济发达国家的公司治理准则，也借鉴国内外已有的公司治理评价研究结果，同时考虑国内既有的相关法律法规。如此确定的指标体系和评价结果接近国际标准，是对各类公司治理水平的真实反映。本报告基本沿用已出版的六类 17 部公司治理指数报告的评价体系，并根据国际、国内公司治理变化趋势对个别指标做了微调。

在指标权重设计上，目前常见的方法主要有专家打分法、因子分析法、层次分析法等。就技术层面而言，这些方法各有优劣，并没有一种公认的合理方法。具体而言，专家打分法是一种主观定权方法，其优势在于简单实用，容易构造指标权重，其不足在于主观性太强，对专家经验的依赖程度很高；因子分析法是一种客观定权方法，其优势在

于较为客观，通过提取主要因子的方法即可完成权重设计，其劣势在于随着时间的推移和数据的变化，各指标权重会发生变化，这将导致指数结果在年度之间不可比较，从而给跨年度分析带来困扰，而跨年度比较是本报告系列指数分析的一个重要内容；层次分析法是一种主观和客观相结合的方法，其优势在于将定性分析和定量分析相结合，用决策者的经验来判断和衡量目标能否实现的标准之间的相对重要程度，并给出每个决策方案的标准权重，它不仅适用于存在不确定性和主观信息的情况，还允许以合乎逻辑的方式运用经验、洞察力和直觉，由于其具有主观打分和客观定权相结合的特点，其劣势就在于同样会受到这两种因素的影响，同时其操作也相对复杂。

从近年来指数研究的情况来看，以算术平均值为指标权重（等权重）的处理方法得到了越来越多的青睐。例如，樊纲等（2011）[①] 在其得到广泛引用的《中国市场化指数》设计中，就使用算术平均值处理方法来替代以往使用的层次分析法，并且他们的稳健性分析表明，采用算数平均值处理方法得到的结果与采用其他方法得到的结果非常接近，这说明算术平均值处理方法是可行的，特别是在评价指标较多的情况下，更是如此。其他类似的研究还包括美国传统基金会（The Heritage Foundation）和加拿大弗雷泽研究所（The Fraser Institute）的"经济自由度测度"，以及香港中文大学的"亚洲银行竞争力测度"等项目。

本报告在指标权重选择方法上，对中小投资者权益保护、董事会治理、财务治理、自愿性信息披露四类指数以及公司治理总指数，均采用目前国际通行的等权重方法。但对企业家能力采用了层次分析法（AHP）。这主要是因为企业家能力指数的四个维度具有明显的重要性区分。具体方法将在以下各节中说明。

1.2　中国上市公司治理总指数计算方法

我们编制"中国上市公司治理分类指数"已经 13 年，一直没有编制总指数，也一直不主张编制总指数，原因已在导论中分析。但是，公司治理总指数并非没有必要，它可以给人一种总体的认识，并且易于传播。只是，这种总指数一定是在分类指数的基础上汇总而成的。问题在于，公司治理涉及领域很广，很难形成全面的各类指数，因此，即使编制总指数，也只能是一个"大约数"。我们编制了六类指数，尽管已经比较全面，但仍不能涵盖公司治理的全部内容，因此，尽管我们响应社会需求，在本年度开始编制公司治理总指数，但仍是一个"约数"。

[①]　樊纲等：《中国市场化指数：各地区市场化相对进程 2011 年报告》，经济科学出版社，2011。

如何在已编制的六类公司治理指数的基础上，形成公司治理总指数，我们尝试了比较流行的因子分析法，但正如前文所述，由于各年度的权重不同，指数结果在年度之间的可比性较差。于是，我们又回归到算数平均法。那么，六类公司治理指数如何取舍？不同类别的公司治理指数中的重复指标如何处理（尽管只是很少一部分）？在已开发的六类公司治理指数中，与其他五类公司治理指数都是百分制不同，高管薪酬指数由于衡量的是高管贡献与公司绩效的吻合度，因此 100 分是表示薪酬激励最适中的指数值。高管薪酬指数值越大，薪酬激励就越走向过度，指数值越小，薪酬激励越走向不足。据此，我们把高管薪酬激励区分为激励过度、激励适中、激励不足三个区间，并作为六类指数之一的财务治理指数的一个重要指标。因此，在编制公司治理总指数时就舍弃了高管薪酬指数，只把其他五类公司治理指数作为编制基础。至于不同类别公司治理指数中的重复指标，我们原计划只在一类指数中计算，但这样会削弱放弃该指标的那一类指数的重要性，而这种重要性是不能忽视的。比如"股东诉讼及赔偿情况"是中小投资者权益保护的重要方面，同时也是对董事进行约束的重要方面（因为董事会是全体股东的代理人），因此，在中小投资者权益保护指数和董事会治理指数中都有这个指标，这两类指数中的任何一类放弃该指标，都意味着该类指数的重要性降低。因此，我们最终选择不放弃。这意味着，在五类公司治理指数进行算术平均时，其实加大了那几个重复指标的权重，我们认为，对于涉及领域很广泛的公司治理指数编制来说，这应该是更科学的做法。

基于以上考虑，我们将计算得到的中小投资者权益保护指数（CCMII^{BNU}）、董事会治理指数（CCBI^{BNU}）、企业家能力指数（CCEI^{BNU}）、财务治理指数（CCFI^{BNU}）和自愿性信息披露指数（CCVDI^{BNU}）进行加总并进行简单平均，得到中国上市公司治理总指数，其计算公式为：

$$CCGI^{BNU} = \frac{1}{5}(CCMII^{BNU} + CCBI^{BNU} + CCEI^{BNU} + CCFI^{BNU} + CCVDI^{BNU})$$

公式中，CCGI^{BNU}代表中国上市公司治理总指数（"北京师范大学公司治理总指数"）。

1.3 中小投资者权益保护指数指标体系及计算方法

1.3.1 中小投资者权益保护指数指标体系

本报告基于国际规范的中小投资者权益保护规范，同时考虑中国中小投资者的立法和执法状况，从知情权、决策与监督权、收益权和维权环境四个维度来计算中小投资者权益保护指数，据此来评价上市公司的中小投资者权益保护质量，具体包括 4 个一级指标（维度）、37 个二级指标。其中，知情权维度包括 10 个二级指标，决策与监督权维度包括 11 个二级指标，收益权维度包括 7 个二级指标，维权环境维度包括 9 个二级指标（见表 1 - 1）。

表 1 - 1　中小投资者权益保护指数指标体系

一级指标	二级指标	评价标准
知情权（MIK）	1. 是否按时披露公司定期报告	包括一季度报、半年报、三季度报和年报，每项分值 0.25 分
	2. 年报预披露时间与实际披露时间是否一致	A. 基本一致（延后在 10 天之内，包括提前，1 分）； B. 差距较大（延后在 10～30 天，0.5 分）； C. 差距很大（延后在 30 天以上，0 分）
	3. 预告业绩与实际业绩是否一致	A. 实际的数据落入预测区间（1 分）； B. 没有落入预测区间（0 分）
	4. 公司是否因违规而被证监会、证交所等部门公开批评、谴责或行政处罚	A. 是（-1 分）；B. 否（0 分）
	5. 外部审计是否出具标准无保留意见	A. 是（1 分）；B. 否（0 分）
	6. 上市公司是否开通微信/微博/网站/投资者咨询电话或在线互动平台	重点关注网站、微博或微信、投资者咨询电话或在线互动平台三项，每一项分别赋分为 0.34 分、0.33 分、0.33 分
	7. 分析师关注度	用会计年度内分析师发布研究报告的次数衡量，标准化处理为 0～1 区间数值
	8. 是否详细披露独立董事过去 3 年的任职经历	A. 详细披露（1 分）； B. 笼统披露（0.5 分）； C. 未披露（0 分）
	9. 媒体关注度	用会计年度内主要财经媒体 * 报道次数衡量，标准化处理为 0～1 区间数值
	10. 是否披露可预见的财务风险因素	A. 是（1 分）；B. 否（0 分）
决策与监督权（MIE）	11. 是否采用网络投票制	A. 是（1 分）；B. 否（0 分）
	12. 是否实行累积投票制	A. 是（1 分）；B. 否（0 分）
	13. 是否采用中小投资者表决单独计票	A. 是（1 分）；B. 否（0 分）
	14. 独立董事比例	A. 独立董事比例≥2/3（1 分）； B. 1/2≤独立董事比例＜2/3（0.7 分）； C. 1/3≤独立董事比例＜1/2（0.35 分）； D. 独立董事比例＜1/3（0 分）
	15. 有无单独或者合计持有公司 10% 以上股份的股东提出召开临时股东大会	A. 是（1 分）；B. 否（0 分）
	16. 独立董事是否担任本公司董事长	A. 是（1 分）；B. 否（0 分）
	17. 有无单独或者合并持有公司 3% 以上股份的股东提出议案	A. 是（1 分）；B. 否（0 分）

续表

一级指标	二级指标	评价标准
决策与监督权（MIE）	18. 三个委员会是否设立（审计、提名、薪酬）	A. 0 个（0 分）； B. 1 个（0.35 分）； C. 2 个（0.7 分）； D. 3 个（1 分）
	19. 审计委员会主席是否由独立董事担任	A. 是（1 分）；B. 否（0 分）；C. 未披露（0 分）
	20. 独立董事的董事会实际出席率	公司所有独立董事实际出席董事会次数的总和/公司所有独立董事应出席董事会次数的总和
	21. 董事长是否来自大股东单位	A. 否（1 分）；B. 是（0 分）
收益权（MIR）	22. 个股收益率是否大于或等于市场收益率	A. 是（1 分）；B. 否（0 分）
	23. 现金分红	现金分红占净利润的比例（过去三年平均值），标准化处理为 0~1 区间数值
	24. 股票股利	股票股利情况，标准化处理为 0~1 区间数值
	25. 财务绩效	取 ROA，标准化处理为 0~1 区间数值
	26. 增长率	取营业收入增长率，标准化处理为 0~1 区间数值
	27. 是否 ST	A. 是（-1 分）；B. 否（0 分）
	28. 是否有中小股东收益权的制度安排（分红权）	A. 是（1 分）；B. 否（0 分）
维权环境（MII）	29. 股东诉讼及赔偿情况	A. 无股东诉讼（0 分）； B. 有股东诉讼无赔偿（-0.5 分）； C. 有股东诉讼且有赔偿（-1 分）
	30. 控股股东（实际控制人）是否因直接或者间接转移、侵占上市公司资产受到监管机构查处	A. 否（0 分）；B. 是（-1 分）
	31. 是否建立违规风险准备金制度	A. 是（1 分）；B. 否（0 分）
	32. 投资者关系建设情况	A. 详细披露投资者关系沟通细节或接待措施（1 分）； B. 只说明有《投资者关系管理制度》，但没有具体内容（0.5 分）； C. 关于投资者关系建设没有任何说明或者笼统说明（0 分）
	33. 董事会或股东大会是否定期评估内部控制	A. 有《报告》且有出处或全文（1 分）； B. 有《报告》但无出处或全文（0.5 分）； C. 没有《报告》（0 分）
	34. 各专门委员会是否在内部控制中发挥作用	A. 是（1 分）；B. 否（0 分）
	35. 是否披露存在重大内部控制缺陷	A. 重大缺陷（-1 分）； B. 重要缺陷（-0.7 分）； C. 一般缺陷（-0.35 分）； D. 无缺陷（0 分）
	36. 风险控制委员会设置情况如何	A. 设置且独董比例不低于 2/3（1 分）； B. 设置但独董比例低于 2/3（0.5 分）； C. 未设置（0 分）
	37. 是否存在股价异动	A. 否（0 分）；B. 是（-1 分）

注：＊主要财经媒体包括《中国证券报》《证券时报》《上海证券报》《证券日报》《中国改革报》《金融时报》《证券市场周刊》，入选标准为中国证监会指定信息披露媒体。

对于中小投资者权益保护指数指标体系，简要解释如下。

（1）知情权维度

知情权维度包括 10 个二级指标，主要考察中小投资者对于公司经营决策关键信息的知情权。其中，指标 1、2 和 3 从定期报告角度，评价中小投资者对公司经营定期报告知情权的掌握情况；指标 4 和 5 是从外部监管和审计角度，评价中小投资者对重大监管和审计事项知情权的掌握情况；指标 6 至 10 则是从中小投资者参与决策所需要的其他重要信息来评价中小投资者的知情权。

（2）决策与监督权维度

决策与监督权维度包括 11 个二级指标，主要考察中小投资者行使权利和监督代理人的情况。其中，指标 11、12 和 13 从直接角度评价中小投资者行使权利和监督代理人情况；指标 14 至 21 从间接角度评价中小投资者行使权利和监督代理人情况。

（3）收益权维度

收益权维度包括 7 个二级指标，主要考察上市公司为中小投资者提供的投资回报情况，是中小投资者权益保护的目标。其中，指标 22、23 和 24 从直接收益角度评价上市公司中小投资者回报情况；指标 24 至 28 从间接收益和制度角度评价上市公司中小投资者回报情况。

（4）维权环境维度

维权环境维度包括 9 个二级指标，主要考察中小投资者权益维护方面的制度建设情况。其中，指标 29 和 30 主要是从行政司法角度反映中小投资者的权益维护；指标 31 至 36 主要是从内部治理角度反映中小投资者的权益维护；指标 37 则是从股价波动角度反映中小投资者的权益维护。

1.3.2　中小投资者权益保护指数计算方法

首先要考虑计分方法。按计分方法分类，中小投资者权益保护指数指标体系中的 37 个二级指标可以分为三类：一是 0/1（或 –1/0）变量，使用该种计分方法的二级指标有 19 个，包括指标 3、4、5、10、11、12、13、15、16、17、19、21、22、27、28、30、31、34 和 37；二是程度变量，按照某个指标的质量高低对指标进行分层，使用该种计分方法的二级指标有 11 个，包括指标 1、2、6、8、14、18、29、32、33、35 和 36；三是连续变量，有的比例指标数据本身就是连续数据，在 ［0，1］ 区间，可以直接采用原始数据，这类指标有 1 个，即指标 20；有的指标数据尽管是连续数据，但超越 ［0，1］ 区间，通过标准化①折算到 ［0，1］ 区间，这类指标有 6 个，包括指标 7、

---

① 标准化的方法为：标准化数值 =（指标得分 – 样本最小值）/（样本最大值 – 样本最小值）。

9、23、24、25、26。

接着要考虑权重的确定。我们认为，本报告所选择的中小投资者权益保护指数的四个维度（一级指标）和 37 个指标（二级指标）并无孰轻孰重的区分，因此，为了避免主观性偏差，在计算中小投资者权益保护指数时，不论是四个维度还是每个维度内的单个指标，都采用算术平均值（等权重）处理方法来设定指标权重，即首先针对某个一级指标内的所有二级指标进行等权重计算，然后对四个一级指标进行等权重计算，以此得出中小投资者权益保护指数。具体计算方法如下。

（1）二级指标赋值：根据表 1-1 对每个二级指标 I_i（$i = 1,2,\cdots,37$）进行打分和计算，使每个二级指标的取值均位于 0~1 的数值区间。

（2）计算四个分项指数：对隶属于同一个一级指标的二级指标的得分进行简单平均，并转化为百分制，得到四个一级指标得分，即中小投资者知情权分项指数、中小投资者决策与监督权分项指数、中小投资者收益权分项指数和中小投资者维权环境分项指数。具体计算公式如下：

$$MIK = \frac{1}{10}(\sum_{i=1}^{10} I_i + 1) \times 100$$

$$MIE = \frac{1}{11}\sum_{i=11}^{21} I_i \times 100$$

$$MIR = \frac{1}{7}(\sum_{i=22}^{28} I_i + 1) \times 100$$

$$MII = \frac{1}{9}(\sum_{i=29}^{37} I_i + 4) \times 100$$

公式中，MIK、MIE、MIR 和 MII 分别代表知情权分项指数、决策与监督权分项指数、收益权分项指数和维权环境分项指数。

需要特别说明的是，由于知情权分项指数、收益权分项指数和维权环境分项指数中几个二级指标（指标 4、27、29、30、35、37）有部分负分取值，为了保证所有四个一级指标（维度）都位于 [0，100] 区间，在对每个一级指标（维度）进行分项指数计算时，对负值进行简单调整，即对负分指标加上一个相应的正值，从而使每个分项指数落在 [0，100] 区间，具体就是对涉及的一级指标 MIK、MIR 和 MII，分别加上正值 1、1、4。

但是，这种方法对于获得负分（即应处罚或谴责）的企业，无异于是一种"奖励"。因此，为保证真实性和客观性，在相应的分项指数计算出来后，需要对这些企业扣减与负分相对应的分值。对于每个负分项，扣减的分值是：$\frac{1}{n} \times 100$，式中，n 是负分项所在分项指数所包含的指标数。

具体而言，在知情权分项指数（MIK）中，有 10 个指标，其中有 1 个负分指标（二级指标 4），对得负分的企业，需要在该分项指数中扣减 $\frac{1}{10} \times 100$ 分。在收益权分项指数（MIR）中，有 7 个指标，其中有 1 个负分指标（二级指标 27），需要在该分项指数中扣减 $\frac{1}{7} \times 100$ 分。在维权环境分项指数（MII）中，有个 9 指标，其中有 4 个负分指标（二级指标 29、30、35 和 37），对于得 –1 分的企业，均扣减 $\frac{1}{9} \times 100$ 分。需要注意的是，指标 29 和 35 是程度指标，以指标 35 为例，企业有 –1、–0.7、–0.35 和 0 四个不同得分，对于得分为 –0.7 的企业，扣减 $\frac{0.7}{9} \times 100$ 分；对于得分为 –0.35 的企业，则扣减 $\frac{0.35}{9} \times 100$ 分。如果扣减后分项指数出现负分情况，则该分项指数最低为 0 分。

这种扣减分方法从 2017 年开始采用，其中"29. 股东诉讼及赔偿情况"是 2018 年评价时由原来的正分项调整为负分项的，为了使不同年度具有可比性，对之前年度的中小投资者权益保护指数数据库也进行了同样的调整。本次评价仍采用这种方法对指数进行调整。

（3）计算总指数：将根据二级指标计算得到的一级指标进行加总并进行简单平均，便得到中国上市公司中小投资者权益保护指数，其计算公式为：

$$CCMII^{BNU} = \frac{1}{4}(MIK + MIE + MIR + MII)$$

公式中，$CCMII^{BNU}$ 代表中国上市公司中小投资者权益保护指数（"北京师范大学中小投资者权益保护指数"）。

1.4　董事会治理指数指标体系及计算方法

1.4.1　董事会治理指数指标体系

本报告以董事会治理质量评价为核心，以《上市公司治理准则》为基准，综合考虑《公司法》《证券法》《关于在上市公司建立独立董事制度的指导意见》等国内有关上市公司董事会治理的法律法规，以及《G20/OECD 公司治理准则》（2015）和标准普尔公司治理评级系统等国际组织和机构有关公司治理的准则指引，借鉴国内外已有的董事会评价指标体系，从董事会结构、独立董事独立性、董事会行为和董事激励与约束四个维度、38 个指标对董事会治理质量通过指数形式做出评价。其中董事会结构维度包括 12 个二级指标，独立董事独立性维度包括 10 个二级指标，董事会行为维度包括 7 个二级指标，董事激励与约束维度包括 9 个二级指标（见表 1 - 2）。

表 1 - 2 董事会治理指数指标体系

一级指标	二级指标	评价标准
董事会结构（BS）	1. 外部董事比例	A. 独立董事比例≥2/3（1 分）； B. 独立董事比例 < 2/3，外部董事比例≥2/3（0.7 分）； C. 1/2≤外部董事比例 < 2/3（0.35 分）； D. 外部董事比例 < 1/2（0 分）
	2. 有无外部非独立董事	A. 有（1 分）；B. 无（0 分）
	3. 两职分离	A. 是（1 分）；B. 否（0 分）
	4. 董事长是否来自大股东单位	A. 否（1 分）；B. 是（0 分）
	5. 有无小股东代表（是否实行累积投票制）	A. 是（1 分）；B. 否（0 分）
	6. 有无职工董事	A. 有（1 分）；B. 无（0 分）
	7. 董事学历	A. 博士（1 分）； B. MBA（1 分）； C. EMBA（1 分）； D. 其他类型硕士（1 分）； E. 学术硕士（1 分）； F. 本科（0.7 分）； G. 专科（0.35 分）； H. 高中及以下（0 分）； I. 未披露（0 分）
	8. 年龄超过 60 岁（包括 60 岁）的董事比例	A. 比例≥1/3（0 分）；B. 比例 < 1/3（1 分）
	9. 审计委员会设置情况	A. 设置且独立董事比例为 100%（1 分）； B. 设置但独立董事比例低于 100% 或未披露独董比例（0.5 分）； C. 未设置或未披露（0 分）
	10. 薪酬委员会设置情况	A. 设置且独立董事比例不低于 50%（1 分）； B. 设置且独立董事比例低于 50% 或未披露独董比例（0.5 分）； C. 未设置或未披露（0 分）
	11. 提名委员会设置情况	A. 设置且独立董事比例不低于 50%（1 分）； B. 设置且独立董事比例低于 50% 或未披露独董比例（0.5 分）； C. 未设置或未披露（0 分）
	12. 合规委员会设置情况	A. 在董事会下设置（1 分）； B. 在经营层下设置（0.5 分）； C. 未设置（0 分）

一级指标	二级指标	评价标准
独立董事独立性 （BI）	13. 审计委员会主席是否由独立董事担任	A. 是（1 分）； B. 否（0 分）； C. 未披露（0 分）
	14. 独立董事中有无财务专家	A. 有（1 分）；B. 无（0 分）
	15. 独立董事中有无法律专家	A. 有（1 分）；B. 无（0 分）
	16. 独立董事中有无其他企业高管	A. 有（1 分）；B. 无（0 分）
	17. 独立董事中是否有人曾就职于政府部门或人大、政协（人大、政协可以是现任）	A. 否（1 分）；B. 是（0 分）
	18. 独立董事是否担任本公司董事长	A. 是（1 分）；B. 否（0 分）
	19. 在多家公司担任独立董事情况（包括本公司）	A. 只有 1 家（1 分）； B. 2～3 家（0.5 分）； C. 4 家及以上（0 分）
	20. 独立董事董事会实际出席率	公司所有独立董事实际出席董事会次数的总和/公司所有独立董事应出席董事会次数的总和
	21. 独立董事津贴是否超过 10 万元（税前，不包括 10 万元）	A. 是（0 分）；B. 否（1 分）
	22. 是否详细披露独立董事过去 3 年的任职经历	A. 详细披露（1 分）； B. 笼统披露（0.5 分）； C. 未披露（0 分）
董事会行为（BB）	23. 内部董事与外部董事是否有明确的沟通制度	A. 是（1 分）；B. 否（0 分）
	24. 投资者关系建设情况	A. 详细披露投资者关系沟通细节或接待措施（1 分）； B. 只说明有《投资者关系管理制度》，但没有具体内容（0.5 分）； C. 关于投资者关系建设没有任何说明或者笼统说明（0 分）
	25. 是否存在董事会提交的决议事项或草案被股东大会撤销或者否决的情况	A. 否（1 分）；B. 是（0 分）
	26.《董事会议事规则》的说明	A. 详细介绍议事规则（1 分）； B. 只作一般性说明（0.5 分）； C. 未披露任何信息（0 分）
	27. 财务控制	作者同期"财务治理指数"中"财务控制分项指数（FC）"[①]得分转化为[0,1]的得分区间，即 FC/100
	28. 董事会是否有明确的高管考评和激励制度	A. 是（1 分）；B. 否（0 分）
	29. 股东大会（包括临时股东大会）股东出席率	A. 完全披露（1 分）； B. 不完全披露（0.5 分）； C. 不披露（0 分）

一级指标	二级指标	评价标准
董事激励与约束 （BIR）	30. 执行董事薪酬是否与其业绩相吻合	根据作者同期"高管薪酬指数"②中"激励区间"进行判断，如激励适中，则得 1 分；过度或不足，则得 0 分
	31. 股东诉讼及赔偿情况	A. 无股东诉讼（0 分）； B. 有股东诉讼无赔偿（ - 0.5 分）； C. 有股东诉讼且有赔偿（ - 1 分）
	32. 董事会成员是否遭到监管机构处罚或谴责	A. 否（0 分）；B. 是（ - 1 分）
	33. 是否有明确的董事考核或薪酬制度	A. 是（1 分）；B. 否（0 分）
	34. 是否公布董事考评/考核结果	A. 是（1 分）；B. 否（0 分）
	35. 是否披露董事薪酬情况	A. 逐一披露（1 分）： B. 笼统披露（0.5 分）； C. 无披露（0 分）
	36. 是否有董事会会议记录或者董事会备忘录	A. 是（1 分）；B. 否（0 分）
	37. 是否有董事行为准则相关的规章制度	A. 是（1 分）；B. 否（0 分）
	38. 独立董事是否明确保证年报内容的真实性、准确性和完整性或不存在异议	A. 是（1 分）；B. 否（0 分）

注：①作者同期完成的"中国上市公司财务治理指数"从财权配置、财务控制、财务监督和财务激励四个方面来评价上市公司财务治理水平，其中财务控制包括 8 个二级指标，主要考察企业的财务权力执行过程，包括企业是否有一个健全的内部控制体系和风险控制体系等；②作者同期完成的"中国上市公司高管薪酬指数"以调整后的高管薪酬与营业收入的比值为高管薪酬合理性评价标准，并按照四分之一分位数法将所有上市公司分为激励不足、激励适中和激励过度三类。由于执行董事均为公司高管，高管薪酬与执行董事薪酬基本上是等价的。

对于董事会治理指数指标体系，简要解释如下。

（1）董事会结构维度

董事会结构维度衡量董事会成员构成和机构设置情况，侧重从形式上评价董事会结构的有效性，包括编号 1 ~ 12 的 12 个二级指标。其中，指标 1 和 2 衡量董事会成员构成中独立董事和外部董事情况。指标 3 和 4 衡量董事长的独立性。指标 5 和 6 衡量董事会中有无小股东和职工等利益相关者代表。由于很多公司没有明确说明哪位董事是小股东代表，而累积投票制是反映小股东参与治理的重要指标，因此，可以用指标"是否实行累积投票制"来代替指标"有无小股东代表"。指标 7 和 8 衡量董事成员的学历和年龄构成。指标 9 ~ 12 衡量董事会下设专门委员会情况，主要包括审计、薪酬、提名和合规四个委员会，尤其是合规委员会为本年度新增的指标，以反映近年来合规管理在董事会治理中日益突出的重要性。

（2）独立董事独立性维度

独立董事独立性维度衡量独立董事专业素质和履职情况，主要从形式上来评价独立董事的独立性，包括指标编号 13～22 的 10 个二级指标。指标 13 "审计委员会主席是否由独立董事担任"之所以单独提出来，是因为审计委员会的设置主要是为了提高公司财务信息的可靠性和诚信度，提高审计师的独立性，防范舞弊或其他违规和错误等。对于审计委员会来说，它的独立性可以说是确保审计委员会有效性的前提，审计委员会的主席由独立董事来担任相对另外两个委员会来说更重要。指标 14～17 反映独立董事的背景及来源。指标 18 反映独立董事作用的发挥和董事长参与决策和监督的独立性。指标 19 反映独立董事的时间、精力投入程度，同时在多家公司担任独立董事可能会限制独立董事时间和精力的分配。指标 20 是反映独立董事履职情况的非常重要的指标。指标 21 从报酬上反映独立董事独立于公司的情况。独立董事要保证其独立性，就不应该以从公司领取报酬为目的，津贴只是对独立董事履职的一种象征性鼓励，与公司规模或利润无关。10 万元津贴标准的制定参考了纽约证券交易所 10 万美元的相关规定。指标 22 反映董事会对独立董事任职情况的披露是否详细，以使股东尤其是中小股东能够判断独立董事是否满足独立性的基本要求。

（3）董事会行为维度

董事会行为维度侧重从实质上来衡量董事会的实际履职情况，主要是相关制度的建立及其执行情况，包括编号 23～29 的 7 个二级指标。其中，指标 23 反映外部董事信息获取及其与内部董事沟通制度的建设情况。指标 24 反映董事会作为投资人的代理人对投资者关系的重视和维护情况。指标 25 反映董事会的决策质量和违反股东意志的情况。指标 26 衡量董事会运作的规范性。《上市公司治理准则》对此有明确规定，其中第四十四条明确指出"上市公司应在公司章程中规定规范的董事会议事规则，确保董事会高效运作和科学决策"。指标 27 反映董事会对公司内部控制和风险控制的监督与执行情况。《G20/OECD 公司治理指引》（2015）对此给予特别强调，该《指引》指出：董事会应"确保公司会计和财务报告系统（包括独立审计）的完整性，并确保适当的管理控制系统到位，特别是风险管理系统、财务和经营控制系统，以及合规系统"。指标 28 反映董事会关于高管考评制度的建立情况，因为对高管的考评是董事会的重要职能。指标 29 反映董事会作为股东大会的召集人，对股东大会召开效果的披露情况。

（4）董事激励与约束维度

董事激励与约束维度衡量董事激励和约束制度的建立和执行情况，主要从实质上评价董事激励与约束机制，尤其是约束机制的有效性，包括编号 30～38 的 9 个二级指标。其中指标 30 考察执行董事薪酬激励的合理性。执行董事是公司经营者，经营者的薪酬必须与其贡献相对应，对此，标准普尔公司治理评价系统中有明确说明，即薪酬应该与绩效匹配（performance based pay）。指标 31 考察董事会对股东是否尽到了受托责任，其中赔偿情况反映董事会对股东利益诉求的反馈是否到位。指标 32 通过考察外部监管机构的介入来反映董事会的履职是否合规。指标 33、34 和 35 考察董事薪酬制度的建立与执行情况。《G20/OECD 公司治理准则》（2015）、《标准普尔公司治理评价系统》，以及中国的《上市公司治理准则》对于董事薪酬制度都有相关规定。中国《上市公司治理准则》第 72 条规定："董事会、监事会应当向股东大会报告董事、监事履行职责的情况、绩效评价结果及其薪酬情况，并予以披露。"指标 36 考察董事会的履职程序是否完备。董事会会议记录或董事会备忘录一经董事会通过，便对董事具有法律约束力。中国《上市公司治理准则》第 47 条规定："董事会会议记录应完整、真实，董事会秘书对会议所议事项要认真组织记录和整理，出席会议的董事、董事会秘书和记录人应在会议记录上签名，董事会会议记录作为公司重要档案妥善保存，以作为日后明确董事责任的重要依据。"指标 37 考察董事行为准则等制度的完备和执行。《G20/OECD 公司治理准则》（2015）中指出："董事会应当适用严格的职业道德标准，应当考虑利益相关者的利益。"指标 38 考察独立董事对董事会的约束作用。《G20/OECD 公司治理准则》（2015）明确指出："董事会应当对公司风险管理系统的监督以及确保报告系统的完整性承担最终责任。"该指标对独立董事自身（涉及明晰责任问题）和董事会整体均具有约束作用。

1.4.2 董事会治理指数计算方法

首先是计分方法。董事会治理指数指标体系中的 38 个二级指标，按赋值方法可以分为三类。第一类是 0/1（或 -1/0）变量，使用该种赋值方法的指标有 23 个，包括指标 2、3、4、5、6、8、13、14、15、16、17、18、21、23、25、28、30、32、33、34、36、37、38，这类指标以董事会治理有效性为判断依据，有利于董事会治理有效性得 1分，否则得 0 分，例如指标 "3. 两职分离"，董事长和总经理两职分离有利于董事长独立性的发挥，本指标如果选 "是" 则赋值 1 分，否则赋值 0 分。指标 "32. 董事会成员是否遭到监管机构处罚或谴责" 为 -1/0 指标，即惩罚性指标，如果受到处罚或谴责，则赋值 -1 分，否则赋值 0 分。需要说明的是，有些指标，如 "13. 审计委员会主席是否由独立董事担任"，对于董事会的独立性非常重要，应该向其代理人（即全体股东）披露，对于不披露者，要赋值 0 分，以促使公司向全体股东披露这些信息。第二类是程度变量，按照某个指标的质量高低对指标分层赋值，使用该种赋值方法的指标有 13 个，包括指标 1、7、9、10、11、12、19、22、24、26、29、31、35。其中，指标 9、10、

11、26、29 在 2013 年和 2015 年两次评估时为 0/1 变量，2016 年起改为程度变量，以使评价更加严谨；此外，指标 12 为 2018 年新增指标，使得对董事会结构的考察更加全面。第三类是连读变量，有 2 个指标，即指标 20 和 27，取值在［0，1］区间内。

其次是权重确定。我们认为，本报告所选择的董事会治理指数的四个维度（一级指标）和 38 个指标（二级指标）并无孰轻孰重的区分，因此，为了避免主观性偏差，在计算董事会治理指数时，不论是四个维度还是每个维度内的单个指标，都采用算术平均值（等权重）处理方法来设定指标权重，即首先针对某个一级指标内的所有二级指标进行等权重计算，然后对所有一级指标进行等权重计算，以此得出董事会治理指数。具体计算方法如下。

（1）二级指标赋值：根据赋值标准对每个上市公司的二级指标 B_i（$i = 1,2,\cdots,38$）进行打分和计算，使每个二级指标的取值均位于 0~1 的数值区间。其中，指标 B_{27} "财务控制"调用作者同期"财务治理指数"中"财务控制分项指数（FC）"得分，指标 B_{30} "执行董事薪酬是否与其业绩相吻合"调用作者同期"高管薪酬指数"中"激励区间"数据。

（2）计算四个分项指数：对隶属于同一个一级指标的二级指标的得分进行简单平均，并转化为百分制，得到四个一级指标得分，即董事会结构分项指数、独立董事独立性分项指数、董事会行为分项指数和董事激励与约束分项指数。具体计算公式如下。

$$BS = \frac{1}{12}\sum_{i=1}^{12} B_i \times 100$$

$$BI = \frac{1}{10}\sum_{i=13}^{22} B_i \times 100$$

$$BB = \frac{1}{7}\sum_{i=23}^{29} B_i \times 100$$

$$BIR = \frac{1}{9}\left(\sum_{i=30}^{38} B_i + 2\right) \times 100$$

其中，BS、BI、BB 和 BIR 分别代表董事会结构分项指数、独立董事独立性分项指数、董事会行为分项指数、董事激励与约束分项指数。

需要特别说明的是，在董事激励与约束分项指数中，指标 31 和 32 为负分取值。为保证该分项指数与其他三个分项指数一样都位于［0，100］区间，对负值进行简单调整，即对得负分的指标 31 和 32 分别加上一个相应的正值，具体而言就是对涉及负分指标的一级指标 BIR 加上正值 2。

但是，这种方法对于获得负分（即应处罚或谴责）的企业，无异于一种"奖励"。因此，为保证真实性和客观性，在董事激励与约束分项指数计算出来后，需要对这些企业扣减与负分相对应的分值 $\frac{1}{9} \times 100$ ，式中，9 是该分项指数的指标数。对于指标 31 "股东诉讼及赔偿情况"，其评分为 -1、-0.5 和 0，对于得分为 -1 的企业需要对该分项指数扣减 $\frac{1}{9} \times 100$ 分，对于得分 -0.5 的企业需要扣减 $\frac{0.5}{9} \times 100$ 分。如果扣减后该分项指数出现负分情况，则该分项指数最低为 0 分。

这种扣减分方法从 2017 年开始采用，其中"31. 股东诉讼及赔偿情况"是 2018 年评价时由原来的正分项调整为负分项的，为了使不同年度具有可比性，对之前年度的董事会治理指数数据库也进行了同样的调整。本次评价仍采用这种方法对指数进行调整。

（3）计算总指数：四个一级指标（董事会结构、独立董事独立性、董事会行为、董事激励与约束）的得分简单平均，得到中国上市公司董事会治理指数。

$$CCBI^{BNU} = \frac{1}{4}(BS + BI + BB + BIR)$$

上面公式中，$CCBI^{BNU}$ 代表中国上市公司董事会治理指数（"北京师范大学董事会治理指数"）。

1.5　企业家能力指数指标体系及计算方法

1.5.1　企业家能力指数指标体系

企业家能力并不是孤立的单一能力，而是多种能力的集合，即企业家能力是一种能力束。第一，企业家的人力资本是企业家能力的基础，可以通过其受教育程度、相关工作经验、在位工作时间等来测量。第二，企业家的战略领导能力对企业发展具有关键作用，尤其是在当今企业内外部环境瞬息万变的时代，企业家是否具有战略领导能力成为企业能否获得持续发展的决定性因素。第三，关系网络能力也是企业家能力的一个重要方面。人们常常发现，一个企业的成败往往与企业家是否拥有广泛的社会交往和联系紧密相关。国外许多研究发现，公司高管的社会背景作为公司的一个特性，如同公司的股权结构、多元化经营一样，会对公司价值产生影响。第四，企业家的社会责任能力是企业作为社会细胞对社会的贡献能力。企业发展史不断警示人们，企业想要实现可持续发展，应着眼于企业社会责任的建设，其中不仅包括对股东的经济责任，还包括对企业其他利益相关者的社会责任。

基于此，本报告从企业家的人力资本、关系网络能力、社会责任能力和战略领导能力四个方面来计算企业家能力指数，据此来评价上市公司的企业家能力，具体包括4个一级指标（维度）和31个二级指标。其中，人力资本维度包括7个二级指标，关系网络能力维度包括9个二级指标，社会责任能力维度包括8个二级指标，战略领导能力维度包括7个二级指标（见表1-3）。

表1-3 企业家能力指数指标体系

一级指标	二级指标	评价标准
人力资本（EH）	1. 企业家（CEO）的最高学历	A. 博士(1分)； B. MBA(1分)； C. EMBA(1分)； D. 其他类型硕士(1分)； E. 学术硕士(1分)； F. 本科(0.7分)； G. 专科(0.35分)； H. 高中及以下(0分)； I. 未披露(0分)
	2. 企业家工作年限	A. 0~10年(0分)； B. 10~20年(0.35分)； C. 20~30年(0.7分)； D. 30年及以上(1分)
	3. 企业家工作经历的变更	A. 3家及以上(1分)； B. 1~2家(0.5分)； C. 0家(0分)
	4. 是否担任其他公司的独立董事	A. 是(1分)；B. 否(0分)
	5. 是否有海外留学经历(半年以上)	A. 是(1分)；B. 否(0分)
	6. 是否有海外工作经历(半年以上)	A. 是(1分)；B. 否(0分)
	7. CEO的选聘路径	A. 外部选聘(1分)； B. 内部提拔(0分)； C. 未披露(0分)
关系网络能力（EN）	8. 政府官员是否到企业访问	A. 省部级及以上(1分)； B. 地市及以下(0.5分)； C. 否(0分)
	9. CEO是否陪同政府官员出国访问	A. 省部级及以上(1分)； B. 地市及以下(0.5分)； C. 否(0分)
	10. 是否担任党代表	A. 全国及省级(1分)； B. 地市及以下(0.5分)； C. 否(0分)
	11. 是否担任人大代表	A. 全国及省级(1分)； B. 地市及以下(0.5分)； C. 否(0分)
	12. 是否担任政协委员	A. 全国及省级(1分)； B. 地市及以下(0.5分)； C. 否(0分)

续表

一级指标	二级指标	评价标准
关系网络能力 （EN）	13. 是否在军队任过职	A. 是（1 分）；B. 否（0 分）
	14. CEO 任职期间是否获得相关荣誉称号	A. 全国及省级（1 分）； B. 地市及以下（0.5 分）； C. 否（0 分）
	15. 是否在行业协会任职	A. 全国及省级（1 分）； B. 地市及以下（0.5 分）； C. 否（0 分）
	16. 是否曾经在政府部门任职	A. 全国及省级（1 分）； B. 地市及以下（0.5 分）； C. 否（0 分）
社会责任能力 （ER）	17. 企业是否在本年度捐赠慈善事业	A. 是（1 分）；B. 否（0 分）
	18. 是否在非营利组织兼职（如理事等）	A. 是（1 分）；B. 否（0 分）
	19. 本年度 CEO 个人是否被证监会谴责	A. 否（0 分）；B. 是（-1 分）
	20. 企业是否有产品质量、安全和环境投诉事件	A. 否（0 分）；B. 是（-1 分）
	21. 员工收入增长率是否不低于公司利润增长率	A. 是（1 分）；B. 否（0 分）
	22. 现金分红	标准化
	23. 是否有贷款诉讼	A. 否（0 分）；B. 是（-1 分）
	24. 股东诉讼及赔偿情况	A. 无股东诉讼（0 分）； B. 有股东诉讼无赔偿（-0.5 分）； C. 有股东诉讼且有赔偿（-1 分）
战略领导能力 （ES）	25. 高管贡献	标准化
	26. 国际化程度	海外收入/总收入，标准化
	27. 企业员工数	标准化
	28. 企业总资产	标准化
	29. 企业在行业中的地位	按行业（18）标准化
	30. 企业有无完整的 ERP 系统	A. 有（1 分）；B. 无（0 分）
	31. 企业有无制定战略目标和计划	A. 有（或披露）（1 分）；B. 无（或没有披露）（0 分）

对于企业家能力指数指标体系，简要解释如下。

（1）人力资本维度

企业家人力资本维度包括 7 个二级指标，可以通过其受教育程度、相关工作经验、在位工作时间等来测量。其中，指标 1 和 5 从教育角度评价企业家的人力资本水平；指标 2 从工作年限角度评价企业家的人力资本水平；指标 3、4、6 和 7 从企业家个人工作经历角度评价其人力资本水平。这里需要说明的是，指标 7 中，集团内或企业内的选聘，大股东派出并任命的 CEO 均属于内部任命。

（2）关系网络能力维度

企业家关系网络能力维度包括 9 个二级指标，主要包括企业家是否有完善的政府关系和社会关系等。其中，指标 8、9、10、11、12、13 和 16 评价企业家与政府的关系网络能力；指标 14 和 15 评价企业家在行业中的关系网络能力。

（3）社会责任能力维度

企业家社会责任能力维度包括 8 个二级指标，主要考察企业家在社会责任方面做出的贡献。其中，指标 17 和 18 从公益事业角度评价企业家的社会责任；指标 19、20、21、22 和 23 从公司主要利益相关者（政府、客户、员工、股东、债权人等）角度评价企业家的社会责任；指标 24 评价股东的诉讼请求及实现，该指标是 2016 年评价时新增加的指标，为了体现对股东权益保护的重视，本年度特将存在股东诉讼的公司调整为负分取值。需要注意的是，企业家对社会公益的贡献不是以绝对额来衡量的，而是以公益行为来衡量的，因为企业规模和利润不同，对社会公益的贡献额度必然有差异，但爱心无价。

（4）战略领导能力维度

企业家战略领导能力维度包括 7 个二级指标。其中，指标 25 "高管贡献"指的是剔除企业资产规模、负债比率、增长机会、第一大股东持股比例、政府补贴和行业等影响因素后，高管对企业业绩的实际贡献，反映了高管努力的实际结果。该指标利用企业业绩回归的残差（即实际企业业绩与估计企业业绩的差值）代表高管贡献，由于残差有正有负，因此我们将残差形式的高管贡献指标进一步标准化，将其转化为位于 ［0，1］区间的小数。指标 26 评价企业家在任期间公司的国际化水平；指标 27 和 28 评价企业家对企业人员和资产的控制能力；指标 29 评价企业家在任期间企业的行业地位，由企业的营业收入按行业（19 个①）进行标准化来计算；指标 30 评价企业家在任期间企业的办公现代化程度；指标 31 评价企业家在任期间企业的战略规划，反映企业家的长远规划能力。

1.5.2　企业家能力指数计算方法

首先是计分方法。企业家能力指数指标体系中的 31 个二级指标可以分为四类。第一类是 0/1（或 -1/0）变量，使用该种计分方法的二级指标有 13 个，包括指标 4、5、6、7、13、17、18、19、20、21、23、29 和 30。第二类是程度变量，按照某个指标的质量高低对指标进行分层，使用该种计分方法的二级指标有 12 个，包括指标 1、2、3、

---

① 按中国证监会《上市公司行业分类指引》（2012 年修订），上市公司分为 19 个行业。

8、9、10、11、12、14、15、16 和 24。第三类变量为连续变量，为便于分析，我们将其标准化为［0，1］区间，使用该种计分方法的二级指标有 5 个，包括指标 22、25、27、28、29。需要说明的是，第 22 个指标在 2016 年之前的评价中是 0/1 变量，2016 年评价开始改为标准化后的连续变量，这种改变更能反映公司现金分红的客观实际。第四类变量是比值，使用该变量的指标只有 1 个，即指标 26。考虑到该指标过小，为便于分析，也进行了标准化。

然后是权重确定。我们认为，企业家能力指数的四个维度具有明显的重要性区分。最重要的当属企业家的战略领导能力，这是企业家自身能力大小的最重要的现实体现；其次是企业家的社会责任能力，它关系到企业的可持续发展；再次是企业家的人力资本，它反映的是企业家的潜在能力，需要一些因素（如市场竞争、权责清晰、薪酬和声誉激励、内外部约束等）把它们激发出来；最后是企业家的关系网络能力。在中国，关系网络曾被视为企业家的重要能力，在畸形的政商关系下往往被异化，但正常的关系网络还是有必要的。总之，企业家能力指数的四个维度按重要性依次是：战略领导能力、社会责任能力、人力资本、关系网络能力。

由于能够很容易确定四个维度重要性的顺序，因此，本报告采用 AHP 方法来确定四个维度的权重，但每个维度内的二级指标是难以区分重要性的，因此，仍然采用等权重方法。

AHP 方法是国际上比较常用的一种确定权重的方法，由美国学者萨蒂（T. L. Saaty）于 20 世纪 70 年代初提出。AHP 方法是一种解决多目标复杂问题的定性与定量相结合的决策分析方法。它不仅适用于存在不确定性和主观信息的情况，还允许以合乎逻辑的方式运用经验、洞察力和直觉。使用 AHP 方法的基本步骤如下。

（1）建立层次结构模型

在深入分析的基础上，将各个因素按照不同属性自上而下地分解成若干层次，同一层的因素从属于上一层的因素或对上层因素有影响，同时又支配下一层的因素或受到下层因素的作用。最上层为目标层，通常只有 1 个因素，最下层通常为方案或对象层，中间可以有一个或几个层次，通常为准则或指标层。当准则过多（譬如多于 9 个）时，应进一步分解出子准则层。

（2）构造成对比较阵

从层次结构模型的第 2 层开始，对于从属于上一层每个因素的同一层因素，用成对比较法和 1～9 比较尺度构建成对比较矩阵，直到最下层。

（3）计算权向量并做一致性检验

对每个成对比较矩阵计算最大特征根及对应特征向量，利用一致性指标、随机一致性指标和一致性比率做一致性检验。若检验通过，特征向量（归一化后）即为权向量；若不通过，需重新构建成对比较阵。

（4）计算组合权向量并做组合一致性检验

计算最下层对目标的组合权向量，并根据公式做组合一致性检验，若检验通过，则可按照组合权向量表示的结果进行决策，否则需要重新考虑模型或重新构造那些一致性比率较大的成对比较阵。

在实际应用 AHP 法时，可使用已有的计算机软件来处理相关数据。因此，大多数情况下，我们要做的工作是对相关指标之间的重要性进行排序。在本报告中，为了计算企业家能力指数，需要确定各项指标在其所属体系中的权重。由于企业家能力指数指标体系的层次关系非常明确，我们仅需要确定指标的重要性比较矩阵。二级指标数目较多，各指标之间的重要性不易排序，因此将属于同一个一级指标的二级指标视为重要性相同。而对于四个一级指标（维度）而言，其重要性排序已如前所述。

本报告企业家能力指数的具体计算方法如下。

（1）二级指标赋值：根据评价标准对每个上市公司的 31 个二级指标 E_i（$i = 1$, $2, \cdots, 31$）进行打分和计算，使各个二级指标的取值均位于 0~1 的数值区间。

（2）计算四个分项指数：将隶属于同一个一级指标的二级指标得分进行相加，然后将该二级指标的得分转化成百分制，得到企业家人力资本分项指数、企业家关系网络能力分项指数、企业家社会责任能力分项指数、企业家战略领导能力分项指数。具体计算公式如下：

$$EH = \frac{1}{7} \sum_{i=1}^{7} E_i \times 100$$

$$EN = \frac{1}{9} \sum_{i=8}^{16} E_i \times 100$$

$$ER = \frac{1}{8} \left(\sum_{i=17}^{24} E_i + 4 \right) \times 100$$

$$ES = \frac{1}{7} \sum_{i=25}^{31} E_i \times 100$$

其中，EH 代表人力资本分项指数，EN 代表关系网络能力分项指数，ER 代表社会责任能力分项指数，ES 代表战略领导能力分项指数。

需要特别说明的是，由于企业家社会责任能力分项指数（维度）有四个二级指标（指标 19、20、23、24）有部分负分取值，为保证该分项指数与其他三个分项指数都位于［0，100］区间，在对企业家社会责任能力分项指数进行计算时，对负值进行简单调整，即对负分指标加上一个相应的正值。由于该分项指数有四个负分指标，故加上正值 4。

但是，这种方法对于获得负分（即应处罚或谴责）的企业，无异于一种"奖励"。因此，为保证真实性和客观性，在企业家能力分项指数计算出来后，对得负分的企业，需要扣减与负分相对应的分值。对于每个负分指标，扣减的分值是：$\frac{1}{8} \times 100$，式中，8 是企业家社会责任能力分项指数（维度）的二级指标数目。对于社会责任维度的二级指标 24 "股东诉讼及赔偿情况"，其取值为 −1、−0.5 和 0，因此，对于得分为 −1 的企业需要在该分项指数扣减 $\frac{1}{8} \times 100$ 分，对于得分为 −0.5 的企业需要扣减 $\frac{0.5}{8} \times 100$ 分。如果扣减后该分项指数出现负分情况，则该分项指数最低为 0 分。

这种扣减分方法自 2017 年度开始采用，其中 "24. 股东诉讼及赔偿情况" 是 2018 年评价时由原来的正分项调整为负分项的，为了使不同年度具有可比性，对之前年度的企业家能力指数数据库也进行了同样的调整。本次评价仍采用这种方法对指数进行调整。

（3）计算总指数：将四个一级指标（人力资本、关系网络能力、社会责任能力、战略领导能力）按照重要性进行排序。如前所述，我们认为，战略领导能力最为重要，其次是社会责任能力，再次是人力资本，最后是关系网络能力，我们据此构造成对比较矩阵，如表 1 − 4 所示。

表 1 − 4　企业家能力指数四个一级指标成对比较矩阵

企业家能力指数	人力资本	关系网络能力	社会责任能力	战略领导能力
人力资本	1	2	1/2	1/3
关系网络能力	1/2	1	1/3	1/4
社会责任能力	2	3	1	1/2
战略领导能力	3	4	2	1

我们通过计算权向量，并做了一致性检验，获得通过。最后，用 AHP 方法计算所得的权重依次为：人力资本 0.2207，关系网络能力 0.1804，社会责任能力 0.2695，战略领导能力 0.3294，由此得到某上市公司企业家能力指数：

$$CCEI^{BNU} = 0.2207 \times EH + 0.1804 \times EN + 0.2695 \times ER + 0.3294 \times ES$$

其中，$CCEI^{BNU}$ 代表中国上市公司企业家能力指数（"北京师范大学企业家能力指数"）。

1.6　财务治理指数指标体系及计算方法

1.6.1　财务治理指数指标体系

本报告基于国际财务报告准则和通行的财务治理规范，同时参考中国既有法律和规定，从财权配置、财务控制、财务监督和财务激励4个维度（一级指标）31个二级指标来计算财务治理指数，据此评价上市公司的财务治理质量。其中，财权配置维度包括9个二级指标，财务控制维度包括8个二级指标，财务监督维度包括8个二级指标，财务激励维度包括6个二级指标（见表1-5）。

表1-5　财务治理指数指标体系

一级指标	二级指标	评价标准
财权配置（FA）	1. 关联交易是否提交（临时）股东大会讨论通过	A. 是（1分）；B. 否（0分）
	2. 独立董事薪酬和高管股票期权是否通过（临时）股东大会	A. 两项都通过股东大会（如果没有高管股票期权，则只计独董薪酬一项）（1分）；B. 独立董事报酬通过股东大会（0.5分）；C. 高管股票期权通过股东大会（0.5分）；D. 两项都没有通过股东大会（0分）
	3. 两权分离度[1]	现金流权/控制权
	4. 董事会是否提出清晰的财务目标	A. 是（1分）；B. 否（0分）
	5. 内部董事与外部董事是否有明确的沟通交流制度	A. 是（1分）；B. 否（0分）
	6. 独立董事比例	A. 独立董事比例≥2/3（1分）；B. 1/2≤独立董事比例＜2/3（0.7分）；C. 1/3≤独立董事比例＜1/2（0.35分）；D. 独立董事比例＜1/3（0分）
	7. 独立董事中是否有财务或会计方面的专家	A. 是（1分）；B. 否或未披露（0分）
	8. 董事长和总经理是否两职分离	A. 是（1分）；B. 否（0分）
	9. CFO是否具有高级职称或相关资格认证	A. 是（1分）；B. 否或未披露（0分）
财务控制（FC）	10. 董事会或股东大会是否定期评估内部控制	A. 有《报告》且有出处或全文（1分）；B. 有《报告》但无出处或全文（0.5分）；C. 没有《报告》（0分）
	11. 各专门委员会是否在内部控制中起作用	A. 是（1分）；B. 否（0分）
	12. 董事会或股东大会是否披露具体的内部控制措施	A. 详细说明（1分）；B. 笼统说明（0.5分）；C. 无说明（0分）

续表

一级指标	二级指标	评价标准
财务控制 （FC）	13. 风险控制委员会设置情况如何	A. 设置且独立董事比例不低于 2/3（1 分）； B. 设置但独立董事比例低于 2/3（0.5 分）； C. 未设置（0 分）
	14. 公司财务弹性[2]	标准化
	15. 公司对外部资金依赖程度[3]	标准化
	16. 是否披露可预见的财务风险因素	A. 是（1 分）；B. 否（0 分）
	17. 是否 ST	A. 是（-1 分）；B. 否（0 分）
财务监督 （FS）	18. 审计委员会设置情况如何	A. 设置且独立董事比例为 100%（1 分）； B. 设置但独立董事比例低于 100% 或未披露独立董事比例（0.5 分）； C. 未设置或未披露（0 分）
	19. 外部审计是否出具标准无保留意见	A. 是（1 分）；B. 否（0 分）
	20. 公司网站是否披露当年财务报告	A. 是（1 分）；B. 否（0 分）
	21. 公司网站是否披露过去连续三年财务报告	A. 是（1 分）；B. 否（0 分）
	22. 公司是否披露公司发展前景的相关信息	A. 是（1 分）；B. 否（0 分）
	23. 公司是否披露关联方交易状况	A. 是（1 分）；B. 否（0 分）
	24. 当公司会计政策发生变化时，是否做出解释	A. 未变更（1 分）； B. 变更并做出解释（0.5 分）； C. 变更但未做解释（0 分）
	25. 公司是否因违规而被证监会、证交所等监管部门公开批评、谴责或行政处罚	A. 是（-1 分）；B. 否（0 分）
财务激励 （FI）	26. 现金分红	近三年现金分红占净利润的比例，标准化
	27. 股票股利分配	标准化
	28. 高管薪酬支付是否合理[4]	A. 是（1 分）；B. 否（0 分）
	29. 薪酬委员会设置情况如何	A. 设置且独立董事比例不低于 50%（1 分）； B. 设置但独立董事比例低于 50% 或未披露独立董事比例（0.5 分）； C. 未设置或未披露（0 分）
	30. 公司是否采用股票期权激励政策	A. 是（1 分）；B. 否（0 分）
	31. 员工报酬增长率是否不低于公司营业收入增长率	A. 是（1 分）；B. 否（0 分）

注：（1）本报告采用与拉-波塔、洛佩兹-德-西拉内斯和施莱弗（La Porta, Lopez-de-Silanes and Shleifer, 1999）类似的方法[1]，通过层层追溯上市公司股权控制链（Control Chain）的方式来找出最终控制人。两权分离度是所有权与控制权的比值。其中，控制权又称投票权，用控制链条上最弱的一环表示；所有权又称现金流权，用控制链条上各所有权比例的乘积表示。（2）本报告采用"经营活动产生的现金流量净额/总资产"表示财务弹性。（3）本报告采用"（投资产生的现金流出-经营活动产生的现金流出）/投资产生的现金流出"表示外部资金依赖度。（4）根据作者同期完成的"中国上市公司高管薪酬指数"中"激励区间"进行判断，如激励适中，则视为合理，得 1 分；如过度或不足，则视为不合理，得 0 分。

---

[1] La Porta, Lopez-de-Silanes and Shleifer, "Corporate Ownership around the World", *The Journal of Finance*, Vol. 54, No. 2, 1999, pp. 471-517.

对于财务治理指数指标体系，简要解释如下。

（1）财权配置维度

财权配置维度包括 9 个二级指标，主要考察上市公司的各利益相关主体是否有适当的财务决策权，是否能够行使好自己的财务决策权。其中，指标 1、2 和 3 从股东角度出发，评价上市公司的股东是否有效执行了财务决策权；指标 4、5、6 和 7 从董事会角度出发，评价上市公司的董事会是否有效执行了财务决策权；指标 8 从总经理角度出发，评价上市公司的总经理是否有效执行了财务决策权；指标 9 从首席财务官（CFO）角度出发，评价上市公司的 CFO 是否有效执行了财务决策权。需要说明的是，2016 年开始，指标 2 评价内容与之前评价相比略做调整，由关注董事薪酬是否通过股东大会聚焦到关注独立董事薪酬是否通过股东大会，并将独立董事薪酬与高管股票期权分别考虑，这种变化可以更加准确地反映股东的决策权。

（2）财务控制维度

财务控制维度包括 8 个二级指标，主要考察企业的财务权力执行过程，包括企业是否有一个健全的内部控制体系和风险控制体系等。其中，指标 10、11 和 12 评价上市公司内部控制制度及其运行的有效性；指标 13 评价上市公司风险控制委员会的建立和健全情况；指标 14、15、16 和 17 评价上市公司的财务风险状况。

（3）财务监督维度

财务监督维度包括 8 个二级指标，主要考察企业各个职能部门及其他利益相关者对财务权力执行过程的监督，包括企业的内部监督机制（审计委员会、财务信息披露）以及外部监督机制（外部审计师）。其中，指标 18 评价上市公司内部监督机制运行状况；指标 19 评价上市公司外部监督机制运行状况；指标 20、21、22、23、24 和 25 评价上市公司财务信息披露质量。这里需要说明的是指标 24 "当公司会计政策发生变化时，是否做出解释"，我们认为，严格意义上讲，在法律、法规以及国家会计制度既定的情况下，会计政策是不允许随意变更的。上市公司会计政策变更本身就是财务治理质量较差的表现；如果上市公司变更了会计政策且未做出任何解释，情况就更加严重了。

（4）财务激励维度

财务激励维度包括 6 个二级指标，主要考察企业是否具有足够有效的财务激励机制。其中，指标 26、27 评价上市公司对股东的激励情况；指标 28、29 和 30 评价上市公司对高管的激励情况；指标 31 评价上市公司对员工的激励情况。需要说明的是，指标 30 "公司是否采用股票期权激励政策"，虽然目前实施股票期权激励的上市公司还是少数，股票期权激励的效果也有待商榷，但国际经验告诉我们，随着资本市场的成熟，股权激励是一种有效的激励手段。因此，我们将股票期权激励纳入指标体系，以反映上市公司对高管人员的财务激励。

1.6.2　财务治理指数计算方法

首先是计分方法。财务治理指数指标体系中的 31 个二级指标可以分为四类：一是0/1（或 -1/0）变量，使用该种计分方法的二级指标有 18 个，包括指标 1、4、5、7、8、9、11、16、17、19、20、21、22、23、25、28、30 和 31。需要说明的是，指标 28 "高管薪酬支付是否合理"，该指标利用本年度对高管薪酬指数的评价结果，若高管薪酬激励适中，则认为其高管薪酬支付合理，赋值 1；若高管薪酬激励不足或过度，则认为其高管薪酬支付不合理，赋值 0。二是程度变量，按照某个指标的质量高低对指标进行分层，使用该种计分方法的二级指标有 8 个，包括指标 2、6、10、12、13、18、24 和 29。需要说明的是，指标 6 "独立董事比例"，根据中国证监会的规定要达到 1/3，由于要求很低，几乎每家上市公司的独立董事比例都达到了 1/3，这使得独立董事比例这个指标失去了可分性。为了区分不同上市公司董事会的独立性，我们按照国际规范，采用了更加严格的独立性标准。指标 10 "董事会或股东大会是否定期评估内部控制"，考虑到年报对内部控制的披露程度不同，我们将原来的 0/1 变量改为程度变量，以准确反映上市公司对内部控制的重视程度。三是连续变量，为便于分析，我们将其标准化，使用该种计分方法的二级指标有 4 个，包括指标 14、15、26、27。四是实际值变量，即实际值就是得分，这类只有一个指标，即指标 3。

然后是权重确定。我们在 2011 年和 2013 年评估中国上市公司财务治理时，曾采用 AHP 方法确定权重，后来课题组讨论认为，四个维度难以区分孰重孰轻，即使区分，也难免有主观性，于是在 2015 年评价时改为等权重。具体方法如下。

（1）二级指标赋值：根据表 1 - 5 对各个二级指标 F_i（$i = 1,2,\cdots,31$）进行打分和计算，使各个二级指标的取值均位于 0 ~1 的数值区间。

（2）计算四个分项指数：对隶属于同一个一级指标的二级指标的得分进行简单平均，并转化为百分制，得到四个一级指标得分，即财权配置分项指数、财务控制分项指数、财务监督分项指数和财务激励分项指数。具体计算公式如下：

$$FA = \frac{1}{9}\sum_{i=1}^{9} F_i \times 100$$

$$FC = \frac{1}{8}(\sum_{i=10}^{17} F_i + 1) \times 100$$

$$FS = \frac{1}{8}(\sum_{i=18}^{25} F_i + 1) \times 100$$

$$FI = \frac{1}{6}\sum_{i=26}^{31} F_i \times 100$$

其中，*FA* 代表财权配置分项指数，*FC* 代表财务控制分项数，*FS* 代表财务监督分项指数，*FI* 代表财务激励分项指数。

需要特别说明的是，在财务控制和财务监督两个分项指数中，各有一个二级指标有负分取值（即指标 17 和 25），为了保证每个一级指标（维度）都位于［0，100］区间，在对每个一级指标（维度）进行分项指数计算时，对负值进行简单调整，即对每个负分指标各加上一个相应的正值 1，从而使每个分项指数落在［0，100］区间。

但是，这种方法对于获得负分（即应处罚或谴责）的企业，无异于一种"奖励"。因此，为保证真实性和客观性，在财务控制和财务监督两个分项指数计算出来后，需要对这些企业扣减与负分相对应的分值 $\frac{1}{8} \times 100$，式中，8 是财务控制和财务监督两个分项指数的指标数目。如果扣减后该分项指数出现负分情况，则该分项指数最低为 0 分。

这种扣减分方法自 2017 年度开始采用，为了使不同年度具有可比性，对之前年度的财务治理指数数据库也进行了同样的调整。

（3）计算总指数：将四个一级指标（财权配置、财务控制、财务监督和财务激励）的得分简单平均，得到中国上市公司财务治理指数：

$$CCFI^{BNU} = \frac{1}{4}(FA + FC + FS + FI)$$

公式中，*CCFI*^{*BNU*} 代表中国上市公司财务治理指数（"北京师范大学财务治理指数"）。

1.7　自愿性信息披露指数指标体系及计算方法

1.7.1　自愿性信息披露指标体系

本报告借鉴国内外已有的自愿性信息披露评价研究成果，基于国内信息披露相关法律法规，特别参照国际先进的信息披露规范，立足于投资者权益保护，提出了自愿性信息披露 4 个一级指标（维度）、31 个二级指标的指标体系，即治理结构方面的自愿性信息披露（简称"治理结构"）、治理效率方面的自愿性信息披露（简称"治理效率"）、利益相关者方面的自愿性信息披露（简称"利益相关者"）和风险控制方面的自愿性信息披露（简称"风险控制"）。其中，治理结构维度包括 8 个二级指标，治理效率维度包括 8 个二级指标，利益相关者维度包括 6 个二级指标，风险控制维度标包括 9 个二级指标，参见表 1 - 6。

表 1-6 自愿性信息披露指数指标体系

一级指标	二级指标	评价标准
治理结构 （GS）	1. 董事会构成	A. 明确披露董事会构成（1分）； B. 未披露或模糊披露董事会构成（0分）
	2. 董事学历	A. 完全披露（1分）； B. 不完全披露（0.5分）； C. 不披露（0分）
	3. 董事任职经历（不含兼职、社会称号等）	A. 完全披露（1分）； B. 不完全披露（0分）
	4. 专门委员会构成	A. 详细介绍委员会成员的情况（1分）； B. 只作一般性说明（0.5分）； C. 未披露任何信息（0分）
	5. 监事会构成	A. 明确披露监事会构成（1分）； B. 未披露或模糊披露监事会构成（0分）
	6. 监事会成员	A. 既披露个人背景信息也披露履职情况（1分）； B. 只披露个人背景信息或只披露履职情况（0.5分）； C. 未披露任何信息（0分）
	7. 高管层学历	A. 完全披露（1分）； B. 不完全披露（0.5分）； C. 不披露（0分）
	8. 高管层任职经历（不低于三年）（不含兼职、社会称号）	A. 完全披露（1分）； B. 不完全披露（0分）
治理效率 （GE）	9. 股东大会（包括临时股东大会）股东出席率	A. 完全披露（1分）； B. 不完全披露（0.5分）； C. 不披露（0分）
	10. 股东大会（包括临时股东大会）投票机制的说明	A. 完全披露（1分）； B. 不完全披露（0.5分）； C. 不披露（0分）
	11. 是否有明确的董事考核或薪酬制度	A. 未披露任何信息（0分）； B. 只披露考评制度但没有考评结果（0.5分）； C. 既披露考评制度也披露考评结果（1分）
	12.《董事会议事规则》的说明	A. 详细介绍议事规则（1分）； B. 只作一般性说明（0.5分）； C. 未披露任何信息（0分）
	13. 董事会召开方式的说明	A. 披露（1分）； B. 不披露（0分）
	14. 独立董事同意、质疑或否决董事会某项决议的说明	A. 披露（1分）； B. 不披露（0分）
	15. 高管薪酬结构及额度	A. 完全披露（1分）； B. 不完全披露（0.5分）； C. 不披露（0分）
	16. 高管层关系网络	A. 明确披露高管层关系网络（1分）； B. 未披露任何信息（0分）

一级指标	二级指标	评价标准
利益相关者 （SH）	17. 投资者关系建设情况的说明	A. 详细披露投资者关系沟通细节或接待措施（1分）； B. 只说明有《投资者关系管理制度》，但没有具体内容（0.5分）； C. 关于投资者关系建设没有任何说明或者笼统说明（0分）
	18. 社会责任	A. 披露社会责任报告或可持续发展报告（1分）； B. 只披露参与社会公益或环保情况（0.5分）； C. 未披露任何信息（0分）
	19. 债权人情况	A. 披露（1分）； B. 不披露（0分）
	20. 债务人情况	A. 披露（1分）； B. 不披露（0分）
	21. 供应商情况	A. 披露（1分）； B. 不披露（0分）
	22. 客户情况	A. 披露（1分）； B. 不披露（0分）
风险控制 （RC）	23. 企业发展战略目标	A. 披露（1分）； B. 不披露（0分）
	24. 盈利能力分析	A. 披露（1分）； B. 不披露（0分）
	25. 营运能力分析	A. 披露（1分）； B. 不披露（0分）
	26. 偿债能力分析	A. 披露（1分）； B. 不披露（0分）
	27. 发展能力分析	A. 披露（1分）； B. 不披露（0分）
	28. 关于现聘会计师事务所的说明	A. 详细披露（1分）； B. 笼统披露（0.5分）； C. 没有任何说明（0分）
	29. 宏观形势对公司业绩影响的分析	A. 披露（1分）； B. 不披露（0分）
	30. 行业地位（或市场份额）分析	A. 披露（1分）； B. 不披露（0分）
	31. 竞争对手分析	A. 披露（1分）； B. 不披露（0分）

对于自愿性信息披露指数指标体系，简要解释如下。

（1）治理结构信息披露维度

治理结构信息披露维度衡量与公司治理结构相关的信息披露情况，包括董事会和监事会的构成及成员情况、高层管理人员学历及经历情况，以及专门委员会的构成情况，包括编号 1 ~ 8 的 8 个二级指标，这些指标所反映的信息对于投资者和其他利益相关者了解代理人是否能够着眼于企业发展和满足各利益相关者的利益诉求具有重要价值。其中，指标 1 衡量上市公司是否明确披露了董事会结构，包括董事类型（执行董事或内部董事、独立董事、外部非独立董事），以及相应的人数和兼职情况。指标 2 和 3 衡量关于董事个人背景相关信息的披露情况。指标 4 衡量董事会下设的各专门委员会的信息披露情况，包括专门委员会召集人信息、委员会成员构成等。指标 5 和 6 衡量有关监事类型（外部监事、内部监事，股东监事、员工监事等），以及监事会成员方面的自愿性信息披露情况。指标 7 和 8 衡量有关高层管理人员个人背景信息的披露情况。

（2）治理效率信息披露维度

治理效率信息披露维度衡量关于股东大会和董事会的召开情况、独立董事履职情况、董事考评，以及高层管理人员薪酬和关系网络等与公司治理效率相关信息的披露情况，包括编号 9 ~ 16 的 8 个指标。这些指标所反映的信息对于投资者和其他利益相关者评估公司的治理效率有着至关重要的作用。其中，指标 9 和 10 考察公司股东大会召开及投票机制（包括法定投票、累积投票、举手表决、代理投票等）方面的信息披露情况。只有公司详细说明了每次股东大会（包括临时股东大会）的股东出席率以及投票机制，现有和潜在投资者，以及其他利益相关者才能判断股东大会的合法性和有效性。指标 11 衡量公司和投资者对董事的约束是否到位，反映董事的实际履职情况。指标 12 和 13 衡量公司董事会决策和监督的有效性，其中董事会召开方式包括通讯会议和现场会议等，会议方式不同，董事会履职的效果就会不同。指标 14 衡量独立董事提出的意见是否能被公司记录并进行披露，也反映独立董事的独立性情况。指标 15 衡量高层管理人员薪酬的合理性，以及高管是否着眼于公司长期发展。指标 16 衡量高层管理人员的社会影响力，该类信息也有助于判断高层管理人员是否存在不规范交易问题。

（3）利益相关者信息披露维度

利益相关者信息披露维度衡量有关公司对投资者、债权人、债务人、供应商、客户等利益相关者利益保护信息的披露情况，包括编号 17 ~ 22 的 6 个指标。其中，指标 17 衡量公司在投资者保护方面的措施是否到位，如公司是否披露与投资者的沟通或接待措施，或者是否建立了《投资者关系管理制度》。指标 18 考察公司履行社会责任的情况，如节能环保、参与社会公益，以及是否发布社会责任报告等。指标 19、20、21 和 22 衡量公司对于排名前几位的主要债权人、债务人、供应商及客户信息的披露情况，其中对于债权人和债务人，公司还应披露他们与公司是否具有关联关系。

（4）风险控制信息披露维度

风险控制信息披露维度衡量公司经营风险及控制方面的信息分析与披露情况，包括编号 23~31 的 9 个指标。其中，指标 23 衡量公司是否明确披露至少三年的发展战略目标及经营计划。指标 24、25、26 和 27 衡量公司是否对自身的财务状况进行了分析并且进行了披露。指标 28 衡量公司对于会计师事务所聘任情况的说明。会计师事务所对公司进行独立审计，是投资人权益的重要维护者，对其聘任的相关信息进行披露，可以防止出现会计师事务所与公司存在私下交易的现象，有效地控制风险。指标 29、30 和 31 衡量宏观环境对企业发展的影响、行业竞争优势或劣势，以及竞争对手的竞争策略等，这些信息有助于投资者了解公司所处环境及地位，并对公司日后的发展做出预测。

1.7.2 自愿性信息披露指数计算方法

首先是计分方法。自愿性信息披露指数指标体系中的 31 个二级指标得分区间都为 $[0,1]$，按赋值方法可以分为两类。第一类是 0/1 变量，使用该种赋值方法的指标有 19 个，包括指标 1、3、5、8、13、14、16、19、20、21、22、23、24、25、26、27、29、30、31。这类指标以企业年报中是否披露了理应披露的相关信息为判断依据。明确披露相关信息的得 1 分，否则得 0 分。第二类是程度变量，按照某个指标的信息披露程度高低对指标分层赋值，使用该种赋值方法的指标有 12 个，包括指标 2、4、6、7、9、10、11、12、15、17、18、28。这类指标将年报中的相关信息披露程度分为三种，并按照披露程度的高低进行得分高低的赋值。

然后是权重确定。我们认为，自愿性信息披露指数的四个维度具有基本同等的重要性，每个维度内的二级指标也具有基本同等的重要性，为了避免主观性偏差，本报告计算自愿性信息披露指数时所涉及的所有一级指标和二级指标都设置为等权重。首先针对某个一级指标内的所有二级指标进行等权重计算，然后对所有四个一级指标进行等权重计算，以此得出自愿性信息披露指数。具体计算方法如下。

（1）二级指标赋值：根据赋值标准对每个上市公司的 31 个二级指标 V_i（$i=1,2,\cdots,31$）进行打分和计算，使各个二级指标的取值均位于 0~1 的数值区间。

（2）计算四个分项指数：对隶属于同一个一级指标的二级指标的得分先进行加总，再简单平均，然后转化为百分制，得到四个一级指标得分，即治理结构分项指数、治理效率分项指数、利益相关者分项指数和风险控制分项指数。

$$GS = \frac{1}{8}\sum_{i=1}^{8} V_i \times 100$$

$$GE = \frac{1}{8}\sum_{i=9}^{16} V_i \times 100$$

$$SH = \frac{1}{6} \sum_{i=17}^{22} V_i \times 100$$

$$RC = \frac{1}{9} \sum_{i=23}^{31} V_i \times 100$$

其中，GS 代表治理结构分项指数，GE 代表治理效率分项指数，SH 代表利益相关者分项指数，RC 代表风险控制分项指数。

（3）计算总指数：对四个一级指标（治理结构、治理效率、利益相关者和风险控制）的得分进行简单平均，得到上市公司自愿性信息披露指数。

$$CCVDI^{BNU} = \frac{1}{4}(GS + GE + SH + RC)$$

$CCVDI^{BNU}$ 代表中国上市公司自愿性信息披露指数（"北京师范大学自愿性信息披露指数"）。

1.8 高管薪酬指数变量及计算方法[①]

1.8.1 高管薪酬指数评价变量

评价高管薪酬，必须首先对公司高管做出界定。对于如何界定公司高管，理论界有不同的认识和理解，主要有五种观点：（1）董事长；（2）总经理（或 CEO）；（3）董事长和总经理两人；（4）除董事长和总经理外，还包括党委书记和工会主席；（5）所有高层管理人员，既包括董事长和总经理，也包括副职。我们认为，从研究高管薪酬角度看，不能把研究仅集中于某个高管，把研究扩展到高级管理层，更易于得到普遍适用的规律性结论。而且，高管的绩效是整个团队共同努力的结果。因此，我们将高管激励延伸至高管团队的激励，本报告所评价的高管是指公司执行层，包括总经理（或 CEO）、副总经理，以及执行董事（含担任执行董事的董事长）和董事会秘书。由于各公司高管人员的人数并不一致，为了保证评价的客观性和同一性，本报告在计算高管薪酬指数时，仅包括年报披露的薪酬最高的前三位高管成员。如无特别说明，本报告提及的高管薪酬均为薪酬最高的前三位高管的平均薪酬。

本报告对高管薪酬的评价不是单纯针对薪酬总额，而是在企业经营业绩的基础上对高管薪酬进行比较研究。换言之，本报告是基于经营业绩的薪酬评价，即用高管薪酬与企业营业收入之比来计算高管薪酬指数。相关变量说明如下。

---

① 本指数所使用原始数据来自公司年报，无法考虑某些公司可能存在的业绩造假情况。

（1）2018年年报披露的薪酬最高的前三名高管的薪酬（不含股权激励）。

（2）2018年年报披露的公司年度营业收入。

对于实施期权激励的公司，先将高管的股权收入折算成货币形式，然后将股权收入与披露的年薪相加再进行比较，最终确定前三名高管的薪酬。期权激励主要包括股票期权、虚拟股票、限定股票、股票增值权、股票奖励和业绩股票。由于目前中国公司高管期权激励基本上都是股票期权，因此，本报告只计算股票期权。需要特别指出的是，由于公开信息披露中没有直接提供针对前三名高管的股票期权激励数据，只有针对整个高管团队的股票期权激励总和，如果直接把整个高管团队的期权激励收入总和当作薪酬最高的前三名高管的期权激励收入会使得后者的期权收入偏大，从而导致前三名高管薪酬指数偏高。因此，为了保证研究的准确性，我们对股票期权激励收入根据行权人数进行调整，对薪酬最高的高管赋予最高权重，对薪酬次高的高管赋予次高权重，以此类推。具体计算公式如下：

$$行权人数调整系数 = \frac{3n-3}{n(n+1)/2}$$

其中，n为行权人数，分子代表行权的薪酬最高前三位的高管赋值，分母代表公司所有行权人的总赋值。需要强调，这种方法只是相对准确。我们寄希望于上市公司能够公开每位高管的具体行权额度。

期权激励按行权人数调整方法从本年度开始采用，为了使不同年度具有可比性，对之前年度的高管薪酬指数数据库也进行了同样的调整。

此外，将股票期权折算成货币收入的方法是：

高管的期权收入 = 2018年年末可以行权的股票数量 × （年均股价 – 行权股价）

前三位高管平均薪酬的具体计算方法：

前三位高管平均薪酬 = 薪酬最高的前三位高管薪酬之和（含股票期权）÷3

1.8.2 高管薪酬指数计算方法

本报告在高管薪酬指数设计方法上采用基准法，即首先选择每个行业的基准公司，得到每个行业的调整系数，然后计算各行业全部公司的基准值，最后以该基准值为标杆，计算出各公司高管人员薪酬指数，并按照数值大小排序。计算步骤和公式如下：

（1）计算第j个行业第i个上市公司薪酬最高前三位高管的平均薪酬与营业收入的比值，计算公式是：

$$X_{ij} = \frac{i公司薪酬最高前三位高管的薪酬平均值}{i公司营业收入}$$

其中，高管薪酬是折算成货币形式的收入，包括基本工资、各项奖金、福利、补贴和各种津贴，以及股票期权。

（2）找出 X_{ij} 的中位值，以位居该中位值的那家公司为第 j 个行业的基准公司，该中位值即行业调整系数，令：

$$Y_j = X_{ij} \text{ 的中位值}$$

（3）把 Y_j 相加，再除以行业总数，得到所有上市公司薪酬最高前三位高管的薪酬平均值与营业收入的比值（Z），计算公式是：

$$Z = \frac{\sum Y_j}{n}$$

其中，n 是行业总数，根据《上市公司行业分类指引（2012 年修订)》，上市公司分为 19 大类行业，2018 年样本中有 19 个行业有上市公司，故行业数定为 19。

（4）将 X_{ij} 除以 Z，得到第 j 个行业第 i 个上市公司的高管薪酬指数，计算公式是：

$$CCECI^{BNU} = \frac{X_{ij}}{Z} \times 100 ①$$

$CCECI^{BNU}$ 代表中国上市公司高管薪酬指数（"北京师范大学高管薪酬指数"）。

将 $CCECI^{BNU}$ 值按照大小进行排名，即可得到基于经营业绩的上市公司高管薪酬指数排行榜。理论上讲，某家上市公司的 $CCECI^{BNU}$ 值越接近 100，该公司的高管薪酬激励越适度。在排名中，对所有上市公司按照四分位法进行分类，即按照高管薪酬指数将 3484 家上市公司进行降序排列，排名在前四分之一的公司确定为激励过度，排名在后四分之一的公司确定为激励不足，中间的公司确定为激励适中，这样的划分考虑了行业差距的影响。

1.8.3 高管薪酬指数比较方法

为了进一步找出不同行业、不同地区、不同控股类型、不同板块上市公司高管薪酬指数的特点，分别比较不同类别上市公司的高管薪酬指数，具体方法如下。

（1）将上市公司高管薪酬指数按行业进行排名

①各行业中激励适中公司所占比重的行业间排名：将各行业中激励适中公司数目除以该行业所有公司的数目，得出百分比，然后按照百分比的大小对各行业进行排名。百分比越大，说明该行业激励适中的公司数量相对越多，该行业整体的薪酬激励水平越合理。

---

① 此处乘以 100，是因为假设全部上市公司的高管薪酬指数为 100。

②各行业中激励过度公司所占比重的行业间排名：将各行业中激励过度公司数目除以该行业所有公司的数目，得出百分比，然后按照百分比的大小对各行业进行排名。百分比越大，说明该行业激励过度的公司数量相对越多，该行业整体的薪酬水平越趋于激励过度。

③各行业中激励不足公司所占比重的行业间排名：将各行业中激励不足公司数目除以该行业所有公司的数目，得出百分比，然后按照百分比的大小对各行业进行排名。百分比越大，说明该行业激励不足的公司数量相对越多，该行业整体的薪酬水平越趋于激励不足。

④行业间高管薪酬指数排名：用各个行业的公司高管薪酬指数排名的中位值来代表各个行业的公司高管薪酬指数，然后把各个行业的公司高管薪酬指数中位值按照由高到低的顺序进行排名。理论上讲，将每个行业的中位值与100进行比较，越接近100，则该行业的高管薪酬越适度。

（2）将上市公司高管薪酬指数按地区进行排名

以东部、中部、西部和东北上市公司高管薪酬指数的中位值分别代表四个地区的公司高管薪酬指数，然后按照该中位值的大小进行排序。

（3）将上市公司高管薪酬指数按控股类型进行排名

为了更细致地进行比较，我们将所有公司按控股类型划分为国有绝对控股公司、国有强相对控股公司、国有弱相对控股公司、国有参股公司、无国有股份公司等五种类型（关于所有制的定义详见本章 1.9 节），分别确定出激励适中、激励过度和激励不足的公司在各类型上市公司中所占比重，然后按照比重的大小对这五种所有制的公司进行排名。

1.9　中国公司治理分类指数评价范围及相关概念

1.9.1　评价范围

本报告的数据截止到 2018 年 12 月 31 日，评价样本也是截止到这个日期的全部 A 股上市公司。截至 2018 年 12 月 31 日，沪深两市有上市公司 3579 家，其中只在 B 股上市的公司有 17 家，A、B 股同时上市的公司有 80 家。考虑到年报的完整性，剔除 2018 年 5 月 1 日之后上市的 59 家公司，同时剔除只在 B 股上市的 17 家公司，得到初始样本 3503 家。需要说明的是，截至本报告撰写时，初始样本中仍然有 13 家公司未出 2018 年年报或者退市停牌，导致相关数据难以获得，故一并予以剔除，得到最终样本 3490

家，占全部 A 股上市公司的 97.98%，占全部 A、B 股上市公司的 97.51%，可以说，基本等同于全样本评价。3490 家 A 股上市公司中，沪市主板 1401 家，深市主板（不含中小企业板）460 家，深市中小企业板 907 家，深市创业板 722 家。需要注意的是，高管薪酬指数样本是 3484 家上市公司，原因是出现了 6 家公司高管零薪酬或未披露高管薪酬的不正常现象，故予以剔除。

1.9.2　相关概念

中国上市公司治理分类指数评价，可能会受到控股类型、地区和行业等方面的影响，因此，需要对数据统计和指数计算中涉及的相关概念做出界定。

（1）控股或所有制类型

中国上市公司有不同的控股或所有制类型，不同控股类型对公司治理有不尽相同的影响。我们将所有公司按控股情况分为国有绝对控股公司、国有强相对控股公司、国有弱相对控股公司、国有参股公司和无国有股份公司等五种类型。参照《股份有限公司国有股股东行使股权行为规范意见》第五条规定，并结合本报告研究的实际情况，我们对这五种所有制类型的界定如下。

A. 国有绝对控股公司：公司的国有股比例下限为 50%（不含 50%）；

B. 国有强相对控股公司：国有股股东为第一股东，公司的国有股比例上限为 50%（含 50%），下限为 30%（不含 30%）；

C. 国有弱相对控股公司：国有股股东为第一大股东，持股比例小于 30%（含 30%）；

D. 国有参股公司：有国有股东，但国有股东不符合上述三条标准；

E. 无国有股份公司：上述四种情形以外的公司。

在上述五类公司中，最后两类其实就是典型的民有或民营控股上市公司，或称非国有控股上市公司。

（2）地区

处于不同地区的公司的市场化程度、制度完善程度、环境条件等是不同的，所以地区也是影响公司治理指数的基本因素。按照中华人民共和国行政区域划分，中国大陆有 31 个省、自治区、直辖市（不包括台湾、香港和澳门）。这些行政区域又可以划分为东部、中部、西部和东北等四个地区，其中，东部地区包括北京、福建、广东、海南、河北、江苏、山东、上海、天津、浙江 10 个行政区域，中部地区包括安徽、河南、湖北、湖南、江西、山西 6 个行政区域，西部地区包括重庆、甘肃、广西、贵州、内蒙古、宁夏、青海、陕西、四川、西藏、新疆、云南 12 个行政区域，东北地区包括黑龙江、吉林、辽宁 3 个行政区域。

（3）行业

中国证监会 2012 年修订的《上市公司行业分类指引》将上市公司行业分为 19 个门类，具体分类结构与代码如下：A. 农、林、牧、渔业；B. 采矿业；C. 制造业；D. 电力、热力、燃气及水生产和供应业；E. 建筑业；F. 批发和零售业；G. 交通运输、仓储和邮政业；H. 住宿和餐饮业；I. 信息传输、软件和信息技术服务业；J. 金融业；K. 房地产业；L. 租赁和商务服务业；M. 科学研究和技术服务业；N. 水利、环境和公共设施管理业；O. 居民服务、修理和其他服务业；P. 教育；Q. 卫生和社会工作；R. 文化、体育和娱乐业；S. 综合。在本报告的 3490 家样本上市公司中，19 个行业均有上市公司。

在 19 个大类行业中，制造业是上市公司最多的行业。本报告 3490 家公司样本中，制造业企业共 2178 家。按照中国证监会 2012 年修订的《上市公司行业分类指引》，制造业还可以细分为 31 个小类，分别是 C13. 农副食品加工业；C14. 食品制造业；C15. 酒、饮料和精制茶制造业；C16. 烟草制品业；C17. 纺织业；C18. 纺织服装、服饰业；C19. 皮革、毛皮、羽毛及其制品和制鞋业；C20. 木材加工和木、竹、藤、棕、草制品业；C21. 家具制造业；C22. 造纸和纸制品业；C23. 印刷和记录媒介复制业；C24. 文教、工美、体育和娱乐用品制造业；C25. 石油加工、炼焦和核燃料加工业；C26. 化学原料和化学制品制造业；C27. 医药制造业；C28. 化学纤维制造业；C29. 橡胶和塑料制品业；C30. 非金属矿物制品业；C31. 黑色金属冶炼和压延加工业；C32. 有色金属冶炼和压延加工业；C33. 金属制品业；C34. 通用设备制造业；C35. 专用设备制造业；C36. 汽车制造业；C37. 铁路、船舶、航空航天和其他运输设备制造业；C38. 电气机械和器材制造业；C39. 计算机、通信和其他电子设备制造业；C40. 仪器仪表制造业；C41. 其他制造业；C42. 废弃资源综合利用业；C43. 金属制品、机械和设备修理业。2015 年及之前我们出版的指数报告对制造业细分行业都有分析，自 2016 年度报告开始，限于篇幅，不再对制造业细分类型进行分析。

第 2 章　中国上市公司治理总指数排名及比较

根据第 1 章确定的中国上市公司治理总指数计算方法，我们对 2015～2018 年四个年度中国上市公司治理水平进行了测度。本章先对 2018 年度上市公司治理总指数进行排名，然后分别从地区、行业、所有制和上市板块四个角度进行比较分析，最后再从总体、地区、行业、所有制和上市板块五个角度比较分析 2015～2018 年四个年度中国上市公司治理水平的变化。

2.1　上市公司治理总指数分布及排名

基于上市公司 2018 年的公开数据，对 3490 家上市公司治理总指数进行计算，从而得到中国上市公司治理总指数的整体排名情况。

2.1.1　上市公司治理总指数分布

2018 年上市公司治理总指数的总体得分情况参见表 2－1。

表 2－1　2018 年上市公司治理总指数的总体情况

项目	公司数目	平均值	中位值	最大值	最小值	标准差	偏度系数	峰度系数
数值	3490	48.5585	48.9363	63.9624	22.4931	4.4699	- 0.5678	1.0194

从表 2－1 可以看出，2018 年上市公司治理总指数最大值 63.9624 分，最小值 22.4931 分，平均值 48.5585 分，中位值 48.9363 分，样本均值未及格（60 分为及格线），得分整体偏低。

为进一步了解上市公司治理总指数在各个得分区间的分布情况，我们将上市公司治理总指数在有分布的区域以 5 分为间隔，划分为 [0，20)、[20，25)、[25，30)、[30，35)、[35，40)、[40，45)、[45，50)、[50，55)、[55，60)、[60，65)、[65，100] 11 个区间（公司数目为 0 的指数区间合并），每个指数区间的企业数目和所占比重参见表 2－2 和图 2－1。

表 2－2　2018 年上市公司治理总指数区间分布

指数区间	公司数目	占比（％）	累计占比（％）
[0,20)	0	0.00	0.00
[20,25)	1	0.03	0.03
[25,30)	2	0.06	0.09
[30,35)	20	0.57	0.66
[35,40)	107	3.07	3.72
[40,45)	556	15.93	19.66
[45,50)	1424	40.80	60.46
[50,55)	1196	34.27	94.73
[55,60)	175	5.01	99.74
[60,65)	9	0.26	100.00
[65,100)	0	0.00	100.00
总　计	3490	100	

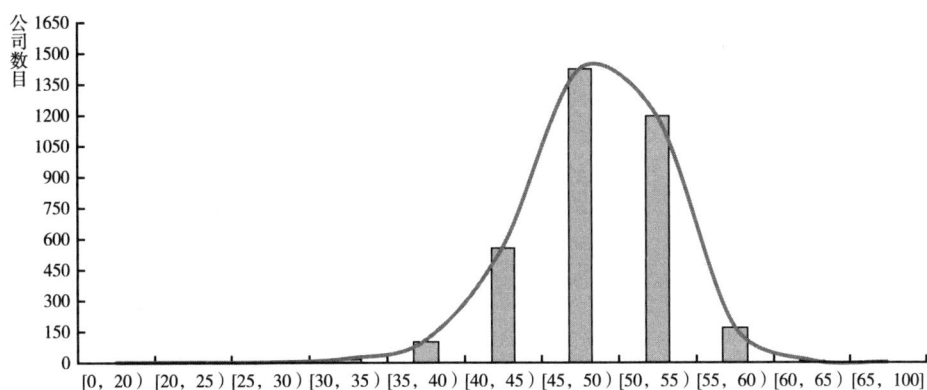

图 2－1　2018 年上市公司治理总指数区间分布

从表 2－2 和图 2－1 可以看出，上市公司治理总指数在 [45，55) 区间的公司数量最多，总计为 2620 家，占到总数的 75.07%。及格的公司有 9 家，及格率为 0.26%，且及格的分数仅在 [60，65) 区间，没有得分超过 65 分的公司。这说明中国上市公司综合治理水平整体依然很低。从表 2－1 反映出来的整体分布偏离正态分布的程度来看，偏度系数为 −0.5678，峰度系数为 1.0194，上市公司治理总指数分布为负偏态分布，基本满足正态分布。

2.1.2 上市公司治理总指数前100名

表 2-3 列出了 3490 家上市公司中前 100 名公司的总指数情况。可以看出，前 100 名公司的治理总指数均值为 57.6104 分，也没有达到及格线（60 分）。

表 2-3 2018 年上市公司治理总指数前 100 名情况

	平均值	中位值	最大值	最小值	标准差
前 100 名	57.6104	57.1780	63.9624	56.0918	1.4585
总 体	48.5585	48.9363	63.9624	22.4931	4.4699

我们对 3490 家上市公司治理总指数从大到小进行降序排列，上市公司治理总指数越高，说明上市公司治理综合水平越高。表 2-4 是上市公司治理总指数排名前 100 名上市公司的情况。

表 2-4 2018 年上市公司治理总指数排名——前 100 名

排名	代码	公司简称	指数	排名	代码	公司简称	指数
1	601939	建设银行	63.9624	24	000401	冀东水泥	58.3592
2	601988	中国银行	61.5063	25	000066	中国长城	58.2558
3	300284	苏交科	61.0218	26	300272	开能健康	58.1946
4	600548	深高速	60.8371	27	002156	通富微电	58.1620
5	300102	乾照光电	60.6455	28	002500	山西证券	57.9647
6	000776	广发证券	60.4504	29	000301	东方盛虹	57.9539
7	300217	东方电热	60.2936	30	601398	工商银行	57.9517
8	000061	农产品	60.2644	31	002649	博彦科技	57.8515
9	000039	中集集团	60.2020	32	300088	长信科技	57.8469
10	300498	温氏股份	59.8723	33	002410	广联达	57.8294
11	002532	新界泵业	59.8098	34	002757	南兴装备	57.8200
12	601390	中国中铁	59.6462	35	300232	洲明科技	57.8033
13	601288	农业银行	59.5355	36	300070	碧水源	57.7939
14	601688	华泰证券	59.3746	37	600999	招商证券	57.7738
15	002153	石基信息	59.2006	38	000513	丽珠集团	57.7483
16	000823	超声电子	58.9275	39	600030	中信证券	57.6431
17	300230	永利股份	58.8869	40	002644	佛慈制药	57.6051
18	300083	劲胜智能	58.8126	41	000936	华西股份	57.5527
19	601318	中国平安	58.7969	42	000539	粤电力 A	57.5467
20	600028	中国石化	58.5860	43	300596	利安隆	57.4932
21	601186	中国铁建	58.4957	44	002233	塔牌集团	57.4115
22	300047	天源迪科	58.4259	45	002093	国脉科技	57.4084
23	601211	国泰君安	58.3600	46	002557	洽洽食品	57.3388

排名	代码	公司简称	指数	排名	代码	公司简称	指数
47	300174	元力股份	57.2834	74	002344	海宁皮城	56.4786
48	002582	好想你	57.2761	75	600684	珠江实业	56.4758
49	000656	金科股份	57.2659	76	300001	特锐德	56.4637
50	300068	南都电源	57.2277	77	002544	杰赛科技	56.4540
51	300176	派生科技	57.1282	78	002149	西部材料	56.4524
52	601336	新华保险	57.1110	79	600223	鲁商置业	56.4516
53	601088	中国神华	57.0634	80	002572	索菲亚	56.4438
54	002020	京新药业	57.0549	81	300675	建科院	56.4184
55	300531	优博讯	56.8846	82	300451	创业慧康	56.3909
56	000338	潍柴动力	56.8672	83	002026	山东威达	56.3848
57	603328	依顿电子	56.8455	84	002709	天赐材料	56.3794
58	002246	北化股份	56.8075	85	002090	金智科技	56.3739
59	601766	中国中车	56.7974	86	300732	设研院	56.3729
60	300197	铁汉生态	56.7527	87	002651	利君股份	56.3710
61	000157	中联重科	56.7318	88	002615	哈尔斯	56.3613
62	000507	珠海港	56.7140	89	600933	爱柯迪	56.3400
63	300285	国瓷材料	56.7066	90	002507	涪陵榨菜	56.3167
64	002847	盐津铺子	56.7054	91	000070	特发信息	56.3118
65	002930	宏川智慧	56.6996	92	000043	中航善达	56.2593
66	000826	启迪桑德	56.6917	93	002053	云南能投	56.2438
67	002555	三七互娱	56.6738	94	002905	金逸影视	56.2288
68	300188	美亚柏科	56.6730	95	002486	嘉麟杰	56.2049
69	600958	东方证券	56.6634	96	601238	广汽集团	56.1999
70	300218	安利股份	56.6055	97	000023	深天地A	56.1952
71	000963	华东医药	56.5806	98	300212	易华录	56.1030
72	000728	国元证券	56.5722	99	002449	国星光电	56.0930
73	300121	阳谷华泰	56.5706	100	002275	桂林三金	56.0918

从表2-4可以看出，上市公司治理总指数最高的是沪市主板上市公司建设银行，排在第二、三位的分别是沪市主板的中国银行和深市创业板的苏交科。有33家公司2018年和2017年连续两年出现在前100名中，它们是建设银行、深高速、广发证券、农产品、中集集团、新界泵业、农业银行、石基信息、永利股份、劲胜智能、中国平安、中国石化、中国铁建、天源迪科、国泰君安、招商证券、丽珠集团、新华保险、中国神华、铁汉生态、中联重科、珠海港、国瓷材料、启迪桑德、美亚柏科、华东医药、国元证券、海宁皮城、杰赛科技、哈尔斯、涪陵榨菜、深天地A、国星光电。其中，有10家公司近三年连续出现在前100名中，它们是建设银行、深高速、中集集团、中国铁建、丽珠集团、中国神华、中联重科、海宁皮城、深天地A、国星光电。

从地区看，上市公司治理总指数排名前 100 名中，东部、中部和西部各有 81 家、11 家和 8 家，各占所在地区上市公司总数的 3.35%、2.42% 和 1.71%，东北没有公司进入前 100 名。从行业来看，主要分布在制造业（53 家），金融业（14 家），信息传输、软件和信息技术服务业（10 家），各占所在行业上市公司总数的 2.43%、15.91% 和 3.75%。从控股类型来看，国有控股公司有 40 家、非国有控股公司有 60 家，分别占两类公司总数的 3.81% 和 2.46%。从上市板块看，深市主板（不含中小企业板）、深市中小企业板、深市创业板和沪市主板各有 20 家、32 家、26 家和 22 家，分别占所在板块上市公司总数的 4.35%、3.53%、3.60% 和 1.57%。

需要注意的是，上市公司治理总指数前 100 名在某个地区、行业和控股类型中分布多，并不能完全说明该地区、行业和控股类型整体表现就好，因为各地区、行业和控股类型的上市公司数量不同。比如，制造业进入前 100 名的公司数多于金融业，但金融业进入前 100 名的比例更高，无疑金融业表现更好。再如，国有控股公司进入前 100 名的公司数少于非国有控股公司，但前者比例却高于后者，显然国有控股公司的表现较好。

2.2 分地区上市公司治理总指数比较

根据东部、中部、西部和东北四个地区的划分，得出四个地区上市公司治理总指数总体情况（见表 2-5）。

表 2-5 2018 年不同地区上市公司治理总指数比较

排序	地区	公司数目	平均值	中位值	最大值	最小值	标准差
1	东部	2418	48.8555	49.1603	63.9624	31.0330	4.3497
2	中部	454	48.4203	49.1150	57.9647	30.6420	4.6894
3	西部	469	47.8339	48.3990	57.6051	22.4931	4.4564
4	东北	149	46.4421	47.2779	55.1949	27.7646	4.8808
总体		3490	48.5585	48.9363	63.9624	22.4931	4.4699

由表 2-5 可知，各地区上市公司治理总指数均值最高的地区为东部，东北排在最后一位，上市公司治理总指数最大值出于东部地区，最小值出于西部地区。总体来看，上市公司治理总指数的地区间差异不是很大。

由图 2-2 可以直观地看出四个地区上市公司治理总指数之间的差异。

从图 2-2 可以看出，四个地区中，除东部地区外，中部、西部和东北地区上市公

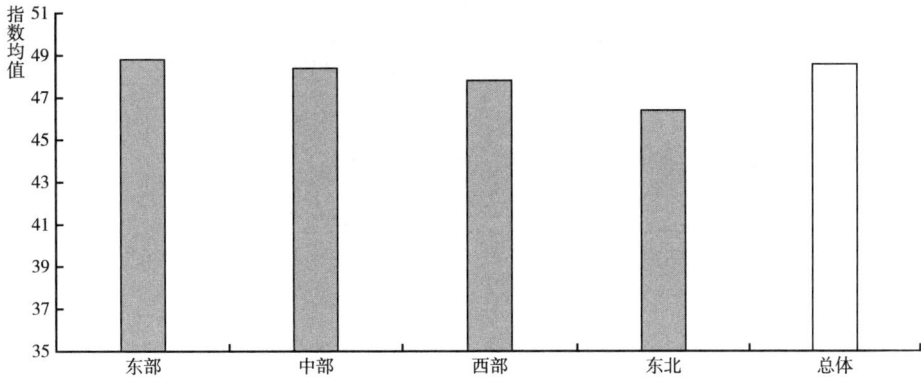

图 2 - 2　2018 年不同地区上市公司治理总指数比较

司治理总指数均值都低于总体均值。东部地区上市公司治理总指数高于其他三个地区，这说明东部地区上市公司治理更好一些。

2.3　分行业上市公司治理总指数比较

用各个行业上市公司治理总指数的平均值来代表各个行业上市公司治理的总指数，然后将各行业上市公司治理总指数的平均值按照从高到低的顺序进行排名，具体排名结果参见表 2 - 6。

表 2 - 6　2018 年不同行业上市公司治理总指数比较

排名	行业名称	公司数目	平均值	中位值	最大值	最小值	标准差
1	金融业（J）	88	50.6023	51.0311	63.9624	37.4387	5.4612
2	卫生和社会工作（Q）	12	50.4909	52.6546	55.5878	38.7710	5.0250
3	水利、环境和公共设施管理业（N）	50	49.3990	49.2782	57.7939	38.8779	4.6060
4	文化、体育和娱乐业（R）	58	49.1257	49.5087	56.2288	36.1647	3.7443
5	科学研究和技术服务业（M）	48	48.9203	48.9203	61.0218	40.6173	4.0460
6	信息传输、软件和信息技术服务业（I）	267	48.8564	49.2316	59.2006	27.7646	4.7267
7	交通运输、仓储和邮政业（G）	97	48.8099	48.9932	60.8371	37.9421	4.2497
8	制造业（C）	2178	48.7005	49.0627	60.6455	22.4931	4.3248
9	建筑业（E）	90	48.1252	49.1885	59.6462	35.5034	4.5263
10	租赁和商务服务业（L）	53	47.9073	48.9741	60.2644	35.8767	5.0209
11	采矿业（B）	76	47.8459	48.1858	58.5860	37.8796	4.2664
12	房地产业（K）	124	47.7145	48.2030	57.2659	32.0364	4.8421
13	住宿和餐饮业（H）	9	47.5201	46.8345	53.1205	34.2732	5.6182
14	批发和零售业（F）	164	47.4441	48.2463	56.5806	30.9157	4.5200
15	电力、热力、燃气及水生产和供应业（D）	105	47.4330	48.1621	57.5467	33.5103	4.0119

续表

排名	行业名称	公司数目	平均值	中位值	最大值	最小值	标准差
16	农、林、牧、渔业（A）	41	47.3685	46.2211	59.8723	38.7042	4.2625
17	教育（P）	8	45.9582	45.6597	52.7470	36.4918	4.7385
18	综合（S）	21	43.9596	44.2086	53.7658	36.1645	4.1032
	总 体	3490	48.5585	48.9363	63.9624	22.4931	4.4699

注：居民服务、修理和其他服务业（O）只有1家上市公司，难以代表该行业整体水平，故排名时剔除。

从表2-6可以看出，18个行业中有8个行业的上市公司治理总指数均值高于总体均值，这8个行业的行业最大均值与总体均值的绝对差距为2.0438分；低于总体均值的行业有10个，总体均值与这10个行业的最小均值之间的绝对差距为4.5989分。显然，高分区行业的内部差距小于低分区行业。上市公司治理总指数最高的三个行业分别是金融业（J），卫生和社会工作（Q），水利、环境和公共设施管理业（N）。上市公司治理总指数最低的三个行业分别是综合（S），教育（P），农、林、牧、渔业（A）。

图2-3显示了上市公司治理总指数在行业间的差异。可以看出，除教育（P）、综合（S）上市公司治理总指数均值明显低于其他行业外，其他各行业上市公司治理总指数呈现较平缓的变化。

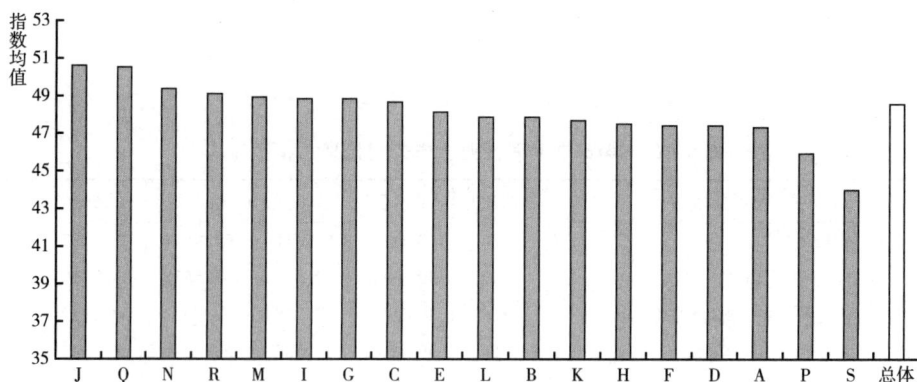

图2-3 2018年分行业上市公司治理总指数比较

2.4 分所有制上市公司治理总指数比较

根据第1章的所有制类型划分，中国的上市公司可以分为国有绝对控股公司、国有强相对控股公司、国有弱相对控股公司、国有参股公司和无国有股份公司五种类型。将不同所有制上市公司治理总指数均值进行了降序排列，如表2-7所示。

表 2 - 7　2018 年不同所有制上市公司治理总指数排名及比较

排名	所有制性质	公司数目	平均值	中位值	最大值	最小值	标准差
1	国有绝对控股公司	255	49.0151	48.8397	61.5063	37.9862	4.1049
2	国有参股公司	866	48.8618	49.4120	60.8371	30.4452	4.5892
3	国有强相对控股公司	426	48.5168	48.5124	60.2644	36.9494	4.0656
4	国有弱相对控股公司	368	48.4718	48.4340	63.9624	27.7646	4.7781
5	无国有股份公司	1575	48.3494	48.9218	61.0218	22.4931	4.4755
	总　体	3490	48.5585	48.9363	63.9624	22.4931	4.4699

根据表 2 - 7，从整体上看，五类上市公司治理总指数均值没有很大的差异，也都未达到及格线。其中，国有绝对控股公司治理总指数均值最高，为 49.0151 分，无国有股份公司治理总指数均值最低，为 48.3494 分。从中位值看，上市公司治理总指数中位值从高到低依次为国有参股公司、无国有股份公司、国有绝对控股公司、国有强相对控股公司和国有弱相对控股公司。从标准差看，五类公司差别不大，都略高于 4，说明各所有制类型上市公司的内部差距不是很大。

为了更直观地反映不同所有制上市公司治理总指数的差异，图 2 - 4 按照第一大股东中的国有股份比例从大到小进行了排序。可以看出，随着国有股比例降低，在三种国有控股公司中，上市公司治理水平略有下降，但国有参股公司却出现上升，再到无国有股份公司，又略有下降，总体呈现出"S"形，这说明在当前市场和制度条件下，股权适度集中对于上市公司治理水平提高有一定意义。

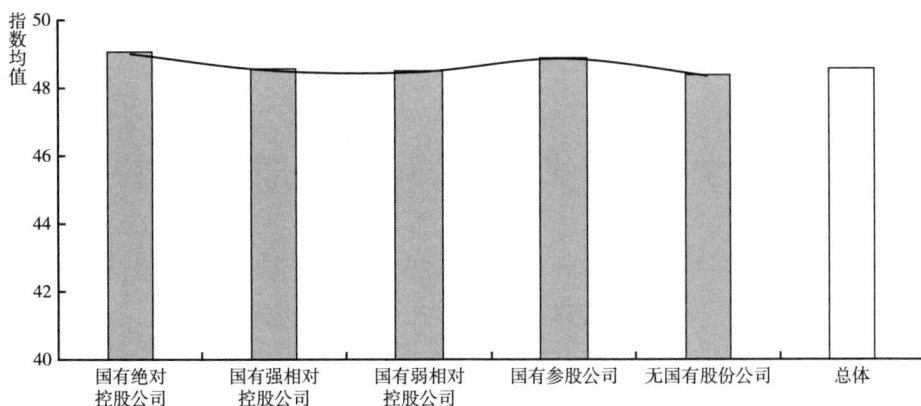

图 2 - 4　2018 年不同所有制上市公司治理总指数均值比较

我们进一步将国有绝对控股公司、国有强相对控股公司和国有弱相对控股公司归类为国有控股公司，将国有参股公司和无国有股份公司归类为非国有控股公司，比较两大类公司的公司治理总指数情况，如表 2 - 8 所示。

表 2 - 8　2018 年国有控股和非国有控股公司的治理总指数排名及比较

排名	所有制性质	公司数目	平均值	中位值	最大值	最小值	标准差
1	国有控股公司	1049	48.6221	48.6283	63.9624	27.7646	4.3437
2	非国有控股公司	2441	48.5312	49.1018	61.0218	22.4931	4.5228
	总　体	3490	48.5585	48.9363	63.9624	22.4931	4.4699

从表 2 - 8 可以看出，2018 年上市公司中，国有控股公司与非国有控股公司在平均值、中位值上的差距都很小，都未达到及格线（60 分）。其中，国有控股公司治理总指数均值略高于非国有控股公司，但中位值略低于非国有控股公司。

根据最终控制人的不同，我们进一步将上市公司划分为中央企业（或监管机构）、地方国企（或监管机构）和民营企业（或个人）控制的公司三类。表 2 - 9 比较了三类上市公司治理总指数情况。

表 2 - 9　2018 年不同最终控制人上市公司治理总指数排名及比较

排名	最终控制人	公司数目	平均值	中位值	最大值	最小值	标准差
1	中央企业（或监管机构）	378	48.9190	48.9283	63.9624	27.7646	4.5113
2	民营企业（或个人）	2403	48.5321	49.0957	61.0218	22.4931	4.5078
3	地方国企（或监管机构）	709	48.4560	48.4365	60.8371	33.4072	4.3067
	总　体	3490	48.5585	48.9363	63.9624	22.4931	4.4699

从表 2 - 9 可以看出，中央企业（或监管机构）控制的公司的治理总指数均值最高，地方国企（或监管机构）控制的公司的治理总指数均值最低，且低于总体均值，三类公司的治理总指数总体差异并不明显。

2.5　分上市板块上市公司治理总指数比较

按照深市主板（不含中小企业板）、深市中小企业板、深市创业板和沪市主板的划分，来比较不同板块上市公司的治理总指数情况，结果参见表 2 - 10。

表 2 - 10　2018 年不同板块上市公司治理总指数比较

排序	上市板块	公司数目	平均值	中位值	最大值	最小值	标准差
1	深市创业板	722	50.5893	50.6851	61.0218	36.7877	3.2937
2	深市中小企业板	907	50.1638	50.4461	59.8098	32.0364	3.7090
3	深市主板（不含中小企业板）	460	49.7225	49.9285	60.4504	36.0801	4.0191
4	沪市主板	1401	46.0906	46.1595	63.9624	22.4931	4.4319
	总　体	3490	48.5585	48.9363	63.9624	22.4931	4.4699

从表 2 – 10 可以看出，3490 家上市公司中，上市公司治理总指数平均值从高到低排列依次为深市创业板、深市中小企业板、深市主板（不含中小企业板）和沪市主板。从整体上看，深市上市公司治理水平好于沪市。

图 2 – 5 更直观地反映了不同板块上市公司治理总指数的差异。可以看到，深市三个板块上市公司治理总指数均值都高于总体均值，而沪市主板上市公司治理总指数均值低于总体均值。

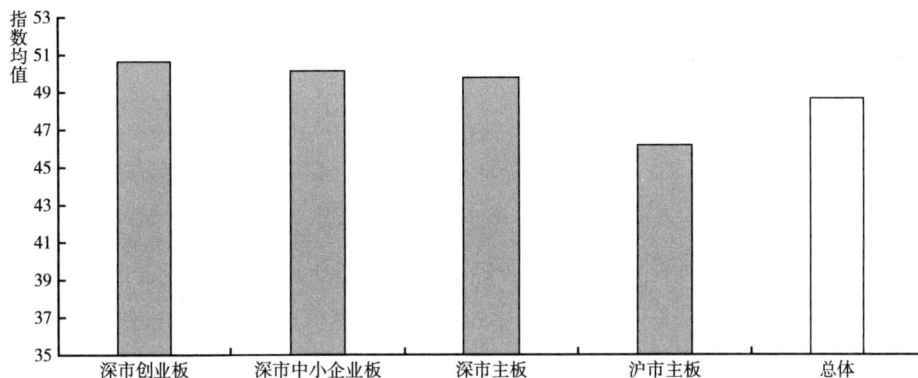

图 2 – 5　2018 年不同板块上市公司治理总指数比较

注：深市中小企业板是深市主板的一部分，但本图中的深市主板不含中小企业板。

2.6　上市公司治理总指数年度比较（2015～2018）

本节将从总体、地区、行业、所有制和上市板块五个角度，比较分析 2015～2018 年四个年度的中国上市公司治理水平，以了解上市公司治理水平的发展趋势，进而对提高中国上市公司治理水平提供参考。

2.6.1　上市公司治理总指数的年度比较

对 2015～2018 年四个年度中国上市公司治理总指数进行评价，样本公司数分别是 2655 家、2840 家、3147 家和 3490 家，基本上是对全部上市公司的评价。比较 2015～2018 年四个年度的样本上市公司治理总指数，结果参见表 2 – 11。

表 2 – 11　2015～2018 年上市公司治理总指数均值比较

年份	样本量	总指数	年份	样本量	总指数
2015	2655	44.7979	2017	3147	47.3617
2016	2840	46.5700	2018	3490	48.5585

由表 2 - 11 可知，2015～2018 年，上市公司治理总指数均值连续上升。2018 年比 2015 年提高 3.7607 分，比上年提高 1.1968 分，2016 年升幅最大。

2.6.2 分地区上市公司治理总指数的年度比较

按照四个地区的划分，将 2015～2018 年四个年度不同地区的上市公司治理总指数进行比较，从而更清晰地了解不同地区上市公司治理在不同年度的变化，如表 2 - 12 和图 2 - 6 所示。

表 2 - 12 2015～2018 年不同地区上市公司治理总指数均值比较

地区	年份	总指数	排名	地区	年份	总指数	排名
东部	2015	45.2749	1	西部	2015	43.8561	3
	2016	46.9829	1		2016	45.5967	3
	2017	47.6095	1		2017	46.9486	3
	2018	48.8555	1		2018	47.8339	3
中部	2015	44.3856	2	东北	2015	42.5554	4
	2016	46.4443	2		2016	44.2987	4
	2017	47.1061	2		2017	45.7307	4
	2018	48.4203	2		2018	46.4421	4

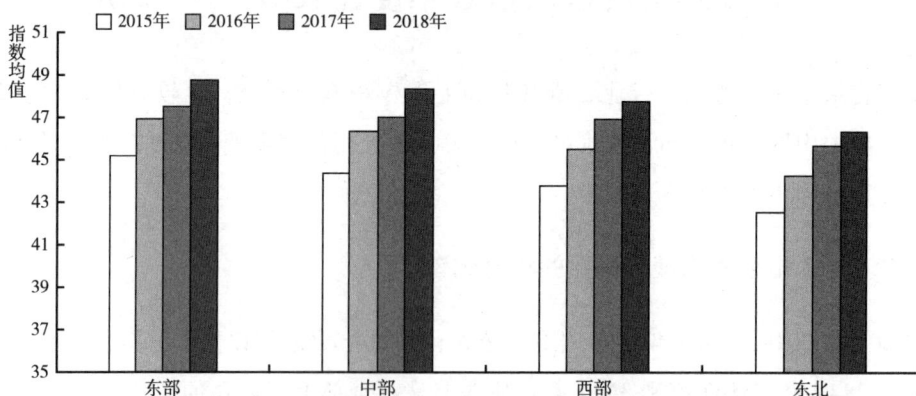

图 2 - 6 2015～2018 年不同地区上市公司治理总指数均值比较

由表 2 - 12 和图 2 - 6 可知，四个地区上市公司治理总指数均值近四年都持续上升。东部地区连续四年都位居第一，表现相对较好；东北连续四年都排名最后，表现相对较差。

2.6.3　分行业上市公司治理总指数的年度比较

将 2015～2018 年四个年度不同行业的上市公司治理总指数进行比较，以了解不同行业上市公司治理在不同年度的变化，结果如表 2-13 所示。

表 2-13　2015～2018 年分行业上市公司治理总指数均值比较

行业	年份	总指数	行业	年份	总指数
农、林、牧、渔业（A）	2015	43.3215	金融业（J）	2015	46.0245
	2016	47.0187		2016	48.4510
	2017	47.3798		2017	49.3286
	2018	47.3685		2018	50.6023
采矿业（B）	2015	43.6547	房地产业（K）	2015	42.4970
	2016	45.4024		2016	45.2722
	2017	46.5260		2017	46.8601
	2018	47.8459		2018	47.7145
制造业（C）	2015	45.2163	租赁和商务服务业（L）	2015	44.6028
	2016	46.8367		2016	46.2162
	2017	47.4135		2017	46.1985
	2018	48.7005		2018	47.9073
电力、热力、燃气及水生产和供应业（D）	2015	43.6875	科学研究和技术服务业（M）	2015	46.7473
	2016	45.3104		2016	47.1494
	2017	46.5905		2017	47.7314
	2018	47.4330		2018	48.9203
建筑业（E）	2015	45.0863	水利、环境和公共设施管理业（N）	2015	45.9741
	2016	47.0780		2016	46.9769
	2017	47.3808		2017	48.5319
	2018	48.1252		2018	49.3990
批发和零售业（F）	2015	43.2514	教育（P）	2015	41.8153
	2016	44.6720		2016	43.4211
	2017	45.8534		2017	48.4660
	2018	47.4441		2018	45.9582
交通运输、仓储和邮政业（G）	2015	44.7660	卫生和社会工作（Q）	2015	45.0161
	2016	46.6015		2016	48.4448
	2017	47.6008		2017	47.2958
	2018	48.8099		2018	50.4909
住宿和餐饮业（H）	2015	41.6794	文化、体育和娱乐业（R）	2015	44.4233
	2016	42.8766		2016	46.5139
	2017	45.9096		2017	48.4323
	2018	47.5201		2018	49.1257

行业	年份	总指数	行业	年份	总指数
信息传输、软件和信息技术服务业（I）	2015	45.3806	综合（S）	2015	40.9329
	2016	47.0894		2016	44.0360
	2017	48.0193		2017	45.6561
	2018	48.8564		2018	43.9596

注：（1）由于教育（P）在 2015 年只有 1 家上市公司，2016～2018 年各有 3 家、4 家和 8 家上市公司，所以，2015 年该行业数据难以反映该行业的实际平均水平，故只比较 2016～2018 年；（2）居民服务、修理和其他服务业（O）只有 1 家上市公司，难以代表该行业整体水平，故排名时剔除。

由表 2-13 可知，从上市公司治理总指数的均值来看，在 18 个行业中，有 13 个行业四个年度连续上升；有 3 个行业 2016 年和 2017 年连续上升，2018 年小幅下降；有 2 个行业 2016 年上升，2017 年下降，2018 年又上升。

图 2-7 显示了 18 个行业四个年度上市公司治理总指数变化，可以看出，金融业（J）在 2015 年排名第二，在 2016～2018 年三个年度中都排名第一，反映其上市公司治理水平相对较好且较稳定。

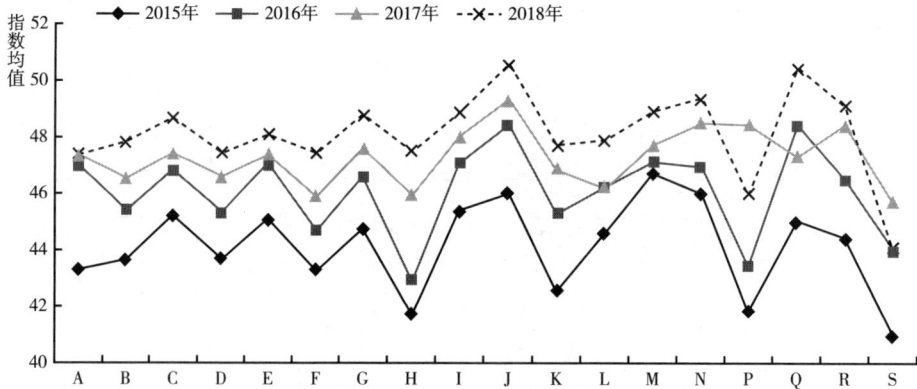

图 2-7　2015～2018 年不同行业上市公司治理总指数均值比较

2.6.4　分所有制上市公司治理总指数的年度比较

依照第 1 章的五种所有制类型的划分，对 2015～2018 年四个年度上市公司治理总指数进行所有制比较，结果参见表 2-14 Panel A。另外，进一步将样本按照国有控股公司和非国有控股公司分类，统计信息见表 2-14 Panel B。

从表 2-14 Panel A 可知，五种所有制上市公司治理总指数均值连续四个年度都是

表 2 - 14 2015～2018 年不同所有制上市公司治理总指数均值比较

所有制类型	年份	总指数	排名	所有制类型	年份	总指数	排名
Panel A 按照五类所有制公司分类							
国有绝对控股公司	2015	44.3893	3	国有参股公司	2015	45.4219	1
	2016	46.3438	3		2016	47.4933	1
	2017	47.7064	2		2017	47.7603	1
	2018	49.0151	1		2018	48.8618	2
国有强相对控股公司	2015	44.2443	4	无国有股份公司	2015	45.0507	2
	2016	45.9479	4		2016	46.5351	2
	2017	47.2565	3		2017	47.1690	4
	2018	48.5168	3		2018	48.3494	5
国有弱相对控股公司	2015	43.8464	5				
	2016	45.7212	5				
	2017	47.1369	5				
	2018	48.4718	4				
Panel B 按照国有控股公司和非国有控股公司分类							
国有控股公司	2015	44.1757	2	非国有控股公司	2015	45.1879	1
	2016	45.9701	2		2016	46.9108	1
	2017	47.3266	2		2017	47.3794	1
	2018	48.6221	1		2018	48.5312	2

上升的，其中国有绝对控股公司在四个年度中升幅最大，极差①为 4.6258 分；2018 年，国有绝对控股公司治理总指数均值最高，为 49.0151 分。

图 2 - 8 则更清晰地反映了 2015～2018 年四个年度五类所有制上市公司治理总指数均值的变化。可以看到，五类所有制上市公司治理总指数均值差别不大。

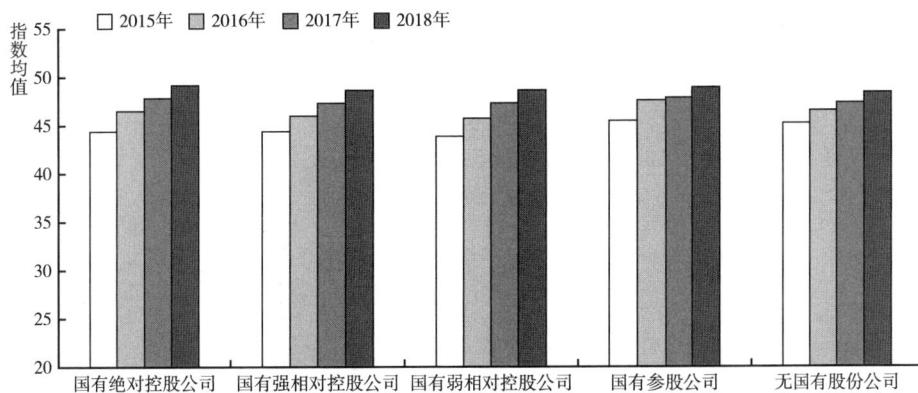

图 2 - 8 2015～2018 年不同所有制上市公司治理总指数比较

---

① 极差是一组数据最大值和最小值之差，也称全距。

从表 2 – 14 Panel B 可知，把五类所有制公司归纳为国有控股公司和非国有控股公司后，在公司治理总指数均值上，两类公司都是连续四年上升，2015～2017 年国有控股公司都低于非国有控股公司，2018 年则是国有控股公司略高于非国有控股公司。

2.6.5　分板块上市公司治理总指数的年度比较

按照深市主板（不含中小企业板）、深市中小企业板、深市创业板和沪市主板的划分，对 2015～2018 年不同板块上市公司治理总指数进行比较，结果参见表 2 – 15。

表 2 – 15　2015～2018 年不同板块上市公司治理总指数均值比较

上市板块	年份	总体指数	总体指数排名	上市板块	年份	总体指数	总体指数排名
深市主板 （不含中小 企业板）	2015	45. 6073	3	深市创业板	2015	46. 4665	2
	2016	48. 1122	3		2016	48. 5328	2
	2017	48. 3779	3		2017	49. 2872	1
	2018	49. 7225	3		2018	50. 5893	1
深市中小 企业板	2015	47. 3341	1	沪市主板	2015	41. 8693	4
	2016	48. 7981	1		2016	43. 3887	4
	2017	48. 6794	2		2017	45. 1218	4
	2018	50. 1638	2		2018	46. 0906	4

由表 2 – 15 可见，深市主板（不含中小企业板）、深市创业板和沪市主板的上市公司治理总指数均值都是连续四年上升；深市中小企业板在 2016 年上升，2017 年略有下降，2018 年又上升。在这四个板块中，沪市主板四年中的升幅最大，极差达到 4.2213 分。

图 2 – 9 更直观地显示出四个板块上市公司治理总指数在 2015～2018 年四个年度的变化。可以看到，四个板块上市公司治理总指数均值从整体上来看都是上升的。

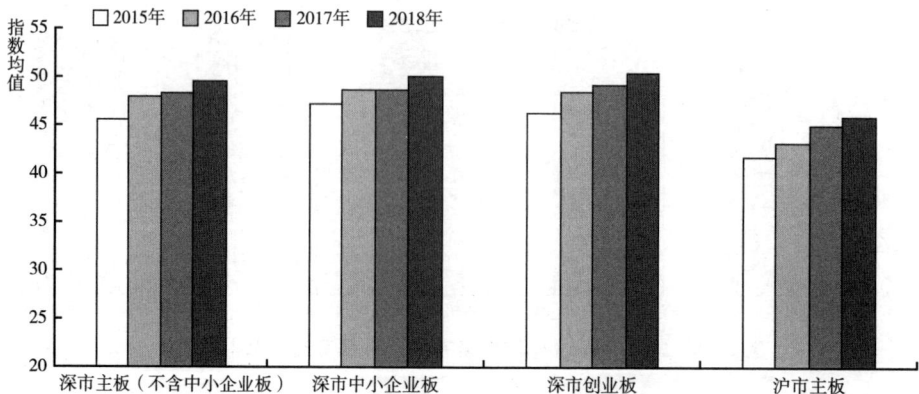

图 2 – 9　2015～2018 年不同板块上市公司治理总指数均值比较

2.7　本章小结

本章分别从总体、地区、行业、所有制、上市板块等方面对 2018 年以及 2015～2018 年上市公司治理总指数进行了截面和年度比较分析。主要结论如下。

（1）从总体看，2018 年上市公司治理总指数最大值 63.9624 分，最小值 22.4931 分，平均值 48.5585 分，中位值 48.9363 分，样本均值未及格（60 分为及格线），得分整体偏低。上市公司治理总指数分布较为集中，有 75.07% 的公司集中在〔45，55）区间，及格率仅为 0.26%，及格率很低。

（2）从地区看，2018 年上市公司治理总指数均值最高的地区为东部，东北排在最后一位。总体来看，上市公司治理总指数的地区间差异不是很大。

（3）从行业看，2018 年上市公司治理总指数最高的三个行业是金融业（J），卫生和社会工作（Q），水利、环境和公共设施管理业（N）。上市公司治理总指数最低的三个行业是综合（S），教育（P），农、林、牧、渔业（A）。

（4）从所有制类型看，2018 年五类上市公司治理总指数均值均未达到及格水平，说明我国上市公司治理水平仍普遍较低；随着国有股比例降低，在三种国有控股公司中，上市公司治理水平略有下降，但国有参股公司却出现上升，再到无国有股份公司，又略有下降，总体呈现出"S"形，这说明在当前市场和制度条件下，股权适度集中对于上市公司治理水平提高有一定意义。

（5）从上市板块看，2018 年上市公司治理总指数平均值从高到低排列依次为深市创业板、深市中小企业板、深市主板（不含中小企业板）和沪市主板。从整体上看，深市上市公司治理水平好于沪市。

（6）对 2015～2018 年上市公司治理总指数进行比较分析，主要结论有：①2015～2018 年，上市公司治理总指数均值连续上升，2016 年升幅最大。②四个地区上市公司治理总指数均值近四年都持续上升；东部地区连续四年都位居第一，东北连续四年都排名最后。③在 18 个行业中，有 13 个行业四个年度连续上升；有 3 个行业 2016 年和 2017 年连续上升，2018 年小幅下降；有 2 个行业 2016 年上升，2017 年下降，2018 年又上升。④国有控股公司和非国有控股公司都是连续四年上升，2015～2017 年国有控股公司都低于非国有控股公司，2018 年则是国有控股公司高于非国有控股公司。⑤深市主板（不含中小企业板）、深市创业板和沪市主板上市公司治理总指数均值都是连续四年上升；深市中小企业板在 2016 年上升，2017 年略有下降，2018 年又上升。

第二篇　中小投资者权益保护指数

第3章 中小投资者权益保护总体指数排名及比较

根据第 1 章确定的中小投资者权益保护指数评价方法，以及我们评估获得的 2018 年度 3490 家样本上市公司治理指数数据，本章对这些公司的中小投资者权益保护指数进行排名，然后分别从地区、行业、上市板块三个角度进行比较分析。

3.1 中小投资者权益保护指数总体分布及排名

基于上市公司 2018 年的公开数据，根据本报告构建的中小投资者权益保护指数指标体系和指数计算方法，对 3490 家上市公司中小投资者权益保护指数进行计算，从而得到中国上市公司中小投资者权益保护指数的整体排名情况（详见电子版）。

3.1.1 中小投资者权益保护指数总体分布

2018 年上市公司中小投资者权益保护指数的总体得分情况参见表 3-1。

表 3-1 2018 年上市公司中小投资者权益保护指数总体情况

项目	公司数目	平均值	中位值	最大值	最小值	标准差	偏度系数	峰度系数
数值	3490	51.7099	52.3414	69.7475	16.5614	6.8246	-0.9048	1.7387

从表 3-1 可以看出，2018 年上市公司中小投资者权益保护指数最大值 69.7475 分，最小值 16.5614 分，平均值 51.7099 分，中位值 52.3414 分，样本的均值得分未及格（60 分为及格线），得分整体偏低。

为进一步了解中小投资者权益保护指数在各个得分区间的分布情况，我们将中小投资者权益保护指数在有分布的区域以 5 分为间隔，划分为 [0, 15)、[15, 20)、[20,

25）、［25，30）、［30，35）、［35，40）、［40，45）、［45，50）、［50，55）、［55，60）、［60，65）、［65，70）和［70，100］13 个区间（公司数目为 0 的指数区间合并），每个指数区间的企业数目和所占比重参见表 3-2 和图 3-1。

表 3-2　2018 年上市公司中小投资者权益保护指数区间分布

指数区间	公司数目	占比（%）	累计占比（%）
［0,15）	0	0.00	0.00
［15,20）	3	0.09	0.09
［20,25）	12	0.34	0.43
［25,30）	16	0.46	0.89
［30,35）	52	1.49	2.38
［35,40）	104	2.98	5.36
［40,45）	312	8.94	14.30
［45,50）	714	20.46	34.76
［50,55）	1100	31.52	66.28
［55,60）	884	25.33	91.60
［60,65）	273	7.82	99.43
［65,70）	20	0.57	100.00
［70,100］	0	0.00	100.00
总　计	3490	100	

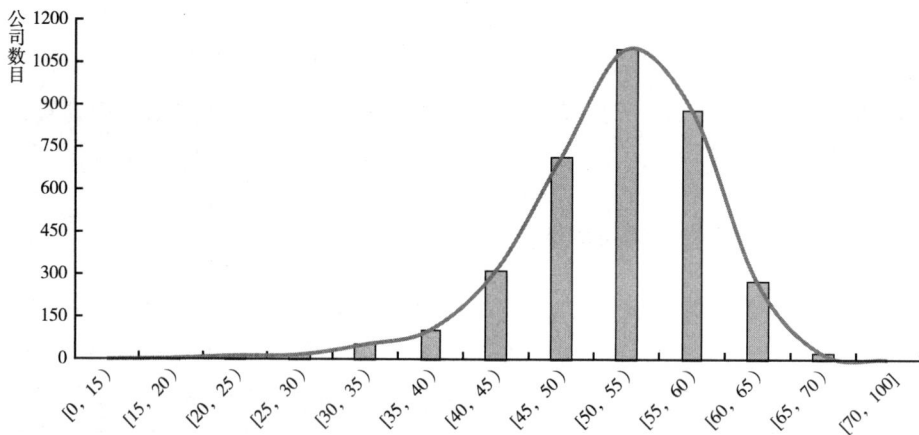

图 3-1　2018 年上市公司中小投资者权益保护指数区间分布

从表 3-2 和图 3-1 可以看出，中小投资者权益保护指数主要集中在 ［45，60）区间中，总计为 2698 家，占到总数的 77.31%。其中，在 ［50，55）区间的公司数量最多，有 1100 家，占样本总数的 31.52%。及格（大于或等于 60 分）的公司有 293 家，及格率为 8.40%，与 2017 年 9.53% 的及格率相比下降 1.13 个百分点；并且达到及格的指数值均在 ［60，65）、［65，70）两个区间，没有得分超过 70 分的公司。这说明中国上市公司中小投资者权益保护水平整体依然很低。从表 3-1 反映出来的整体分布偏离正态分布的程度来看，偏度系数为 -0.9048，峰度系数为 1.7387，中小投资者权益保护指数分布为负偏态分布，基本满足正态分布。

3.1.2 中小投资者权益保护指数前100名

表 3-3 列出了 3490 家上市公司中排名前 100 公司的中小投资者权益保护指数情况。可以看出，前 100 名公司的中小投资者权益保护指数均值为 64.0955 分，比 2017 年的均值 64.4573 分降低 0.3618 分，降低幅度较小。

表 3-3 2018 年上市公司中小投资者权益保护指数前 100 名情况

	平均值	中位值	最大值	最小值	标准差
前 100 名	64.0955	63.4729	69.7475	62.3939	1.7311
总　　体	51.7099	52.3414	69.7475	16.5614	6.8246

我们对 3490 家上市公司的中小投资者权益保护指数从大到小进行降序排列，中小投资者权益保护指数越高，说明上市公司中小投资者权益保护水平越高。表 3-4 是中小投资者权益保护指数排名前 100 的上市公司情况。

表 3-4 2018 年上市公司中小投资者权益保护指数排名——前 100 名

排名	代码	公司简称	指数	排名	代码	公司简称	指数
1	601688	华泰证券	69.7475	18	300188	美亚柏科	65.6592
2	601939	建设银行	69.6338	19	000070	特发信息	65.2236
3	601398	工商银行	69.3174	20	300078	思创医惠	65.1206
4	601318	中国平安	68.7805	21	600999	招商证券	64.9224
5	601988	中国银行	67.8533	22	600030	中信证券	64.8965
6	000690	宝新能源	67.5128	23	600223	鲁商置业	64.8321
7	300498	温氏股份	67.4417	24	002060	粤水电	64.8304
8	601288	农业银行	67.2204	25	600779	水井坊	64.6972
9	002507	涪陵榨菜	67.2038	26	002532	新界泵业	64.6433
10	000157	中联重科	66.9066	27	300253	卫宁健康	64.3669
11	601328	交通银行	66.7278	28	000061	农产品	64.2950
12	600548	深高速	66.6727	29	300284	苏交科	64.2625
13	000776	广发证券	66.5848	30	300377	赢时胜	64.2420
14	300121	阳谷华泰	66.4327	31	600039	四川路桥	64.2158
15	600028	中国石化	66.1930	32	300685	艾德生物	64.1558
16	300272	开能健康	66.1623	33	300212	易华录	64.1424
17	300176	派生科技	65.8463	34	601186	中国铁建	64.1131

续表

排名	代码	公司简称	指数	排名	代码	公司简称	指数
35	600036	招商银行	63.9903	68	600340	华夏幸福	63.0345
36	600763	通策医疗	63.9850	69	000401	冀东水泥	62.9858
37	300219	鸿利智汇	63.9326	70	600688	上海石化	62.9694
38	300207	欣旺达	63.9249	71	300016	北陆药业	62.9534
39	300025	华星创业	63.8254	72	002822	中装建设	62.9425
40	300012	华测检测	63.7994	73	002008	大族激光	62.9401
41	600684	珠江实业	63.7484	74	002304	洋河股份	62.9185
42	300638	广和通	63.6997	75	300232	洲明科技	62.9172
43	002396	星网锐捷	63.6995	76	002741	光华科技	62.8919
44	300204	舒泰神	63.6750	77	300661	圣邦股份	62.8753
45	601390	中国中铁	63.6742	78	000301	东方盛虹	62.8734
46	000631	顺发恒业	63.6028	79	300732	设研院	62.8501
47	002880	卫光生物	63.5726	80	300546	雄帝科技	62.8465
48	000043	中航善达	63.5337	80	300015	爱尔眼科	62.7819
49	600016	民生银行	63.5310	82	002556	辉隆股份	62.7647
50	002179	中航光电	63.5052	83	300170	汉得信息	62.6820
51	002038	双鹭药业	63.4406	84	300587	天铁股份	62.6701
52	601601	中国太保	63.4208	85	300450	先导智能	62.6695
53	601088	中国神华	63.4002	86	601166	兴业银行	62.6653
54	001979	招商蛇口	63.3692	87	300217	东方电热	62.6640
55	601336	新华保险	63.3405	88	300531	优博讯	62.6534
56	002299	圣农发展	63.3167	89	300166	东方国信	62.6098
57	300285	国瓷材料	63.2707	90	002892	科力尔	62.5829
58	601766	中国中车	63.2699	91	000066	中国长城	62.5658
59	601857	中国石油	63.2657	92	002757	南兴装备	62.5618
60	600926	杭州银行	63.1986	93	300488	恒锋工具	62.5502
61	601808	中海油服	63.1871	94	300286	安科瑞	62.5439
62	300036	超图软件	63.1745	95	300114	中航电测	62.5377
63	002831	裕同科技	63.1700	96	002500	山西证券	62.5302
64	002821	凯莱英	63.1610	97	000039	中集集团	62.4767
65	300218	安利股份	63.0873	98	000034	神州数码	62.4488
66	002313	日海智能	63.0868	99	002544	杰赛科技	62.4026
67	300047	天源迪科	63.0817	100	000090	天健集团	62.3939

从表3-4可以看出，中小投资者权益保护指数最高的前三家公司分别是华泰证券、建设银行和工商银行。有23家公司近两年连续出现在前100名中，它们是建设银行、中国平安、中国银行、农业银行、涪陵榨菜、中联重科、深高速、广发证券、阳谷华泰、美亚柏科、水井坊、新界泵业、易华录、中国铁建、中国太保、中国神华、新华保险、国瓷材料、中国中车、爱尔眼科、兴业银行、东方国信、中集集团。有8家公司近三年连续出现在前100名中，分别是建设银行、中国平安、农业银行、深高速、阳谷华泰、中国太保、中国神华和中国中车。

在前 100 家上市公司中，从地区来看，东部、中部、西部和东北各有 87 家、8 家、4 家和 1 家，分别占所在地区上市公司总数的 3.60%、1.76%、0.85% 和 0.67%；从行业来看，主要分布在制造业（45 家），金融业（17 家），信息传输、软件和信息技术服务业（10 家），建筑业（6 家）、房地产业（6 家），各占所在行业上市公司总数的 2.07%、19.32%、3.76%、6.67% 和 4.84%；从所有制类型来看，国有控股公司有 41 家、非国有控股公司有 59 家，分别占两类公司总数的 3.91% 和 2.42%；从最终控制人类型看，中央企业（或监管机构）、地方国企（或监管机构）、民营企业（或个人）控制的公司分别有 24 家、20 家和 56 家，分别占同类最终控制人类型公司总数的 6.35%、2.82% 和 2.33%；从上市板块看，深市主板（不含中小企业板）、深市中小企业板、深市创业板和沪市主板各有 14 家、20 家、36 家和 30 家，分别占所在板块上市公司总数的 3.04%、2.21%、4.99% 和 2.14%。

需要注意的是，中小投资者权益保护指数前 100 名在某个地区、行业和控股类型中分布多，并不能完全说明该地区、行业和控股类型整体表现就好，因为各地区、行业和控股类型的上市公司数量不同。比如，制造业进入前 100 名的公司数多于金融业，但金融业进入前 100 名的比例更高，无疑金融业表现更好。再如，国有控股公司进入前 100 名的公司数少于非国有控股公司，但前者比例却高于后者，显然国有控股公司表现较好。

图 3-2 直观地反映了中小投资者权益保护指数前 100 名的变化。可以看出，前 100 名上市公司的中小投资者权益保护指数的分布并不平坦，最高分 69.7475 分，最低分 62.3939 分，绝对差距 7.3536 分，前 100 名中排名在前 30 的企业间指数波动较大，但排在 30 名之后的企业间得分差距并不大。此次，中小投资者权益保护指数前 100 名均为 60 分以上，相比于 2017 年度，整体变动幅度不大，绝大多数企业分数仍在 64 分附近浮动。

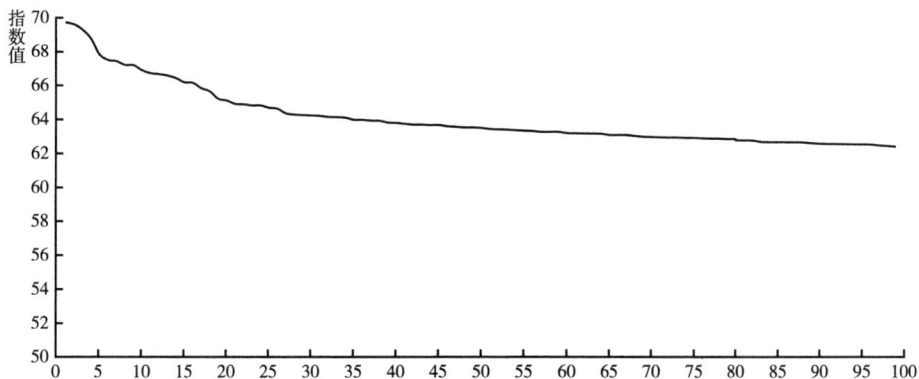

图 3-2　2018 年上市公司中小投资者权益保护指数分布情况——前 100 名

3.2　分地区中小投资者权益保护指数比较

根据东部、中部、西部和东北四大地区的划分，得出四个地区上市公司中小投资者权益保护指数总体情况见表 3 - 5。

表 3 - 5　2018 年不同地区上市公司中小投资者权益保护指数比较

排序	地区	公司数目	平均值	中位值	最大值	最小值	标准差
1	东部	2418	52.2622	52.8757	69.7475	18.2364	6.5997
2	中部	454	50.8880	51.8592	66.9066	16.5614	7.1149
3	西部	469	50.4963	51.2579	67.2038	22.9088	6.9199
4	东北	149	49.0716	49.6786	63.6028	20.8867	7.7797
总　体		3490	51.7099	52.3414	69.7475	16.5614	6.8246

由表 3 - 5 可知，各地区上市公司中小投资者权益保护指数均值最高的地区为东部（52.2622），东北（49.0716）排在最后一位，中小投资者权益保护指数最大值出于东部地区，最小值出于中部地区。总体来看，中小投资者权益保护指数的地区间差异不是很大。

由图 3 - 3 可以直观地看出四个地区上市公司中小投资者权益保护指数之间的差异。

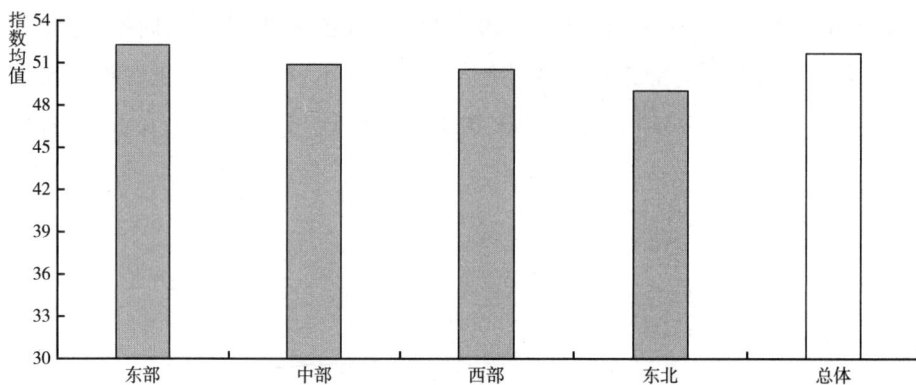

图 3 - 3　2018 年不同地区上市公司中小投资者权益保护指数比较

从图 3 - 3 可以看出，四个地区中，除东部地区外，中部、西部和东北地区上市公司中小投资者权益保护指数均值都低于总体均值。东部地区的中小投资者权益保护指数高于其他三个地区，说明由于东部地区经济发达，市场经济发展较其他地区相对更为成熟，对中小投资者权益的保护也更好一些。

3.3　分行业中小投资者权益保护指数比较

用各个行业上市公司中小投资者权益保护指数的平均值来代表各个行业的上市公司中小投资者权益保护指数，然后将各行业的上市公司中小投资者权益保护指数平均值按照从高到低的顺序进行排名，具体排名结果见表3-6。

表3-6　2018年不同行业上市公司中小投资者权益保护指数比较

排名	行业名称	公司数目	平均值	中位值	最大值	最小值	标准差
1	金融业（J）	88	55.2126	56.1561	69.7475	35.6421	8.0174
2	卫生和社会工作（Q）	12	53.3775	56.6042	63.9850	27.5240	9.8460
3	科学研究和技术服务业（M）	48	52.3594	52.2379	64.2625	38.7856	5.6727
4	水利、环境和公共设施管理业（N）	50	52.1890	53.0180	62.1220	32.3433	6.0103
5	建筑业（E）	90	52.1518	53.9044	64.8304	30.1182	7.2962
6	信息传输、软件和信息技术服务业（I）	267	52.0608	52.2320	65.6592	19.2636	7.1521
7	交通运输、仓储和邮政业（G）	97	51.8326	52.7532	66.6727	36.3184	5.9269
8	制造业（C）	2178	51.8138	52.6314	67.2038	20.8867	6.5343
9	房地产业（K）	124	51.3034	51.7444	64.8321	16.5614	7.4307
10	批发和零售业（F）	164	51.2555	51.9760	62.7647	24.2931	7.2105
11	采矿业（B）	76	50.9246	51.5507	66.1930	34.1966	7.0785
12	文化、体育和娱乐业（R）	58	50.7747	51.3761	60.6848	18.2364	7.6134
13	电力、热力、燃气及水生产和供应业（D）	105	50.2860	50.5231	67.5128	23.3404	6.4342
14	住宿和餐饮业（H）	9	50.0270	51.3913	60.0102	26.5036	9.1187
15	农、林、牧、渔业（A）	41	49.9627	49.9338	67.4417	32.3008	7.4233
16	租赁和商务服务业（L）	53	49.2588	50.8290	64.2950	30.8496	8.1585
17	教育（P）	8	47.8354	48.1810	56.4580	35.9546	6.6658
18	综合（S）	21	46.0179	45.8710	56.1937	30.5598	6.5128
总　体		3490	51.7099	52.3414	69.7475	16.5614	6.8246

注：居民服务、修理和其他服务业（O）只有1家上市公司，难以代表该行业整体水平，故排名时剔除。

从表3-6可以看出，在18个行业中，有8个行业的中小投资者权益保护指数均值高于总体均值，这8个行业中的最大均值与总体均值的绝对差距为3.5027分；低于总体均值的行业有10个，总体均值与这10个行业中的最小均值之间的绝对差距为5.6920分。显然，低分区行业的内部差距大于高分区行业。上市公司中小投资者权益保护指数最高的三个行业是金融业（J）、卫生和社会工作（Q）、科学研究和技术服务业（M），

金融业（J）连续五年排名第一。中小投资者权益保护水平最差的三个行业是综合
（S）、教育（P）、租赁和商务服务业（L）。

图 3-4 进一步显示了中小投资者权益保护指数在行业间的差异。可以看出，除金
融业（J）、卫生和社会工作（Q）明显高于整体水平，以及教育（P）和综合（S）明
显低于整体水平以外，其他各行业上市公司中小投资者权益保护指数呈现平缓的变化。

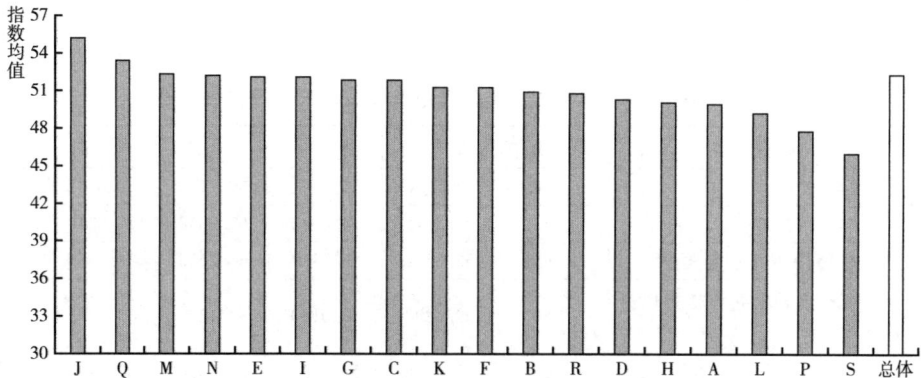

图 3-4　2018 年不同行业上市公司中小投资者权益保护指数比较

3.4　分上市板块中小投资者权益保护指数比较

按照深市主板（不含中小企业板）、深市中小企业板、深市创业板和沪市主板的划
分，来比较不同板块上市公司的中小投资者权益保护指数，结果参见表 3-7。

表 3-7　2018 年不同板块上市公司中小投资者权益保护指数比较

排序	上市板块	公司数目	平均值	中位值	最大值	最小值	标准差
1	深市创业板	722	54.1474	54.5564	67.4417	31.9481	5.5501
2	深市中小企业板	907	52.5326	53.6589	67.2038	16.5614	6.7947
3	深市主板（不含中小企业板）	460	51.7593	52.6551	67.5128	26.7846	7.0230
4	沪市主板	1401	49.9049	50.4508	69.7475	19.2636	6.8780
	总　体	3490	51.7099	52.3414	69.7475	16.5614	6.8246

从表 3-7 可以看出，3490 家上市公司中，中小投资者权益保护指数平均值从高到
低排列依次为深市创业板、深市中小企业板、深市主板（不含中小企业板）和沪市主
板。深市在中小投资者权益保护方面的表现好于沪市，深市创业板和中小企业板上市公
司中小投资者权益保护水平好于沪深主板上市公司（深市主板不含中小企业板）。

图 3-5 更直观地反映了不同板块上市公司中小投资者权益保护指数的差异。可以看到，深市创业板、深市中小企业板和深市主板上市公司的中小投资者权益保护指数均高于总体均值，沪市主板的中小投资者权益保护指数则低于总体均值。

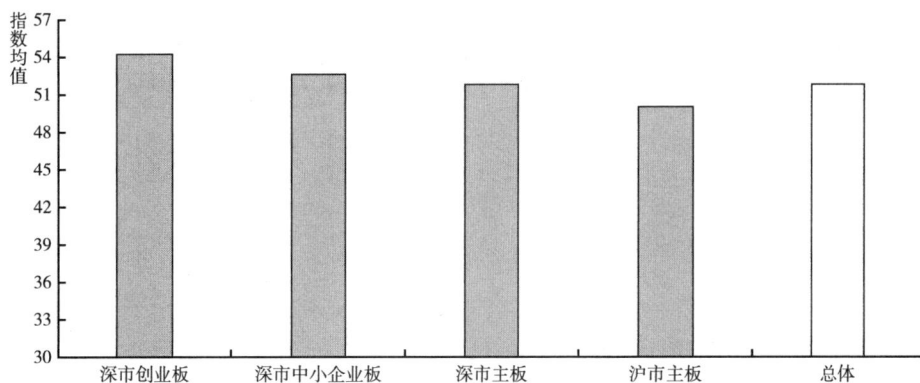

图 3-5　2018 年不同板块上市公司中小投资者权益保护指数比较

注：深市中小企业板是深市主板的一部分，但本图中的深市主板不含中小企业板。

3.5　本章小结

本章分别从总体、地区、行业及上市板块等方面对 2018 年上市公司的中小投资者权益保护指数进行了比较与分析。主要结论如下。

（1）从总体看，中国上市公司中小投资者权益保护指数最大值 69.7475 分，最小值 16.5614 分，平均值 51.7099 分，样本的得分情况整体偏低。中小投资者权益保护指数主要分布在 [45，60) 区间，占比为 77.31%；及格率为 8.40%，相较上年的及格率有所降低。

（2）从地区看，东部地区上市公司中小投资者权益保护指数均值最高，为 52.2622 分，明显高于其他三个地区；东北地区最低，为 49.0716 分。中小投资者权益保护指数的地区间差异不是很大。

（3）从行业看，上市公司中小投资者权益保护指数最高的三个行业是金融业（J）、卫生和社会工作（Q）、科学研究和技术服务业（M），其中金融业（J）中小投资者权益保护指数连续五年排名第一；最低的三个行业是综合（S）、教育（P）、租赁和商务服务业（L）。

（4）从上市板块看，中小投资者权益保护指数均值从大到小依次是深市创业板、深市中小企业板、深市主板（不含中小企业板）和沪市主板。深市创业板和中小企业板上市公司中小投资者权益保护水平好于沪深主板上市公司（深市主板不含中小企业板）。

第 4 章　中小投资者权益保护 分项指数排名及比较

　　第 3 章从总体上对中国上市公司中小投资者权益保护指数做了排名，并从地区、行业以及上市板块三个角度进行了分类汇总和分析。本章按照中小投资者权益保护指数四个维度的划分，把中小投资者权益保护指数分为知情权、决策与监督权、收益权和维权环境四个分项指数，对这四个分项指数进行排名和比较分析。

4.1　中小投资者权益保护分项指数总体比较

　　本报告以 2018 年沪深主板（含中小企业板）和深市创业板 3490 家上市公司为样本，计算获得了 2018 年中国上市公司中小投资者权益保护的四个分项指数，其描述性统计结果参见表 4 - 1。

表 4 - 1　2018 年上市公司中小投资者权益保护分项指数描述性统计结果

分项指数	公司数目	平均值	中位值	最大值	最小值	标准差
知情权	3490	60.8504	63.8009	83.0563	13.5542	9.0592
决策与监督权	3490	46.5092	48.4033	75.9091	21.3636	8.1009
收益权	3490	41.2533	39.4946	75.8481	0.0000	11.1263
维权环境	3490	58.2267	58.8889	88.8889	0.0000	15.9924

　　从表 4 - 1 中可以看出，四个分项指数中知情权分项指数的平均值最大，略超及格分 60 分，其余三个分项指数均未达到及格线。收益权分项指数的平均值最小。知情权和维权环境两个分项指数的平均得分明显高于决策与监督权以及收益权两个分项指数，说明上市公司在知情权和维权环境方面做得相对好一点，而在决策与监督权以及收益权方面表现较差。从标准差看，维权环境分项指数的标准差最大，说明上市公司维权环境分项指数的离散度高于其他三个分项指数。

图 4-1 直观地反映了中小投资者权益保护四个分项指数的平均值和中位值的差异。可以看出，四个分项指数的平均值和中位值的排序一致。

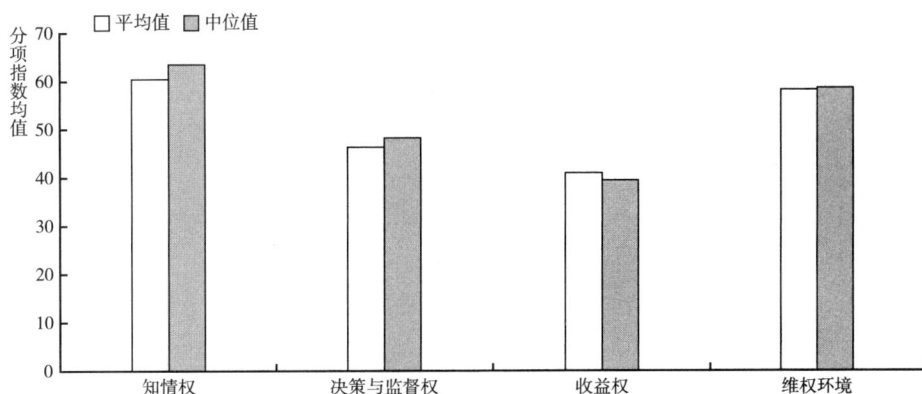

图 4-1　2018 年上市公司中小投资者权益保护四个分项指数比较

4.2　知情权分项指数排名及比较

中小投资者知情权分项指数考察中小投资者对于公司重要信息的可获取程度，以了解中小投资者知情权的落实状况。本节对知情权分项指数的总体情况进行说明，并分地区和行业进行比较。

4.2.1　知情权分项指数总体分布

基于 3490 家上市公司中小投资者知情权的各项指标，我们得出了每家上市公司中小投资者知情权分项指数。以 10 分为间隔，可以将知情权分项指数划分为 10 个区间段，每个分数区间段的公司数目和所占比重参见表 4-2。

表 4-2　2018 年上市公司中小投资者知情权分项指数区间分布

指数组别	公司数目	占比（%）	累计占比（%）
[0,10)	0	0.00	0.00
[10,20)	1	0.03	0.03
[20,30)	24	0.69	0.72
[30,40)	119	3.41	4.13
[40,50)	292	8.37	12.49
[50,60)	448	12.84	25.33
[60,70)	2251	64.50	89.83
[70,80)	354	10.14	99.97
[80,90)	1	0.03	100.00
[90,100]	0	0.00	100.00
总　计	3490	100.00	—

由表 4 - 2 可见，2018 年上市公司中小投资者知情权分项指数分布比较集中，大部分集中在〔60，70）区间内，有 2251 家公司，占样本总数的 64.50%。

图 4 - 2 直观地描绘了中小投资者知情权分项指数的分布区间。可以看出，2018 年上市公司中小投资者知情权分项指数从低分到高分，公司数目呈负偏态分布，偏度系数是 - 1.6167。

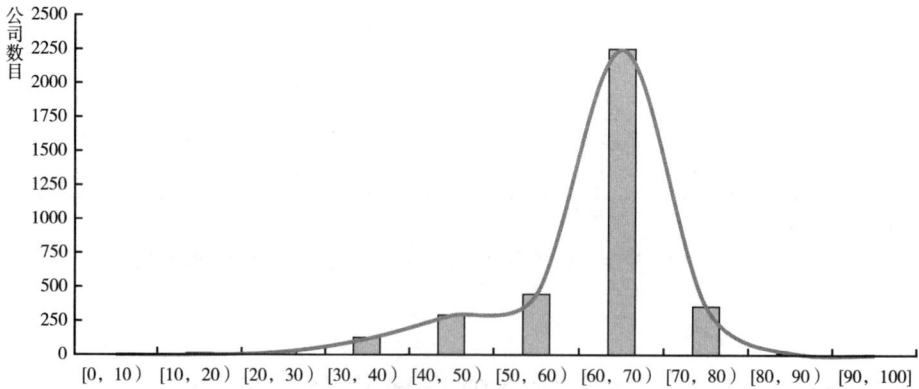

图 4 - 2　2018 年上市公司中小投资者知情权分项指数区间分布

4.2.2　分地区知情权分项指数比较

按照东部、中部、西部和东北四个地区的划分，我们进一步统计了不同地区上市公司中小投资者知情权分项指数，参见表 4 - 3。

表 4 - 3　2018 年不同地区上市公司中小投资者知情权分项指数比较

排序	地区	公司数目	平均值	中位值	最大值	最小值	标准差
1	东部	2418	61.4184	65.0000	83.0563	25.0000	8.6091
2	中部	454	60.0220	64.2186	75.2916	21.7000	10.0296
3	东北	149	59.4601	61.9542	75.3528	25.1695	9.5502
4	西部	469	59.1655	61.9949	75.2542	13.5542	9.8213
总　体		3490	60.8504	63.8009	83.0563	13.5542	9.0592

从表 4 - 3 可以看到，2018 年中小投资者知情权分项指数在四个地区的差别不算很大。其中，东部上市公司中小投资者知情权分项指数均值最高，西部地区中小投资者知情权分项指数均值最低，二者绝对差距为 2.2529 分。

图 4 - 3 直观地反映了四个地区上市公司中小投资者知情权分项指数均值的差异。

可以看到，不同地区上市公司中小投资者知情权分项指数均值相差不是很明显，除东部地区外，其他三个地区中小投资者知情权分项指数均值都低于总体均值。

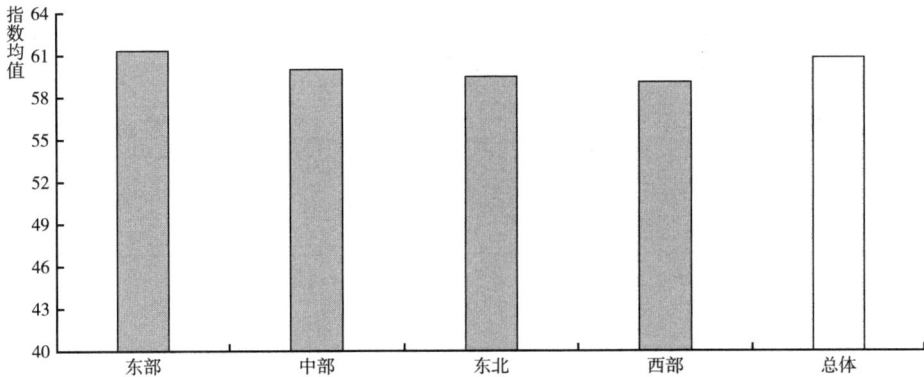

图 4 - 3　2018 年不同地区上市公司中小投资者知情权分项指数比较

4.2.3　分行业知情权分项指数比较

用各个行业内的上市公司中小投资者知情权分项指数的平均值来代表各个行业的上市公司中小投资者知情权分项指数，然后把各个行业的上市公司中小投资者知情权分项指数按照由高到低的顺序进行排名，具体排名结果参见表 4 - 4。

表 4 - 4　2018 年不同行业上市公司中小投资者知情权分项指数排名及比较

排名	行业	公司数目	平均值	中位值	最大值	最小值	标准差
1	水利、环境和公共设施管理业（N）	50	63.7909	65.2069	73.3412	32.8390	6.9452
2	卫生和社会工作（Q）	12	62.6594	65.2900	70.7831	49.8773	5.9718
3	科学研究和技术服务业（M）	48	61.9718	65.0000	72.2795	40.4204	7.8718
4	文化、体育和娱乐业（R）	58	61.7793	65.0000	71.5636	33.4000	8.3471
5	信息传输、软件和信息技术服务业（I）	267	61.2502	65.0000	73.4193	25.0847	9.1751
6	建筑业（E）	90	61.1636	63.3839	72.7069	25.0000	8.5486
7	交通运输、仓储和邮政业（G）	97	61.1299	61.8695	72.0012	32.3513	7.6737
8	制造业（C）	2178	61.1018	65.0000	83.0563	13.5542	8.8858
9	金融业（J）	88	60.7994	65.0847	77.8027	25.4475	10.1395
10	批发和零售业（F）	164	60.5460	63.2177	75.2916	25.0847	9.2072
11	房地产业（K）	124	60.0411	61.9289	71.9502	26.7000	8.5327
12	住宿和餐饮业（H）	9	59.7025	62.5407	65.4171	37.3780	8.2740

续表

排名	行业	公司数目	平均值	中位值	最大值	最小值	标准差
13	电力、热力、燃气及水生产和供应业（D）	105	59.5096	61.7814	71.7000	27.2559	9.1794
14	农、林、牧、渔业（A）	41	58.4681	61.8628	71.7847	31.7000	9.0787
15	采矿业（B）	76	58.2563	61.9052	73.4393	30.7327	10.0441
16	租赁和商务服务业（L）	53	57.8548	61.9542	73.1479	23.2187	11.9480
17	教育（P）	8	55.0035	59.1928	71.7537	30.9365	14.6070
18	综合（S）	21	52.0886	56.7000	70.0407	25.0000	13.5755
	总 体	3490	60.8504	63.8009	83.0563	13.5542	9.0592

注：居民服务、修理和其他服务业（O）只有 1 家上市公司，难以代表该行业整体水平，故排名时剔除。

从表 4-4 可以看出，18 个行业中，有 8 个行业的中小投资者知情权分项指数均值高于总体均值，这 8 个行业的最大均值与总体均值的绝对差距为 2.9405 分；其他 10 个行业的上市公司中小投资者知情权分项指数均值低于总体均值，总体均值与这 10 个行业的最小均值的绝对差距为 8.7618 分。显然，知情权分项指数的高分区行业内部差距小于低分区行业。中小投资者知情权分项指数均值排名前三位的行业分别是水利、环境和公共设施管理业（N），卫生和社会工作（Q），科学研究和技术服务业（M）；排名最后三位的行业分别是综合（S），教育（P），租赁和商务服务业（L）。中小投资者知情权分项指数最大值与最小值均出自制造业（C）。

图 4-4 直观地反映了不同行业中小投资者知情权分项指数均值的差异。可以看到，排名前两位行业的中小投资者知情权分项指数均值较明显高于其他行业；排名最低的两个行业的中小投资者知情权分项指数均值则明显低于其他行业。

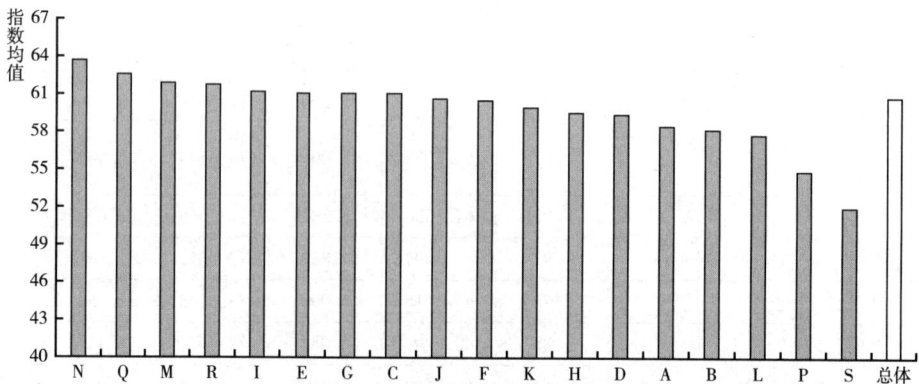

图 4-4　2018 年不同行业上市公司中小投资者知情权分项指数比较

4.3　决策与监督权分项指数排名及比较

中小投资者决策与监督权分项指数考察中小投资者参与决策的机制及其监督代理人的情况，以测度中小投资者决策与监督权的落实情况。本节对决策与监督权分项指数的总体情况进行说明，并分地区和行业进行比较。

4.3.1　决策与监督权分项指数总体分布

我们将中小投资者决策与监督权分项指数得分以 10 分为间隔，划分成 8 个区间段（公司数目为 0 的指数区间合并），得到的结果参见表 4 – 5。

表 4 – 5　2018 年上市公司中小投资者决策与监督权分项指数区间分布

指数区间	公司数目	占比（%）	累计占比（%）
［0，20）	0	0.00	0.00
［20，30）	16	0.46	0.46
［30，40）	1251	35.85	36.30
［40，50）	1466	42.01	78.31
［50，60）	614	17.59	95.90
［60，70）	130	3.72	99.63
［70，80）	13	0.37	100.00
［80，100］	0	0.00	100.00
总　体	3490	100.00	—

由表 4 – 5 与图 4 – 5 可以看出，中小投资者决策与监督权分项指数非常集中，主要分布在 ［30，50） 区间内，总计有 2717 家公司，占样本总数的 77.85%。中小投资者决策与监督权分项指数在 60 分及以上的上市公司共 143 家，及格率为 4.10%。

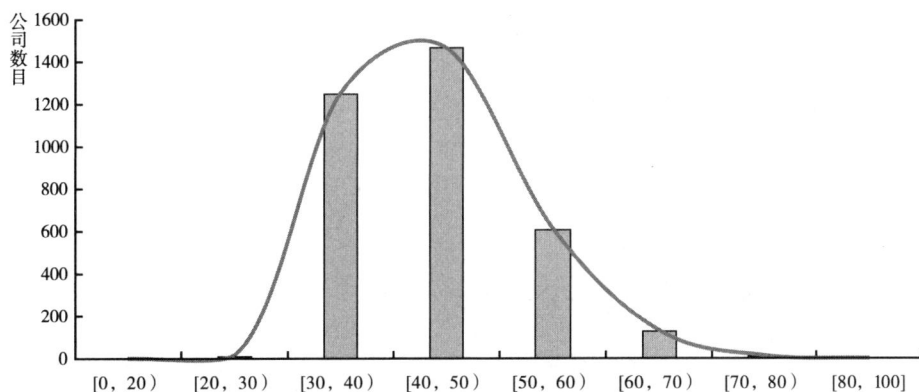

图 4 – 5　2018 年上市公司中小投资者决策与监督权分项指数区间分布

4.3.2　分地区决策与监督权分项指数比较

将上市公司按照东部、中部、西部和东北四个地区划分，我们进一步统计了不同地区上市公司中小投资者决策与监督权分项指数，参见表4-6。

表4-6　2018年不同地区上市公司中小投资者决策与监督权分项指数比较

排序	地区	公司数目	平均值	中位值	最大值	最小值	标准差
1	西部	469	46.7014	48.4470	75.9091	29.5455	7.9919
2	东部	2418	46.6153	48.6364	75.9091	21.3636	8.1243
3	中部	454	46.0800	47.8315	70.0000	27.7273	8.1415
4	东北	149	45.4907	47.6623	66.4394	29.2424	7.8171
总 体		3490	46.5092	48.4033	75.9091	21.3636	8.1009

由表4-6可以看出，西部上市公司中小投资者决策与监督权分项指数均值最高，东北最低，二者之间的绝对差距为1.2107分，差别很小。中小投资者决策与监督权分项指数最大值出自西部与东部（两地区并列），最小值出自东部。

图4-6更直观地反映了四个地区上市公司中小投资者决策与监督权分项指数均值的差异。可以看出，西部和东部地区的上市公司中小投资者决策与监督权分项指数均值高于总体均值，中部和东北地区低于总体均值。

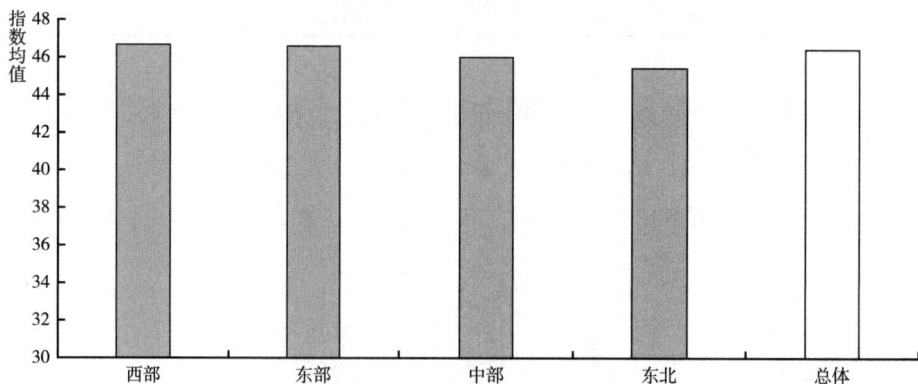

图4-6　2018年不同地区上市公司中小投资者决策与监督权分项指数比较

4.3.3　分行业决策与监督权分项指数比较

按照18个行业的划分，不同行业上市公司中小投资者决策与监督权分项指数均值排名参见表4-7。

表 4 - 7　2018 年不同行业上市公司中小投资者决策与监督权分项指数排名及比较

排名	行业	公司数目	平均值	中位值	最大值	最小值	标准差
1	金融业（J）	88	53.3699	57.0042	70.0000	30.1515	8.1971
2	卫生和社会工作（Q）	12	49.9243	48.6364	66.8182	33.6364	8.6659
3	采矿业（B）	76	48.0406	48.6364	66.8182	27.7273	8.3778
4	科学研究和技术服务业（M）	48	47.7334	48.6364	70.0000	30.4545	8.7975
5	房地产业（K）	124	46.9873	48.4984	66.8182	30.4545	7.1054
6	批发和零售业（F）	164	46.9859	48.3838	66.8182	30.4545	8.7540
7	建筑业（E）	90	46.9618	48.4002	66.8182	30.9091	7.6474
8	综合（S）	21	46.9601	48.6364	57.7273	33.6364	6.7625
9	交通运输、仓储和邮政业（G）	97	46.9120	48.3333	66.8182	33.0303	7.1705
10	农、林、牧、渔业（A）	41	46.8614	45.9091	75.9091	32.5668	9.3056
11	租赁和商务服务业（L）	53	46.6298	48.3838	60.5594	30.4545	6.5242
12	住宿和餐饮业（H）	9	46.5758	48.1818	57.7273	39.5455	5.3407
13	水利、环境和公共设施管理业（N）	50	46.5538	48.6364	66.8182	30.2020	8.6422
14	信息传输、软件和信息技术服务业（I）	267	46.3995	48.6364	75.9091	21.3636	7.8183
15	电力、热力、燃气及水生产和供应业（D）	105	46.3320	48.6364	66.8182	29.9495	8.0385
16	制造业（C）	2178	46.0843	48.2133	75.9091	24.5455	8.0513
17	文化、体育和娱乐业（R）	58	45.2919	45.9091	66.8182	30.4545	7.5683
18	教育（P）	8	42.9546	39.5455	57.7273	30.4545	7.7905
	总　体	3490	46.5092	48.4033	75.9091	21.3636	8.1009

注：居民服务、修理和其他服务业（O）只有 1 家上市公司，难以代表该行业整体水平，故排名时剔除。

由表 4 - 7 可知，18 个行业中，有 13 个行业的中小投资者决策与监督权分项指数均值高于总体均值，这 13 个行业的最大均值与总体均值的绝对差距为 6.8607 分；其他 5 个行业的决策与监督权分项指数均值低于总体均值，总体均值与这 5 个行业的最小均值的绝对差距为 3.5546 分。显然，中小投资者决策与监督权分项指数高分区行业的内部差距远大于低分区行业。18 个行业中，中小投资者决策与监督权分项指数均值排名前三的行业分别是金融业（J）、卫生和社会工作（Q）、采矿业（B）；排在最后三位的分别是教育（P），文化、体育和娱乐业（R），制造业（C）。中小投资者决策与监督权分项指数最大值出自农、林、牧、渔业（A），信息传输、软件和信息技术服务业（I），制造业（C）（三个行业并列）；最小值出自信息传输、软件和信息技术服务业（I）。

图 4 - 7 直观地反映了不同行业上市公司中小投资者决策与监督权分项指数均值的差异。可以看到，除了排名第一的金融业（J）中小投资者决策与监督权分项指数均值远高于其他行业，最后一名的教育（P）中小投资者决策与监督权分项指数均值远低于

其他行业外，其余行业中小投资者决策与监督权分项指数均值差别不大，变化趋势较为平缓。

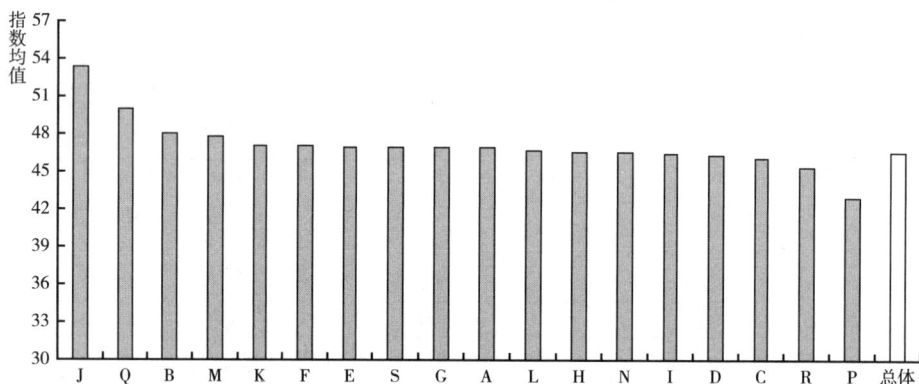

图 4 - 7 2018 年不同行业上市公司中小投资者决策与监督权分项指数比较

4.4 收益权分项指数排名及比较

中小投资者收益权分项指数考察中小投资者收益权的保障和落实情况。本节对收益权分项指数的总体情况进行说明，并分地区和行业进行比较。

4.4.1 收益权分项指数总体分布

我们将中小投资者收益权分项指数以 10 分为间隔，划分为 9 个区间段（公司数目为 0 的指数区间合并），所有上市公司的中小投资者收益权分项指数分布如表 4 - 8 和图 4 - 8 所示。

表 4 - 8 2018 年上市公司中小投资者收益权分项指数区间分布

指数组别	公司数目	占比（%）	累计占比（%）
[0,10)	37	1.06	1.06
[10,20)	29	0.83	1.89
[20,30)	567	16.25	18.14
[30,40)	1662	47.62	65.76
[40,50)	60	1.72	67.48
[50,60)	1120	32.09	99.57
[60,70)	13	0.37	99.94
[70,80)	2	0.06	100.00
[80,100]	0	0.00	100.00
总 计	3490	100.00	—

由表 4 - 8 和图 4 - 8 可知，大部分公司落在 ［30，40）和 ［50，60）两个区间内，共计有 2782 家公司，占比为 79.71%，各区间公司数呈不规则分布。

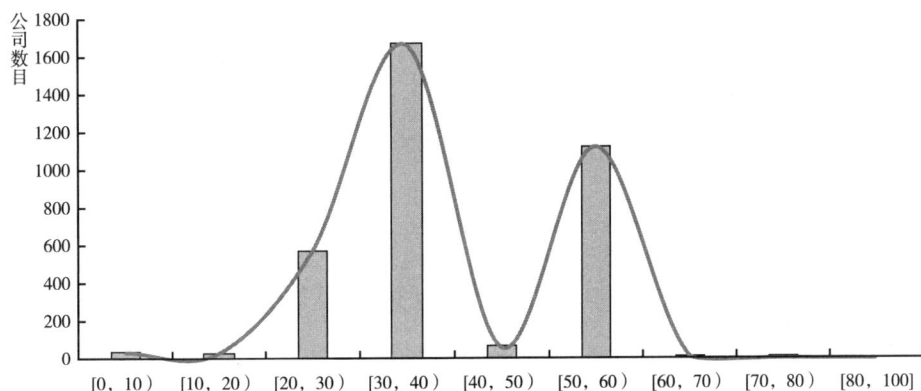

图 4 - 8　2018 年上市公司中小投资者收益权分项指数区间分布

4.4.2　分地区收益权分项指数比较

将上市公司按照东部、中部、西部和东北四个地区划分，不同地区上市公司中小投资者收益权分项指数的得分情况参见表 4 -9。

表 4 - 9　2018 年不同地区上市公司中小投资者收益权分项指数比较

排序	地区	公司数目	平均值	中位值	最大值	最小值	标准差
1	东部	2418	41.9750	39.5063	75.8481	0.0000	10.7349
2	西部	469	40.0106	39.4748	59.1700	0.0000	11.7761
3	中部	454	39.9829	39.4785	62.8616	0.0000	11.6275
4	东北	149	37.3235	39.4386	59.1210	0.0000	12.1410
	总体	3490	41.2533	39.4946	75.8481	0.0000	11.1263

由表 4 -9 可知，东部地区中小投资者收益权分项指数均值最高；东北地区中小投资者收益权分项指数均值排在最后，二者之间的绝对差距为 4.6515 分。中小投资者收益权分项指数最大值为 75.8481 分，出自东部地区；中小投资者收益权分项指数最小值为 0.0000 分，四个地区都出现了最小值。

图 4 -9 更直观地反映了不同地区上市公司中小投资者收益权分项指数均值的差异。可以看出，东部地区中小投资者收益权分项指数均值明显高于总体均值，东北地区中小投资者收益权分项指数均值明显低于总体均值和其他三个地区。西部与中部中小投资者收益权分项指数差异较小，两个地区的均值都低于总体均值。

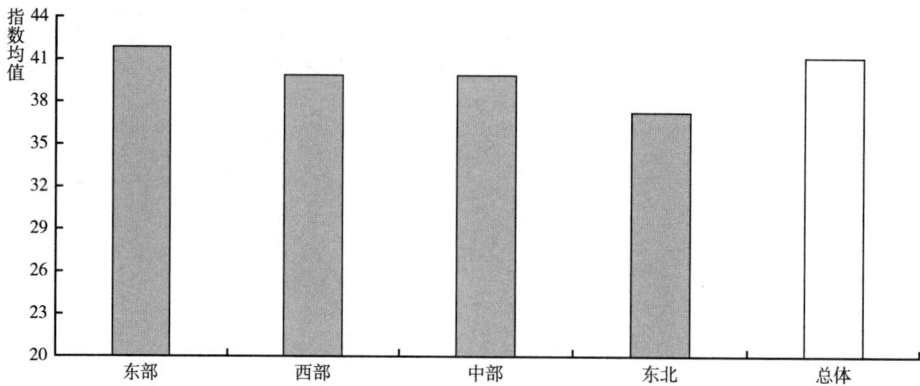

图 4 - 9　2018 年不同地区上市公司中小投资者收益权分项指数比较

4.4.3　分行业收益权分项指数比较

按照中小投资者收益权分项指数均值从大到小的顺序，将不同行业上市公司中小投资者收益权分项指数均值的排名列在表 4 - 10 中。

表 4 - 10　2018 年不同行业上市公司中小投资者收益权分项指数排名及比较

排名	行业	公司数目	平均值	中位值	最大值	最小值	标准差
1	金融业（J）	88	44.6229	39.5957	71.8934	25.0418	10.7795
2	建筑业（E）	90	42.2347	39.5704	60.8403	0.0000	11.8466
3	文化、体育和娱乐业（R）	58	42.1388	39.5002	53.9664	0.0000	11.5783
4	采矿业（B）	76	41.9339	39.5685	75.8481	0.0000	13.3449
5	批发和零售业（F）	164	41.5280	39.5480	55.4312	0.0000	11.2437
6	房地产业（K）	124	41.5006	39.5707	57.7440	0.0000	11.5047
7	制造业（C）	2178	41.2946	39.4879	68.1919	0.0000	10.8126
8	信息传输、软件和信息技术服务业（I）	267	41.2467	39.4722	54.1875	0.0000	11.5018
9	科学研究和技术服务业（M）	48	40.9594	39.4890	53.8786	20.9600	10.4368
10	交通运输、仓储和邮政业（G）	97	40.9494	39.5574	55.1633	23.7861	9.6368
11	水利、环境和公共设施管理业（N）	50	40.5891	39.4934	60.0211	0.0000	11.2245
12	电力、热力、燃气及水生产和供应业（D）	105	40.4135	39.4840	54.9400	0.0000	11.6488
13	租赁和商务服务业（L）	53	38.6305	39.4739	54.9345	0.0000	11.8846
14	卫生和社会工作（Q）	12	38.3338	39.4997	54.0896	10.8706	13.7189
15	综合（S）	21	38.1975	39.4122	53.7366	0.0000	12.6586
16	教育（P）	8	37.6891	39.2944	54.2015	25.1465	11.2025
17	农、林、牧、渔业（A）	41	37.2856	39.4044	54.6763	0.0000	13.0897
18	住宿和餐饮业（H）	9	35.0644	39.4469	53.7269	0.0000	14.1307
	总　体	3490	41.2533	39.4946	75.8481	0.0000	11.1263

注：居民服务、修理和其他服务业（O）只有 1 家上市公司，难以代表该行业整体水平，故排名时剔除。

从表 4 – 10 中可以看出，18 个行业中，有 7 个行业的中小投资者收益权分项指数均值高于总体均值，这 7 个行业的最大均值与总体均值的绝对差距为 3.3696 分；其他 11 个行业的中小投资者收益权分项指数均值低于总体均值，总体均值与这 11 个行业的最小均值的绝对差距为 6.1889 分。显然，中小投资者收益权分项指数低分区行业的内部差距高于高分区行业。中小投资者收益权分项指数均值排名前三位的行业分别是金融业（J），建筑业（E），文化、体育和娱乐业（R）；排名后三位的行业分别是住宿和餐饮业（H），农、林、牧、渔业（A），教育（P）。中小投资者收益权分项指数最大值出自采矿业（B），最小值为 0 分，有 13 个行业有最小值（并列）。

图 4 – 10 更直观地反映了不同行业上市公司中小投资者收益权分项指数均值的差异。除了金融业（J）中小投资者收益权分项指数均值明显高于其他行业，住宿和餐饮业（H）中小投资者收益权分项指数均值明显低于其他行业外，其余行业间差距较小，呈现较为平缓的变动趋势。

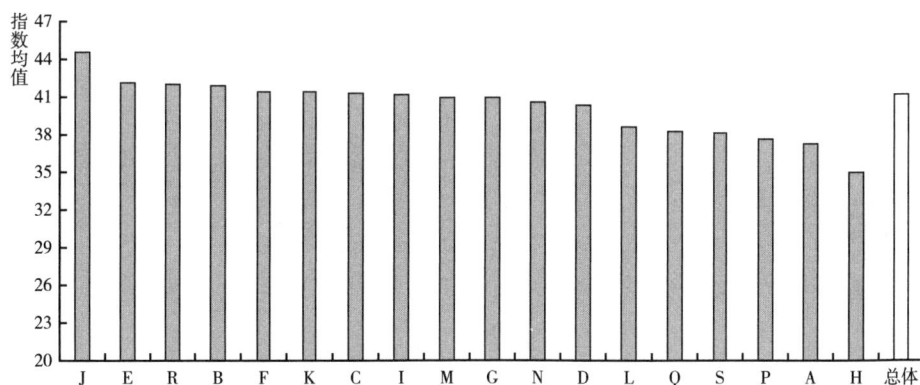

图 4 – 10 2018 年不同行业上市公司中小投资者收益权分项指数比较

4.5 维权环境分项指数排名及比较

中小投资者维权环境分项指数考察中小投资者权利受到侵害时是否可以得到充分的维权。本节对维权环境分项指数的总体情况进行说明，并分地区和行业进行比较。

4.5.1 维权环境分项指数总体分布

我们把中小投资者维权环境分项指数以 10 分为间隔划分为 10 个组，10 个区间的公司分布如表 4 – 11 所示。

表 4 - 11　2018 年上市公司中小投资者维权环境分项指数区间分布

指数区间	公司数目	占比（%）	累计占比（%）
［0,10）	19	0.54	0.54
［10,20）	42	1.20	1.74
［20,30）	120	3.44	5.18
［30,40）	284	8.14	13.32
［40,50）	566	16.22	29.54
［50,60）	867	24.84	54.38
［60,70）	602	17.25	71.63
［70,80）	955	27.36	98.99
［80,90）	35	1.00	100.00
［90,100］	0	0.00	100.00
总　计	3490	100.00	—

由表 4 - 11 可知，上市公司中小投资者维权环境分项指数主要分布在 ［40，80） 区间，共有 2990 家公司，占样本总数的 85.67%。

图 4 - 11 直观地描绘了中小投资者维权环境分项指数的分布区间。可以看出，各区间的公司数呈不规则分布。

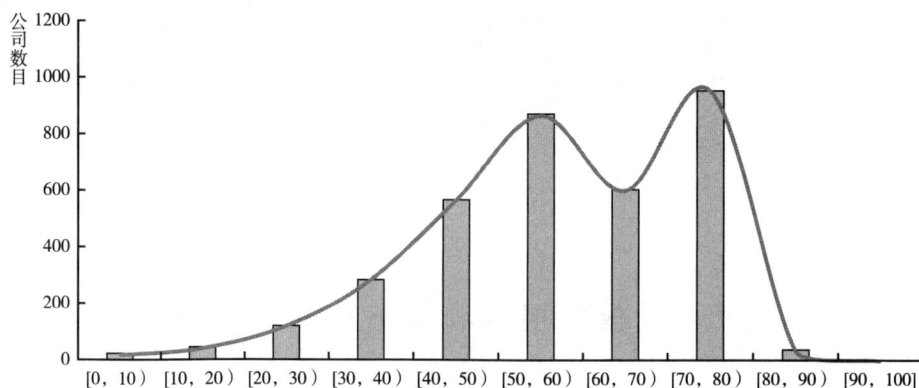

图 4 - 11　2018 年上市公司中小投资者维权环境分项指数区间分布

4.5.2　分地区维权环境分项指数比较

按照东部、中部、西部和东北四个地区的划分，各地区上市公司中小投资者维权环境分项指数比较参见表 4 - 12。

表 4 - 12　2018 年不同地区上市公司中小投资者维权环境分项指数比较

排序	地区	公司数目	平均值	中位值	最大值	最小值	标准差
1	东部	2418	59.0401	58.8889	88.8889	0.0000	15.9189
2	中部	454	57.4670	58.8889	83.3333	0.0000	15.8979
3	西部	469	56.1076	55.5556	88.8889	5.5556	15.4410
4	东北	149	54.0119	55.5556	83.3333	0.0000	17.6973
总　体		3490	58.2267	58.8889	88.8889	0.0000	15.9924

由表 4 - 12 可知，东部中小投资者维权环境分项指数均值最高，为 59.0401 分；东北中小投资者维权环境分项指数均值最低，为 54.0119 分，二者之间的绝对差距为5.0282 分。在四个地区中，中小投资者维权环境分项指数最大值出自东部和西部，最小值为 0 分，东部、中部和东北地区均有最小值。

图 4 - 12 更直观地反映了不同地区上市公司中小投资者维权环境分项指数均值的差异。可以看到，只有东部地区中小投资者维权环境分项指数均值超过总体均值，其他三个地区中小投资者维权环境分项指数均值都低于总体均值。

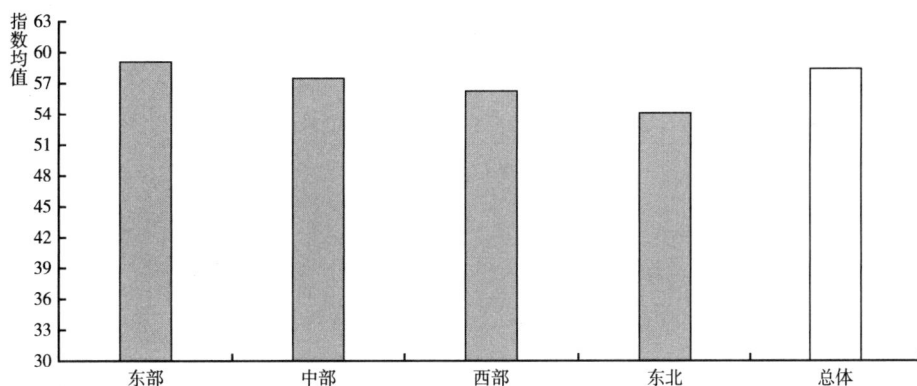

图 4 - 12　2018 年不同地区上市公司中小投资者维权环境
分项指数比较

4.5.3　分行业维权环境分项指数比较

按照 18 个行业大类划分，各行业上市公司中小投资者维权环境分项指数排名见表4 - 13。

表 4-13　2018 年不同行业上市公司中小投资者维权环境分项指数排名及比较

排名	行业	公司数目	平均值	中位值	最大值	最小值	标准差
1	卫生和社会工作（Q）	12	62.5926	72.2223	77.7778	8.8889	21.1711
2	金融业（J）	88	62.0581	68.3334	83.3333	8.8889	17.7387
3	信息传输、软件和信息技术服务业（I）	267	59.3467	58.8889	83.3333	0.0000	16.5035
4	制造业（C）	2178	58.7746	58.8889	88.8889	0.0000	15.5094
5	科学研究和技术服务业（M）	48	58.7732	57.2223	77.7778	33.3333	14.1589
6	住宿和餐饮业（H）	9	58.7655	61.1111	77.7778	20.0000	18.2307
7	交通运输、仓储和邮政业（G）	97	58.3391	58.8889	83.3333	16.6667	14.2828
8	建筑业（E）	90	58.2469	58.8889	83.3333	11.1111	16.2643
9	水利、环境和公共设施管理业（N）	50	57.8222	58.8889	77.7778	0.0000	15.9071
10	农、林、牧、渔业（A）	41	57.2358	55.5556	83.3333	11.1111	17.8911
11	房地产业（K）	124	56.6846	58.8889	83.3333	0.0000	17.2450
12	批发和零售业（F）	164	55.9621	58.8889	77.7778	0.0000	16.2593
13	教育（P）	8	55.6945	55.5556	77.7778	28.8889	14.7032
14	采矿业（B）	76	55.4679	58.8889	83.3333	20.0000	15.4147
15	电力、热力、燃气及水生产和供应业（D）	105	54.8889	55.5556	77.7778	3.3333	15.5862
16	租赁和商务服务业（L）	53	53.9204	55.5556	77.7778	11.1111	16.8143
17	文化、体育和娱乐业（R）	58	53.8889	55.5556	77.7778	0.0000	19.1833
18	综合（S）	21	46.8254	55.5556	83.3333	11.1111	20.3967
	总　体	3490	58.2267	58.8889	88.8889	0.0000	15.9924

注：居民服务、修理和其他服务业（O）只有 1 家上市公司，难以代表该行业整体水平，故排名时剔除。

由表 4-13 可以看出，18 个行业中，有 8 个行业的中小投资者维权环境分项指数均值高于总体均值，这 8 个行业的最大均值与总体均值的绝对差距为 4.3659 分；其他 10 个行业的维权环境分项指数均值低于总体均值，总体均值与这 10 个行业的最小均值的绝对差距为 11.4013 分。显然，中小投资者维权环境分项指数低分区行业的内部差距大于高分区行业。中小投资者维权环境分项指数均值排在前三位的行业分别是卫生和社会工作（Q），金融业（J），信息传输、软件和信息技术服务业（I）；排在最后三位的行业分别是综合（S），文化、体育和娱乐业（R），租赁和商务服务业（L）。中小投资者维权环境分项指数最大值为 88.8889 分，出自制造业（C）；最小值为 0.0000 分，出自信息传输、软件和信息技术服务业（I）等 6 个行业（并列）。

图 4-13 直观地反映了不同行业上市公司中小投资者维权环境分项指数均值的差异。可以看到，中小投资者维权环境分项指数最高的行业和最低的行业之间的差距较

大。卫生和社会工作（Q）、金融业（J）两个行业中小投资者维权环境分项指数得分比较突出，综合（S）的中小投资者维权环境分项指数得分明显低于其他行业。

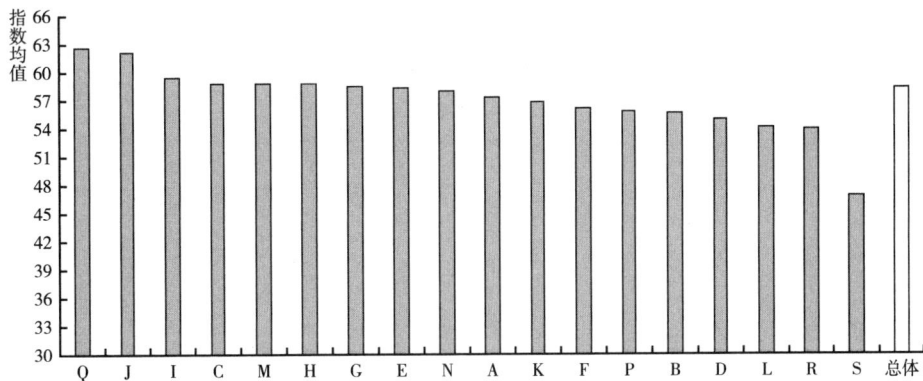

图 4 - 13　2018 年不同行业上市公司中小投资者维权环境分项指数比较

4.6　本章小结

本章从总体、地区和行业三个方面，对中小投资者权益保护的四个分项指数，即知情权、决策与监督权、收益权和维权环境进行了分析，通过分析我们发现：

（1）从中小投资者权益保护四个分项指数比较来看，知情权分项指数的平均值最高，达到 60 分及格线以上，其余三项分项指数均未达到及格线，收益权分项指数的平均值最小。从指数分布区间来看，知情权分项指数主要集中在［60，70）区间，占样本总数的 64.50%；决策与监督权分项指数主要集中在［30，50）区间，占样本总数的 77.85%；收益权分项指数主要集中在［30，40）和［50，60）两个区间，占样本总数的 79.71%；维权环境分项指数主要集中在［40，80）区间，占样本总数的 85.67%。

（2）从地区来看，东部地区在知情权、收益权和维权环境三个分项指数的平均值排名中都位列第一，表现较好；东北地区除了在知情权分项指数的平均值排名中位列第三外，在其他三个分项指数的平均值排名中都位居最后。

（3）从行业来看，18 个行业（剔除居民服务、修理和其他服务业）中，知情权分项指数均值排名前三位的行业分别是水利、环境和公共设施管理业（N），卫生和社会工作（Q），科学研究和技术服务业（M）；决策与监督权分项指数均值排名前三位的行业分别是金融业（J），卫生和社会工作（Q），采矿业（B）；收益权分项指数均值排名前三位的行业分别是金融业（J），建筑业（E），文化、体育和娱乐业（R）；维权环境分项指数均值排在前三位的行业分别是卫生和社会工作（Q），金融业（J），信息传输、软件和信息技术服务业（I）。其中，金融业（J）、卫生和社会工作（Q）两个行业在三个分项指数中都位居前三，这说明金融业（J）、卫生和社会工作（Q）两个行业的上市公司在中小投资者权益保护方面表现相对较好。

第 5 章 中小投资者权益保护
指数的所有制比较

根据第 1 章的控股或所有制类型划分，中国的上市公司可以分为国有绝对控股公司、国有强相对控股公司、国有弱相对控股公司、国有参股公司和无国有股份公司五种类型，还可以进一步归类为国有控股公司和非国有控股公司两个大类。那么，国有控股上市公司和非国有控股上市公司的中小投资者权益保护是否有差别，差别有多大，本章将对此进行分析。

5.1 中小投资者权益保护指数总体的所有制比较

5.1.1 中小投资者权益保护总体指数比较

表 5 - 1 按照不同所有制类型，对上市公司的中小投资者权益保护指数均值进行了降序排列。

表 5 - 1　2018 年不同所有制上市公司中小投资者权益保护指数排名及比较

排名	所有制类型	公司数目	平均值	中位值	最大值	最小值	标准差
1	国有绝对控股公司	255	53.1814	53.2418	67.8533	36.2745	5.8023
2	国有强相对控股公司	426	52.4392	52.6810	69.3174	34.2342	5.6852
3	国有参股公司	866	51.6692	52.7304	67.5128	18.2364	7.3626
4	国有弱相对控股公司	368	51.4971	51.7963	69.7475	21.6970	6.8608
5	无国有股份公司	1575	51.3465	52.1290	67.4417	16.5614	6.8972
总　体		3490	51.7099	52.3414	69.7475	16.5614	6.8246

根据表 5 - 1，从整体上看，五类上市公司的中小投资者权益保护指数均值没有很大的差异，也都未达到及格线，说明中小投资者权益保护水平仍普遍较低。其中，国有绝对控股公司的中小投资者权益保护指数均值最高，为 53. 1814 分，无国有股份公司的中小投资者权益保护指数均值最低，为 51. 3465 分。从中位值看，中小投资者权益保护指数中位值从高到低依次为国有绝对控股公司、国有参股公司、国有强相对控股公司、无国有股份公司和国有弱相对控股公司。从标准差看，五类公司标准差均在 5 分以上，标准差最大的国有参股公司与最小的国有强相对控股公司之间相差 1. 6774 分，说明各所有制类型上市公司的内部差距不大。

为了更直观地反映不同所有制上市公司中小投资者权益保护指数的差异，图 5 - 1 按照第一大股东中的国有股份比例从大到小进行了排序。可以看出，随着国有股比例降低，在三类国有控股公司中，中小投资者权益保护水平略有下降，但国有参股公司略有上升，再到无国有股份公司，又略有下降，总体上呈"S"形。这可能意味着，在中国目前资本市场和法律制度不健全的情况下，国有股权的适度集中对中小投资者保护有一定益处。国有参股由于在不同投资者之间产生了一定的制衡，对于中小投资者权益保护也具有一定的作用。这个结论与我们之前出版的《中国上市公司中小投资者权益保护指数报告 2015》、《中国公司治理分类指数报告 No. 15 （2016）》、《中国公司治理分类指数报告 No. 16 （2017）》和《中国上市公司治理分类指数报告 No. 17 （2018）》中的结论是完全一致的。

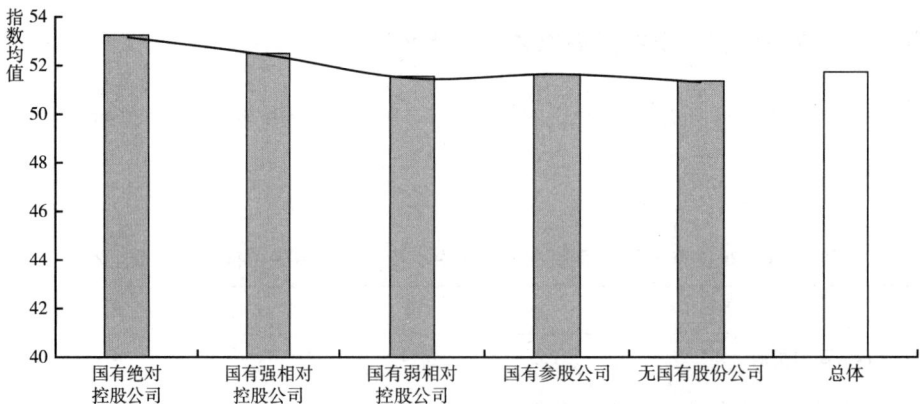

图 5 - 1　2018 年不同所有制上市公司中小投资者权益保护指数均值比较

我们进一步将国有绝对控股公司、国有强相对控股公司和国有弱相对控股公司归类为国有控股公司，将国有参股公司和无国有股份公司归类为非国有控股公司，比较两大类公司的中小投资者权益保护水平，如表 5 - 2 所示。

表5-2 2018年国有控股和非国有控股公司中小投资者权益保护指数排名及比较

排名	所有制性质	公司数目	平均值	中位值	最大值	最小值	标准差
1	国有控股公司	1049	52.2891	52.4000	69.7475	21.6970	6.1843
2	非国有控股公司	2441	51.4610	52.2979	67.5128	16.5614	7.0675
	总 体	3490	51.7099	52.3414	69.7475	16.5614	6.8246

从表5-2可以看出，2018年上市公司中，国有控股公司与非国有控股公司在平均值、中位值上的差距都很小，都未达到及格线（60分）。不管是平均值还是中位值，国有控股公司都高于非国有控股公司。

根据实际控制人的性质，我们还可以将上市公司进一步区分为中央企业（或监管机构）、地方国企（或监管机构）和民营企业（或个人）控制的上市公司三类。表5-3比较了三类公司的中小投资者权益保护指数。

表5-3 2018年不同最终控制人上市公司中小投资者权益保护指数排名及比较

排名	最终控制人	公司数目	平均值	中位值	最大值	最小值	标准差
1	中央企业（或监管机构）	378	52.6599	52.7229	69.6338	21.6970	6.3873
2	地方国企（或监管机构）	709	52.0185	52.2166	69.7475	33.7031	6.1816
3	民营企业（或个人）	2403	51.4694	52.3311	68.7805	16.5614	7.0515
	总 体	3490	51.7099	52.3414	69.7475	16.5614	6.8246

从表5-3可以看出，中央企业（或监管机构）控制的公司的中小投资者权益保护指数均值最高，民营企业（或个人）控制的公司的中小投资者权益保护指数均值最低，且低于总体均值，三类公司的中小投资者权益保护指数总体差异并不明显。

5.1.2 中小投资者权益保护分项指数总体比较

中小投资者权益保护指数包括知情权、决策与监督权、收益权和维权环境四个分项指数，对五类所有制上市公司的四个分项指数进行比较，如表5-4所示。

表5-4 2018年不同所有制上市公司中小投资者权益保护分项指数均值比较

所有制类型	知情权	决策与监督权	收益权	维权环境
国有绝对控股公司	62.0645	47.3011	44.3664	58.9935
国有强相对控股公司	61.3870	46.7357	42.2029	59.4314
国有弱相对控股公司	59.7675	48.1688	39.8365	58.2156
国有参股公司	60.4933	46.1155	40.4080	59.6600
无国有股份公司	60.9581	46.1485	41.2882	56.9912
总 体	60.8504	46.5092	41.2533	58.2267

从表 5-4 可以看出，除了知情权分项指数以外，五类所有制公司中小投资者权益保护指数的其他三个分项指数都未达到及格水平。图 5-2 更直观地反映了不同所有制类型上市公司中小投资者权益保护四个分项指数的差异。可以看出，五类所有制上市公司在四个分项指数中都是知情权分项指数最高，其次是维权环境分项指数，决策与监督权分项指数以及收益权两个分项指数则明显低于其他两个分项指数。各所有制类型上市公司在每个分项指数上差别较小。

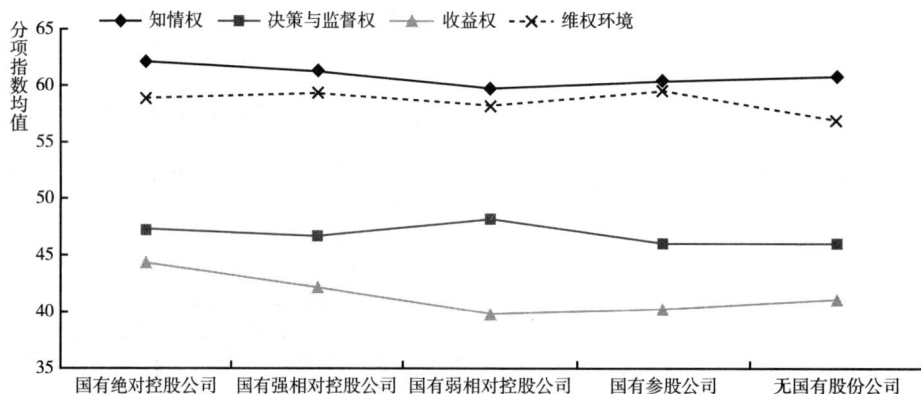

图 5-2 2018 年不同所有制上市公司中小投资者权益保护分项指数均值比较

我们进一步将国有绝对控股公司、国有强相对控股公司和国有弱相对控股公司合并，归为国有控股公司，将国有参股公司和无国有股份公司合并，归为非国有控股公司，两者的比较见表 5-5 和图 5-3。可以看出，国有控股公司在四个分项指数上都高于非国有控股公司。

表 5-5 2018 年国有控股与非国有控股公司中小投资者权益保护分项指数均值比较

所有制类型	知情权	决策与监督权	收益权	维权环境
国有控股公司	60.9836	47.3759	41.8987	58.8984
非国有控股公司	60.7932	46.1368	40.9759	57.9380
总 体	60.8504	46.5092	41.2533	58.2267

根据实际控制人将上市公司划分为三种类型，对三类上市公司中小投资者权益保护的四个分项指数进行比较，参见表 5-6 和图 5-4。可以看出，中央企业（或监管机构）控制的公司除知情权分项指数处于最低外，在其余三个分项指数上都高于地方国企（或监管机构）和民营企业（或个人）控制的公司；地方国企（或监管机构）控制的公司在四个分项指数上都高于民营企业（或个人）控制的公司。不同最终控制人控制的上市公司在四个分项指数上的均值差异不算大。

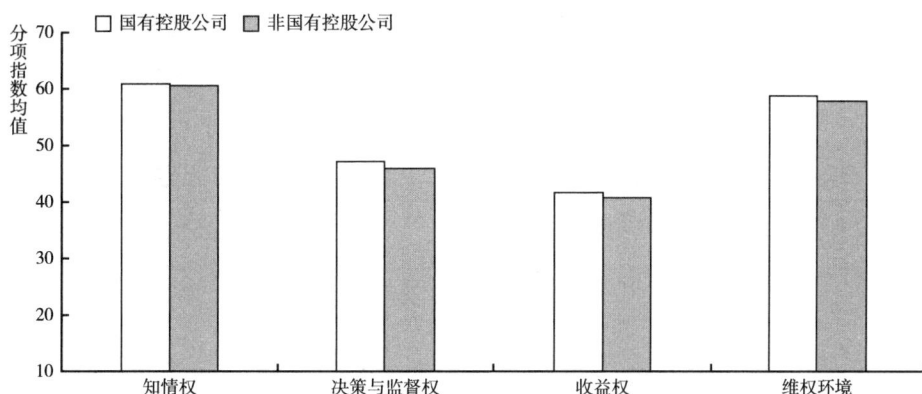

图 5 - 3　2018 年国有控股与非国有控股公司中小投资者权益保护分项指数均值比较

表 5 - 6　2018 年不同最终控制人上市公司中小投资者权益保护分项指数均值比较

最终控制人	知情权	决策与监督权	收益权	维权环境
中央企业（或监管机构）	60. 6790	47. 4396	42. 3094	60. 2117
地方国企（或监管机构）	61. 0782	47. 3099	41. 4550	58. 2307
民营企业（或个人）	60. 8102	46. 1266	41. 0276	57. 9133
总　　体	60. 8504	46. 5092	41. 2533	58. 2267

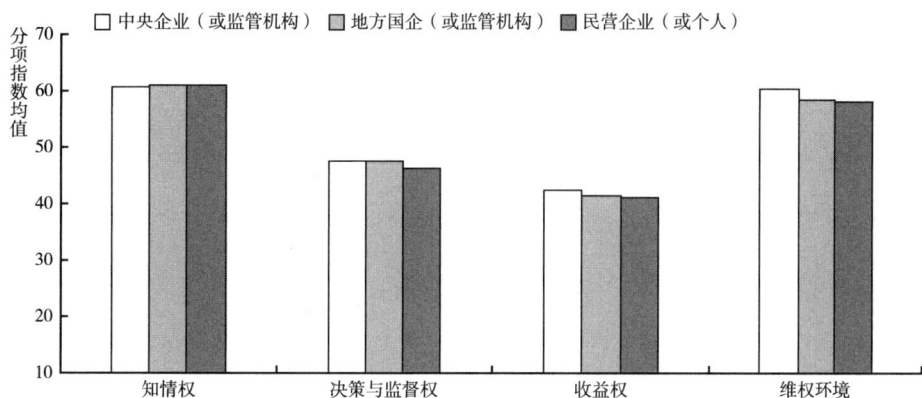

图 5 - 4　2018 年不同最终控制人上市公司中小投资者权益保护分项指数均值比较

5.2　分地区中小投资者权益保护指数的所有制比较

5.2.1　分地区中小投资者权益保护总体指数比较

按照四个地区的划分标准，我们比较四个地区上市公司中小投资者权益保护指数的差异，参见表 5 - 7。

表 5 - 7　2018 年不同地区国有控股与非国有控股公司中小投资者权益保护指数比较

地区	所有制类型	公司数目	平均值	中位值	最大值	最小值	标准差
东部	国有控股公司	599	53.1731	53.5203	69.7475	32.5567	6.1952
	非国有控股公司	1819	51.9623	52.6605	67.5128	18.2364	6.7005
	总　体	2418	52.2622	52.8757	69.7475	18.2364	6.5997
中部	国有控股公司	185	51.4609	51.7079	66.9066	35.6421	5.7627
	非国有控股公司	269	50.4939	51.9997	63.0873	16.5614	7.8877
	总　体	454	50.8880	51.8592	66.9066	16.5614	7.1149
西部	国有控股公司	204	51.1631	50.8126	67.2038	35.9534	5.8467
	非国有控股公司	265	49.9830	51.4209	64.6972	22.9088	7.6044
	总　体	469	50.4963	51.2579	67.2038	22.9088	6.9199
东北	国有控股公司	61	49.8869	50.2779	61.6465	21.6970	6.7838
	非国有控股公司	88	48.5064	49.0125	63.6028	20.8867	8.3545
	总　体	149	49.0716	49.6786	63.6028	20.8867	7.7797

　　从表 5 - 7 可以看出，四个地区的国有控股公司中小投资者权益保护指数均值都略高于非国有控股公司。从中位值来看，在东部和东北地区，国有控股公司中小投资者权益保护指数值略高于非国有控股公司；在中部和西部地区，国有控股公司中小投资者权益保护指数值略低于非国有控股公司。

　　图 5 - 5 更直观地反映了四个地区中不同所有制上市公司中小投资者权益保护指数均值的差异。可以看到，四个地区的国有控股公司与非国有控股公司中小投资者权益保护水平均值间差异不大。

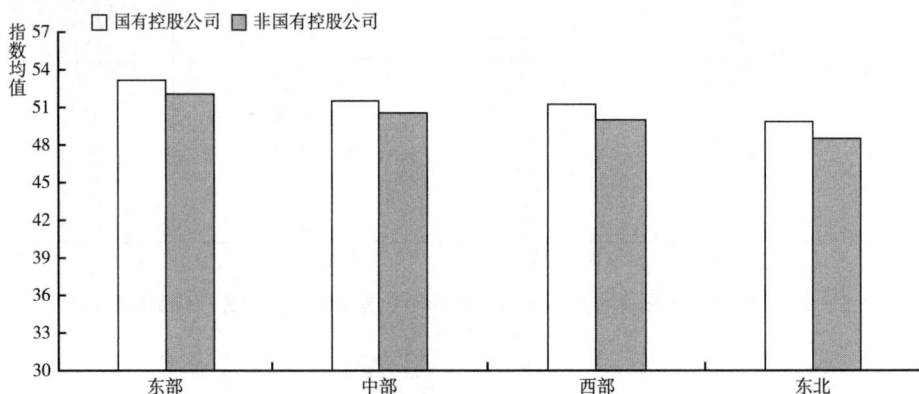

图 5 - 5　2018 年不同地区国有与非国有控股公司中小投资者权益保护指数均值比较

5.2.2　分地区中小投资者权益保护分项指数比较

　　我们继续对四个地区国有控股与非国有控股上市公司的中小投资者权益保护分项指数均值进行比较分析，参见表 5 - 8。

表5-8　2018年分地区国有与非国有控股公司中小投资者权益保护分项指数均值比较

地区	所有制类型	知情权	决策与监督权	收益权	维权环境
东部	国有控股公司	61.5340	47.9196	43.5020	59.7366
	非国有控股公司	61.3804	46.1858	41.4722	58.8107
	总　体	61.4184	46.6153	41.9750	59.0401
中部	国有控股公司	60.6735	46.9059	40.3963	57.8679
	非国有控股公司	59.5740	45.5120	39.6986	57.1913
	总　体	60.0220	46.0800	39.9829	57.4670
西部	国有控股公司	59.7585	46.7880	40.0067	58.0991
	非国有控股公司	58.7091	46.6348	40.0136	54.5744
	总　体	59.1655	46.7014	40.0106	56.1076
东北	国有控股公司	60.6157	45.4282	37.0375	56.4663
	非国有控股公司	58.6591	45.5340	37.5217	52.3106
	总　体	59.4601	45.4907	37.3235	54.0119

　　由表5-8可知，四个地区两类所有制上市公司在中小投资者权益保护指数四个分项指数上并没有一致的排序。为了便于比较，我们计算出四个地区非国有控股公司中小投资者权益保护四个分项指数均值与对应的国有控股公司中小投资者权益保护四个分项指数均值的差值，由此可以反映四个地区两类所有制上市公司中小投资者权益保护四个分项指数的差异，如图5-6所示。可以看出，在东部和中部地区，国有控股公司在四个分项指数上的表现均好于非国有控股公司；在西部地区，非国有控股公司在收益权分项指数上的表现略好于国有控股公司，其余三个分项指数的表现均差于国有控股公司；在东北地区，非国有控股公司在决策与监督权以及收益权两个分项指数上的表现略好于国有控股公司，在知情权和维权环境两个分项指数上的表现差于国有控股公司。

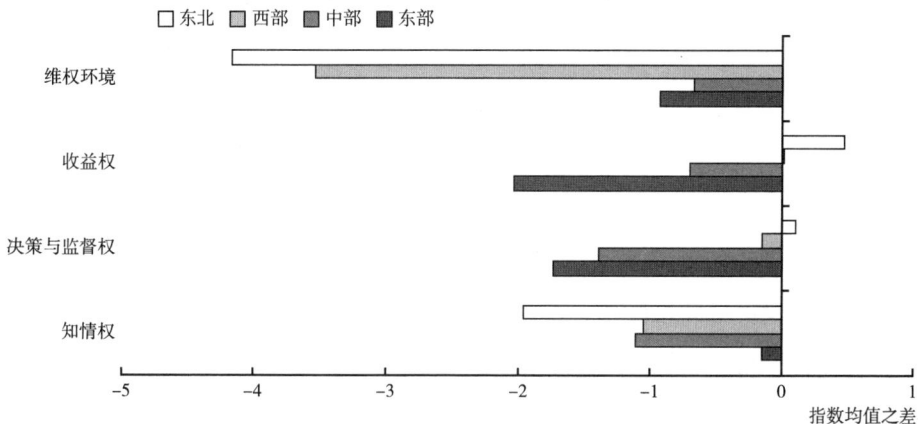

图5-6　2018年不同地区国有与非国有控股公司中小投资者权益保护分项指数差值比较

　　注：指数均值之差＝非国有控股公司中小投资者权益保护分项指数均值－国有控股公司中小投资者权益保护分项指数均值。

5.3 分行业中小投资者权益保护指数的所有制比较

5.3.1 分行业中小投资者权益保护总体指数比较

我们选择制造业（C），电力、热力、燃气及水生产和供应业（D），交通运输、仓储和邮政业（G），信息传输、软件和信息技术服务业（I），金融业（J）和房地产业（K）这六个上市公司较多且具有代表性的行业，对这六个行业上市公司中小投资者权益保护指数进行比较，结果如表5－9所示。

表5－9 2018年分行业国有与非国有控股公司中小投资者权益保护指数比较

行业	所有制类型	公司数目	平均值	中位值	最大值	最小值	标准差
制造业（C）	国有控股公司	489	52.2215	52.6332	67.2038	32.5567	5.9513
	非国有控股公司	1689	51.6958	52.6295	66.4327	20.8867	6.6891
	总　体	2178	51.8138	52.6314	67.2038	20.8867	6.5343
电力、热力、燃气及水生产和供应业（D）	国有控股公司	79	51.3549	50.7343	61.2769	40.7378	4.0616
	非国有控股公司	26	47.0383	48.4710	67.5128	23.3404	10.1510
	总　体	105	50.2860	50.5231	67.5128	23.3404	6.4342
交通运输、仓储和邮政业（G）	国有控股公司	67	52.4571	52.8822	61.8253	38.3090	5.3740
	非国有控股公司	30	50.4380	51.7601	66.6727	36.3184	6.8020
	总　体	97	51.8326	52.7532	66.6727	36.3184	5.9269
信息传输、软件和信息技术服务业（I）	国有控股公司	39	51.5333	51.3064	64.1424	21.6970	7.3639
	非国有控股公司	228	52.1510	52.3448	65.6592	19.2636	7.1113
	总　体	267	52.0608	52.2320	65.6592	19.2636	7.1521
金融业（J）	国有控股公司	58	55.6506	57.2001	69.7475	35.6421	8.6065
	非国有控股公司	30	54.3657	55.3527	66.5848	37.6908	6.6527
	总　体	88	55.2126	56.1561	69.7475	35.6421	8.0174
房地产业（K）	国有控股公司	57	52.4642	52.1339	64.8321	38.2952	5.6637
	非国有控股公司	67	50.3159	51.6153	63.6028	16.5614	8.5310
	总　体	124	51.3034	51.7444	64.8321	16.5614	7.4307

从表5－9可以看出，除信息传输、软件和信息技术服务业（I）的非国有控股公司中小投资者权益保护指数均值高于国有控股公司外；其余五个行业均是国有控股公司中小投资者权益保护指数均值高于非国有控股公司。

图5－7更直观地反映了六个行业国有控股公司与非国有控股公司中小投资者权益保护指数的差异。六个行业中，国有控股公司和非国有控股公司中小投资者权益保护指数均值最高的都是金融业（J），而最低的都是电力、热力、燃气及水生产和供应业（D）。

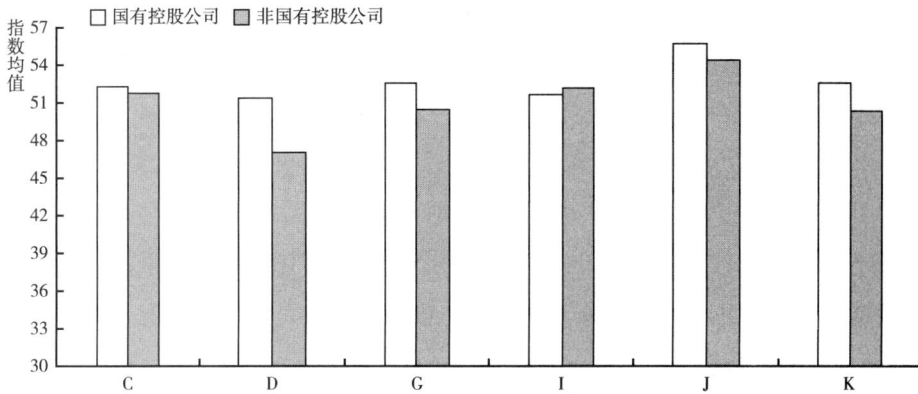

图 5 - 7　2018 年不同行业国有控股与非国有控股公司中小投资者
权益保护指数均值比较

5.3.2　分行业中小投资者权益保护分项指数比较

表 5 - 10 对六个行业国有控股公司与非国有控股公司的中小投资者权益保护分项指数进行了比较。

表 5 - 10　2018 年分行业国有与非国有控股公司中小投资者权益保护分项指数比较

行业	所有制类型	知情权	决策与监督权	收益权	维权环境
制造业（C）	国有控股公司	60.8460	47.1353	41.1751	59.7296
	非国有控股公司	61.1759	45.7800	41.3292	58.4981
	总　体	61.1018	46.0843	41.2946	58.7746
电力、热力、燃气及水生产和供应业（D）	国有控股公司	60.3635	45.8379	41.3699	57.8481
	非国有控股公司	56.9149	47.8333	37.5074	45.8974
	总　体	59.5096	46.3320	40.4135	54.8889
交通运输、仓储和邮政业（G）	国有控股公司	61.6800	47.3746	39.9942	60.7794
	非国有控股公司	59.9015	45.8789	43.0827	52.8889
	总　体	61.1299	46.9120	40.9494	58.3391
信息传输、软件和信息技术服务业（I）	国有控股公司	61.9557	45.6680	41.0734	57.4359
	非国有控股公司	61.1295	46.5246	41.2764	59.6735
	总　体	61.2502	46.3995	41.2467	59.3467
金融业（J）	国有控股公司	61.3551	52.9305	46.3244	61.9923
	非国有控股公司	59.7252	54.2192	41.3331	62.1852
	总　体	60.7994	53.3699	44.6229	62.0581
房地产业（K）	国有控股公司	61.4971	47.1595	43.6173	57.5829
	非国有控股公司	58.8025	46.8408	39.6998	55.9204
	总　体	60.0411	46.9873	41.5006	56.6846

与地区一样，六个行业两类所有制上市公司在中小投资者权益保护指数四个分项指数上的排序也不一致。为便于比较，我们进一步计算出六个行业非国有控股公司中小投资者权益保护四个分项指数均值与对应的国有控股公司中小投资者权益保护四个分项指数均值的差值，由此可以反映这六个行业两类所有制公司中小投资者权益保护四个分项指数的差异，参见图5-8。可以看出，在知情权分项指数中，制造业（C）的非国有控股公司高于国有控股公司，其余5个代表行业均为国有控股公司高于非国有控股公司；在决策与监督权分项指数上，制造业（C），交通运输、仓储和邮政业（G），房地产业（K）的国有控股公司高于非国有控股公司，其他三个行业均为非国有控股公司高于国有控股公司；在收益权分项指数上，制造业（C），交通运输、仓储和邮政业（G），以及信息传输、软件和信息技术服务业（I）三个行业的非国有控股公司高于国有控股公司，其他三个行业均为国有控股公司高于非国有控股公司；在维权环境分项指数上，除了信息传输、软件和信息技术服务业（I），金融业（J）两个行业的非国有控股公司高于国有控股公司外，其他四个行业都是国有控股公司均值高于非国有控股公司。总体看，电力、热力、燃气及水生产和供应业（D），交通运输、仓储和邮政业（G）国有控股公司在维权环境分项指数上优势较明显；金融业（J）国有控股公司在收益权上的优势较明显。

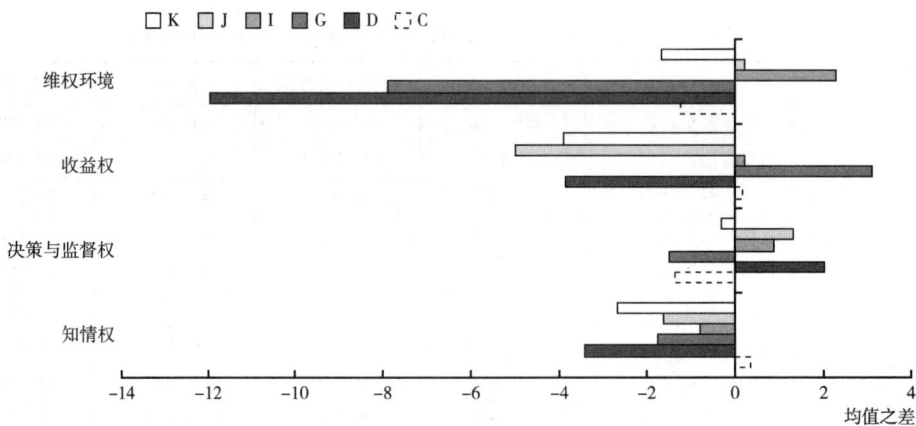

图5-8　2018年不同行业国有控股与非国有控股公司中小投资者权益保护分项指数差值比较

注：指数均值之差＝非国有控股公司中小投资者权益保护分项指数均值－国有控股公司中小投资者权益保护分项指数均值。

5.4　本章小结

本章从所有制或控股类型角度对2018年沪深两市3490家上市公司中小投资者权益

保护指数及四个分项指数进行了统计和分析，主要结论如下。

关于中小投资者权益保护总体指数：（1）国有控股公司和非国有控股公司的中小投资者权益保护指数均值均未达到及格水平。（2）随着国有股比例降低，中小投资者权益保护水平总体呈现"S"形，这个结果与前几年的结果一致，这可能意味着，在中国目前资本市场和法律制度条件下，股权适度集中对中小投资者权益保护有一定益处，国有参股由于在不同投资者之间产生了一定的制衡，对于中小投资者权益保护也具有一定的作用。（3）国有控股公司中小投资者权益保护水平总体上略好于非国有控股公司。（4）中央企业（或监管机构）控制的公司的中小投资者权益保护指数均值高于地方国企（或监管机构）和民营企业（或个人）控制的公司，民营企业（或个人）控制的公司的中小投资者权益保护指数均值最低。（5）从地区看，四个地区的国有控股公司中小投资者权益保护指数均值略高于非国有控股公司。（6）从六个代表行业看，除信息传输、软件和信息技术服务业（I）的非国有控股公司中小投资者权益保护指数均值高于国有控股公司外，其余五个行业均是国有控股公司中小投资者权益保护指数均值高于非国有控股公司。

关于中小投资者权益保护分项指数：（1）五类所有制公司在四个分项指数中都是知情权分项指数最高，而决策与监督权以及收益权两个分项指数则明显低于其他两个分项指数。（2）国有控股公司在四个分项指数上都高于非国有控股公司。（3）中央企业（或监管机构）控制的公司除知情权分项指数处于最低外，在其余三个分项指数上都高于地方国企（或监管机构）和民营企业（或个人）控制的公司；地方国企（或监管机构）控制的公司在四个分项指数上都高于民营企业（或个人）控制的公司。（4）从地区看，东部和中部地区国有控股公司在四个分项指数上的表现均好于非国有控股公司；西部地区非国有控股公司在收益权分项指数上的表现略好于国有控股公司，其余三个分项指数均表现差于国有控股公司；东北地区非国有控股公司在决策与监督权以及收益权两个分项指数上的表现略好于国有控股公司，在知情权和维权环境两个分项指数上的表现差于国有控股公司。（5）从行业看，电力、热力、燃气及水生产和供应业（D），交通运输、仓储和邮政业（G）国有控股公司在维权环境分项指数上优势较明显；金融业（J）国有控股公司在收益权上的优势较明显。

第6章 中小投资者权益保护指数的年度比较（2014～2018）

2015～2019 年我们连续五年对 2014～2018 年中国上市公司中小投资者权益保护水平进行了测度。本章将从总体、地区、行业、所有制和上市板块五个角度，比较分析 2014～2018 年五个年度的中国上市公司中小投资者权益保护水平，以了解中小投资者权益保护水平的发展趋势，进而对完善中国中小投资者权益保护制度提供参考。

6.1 中小投资者权益保护指数总体的年度比较

对 2014～2018 年五个年度中国上市公司中小投资者权益保护进行评价，样本公司数分别是 2514 家、2655 家、2840 家、3147 家和 3490 家，基本上是对全部上市公司的评价。比较 2014～2018 年五个年度的样本上市公司中小投资者权益保护总指数，以及知情权、决策与监督权、收益权和维权环境四个分项指数，结果参见表 6-1 和图 6-1。

表 6-1　2014～2018 年上市公司中小投资者权益保护指数均值比较

年份	样本量	总体指数	分项指数			
			知情权	决策与监督权	收益权	维权环境
2014	2514	43.0725	54.7728	35.6674	27.7833	54.0666
2015	2655	45.6560	57.2432	40.0962	40.9259	44.3587
2016	2840	47.6505	57.9181	38.2866	38.5055	55.8920
2017	3147	52.4006	62.1646	44.2825	43.8235	59.3320
2018	3490	51.7099	60.8504	46.5092	41.2533	58.2267

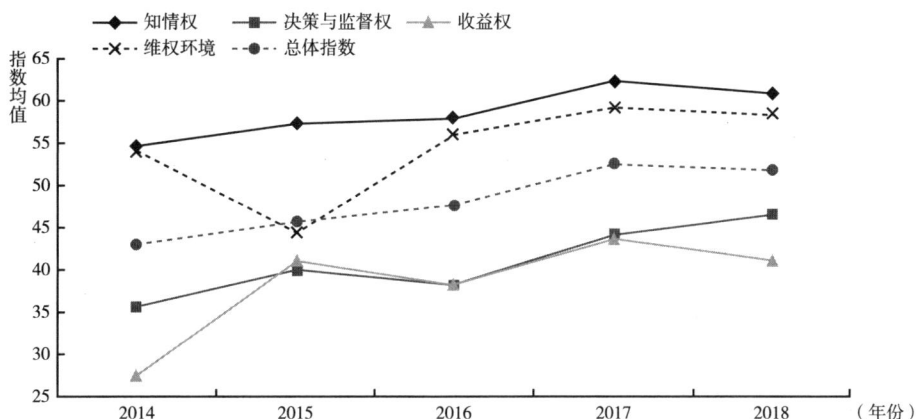

图 6-1   2014~2018 年上市公司中小投资者权益保护指数的变化

由表 6-1 和图 6-1 可知，2014~2018 年，中小投资者权益保护总体指数均值先是在 2015~2017 年连续三年上升，然后在 2018 年小幅下降，但下降后的指数均值仍明显高于 2016 年及之前的各个年度。相比 2014 年，2018 年上升 8.6374 分；相比 2017 年，2018 年下降 0.6907 分。

从四个分项指数看，五年中最高的始终是知情权分项指数，第二高多是维权环境分项指数（除 2015 年）。从历年变化趋势来看，知情权分项指数与总体指数变化趋势一致；决策与监督权分项指数除 2016 年有过下降之外，其余年度都呈上升趋势；收益权分项指数波动比较明显，上升和下降交替出现，这与宏观政策和公司绩效密切相关；维权环境分项指数在 2015 年大幅下降，然后在 2016~2017 年连续上升，在 2018 年又小幅下降。

相比 2014 年，2018 年四个分项指数都是上升的，升幅为 4.16~13.47 分，升幅最大的是收益权分项指数，上升 13.4700 分；相比 2017 年，2018 年除了决策与监督权上升 2.2267 分外，其他三个分项指数都是下降的，降幅为 1.10~2.58 分，降幅最大的是收益权分项指数，下降 2.5702 分。

6.2   分地区中小投资者权益保护指数的年度比较

按照四个地区的划分，将 2014~2018 年五个年度不同地区的中小投资者权益保护总体指数及四个分项指数进行比较，从而更清晰地了解不同地区中小投资者权益保护在不同年度的变化，如表 6-2 和图 6-2 所示。

表 6 – 2   2014～2018 年不同地区上市公司中小投资者权益保护指数均值比较

地区	年份	总体指数	分项指数				总体指数排名
			知情权	决策与监督权	收益权	维权环境	
东部	2014	43.2961	55.2955	35.4075	28.3215	54.1601	1
	2015	46.2340	58.3801	40.4071	41.4665	44.6824	1
	2016	48.2532	58.8827	38.5090	38.8172	56.8039	1
	2017	52.9653	62.8001	44.4178	44.7009	59.9422	1
	2018	52.2622	61.4184	46.6153	41.9750	59.0401	1
中部	2014	42.9013	53.5783	35.5611	27.4429	55.0227	2
	2015	44.8437	55.3368	39.2081	40.8048	44.0252	2
	2016	47.3800	57.3843	37.7459	38.9148	55.4750	2
	2017	51.2938	60.7612	43.8306	42.6928	57.8907	3
	2018	50.8880	60.0220	46.0800	39.9829	57.4670	2
西部	2014	42.4465	54.0067	36.5027	26.3563	52.9205	4
	2015	44.4869	55.2858	39.8204	39.0671	43.7743	3
	2016	45.7351	55.3216	37.8067	37.0314	52.7805	4
	2017	51.0253	60.8751	44.0761	41.1949	57.9552	4
	2018	50.4963	59.1655	46.7014	40.0106	56.1076	3
东北	2014	42.5138	53.7344	36.8494	26.0320	53.4395	3
	2015	43.8495	53.5918	39.3779	39.5957	42.8326	4
	2016	45.9410	54.1600	38.2276	37.4613	53.9153	3
	2017	51.5016	60.8573	44.2536	42.1351	58.7604	2
	2018	49.0716	59.4601	45.4907	37.3235	54.0119	4

由表 6 – 2 和图 6 – 2 可知，从中小投资者权益保护总体指数看，四个地区的总体指数均值在 2014～2017 年间连续上升，2018 年全部下降，但下降后的指数均值仍高于 2016 年及以前年度。东部地区连续五年位居第一，中部地区除 2017 年被东北地区赶超外，其余年份均位居第二。

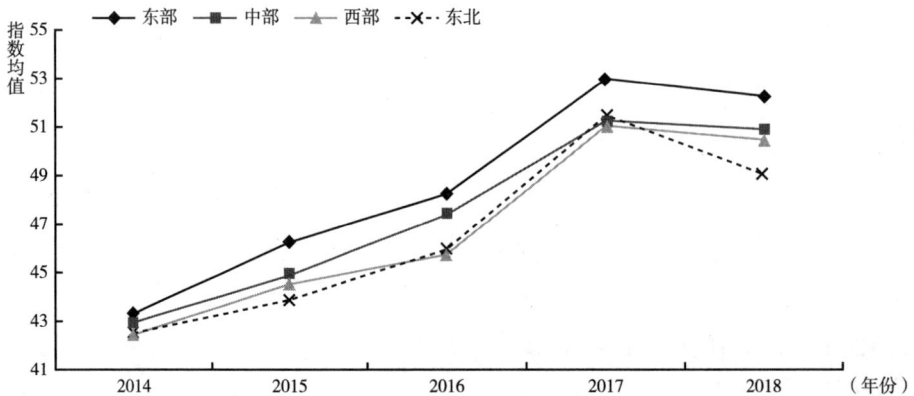

图 6 – 2   2014～2018 年不同地区中小投资者权益保护总体指数的变化

从四个分项指数看，在知情权分项指数上，东部、中部与西部三个地区在 2014～2017 年连续上升，然后在 2018 年略有下降；东北地区 2015 年小幅下降，2016 年和 2017 年连续上升，2018 年又下降。在决策与监督权分项指数上，四个地区都在 2016 年出现下降，其余年份都呈上升趋势。在收益权分项指数上，四个地区都呈现出升降交替的波动趋势。在维权环境分项指数上，四个地区都在 2016～2017 年连续上升，2018 年又小幅下降。

6.3 分行业中小投资者权益保护指数的年度比较

将 2014～2018 年五个年度不同行业的中小投资者权益保护总体指数及四个分项指数进行比较，以了解不同行业中小投资者权益保护在不同年度的变化，结果参见表 6－3 和图 6－3。

表 6－3 2014～2018 年分行业上市公司中小投资者权益保护指数均值比较

行业	年份	总体指数	分项指数			
			知情权	决策与监督权	收益权	维权环境
农、林、牧、渔业（A）	2014	42.6878	54.2903	36.5568	24.3763	55.5278
	2015	43.9545	54.4538	38.5939	39.7808	42.9894
	2016	48.0790	56.2953	40.0940	40.5481	55.3788
	2017	51.9558	60.3654	44.0942	41.2474	62.1164
	2018	49.9627	58.4681	46.8614	37.2856	57.2358
采矿业（B）	2014	43.4506	56.0581	35.7773	27.2650	54.7021
	2015	43.3604	55.6446	39.3508	35.7367	42.7093
	2016	46.9354	58.1810	38.8115	39.9273	50.8219
	2017	51.0282	58.9822	44.7944	43.2191	57.1171
	2018	50.9246	58.2563	48.0406	41.9339	55.4679
制造业（C）	2014	43.0682	54.7994	35.2801	27.6051	54.5879
	2015	45.7615	57.3809	40.0348	40.8581	44.7721
	2016	47.6475	57.9955	37.9521	38.7978	55.8448
	2017	52.3584	62.3935	43.8405	43.6790	59.5206
	2018	51.8138	61.1018	46.0843	41.2946	58.7746
电力、热力、燃气及水生产和供应业（D）	2014	43.9841	56.6041	36.0883	28.4067	54.8374
	2015	45.0464	56.7773	40.7022	39.4727	43.2335
	2016	47.2367	59.1396	37.4903	38.6593	53.6574
	2017	51.5463	61.7235	44.3705	44.5031	55.5879
	2018	50.2860	59.5096	46.3320	40.4135	54.8889

续表

行业	年份	总体指数	分项指数			
			知情权	决策与监督权	收益权	维权环境
建筑业（E）	2014	42.8735	56.4913	35.1240	27.7911	52.0875
	2015	46.2280	59.4730	40.9465	40.6584	43.8341
	2016	48.5287	60.2079	38.8874	41.0512	53.9683
	2017	52.3568	62.2868	45.3193	44.9323	56.8889
	2018	52.1518	61.1636	46.9618	42.2347	58.2469
批发和零售业（F）	2014	42.9961	53.6763	37.6602	27.0239	53.6242
	2015	43.6555	54.7753	39.1890	39.4786	41.1791
	2016	46.2264	55.5094	38.5842	38.3045	52.5075
	2017	51.5923	60.8199	43.7733	43.6607	58.1153
	2018	51.2555	60.5460	46.9859	41.5280	55.9621
交通运输、仓储和邮政业（G）	2014	43.3420	55.9543	35.4714	27.1274	54.8148
	2015	45.7789	56.9287	39.9482	42.0821	44.1564
	2016	49.0615	57.6401	39.5360	39.6575	59.4125
	2017	52.5764	62.3319	44.3302	45.2116	58.4321
	2018	51.8326	61.1299	46.9120	40.9494	58.3391
住宿和餐饮业（H）	2014	40.7078	45.9368	40.1653	24.7090	52.0202
	2015	40.3651	50.2985	37.1610	35.0109	38.9899
	2016	43.3241	49.2260	39.0040	32.2381	52.8283
	2017	51.5338	63.1685	41.6162	41.1038	60.2469
	2018	50.0270	59.7025	46.5758	35.0644	58.7655
信息传输、软件和信息技术服务业（I）	2014	40.0978	52.3039	31.0482	30.0656	46.9735
	2015	47.3074	59.2932	39.6315	44.4273	45.8774
	2016	47.5175	58.3390	38.0992	35.2264	58.4055
	2017	53.1794	63.0199	45.4522	44.9275	59.3181
	2018	52.0608	61.2502	46.3995	41.2467	59.3467
金融业（J）	2014	49.4602	58.4564	46.5328	32.4900	60.3618
	2015	52.8519	62.3184	49.4680	46.6960	52.9252
	2016	54.0216	60.2975	47.2256	41.3118	67.2515
	2017	56.5470	63.5600	51.4082	45.7942	65.4257
	2018	55.2126	60.7994	53.3699	44.6229	62.0581
房地产业（K）	2014	43.5303	54.6224	38.4435	27.3010	53.7542
	2015	43.3686	53.9639	39.4199	39.7010	40.3897
	2016	46.3376	56.2299	37.2436	37.5390	54.3378
	2017	50.9716	59.8344	43.9913	42.3095	57.7511
	2018	51.3034	60.0411	46.9873	41.5006	56.6846

续表

行业	年份	总体指数	分项指数			
			知情权	决策与监督权	收益权	维权环境
租赁和商务服务业（L）	2014	45.5304	58.5542	33.9394	31.2484	58.3796
	2015	47.4210	59.9429	39.4378	43.6796	46.6239
	2016	47.4160	57.3663	38.7163	36.0257	57.5556
	2017	51.8522	60.7869	42.8836	42.9709	60.7672
	2018	49.2588	57.8548	46.6298	38.6305	53.9204
科学研究和技术服务业（M）	2014	41.6164	56.0100	31.5702	27.8752	51.0101
	2015	46.9269	59.7685	42.1362	41.0500	44.7531
	2016	47.2647	58.7895	37.1881	36.4143	56.6667
	2017	52.6212	61.4582	45.8274	44.1715	59.0278
	2018	52.3594	61.9718	47.7334	40.9594	58.7732
水利、环境和公共设施管理业（N）	2014	43.4407	51.5356	37.0280	29.2164	55.9829
	2015	48.0286	60.5654	40.3220	44.1530	47.0741
	2016	49.0338	61.6964	38.7842	36.0251	59.6296
	2017	54.1087	65.2039	45.8909	43.0901	62.2500
	2018	52.1890	63.7909	46.5538	40.5891	57.8222
教育（P）	2014	40.9927	60.4084	30.4545	28.6632	44.4444
	2015	34.1289	60.9806	21.3636	23.0600	31.1111
	2016	44.7326	62.5587	39.4636	25.7970	51.1111
	2017	54.0706	64.6162	44.0909	49.7974	57.7778
	2018	47.8354	55.0035	42.9546	37.6891	55.6945
卫生和社会工作（Q）	2014	43.6228	55.3054	27.5000	43.0745	48.6111
	2015	51.4727	61.9884	43.1818	52.9427	47.7778
	2016	51.4501	62.1515	41.7532	37.9273	63.9683
	2017	55.1697	65.3379	45.9659	44.3749	65.0000
	2018	53.3775	62.6594	49.9243	38.3338	62.5926
文化、体育和娱乐业（R）	2014	43.3422	53.1464	38.0251	31.1627	51.0345
	2015	46.6340	60.2488	38.8541	44.5011	42.9321
	2016	47.0785	59.3870	37.0328	35.7968	56.0976
	2017	53.1773	63.9599	43.5339	45.2387	59.9769
	2018	50.7747	61.7793	45.2919	42.1388	53.8889
综合（S）	2014	41.1202	54.8146	37.6894	22.6711	49.3056
	2015	43.2707	52.9961	40.2557	37.1196	42.7111
	2016	45.4401	52.3574	38.9236	38.4504	52.0290
	2017	51.2537	58.2376	44.8265	40.6946	61.2560
	2018	46.0179	52.0886	46.9601	38.1975	46.8254

注：（1）由于教育（P）在2014年和2015年只有1家上市公司，2016～2018年各有3家、4家和8家上市公司，所以，2014年和2015年该行业数据难以反映该行业的实际平均水平，故只比较2016～2018年；（2）居民服务、修理和其他服务业（O）只有1家上市公司，难以代表该行业整体水平，故排名时剔除。

由表 6 - 3 和图 6 - 3 可知，从中小投资者权益保护总体指数看，18 个行业中，有 12 个行业在 2014 ~ 2017 年连续上升，2018 年有所下降；有 2 个行业（剔除教育）2015 年下降，2016 年和 2017 年连续上升，2018 年又有所下降；有 2 个行业 2015 年上升，2016 年小幅下降，2017 年又上升，2018 年又下降；只有房地产业（K）在 2015 年小幅下降之后，2016 ~ 2018 年连续上升。金融业（J）连续五年排名第一，反映其在中小投资者权益保护方面表现相对较好且较稳定。

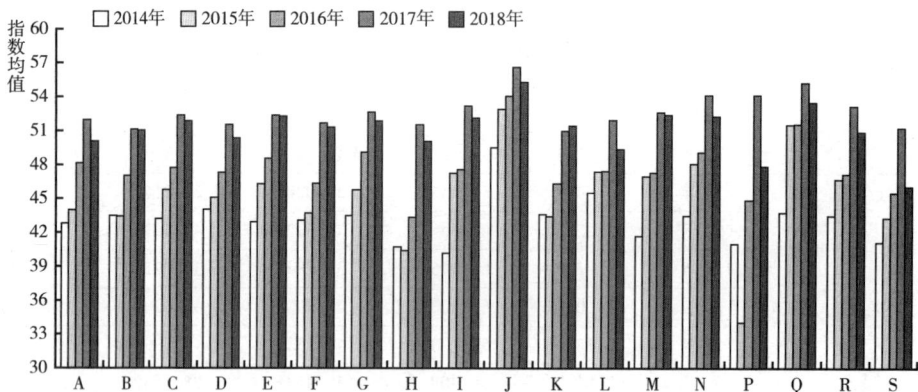

图 6 - 3   2014 ~ 2018 年不同行业上市公司中小投资者
权益保护总指数的变化

从四个分项指数看，与 2017 年相比，2018 年除房地产业（K）以及科学研究和技术服务业（M）以外的 16 个行业的知情权分项指数普遍下降，除教育（P）以外的 17 个行业的决策与监督权分项指数普遍上升，所有行业的收益权分项指数均下降，除建筑业（E）以及信息传输、软件和信息技术服务业（I）以外的 16 个行业的维权环境分项指数普遍下降。

6.4   分所有制中小投资者权益保护
指数的年度比较

依照第 1 章的五种所有制类型的划分，对 2014 ~ 2018 年五个年度中小投资者权益保护总体指数和四个分项指数进行比较，结果参见表 6 - 4 Panel A 和图 6 - 4。另外，进一步将样本按照国有控股公司和非国有控股公司分类，统计信息见表 6 - 4 Panel B。

表 6 - 4 2014～2018 年不同所有制上市公司中小投资者权益保护指数均值比较

所有制类型	年份	总体指数	分项指数				总体指数排名
			知情权	决策与监督权	收益权	维权环境	
Panel A　按照五种所有制类型分类							
国有绝对控股公司	2014	44.1752	56.7246	36.7554	27.7777	55.4433	1
	2015	45.1921	57.5453	39.0220	38.9280	45.2731	3
	2016	48.3373	60.0109	38.2954	39.4784	55.5644	1
	2017	52.8579	62.6613	44.8942	45.6745	58.2015	2
	2018	53.1814	62.0645	47.3011	44.3664	58.9935	1
国有强相对控股公司	2014	43.7867	55.5650	36.8703	26.8723	55.8393	2
	2015	44.9070	56.5195	40.2755	40.5484	42.2848	4
	2016	47.6521	57.4672	38.2481	39.5509	55.3424	3
	2017	52.2775	62.3197	44.5057	43.5494	58.7351	3
	2018	52.4392	61.3870	46.7357	42.2029	59.4314	2
国有弱相对控股公司	2014	43.4083	55.5650	36.8703	26.8723	53.9878	4
	2015	44.6300	55.6476	40.0769	39.0277	43.7676	5
	2016	46.9666	56.1515	38.7106	37.8721	55.1323	5
	2017	51.6304	60.5512	45.3812	41.2575	59.3314	5
	2018	51.4971	59.7675	48.1688	39.8365	58.2156	4
国有参股公司	2014	43.5952	54.4938	36.8887	27.4342	55.5642	3
	2015	46.2574	57.9186	40.1177	41.8617	45.1317	1
	2016	47.9983	58.2605	38.3502	38.3261	57.0563	2
	2017	52.9646	62.5253	43.8845	43.8006	61.6480	1
	2018	51.6692	60.4933	46.1155	40.4080	59.6600	3
无国有股份公司	2014	42.2440	54.0019	33.9210	28.5129	52.5400	5
	2015	46.0429	57.5134	40.3196	41.6370	44.7014	2
	2016	47.4784	57.9427	38.1296	38.1728	55.6686	4
	2017	52.2421	62.2366	44.0271	44.2386	58.4660	4
	2018	51.3465	60.9581	46.1485	41.2882	56.9912	5
Panel B　按照国有控股公司和非国有控股公司分类							
国有控股公司	2014	43.7916	55.7356	37.1371	27.1073	55.1863	1
	2015	44.9123	56.5732	39.8589	39.6590	43.5582	2
	2016	47.5948	57.6556	38.4106	38.9851	55.3277	2
	2017	52.2047	61.8174	44.8903	43.3087	58.8024	2
	2018	52.2891	60.9836	47.3759	41.8987	58.8984	1
非国有控股公司	2014	42.5912	54.1283	34.6836	28.2357	53.3171	2
	2015	46.1221	57.6631	40.2450	41.7200	44.8604	1
	2016	47.6822	58.0673	38.2161	38.2329	56.2127	1
	2017	52.4993	62.3394	43.9763	44.0827	59.5987	1
	2018	51.4610	60.7932	46.1368	40.9759	57.9380	2

从表 6 - 4 Panel A 和图 6 - 4 可知，从总体指数看，国有绝对控股公司和国有强相对控股公司 2014～2018 年间连续上升，其中前三年上升幅度较大，2018 年上升幅度较小。国有弱相对控股公司、国有参股公司和无国有股份公司 2014～2017 年连续上升，2018 年有所下降。

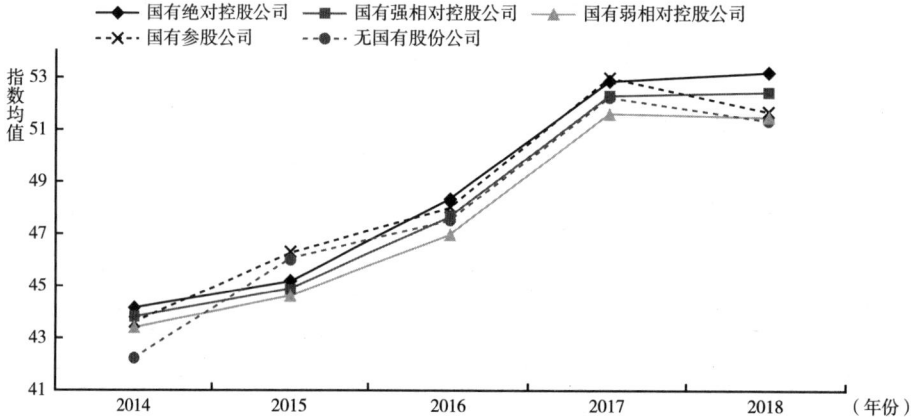

图 6 - 4　2014～2018 年不同所有制上市公司中小投资者权益保护总指数的变化

从分项指数看，在知情权分项指数上，五类所有制公司都是在 2014～2017 年间连续上升，在 2018 年有所下降。在决策与监督权分项指数上，五类所有制公司都在 2016 年出现下降，其余年份都保持上升趋势。在收益权分项指数上，国有绝对控股公司在 2014～2017 年连续上升，2018 年有所下降，其余四类所有制公司都是升降交替出现。在维权环境分项指数上，国有绝对控股公司和国有强相对控股公司先是在 2015 年大幅下降，然后在 2016～2018 年连续上升；国有弱相对控股公司、国有参股公司和无国有股份公司都是 2015 年大幅下降，2016～2017 年连续上升，2018 年又小幅下降。

从表 6 - 4 Panel B 可知，把五类所有制公司归纳为国有控股公司和非国有控股公司后，在总体指数均值上，国有控股公司 2014～2018 年间连续上升，非国有控股公司 2014～2017 年间连续上升，2018 年有所下降。2014 年和 2018 年，国有控股公司总体指数均值高于非国有控股公司，2015～2017 年则是非国有控股公司高于国有控股公司。

从分项指数看，在知情权分项指数上，两类公司都在 2014～2017 年连续上升，2018 年有所下降。在决策与监督权分项指数上，两类公司都在 2016 年下降，之后年份连续上升。在收益权分项指数上，两类公司都是升降交替出现。在维权环境分项指数上，国有控股公司在 2015 年大幅下降之后，2016～2018 年连续上升；非国有控股公司 2015 年大幅下降，2016～2017 年连续上升，2018 年又有所下降。

6.5　分上市板块中小投资者权益保护指数的年度比较

按照深市主板（不含中小企业板）、深市中小企业板、深市创业板和沪市主板的划分，对 2014～2018 年不同板块上市公司中小投资者权益保护总指数及四个分项指数进行比较，结果参见表 6－5 和图 6－5。

表 6－5　2014～2018 年不同板块上市公司中小投资者权益保护指数均值比较

上市板块	年份	总体指数	分项指数				总体指数排名
			知情权	决策与监督权	收益权	维权环境	
深市主板（不含中小企业板）	2014	44.4340	53.6672	39.1315	26.4006	58.5368	2
	2015	44.5578	54.3768	38.9154	38.9398	45.9990	3
	2016	47.3942	56.4455	38.3352	36.3437	58.4526	3
	2017	51.8816	60.4497	44.2213	41.0503	61.8049	3
	2018	51.7593	59.6304	47.9817	38.2874	61.1377	3
深市中小企业板	2014	45.3232	54.5416	38.6694	28.4326	59.6492	1
	2015	47.8514	59.4683	41.3580	41.6503	48.9292	1
	2016	48.9765	59.3544	38.8637	38.7055	58.9824	1
	2017	53.6183	62.4504	44.3827	44.3846	63.2554	2
	2018	52.5326	60.3057	46.2431	40.8523	62.7294	2
深市创业板	2014	37.7138	53.4384	23.8954	32.1317	41.3896	4
	2015	47.3502	59.7012	39.1573	43.6499	46.8925	2
	2016	48.3551	60.1635	36.6357	37.8381	58.7831	2
	2017	54.3961	63.6305	44.7530	45.9558	63.2449	1
	2018	54.1474	62.5636	47.5609	43.3396	63.1256	1
沪市主板	2014	42.8373	56.0248	36.3895	26.2351	52.6999	3
	2015	43.8401	55.8943	40.1094	40.1596	39.1970	4
	2016	46.4763	56.4710	38.6152	39.5984	51.2206	4
	2017	50.7647	61.8740	44.0015	43.4052	53.7780	4
	2018	49.9049	60.7207	45.6561	41.4116	51.8313	4

由表 6－5 和图 6－5 可以看出，四个板块上市公司中小投资者权益保护总体指数均值都是在 2014～2017 年连续上升，然后在 2018 年有所下降。除 2014 年深市创业板中小投资者保护指数最低之外，其余年份，深市创业板和深市中小企业板都占据了四个板块中的前两名，沪市主板历年表现都相对较差。

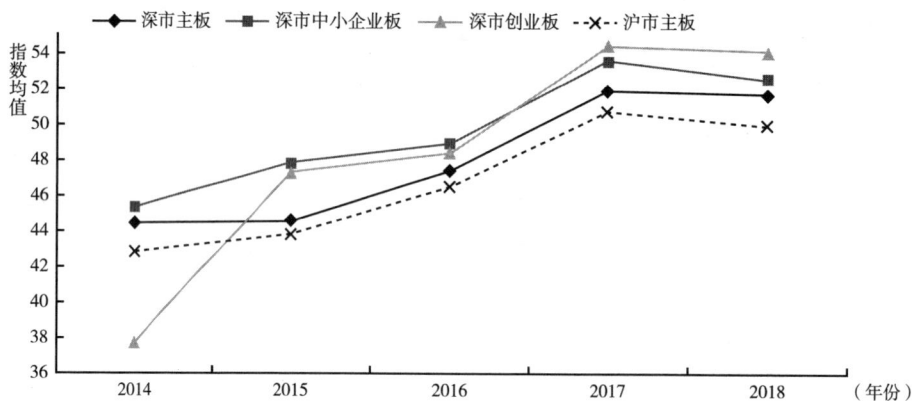

图 6 – 5　2014 ~ 2018 年不同板块上市公司中小投资者权益保护总指数的变化

从分项指数看，在知情权分项指数上，深市主板（不含中小企业板）和深市创业板都是在 2014 ~ 2017 年连续上升，然后在 2018 年有所下降；深市中小企业板则呈现升降交替的趋势；沪市主板在 2016 ~ 2017 年连续上升，2018 年再次下降。在决策与监督权分项指数上，深市主板（不含中小企业板）在 2015 ~ 2016 年连续下降，然后在 2017 ~ 2018 年连续上升；另外三个板块除了在 2016 年有所下降外，其余三个年份均呈现上升趋势。在收益权分项指数上，四个板块上市公司都呈现升降交替变化趋势。在维权环境分项指数上，深市创业板在 2014 ~ 2017 年间连续上升，2018 年有所下降；其余三个板块均是 2015 年大幅下降，2016 ~ 2017 年连续上升，2018 年再次小幅下降。

6.6　本章小结

本章分别从总体、地区、行业、所有制和上市板块五个角度，对 2014 ~ 2018 年上市公司中小投资者权益保护总指数及四个分项指数进行了比较分析，主要结论如下。

（1）从总体来看，2014 ~ 2018 年，中小投资者权益保护总体指数均值先是在 2015 ~ 2017 年连续三年上升，然后在 2018 年小幅下降。从四个分项指数看，知情权分项指数与总体指数变化趋势一致；决策与监督权分项指数除 2016 年有过下降之外，其余年份都呈上升趋势；收益权分项指数升降交替出现，这与宏观政策和公司绩效密切相关；维权环境分项指数在 2015 年大幅下降，在 2016 ~ 2017 年连续上升，在 2018 年小幅下降。

（2）从地区来看，四个地区的总体指数均值在 2014 ~ 2017 年连续上升，2018 年全部下降。在知情权分项指数上，东部、中部与西部三个地区在 2014 ~ 2017 年连续上升，然后在 2018 年略有下降；东北地区 2015 年小幅下降，2016 年和 2017 年连续上升，2018 年又下降。在决策与监督权分项指数上，四个地区都在 2016 年出现下降，其余年份都呈上升趋势。在收益权分项指数上，四个地区都呈现出升降交替的波动趋势。在维权环境分项指数上，四个地区都在 2016~2017 年连续上升，2018 年又小幅下降。

（3）从行业来看，从总体指数看，18 个行业中，有 12 个行业在 2014~2017 年连续上升，2018 年有所下降；有 2 个行业（剔除教育）2015 年下降，2016 年和 2017 年连续上升，2018 年又有所下降；有 2 个行业升降交替出现；只有房地产业（K）在 2016~2018 年连续上升。金融业（J）连续五年排名第一。从四个分项指数看，与 2017 年相比，2018 年除房地产业（K）以及科学研究和技术服务业（M）以外的 16 个行业的知情权分项指数普遍下降，除教育（P）以外的 17 个行业的决策与监督权分项指数普遍上升，所有行业的收益权分项指数普遍下降，除建筑业（E）以及信息传输、软件和信息技术服务业（I）以外的 16 个行业的维权环境分项指数普遍下降。

（4）从所有制来看，在总体指数均值上，国有控股公司 2014~2018 年连续上升；非国有控股公司 2014~2017 年连续上升，2018 年有所下降。2014 年和 2018 年，国有控股公司总体指数均值高于非国有控股公司，2015~2017 年则是非国有控股公司高于国有控股公司。在知情权分项指数上，两类公司都在 2014~2017 年连续上升，2018 年有所下降。在决策与监督权分项指数上，两类公司都在 2016 年下降，之后年份连续上升。在收益权分项指数上，两类公司都是升降交替出现。在维权环境分项指数上，国有控股公司在 2015 年大幅下降之后，2016~2018 年连续上升；非国有控股公司 2015 年大幅下降，2016~2017 年连续上升，2018 年又有所下降。

（5）从上市板块来看，四个板块中小投资者权益保护总体指数均值都是在 2014~2017 年连续上升，然后在 2018 年有所下降。在四个分项指数上，四个板块都存在升降交替出现的现象；相比 2017 年，2018 年，除了决策与监督权分项指数上升外，其他三个分项指数都是下降的。

第三篇　董事会治理指数

第7章 董事会治理总体指数排名及比较

根据第 1 章确定的董事会治理指数评价方法，以及我们评估获得的 2018 年度 3490 家样本上市公司治理指数数据，本章对这些公司的董事会治理指数进行排名，然后分别从地区、行业、上市板块三个角度进行比较分析。

7.1 董事会治理指数总体分布及排名

基于上市公司 2018 年的公开数据，根据本报告构建的董事会治理指数指标体系和指数计算方法，我们对 3490 家上市公司董事会治理指数进行计算，可以得到中国上市公司董事会治理指数的整体排名情况（详见电子版）。

7.1.1 董事会治理指数总体分布

2018 年上市公司董事会治理指数的总体情况参见表 7 – 1。

表 7 – 1 2018 年上市公司董事会治理指数总体情况

项目	公司数目	平均值	中位值	最大值	最小值	标准差	偏度系数	峰度系数
数值	3490	54. 2273	54. 5362	73. 4985	27. 1423	6. 2334	– 0. 3230	0. 1575

从表 7 – 1 可以看出，2018 年上市公司董事会治理指数最大值为 73.4985 分，最小值为 27.1423 分，平均值为 54.2273 分，中位值为 54.5362 分，全部样本得分整体偏低。

为进一步了解董事会治理总体指数在各个得分区间的分布情况，我们将董事会治理指数以 5 分为间隔，划分为 [0, 25)、[25, 30)、[30, 35)、[35, 40)、[40, 45)、[45, 50)、[50, 55)、[55, 60)、[60, 65)、[65, 70)、[70, 75) 和 [75, 100] 12

个区间（公司数目为 0 的指数区间合并），每个得分区间的企业数目和所占比重参见表 7 - 2 和图 7 - 1。

表 7 - 2 2018 年上市公司董事会治理指数区间分布

指数区间	公司数目	占比（%）	累计占比（%）
［0，25）	0	0.00	0.00
［25，30）	1	0.03	0.03
［30，35）	9	0.26	0.29
［35，40）	54	1.55	1.83
［40，45）	206	5.90	7.74
［45，50）	547	15.67	23.41
［50，55）	1027	29.43	52.84
［55，60）	1035	29.66	82.49
［60，65）	515	14.76	97.25
［65，70）	87	2.49	99.74
［70，75）	9	0.26	100.00
［75，100］	0	0.00	100.00
总　计	3490	100	—

从表 7 - 2 和图 7 - 1 可以看出，董事会治理指数在 ［55，60）区间的公司数最多，有 1035 家，占样本总数的 29.66%。上市公司董事会治理指数主要分布在 ［45，65）区间，共有 3124 家公司，占比为 89.51%。值得关注的是，达到 60 分及格线的公司只有 611 家，及格率仅为 17.51%，比上年的 9.12% 大幅提升，尽管如此，中国上市公司董事会治理水平仍然整体偏低，还有很大的提升空间。从表 7 - 1 反映的整体分布偏离正态分布的程度看，偏度系数为 - 0.3230，峰度系数为 0.1575，董事会治理指数分布基本满足正态分布，略为负偏态，较陡峭。

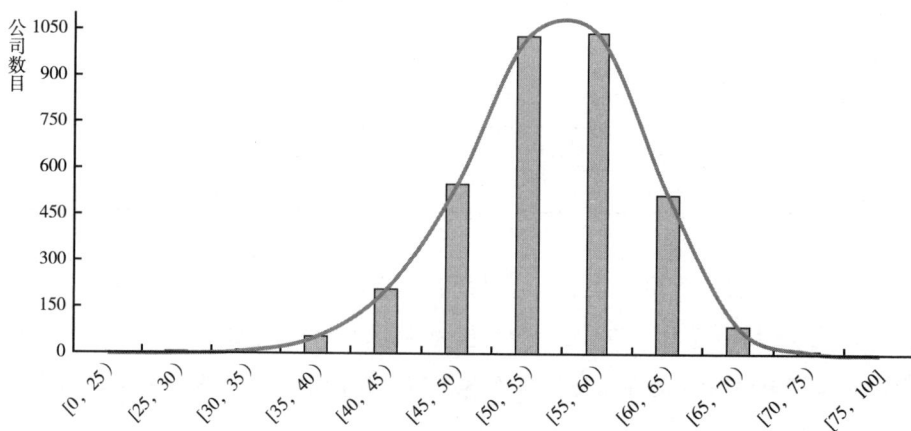

图 7 - 1 2018 年上市公司董事会治理指数区间分布

7.1.2 董事会治理指数前100名

表 7-3 显示了 3490 家上市公司中排名前 100 位的情况。从中可以看出，前 100 名公司的董事会治理指数均值为 67.0069 分，比 2017 年提高 1.9023 分。

表 7-3 2018 年上市公司董事会治理指数前 100 名情况

	平均值	中位值	最大值	最小值	标准差
前 100 名	67.0069	66.5057	73.4985	64.9566	1.9298
总 体	54.2273	54.5362	73.4985	27.1423	6.2334

我们对 3490 家上市公司的董事会治理指数从大到小降序排列，董事会治理指数越高，说明上市公司董事会治理水平越高。表 7-4 列出了董事会治理指数排在前 100 名的上市公司。

表 7-4 2018 年上市公司董事会治理指数排名——前 100 名

排名	代码	公司简称	指数	排名	代码	公司简称	指数
1	300102	乾照光电	73.4985	23	002534	杭锅股份	68.2002
2	600958	东方证券	73.0865	24	000429	粤高速A	67.5852
3	002093	国脉科技	72.4506	25	002485	希努尔	67.5510
4	000090	天健集团	71.5001	26	300088	长信科技	67.5124
5	601211	国泰君安	71.3184	27	000776	广发证券	67.2945
6	300463	迈克生物	71.2130	28	002215	诺普信	67.2924
7	002156	通富微电	71.1164	29	601988	中国银行	67.2796
8	300083	劲胜智能	71.0425	30	300511	雪榕生物	67.2601
9	002824	和胜股份	70.5501	31	600548	深高速	67.2507
10	300217	东方电热	69.7800	32	300675	建科院	67.2451
11	300039	上海凯宝	69.7005	33	300230	永利股份	67.1978
12	000023	深天地A	69.2892	34	002442	龙星化工	67.1701
13	002507	涪陵榨菜	69.2650	35	300303	聚飞光电	67.1383
14	601939	建设银行	69.2645	36	002034	旺能环境	67.0715
15	002500	山西证券	69.0879	37	002483	润邦股份	67.0450
16	601688	华泰证券	68.9702	38	002213	特尔佳	66.9776
17	000070	特发信息	68.8533	39	002116	中国海诚	66.9138
18	002544	杰赛科技	68.4897	40	000837	秦川机床	66.8764
19	300732	设研院	68.4694	41	300247	融捷健康	66.8217
20	002572	索菲亚	68.3200	42	300636	同和药业	66.8119
21	000823	超声电子	68.2834	43	002555	三七互娱	66.7490
22	300504	天邑股份	68.2188	44	600734	实达集团	66.7308

排名	代码	公司简称	指数	排名	代码	公司简称	指数
45	002005	德豪润达	66.7275	73	002666	德联集团	65.6355
46	300334	津膜科技	66.7158	74	002757	南兴装备	65.6265
47	000806	银河生物	66.6957	75	300649	杭州园林	65.5891
48	002649	博彦科技	66.6945	76	002678	珠江钢琴	65.5795
49	002532	新界泵业	66.6861	77	000676	智度股份	65.5298
50	002458	益生股份	66.5074	78	002651	利君股份	65.5139
51	603329	上海雅仕	66.5040	79	000560	我爱我家	65.5010
52	002044	美年健康	66.4672	80	000701	厦门信达	65.4857
53	300078	思创医惠	66.4534	81	601375	中原证券	65.4814
54	300375	鹏翎股份	66.4224	82	002218	拓日新能	65.4759
55	000936	华西股份	66.3538	83	002020	京新药业	65.4643
56	300008	天海防务	66.2519	84	002189	利达光电	65.4248
57	300342	天银机电	66.2371	85	002313	日海智能	65.2949
58	000520	长航凤凰	66.1857	86	000045	深纺织 A	65.2774
59	300260	新莱应材	66.1447	87	300092	科新机电	65.2748
60	000638	万方发展	66.0987	88	002112	三变科技	65.2577
61	000623	吉林敖东	66.0661	89	600368	五洲交通	65.2102
62	002060	粤水电	66.0113	90	300098	高新兴	65.1528
63	300047	天源迪科	65.8522	91	002396	星网锐捷	65.1323
64	600837	海通证券	65.8519	92	300317	珈伟新能	65.1037
65	002905	金逸影视	65.8303	93	600999	招商证券	65.0474
66	000952	广济药业	65.8261	94	300277	海联讯	65.0432
67	000513	丽珠集团	65.7952	95	000728	国元证券	65.0393
68	002847	盐津铺子	65.7340	96	600688	上海石化	65.0079
69	002362	汉王科技	65.7338	97	600876	洛阳玻璃	64.9747
70	002769	普路通	65.7245	98	002495	佳隆股份	64.9699
71	300284	苏交科	65.6946	99	002850	科达利	64.9666
72	002178	延华智能	65.6678	100	300486	东杰智能	64.9566

从表 7-4 可以看出，董事会治理指数前三名是乾照光电、东方证券和国脉科技。有 25 家公司 2018 年和 2017 年连续两年出现在前 100 名中，它们是东方证券、国脉科技、天健集团、国泰君安、迈克生物、上海凯宝、深天地 A、涪陵榨菜、华泰证券、特发信息、广发证券、永利股份、三七互娱、津膜科技、银河生物、益生股份、鹏翎股份、粤水电、天源迪科、广济药业、汉王科技、我爱我家、深纺织 A、科新机电、星网

锐捷。其中，有 10 家公司近三年连续出现在前 100 名中，它们是东方证券、国脉科技、天健集团、深天地 A、涪陵榨菜、特发信息、三七互娱、银河生物、粤水电和星网锐捷。

从地区看，在前 100 家公司中，东部、中部、西部和东北各有 74 家、15 家、9 家和 2 家，分别占四个地区上市公司总数的 3.06%、3.30%、1.92% 和 1.34%；从行业看，前 100 家公司主要分布在制造业（58 家），金融业（11 家），信息传输、软件和信息技术服务业（9 家），科学研究和技术服务业（7 家），分别占所在行业上市公司总数的 2.66%、12.5%、3.37% 和 14.58%；从控股类型看，国有控股公司有 31 家，非国有控股公司有 69 家，分别占同类上市公司总数的 2.96% 和 2.83%；从最终控制人类型看，最终控制人为中央企业（或监管机构）、地方国企（或监管机构）、民营企业（或个人）的公司分别有 9 家、24 家和 67 家，分别占同类最终控制人类型公司总数的 2.38%、3.39% 和 2.74%；从上市板块看，深市主板（不含中小企业板）、深市中小企业板、深市创业板和沪市主板各有 19 家、39 家、28 家和 14 家，分别占所在板块全部上市公司的 4.13%、4.30%、3.88% 和 1.00%。

需要注意的是，董事会治理指数得分最高的前 100 名在某个地区、行业和控股类型中的分布多，并不能完全说明该地区、行业和控股类型整体表现就好，因为各地区、行业和控股类型的上市公司数量不同。比如，制造业尽管有 58 家进入前 100 名，但比例却低于科学研究和技术服务业，虽然后者只有 7 家公司进入前 100，但是行业比例更高，达到了 14.58%。从这个角度看，科学研究和技术服务业反而表现更好一些。

图 7-2 为前 100 名上市公司董事会治理指数的分布情况。可以看出，在前 100 名中，排在前几位的上市公司董事会治理指数下降较快，而后平缓下降。最高分为 73.4985 分，最低分为 64.9566 分，绝对差距为 8.5419 分，说明存在一定的差异。

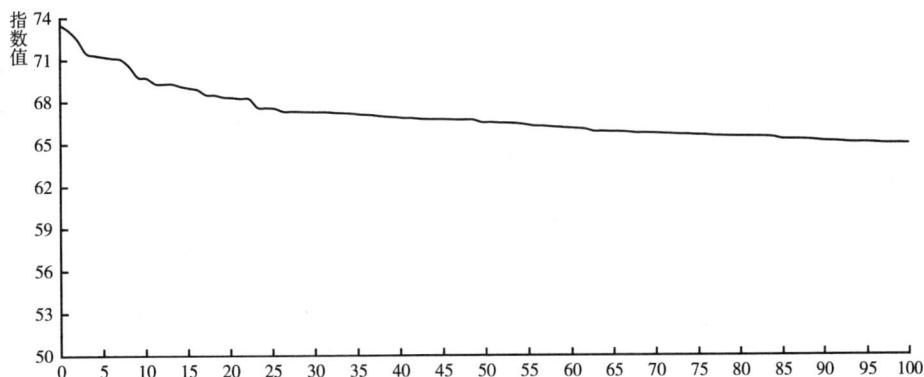

图 7-2 2018 年上市公司董事会治理指数分布情况——前 100 名

7.2 分地区董事会治理指数比较

根据东部、中部、西部和东北四个地区的划分，比较四个地区上市公司董事会治理指数，结果参见表 7-5。

表 7-5 2018 年不同地区上市公司董事会治理指数比较

排序	地区	公司数目	平均值	中位值	最大值	最小值	标准差
1	东部	2418	54.4635	54.7528	73.4985	32.7965	6.2141
2	西部	469	54.0059	54.4280	71.2130	27.1423	6.1752
3	中部	454	53.9416	54.1690	69.0879	33.3472	6.1663
4	东北	149	51.9616	52.6003	66.0987	35.8593	6.4124
总 体		3490	54.2273	54.5362	73.4985	27.1423	6.2334

由表 7-5 可知，各地区上市公司董事会治理指数均值由大到小分别为东部、西部、中部和东北。董事会治理指数的最大值出自东部，最小值出自西部。总体来看，除了东北地区董事会治理指数均值较低之外，其他三个地区之间的差异不是很大。

图 7-3 可以直观地看出四个地区上市公司董事会治理之间的差异。可以看出，四个地区中，东部地区上市公司董事会治理指数均值高于总体均值；西部、中部和东北地区上市公司董事会治理指数均值则低于总体均值。

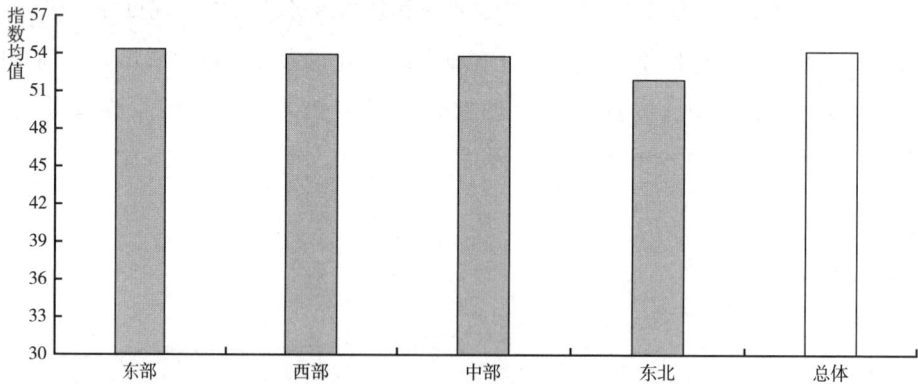

图 7-3 2018 年不同地区上市公司董事会治理指数比较

7.3 分行业董事会治理指数比较

用各个行业上市公司董事会治理指数的平均值来代表各个行业的上市公司董事会治

理水平，然后将各行业的上市公司董事会治理指数平均值按照从高到低的顺序进行排名，具体排名结果参见表7-6。

表7-6　2018年不同行业上市公司董事会治理指数比较

排名	行业名称	公司数目	平均值	中位值	最大值	最小值	标准差
1	卫生和社会工作（Q）	12	57.5180	58.7919	66.4672	48.3577	6.0569
2	金融业（J）	88	56.5689	57.4122	73.0865	35.6565	7.2876
3	科学研究和技术服务业（M）	48	55.4178	54.5258	68.4694	42.2320	6.6668
4	水利、环境和公共设施管理业（N）	50	55.2796	55.6027	67.0715	40.5251	5.5797
5	信息传输、软件和信息技术服务业（I）	267	55.1900	56.0059	72.4506	27.1423	6.3152
6	租赁和商务服务业（L）	53	54.6110	54.5469	65.7245	40.6119	5.5404
7	制造业（C）	2178	54.4380	54.9038	73.4985	32.7965	6.1667
8	交通运输、仓储和邮政业（G）	97	54.0475	53.1048	67.5852	35.8093	6.1298
9	文化、体育和娱乐业（R）	58	53.8054	54.1262	65.8303	42.7658	4.9015
10	建筑业（E）	90	53.5216	54.0374	71.5001	37.5445	6.4523
11	农、林、牧、渔业（A）	41	53.3793	53.2135	67.2601	41.9682	6.2227
12	电力、热力、燃气及水生产和供应业（D）	105	53.0315	53.2364	64.8905	39.4593	5.9739
13	教育（P）	8	53.0014	52.1348	61.9353	39.4676	6.5155
14	住宿和餐饮业（H）	9	52.9774	52.8565	61.2013	46.2149	5.1299
15	采矿业（B）	76	52.7054	52.8185	62.3900	35.9389	5.4181
16	房地产业（K）	124	52.2568	52.1086	65.5010	33.5430	6.4158
17	批发和零售业（F）	164	52.0216	52.5723	65.4857	33.7971	6.0018
18	综合（S）	21	50.1189	50.8224	62.0781	40.5807	5.3051
总　体		3490	54.2273	54.5362	73.4985	27.1423	6.2334

注：居民服务、修理和其他服务业（O）只有1家上市公司，难以代表该行业整体水平，故排名时剔除。

从表7-6可以看出，在18个行业中，董事会治理指数均值高于总体均值的行业有7个，这7个行业的最大均值与总体均值的绝对差距是3.2907分；董事会治理指数均值低于总体均值的行业有11个，总体均值与这11个行业的最小均值的绝对差距是4.1084。显然，高分区的行业间差距略小于低分区的行业间差距。董事会治理指数最高的三个行业是卫生和社会工作（Q）、金融业（J）、科学研究和技术服务业（M）；董事会治理指数最低的三个行业是综合（S）、批发和零售业（F）、房地产业（K）。值得注意的是，批发和零售业（F）已经连续四年出现在董事会治理水平倒数三名的行业中。

整体来看，各行业上市公司董事会治理水平差异不大。由于近几年监管力度加大，卫生与社会建设的关注度提高，以及金融风险防范意识增强，卫生和社会工作（Q）及金融业（J）等行业的董事会治理得以强化；而综合（S）及批发和零售业（F）等可能由于行业不景气，董事会治理水平较低。

图7-4进一步显示了行业间上市公司董事会治理指数的差别。可以看出，各行业上市公司董事会治理指数中的大部分（15个行业）集中在［52，56］这一范围内，占到总体的78.95%，各行业上市公司董事会治理水平之间差距不大。

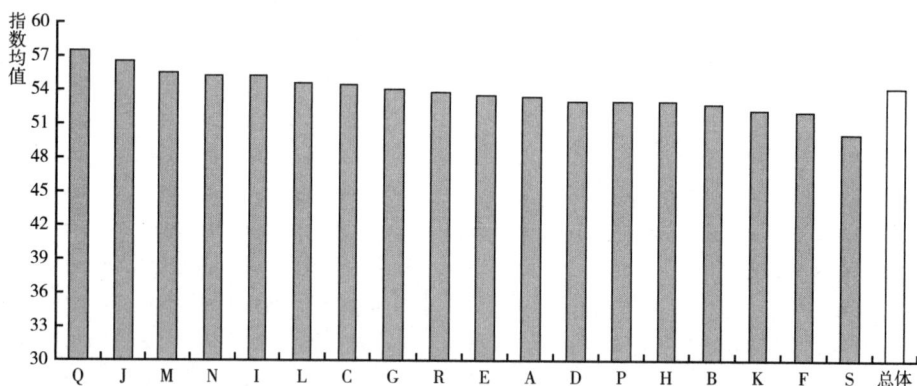

图7-4　2018年不同行业上市公司董事会治理指数比较

7.4　分上市板块董事会治理指数比较

按照深市主板（不含中小企业板）、深市中小企业板、深市创业板和沪市主板的上市板块划分，我们比较了不同板块上市公司的董事会治理指数，结果参见表7-7。

表7-7　2018年不同板块上市公司董事会治理指数比较

排序	上市板块	公司数目	平均值	中位值	最大值	最小值	标准差
1	深市创业板	722	57.3351	57.0222	73.4985	42.2320	4.6682
2	深市中小企业板	907	57.0775	57.1322	72.4506	39.0406	4.6881
3	深市主板(不含中小企业板)	460	56.2447	56.5138	71.5001	35.2030	5.4787
4	沪市主板	1401	50.1181	50.3779	73.0865	27.1423	5.7462
	总　体	3490	54.2273	54.5362	73.4985	27.1423	6.2334

从表7-7可以看出，董事会治理指数平均值从高到低排列依次为深市创业板、深市中小企业板、深市主板（不含中小企业板）和沪市主板。整体上看，深市上市公司的董事会治理水平明显好于沪市上市公司，这说明深交所对所辖公司的监管力度大于上交所。另一方面，深交所创业板的董事会治理平均水平高于深市主板（不含中小企业板），也高于中小企业板，这可能是由于近年来监管机构的监管力度不断加大，尤其是针对新上市公司的IPO新规，对新上市公司董事会治理方面提出了更高的要求，而深市

创业板又是 2018 年深市新增上市公司最多的板块, 使得深市创业板的董事会治理水平有较大幅度提升。

图 7-5 更直观地反映了不同上市板块的上市公司董事会治理指数的差异。可以看到, 深市创业板、深市中小企业板和深市主板 (不含中小企业板) 上市公司的董事会治理指数均值都高于总体均值; 而沪市主板上市公司的董事会治理指数则低于总体均值。

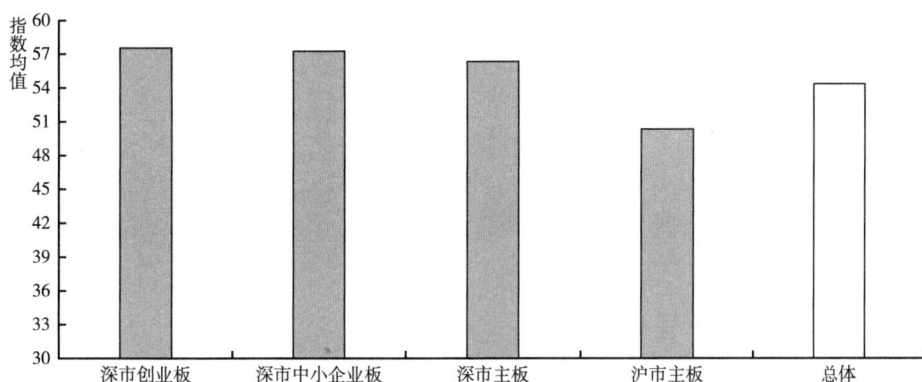

图 7-5 2018 年不同板块上市公司董事会治理指数比较

注: 深市中小企业板是深市主板的一部分, 但本图中的深市主板不含中小企业板。

7.5 本章小结

本章计算了沪深两市 2018 年共计 3490 家上市公司的董事会治理指数, 并分别从总体、地区、行业、上市板块等四个角度全面评价了中国上市公司董事会治理水平, 结论如下。

(1) 2018 年上市公司董事会治理指数最大值为 73.4985 分, 最小值为 27.1423 分, 平均值为 54.2273 分, 全部样本得分整体偏低, 89.51% 的上市公司董事会治理指数分布在 [45, 65) 区间, 及格率仅为 17.51%。

(2) 从地区看, 东部地区上市公司董事会治理指数均值最高, 为 54.4635 分; 东北地区董事会治理指数均值最低, 为 51.9616 分。除了东北地区, 其他三个地区上市公司董事会治理指数的地区间差异不是很大。

(3) 从行业看, 上市公司董事会治理指数最高的三个行业是卫生和社会工作 (Q)、金融业 (J)、科学研究和技术服务业 (M); 董事会治理指数最低的三个行业是综合（S）、批发和零售业（F）、房地产业（K）。值得注意的是，批发和零售业（F）已经连续四年出现在董事会治理水平倒数三名的行业中。总体来看，各行业上市公司董事会治理水平之间差距不大。

（4）从上市板块看，董事会治理指数均值从高到低依次为深市创业板、深市中小企业板、深市主板（不含中小企业板）和沪市主板。深市上市公司董事会治理水平明显好于沪市上市公司。

第8章 董事会治理分项指数排名及比较

第7章从总体上对中国上市公司董事会治理指数进行了排名，并从地区、行业、上市板块三个角度进行了分类汇总和分析。本章按照对董事会治理四个维度的划分，把董事会治理指数分解为董事会结构、独立董事独立性、董事会行为和董事激励与约束四个分项指数，根据上市公司董事会治理分项指数数据，对上市公司在不同维度下的董事会治理分项指数进行排名和比较分析。

8.1 董事会治理分项指数总体比较

依据我们评估的3490家上市公司董事会治理指数数据，2018年中国上市公司董事会治理四个分项指数的描述性统计结果参见表8-1。

表8-1 2018年上市公司董事会治理分项指数描述性统计结果

维度	公司数目	平均值	中位值	最大值	最小值	标准差
董事会结构	3490	38.5042	36.7857	84.8214	5.3241	9.8447
独立董事独立性	3490	62.3343	60.0000	90.0000	25.0000	10.3321
董事会行为	3490	61.7488	65.1845	96.4479	9.8184	14.2878
董事激励与约束	3490	54.3219	55.5556	77.7778	0.0000	9.9838

从表8-1中可以看出，董事会治理四个分项指数的平均值相差较大。其中，独立董事独立性和董事会行为分项指数均值达到60分的及格水平，其他两个分项指数的平均值均未达到60分的及格水平。董事会结构分项指数均值最小，为38.5042分。董事会行为分项指数的标准差最大，说明各上市公司在董事会行为方面的差距大于其他三个

分项指数。需要注意的是，独立董事独立性分项指数均值较大，这可能与独立董事独立性衡量指标偏重于形式上的独立性有关。独立董事形式上的独立是指独立董事任职符合国家法律和政策上的规定，但未必在实质上实现了独立。董事会结构虽然是董事会建设和发展的基础，但因其内部结构的不规范、下设机构的缺失、对利益相关者的忽视，使得董事会结构分项指数在四个分项指数中最低。

图 8-1 直观地反映了董事会治理四个分项指数的均值和中位值的差异。可以看出，独立董事独立性分项指数均值最高，董事会行为分项指数中位值最高，董事会结构分项指数均值和中位值都是最低的。

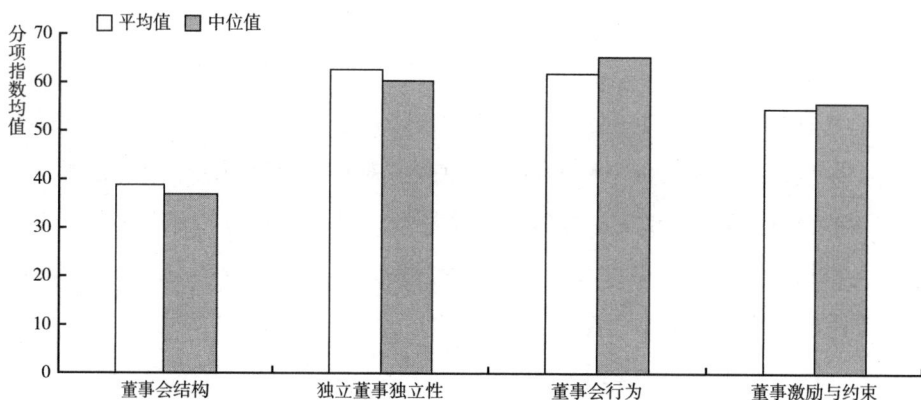

图 8-1　2018 年上市公司董事会治理四个分项指数比较

8.2　董事会结构分项指数排名及比较

董事会结构分项指数侧重从形式上考察上市公司董事会成员构成和机构设置的合理性与有效性。本节主要是对董事会结构分项指数排名的各种情况进行比较说明和分析。

8.2.1　董事会结构分项指数总体分布

基于 3490 家上市公司董事会结构的各项指标，我们得出了每家上市公司董事会结构分项指数。以 10 分为间隔，可以将董事会结构分项指数划分为 10 个区间，每个分数区间段的公司数目和所占比重参见表 8-2。

由表 8-2 可见，2018 年董事会结构分项指数在除［90，100］以外的各个区间都有上市公司存在，主要分布在［20，50）区间，共计 2958 家公司，占样本总数的 84.76%。

表 8 - 2　2018 年上市公司董事会结构分项指数区间分布

指数区间	公司数目	占比（%）	累计占比（%）
[0,10)	5	0.14	0.14
[10,20)	99	2.84	2.98
[20,30)	621	17.79	20.77
[30,40)	1295	37.11	57.88
[40,50)	1042	29.86	87.74
[50,60)	350	10.03	97.77
[60,70)	64	1.83	99.60
[70,80)	12	0.34	99.94
[80,90)	2	0.06	100.00
[90,100]	0	0.00	100.00
总　计	3490	100	—

由图 8 - 2 可以直观地看出上市公司董事会结构分项指数的区间分布。可以看到，2018 年上市公司董事会结构分项指数从低分到高分，公司数目分布呈现正偏态分布，偏度系数是 0.2956。

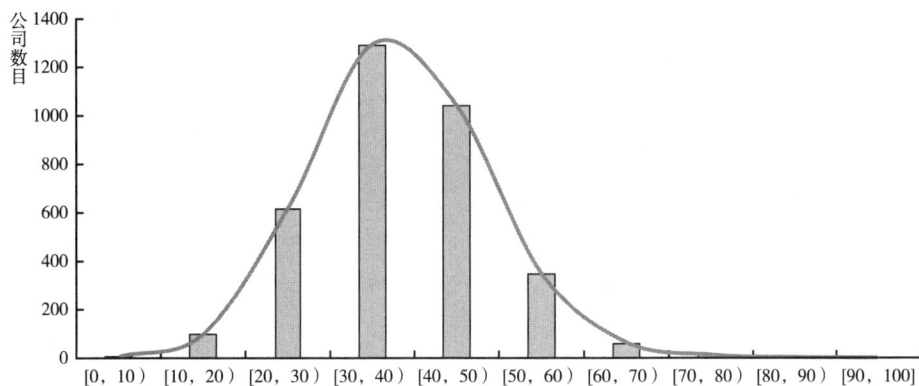

图 8 - 2　2018 年上市公司董事会结构分项指数区间分布

8.2.2　分地区董事会结构分项指数比较

按照四个地区的划分，我们统计了不同地区上市公司的董事会结构分项指数，参见表 8 - 3。

表 8 - 3 2018 年不同地区上市公司董事会结构分项指数比较

排序	地区	公司数目	平均值	中位值	最大值	最小值	标准差
1	西部	469	39.8362	40.5833	73.4722	6.5741	9.6299
2	中部	454	38.6664	36.9213	79.9242	13.5119	9.6954
3	东部	2418	38.2736	36.6667	84.8214	5.3241	9.9348
4	东北	149	37.5595	36.5530	55.1389	12.0833	9.0897
总 体		3490	38.5042	36.7857	84.8214	5.3241	9.8447

从表 8 - 3 可以看到，四个地区中，西部上市公司董事会结构分项指数均值最高，为 39.8362 分；东北上市公司董事会结构分项指数均值最低，为 37.5595 分，二者绝对差距为 2.2767 分。董事会结构分项指数的最大值和最小值都出自东部。

图 8 - 3 直观地反映了四个地区上市公司董事会结构分项指数均值的差异。可以看到，不同地区上市公司董事会结构分项指数均值相差不是很大，西部和中部的董事会结构分项指数均值高于总体均值，东部和东北的董事会结构分项指数低于总体均值。

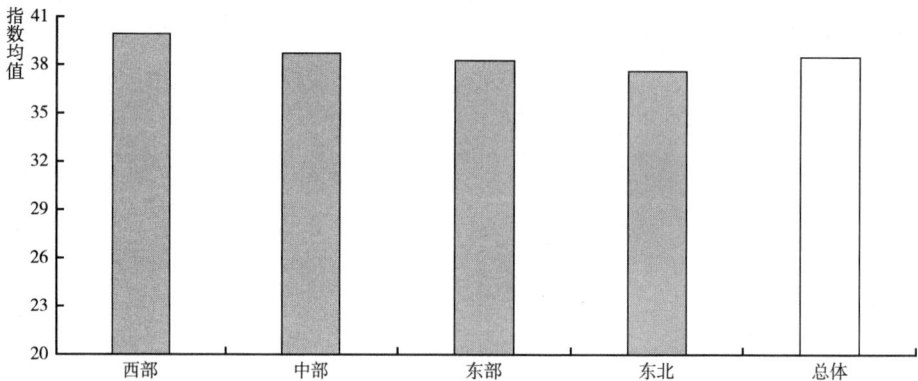

图 8 - 3 2018 年不同地区上市公司董事会结构分项指数比较

8.2.3 分行业董事会结构分项指数比较

我们用各个行业内的上市公司董事会结构分项指数的平均值来代表各个行业的上市公司董事会结构分项指数，然后把各个行业的上市公司董事会结构分项指数按照由高到低的顺序进行排名，具体排名结果参见表 8 - 4。

从表 8 - 4 可以看出，18 个行业中，有 12 个行业的董事会结构分项指数均值高于总体均值（38.5042 分），这 12 个行业的董事会结构分项指数最大均值与总体均值的绝

表8-4 2018年不同行业上市公司董事会结构分项指数排名及比较

排名	行业	公司数目	平均值	中位值	最大值	最小值	标准差
1	金融业（J）	88	52.6008	52.1886	84.8214	20.5556	12.9834
2	卫生和社会工作（Q）	12	43.2240	41.3889	61.2963	26.7708	10.5666
3	采矿业（B）	76	43.0336	44.0068	72.1429	20.0000	10.4003
4	交通运输、仓储和邮政业（G）	97	41.5655	40.6481	71.7500	16.3095	10.4528
5	科学研究和技术服务业（M）	48	40.8660	42.1991	57.0833	19.7222	9.2312
6	电力、热力、燃气及水生产和供应业（D）	105	40.6809	40.3819	77.3611	15.7576	10.3431
7	水利、环境和公共设施管理业（N）	50	40.1499	43.6574	61.5909	17.0370	8.9805
8	建筑业（E）	90	39.8273	38.0754	62.1429	17.5926	8.4293
9	文化、体育和娱乐业（R）	58	39.5882	39.1146	61.0714	17.9630	8.6482
10	房地产业（K）	124	39.2682	38.1250	59.5455	13.5119	8.9210
11	批发和零售业（F）	164	39.0713	37.0437	62.0000	9.5370	9.7864
12	综合（S）	21	38.5633	40.9524	52.5379	19.4318	8.6401
13	信息传输、软件和信息技术服务业（I）	267	38.0854	36.7857	62.2222	14.3750	8.8229
14	农、林、牧、渔业（A）	41	37.4688	36.6667	59.8611	14.0278	9.6582
15	租赁和商务服务业（L）	53	37.4306	36.3889	53.3333	15.5093	8.6346
16	制造业（C）	2178	37.3672	36.3889	83.8889	5.3241	9.3959
17	住宿和餐饮业（H）	9	36.7428	35.9722	44.7222	26.5741	5.9921
18	教育（P）	8	34.9933	36.3133	44.8485	23.6458	5.9389
总 体		3490	38.5042	36.7857	84.8214	5.3241	9.8447

注：居民服务、修理和其他服务业（O）只有1家上市公司，难以代表该行业整体水平，故排名时剔除。

对差距为14.0966分；其他6个行业的上市公司董事会结构分项指数均值低于总体均值，总体均值与这6个行业的最低均值的绝对差距为3.5109分。显然，董事会结构分项指数高分区行业的内部差距远高于低分区行业。上市公司董事会结构分项指数均值排名前三位的行业分别是金融业（J）、卫生和社会工作（Q）、采矿业（B）；排名后三位的行业是教育（P）、住宿和餐饮业（H）、制造业（C）。董事会结构分项指数最大值出自金融业（J），最小值出自制造业（C）。

图8-4直观地反映了不同行业上市公司董事会结构分项指数均值的差异。可以看到，得分最高的金融业（J）与其他行业的差异非常明显；其他各行业董事会结构分项指数均值相差较小。

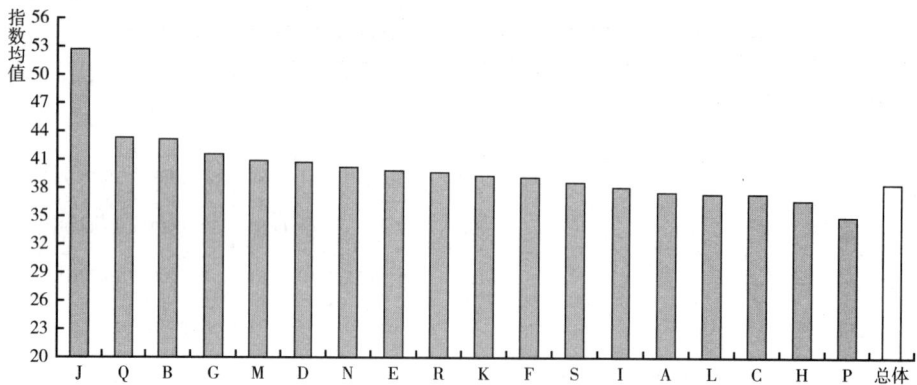

图 8 - 4　2018 年不同行业上市公司董事会结构分项指数比较

8.3　独立董事独立性分项指数排名及比较

独立董事独立性分项指数衡量独立董事专业素质和履职情况，主要从形式上来评价独立董事的独立性。本节主要对独立董事独立性分项指数排名的各种情况进行比较分析。

8.3.1　独立董事独立性分项指数总体分布

根据独立董事独立性分项指数的分布，我们将独立董事独立性分项指数以 10 分为间隔，划分成 9 个区间（公司数目为 0 的指数区间合并），得到的结果参见表 8 - 5。

表 8 - 5　2018 年上市公司独立董事独立性分项指数区间分布

指数区间	公司数目	占比（%）	累计占比（%）
[0, 20)	0	0.00	0.00
[20, 30)	5	0.14	0.14
[30, 40)	63	1.81	1.95
[40, 50)	250	7.16	9.11
[50, 60)	801	22.95	32.06
[60, 70)	1297	37.16	69.23
[70, 80)	899	25.76	94.99
[80, 90)	164	4.70	99.68
[90, 100]	11	0.32	100.00
总　计	3490	100.00	—

由表 8 - 5 可以看出，独立董事独立性分项指数主要分布在 [50, 80) 区间，总计有 2997 家公司，占样本总数的 85.87%。相对于其他三个分项指数，上市公司在独立董事独立性分项指数上得分较高。原因在于，中国很多上市公司设立独立董事其实是为

了满足中国证监会的强制性要求，或者说，是满足于形式上的独立性要求，而是否也具有实质上的独立性，仅从该分项指数上还难以得出结论，需要结合董事会行为和董事激励与约束两个分项指数来判断。

图8-5直观地反映出上市公司独立董事独立性分项指数的区间分布。可以看出，2018年上市公司独立董事独立性分项指数从低分到高分，公司数目呈负偏态分布，偏度系数是-0.2920。

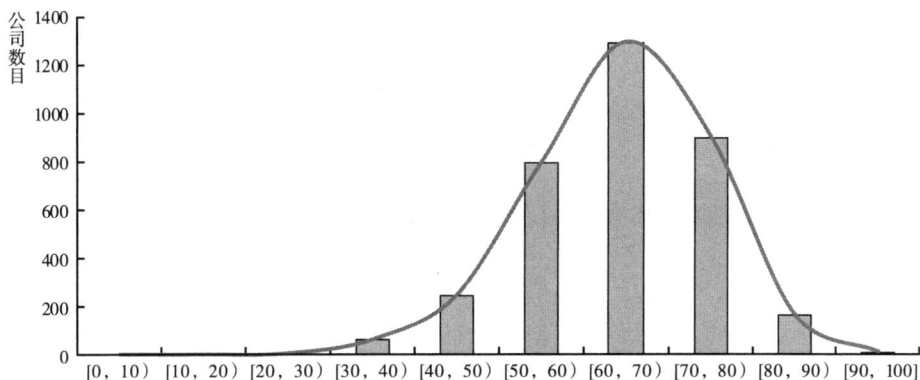

图8-5　2018年上市公司独立董事独立性分项指数区间分布

8.3.2　分地区独立董事独立性分项指数比较

从东部、中部、西部和东北四个地区的划分来看，西部上市公司的独立董事独立性分项指数均值最高，为63.3193分；东北最低，为61.3417分。最高的西部与最低的东北之间的绝对差距为1.9776分，参见表8-6。

表8-6　2018年不同地区上市公司独立董事独立性分项指数比较

排序	地区	公司数目	平均值	中位值	最大值	最小值	标准差
1	西部	469	63.3193	64.7619	90.0000	25.0000	10.3308
2	东部	2418	62.2958	60.0000	90.0000	25.0000	10.3825
3	中部	454	61.8476	60.0000	90.0000	35.0000	9.9556
4	东北	149	61.3417	60.0000	90.0000	30.0000	10.4112
总　体		3490	62.3343	60.0000	90.0000	25.0000	10.3321

图8-6更直观地反映了四个地区上市公司独立董事独立性分项指数均值的差异。可以看出，只有西部上市公司的独立董事独立性分项指数均值高于总体均值，其他三个地区都低于总体均值。

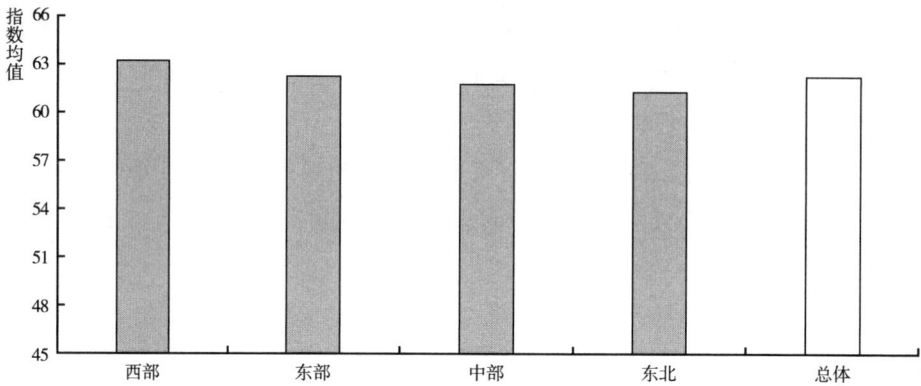

图 8 - 6　2018 年不同地区上市公司独立董事独立性分项指数比较

8.3.3　分行业独立董事独立性分项指数比较

用各个行业内的上市公司独立董事独立性分项指数的平均值来代表各个行业的上市公司独立董事独立性分项指数，然后把各个行业的上市公司独立董事独立性分项指数按照由高到低的顺序进行排名，具体排名结果参见表 8 - 7。

表 8 - 7　2018 年不同行业上市公司独立董事独立性分项指数排名及比较

排名	行业	公司数目	平均值	中位值	最大值	最小值	标准差
1	科学研究和技术服务业（M）	48	65. 5275	70. 0000	85. 0000	30. 0000	11. 6737
2	教育（P）	8	64. 3750	65. 0000	80. 0000	50. 0000	10. 1358
3	交通运输、仓储和邮政业（G）	97	63. 4434	64. 4872	90. 0000	39. 2857	10. 7968
4	卫生和社会工作（Q）	12	63. 3333	62. 5000	80. 0000	50. 0000	9. 8601
5	住宿和餐饮业（H）	9	63. 2333	60. 0000	70. 0000	55. 0000	5. 2315
6	信息传输、软件和信息技术服务业（I）	267	63. 0151	64. 6429	90. 0000	30. 0000	10. 1820
7	制造业（C）	2178	62. 7634	64. 1667	90. 0000	25. 0000	10. 0929
8	农、林、牧、渔业（A）	41	62. 4133	63. 8235	80. 0000	30. 0000	11. 7354
9	电力、热力、燃气及水生产和供应业（D）	105	62. 1890	63. 1250	85. 0000	29. 6296	10. 2539
10	批发和零售业（F）	164	61. 5717	60. 0000	85. 0000	30. 0000	10. 3538
11	采矿业（B）	76	61. 4236	64. 1548	80. 0000	29. 2593	10. 3146
12	综合（S）	21	61. 2989	60. 0000	75. 0000	49. 1667	9. 4909
13	建筑业（E）	90	61. 1524	60. 0000	80. 0000	29. 7500	10. 7047
14	租赁和商务服务业（L）	53	60. 9154	60. 0000	80. 0000	25. 0000	10. 9082
15	水利、环境和公共设施管理业（N）	50	60. 4792	60. 0000	80. 0000	40. 0000	10. 5362
16	文化、体育和娱乐业（R）	58	59. 6400	60. 0000	80. 0000	39. 7917	9. 2507
17	金融业（J）	88	59. 1330	60. 0000	80. 0000	38. 8889	10. 2192
18	房地产业（K）	124	58. 4562	59. 9306	85. 0000	34. 4118	11. 8288
	总　　体	3490	62. 3343	60. 0000	90. 0000	25. 0000	10. 3321

注：居民服务、修理和其他服务业（O）只有 1 家上市公司，难以代表该行业整体水平，故排名时剔除。

由表 8 - 7 可知，18 个行业中，有 8 个行业的独立董事独立性分项指数均值高于总体均值，这 8 个行业的行业均值最大值与总体均值的绝对差距是 3.1932 分；其他 10 个行业的独立董事独立性分项指数均值低于总体均值，总体均值与这 10 个行业的最小均值的绝对差距是 3.8781 分。独立董事独立性分项指数高分区行业的内部差距小于低分区行业，但相差不大。上市公司独立董事独立性分项指数均值排名前三位的行业分别是科学研究和技术服务业（M），教育（P），交通运输、仓储和邮政业（G）；排在后三位的分别是房地产业（K），金融业（J），文化、体育和娱乐业（R）。独立董事独立性分项指数最大值出自交通运输、仓储和邮政业（G），信息传输、软件和信息技术服务业（I），制造业（C）（并列）；最小值出自制造业（C）以及租赁和商务服务业（L）（并列）。

图 8 - 7 直观地反映了不同行业上市公司独立董事独立性分项指数均值的差异。可以看到，各行业上市公司独立董事独立性分项指数均值从大到小差别不大，变化较为平缓。

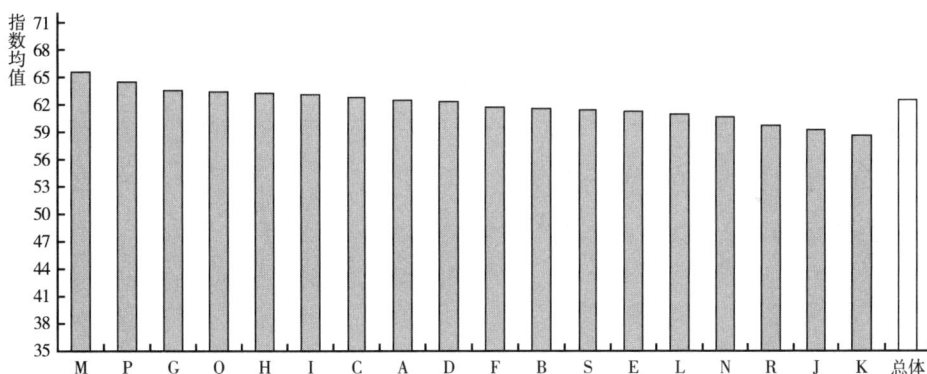

图 8 - 7　2018 年不同行业上市公司独立董事独立性分项指数比较

8.4　董事会行为分项指数排名及比较

董事会行为分项指数主要衡量董事会行为相关制度的建立及其执行情况，侧重从实质上来衡量董事会的实际履职情况。本节就董事会行为分项指数从不同角度进行比较和分析。

8.4.1　董事会行为分项指数总体分布

根据 3490 家样本上市公司的董事会行为分项指数，我们将其划分为 10 个区间，每个区间以 10 分为间隔，所有上市公司的董事会行为分项指数分布如表 8 - 8 所示。

表 8 - 8　2018 年上市公司董事会行为分项指数区间分布

指数区间	公司数目	占比（%）	累计占比（%）
［0，10）	1	0.03	0.03
［10，20）	1	0.03	0.06
［20，30）	69	1.98	2.03
［30，40）	291	8.34	10.37
［40，50）	345	9.89	20.26
［50，60）	810	23.21	43.47
［60，70）	640	18.34	61.81
［70，80）	1211	34.70	96.50
［80，90）	116	3.32	99.83
［90，100］	6	0.17	100.00
总　计	3490	100.00	—

由表 8 - 8 可知，董事会行为分项指数主要分布在［50，80）区间内，有 2661 家公司，占上市公司样本总数的 76.25%。

图 8 - 8 直观地反映了上市公司董事会行为分项指数的分布情况。可以看到，2018年上市公司董事会行为分项指数分布总体呈"凹"字形，其中［60，70）区间公司数略低于相邻两区间。

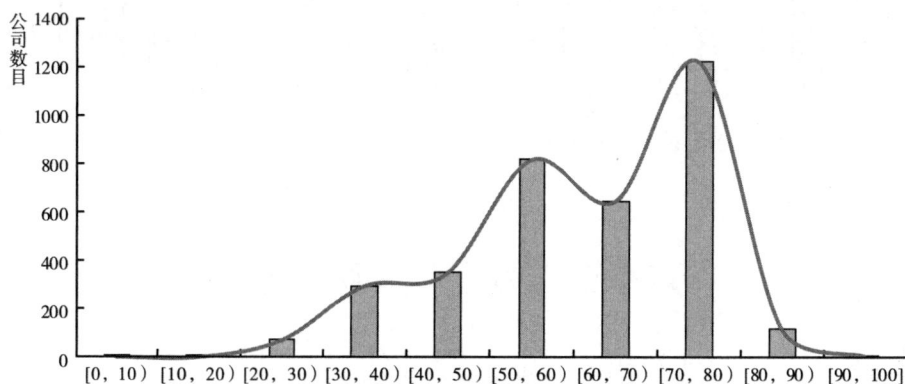

图 8 - 8　2018 年上市公司董事会行为分项指数区间分布

8.4.2　分地区董事会行为分项指数比较

将上市公司按照东部、中部、西部和东北四个地区划分，不同地区上市公司董事会行为分项指数均值参见表 8 - 9。

表 8 - 9　2018 年不同地区上市公司董事会行为分项指数比较

排序	地区	公司数目	平均值	中位值	最大值	最小值	标准差
1	东部	2418	62.4688	66.0981	94.6633	20.0748	14.1791
2	中部	454	61.5447	66.0603	96.4479	20.5315	14.7228
3	西部	469	60.0252	59.8199	89.4770	9.8184	13.8326
4	东北	149	56.1113	58.1595	75.8985	22.3181	14.3706
总　体		3490	61.7488	65.1845	96.4479	9.8184	14.2878

由表 8 - 9 可知，东部上市公司的董事会行为分项指数均值最高，为 62.4688 分；东北地区董事会行为分项指数均值最低，为 56.1113 分，平均值最高与最低地区的绝对差距为 6.3575 分。在四个地区中，董事会行为分项指数最大值出自中部，最小值出自西部。

图 8 - 9 更直观地反映了四个地区上市公司董事会行为分项指数均值的差异。可以看出，除东北地区明显低于其他三个地区外，东部、西部和中部地区的上市公司的董事会行为分项指数均值的差别不大。其中，仅东部上市公司的董事会行为分项指数均值高于总体均值，其他三个地区的董事会行为分项指数均值低于总体均值。

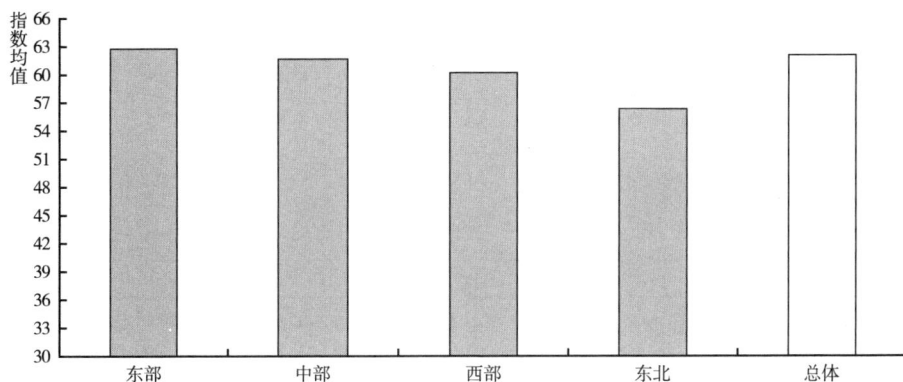

图 8 - 9　2018 年不同地区上市公司董事会行为分项指数比较

8.4.3　分行业董事会行为分项指数比较

按照董事会行为分项指数均值从大到小的顺序，将不同行业上市公司董事会行为分项指数均值的排名列在表 8 - 10 中。

从表 8 - 10 中可以看出，18 个行业中，有 9 个行业的董事会行为分项指数均值高于总体均值，这 9 个行业的均值最大值与总体均值的绝对差距是 4.3660 分；其他 9 个行

表8-10　2018年不同行业上市公司董事会行为分项指数排名及比较

排名	行业	公司数目	平均值	中位值	最大值	最小值	标准差
1	租赁和商务服务业（L）	53	66.1148	67.8622	89.3360	35.6908	12.8338
2	卫生和社会工作（Q）	12	65.6443	69.6705	89.9037	44.6412	13.4486
3	信息传输、软件和信息技术服务业（I）	267	65.4358	73.2202	94.6633	19.6406	13.8121
4	住宿和餐饮业（H）	9	64.4024	66.0649	75.0273	37.3750	12.2243
5	水利、环境和公共设施管理业（N）	50	63.3781	66.1868	89.5457	36.6059	15.7790
6	制造业（C）	2178	62.8998	67.8432	96.4479	9.8184	14.0774
7	教育（P）	8	62.6374	66.3000	75.1076	36.7216	13.2020
8	农、林、牧、渔业（A）	41	62.1446	66.0702	90.0827	22.3173	15.7717
9	科学研究和技术服务业（M）	48	62.0367	60.2568	89.3471	22.3248	13.9148
10	文化、体育和娱乐业（R）	58	60.6296	60.3608	89.5166	29.4630	14.3665
11	建筑业（E）	90	59.2794	59.4798	89.2915	22.4004	14.6435
12	金融业（J）	88	58.8599	60.3365	83.0181	34.8172	12.2478
13	房地产业（K）	124	58.2563	59.2295	89.3055	20.5850	13.6815
14	交通运输、仓储和邮政业（G）	97	56.1982	58.0341	75.4000	22.3346	13.0460
15	批发和零售业（F）	164	55.8176	58.0190	89.3200	21.4254	13.9826
16	采矿业（B）	76	55.1949	58.0445	82.2646	22.3199	13.2227
17	电力、热力、燃气及水生产和供应业（D）	105	54.9173	53.5696	89.2834	22.3181	14.0346
18	综合（S）	21	51.4072	50.0422	75.8915	29.4488	13.9637
	总　体	3490	61.7488	65.1845	96.4479	9.8184	14.2878

注：居民服务、修理和其他服务业（O）只有1家上市公司，难以代表该行业整体水平，故排名时剔除。

业的董事会行为分项指数均值低于总体均值，总体均值与这9个行业的最小均值的绝对差距是10.3416分。董事会行为分项指数高分区行业的内部差距低于低分区行业。上市公司董事会行为分项指数均值排名前三位的行业分别是租赁和商务服务业（L），卫生和社会工作（Q），信息传输、软件和信息技术服务业（I）；最后三位分别是综合（S），电力、热力、燃气及水生产和供应业（D），采矿业（B）。董事会行为分项指数最大值与最小值均出自制造业（C）。

图8-10更直观地反映了不同行业上市公司董事会行为分项指数均值的差异。可以看出，行业均值最低的5个行业较总体均值差异较为明显。

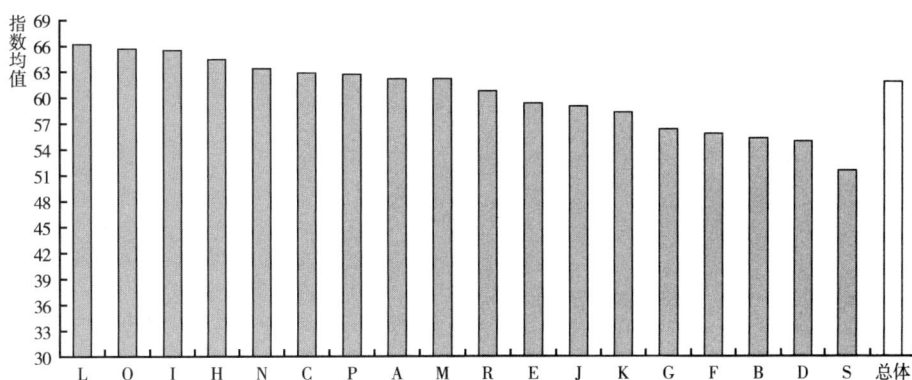

图 8 - 10   2018 年不同行业上市公司董事会行为分项指数比较

8.5   董事激励与约束分项指数排名及比较

董事激励与约束分项指数衡量董事激励与约束制度的建立和执行情况，主要从实质上评价董事激励与约束机制，尤其是约束机制的有效性。本节就董事激励与约束分项指数从不同角度进行比较和分析。

8.5.1   董事激励与约束分项指数总体分布

我们把董事激励与约束分项指数以 10 分为间隔划分为 9 个区间（公司数目为 0 的指数区间合并），所有上市公司的董事激励与约束分项指数如表 8 - 11 所示。

表 8 - 11   2018 年上市公司董事激励与约束分项指数区间分布

指数区间	公司数目	占比（%）	累计占比（%）
［0，10）	4	0.11	0.11
［10，20）	8	0.23	0.34
［20，30）	48	1.38	1.72
［30，40）	136	3.90	5.62
［40，50）	798	22.87	28.48
［50，60）	1616	46.30	74.79
［60，70）	867	24.84	99.63
［70，80）	13	0.37	100.00
［80，100］	0	0.00	100.00
总　计	3490	100.00	—

由表 8 - 11 可知，董事激励与约束分项指数主要分布在 ［40，70）区间内，共有 3281 家公司，占样本上市公司总数的 94.01%，其中在 ［50，60）区间的上市公司最

多，共 1616 家，占上市公司样本总数的 46.30%。

从图 8 – 11 中可以更直观地看出，董事激励与约束分项指数分布较集中，偏度系数为 – 0.8441，呈负偏态分布。

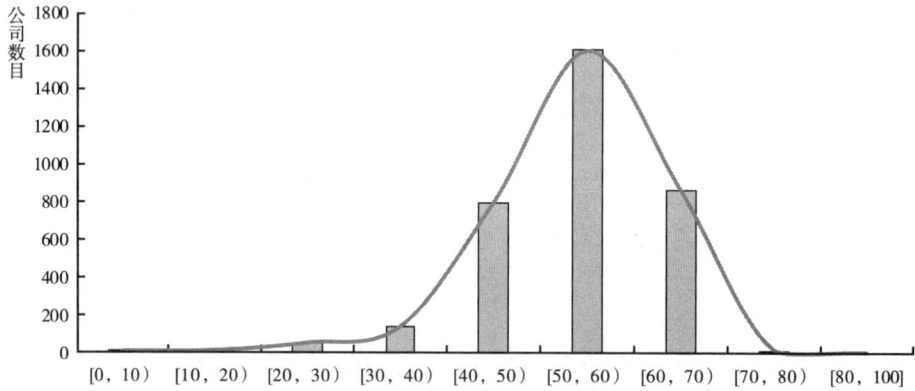

图 8 – 11　2018 年上市公司董事激励与约束分项指数区间分布

8.5.2　分地区董事激励与约束分项指数比较

按照东部、中部、西部和东北四个地区的划分，各地区上市公司董事激励与约束分项指数比较参见表 8 – 12。

表 8 – 12　2018 年不同地区上市公司董事激励与约束分项指数比较

排序	地区	公司数目	平均值	中位值	最大值	最小值	标准差
1	东部	2418	54.8158	55.5556	77.7778	11.1111	9.6405
2	中部	454	53.7078	55.5556	77.7778	0.0000	10.4710
3	西部	469	52.8429	55.5556	66.6667	0.0000	10.5621
4	东北	149	52.8337	55.5556	77.7778	11.1111	11.2706
总　体		3490	54.3219	55.5556	77.7778	0.0000	9.9838

由表 8 – 12 可知，东部上市公司的董事激励与约束分项指数均值最高，为 54.8158 分；东北地区上市公司的董事激励与约束分项指数均值最低，为 52.8337 分，最高与最低之间的绝对差距为 1.9821 分，差别不大。在四个地区中，董事激励与约束分项指数最大值出自东部、中部、东北（并列），最小值出自中部和西部（并列）。

图 8 – 12 更直观地反映了四个地区上市公司董事激励与约束分项指数均值的差异。可以看到，东部的上市公司董事激励与约束分项指数均值高于总体均值，其他三个地区的上市公司董事激励与约束分项指数均值则低于总体均值，整体差异不大。

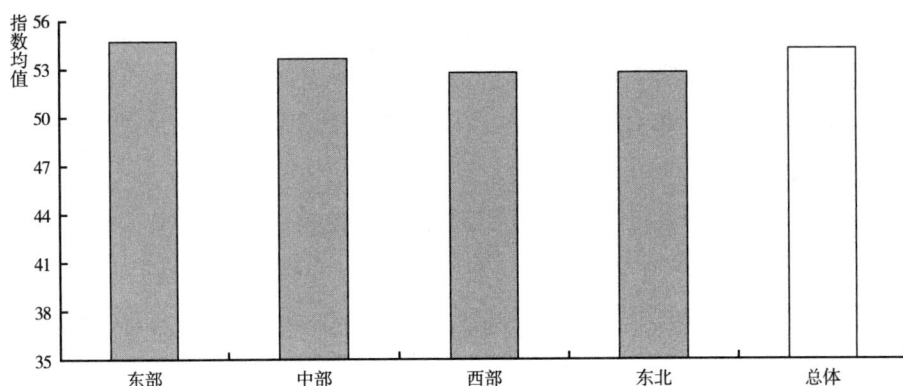

图 8 - 12　2018 年不同地区上市公司董事激励与约束分项指数比较

8.5.3　分行业董事激励与约束分项指数比较

按照 19 个行业大类划分，各行业上市公司董事激励与约束分项指数排名见表 8 - 13。

表 8 - 13　2018 年不同行业上市公司董事激励与约束分项指数排名及比较

排名	行业	公司数目	平均值	中位值	最大值	最小值	标准差
1	卫生和社会工作(Q)	12	57.8704	55.5556	66.6667	44.4444	7.6774
2	水利、环境和公共设施管理业(N)	50	57.1111	55.5556	66.6667	22.2222	9.4307
3	金融业(J)	88	55.6818	55.5556	77.7778	0.0000	11.7547
4	文化、体育和娱乐业(R)	58	55.3640	55.5556	66.6667	11.1111	10.1587
5	交通运输、仓储和邮政业(G)	97	54.9828	55.5556	77.7778	22.2222	9.6550
6	制造业(C)	2178	54.7215	55.5556	77.7778	0.0000	9.8797
7	电力、热力、燃气及水生产和供应业(D)	105	54.3386	55.5556	66.6667	22.2222	8.9739
8	信息传输、软件和信息技术服务业(I)	267	54.2239	55.5556	77.7778	0.0000	10.6254
9	租赁和商务服务业(L)	53	53.9832	55.5556	66.6667	22.2222	9.8544
10	建筑业(E)	90	53.8272	55.5556	66.6667	22.2222	9.4660
11	科学研究和技术服务业(M)	48	53.2408	55.5556	66.6667	22.2222	8.7719
12	房地产业(K)	124	53.0466	55.5556	66.6667	22.2222	9.7855
13	批发和零售业(F)	164	51.6260	55.5556	66.6667	16.6667	9.2430
14	农、林、牧、渔业(A)	41	51.4905	55.5556	66.6667	22.2222	11.4465
15	采矿业(B)	76	51.1696	55.5556	66.6667	27.7778	8.4695
16	教育(P)	8	50.0000	50.0000	66.6667	33.3333	9.6225
17	综合(S)	21	49.2063	44.4444	66.6667	22.2222	13.5309
18	住宿和餐饮业(H)	9	47.5309	44.4444	66.6667	22.2222	12.0331
	总　体	3490	54.3219	55.5556	77.7778	0.0000	9.9838

注：居民服务、修理和其他服务业（O）只有 1 家上市公司，难以代表该行业整体水平，故排名时剔除。

由表 8-13 可以看出，18 个行业中，董事激励与约束分项指数均值高于总体均值的行业有 7 个，这 7 个行业董事激励与约束分项指数最大均值与总体均值的绝对差距为 3.5485 分；低于总体均值的行业有 11 个，总体均值与这 11 个行业董事激励与约束分项指数最小均值的绝对差距为 6.7910 分。高分区行业的内部差距低于低分区行业。董事激励与约束分项指数均值排名前三位的行业分别是卫生和社会工作（Q），水利、环境和公共设施管理业（N），金融业（J）；排名后三位的行业分别是住宿和餐饮业（H）、综合（S）、教育（P）。董事激励与约束分项指数最大值同时出现在金融业（J）等 4 个行业；最小值出自金融业（J），制造业（C），信息传输、软件和信息技术服务业（I）（并列）。

图 8-13 直观地反映了不同行业上市公司董事激励与约束分项指数均值的差异。可以看到，除了第一位和最后三位外，其他行业的董事激励与约束分项指数均值逐次递减，变化曲线比较平坦。

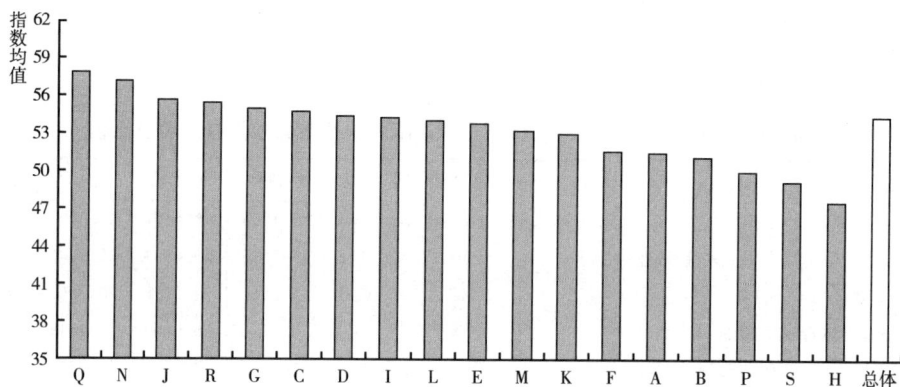

图 8-13　2018 年不同行业上市公司董事激励与约束分项指数比较

8.6　本章小结

本章从总体、地区、行业三个方面，对董事会治理的四个分项指数，即董事会结构、独立董事独立性、董事会行为、董事激励与约束进行了全面分析，主要结论如下。

（1）比较董事会治理四个分项指数，独立董事独立性分项指数最高，董事会结构分项指数最低。从指数分布区间来看，董事会结构分项指数主要分布在 [20，50) 区间，占样本总数的 84.76%；独立董事独立性分项指数主要分布在 [50，80) 区间，占样本总数的 85.87%；董事会行为分项指数主要分布在 [50，80) 区间内，占样本总数的76.25%；董事激励与约束分项指数主要分布在［40，70）区间内，占样本总数的94.01%。总体上看，四个分项指数分布都比较集中。

（2）从地区来看，西部上市公司在主要衡量董事会治理形式的董事会结构和独立董事独立性两个分项指数上表现较好，而东部上市公司在主要衡量董事会治理实质的董事会行为和董事激励与约束两个分项指数上表现更好。四个分项指数中，东北上市公司表现均较差。

（3）从行业来看，董事会结构分项指数均值最高的三个行业分别是金融业（J）、卫生和社会工作（Q）、采矿业（B）；独立董事独立性分项指数均值最高的三个行业分别是科学研究和技术服务业（M）、教育（P），以及交通运输、仓储和邮政业（G）；董事会行为分项指数均值最高的三个行业分别是租赁和商务服务业（L），卫生和社会工作（Q），信息传输、软件和信息技术服务业（I）；董事激励与约束分项指数均值最高的三个行业分别是卫生和社会工作（Q），水利、环境和公共设施管理业（N），金融业（J）。总体来看，各行业在四个分项指数上的表现各有侧重。

第9章 董事会治理指数的
所有制比较

根据第 1 章的控股或所有制类型划分，本章对 2018 年 3490 家样本上市公司的董事会治理指数及四个分项指数从所有制角度进行比较分析，以了解国有控股公司和非国有控股公司在董事会治理方面存在的异同。

9.1 董事会治理指数总体的所有制比较

9.1.1 董事会治理总体指数比较

不同的所有制会对上市公司董事会治理产生影响，表 9 - 1 比较了不同所有制上市公司总体的董事会治理指数，并按照均值从高到低的顺序进行了排名。

表 9 - 1 2018 年不同所有制上市公司董事会治理指数比较

排序	所有制类型	公司数目	平均值	中位值	最大值	最小值	标准差
1	国有参股公司	866	54.8313	55.2817	72.4506	33.6903	6.0425
2	无国有股份公司	1575	54.3764	54.7607	73.4985	27.1423	6.1643
3	国有弱相对控股公司	368	54.2528	54.3078	73.0865	33.5430	6.9103
4	国有绝对控股公司	255	53.1976	52.9146	67.2796	35.9389	6.1047
5	国有强相对控股公司	426	53.0426	52.8641	69.2650	33.0961	6.0983
总　体		3490	54.2273	54.5362	73.4985	27.1423	6.2334

从表 9 - 1 可以看出，中国上市公司董事会治理指数总体较低，平均值 54.2273 分，未达到 60 分的及格水平。五类所有制公司的董事会治理指数均值差异不大，最大值和最小值之差仅为 1.7887 分。国有参股公司的董事会治理指数均值最高，为 54.8313 分，

国有强相对控股公司的董事会治理指数均值最低，为 53.0426 分；国有参股公司董事会治理指数的中位值也最高，为 55.2817 分，国有强相对控股公司董事会治理指数的中位值也最低，为 52.8641 分。董事会治理指数的最大值和最小值均来自无国有股份公司。从标准差来看，五类所有制公司的离散程度差别较小。

图 9－1 按照第一大股东中国有股比例从大到小进行了排序。可以发现，国有绝对控股和国有强相对控股公司是董事会治理指数最低的两类公司，而后随着第一大股东中国有股比例的降低，董事会治理指数先逐渐上升，到国有参股公司达到最高，然后降低，大致呈现"倒 U"形关系。这说明，适度降低国有股权比例可能是提高公司董事会治理水平比较有效的方式。国有参股公司由于存在国有股东和非国有股东之间的制衡，有利于董事会治理水平的提升。这与我们之前历年出版的中国公司治理分类指数报告的结论是完全一致的。

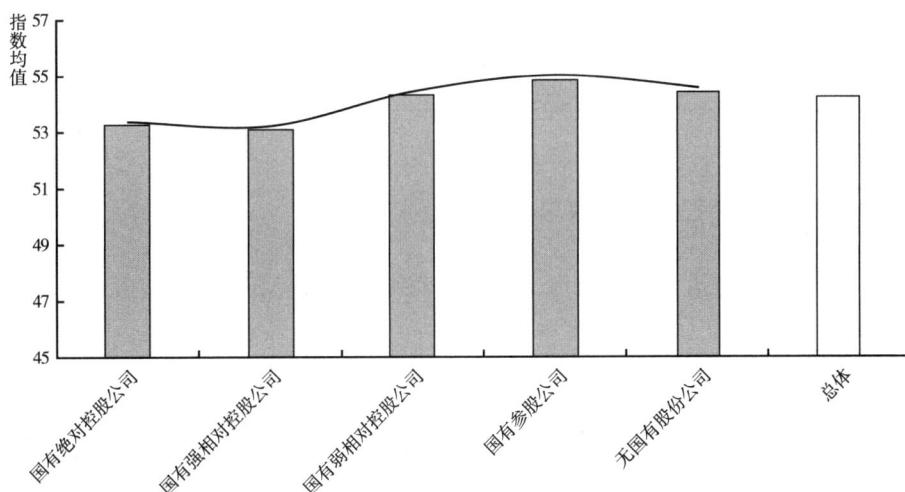

图 9－1　2018 年不同所有制上市公司董事会治理指数均值比较

我们进一步将国有绝对控股公司、国有强相对控股公司和国有弱相对控股公司归类为国有控股公司，将国有参股公司和无国有股份公司归类为非国有控股公司（民资控股公司），表 9－2 比较了国有控股公司和非国有控股公司董事会治理指数的差异。

表 9－2　2018 年国有控股与非国有控股上市公司董事会治理指数比较

排序	控股类型	公司数目	平均值	中位值	最大值	最小值	标准差
1	非国有控股公司	2441	54.5378	54.9570	73.4985	27.1423	6.1253
2	国有控股公司	1049	53.5049	53.4991	73.0865	33.0961	6.4202
总　体		3490	54.2273	54.5362	73.4985	27.1423	6.2334

从表 9-2 可知，国有控股公司与非国有控股公司的董事会治理指数均值差距不大，二者相差仅为 1.0329 分。非国有控股公司董事会治理指数均值略高于国有控股公司。

我们进一步按照实际控制人将上市公司划分为中央企业（或监管机构）、地方国有企业（或监管机构）和民营企业（或个人）控制的上市公司。表 9-3 对这三类不同最终控制人控制的上市公司进行了比较，并按照均值从高到低的顺序进行了排序。可以发现，最终控制人为民营企业（或个人）的上市公司的董事会治理指数最高，其次为中央企业（或监管机构）控制的上市公司，地方国有企业（或监管机构）控制的上市公司的董事会治理指数最低。

表 9-3　2018 年不同实际控制人上市公司董事会治理指数比较

排序	最终控制人	公司数目	平均值	中位值	最大值	最小值	标准差
1	民营企业（或个人）	2403	54.5492	54.9666	73.4985	27.1423	6.1227
2	中央企业（或监管机构）	378	53.5304	53.8568	69.2645	33.5430	6.6038
3	地方国有企业（或监管机构）	709	53.5079	53.2441	73.0865	33.0961	6.3111
总　体		3490	54.2273	54.5362	73.4985	27.1423	6.2334

9.1.2　董事会治理分项指数总体比较

董事会治理指数包括董事会结构、独立董事独立性、董事会行为和董事激励与约束四个分项指数，表 9-4 对五类所有制上市公司的四个董事会治理分项指数进行了比较。

表 9-4　2018 年不同所有制上市公司董事会治理分项指数均值比较

所有制类型	董事会结构	独立董事独立性	董事会行为	董事激励与约束
国有绝对控股公司	42.5491	61.4174	55.4253	53.3987
国有强相对控股公司	41.8266	60.5982	56.0682	53.6776
国有弱相对控股公司	42.9966	61.6174	58.1703	54.2271
国有参股公司	37.5838	62.2570	64.9102	54.5740
无国有股份公司	36.4071	63.1624	63.4069	54.5291
总　体	38.5042	62.3343	61.7488	54.3219

从表 9-4 可以看出，四个分项指数中，独立董事独立性、董事会行为分项指数均值刚达到 60 分的及格水平，董事会结构和董事激励与约束分项指数均值均未达及格水平，且董事会结构与及格线差距较大。

图 9-2 更直观地反映了不同所有制上市公司董事会治理四个分项指数均值的差异。可以发现，对于三类国有控股公司，在四个分项指数中，独立董事独立性分项指数最

高；而对于两类非国有控股公司，则是董事会行为分项指数最高；五种所有制类型上市公司都是董事会结构分项指数最低。从各分项指数来看，独立董事独立性、董事会行为和董事激励与约束三个分项指数，都是两类非国有控股公司高于三类国有控股公司；只有董事会结构分项指数，是三类国有控股公司好于两类非国有控股公司。随着国有股份的逐渐降低，董事会结构分项指数总体有下降趋势；独立董事独立性分项指数总体有上升趋势；董事会行为分项指数是先逐渐上升，于国有参股公司达到最高，然后出现下降；董事激励与约束分项指数变化不大。

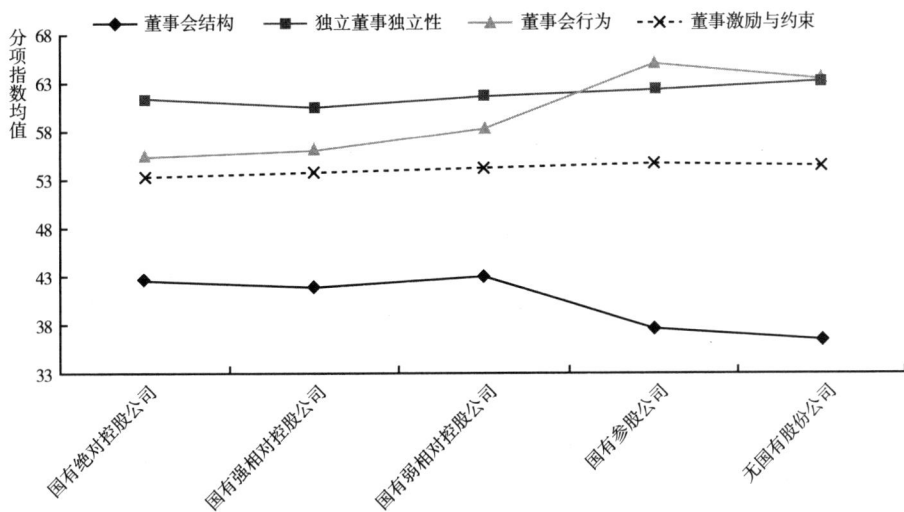

图 9 - 2　2018 年不同所有制上市公司董事会治理分项指数趋势

我们进一步将国有绝对控股公司、国有强相对控股公司和国有弱相对控股公司归类为国有控股公司，将国有参股公司和无国有股份公司归类为非国有控股公司，两类所有制上市公司董事会治理分项指数均值的比较参见表 9 - 5 和图 9 - 3。可以看出，在独立董事独立性、董事会行为、董事激励与约束三个分项指数上，非国有控股公司都高于国有控股公司，尤其在董事会行为分项指数上高出较多，差距为 7.2908 分；在董事会结构分项指数上，国有控股公司高于非国有控股公司，差距为 5.5882 分。

表 9 - 5　2018 年国有控股与非国有控股公司董事会治理分项指数均值比较

控股类型	董事会结构	独立董事独立性	董事会行为	董事激励与约束
国有控股公司	42.4127	61.1549	56.6494	53.8026
非国有控股公司	36.8245	62.8412	63.9402	54.5451
总　体	38.5042	62.3343	61.7488	54.3219

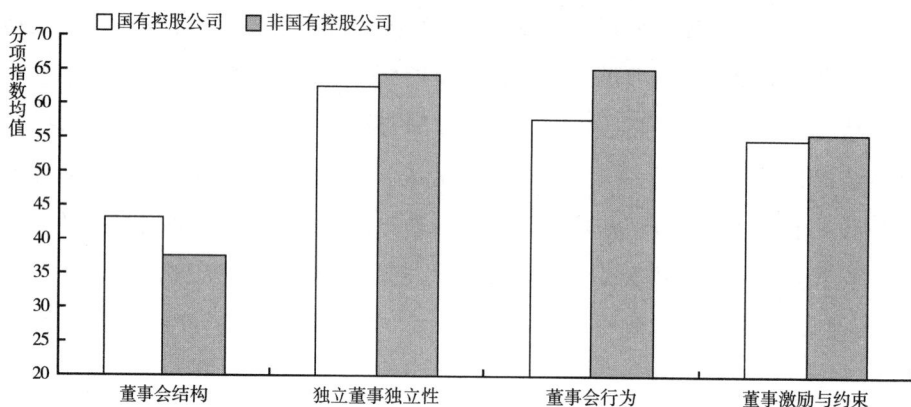

图9-3　2018年国有控股与非国有控股公司董事会治理分项指数均值比较

从以上分析中不难看出，国有控股公司相对比较重视董事会结构方面的形式化治理，而非国有控股公司则相对比较重视董事会行为方面的实质性治理。

我们进一步按照实际控制人将上市公司划分为中央企业（或监管机构）、地方国有企业（或监管机构）和民营企业（或个人）控制的上市公司，三者比较参见表9-6和图9-4。可以看出，仅在董事会结构分项指数上，最终控制人是中央企业（或监管机构）的上市公司好于最终控制人是地方国有企业（或监管机构）和民营企业（或个人）

表9-6　2018年不同实际控制人上市公司董事会治理分项指数均值比较

最终控制人	董事会结构	独立董事独立性	董事会行为	董事激励与约束
中央企业（或监管机构）	42.7945	59.9771	57.4846	53.8654
地方国有企业（或监管机构）	42.2299	61.6121	56.3266	53.8630
民营企业（或个人）	36.7300	62.9182	64.0194	54.5291
总　体	38.5042	62.3343	61.7488	54.3219

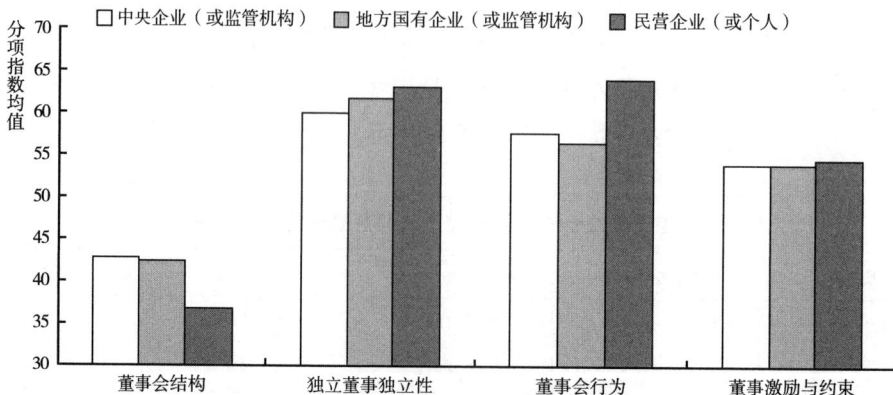

图9-4　2018年不同实际控制人上市公司董事会治理分项指数均值比较

的上市公司；而在独立董事独立性、董事会行为和董事激励与约束三个分项指数上，则是最终控制人是民营企业（或个人）的上市公司好于最终控制人是中央企业（或监管机构）和地方国有企业（或监管机构）的上市公司。这说明，对于最终控制人是民营企业（或个人）的上市公司来说，它们对独立董事独立性、董事会行为、董事激励与约束更重视一些，这与上面的结论基本一致。

9.2　分地区董事会治理指数的所有制比较

9.2.1　分地区董事会治理总体指数比较

按照四个地区的划分，我们进一步统计了不同地区国有控股和非国有控股上市公司的董事会治理指数，参见表9-7。

表9-7　2018年不同地区国有与非国有控股上市公司董事会治理指数比较

地区	所有制类型	公司数目	平均值	中位值	最大值	最小值	标准差
东部	国有控股公司	599	53.3775	53.0954	73.0865	33.0961	6.6503
	非国有控股公司	1819	54.8211	55.2408	73.4985	32.7965	6.0209
	总　体	2418	54.4635	54.7528	73.4985	32.7965	6.2141
中部	国有控股公司	185	53.8368	53.2877	69.0879	35.6565	6.2254
	非国有控股公司	269	54.0137	54.6326	68.4694	33.3472	6.1242
	总　体	454	53.9416	54.1690	69.0879	33.3472	6.1663
西部	国有控股公司	204	54.3164	54.5148	69.2650	37.0783	5.6098
	非国有控股公司	265	53.7669	54.2719	71.2130	27.1423	6.5674
	总　体	469	54.0059	54.4280	71.2130	27.1423	6.1752
东北	国有控股公司	61	51.0353	51.0940	63.1507	35.8593	6.5556
	非国有控股公司	88	52.6037	53.1819	66.0987	37.3888	6.2310
	总　体	149	51.9616	52.6003	66.0987	35.8593	6.4124

从表9-7可以看出，除西部地区外，其他三个地区非国有控股公司的董事会治理指数均值都高于国有控股公司，其中东部和东北地区非国有控股公司与国有控股公司的董事会治理指数均值的差异较为明显。

图9-5直观地反映了四个地区国有控股公司与非国有控股公司董事会治理指数均值的差异。可以看出，在国有控股公司董事会治理上，西部最好，其后依次是中部和东部，东北最差；在非国有控股公司董事会治理上，东部最好，其后依次是中部和西部，东北地区依旧最差。

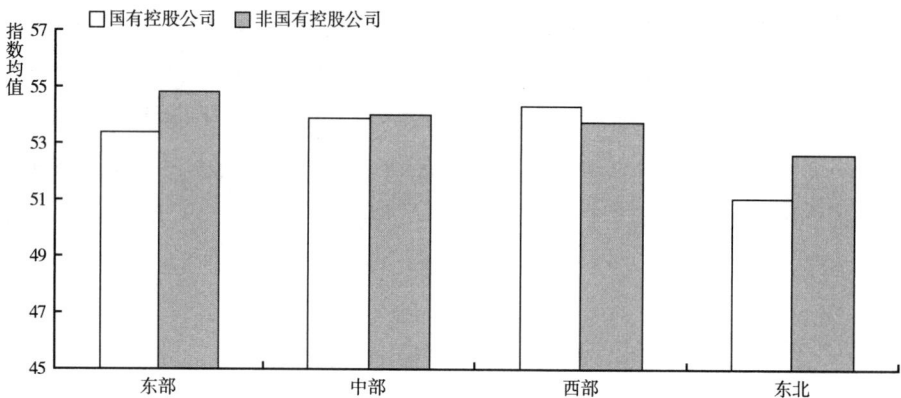

图 9 – 5 2018 年不同地区国有与非国有控股上市公司董事会治理指数均值比较

9.2.2 分地区董事会治理分项指数比较

接下来，我们对四个地区国有控股与非国有控股上市公司的董事会治理分项指数均值进行比较分析，参见表 9 – 8。

表 9 – 8 2018 年不同地区国有与非国有控股上市公司董事会治理分项指数均值比较

地区	所有制类型	董事会结构	独立董事独立性	董事会行为	董事激励与约束
东部	国有控股公司	43.1030	60.4861	55.9141	54.0067
	非国有控股公司	36.6832	62.8917	64.6273	55.0822
	总 体	38.2736	62.2958	62.4688	54.8158
中部	国有控股公司	41.5340	61.7397	58.2296	53.8439
	非国有控股公司	36.6942	61.9219	63.8247	53.6142
	总 体	38.6664	61.8476	61.5447	53.7078
西部	国有控股公司	42.2257	63.4300	58.5053	53.1046
	非国有控股公司	37.9967	63.2341	61.1953	52.6415
	总 体	39.8362	63.3193	60.0252	52.8429
东北	国有控股公司	38.9235	58.3398	52.8706	54.0073
	非国有控股公司	36.6141	63.4226	58.3578	52.0202
	总 体	37.5595	61.3417	56.1113	52.8337

由表 9 – 8 可以看出，总体看，中部、西部、东北三个地区，四个分项指数中均为独立董事独立性分项指数最高；东部地区的董事会行为分项指数最高；四个地区都是董事会结构分项指数最低。

为了便于比较国有和非国有控股公司的地区差异，我们计算出四个地区非国有控股公司董事会治理四个分项指数均值与对应的国有控股公司董事会治理四个分项指数均值的差值，由此可以反映四个地区两类所有制上市公司董事会治理四个分项指数的差异，如图 9 - 6 所示。

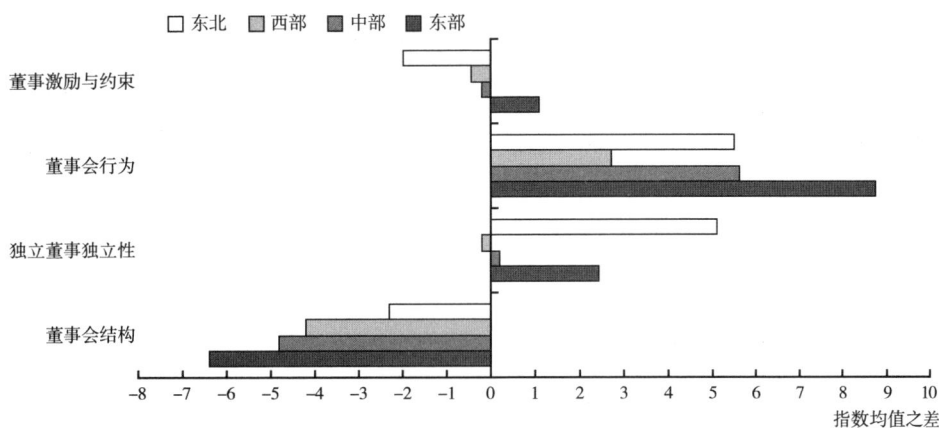

图 9 - 6　2018 年不同地区国有与非国有控股上市公司董事会治理分项指数差值比较

注：指数均值之差 = 非国有控股公司董事会治理分项指数均值 – 国有控股公司董事会治理分项指数均值。

由图 9 - 6 可以看出，在董事会结构分项指数上，四个地区均是国有控股公司优于非国有控股公司，且东部地区国有控股公司表现更为突出；在独立董事独立性分项指数上，除西部地区外，其余三个地区的非国有控股公司表现优于国有控股公司，且东北地区非国有控股公司表现更为突出；在董事会行为分项指数上，四个地区均是非国有控股公司表现优于国有控股公司，东部地区非国有控股公司表现更为突出；在董事激励与约束分项指数上，中部、西部和东北地区国有控股公司表现较好，而东部地区非国有控股公司略优。总体看，在四个地区中，国有控股公司在董事会结构上表现较好，而非国有控股公司在董事会行为上表现较好，且东部地区在这两个分项指数上的国有和非国有控股公司差异尤为明显。

9.3　分行业董事会治理指数的所有制比较

9.3.1　分行业董事会治理总体指数比较

我们选择上市公司数量较多且具有代表性的六个行业，即制造业（C），电力、热力、燃气及水生产和供应业（D），交通运输、仓储和邮政业（G），信息传输、软件和信息技术服务业（I），金融业（J）和房地产业（K），对这六个行业上市公司的董事会治理指数进行比较，参见表 9 - 9。

表9-9　2018年不同行业国有与非国有控股上市公司董事会治理指数比较

行业	所有制类型	公司数目	平均值	中位值	最大值	最小值	标准差
制造业（C）	国有控股公司	489	53.7396	53.7457	69.2650	33.0961	6.2950
	非国有控股公司	1689	54.6402	55.1261	73.4985	32.7965	6.1141
	总　体	2178	54.4380	54.9038	73.4985	32.7965	6.1667
电力、热力、燃气及水生产和供应业（D）	国有控股公司	79	52.5948	52.8027	64.8905	39.4593	6.0519
	非国有控股公司	26	54.3583	54.9213	64.4441	40.5032	5.5225
	总　体	105	53.0315	53.2364	64.8905	39.4593	5.9739
交通运输、仓储和邮政业（G）	国有控股公司	67	54.3549	53.2594	67.5852	42.1289	5.7798
	非国有控股公司	30	53.3609	52.8784	67.2507	35.8093	6.7972
	总　体	97	54.0475	53.1048	67.5852	35.8093	6.1298
信息传输、软件和信息技术服务业（I）	国有控股公司	39	51.9628	51.7813	68.4897	36.4980	6.9488
	非国有控股公司	228	55.7421	56.3429	72.4506	27.1423	6.0297
	总　体	267	55.1900	56.0059	72.4506	27.1423	6.3152
金融业（J）	国有控股公司	58	57.0357	57.8109	73.0865	35.6565	7.8438
	非国有控股公司	30	55.6664	56.6413	67.2945	43.0619	5.9667
	总　体	88	56.5689	57.4122	73.0865	35.6565	7.2876
房地产业（K）	国有控股公司	57	52.3930	51.8255	63.5198	33.5430	6.5356
	非国有控股公司	67	52.1409	52.1772	65.5010	38.6138	6.3097
	总　体	124	52.2568	52.1086	65.5010	33.5430	6.4158

从表9-9可以看出，六个行业中，制造业（C），电力、热力、燃气及水生产和供应业（D），信息传输、软件和信息技术服务业（I）三个行业的非国有控股公司董事会治理指数均值高于国有控股公司；其他三个行业的国有控股公司董事会治理指数均值高于非国有控股公司。

图9-7更直观地反映了六个行业国有控股公司与非国有控股公司董事会治理指数的差异。可以看到，六个行业中，国有控股公司董事会治理指数均值最高的行业是金融业（J），最低的是信息传输、软件和信息技术服务业（I）；非国有控股公司董事会治理指数均值最高的行业是信息传输、软件和信息技术服务业（I），最低的是房地产业（K）。总体看，金融业（J）中国有控股公司和非国有控股公司的董事会治理水平都比较高，国有控股公司在交通运输、仓储和邮政业（G）等事关民生的基础行业中董事会治理水平也相对较高，而非国有控股公司则在信息传输、软件和信息技术服务业（I）等高科技行业中董事会治理水平较高。

9.3.2　分行业董事会治理分项指数比较

接下来，我们对六个行业国有控股与非国有控股上市公司的董事会治理分项指数进行比较，参见表9-10。

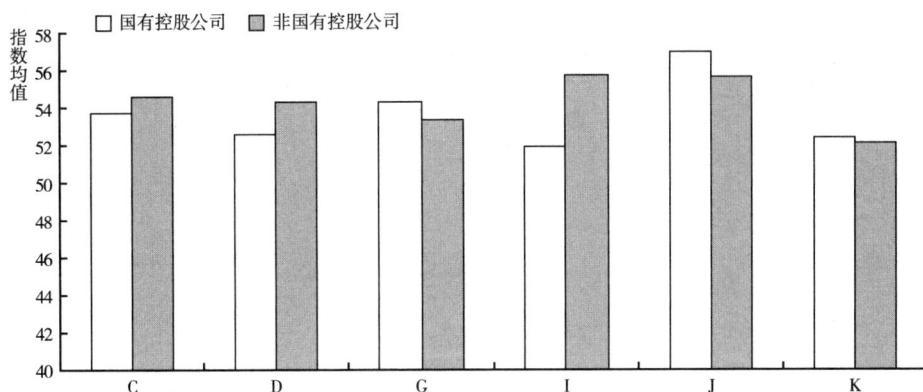

图 9 - 7　2018 年不同行业国有与非国有控股上市公司董事会治理指数均值比较

表 9 - 10　2018 年不同行业国有与非国有控股上市公司董事会治理分项指数比较

行业	所有制类型	董事会结构	独立董事独立性	董事会行为	董事激励与约束
制造业（C）	国有控股公司	41. 5738	61. 2844	58. 0669	54. 0332
	非国有控股公司	36. 1493	63. 1916	64. 2991	54. 9207
	总　体	37. 3672	62. 7634	62. 8998	54. 7215
电力、热力、燃气及水生产和供应业（D）	国有控股公司	40. 9118	61. 2128	53. 6834	54. 5710
	非国有控股公司	39. 9793	65. 1550	58. 6665	53. 6325
	总　体	40. 6809	62. 1890	54. 9173	54. 3386
交通运输、仓储和邮政业（G）	国有控股公司	43. 2206	63. 8285	55. 4782	54. 8922
	非国有控股公司	37. 8690	62. 5834	57. 8062	55. 1852
	总　体	41. 5655	63. 4434	56. 1982	54. 9828
信息传输、软件和信息技术服务业（I）	国有控股公司	38. 0601	60. 4143	55. 2457	54. 1311
	非国有控股公司	38. 0897	63. 4599	67. 1788	54. 2398
	总　体	38. 0854	63. 0151	65. 4358	54. 2239
金融业（J）	国有控股公司	54. 9083	60. 3184	56. 8815	56. 0345
	非国有控股公司	48. 1396	56. 8411	62. 6849	55. 0000
	总　体	52. 6008	59. 1330	58. 8599	55. 6818
房地产业（K）	国有控股公司	41. 6024	58. 3140	56. 1470	53. 5088
	非国有控股公司	37. 2824	58. 5771	60. 0507	52. 6534
	总　体	39. 2682	58. 4562	58. 2563	53. 0466

　　可以看出，四个分项指数中，总体看，电力、热力、燃气及水生产和供应业（D）、交通运输、仓储和邮政业（G），金融业（J），以及房地产业（K）四个行业的公司均是独立董事独立性分项指数最高；制造业（C）、信息传输、软件和信息技术服务业（I）则是董事会行为分项指数最高；董事会结构分项指数在六个行业中都是最低的。

　　为了便于比较国有和非国有控股公司的行业差异，我们计算了六个行业非国有控股公司与对应的国有控股公司董事会治理四个分项指数均值的差值，由此可以反映这六个代表性行业两类所有制上市公司董事会治理四个分项指数的差异，如图 9 - 8 所示。

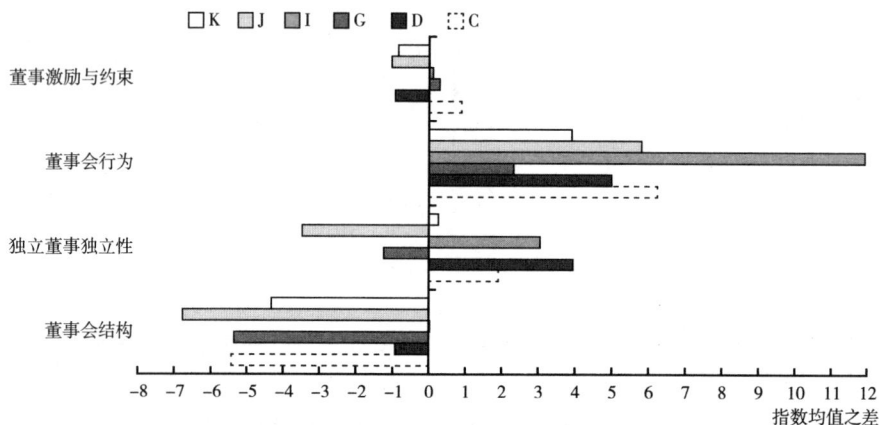

图 9 - 8　2018 年不同行业国有与非国有控股上市公司董事会治理分项指数差值比较

注：指数均值之差 = 非国有控股公司董事会治理分项指数均值 - 国有控股公司董事会治理分项指数均值。

由图 9 - 8 可知，在董事会结构分项指数上，除信息传输、软件和信息技术服务业（I）之外的五个行业均是国有控股公司优于非国有控股公司，尤其是金融业（J）表现更为突出；在独立董事独立性分项指数上，交通运输、仓储和邮政业（G）和金融业（J）两个行业的国有控股公司优于非国有控股公司，其他四个行业均是非国有控股公司优于国有控股公司；在董事会行为分项指数上，六个行业的非国有控股公司都明显优于国有控股公司，尤其在信息传输、软件和信息技术服务业（I）中非国有控股公司表现突出；在董事激励与约束分项指数上，各行业国有和非国有控股公司差别不大。总体看，在六个行业中，国有控股公司在董事会结构分项指数上表现好于非国有控股公司，金融业（J）尤为突出；在董事会行为分项指数上，则是非国有控股公司表现更好，信息传输、软件和信息技术服务业（I）尤为突出；在独立董事独立性、董事激励与约束两个分项指数上则各有千秋。

9.4　本章小结

本章对 2018 年沪深两市国有控股公司与非国有控股公司的董事会治理指数及四个分项指数进行了统计和比较分析，主要结论如下。

关于董事会治理总体指数：（1）国有绝对控股和国有强相对控股公司是董事会治

理指数最低的两类公司，而后随着第一大股东中国有股比例的降低，董事会治理指数先逐渐上升，到国有参股公司达到最高，然后降低，大致呈现"倒 U"形关系。这说明，适度降低国有股比例可能是提高公司董事会治理水平比较有效的方式。（2）国有控股公司与非国有控股公司董事会治理指数总体均值差距不大，非国有控股公司董事会治理指数均值略高于国有控股公司。（3）最终控制人为民营企业（或个人）的上市公司的董事会治理指数最高，其次为中央企业（或监管机构）控制的上市公司，地方国有企业（或监管机构）控制的上市公司的董事会治理指数最低。（4）从地区看，除西部地区外，其他三个地区非国有控股公司的董事会治理指数均值都高于国有控股公司，其中东部和东北地区非国有控股公司与国有控股公司董事会治理指数均值的差异较为明显。（5）从行业看，金融业（J）中国有控股公司和非国有控股公司董事会治理水平都比较高，国有控股公司在交通运输、仓储和邮政业（G）等事关民生的基础行业中董事会治理水平也相对较高，而非国有控股公司则在信息传输、软件和信息技术服务业（I）等高科技行业中的董事会治理水平较高。

关于董事会治理分项指数：（1）四个分项指数中，独立董事独立性、董事会行为分项指数均值刚达到 60 分的及格水平，董事会结构和董事会激励与约束分项指数均值均未及格，且董事会结构分项指数均值与及格线差距较大。（2）从所有制来看，国有控股公司相对比较重视董事会结构方面的形式化治理，而非国有控股公司则相对比较重视董事会行为等方面的实质性治理。（3）从地区看，在四个地区中，国有控股公司董事会结构表现较好，而非国有控股公司董事会行为表现较好，且东部地区的国有与非国有控股公司在这两个分项指数上差异尤为明显。（4）从行业看，六个行业中，国有控股公司在董事会结构分项指数上表现好于非国有控股公司，金融业（J）尤为突出；在董事会行为分项指数上，则是非国有控股公司表现更好，信息传输、软件和信息技术服务业（I）尤为突出；在独立董事独立性、董事激励与约束两个分项指数上则各有千秋。

第10章 董事会治理指数的年度比较 (2012～2018)

2013～2018 年，我们对 2012～2017 年的中国上市公司董事会治理水平进行了五次测度，今年是第六次测度。本章将从总体、地区、行业、所有制和上市板块五个角度，比较分析六个年度中国上市公司董事会治理水平，以便了解董事会治理质量是否有所改进以及改进程度，以期对董事会治理的完善有所启示。

10.1 董事会治理指数总体的年度比较

我们对 2012 年及 2014～2018 年六个年度董事会治理进行了评价，样本公司数分别是 2314 家、2514 家、2655 家、2840 家、3147 家和 3490 家，基本涵盖了全部上市公司。比较 2012 年以及 2014～2018 年样本上市公司的董事会治理指数，以及董事会结构、独立董事独立性、董事会行为和董事激励与约束四个分项指数，结果参见表 10 - 1 和图 10 - 1。

表 10 - 1 2012～2018 年上市公司董事会治理指数均值比较

年份	样本量	总体指数	分项指数			
			董事会结构	独立董事独立性	董事会行为	董事激励与约束
2012 年	2314	51.8220	49.6966	58.8121	47.4252	51.3541
2014 年	2514	50.1722	49.0601	57.0975	42.6572	51.8740
2015 年	2655	50.1344	40.2751	60.5699	48.6130	51.0797
2016 年	2840	50.7269	40.5016	59.3846	51.0926	51.9288
2017 年	3147	51.4107	37.8602	60.7244	54.8657	52.1926
2018 年	3490	54.2273	38.5042	62.3343	61.7488	54.3219

由表 10-1 和图 10-1 可知，从总体指数看，2014～2015 年上市公司董事会治理指数均值呈下降趋势，2016～2018 年则逐年上升，2018 年上升幅度最大，比上年提高 2.8166 分，为六年中最高。在四个分项指数中，相比 2012 年，2018 年董事会结构分项指数下降 11.1924 分，降幅很大，但比上年提高 0.6440 分。该分项指数的较低分值主要与董事会重要专业委员会设置的缺失有关。自 2017 年开始评价又新增了日益重要的"合规委员会设置情况"指标，2017 年在董事会下设合规委员会的公司只有 8 家，2018 年增至 18 家，仍然严重缺失。2018 年，独立董事独立性、董事会行为、董事激励与约束三个分项指数比 2012 年分别提高 3.5222 分、14.3236 分和 2.9678 分，其中董事会行为分项指数提升幅度较大，反映了董事会实质性治理水平的提升。相比 2017 年，2018 年董事会结构、独立董事独立性、董事会行为和董事激励与约束四个分项指数均上升，其中董事会行为分项指数升幅最大，上升 6.8831 分。

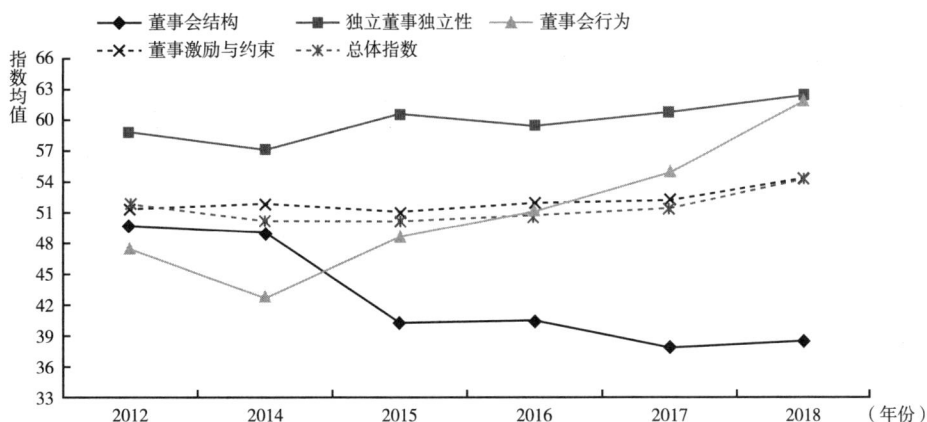

图 10-1　2012～2018 年上市公司董事会治理总体指数和分项指数的变化

10.2　分地区董事会治理指数的年度比较

用各地区上市公司董事会治理总体指数，以及董事会结构、独立董事独立性、董事会行为和董事激励与约束四个分项指数的平均值来代表各地区上市公司董事会治理情况，分别比较不同地区 2012 年、2014 年至 2018 年董事会治理的差异，结果见表 10-2。

根据表 10-2 可以得出以下几点。

第一，从董事会治理总体指数看，2012 年和 2018 年东部地区位居第一，2014～2017 年西部地区连续四年居首位，中部地区近四年连续位居第三，东北地区除 2014 年获

表 10 - 2　2012～2018 年不同地区中国上市公司董事会治理指数均值比较

地区	年份	总体指数	分项指数				总体指数排名
			董事会结构	独立董事独立性	董事会行为	董事激励与约束	
东部	2012	52.0972	49.6929	59.0708	48.0436	51.5814	1
	2014	50.1932	48.9373	56.7206	42.8083	52.3067	2
	2015	50.3104	40.3700	60.4467	49.1716	51.2533	2
	2016	50.8815	40.4096	59.3311	51.5273	52.2581	2
	2017	51.4961	37.6673	60.5910	55.2672	52.4590	2
	2018	54.4635	38.2736	62.2958	62.4688	54.8158	1
中部	2012	51.0924	48.9875	57.9780	46.3752	51.0288	3
	2014	49.6033	48.0151	57.3733	41.9351	51.0899	4
	2015	49.7729	39.6478	60.4903	48.1033	50.8502	3
	2016	50.2845	40.2714	59.0042	50.0014	51.8611	3
	2017	51.1395	37.9105	60.6155	54.0047	52.0272	3
	2018	53.9416	38.6664	61.8476	61.5447	53.7078	3
西部	2012	51.9320	50.8373	58.5893	47.3086	50.9926	2
	2014	50.8464	50.9167	58.1421	43.3402	50.9866	1
	2015	50.3193	40.7816	61.4578	48.1095	50.9283	1
	2016	51.0356	41.3930	60.5308	51.2470	50.9715	1
	2017	51.9956	38.9828	62.1469	55.0524	51.8004	1
	2018	54.0059	39.8362	63.3193	60.0252	52.8429	2
东北	2012	50.3528	48.6091	58.7010	43.5027	50.5983	4
	2014	49.6385	48.3695	58.1005	40.9401	51.1438	3
	2015	48.4310	39.4127	59.9072	44.4432	49.9609	4
	2016	49.0936	39.8477	57.9415	48.0560	50.5291	4
	2017	49.2499	37.2143	58.8014	51.0218	49.9622	4
	2018	51.9616	37.5595	61.3417	56.1113	52.8337	4

第三外，其他年度都居末位。自 2012 年开始，四个地区的董事会治理指数在经历 2014 年或 2015 年的下降后逐渐提升，均于 2018 年达到六个年度以来的最高值。其中中部地区提升幅度最大，2018 年高出 2012 年 2.8492 分。

第二，从董事会结构分项指数看，四个地区 2018 年相比 2012 年都大幅下降，降幅在 10.32～11.42 分之间，其中东部降幅最大，下降 11.4193 分；不过，相比 2017 年，2018 年四个地区均有所回升，增幅在 0.34～0.86 分之间，其中西部地区增幅最大，为 0.8534 分。这反映了董事会结构水平较上年略有提升，但距离完善仍有较大差距。

第三，从独立董事独立性分项指数看，四个地区 2018 年相比 2012 年都有所上升，升幅在 2.64～4.73 分之间，西部升幅最大，上升 4.7300 分；相比 2017 年，2018 年四个地区也均有所上升，升幅在 1.17～2.55 分之间，东北升幅最大，上升 2.5403 分。

第四，从董事会行为分项指数看，四个地区 2018 年相比 2012 年都有较大幅度提升，升幅在 12.60～15.17 分之间，提升幅度最大的是中部，上升 15.1659 分；相比 2017 年，2018 年四个地区也都有所提升，提升幅度在 4.97～7.54 分之间，中部地区提升幅度最大，上升 7.5400 分。

第五，从董事激励与约束看，四个地区 2018 年相比 2012 年都有所上升，升幅在 1.85～3.24 分之间，东部升幅最大，上升 3.2344 分；相比 2017 年，2018 年四个地区也均有所上升，升幅在 1.04～2.88 之间，东北升幅最大，上升 2.8715 分。

图 10-2 显示了四个地区董事会治理总体指数的变化趋势。可以看出，东部与中部地区自 2015 年起连续四年呈现上升趋势，西部与东北地区自 2016 年起连续三年上升，东北地区近一年增长较快。

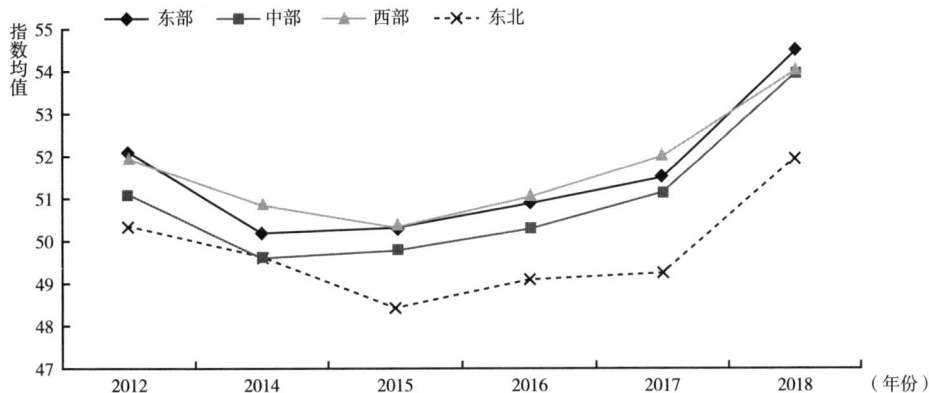

图 10-2　2012～2018 年不同地区上市公司董事会治理总体指数的变化

10.3　分行业董事会治理指数的年度比较

用各行业上市公司董事会治理总体指数，以及董事会结构、独立董事独立性、董事会行为和董事激励与约束四个分项指数的平均值来代表各行业上市公司董事会治理情况，分别比较不同行业 2012 年以及 2014～2018 年董事会治理水平的差异，结果参见表 10-3。

表 10 - 3 2012～2018 年不同行业上市公司董事会治理指数均值比较

行业	年份	总体指数	分项指数			
			董事会结构	独立董事独立性	董事会行为	董事激励与约束
农、林、牧、渔业（A）	2012	51.9521	49.2741	58.9423	47.1230	52.4691
	2014	53.3154	51.5785	60.5000	46.1830	55.0000
	2015	49.4305	38.7398	59.3818	49.4681	50.1323
	2016	51.4685	39.3256	60.8079	53.9731	51.7677
	2017	52.9386	36.5136	63.0869	58.7147	53.4392
	2018	53.3793	37.4688	62.4133	62.1446	51.4905
采矿业（B）	2012	51.6178	49.7309	57.0607	48.9975	50.6823
	2014	50.2761	50.2145	59.0580	44.0864	47.7456
	2015	48.8876	41.0768	58.1763	45.6125	50.6849
	2016	48.8156	43.3075	57.7475	46.5665	47.6408
	2017	49.4091	41.1089	58.1252	49.6036	48.7988
	2018	52.7054	43.0336	61.4236	55.1949	51.1696
制造业（C）	2012	51.7430	49.1963	58.8384	47.4177	51.5196
	2014	50.1734	48.3955	57.0059	42.7593	52.5329
	2015	50.4672	39.7456	61.2551	49.5624	51.3058
	2016	50.9133	39.7612	59.8062	51.7508	52.3349
	2017	51.5549	36.8884	61.1907	55.5838	52.5569
	2018	54.4380	37.3672	62.7634	62.8998	54.7215
电力、热力、燃气及水生产和供应业（D）	2012	51.2467	50.6491	58.5701	43.8196	51.9481
	2014	50.1653	49.6323	58.8008	41.5505	50.6775
	2015	49.8174	41.9915	59.6376	44.0825	53.5581
	2016	49.2991	40.8815	57.6248	46.4333	52.2569
	2017	50.2894	40.3068	59.2347	49.4044	52.2114
	2018	53.0315	40.6809	62.1890	54.9173	54.3386
建筑业（E）	2012	53.0903	49.4457	58.5202	52.3119	52.0833
	2014	50.3517	50.8567	59.6818	44.6158	50.2525
	2015	50.5815	40.1488	59.5975	49.6061	52.9734
	2016	50.9310	40.7111	59.8865	51.8999	51.2266
	2017	51.3453	39.2290	60.5902	54.2656	51.2963
	2018	53.5216	39.8273	61.1524	59.2794	53.8272
批发和零售业（F）	2012	51.4891	50.1455	60.0271	49.0060	50.7778
	2014	49.4314	49.4804	57.8591	40.9456	49.4407
	2015	48.4862	39.8619	59.7678	44.3528	49.9622
	2016	48.5603	40.0607	58.6859	46.5834	48.9114
	2017	48.5385	37.0769	58.8595	50.3272	47.8903
	2018	52.0216	39.0713	61.5717	55.8176	51.6260

续表

行业	年份	总体指数	分项指数			
			董事会结构	独立董事独立性	董事会行为	董事激励与约束
交通运输、仓储和邮政业（G）	2012	53.0385	50.5281	58.9228	49.0955	53.6075
	2014	50.8385	49.8959	58.3951	43.4854	51.5775
	2015	50.4096	42.6532	58.4677	48.1856	52.3320
	2016	51.1708	43.4555	59.9494	48.4687	52.8097
	2017	51.8444	40.3825	62.7243	50.6906	53.5802
	2018	54.0475	41.5655	63.4434	56.1982	54.9828
住宿和餐饮业（H）	2012	54.2590	54.5959	62.6717	47.9167	51.8519
	2014	49.2138	52.4703	59.5455	43.4253	41.4141
	2015	49.5306	40.3565	60.6044	46.1513	51.0101
	2016	49.4225	42.0253	59.9498	51.7755	43.9394
	2017	48.3821	33.8777	55.5556	55.9471	48.1481
	2018	52.9774	36.7428	63.2333	64.4024	47.5309
信息传输、软件和信息技术服务业（I）	2012	49.2696	47.3182	59.8364	49.7390	48.1848
	2014	47.9860	49.8415	53.5821	39.8254	52.6949
	2015	50.3573	40.4353	59.5740	50.4239	50.9962
	2016	51.7482	40.8666	60.4599	54.1596	51.5066
	2017	52.4564	37.5968	61.6949	58.1498	52.3844
	2018	55.1900	38.0854	63.0151	65.4358	54.2239
金融业（J）	2012	56.0669	62.6741	56.4566	54.5950	50.5420
	2014	53.0054	61.3309	59.3488	47.2799	48.0620
	2015	49.7628	49.5428	56.7413	50.1367	42.6304
	2016	52.6134	52.7567	53.1850	52.2702	52.2417
	2017	54.2745	52.7050	58.1334	55.3937	50.8658
	2018	56.5689	52.6008	59.1330	58.8599	55.6818
房地产业（K）	2012	52.5244	51.0853	60.0771	47.7616	51.1737
	2014	50.3785	51.8365	57.6894	41.6937	50.2946
	2015	48.3869	40.4784	59.1977	44.9496	48.9221
	2016	49.3171	40.6999	55.6560	49.5790	51.3333
	2017	50.1663	38.3241	56.8705	53.0705	52.4000
	2018	52.2568	39.2682	58.4562	58.2563	53.0466
租赁和商务服务业（L）	2012	52.7840	49.4709	57.8812	51.4031	52.3810
	2014	51.4592	49.8702	58.5417	45.5729	51.8519
	2015	49.7562	40.0187	58.4777	50.7422	49.7863
	2016	51.1025	40.4422	58.8629	52.8828	52.2222
	2017	49.9175	36.7750	58.1481	55.2759	49.4709
	2018	54.6110	37.4306	60.9154	66.1148	53.9832

续表

行业	年份	总体指数	分项指数			
			董事会结构	独立董事独立性	董事会行为	董事激励与约束
科学研究和技术服务业（M）	2012	50.8180	41.6093	62.5116	53.4722	45.6790
	2014	50.6820	46.9216	57.7273	45.0487	53.0303
	2015	52.3374	42.2470	65.6276	50.2403	51.2346
	2016	51.9371	40.9034	63.2982	52.8222	50.7246
	2017	52.6849	40.5183	63.3945	54.3961	52.4306
	2018	55.4178	40.8660	65.5275	62.0367	53.2408
水利、环境和公共设施管理业（N）	2012	52.2696	51.4597	61.3366	46.0404	50.2416
	2014	51.7255	50.7598	56.1539	45.5014	54.4872
	2015	51.6046	41.8793	61.3376	50.6089	52.5926
	2016	51.8127	42.6087	58.4960	53.2842	52.8620
	2017	53.1349	39.6493	60.5300	56.9436	55.4167
	2018	55.2796	40.1499	60.4792	63.3781	57.1111
教育（P）	2012	60.4969	62.9798	71.6667	51.7857	55.5556
	2014	54.8061	45.4546	70.0000	48.2143	55.5556
	2015	51.2003	40.9091	70.0000	38.3366	55.5556
	2016	52.0097	41.4941	69.9099	37.3755	59.2593
	2017	52.5554	36.1921	67.5000	50.9737	55.5556
	2018	53.0014	34.9933	64.3750	62.6374	50.0000
卫生和社会工作（Q）	2012	47.3709	46.9096	53.2222	37.5000	51.8519
	2014	45.0260	46.2695	53.7500	31.4732	48.6111
	2015	51.0602	41.6111	64.0000	49.7409	48.8889
	2016	49.6250	40.7941	59.2857	47.6267	50.7937
	2017	51.2785	42.4424	59.3750	53.9911	49.3056
	2018	57.5180	43.2240	63.3333	65.6443	57.8704
文化、体育和娱乐业（R）	2012	53.1762	51.6794	59.1406	49.1071	52.7778
	2014	50.8285	51.0905	58.6207	41.6872	51.9157
	2015	49.4388	41.0871	60.2256	43.2019	53.2407
	2016	51.2896	41.8678	59.0287	48.7065	55.5556
	2017	51.7777	38.0063	59.7102	54.6490	54.7454
	2018	53.8054	39.5882	59.6400	60.6296	55.3640
综合（S）	2012	50.1483	49.7220	58.6950	41.9237	50.2525
	2014	49.5376	48.8417	56.6667	40.3274	52.3148
	2015	48.2421	40.1366	59.0013	41.6082	52.2222
	2016	50.0251	39.4016	61.9899	45.3271	53.3816
	2017	50.9541	36.9862	61.9830	50.2580	54.5894
	2018	50.1189	38.5633	61.2989	51.4072	49.2063

注：（1）由于教育（P）在 2012~2015 年只有 1 家上市公司，2016~2018 年各有 3 家、4 家和 8 家上市公司，所以，2012~2015 年该行业数据难以反映该行业的实际平均水平，故只比较 2016~2018 年；（2）居民服务、修理和其他服务业（O）只有 1 家上市公司，难以代表该行业整体水平，故排名时剔除。

从表 10-3 中可以看出以下几点。

第一，从董事会治理总体指数看，自 2012 年以来多数行业呈现波动上升趋势，参见图 10-3。可以看到，在 18 个行业中，相比 2012 年，2018 年有 14 个行业上升，升幅在 0.43~10.15 分之间，升幅最大的是卫生和社会工作（Q），上升 10.1471 分，其次为信息传输、软件和信息技术服务业（I），升幅为 5.9204 分；有 3 个行业下降（剔除教育），降幅在 0.02~1.29 分之间，降幅最大的是住宿和餐饮业（H），下降 1.2816 分。相比 2017 年，2018 年除综合（S）之外的 17 个行业均有所上升，升幅在 0.44~6.24 分之间，升幅最大的是卫生和社会工作（Q），上升 6.2395 分，其次为租赁和商务服务业（L），上升 4.6935 分；仅综合（S）有所下降，降幅为 0.8352 分。

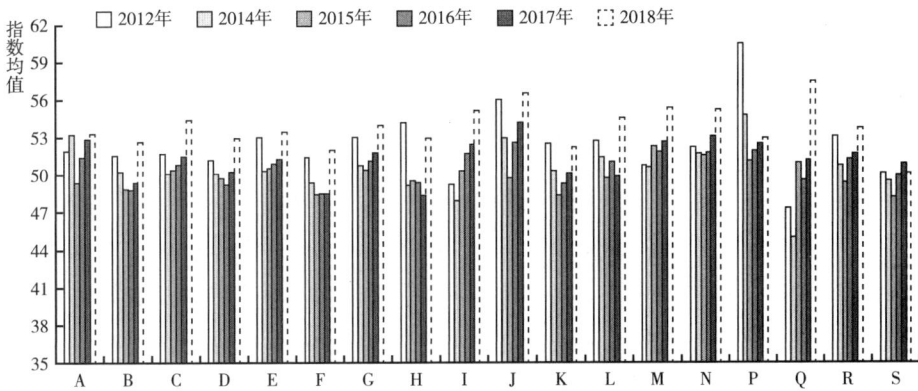

图 10-3　2012~2018 年不同行业上市公司董事会治理总体指数比较

第二，从董事会结构分项指数看，相比 2012 年，2018 年全部 17 个行业（剔除教育）都是下降的，降幅在 0.74~17.86 分之间，降幅最大的是住宿和餐饮业（H），下降达 17.8531 分。相比 2017 年，2018 年有 16 个行业有所上升，增幅在 0.34~2.87 分之间，增幅最大的为住宿和餐饮业（H），上升 2.8651 分；教育（P）和金融业（J）两个行业下降，降幅分别为 1.1989 分和 0.1042 分。

第三，从独立董事独立性分项指数看，18 个行业中，相比 2012 年，2018 年有 15 个行业上升，升幅在 0.49~10.12 分之间，升幅最大的是卫生和社会工作（Q），上升 10.1111 分；有 2 个行业下降（剔除教育），分别为房地产业（K），水利、环境和公共设施管理业（N），下降幅度都小于 1.63 分。相比 2017 年，2018 年有 13 个行业上升，升幅在 0.56~7.68 分之间，升幅最大的是住宿和餐饮业（H），上升 7.6777 分；有 5 个行业下降，降幅最大的是教育（P）行业，下降 3.1250 分。

第四，从董事会行为分项指数看，相比 2012 年，2018 年全部 17 个行业（剔除教育）均为上升，升幅在 4.26～28.15 分之间，升幅最大的是卫生和社会工作（Q），上升 28.1443 分。相比 2017 年，2018 年 18 个行业也都是上升的，升幅在 1.14～11.67 分之间，升幅最大的是教育（P），上升 11.6637 分。

第五，从董事激励与约束分项指数看，相比 2012 年，2018 年有 14 个行业上升，升幅在 0.44～7.57 分之间，升幅最大的是科学研究和技术服务业（M），上升 7.5618 分；有 3 个行业（剔除教育）下降，降幅在 0.97～4.33 分之间，降幅最大的是住宿和餐饮业（H），为 4.3210 分。相比 2017 年，2018 年也有 14 个行业是上升的，升幅在 0.61～8.57 分之间，升幅最大的是卫生和社会工作（Q），上升 8.5648 分；有 4 个行业下降，降幅在 0.61～5.57 分之间，降幅最大的是教育（P），下降 5.5556 分。

10.4 分所有制董事会治理指数的年度比较

按照五类所有制的划分，用各所有制上市公司董事会治理总体指数，以及董事会结构、独立董事独立性、董事会行为和董事激励与约束四个分项指数的平均值来代表各所有制上市公司董事会治理情况，分别比较 2012 年、2014～2018 年不同所有制上市公司的董事会治理水平的差异，结果参见表 10－4 Panel A。另外，进一步将样本按照国有控股公司和非国有控股公司分类，统计信息见表 10－4 Panel B。

表 10－4 2012～2018 年不同所有制上市公司董事会治理指数均值比较

所有制类型	年份	总体指数	分项指数				总体指数排名
			董事会结构	独立董事独立性	董事会行为	董事激励与约束	
Panel A 按照五类所有制公司分类							
国有绝对控股公司	2012	51.3830	50.2349	57.4871	47.4476	50.3623	4
	2014	49.9327	51.1554	56.9731	42.2198	49.3827	4
	2015	49.2353	41.2992	58.3869	45.5225	51.7326	5
	2016	49.1661	42.8285	57.2369	46.0658	50.5333	5
	2017	50.4530	41.3879	59.1268	50.0866	51.2105	5
	2018	53.1976	42.5491	61.4174	55.4253	53.3987	4
国有强相对控股公司	2012	52.4214	51.8172	58.7547	46.9145	52.1991	2
	2014	50.8110	51.7851	57.4272	42.4139	51.6176	2
	2015	50.0703	42.3986	59.8447	45.9109	52.1271	3
	2016	50.0440	42.9489	58.0943	47.6279	51.5049	4
	2017	50.7400	40.9798	59.1147	51.2285	51.6369	4
	2018	53.0426	41.8266	60.5982	56.0682	53.6776	5

所有制类型	年份	总体指数	分项指数				总体指数排名
			董事会结构	独立董事独立性	董事会行为	董事激励与约束	
国有弱相对控股公司	2012	53.0391	51.6198	59.7199	48.2375	52.5794	1
	2014	51.0383	51.4312	58.8584	42.3985	51.4650	1
	2015	50.4304	42.6243	60.9209	46.6504	51.5258	2
	2016	50.9194	42.7188	58.9894	48.9435	53.0258	2
	2017	51.7115	41.5564	59.8778	52.3871	53.0245	2
	2018	54.2528	42.9966	61.6174	58.1703	54.2271	3
国有参股公司	2012	51.6720	49.1394	59.2114	46.7108	51.6264	3
	2014	50.6939	49.0825	58.0491	43.7062	51.9380	3
	2015	50.6870	39.5999	60.9727	50.7473	51.4280	1
	2016	51.5811	39.8906	60.4916	54.0329	51.9092	1
	2017	51.9251	36.8569	61.2354	57.5425	52.0656	1
	2018	54.8313	37.5838	62.2570	64.9102	54.5740	1
无国有股份公司	2012	51.3783	48.3006	58.7642	47.6497	50.7986	5
	2014	49.5901	46.8572	56.2183	42.5691	52.7157	5
	2015	50.0144	38.8125	61.1757	49.9558	50.1134	4
	2016	50.7465	38.7060	59.7982	52.3879	52.0941	3
	2017	51.4541	35.7484	61.5006	56.1480	52.4192	3
	2018	54.3764	36.4071	63.1624	63.4069	54.5291	2
Panel B 按照国有控股公司和非国有控股公司分类							
国有控股公司	2012	52.3219	51.3032	58.7004	47.4875	51.7964	1
	2014	50.6181	51.4971	57.7080	42.3523	50.9149	1
	2015	49.9295	42.1442	59.7231	46.0042	51.8464	2
	2016	50.1166	42.8445	58.1783	47.6780	51.7655	2
	2017	50.9917	41.2702	59.3704	51.3337	51.9924	2
	2018	53.5049	42.4127	61.1549	56.6494	53.8026	2
非国有控股公司	2012	51.4625	48.5412	58.8924	47.3805	51.0360	1
	2014	49.8738	47.4291	56.6888	42.8613	52.5159	2
	2015	50.2629	39.1034	61.1007	50.2483	50.5991	1
	2016	51.0737	39.1704	60.0700	53.0328	52.0216	1
	2017	51.6217	36.1430	61.4062	56.6444	52.2934	1
	2018	54.5378	36.8245	62.8412	63.9402	54.5451	1

从表 10-4 Panel A 可以看出以下几点。

第一，从董事会治理总体指数看，2012 年和 2014 年国有弱相对控股公司位居第一，而自 2015 年起，国有参股公司上升为第一。相比 2012 年，2018 年五类所有制公司均上升，增幅在 0.62～3.16 分之间，其中国有参股公司增幅最大，上升 3.1593 分，其次为无国有股份公司，上升 2.9981 分；相比 2017 年，2018 年五类公司都上升，升幅在 2. 30 ~ 2. 93 分之间，升幅最大的是无国有控股公司，上升 2. 9223 分。

第二，从董事会结构分项指数看，相比 2012 年，2018 年五类公司全部大幅度下降，降幅在 7. 68 ~ 11. 90 分之间，降幅最大的是无国有股份公司，下降 11. 8935 分；相比 2017 年，2018 年五类公司均有所回升，升幅在 0. 65 ~ 1. 45 之间，升幅最大的是国有弱相对控股公司，为 1. 4402 分。

第三，从独立董事独立性分项指数看，相比 2012 年，2018 年五类公司全部上升，升幅在 1. 84 ~ 4. 40 分之间，升幅最大的是无国有股份公司，上升 4. 3982 分；相比 2017 年，2018 年五类公司也都是上升的，升幅在 1. 02 ~ 2. 30 分之间，差距不大，升幅最大的是国有绝对控股公司，上升 2. 2906 分。

第四，从董事会行为分项指数看，相比 2012 年，2018 年五类公司全部上升，升幅在 7. 97 ~ 18. 20 分之间，升幅最大的是国有参股公司，上升 18. 1994 分；相比 2017 年，2018 年五类公司也都是上升的，升幅在 4. 83 ~ 7. 37 分之间，升幅最大的仍是国有参股公司，上升 7. 3677 分。

第五，从董事激励与约束分项指数看，相比 2012 年，2018 年五类公司都上升，升幅在 1. 47 ~ 3. 74 分之间，升幅最大的是无国有股份公司，上升 3. 7305 分；相比 2017 年，2018 年五类公司也均上升，升幅在 1. 20 ~ 2. 51 分之间，升幅最大的是国有参股公司，上升 2. 5084 分。

图 10 - 4 显示了五类所有制公司董事会治理总体指数的变化。可以看出，国有绝对控股公司和国有强相对控股公司 2012 ~ 2016 年连续下降，2017 ~ 2018 年连续上升；国有弱相对控股公司和国有参股公司 2012 ~ 2015 年连续下降，2016 ~ 2018 年连续上升；无国有股份公司仅 2014 年下降，2015 ~ 2018 年连续四年上升。值得注意的是，2018 年

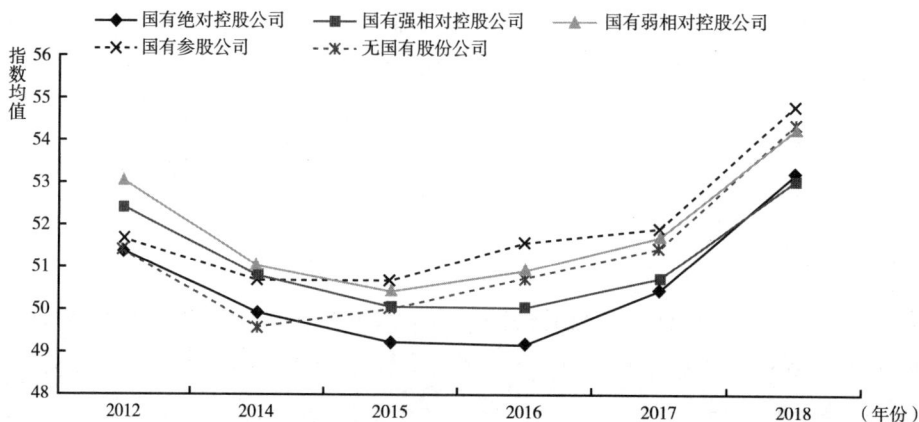

图 10 - 4 2012 ~ 2018 年不同所有制上市公司董事会治理总体指的变化

五类公司的董事会治理指数均上升较快，说明国企混改不断推进，以及公司治理逐渐与国际接轨，促进了董事会治理水平的提升。

从表 10－4 Panel B 可以看出以下几点。

第一，从董事会治理总体指数看，国有控股公司在 2014 年、2015 年下降后，自 2016 年起连续上升；非国有控股公司在 2014 年下降后，自 2015 年起连续上升，并且在 2015 年开始超过国有控股公司。相比 2012 年，2018 年国有控股公司和非国有控股公司分别上升 1.1830 分和 3.0753 分；相比 2017 年，2018 年国有控股公司和非国有控股公司分别上升 2.5132 分和 2.9161 分。

第二，从董事会结构分项指数看，相比 2012 年，2018 年国有控股公司和非国有控股公司均较大幅度下降，分别下降 8.8905 分和 11.7167 分，非国有控股公司降幅略大于国有控股公司；相比 2017 年，2018 年国有控股公司回升 1.1425 分，非国有控股公司回升 0.6815 分。

第三，从独立董事独立性分项指数看，相比 2012 年，2018 年国有控股公司和非国有控股公司分别上升 2.4545 分和 3.9488 分，非国有控股公司升幅大于国有控股公司；相比 2017 年，2018 年国有控股公司和非国有控股公司分别上升 1.7845 分和 1.4350 分。

第四，从董事会行为分项指数看，两类公司都是 2014 年较大幅度下降，此后四年连续上升。相比 2012 年，2018 年国有控股公司和非国有控股公司分别上升 9.1619 分和 16.5597 分，非国有控股公司升幅远大于国有控股公司；相比 2017 年，2018 年国有控股公司和非国有控股公司分别上升 5.3157 分和 7.2958 分，升幅都较大，尤其是非国有控股公司已经达到及格水平，为 63.9402 分。

第五，从董事激励与约束分类指数看，国有控股公司 2012～2016 年有所波动，但近三年连续上升；非国有控股公司 2012～2015 年有所波动，但近四年连续上升。相比 2012 年，2018 年国有控股公司和非国有控股公司分别上升 2.0062 分和 3.5091 分，非国有控股公司升幅略大于国有控股公司；相比 2017 年，2018 年国有控股公司和非国有控股公司分别上升 1.8102 分和 2.2517 分，升幅接近。

10.5　分上市板块董事会治理指数的年度比较

用各板块上市公司董事会治理总体指数，以及董事会结构、独立董事独立性、董事会行为和董事激励与约束四个分项指数的平均值来代表各板块上市公司董事会治理情况，分别比较不同板块 2012 年、2014～2018 年董事会治理的差异，结果见表 10－5。

表 10 - 5　2012～2018 年不同板块上市公司董事会治理指数均值比较

板块	年份	总体指数	分项指数				总体指数排名
			董事会结构	独立董事独立性	董事会行为	董事激励与约束	
深市主板（不含中小企业板）	2012	52.5989	51.7457	60.1841	47.8039	50.6619	2
	2014	51.6543	52.6955	59.1442	43.6831	51.0945	2
	2015	52.2052	42.8089	61.7426	53.3751	50.8941	2
	2016	53.5858	43.8781	60.2642	58.1860	52.0148	1
	2017	53.3785	41.2446	59.9207	60.3596	51.9893	3
	2018	56.2447	42.9503	61.9266	67.2033	52.8986	3
深市中小企业板	2012	54.5555	51.6751	60.6847	52.7491	53.1132	1
	2014	52.2100	50.2642	58.3194	46.6633	53.5930	1
	2015	52.2187	39.9465	61.7237	55.7185	51.4860	1
	2016	52.8799	40.3595	60.0511	57.8212	53.2880	2
	2017	53.4419	37.2835	62.4291	61.1153	52.9396	2
	2018	57.0775	38.1477	62.8012	71.2850	56.0762	2
深市创业板	2012	46.7867	42.6673	54.2004	43.6007	46.6785	4
	2014	46.6467	41.9404	50.1979	39.1420	55.3064	4
	2015	51.4645	39.6964	61.6840	52.9851	51.4927	3
	2016	52.5617	38.9836	60.9967	57.8303	52.4361	3
	2017	54.1269	36.5039	62.5944	64.2708	53.1385	1
	2018	57.3351	38.0087	64.5573	72.2885	54.4860	1
沪市主板	2012	51.0411	49.4066	58.2028	44.6526	51.9023	3
	2014	49.3069	49.2023	57.9199	40.5210	49.5844	3
	2015	47.1010	39.5979	58.7196	39.3928	50.6938	4
	2016	47.0944	39.8599	57.7779	40.0645	50.6753	4
	2017	47.9345	37.6739	58.9244	43.8547	51.2852	4
	2018	50.1181	37.5305	61.0203	48.3526	53.5689	4

从表 10 - 5 可以看出以下几点。

第一，从董事会治理总体指数看，深市主板（不含中小企业板）近五年的变化虽有起伏，但总体趋势仍为上升；深市中小企业板和深市创业板两个上市板块均自 2014 年起持续上升，其中深市创业板 2015 年超过沪市主板成为第三名，于 2017 年和 2018 年超过深市中小企业板成为第一名；沪市主板则是在 2012～2016 年连续下降后，于 2017 年和 2018 年略有上升。但需要引起注意的是，沪市主板近四年明显低于其他三个板块（见图 10 - 5）。相比 2012 年，2018 年深市主板（不含中小企业板）、深市中小企业板和深市创业板分别上升 3.6458 分、2.5220 分和 10.5484 分；沪市主板下降 0.9230 分。相比 2017 年，四个板块均有所上升，升幅在 2.18～3.64 分之间，深市中小企业板升幅最大，上升 3.6356 分。

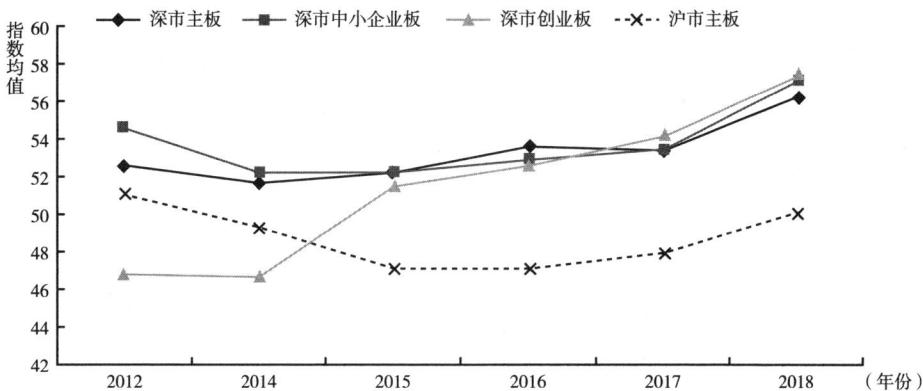

图 10-5 2012～2018 年不同板块上市公司董事会治理总体指数比较

注：深市中小企业板是深市主板的一部分，但本图中深市主板不含中小企业板。

第二，从董事会结构分项指数看，相比 2012 年，2018 年四个板块全部较大幅度下降，降幅在 4.65～13.53 分之间，深市中小企业板降幅最大，达 13.5274 分；相比 2017 年，2018 年除沪市主板外的三个板块均上升，升幅在 0.86～1.71 分之间，深市主板（不含中小企业板）升幅最大，上升 1.7057 分。

第三，从独立董事独立性分项指数看，相比 2012 年，2018 年四个板块均上升，升幅在 1.74～10.36 分之间，深市创业板升幅最大，上升 10.3569 分；相比 2017 年，2018 年四个板块也均上升，升幅在 0.37～2.10 分之间，沪市主板升幅最大，为 2.0959 分。

第四，从董事会行为分项指数看，相比 2012 年，2018 年四个板块均提升较大，升幅在 3.70～28.69 分之间，深市创业板升幅最大，为 28.6878 分；相比 2017 年，2018 年四个板块也均上升，升幅在 4.49～10.17 分之间，深市中小企业板升幅最大，为 10.1697 分。

第五，从董事激励与约束分项指数看，相比 2012 年，2018 年四个板块也均上升，升幅在 1.66～7.81 分之间，深市创业板升幅最大，为 7.8075 分；相比 2017 年，2018 年四个板块也都是上升的，升幅在 0.90～3.14 分之间，深市中小企业板升幅最大，为 3.1366 分。

10.6 本章小结

本章从总体、地区、所有制、行业和上市板块角度分别比较了 2012～2018 年六个年度中国上市公司的董事会治理水平，主要结论如下。

（1）从总体看，2014～2015 年上市公司董事会治理指数均值逐年下降，2016～

2018 年则逐年上升，2018 年上升幅度最大。在四个分项指数中，相比 2012 年，2018 年董事会结构分项指数下降 11. 1924 分，降幅很大；独立董事独立性、董事会行为、董事激励与约束三个分项指数分别提高 3. 5222 分、14. 3236 分和 2. 9678 分，其中董事会行为分项指数提升幅度较大，反映了董事会实质性治理水平的提升。相比 2017 年，2018 年董事会治理四个分项指数均上升，其中董事会行为分项指数升幅最大，上升 6. 8831 分。

（2）从地区看，在董事会治理总体指数上，四个地区的董事会治理指数在经历 2014 年和 2015 年两年的下降后逐渐提升，均于 2018 年达到六个年度以来的最高值，其中中部地区提升幅度最大。在董事会结构分项指数上，四个地区 2018 年相比 2012 年都大幅下降；相比 2017 年，2018 年四个地区均有所回升。这反映了董事会结构水平较上年略有提升，但距离完善仍有较大差距。在独立董事独立性、董事会行为、董事激励与约束三个分项指数上，四个地区 2018 年相比 2012 年都有所上升；相比 2017 年也均略有上升。其中，四个地区在董事会行为分项指数上提升幅度较大，且中部地区表现更为突出。

（3）从行业看，在董事会治理总体指数上，相比 2012 年，2018 年有 14 个行业上升，有 3 个行业（剔除教育）下降；相比 2017 年，2018 年除综合（S）之外的 17 个行业均有所上升。在董事会结构分项指数上，相比 2012 年，2018 年 17 个行业（剔除教育）都是下降的；相比 2017 年，有 16 个行业有所上升。在独立董事独立性分项指数上，相比 2012 年，2018 年有 15 个行业上升，有 2 个行业（剔除教育）下降；相比 2017 年，2018 年有 13 个行业上升，有 5 个行业下降。在董事会行为分项指数上，相比 2012 年和 2017 年，2018 年全部行业均上升。在董事激励与约束分项指数上，相比 2012 年和 2017 年，2018 年 14 个行业均上升，3 个行业（剔除教育）下降。

（4）从所有制看，在董事会治理总体指数上，国有控股公司自 2016 年起连续上升，非国有控股公司自 2015 年起连续上升，并且在 2015 年开始超过国有控股公司。在董事会结构分项指数上，相比 2012 年，2018 年国有控股公司和非国有控股公司均较大幅度下降；相比 2017 年，2018 年二者均有所回升。在独立董事独立性分项指数上，相比 2012 年和 2017 年，2018 年国有控股公司和非国有控股公司均上升，非国有控股公司升幅略大于国有控股公司。在董事会行为分项指数上，两类公司都是 2014 年较大幅度下降，此后四年连续上升，且非国有控股公司升幅远大于国有控股公司，2018 年升幅都较大，尤其是非国有控股公司已经达到及格水平。在董事激励与约束分类指数上，相比 2012 年和 2017 年，2018 年国有控股公司和非国有控股公司均上升，非国有控股公司升幅略大于国有控股公司。这说明国企混改不断推进，以及公司治理逐渐与国际接轨，促进了董事会治理水平的提升。

（5）从上市板块看，在董事会治理总体指数上，变化较大的是深市创业板，2015年超过沪市主板成为第三名，2017年和2018年超过深市中小企业板成为第一名；沪市主板近四年明显低于其他三个板块。在董事会结构分项指数上，相比2012年，2018年四个板块全部较大幅度下降；相比2017年，2018年除沪市主板外的三个板块均上升。在独立董事独立性、董事会行为和董事激励与约束三个分项指数上，相比2012年和2017年，2018年四个板块都是上升的，且深市创业板在三个分项指数上升幅尤为突出，反映了其董事会治理规范性水平提升较快。

第四篇　企业家能力指数

第11章 企业家能力总体指数排名及比较

根据第 1 章确定的企业家能力指数评价方法，以及我们评估获得的 2018 年度 3490 家样本上市公司指数数据，本章对这些上市公司的企业家能力指数进行总体排名和分析，然后分别从地区、行业和上市板块三个角度依次进行比较和分析。

11.1 企业家能力指数总体分布及排名

基于上市公司 2018 年的公开数据，根据本报告构建的企业家能力指数指标体系和指数计算方法，对 3490 家上市公司企业家能力指数进行计算，可以得到中国上市公司企业家能力指数的整体排名情况（详见电子版）。

11.1.1 企业家能力指数总体分布

2018 年上市公司企业家能力指数总体得分情况参见表 11 – 1。

表 11 – 1 2018 年上市公司企业家能力指数总体情况

项目	公司数目	平均值	中位值	最大值	最小值	标准差	偏度系数	峰度系数
数值	3490	31.5843	31.9105	51.9054	9.4259	5.8295	– 0.3201	0.3578

从表 11 – 1 可以看出，2018 年上市公司企业家能力指数最大值为 51.9054 分，最小值为 9.4259 分，平均值为 31.5843 分，中位值为 31.9105 分，全部样本得分整体偏低。但相对于 2017 年，本年度企业家能力指数有了明显的提升，平均值从 29.7777 分上升至 31.5843 分，升幅为 1.8066 分，这意味着经理层的独立性出现一定的好转，其潜能得到一定程度的发挥，需要相关机构和企业进一步激励和引导。

为进一步了解企业家能力指数在各个区间的分布情况，我们将企业家能力指数以 5 分为间隔进行区间划分，由于企业家能力指数最大值为 51. 9054 分，最小值为 9. 4259 分，故可以划分为 ［0，5）、［5，10）、［10，15）、［15，20）、［20，25）、［25，30）、［30，35）、［35，40）、［40，45）、［45，50）、［50，55）、［55，100］ 12 个区间（公司数目为 0 的指数区间合并），每个得分区间的企业数目和所占比重参见表 11 - 2。

表 11 - 2　2018 年上市公司企业家能力指数区间分布

指数区间	公司数目	占比（%）	累计占比（%）
［0,5）	0	0. 00	0. 00
［5,10）	1	0. 03	0. 03
［10,15）	22	0. 63	0. 66
［15,20）	95	2. 72	3. 38
［20,25）	327	9. 37	12. 75
［25,30）	833	23. 87	36. 62
［30,35）	1238	35. 47	72. 09
［35,40）	757	21. 69	93. 78
［40,45）	191	5. 47	99. 26
［45,50）	25	0. 72	99. 97
［50,55）	1	0. 03	100. 00
［55,100］	0	0. 00	100. 00
总　计	3490	100. 00	—

从表 11 - 2 可以看出，企业家能力指数主要集中在 ［25，40）区间，有 2828 家公司，占样本总数的 81. 03%。其中，在 ［30，35）区间的公司最多，有 1238 家公司，占样本总数的 35. 47%。值得关注的是，在 3490 家上市公司中，没有一家公司的企业家能力指数达到 60 分及格线以上。这说明中国上市公司企业家能力水平整体偏低，还有很大的提升空间。

图 11 - 1 更直观地显示了企业家能力指数在各个区间的分布情况。结合表 11 - 1，可以看出，企业家能力指数的偏度系数为 - 0. 3201，峰度系数为 0. 3578，峰度系数与标准差的比值是 0. 0614，基本符合正态分布，且分布较集中。

11. 1. 2　企业家能力指数前100名

表 11 - 3 呈现了 3490 家上市公司中排名前 100 名公司的企业家能力指数情况。可以看出，前 100 名公司的企业家能力指数均值为 44. 1023 分，比 2017 年上升 2. 1669 分。

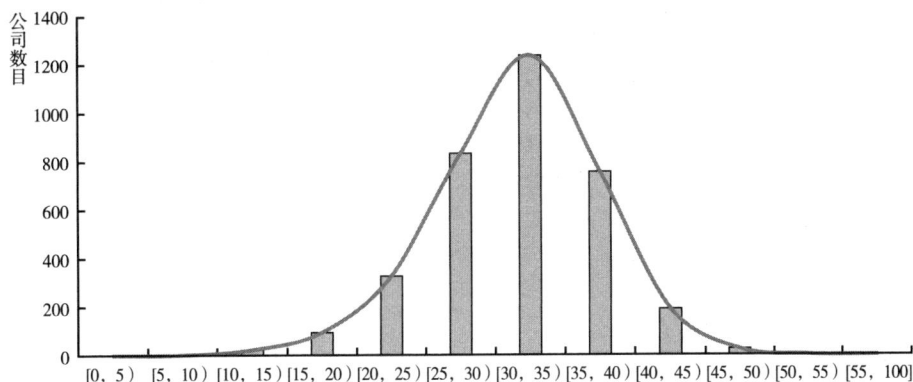

图 11 - 1　2018 年上市公司企业家能力指数区间分布

表 11 - 3　2018 年上市公司企业家能力指数前 100 名

	平均值	中位值	最大值	最小值	标准差
前 100 名	44.1023	43.6141	51.9054	42.0857	1.7486
总　体	31.5843	31.9105	51.9054	9.4259	5.8295

我们对 3490 家上市公司的企业家能力指数从大到小进行降序排列，企业家能力指数越高，说明上市公司企业家能力水平越高。表 11 - 4 给出了企业家能力指数排名前 100 的上市公司情况。

表 11 - 4　2018 年上市公司企业家能力指数排名——前 100 名

排名	代码	公司简称	CEO	指数值	排名	代码	公司简称	CEO	指数值
1	600050	中国联通	李国华	51.9054	15	603999	读者传媒	赵金云	46.0263
2	600881	亚泰集团	宋尚龙	49.1816	16	601857	中国石油	侯启军	46.0182
3	002930	宏川智慧	林海川	48.4316	17	300070	碧水源	戴日成	45.9717
4	002571	德力股份	施卫东	47.9625	18	002103	广博股份	王君平	45.8269
5	002361	神剑股份	刘志坚	47.6287	19	002382	蓝帆医疗	李炳容	45.6551
6	002655	共达电声	赵政辉	46.9207	20	600439	瑞贝卡	郑文青	45.5424
7	601288	农业银行	赵欢	46.7885	21	300298	三诺生物	李少波	45.4326
8	002367	康力电梯	王友林	46.6233	22	600028	中国石化	马永生	45.3153
9	002520	日发精机	王本善	46.4566	23	600031	三一重工	向文波	45.0495
10	300308	中际旭创	刘圣	46.4075	24	300481	濮阳惠成	王中烽	45.0300
11	300084	海默科技	郑子琼	46.3162	25	600299	安迪苏	Jean-Marc Dublanc	45.0229
12	601939	建设银行	王祖继	46.2368	26	002582	好想你	石聚彬	45.0002
13	300252	金信诺	余昕	46.1731	27	603818	曲美家居	赵瑞海	44.8877
14	002294	信立泰	Kevin Sing Ye	46.0913	28	600499	科达洁能	吴木海	44.8508

排名	代码	公司简称	CEO	指数值	排名	代码	公司简称	CEO	指数值
29	601928	凤凰传媒	孙真福	44.8498	65	002681	奋达科技	肖奋	43.1380
30	600606	绿地控股	张玉良	44.7509	66	603085	天成自控	陈邦锐	43.0251
31	300314	戴维医疗	陈再宏	44.5574	67	300498	温氏股份	严居然	42.9963
32	300244	迪安诊断	陈海斌	44.5201	68	002737	葵花药业	关彦斌	42.9837
33	002416	爱施德	周友盟	44.5071	69	600552	凯盛科技	鲍兆臣	42.9456
34	600535	天士力	朱永宏	44.4877	70	300120	经纬辉开	陈建波	42.9433
35	000826	启迪桑德	张仲华	44.3587	71	300272	开能健康	王铁	42.9080
36	002919	名臣健康	陈勤发	44.3104	72	000338	潍柴动力	谭旭光	42.8682
37	002171	楚江新材	姜纯	44.2766	73	000816	*ST 慧业	贾浚	42.8474
38	000100	TCL 集团	李东生	44.1657	74	002557	洽洽食品	陈先保	42.8336
39	300218	安利股份	姚和平	44.1070	75	300133	华策影视	赵依芳	42.8072
40	603630	拉芳家化	吴桂谦	44.0503	76	002403	爱仕达	陈合林	42.7681
41	601988	中国银行	刘连舸	44.0053	77	000651	格力电器	董明珠	42.7235
42	300624	万兴科技	吴太兵	43.9970	78	000404	长虹华意	朱金松	42.6643
43	300479	神思电子	关华建	43.9684	79	300323	华灿光电	刘榕	42.6582
44	002363	隆基机械	张海燕	43.9672	80	300274	阳光电源	曹仁贤	42.6275
45	002014	永新股份	鲍祖本	43.9011	81	300068	南都电源	陈博	42.6233
46	002532	新界泵业	许敏田	43.8916	82	002230	科大讯飞	刘庆峰	42.5810
47	002010	传化智联	徐冠巨	43.8147	83	002082	万邦德	赵守明	42.5563
48	600351	亚宝药业	任武贤	43.7149	84	300096	易联众	应亚珍	42.5355
49	300153	科泰电源	许乃强	43.6781	85	601318	中国平安	马明哲	42.5346
50	300735	光弘科技	唐建兴	43.6297	86	002601	龙蟒佰利	范先国	42.5147
51	002151	北斗星通	周儒欣	43.5984	87	600757	长江传媒	邱菊生	42.5074
52	600500	中化国际	刘红生	43.5698	88	002696	百洋股份	孙忠义	42.5063
53	000718	苏宁环球	张桂平	43.5405	89	002821	凯莱英	HAO HONG	42.4731
54	002161	远望谷	徐超洋	43.4656	90	002022	科华生物	丁伟	42.4060
55	300415	伊之密	甄荣辉	43.3851	91	601766	中国中车	孙永才	42.3503
56	002808	恒久科技	余荣清	43.3800	92	000782	美达股份	郭敏	42.3174
57	300460	惠伦晶体	赵积清	43.3449	93	000988	华工科技	马新强	42.2765
58	002864	盘龙药业	谢晓林	43.2993	94	300276	三丰智能	朱汉平	42.2732
59	603345	安井食品	张清苗	43.2637	95	002252	上海莱士	陈杰	42.2304
60	002434	万里扬	顾勇亭	43.2484	96	000967	盈峰环境	马刚	42.1664
61	300595	欧普康视	陶悦群	43.2187	97	000656	金科股份	蒋思海	42.1492
62	300337	银邦股份	金宏伟	43.2181	98	002144	宏达高科	沈国甫	42.1193
63	600104	上汽集团	陈志鑫	43.2084	99	600770	综艺股份	昝圣达	42.1013
64	002570	*ST 因美	包秀飞	43.1801	100	000065	北方国际	原军	42.0857

从表 11 - 4 可以看出，企业家能力指数前三名分别是中国联通的李国华（51.9054）、亚泰集团的宋尚龙（49.1816）和宏川智慧的林海川（48.4316）。2017 年企业家能力指数评价结果的前三位是陆益民（中国联通）、戴厚良（中国石化）和章建华（中国石油），其中中国联通更换了总经理（CEO），这家公司前后两任总经理在 2018 年和 2017 年都进入了前三名。有 22 位（按公司计算则是 26 家）总经理（CEO）

连续出现在 2018 年和 2017 年两个年度的前 100 名中，他们分别是康力电梯的王友林、海默科技的郑子琼、三诺生物的李少波、曲美家居的赵瑞海、绿地控股的张玉良、天士力的朱永宏、启迪桑德的张仲华、TCL 集团的李东生、安利股份的姚和平、神思电子的关华建、中化国际的刘红生、苏宁环球的张桂平、欧普康视的陶悦群、洽洽食品的陈先保、华策影视的赵依芳、格力电器的董明珠、阳光电源的曹仁贤、科大讯飞的刘庆峰、百洋股份的孙忠义、科华生物的丁伟、美达股份的郭敏和金科股份的蒋思海。另外，有 7 位（按公司计算则是 11 家）CEO 连续出现在 2018 年、2017 年与 2016 年三个年度的前 100 名中，他们分别是海默科技的郑子琼、曲美家居的赵瑞海、绿地控股的张玉良、TCL 集团的李东生、安利股份的姚和平、科大讯飞的刘庆峰和科华生物的丁伟。

从地区看，前 100 家上市公司中，东部、中部、西部和东北各有 69 家、22 家、6 家和 3 家，分别占所在地区上市公司数的 2.85%、4.85%、1.28% 和 2.01%。从行业看，制造业（C）有 70 家，金融业（J），文化、体育和娱乐业（R），信息传输、软件和信息技术服务业（I）这三个行业均有 4 家，分别占所在行业全部上市公司数的 3.21%、4.55%、6.90% 和 1.50%。从控股类型看，国有控股公司有 22 家，非国有控股公司有 78 家，分别占同类型上市公司总数的 2.10% 和 3.20%。从最终控制人看，中央企业（或监管机构）控股的公司有 13 家，地方国企（或监管机构）控股的公司有 8 家，民营企业（或个人）控股的公司有 79 家，分别占同类型公司总数的 3.44%、1.13% 和 3.29%。从上市板块来看，深市主板（不含中小企业板）、深市中小企业板、深市创业板和沪市主板分别有 12 家、35 家、26 家和 27 家，分别占所在板块全部上市公司数的 2.61%、3.86%、3.60% 和 1.93%。

图 11-2 为前 100 名上市公司企业家能力指数分布情况。可以看出，前 100 名上市公司企业家能力指数分布在 42~52 分，最高分为 51.9054 分，最低分为 42.0857 分，绝对差距为 9.8197 分，差距较上年略微增加。绝大多数分布在 45 分上下，前几名相对比较突出。

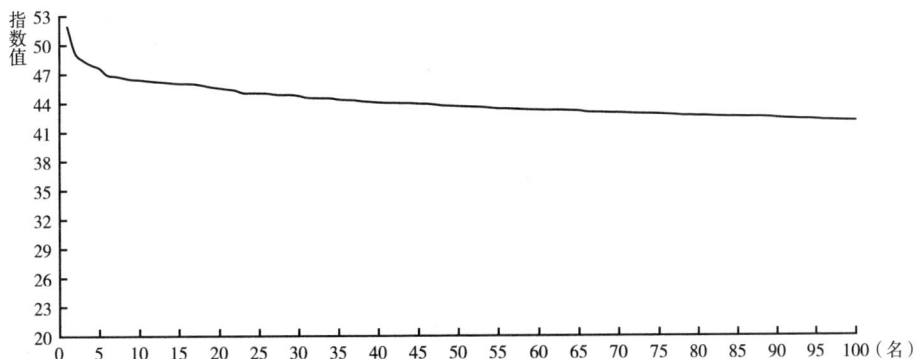

图 11-2　2018 年上市公司企业家能力指数分布情况——前 100 名

11.2　分地区企业家能力指数比较

按照东部、中部、西部、东北的地区划分，对各地区上市公司的企业家能力指数进行比较，结果参见表 11 - 5。

表 11 - 5　2018 年不同地区上市公司企业家能力指数比较

排序	地区	公司数目	平均值	中位值	最大值	最小值	标准差
1	东部	2418	31.9253	32.1702	51.9054	9.4259	5.6623
2	中部	454	31.8098	32.2479	47.9625	11.3019	6.2678
3	西部	469	30.2072	30.7621	46.3162	10.2914	5.8115
4	东北	149	29.6996	30.1619	49.1816	10.3990	6.1722
总　体		3490	31.5843	31.9105	51.9054	9.4259	5.8295

由表 11 - 5 可知，各地区上市公司企业家能力指数均值由大到小分别为东部、中部、西部和东北。企业家能力指数最大值和最小值都来自东部。

通过图 11 - 3 可以直观地看出四个地区上市公司企业家能力之间的差异。可以看出，四个地区中，东部和中部地区的上市公司企业家能力指数均值略高于总体均值；西部和东北地区上市公司企业家能力指数均值都明显低于总体均值。

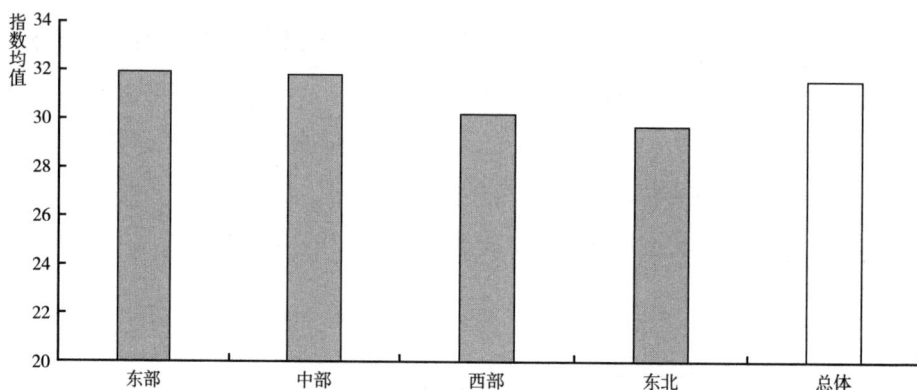

图 11 - 3　2018 年不同地区上市公司企业家能力指数比较

11.3　分行业企业家能力指数比较

用各个行业上市公司企业家能力指数的平均值来代表各个行业的上市公司企业家能

力指数，然后将各行业的上市公司企业家能力指数平均值按照从高到低的顺序进行排名，具体排名结果参见表 11 - 6。

表 11 - 6　2018 年不同行业上市公司企业家能力指数比较

排名	行业名称	公司数目	平均值	中位值	最大值	最小值	标准差
1	文化、体育和娱乐业（R）	58	32.7474	33.2121	46.0263	18.3706	6.2985
2	制造业（C）	2178	32.1521	32.3697	49.1816	12.2926	5.5912
3	卫生和社会工作（Q）	12	31.9487	31.0483	44.5201	22.6413	6.7079
4	批发和零售业（F）	164	31.8114	31.9021	44.5071	11.3019	5.3833
5	水利、环境和公共设施管理业（N）	50	31.4500	32.4175	45.9717	17.1726	6.3069
6	教育（P）	8	31.2741	31.8278	41.2870	23.0315	6.0244
7	采矿业（B）	76	31.1255	32.5555	46.3162	13.3735	6.8438
8	租赁和商务服务业（M）	48	30.9068	30.1423	41.8004	17.7173	5.4770
9	农、林、牧、渔业（A）	41	30.7025	30.4981	42.9963	17.9768	6.3494
10	信息传输、软件和信息技术服务业（I）	267	30.6511	30.9132	51.9054	10.3990	5.8536
11	租赁和商务服务业（L）	53	30.4401	30.4094	45.8269	12.3671	6.6782
12	金融业（J）	88	30.3918	31.2957	46.7885	13.1090	6.7169
13	交通运输、仓储和邮政业（G）	97	30.1107	30.5120	48.4316	12.4058	5.5498
14	房地产业（K）	124	29.9731	30.9034	44.7509	10.1801	6.3197
15	电力、热力、燃气及水生产和供应业（D）	105	29.9016	29.6962	38.9346	12.1047	5.0256
16	建筑业（E）	90	29.6572	30.2109	42.0857	10.2914	6.5345
17	住宿和餐饮业（H）	9	28.6287	32.5608	37.5125	13.7411	8.3286
18	综合（S）	21	26.7759	28.1385	42.1013	9.4259	7.3935
	总　体	3490	31.5843	31.8754	51.9054	9.4259	5.8295

注：居民服务、修理和其他服务业（O）只有 1 家上市公司，难以代表该行业整体水平，故排名时剔除。

从表 11 - 6 可以看出，18 个行业中，只有 4 个行业的上市公司企业家能力指数均值高于总体均值，这 4 个行业的最大均值与总体均值之间的绝对差距为 1.1631 分；有 14 个行业的上市公司企业家能力指数均值低于总体均值，总体均值与这 14 个行业的最小均值之间的绝对差距为 4.8084 分。前 4 个行业的内部差距小于后 14 个行业，即企业家能力指数低分区行业间的内部差距较大。企业家能力指数最高的三个行业是文化、体育和娱乐业（R），制造业（C），卫生和社会工作（Q）。企业家能力指数最低的三个行业是综合（S）、住宿和餐饮业（H）、建筑业（E）。

图 11 - 4 进一步显示了行业间上市公司企业家能力指数的差别。可以看出，各行业上市公司企业家能力指数中的大部分集中在 [28，32] 这一范围内，除了排名第一位的文化、体育和娱乐业（R），以及排名最后两位的住宿和餐饮业（H）以及综合（S）外，整体呈现出较为平缓的变动趋势。

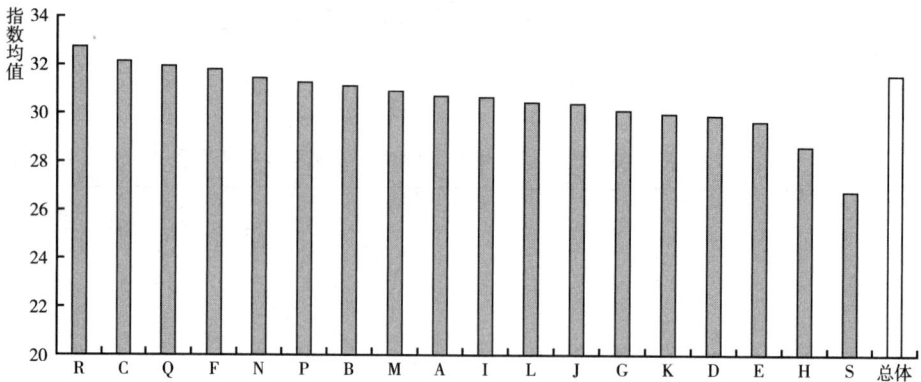

图 11 - 4　2018 年不同行业上市公司企业家能力指数比较

11.4　分上市板块企业家能力指数比较

根据深市主板（不含中小企业板）、深市中小企业板、深市创业板和沪市主板四个上市板块的划分，比较不同板块上市公司的企业家能力指数，结果参见表 11 - 7。

表 11 - 7　2018 年不同板块上市公司企业家能力指数比较

排序	上市板块	公司数目	平均值	中位值	最大值	最小值	标准差
1	深市中小企业板	907	31.9549	32.2106	48.4316	10.2914	5.9331
2	深市创业板	722	31.6931	31.9640	46.4075	11.1158	5.8154
3	沪市主板	1401	31.5522	31.8031	51.9054	10.1801	5.6273
4	深市主板（不含中小企业板）	460	30.7806	31.4076	44.3587	9.4259	6.1850
	总　计	3490	31.5843	31.8902	51.9054	9.4259	5.8295

从表 11 - 7 可以看出，企业家能力指数平均值从高到低排列依次为深市中小企业板、深市创业板、沪市主板和深市主板（不含中小企业板）。整体上看，深市中小企业板和深市创业板上市公司的企业家能力情况好于沪市主板和深市主板（不含中小企业板）上市公司。这说明，随着公司达到成熟规模、股本增大，企业家能力有弱化趋向。

图 11 - 5 更直观地反映了不同板块上市公司企业家能力指数的差异。可以看到，深市中小企业板和深市创业板上市公司的企业家能力指数均值都高于总体均值；而沪市主板和深市主板（不含中小企业板）上市公司的企业家能力指数都低于总体均值。

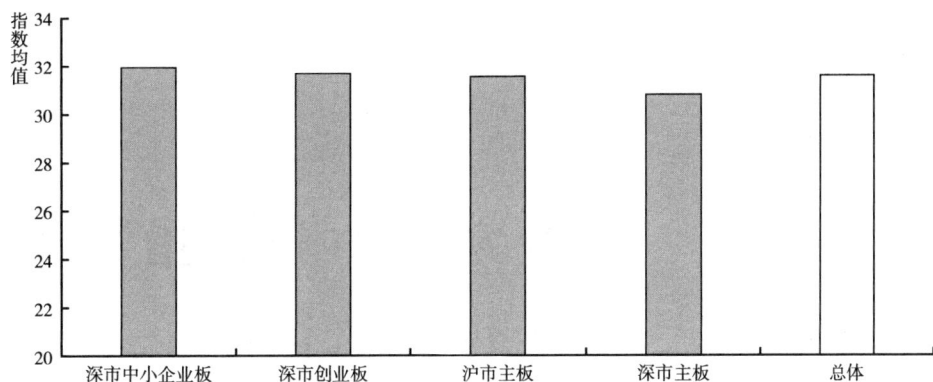

图 11 - 5　2018 年不同板块上市公司企业家能力指数比较

注：深市中小企业板是深市主板的一部分，但本图中的深市主板不含中小企业板。

11.5　本章小结

本章计算了沪深两市 2018 年共计 3490 家上市公司的企业家能力指数，并分别从总体、地区、行业、上市板块等角度评价了中国上市公司企业家能力水平。主要结论如下。

（1）从总体看，2018 年中国上市公司企业家能力指数均值是 31.5843 分，得分较低，但与 2017 年相比有所提升，所有上市公司企业家能力指数都处于不及格的区间。企业家能力指数主要集中在［25，40）区间，占样本总数的 81.03％。

（2）从地区看，上市公司企业家能力指数均值由大到小分别为东部、中部、西部和东北，西部和东北地区上市公司企业家能力指数明显低于东部和中部。

（3）从行业看，上市公司企业家能力指数最高的三个行业是文化、体育和娱乐业（R）、制造业（C）、卫生和社会工作（Q）；企业家能力指数最低的三个行业是综合（S）、住宿和餐饮业（H）、建筑业（E）。

（4）从上市板块看，企业家能力指数平均值从高到低依次为深市中小企业板、深市创业板、沪市主板和深市主板（不含中小企业板）。深市中小企业板和深市创业板上市公司企业家能力指数均值高于沪深主板（深市主板不含中小企业板）上市公司。

第12章 企业家能力分项指数
排名及比较

第11章从总体上对中国上市公司企业家能力指数做了排名,并从地区、行业、上市板块三个角度进行了分类汇总和分析。本章按照对企业家能力指数四个维度的划分,把企业家能力指数分解为人力资本、关系网络能力、社会责任能力和战略领导能力四个分项指数,对这四个分项指数进行排名和比较分析。

12.1 企业家能力分项指数总体比较

本报告以2018年沪深主板(含中小企业板)和深市创业板3490家上市公司为样本,计算获得了2018年中国上市公司企业家能力四个分项指数,其描述性统计结果参见表12-1。

表 12-1 2018 年上市公司企业家能力分项指数描述性统计结果

分项指数	公司数目	平均值	中位值	最大值	最小值	标准差
人力资本	3490	29.1210	28.5714	78.5714	5.0000	9.7439
关系网络能力	3490	6.6635	5.5556	66.6667	0.0000	9.0981
社会责任能力	3490	58.1174	62.5031	88.0447	0.0000	15.8840
战略领导能力	3490	25.1748	26.8165	68.3787	8.8111	7.9933

从表12-1中可以看出,企业家能力四个分项指数均值都未达到60分的及格水平,社会责任能力分项指数均值与及格线相差极少,但其他三个分项指数距离及格线差距较大。企业家社会责任能力分项指数均值最大,为58.1174分,其标准差也最大,说明企业家社会责任能力彼此之间差异较大。企业家人力资本和战略领导能力两个分项指数整体水平居中,均值分别为29.1210分和25.1748分,处于偏低水平。企业家关系网络能

力分项指数均值最低，仅为个位数，说明上市公司企业家关系网络能力普遍很差，也反映出目前社会对关系网络的一些偏差认识。需要特别说明的是，企业家社会责任能力分项指数较高，与本报告对社会责任的认识以及相应的指标设计有关。企业家社会责任能力指标包括8个二级指标，主要涉及两个角度，一是公益行为；二是对主要利益相关者（政府、客户、员工、股东、债权人等）的责任。关于企业家对社会公益的贡献，不能以绝对额来评价，而应以公益行为来评价，因为企业规模和利润不同，对社会公益的贡献额度必然有差异，但爱心无价。对于利益相关者的责任，有的可能因信息披露缺陷而得分较高，如指标"企业是否有产品质量、安全和环境投诉事件"，没有投诉并不意味着产品质量绝对没有问题；再比如指标"是否有贷款诉讼"，没有贷款诉讼也不意味着企业征信水平一定很高。这是社会责任评价方面一个难以避免的缺憾。

图12-1直观地反映了企业家能力四个分项指数的均值差异。可以明显看出，四个分项指数均值的差异较大。但需要注意的是，由于各分项指标体系的设计不同，不同指标之间的可比性有限。

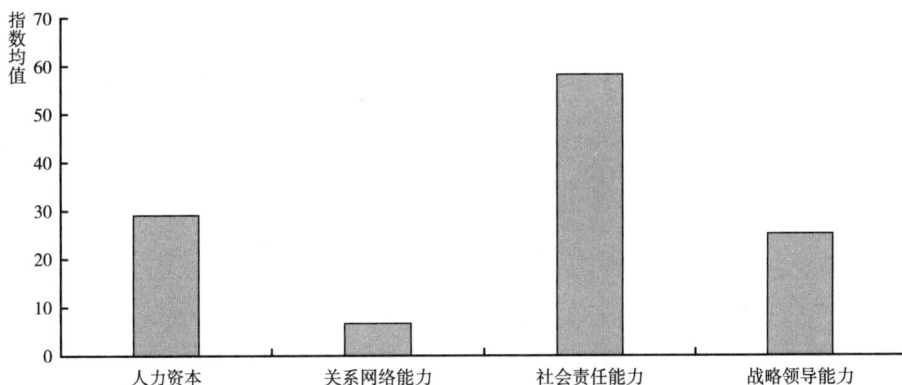

图 12-1　2018 年上市公司企业家人力资本分项指数均值总体比较

12.2　企业家人力资本分项指数排名及比较

企业家人力资本分项指数侧重评价企业家以往的教育和工作经历，以及选聘路径。本节主要是对企业家人力资本分项指数排名的各种情况进行比较说明和分析。

12.2.1　企业家人力资本分项指数总体分布

基于3490家上市公司企业家人力资本的各项指标，我们得出了每家上市公司企业家人力资本分项指数。以10分为间隔，可以将企业家人力资本分项指数划分为9个区间段（公司数目为 0 的指数区间合并），每个分数区间段的公司数目和所占比重参见表 12 - 2 和图 12 - 2。

表 12 - 2　2018 年上市公司企业家人力资本分项指数区间分布

指数区间	公司数目	占比（%）	累计占比（%）
［0,10)	7	0.20	0.20
［10,20)	434	12.44	12.64
［20,30)	1624	46.53	59.17
［30,40)	1033	29.60	88.77
［40,50)	249	7.13	95.90
［50,60)	98	2.81	98.71
［60,70)	33	0.95	99.66
［70.80)	12	0.34	100.00
［80,100]	0	0.00	100.00
总　计	3490	100.00	—

由图 12 - 2 可以直观地看出上市公司企业家人力资本分项指数的分布区间。

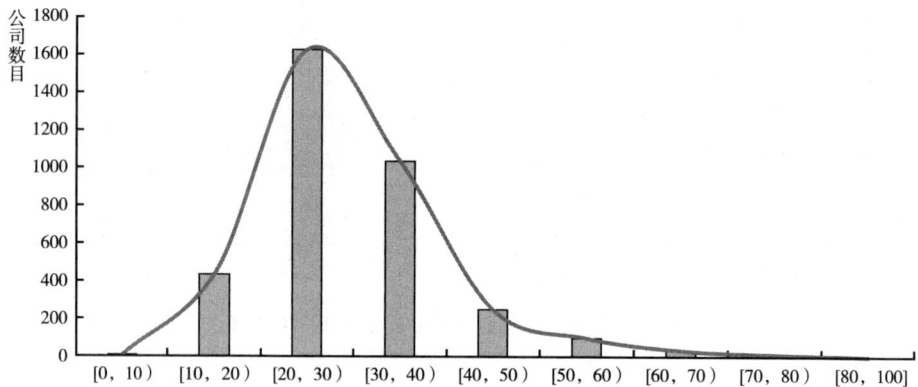

图 12 - 2　2018 年上市公司企业家人力资本分项指数区间分布

由表 12 - 2 和图 12 - 2 可见，2018 年企业家人力资本分项指数在 8 个分数段上有分布，企业家人力资本分项指数主要分布在［20，40）区间，有 2657 家公司，占样本总体的 76.13%，比较集中。

12.2.2　分地区企业家人力资本分项指数比较

按照四个地区的划分，我们统计了不同地区上市公司企业家人力资本分项指数，参见表 12 - 3。

表 12 - 3   2018 年不同地区上市公司企业家人力资本分项指数比较

排序	地区	公司数目	平均值	中位值	最大值	最小值	标准差
1	西部	469	29.6817	28.5714	78.5714	10.0000	9.3843
2	中部	454	29.1929	28.5714	78.5714	5.0000	9.4115
3	东北	149	29.0125	28.5714	64.2857	5.0000	9.3603
4	东部	2418	29.0054	28.5714	78.5714	5.0000	9.8975
总　体		3490	29.1210	28.5714	78.5714	5.0000	9.7439

从表 12 - 3 可以看到，四个地区中，西部地区企业家人力资本分项指数均值最高，东部地区企业家人力资本分项指数均值最低，二者绝对差距为 0.6763 分，地区间差距很小。

图 12 - 3 直观地反映了四个地区上市公司企业家人力资本分项指数均值的差异。可以看到，西部和中部地区的企业家人力资本分项指数均值大于总体均值，而东北与东部地区的企业家人力资本分项指数均值则低于总体均值。

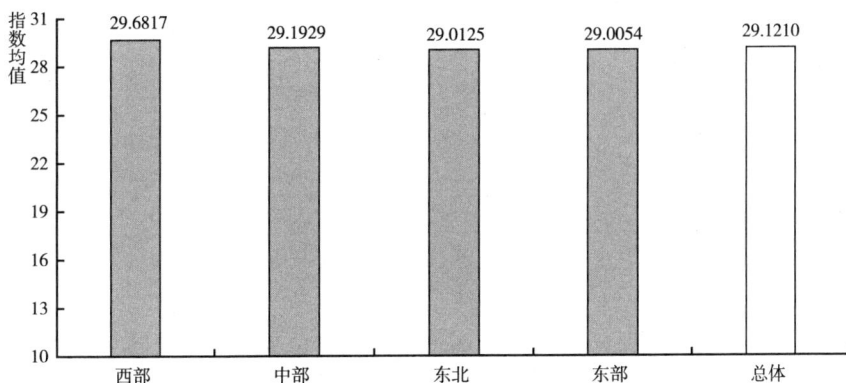

图 12 - 3   2018 年不同地区上市公司企业家人力资本分项指数比较

12.2.3　分行业企业家人力资本分项指数比较

用各个行业内的上市公司企业家人力资本分项指数的平均值来代表各个行业的上市公司企业家人力资本分项指数，然后把各个行业的上市公司企业家人力资本分项指数按照由高到低的顺序进行排名，具体排名结果参见表 12 - 4。

从表 12 - 4 可以看出，18 个行业中最大均值与最小均值的差距为 10.2679 分，差距比较大。有 12 个行业的企业家人力资本分项指数均值高于总体均值，这 12 个行业的均值最大值与总体均值的绝对差距是 6.5933 分。其他 6 个行业的上市公司企业家人力资本分项指数均值低于总体均值，总体均值与这 6 个行业的最小均值的绝对差距是 3.6746 分。企业家人力资本分项指数行业高分区的内部差距大于低分区。上市公司企业家人力资本分项指数均值排名前三位的行业分别是卫生和社会工作（Q）、住宿和餐饮

表 12 – 4　2018 年不同行业上市公司企业家人力资本分项指数比较

排名	行业	公司数目	平均值	中位值	最大值	最小值	标准差
1	卫生和社会工作（Q）	12	35.7143	31.4286	50.0000	20.0000	8.3743
2	住宿和餐饮业（H）	9	33.2540	31.4286	45.7143	24.2857	6.9355
3	金融业（J）	88	32.1023	28.5714	57.1429	15.0000	8.7645
4	电力、热力、燃气及水生产和供应业（D）	105	30.7959	31.4286	50.0000	10.0000	7.8348
5	水利、环境和公共设施管理业（N）	50	30.7286	27.8572	71.4286	10.0000	10.8110
6	批发和零售业（F）	164	30.4443	28.5714	64.2857	10.0000	10.1112
7	房地产业（K）	124	30.1382	28.5714	52.8571	10.0000	9.0313
8	科学研究和技术服务业（M）	48	30.0446	28.5714	60.0000	5.0000	11.8459
9	采矿业（B）	76	29.9060	28.5714	78.5714	5.0000	11.0972
10	交通运输、仓储和邮政业（G）	97	29.7496	28.5714	67.1429	10.0000	9.4266
11	信息传输、软件和信息技术服务业（I）	267	29.3071	28.5714	57.1429	10.0000	8.8102
12	文化、体育和娱乐业（R）	58	29.1502	28.5714	50.0000	10.0000	9.3835
13	建筑业（E）	90	28.8413	28.5714	62.1429	10.0000	9.1658
14	制造业（C）	2178	28.7033	27.1429	78.5714	5.0000	9.9094
15	农、林、牧、渔业（A）	41	27.7700	27.1429	52.8571	14.2857	7.9942
16	综合（S）	21	27.7211	27.1429	45.7143	15.0000	8.4383
17	租赁和商务服务业（L）	53	25.6604	24.2857	45.7143	10.0000	8.4456
18	教育（P）	8	25.4464	24.2857	40.7143	15.0000	8.6471
	总　体	3490	29.1210	28.5714	78.5714	5.0000	9.7439

注：居民服务、修理和其他服务业（O）只有 1 家上市公司，难以代表该行业整体水平，故排名时剔除。

业（H）、金融业（J）；排名最后三位的行业分别是教育（P）、租赁和商务服务业（L）、综合（S）。

图 12 –4 直观地反映了不同行业企业家人力资本分项指数均值的差异。不难发现，前 2 名的卫生和社会工作（Q）、住宿和餐饮业（H）明显地高于其他行业，而租赁和商务服务业（L）、教育（P）的企业家人力资本分项指数则明显地远低于其他各个行业。

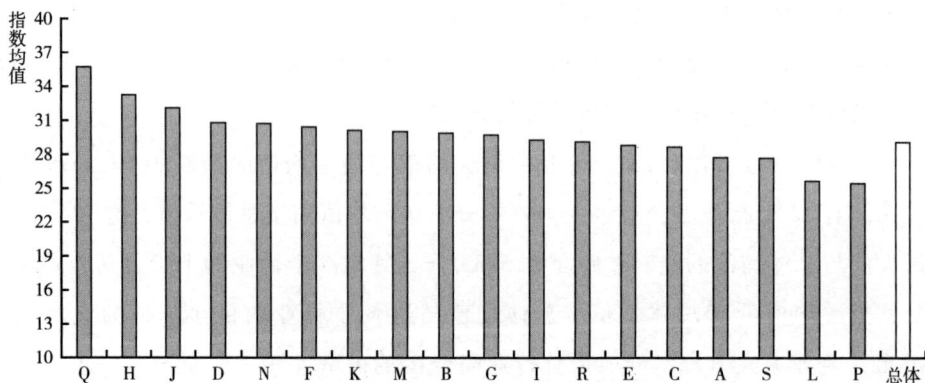

图 12 – 4　2018 年不同行业上市公司企业家人力资本分项指数比较

12.3　企业家关系网络能力分项指数排名及比较

企业家关系网络能力分项指数侧重评价企业家的社会兼职和影响。本节主要对企业家关系网络能力分项指数排名的各种情况进行比较说明和分析。

12.3.1　企业家关系网络能力分项指数总体分布

基于3490家上市公司企业家关系网络能力的各项指标，我们得出了每家上市公司企业家关系网络能力分项指数。以10分为间隔，可以将企业家关系网络能力分项指数划分为8个区间段（公司数目为0的指数区间合并），每个分数区间段的公司数目和所占比重参见表12-5。

表12-5　2018年上市公司企业家关系网络能力分项指数区间分布

指数区间	公司数目	占比(%)	累计占比(%)
[0,10)	2290	65.62	65.62
[10,20)	853	24.44	90.06
[20,30)	243	6.96	97.02
[30,40)	79	2.26	99.28
[40,50)	15	0.43	99.71
[50,60)	9	0.26	99.97
[60,70)	1	0.03	100.00
[70,100]	0	0.00	100.00
总　　计	3490	100.00	—

由表12-5可见，2018年企业家关系网络能力分项指数只分布在[0,70)区间，且主要集中在[0,20)区间，有3143家公司，占样本总数的90.06%，分布很集中。特别需要指出的是，2018年企业家关系网络能力分项指数中，有1723家上市公司得分为0，占全体上市公司的49.37%。

由图12-5可以直观地看出企业家关系网络能力分项指数的分布区间。可以看到，2018年企业家关系网络能力分项指数从低分到高分的公司数目呈明显下降趋势，大部分公司的指数得分很低，得分主要集中在低分区间。关系网络能力的低水平可能与近些年的强力反腐有一定关系。

12.3.2　分地区企业家关系网络能力分项指数比较

按照四个地区的划分，我们进一步统计了四个地区上市公司企业家关系网络能力分项指数，参见表12-6。

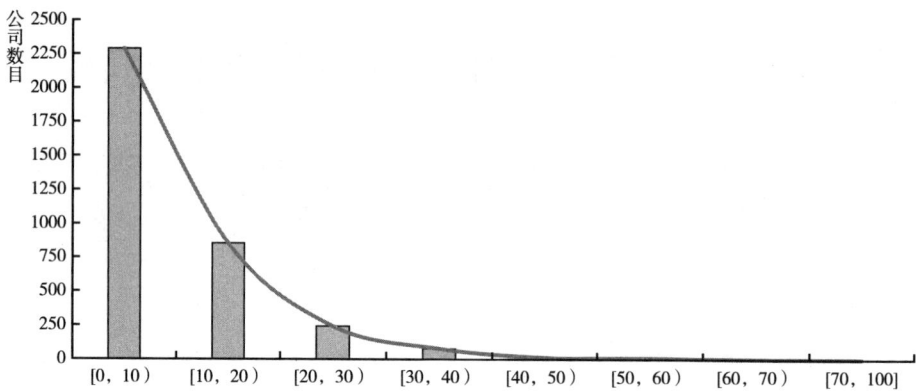

图 12 - 5　2018 年上市公司企业家关系网络能力分项指数区间分布

表 12 - 6　2018 年不同地区上市公司企业家关系网络能力分项指数比较

排序	地区	公司数目	平均值	中位值	最大值	最小值	标准差
1	中部	454	8.5781	5.5556	66.6667	0.0000	10.8713
2	东北	149	7.0470	5.5556	55.5556	0.0000	9.7223
3	东部	2418	6.3551	0.0000	55.5556	0.0000	8.7648
4	西部	469	6.2781	5.5556	50.0000	0.0000	8.4748
总 体		3490	6.6635	5.5556	66.6667	0.0000	9.0981

从表 12 - 6 可以看到，四个地区中，中部地区企业家关系网络能力分项指数均值最高，西部地区企业家关系网络能力分项指数均值最低，二者绝对差距为 2.3000 分，差距不算大。

图 12 - 6 直观地反映了四个地区上市公司企业家关系网络能力分项指数均值的差异。可以看到，中部地区企业家关系网络能力分项指数明显地高于总体均值，东北地区企业家关系网络能力分项指数略高于总体均值，而东部和西部两个地区的企业家关系网络能力分项指数比较接近，都低于总体均值。

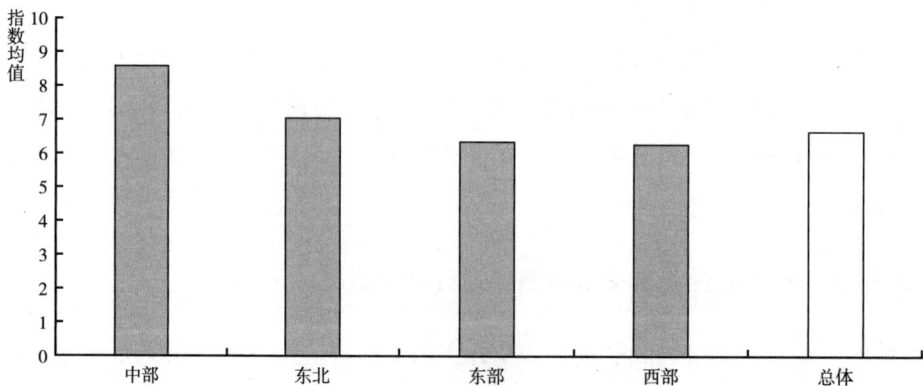

图 12 - 6　2018 年不同地区上市公司企业家关系网络能力分项指数比较

12.3.3 分行业企业家关系网络能力分项指数比较

用各个行业内的上市公司企业家关系网络能力分项指数的平均值来代表各个行业的上市公司企业家关系网络能力分项指数，然后把各个行业的上市公司企业家关系网络能力分项指数按照由高到低的顺序进行排名，具体排名结果参见表 12-7。

表 12-7 2018 年不同行业上市公司企业家关系网络能力分项指数比较

排名	行业	公司数目	平均值	中位值	最大值	最小值	标准差
1	农、林、牧、渔业（A）	41	11.7886	5.5556	44.4444	0.0000	12.6805
2	教育（P）	8	10.4167	11.1111	27.7778	0.0000	9.1227
3	文化、体育和娱乐业（R）	58	8.7165	5.5556	55.5556	0.0000	11.8247
4	水利、环境和公共设施管理业（N）	50	8.6667	5.5556	44.4444	0.0000	9.6002
5	科学研究和技术服务业（M）	48	8.3333	5.5556	38.8889	0.0000	10.5658
6	卫生和社会工作（Q）	12	7.8704	5.5556	44.4444	0.0000	12.4132
7	建筑业（E）	90	7.0370	5.5556	38.8889	0.0000	8.0658
8	制造业（C）	2178	6.8896	5.5556	66.6667	0.0000	9.3432
9	租赁和商务服务业（L）	53	6.7086	0.0000	44.4444	0.0000	10.2993
10	电力、热力、燃气及水生产和供应业（D）	105	6.2963	5.5556	27.7778	0.0000	6.3093
11	信息传输、软件和信息技术服务业（I）	267	5.7636	0.0000	55.5556	0.0000	9.4130
12	金融业（J）	88	5.6818	0.0000	33.3333	0.0000	8.3801
13	房地产业（K）	124	5.6452	0.0000	44.4444	0.0000	7.8881
14	批发和零售业（F）	164	5.6233	0.0000	38.8889	0.0000	7.3586
15	综合（S）	21	5.5556	0.0000	33.3333	0.0000	8.7841
16	交通运输、仓储和邮政业（G）	97	4.5819	5.5556	27.7778	0.0000	5.6707
17	采矿业（B）	76	4.4591	0.0000	22.2222	0.0000	5.6670
18	住宿和餐饮业（H）	9	4.3210	0.0000	11.1111	0.0000	5.3990
	总　计	3490	6.6635	5.5556	66.6667	0.0000	9.0981

注：居民服务、修理和其他服务业（O）只有 1 家上市公司，难以代表该行业整体水平，故排名时剔除。

从表 12-7 可以看出，18 个行业中，行业最大均值与最小均值的差距为 7.4676 分。有 9 个行业的企业家关系网络能力分项指数均值高于总体均值，这 9 个行业的最大均值与总体均值的绝对差距是 5.1251 分；其他 9 个行业的企业家关系网络能力分项指数均值低于总体均值，总体均值与行业最小均值的绝对差距为 2.3425 分。这说明企业家关系网络能力分项指数高分区行业的内部差距较大。上市公司企业家关系网络能力分项指数均值排名前三位的行业分别是农、林、牧、渔业（A），教育（P），文化、体育和娱乐业（R）；排名最后三位的行业分别是住宿和餐饮业（H），采矿业（B），交通运输、仓储和邮政业（G）。

图 12 – 7 直观地反映了不同行业企业家关系网络能力分项指数均值的差异。可以看到，各行业上市公司企业家关系网络能力分项指数相互之间有一定的差距，排名前两位的农、林、牧、渔业（A）和教育（P）两个行业明显高于其他行业，而排名最后的住宿和餐饮业（H），采矿业（B），交通运输、仓储和邮政业（G）三个行业则明显低于其他行业。

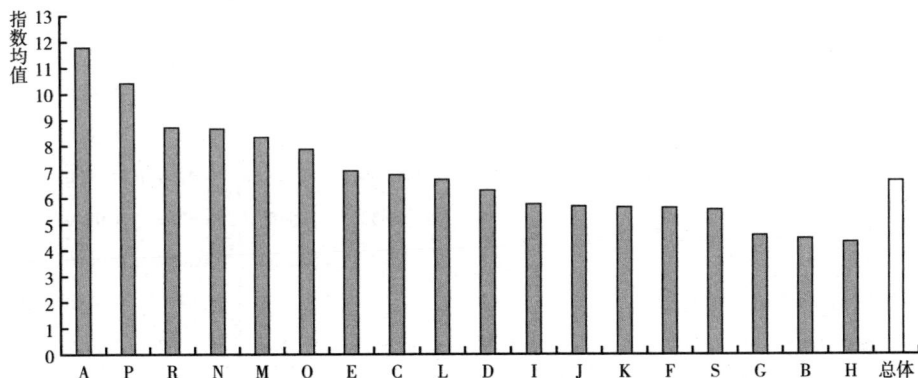

图 12 – 7　2018 年不同行业上市公司企业家关系网络能力分项指数比较

12.4　企业家社会责任能力分项指数排名及比较

企业家社会责任能力分项指数侧重评价企业家对利益相关者的回报和义务。本节主要对企业家社会责任能力分项指数排名的各种情况进行比较和分析。

12.4.1　企业家社会责任能力分项指数总体分布

基于 3490 家上市公司企业家社会责任能力的各项指标，我们得出了每家上市公司企业家社会责任能力分项指数。以 10 分为间隔，可以将企业家社会责任能力分项指数划分为 10 个区间段，每个区间段的公司数目和所占比重参见表 12 – 8。

从表 12 – 8 可以发现，2018 年企业家社会责任能力分项指数区间分布与其他几个分项指数相比更加分散，从区间［0，10）到区间［80，90）均有分布。但其中大部分上市公司企业家社会责任能力分项指数集中在区间［50，80），共有 2821 家公司，占总体的 80.83%。

由图 12 – 8 可以直观地看出企业家社会责任能力分项指数的区间分布。

表 12 - 8　2018 年上市公司企业家社会责任能力分项指数区间分布

指数区间	公司数目	占比（%）	累计占比（%）
［0，10）	30	0.86	0.86
［10，20）	54	1.55	2.41
［20，30）	123	3.52	5.93
［30，40）	421	12.06	17.99
［40，50）	3	0.09	18.08
［50，60）	615	17.62	35.70
［60，70）	1318	37.77	73.47
［70，80）	888	25.44	98.91
［80，90）	38	1.09	100.00
［90，100］	0	0.00	100.00
总　　计	3490	100.00	—

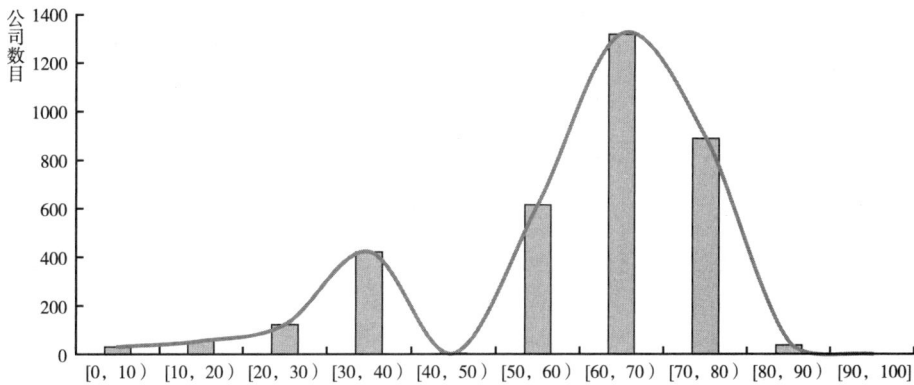

图 12 - 8　2018 年上市公司企业家社会责任能力分项指数区间分布

12.4.2　分地区企业家社会责任能力分项指数比较

按照四个地区的划分，我们进一步统计了不同地区上市公司企业家社会责任能力分项指数，参见表 12 - 9。

表 12 - 9　2018 年不同地区上市公司企业家社会责任能力分项指数比较

排序	地区	公司数目	平均值	中位值	最大值	最小值	标准差
1	东部	2418	58.9722	62.5038	88.0447	0.0000	15.3443
2	中部	454	57.5645	62.5023	87.5209	0.0000	16.2635
3	西部	469	55.8338	62.5005	87.5009	0.0000	16.6785
4	东北	149	53.1187	62.5002	87.5856	0.0000	18.9447
总　　计		3490	58.1174	62.5031	88.0447	0.0000	15.8840

从表 12 - 9 可以看到，四个地区中，东部地区企业家社会责任能力分项指数均值最高，东北地区企业家社会责任能力分项指数均值最低。

图 12 - 9 直观地反映了四个地区企业家社会责任能力分项指数均值的差异。可以看到，东部地区企业家社会责任能力分项指数优势较明显，其他三个地区与东部地区则有一定差距。东部地区的企业家社会责任能力分项指数高于总体均值，而中部、西部和东北地区的企业家社会责任能力分项指数则低于总体均值。

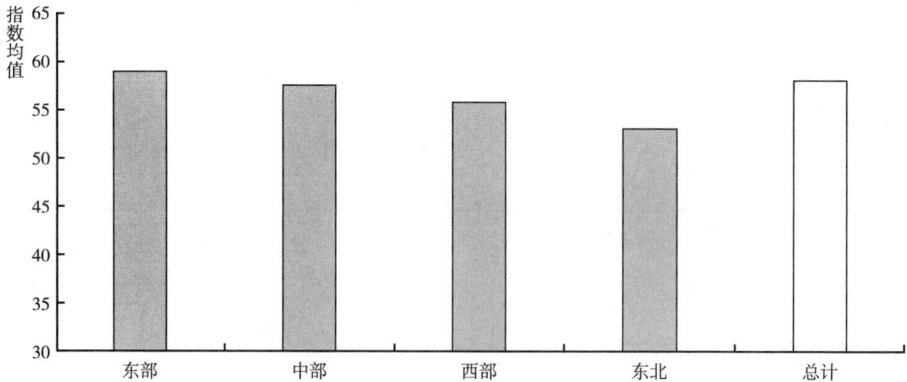

图 12 - 9　2018 年不同地区上市公司企业家社会责任能力分项指数比较

12.4.3　分行业企业家社会责任能力分项指数比较

用各个行业上市公司企业家社会责任能力分项指数的平均值来代表各个行业的上市公司企业家社会责任能力分项指数，然后把各个行业的上市公司企业家社会责任能力分项指数按照由高到低的顺序进行排名，具体排名结果参见表 12 - 10。

从表 12 - 10 可以看出，行业最大均值与最小均值的差距为 18. 3622 分，差距较大。有 4 个行业的企业家社会责任能力分项指数均值高于总体均值，这 4 个行业的最大均值与总体均值之间的绝对差距是 3. 1051 分；其他 14 个行业的企业家社会责任能力分项指数均值低于总体均值，总体均值与这 14 个行业的最小均值之间的绝对差距是 15. 2571 分。这说明企业家社会责任能力分项指数低分区行业的内部差距较大。上市公司企业家社会责任能力分项指数均值排名前三位的行业分别是文化、体育和娱乐业（R），水利、环境和公共设施管理业（N），制造业（C）；排名最后三位的行业分别是综合（S）、住宿和餐饮业（H）、建筑业（E）。

图 12 - 10 直观地反映了不同行业企业家社会责任能力分项指数均值的差异。可以看到，均值最大的文化、体育和娱乐业（R）的企业家社会责任能力分项指数均值有较大优势，均值最小的两个行业综合（S）、住宿和餐饮业（H）与其他行业的差距较大。

表 12 - 10　2018 年不同行业上市公司企业家社会责任能力分项指数比较

排名	行业	公司数目	平均值	中位值	最大值	最小值	标准差
1	文化、体育和娱乐业（R）	58	61.2225	62.5082	87.5067	25.0018	14.7577
2	水利、环境和公共设施管理业（N）	50	59.5066	62.5030	75.0281	0.0000	16.2821
3	制造业（C）	2178	59.1849	62.5037	87.6163	0.0000	15.2934
4	租赁和商务服务业（L）	53	58.5092	62.5023	87.5031	0.0000	17.8096
5	信息传输、软件和信息技术服务业（I）	267	58.0602	62.5020	87.5050	0.0000	15.5059
6	教育（P）	8	57.8264	62.5004	75.0859	25.0030	16.2919
7	交通运输、仓储和邮政业（G）	97	56.8768	62.5041	87.5029	0.0000	14.9913
8	房地产业（K）	124	56.6119	62.5032	87.5856	0.0000	18.4809
9	批发和零售业（F）	164	56.5709	62.5018	75.0804	0.0000	16.0563
10	采矿业（B）	76	55.8156	62.5006	79.5755	12.5000	17.6606
11	科学研究和技术服务业（M）	48	55.7333	62.5016	75.0137	12.5008	14.1139
12	电力、热力、燃气及水生产和供应业（D）	105	55.6513	62.5000	75.2573	12.5010	15.7104
13	农、林、牧、渔业（A）	41	54.5958	50.0129	88.0447	0.0000	18.7196
14	金融业（J）	88	54.1565	50.3778	87.5565	12.5048	16.6845
15	卫生和社会工作（Q）	12	53.1346	50.0066	75.0065	37.5000	14.2282
16	建筑业（E）	90	52.8182	62.5005	75.1055	0.0000	18.7107
17	住宿和餐饮业（H）	9	47.2351	50.0052	75.0101	12.5000	17.4360
18	综合（S）	21	42.8603	37.5101	75.0030	0.0000	21.1296
	总　体	3490	58.1174	62.5031	88.0447	0.0000	15.8840

注：居民服务、修理和其他服务业（O）只有 1 家上市公司，难以代表该行业整体水平，故排名时剔除。

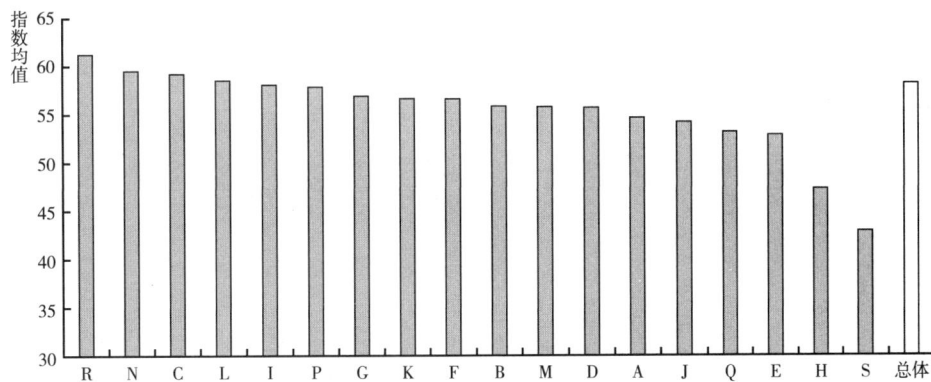

图 12 - 10　2018 年不同行业上市公司企业家社会责任能力分项指数比较

12.5　企业家战略领导能力分项指数排名及比较

企业家战略领导能力分项指数侧重评价企业家的实际贡献及其对企业发展战略的掌控能力。本节主要对企业家战略领导能力分项指数排名的各种情况进行比较和分析。

12.5.1 企业家战略领导能力分项指数总体分布

基于 3490 家上市公司企业家战略领导能力的各项指标，我们得出了每家上市公司企业家战略领导能力分项指数。以 10 分为间隔，可以将企业家战略领导能力分项指数划分为 8 个区间段（公司数目为 0 的指数区间合并），每个区间段的公司数目和所占比重参见表 12 – 11。

表 12 – 11　2018 年上市公司企业家战略领导能力分项指数区间分布

指数区间	公司数目	占比（%）	累计占比（%）
[0,10)	10	0.29	0.29
[10,20)	865	24.79	25.07
[20,30)	1903	54.53	79.60
[30,40)	617	17.68	97.28
[40,50)	86	2.46	99.74
[50,60)	7	0.20	99.94
[60,70)	2	0.06	100.00
[70,100]	0	0.00	100.00
总　计	3490	100.00	—

由表 12 – 11 可见，2018 年企业家战略领导能力分项指数只分布在 [0，70) 区间，且主要集中分布在 [10，40) 区间，共有 3385 家公司，占比为 96.99%。

图 12 – 11 直观地显示了企业家战略领导能力分项指数的分布区间。可以看出，企业家战略领导能力分项指数分布较为集中，而且只有 2 家公司能够达到 60 分及格线，说明 2018 年各上市公司企业家战略领导能力表现不佳，这可能与经济普遍下行有一定关系。

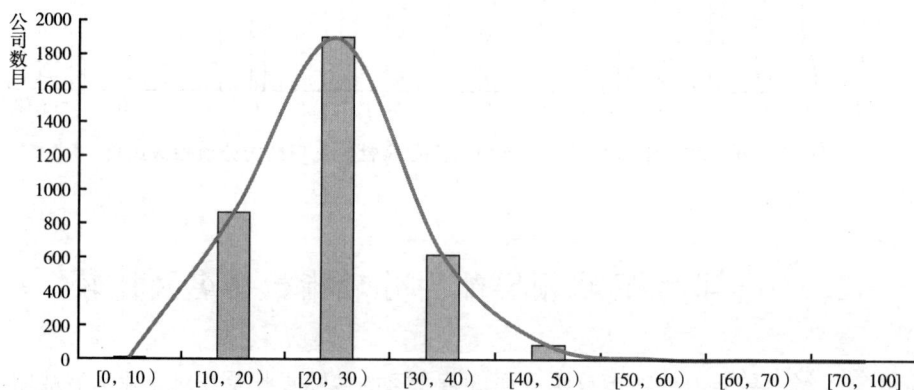

图 12 – 11　2018 年上市公司企业家战略领导能力分项指数区间分布

12.5.2　分地区企业家战略领导能力分项指数比较

按照四个地区的划分，我们进一步统计了不同地区上市公司的企业家战略领导能力分项指数，参见表12－12。

表 12－12　2018 年不同地区上市公司企业家战略领导能力分项指数比较

排序	地区	公司数目	平均值	中位值	最大值	最小值	标准差
1	东部	2418	25.7568	26.9809	68.3787	8.8111	7.9996
2	中部	454	25.2149	26.9818	47.7343	8.9776	7.8147
3	东北	149	23.4054	26.2847	41.8699	10.0448	7.6099
4	西部	469	22.6977	26.2851	43.5737	9.2913	7.7143
总　计		3490	25.1748	26.8165	68.3787	8.8111	7.9933

从表12－12可以看到，四个地区企业家战略领导能力分项指数差距不大。东部上市公司企业家战略领导能力分项指数均值最高，其次是中部和东北，西部最低。

图12－12直观地反映了四个地区企业家战略领导能力分项指数均值的差异。可以看到，东部和中部地区企业家战略领导能力分项指数均值略高于总体均值，东北和西部地区企业家战略领导能力分项指数均值低于总体均值。

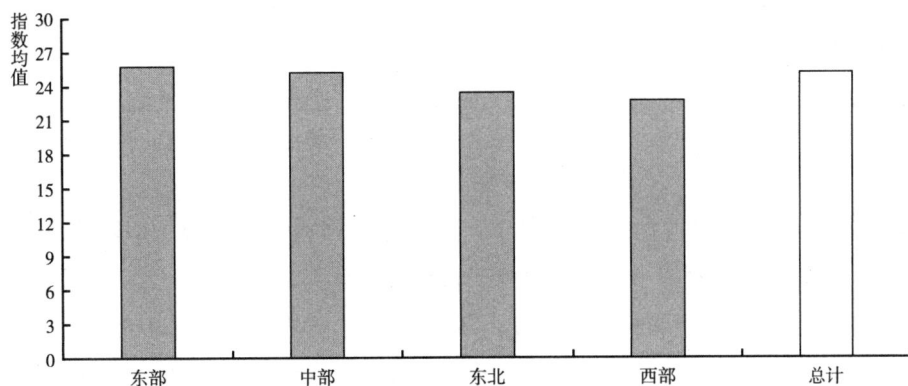

图 12－12　2018 年不同地区上市公司企业家战略领导能力分项指数比较

12.5.3　分行业企业家战略领导能力分项指数比较

用各个行业的上市公司企业家战略领导能力分项指数的平均值来代表各个行业的上市公司企业家战略领导能力分项指数，然后把各个行业的上市公司企业家战略领导能力分项指数按照由高到低的顺序进行排名，具体排名结果参见表12－13。

表 12－13　2018 年不同行业上市公司企业家战略领导能力分项指数比较

排名	行业	公司数目	平均值	中位值	最大值	最小值	标准差
1	批发和零售业（F）	164	26.8126	27.6532	57.4231	10.0448	7.9745
2	采矿业（B）	76	26.3463	26.8386	55.6102	10.8131	9.0377
3	制造业（C）	2178	26.1812	27.1803	52.0840	8.9776	7.2458
4	卫生和社会工作（Q）	12	25.2791	22.3420	41.9485	12.1731	11.6489
5	文化、体育和娱乐业（R）	58	25.0214	26.8730	44.5270	11.9946	8.9814
6	教育（P）	8	24.8776	26.3408	41.8588	10.9256	10.2640
7	综合（S）	21	24.6048	25.9820	43.3880	9.2540	9.7591
8	租赁和商务服务业（L）	53	23.6744	26.2851	43.4081	10.8320	8.0859
9	建筑业（E）	90	23.6428	26.3840	45.8478	10.9732	8.7592
10	住宿和餐饮业（H）	9	23.6192	26.6790	45.7916	11.5755	10.9401
11	科学研究和技术服务业（M）	48	23.5352	26.8759	44.0540	11.8250	8.9285
12	农、林、牧、渔业（A）	41	23.4772	26.0471	42.8383	11.0141	8.4257
13	金融业（J）	88	23.3354	25.0741	68.3787	9.1098	12.4767
14	信息传输、软件和信息技术服务业（I）	267	22.7567	26.2902	48.7104	10.5123	7.5590
15	交通运输、仓储和邮政业（G）	97	22.4351	26.1393	48.3363	10.2480	8.7140
16	水利、环境和公共设施管理业（N）	50	21.4564	16.5427	41.0946	10.7220	9.3506
17	房地产业（K）	124	21.3912	25.5696	42.8726	8.8111	8.3217
18	电力、热力、燃气及水生产和供应业（D）	105	21.1630	25.7736	43.7505	10.2041	8.0213
	总　计	3490	25.1748	26.8165	68.3787	8.8111	7.9933

注：居民服务、修理和其他服务业（O）只有 1 家上市公司，难以代表该行业整体水平，故排名时剔除。

从表 12－13 可以看出，18 个行业中，行业最大均值与最小均值的差距为 5.6496 分。有 4 个行业的企业家战略领导能力分项指数均值高于总体均值，这 4 个行业的最大均值与总体均值的绝对差距是 1.6378 分；其他 14 个行业的企业家战略领导能力分项指数均值低于总体均值，总体均值与这 14 个行业的最小均值的绝对差距是 4.0118 分。这说明企业家战略领导能力分项指数低分区行业的内部差距较大。上市公司企业家战略领导能力分项指数均值排名前三位的行业分别是批发和零售业（F）、采矿业（B）、制造业（C）；排名最后三位的分别是电力、热力、燃气及水生产和供应业（D），房地产业（K），水利、环境和公共设施管理业（N）。

图 12－13 直观地反映了不同行业上市公司企业家战略领导能力分项指数均值的差异。可以看到，各行业上市公司企业家战略领导能力分项指数均值自高到低，变化比较平缓，各行业之间差距不大。

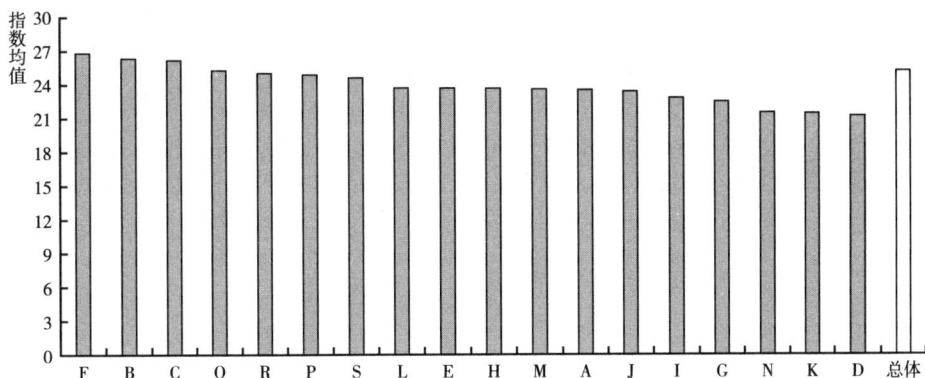

图 12 – 13 2018 年不同行业上市公司企业家战略领导能力分项指数比较

12.6 本章小结

本章从总体、地区和行业三个方面，对企业家能力的四个分项指数，即人力资本、关系网络能力、社会责任能力和战略领导能力进行了全面分析，通过分析我们发现：

（1）从企业家能力四个分项指数比较看，企业家社会责任能力分项指数均值最高，关系网络能力分项指数均值最低。企业家社会责任能力分项指数较高，与本报告对社会责任的认识以及相应的指标设计有关。该分项指数评价主要涉及两个角度，一是公益行为；二是对主要利益相关者的责任。企业家对社会公益的贡献，不宜以绝对额来评价，而宜以公益行为来评价；企业家对利益相关者的责任，有的可能因信息披露缺陷而得分较高，这是社会责任评价方面的一个难以避免的缺憾。企业家关系网络能力分项指数很低，反映了目前社会对关系网络的一些偏差认识。

（2）从地区来看，企业家人力资本分项指数均值从高到低依次是西部、中部、东北和东部；企业家关系网络能力分项指数均值从高到低依次是中部、东北、东部和西部；企业家社会责任能力分项指数均值从高到低依次是东部、中部、西部和东北；企业家战略领导能力分项指数均值从高到低依次是东部、中部、东北和西部。总体看，在四个分项指数中，中部表现相对较好，西部表现相对较差。

（3）从行业来看，企业家人力资本分项指数均值排名前三位的行业分别是卫生和社会工作（Q）、住宿和餐饮业（H）、金融业（J）；企业家关系网络能力分项指数均值排名前三位的行业分别是农、林、牧、渔业（A），教育（P），文化、体育和娱乐业（R）；企业家社会责任能力分项指数均值排名前三位的行业分别是文化、体育和娱乐业（R），水利、环境和公共设施管理业（N），制造业（C）；企业家战略领导能力分项指数均值排名前三位的行业分别是批发和零售业（F）、采矿业（B）、制造业（C）。在四个分项指数中，各行业排名并没有表现出特别的规律性。

第13章　企业家能力指数的所有制比较

根据第1章的控股或所有制类型划分，本章对2018年3490家样本上市公司的企业家能力指数及四个分项指数从所有制角度进行比较，以了解国有控股公司和非国有控股公司在企业家能力方面存在的异同。

13.1　企业家能力指数总体的所有制比较

13.1.1　企业家能力指数总体比较

不同的所有制会对上市公司企业家能力产生影响，表13-1比较了不同所有制上市公司的企业家能力指数，并按照均值从高到低的顺序进行了排序。

表13-1　2018年不同所有制上市公司企业家能力指数比较

排序	所有制类型	公司数目	平均值	中位值	最大值	最小值	标准差
1	国有绝对控股公司	255	31.7049	31.7357	46.0263	13.2858	5.6813
2	无国有股份公司	1575	31.6927	31.9320	48.4316	9.4259	5.8269
3	国有参股公司	866	31.6428	32.1353	46.3162	10.2914	6.0357
4	国有弱相对控股公司	368	31.3652	32.0172	49.1816	10.3990	5.8554
5	国有强相对控股公司	426	31.1817	31.5104	51.9054	12.1047	5.4419
总　体		3490	31.5843	31.9105	51.9054	9.4259	5.8295

从表13-1可以看出，五种所有制上市公司的企业家能力指数均值都远低于60分的及格线。国有绝对控股公司的企业家能力指数均值最高，为31.7049分，国有强相对控股公司的企业家能力指数均值最低，为31.1817分。最大均值与最小均值的绝对差距

为 0.5232 分，差距不大。从中位值看，国有参股公司企业家能力指数最大，国有强相对控股公司企业家能力指数最小。从标准差看，也是国有参股公司的标准差最大，国有强相对控股公司的标准差最小，但五类公司标准差之间的差异很小，即离散程度差不多。

图 13 - 1 更直观地反映了不同所有制上市公司企业家能力指数的差异。可以看出，不同所有制上市公司的企业家能力指数均值相差不大。国有绝对控股公司、无国有股份公司以及国有参股公司的企业家能力指数均值高于总体均值，国有弱相对控股公司和国有强相对控股公司的企业家能力指数均值低于总体均值。

如果按照第一大股东中的国有股份比例从大到小排列，可以看出，随着第一大股东中的国有持股比例的降低，企业家能力指数均值先下降后上升，国有绝对控股公司和无国有股份公司的企业家能力是两个"波峰"。这意味着，国有绝对控股公司和无国有股份公司有相对较多的优秀企业家。国有绝对控股公司一般拥有较多的"垄断"优势，会吸引一些优秀企业家；无国有股份公司则可能由于没有国有股东的限制，薪酬激励较高，也会吸引和鼓励较多的企业家更好地施展自己的才华，有利于企业家的成长。

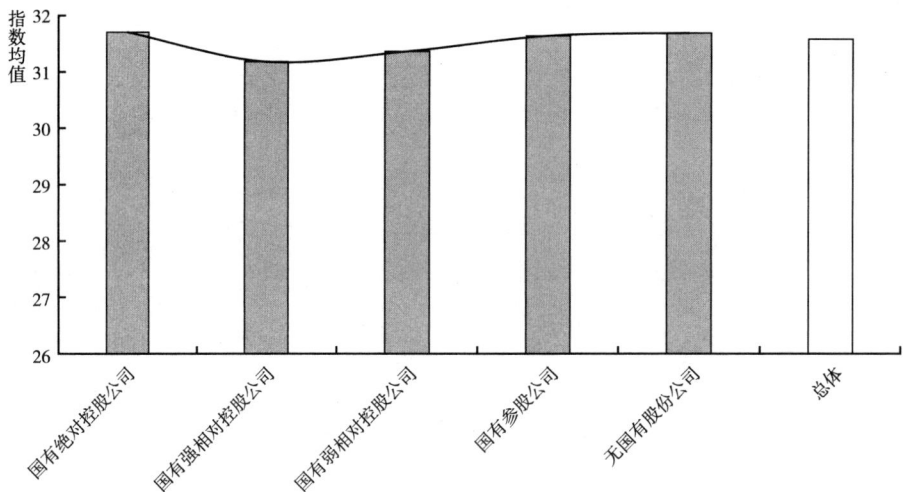

图 13 - 1 2018 年不同所有制上市公司企业家能力指数均值比较

我们进一步将国有绝对控股公司、国有强相对控股公司和国有弱相对控股公司归类为国有控股公司，将国有参股公司和无国有股份公司归类为非国有控股公司。表 13 - 2 比较了国有控股公司和非国有控股公司的企业家能力指数。

从表 13 - 2 可以看出，2018 年上市公司中，非国有控股公司企业家能力指数均值与中位值均略高于国有控股公司，前者高出后者均值 0.3017 分、中位值 0.2994 分。就标准差反映的离散程度看，非国有控股公司的离散程度稍高。

表 13 - 2 2018 年国有控股和非国有控股上市公司企业家能力指数比较

排序	所有制	公司数目	平均值	中位值	最大值	最小值	标准差
1	非国有控股公司	2441	31.6750	31.9844	48.4316	9.4259	5.9019
2	国有控股公司	1049	31.3733	31.6850	51.9054	10.3990	5.6517
总 体		3490	31.5843	31.9105	51.9054	9.4259	5.8295

按照最终控制人类型，可以将上市公司划分为最终控制人为中央企业（或监管机构）、地方国企（或监管机构）、民营企业（或个人）的上市公司。表 13 - 3 比较了最终控制人不同的上市公司的企业家能力指数。可以看出，中央企业（或监管机构）最终控制的上市公司的企业家能力指数的均值高于民营企业（或个人）和地方国企（或监管机构）最终控制的上市公司，民营企业（或个人）最终控制的上市公司的企业家能力指数的中位值高于中央企业（或监管机构）和地方国企（或监管机构）最终控制的上市公司。不过，它们之间的差距并不大。

表 13 - 3 2018 年不同最终控制人上市公司企业家能力指数比较

排序	最终控制人	公司数目	平均值	中位值	最大值	最小值	标准差
1	中央企业（或监管机构）	378	31.6961	31.6786	51.9054	10.3990	5.9347
2	民营企业（或个人）	2403	31.6871	32.0108	48.4316	9.4259	5.9143
3	地方国企（或监管机构）	709	31.1764	31.6543	49.1816	12.1047	5.4532
总 体		3490	31.5843	31.9105	51.9054	9.4259	5.8295

13.1.2 企业家能力分项指数总体比较

企业家能力指数包括人力资本、关系网络能力、社会责任能力和战略领导能力四个分项指数，表 13 - 4 对五类所有制上市公司的四个企业家能力分项指数进行了比较。

表 13 - 4 2018 年不同所有制上市公司企业家能力分项指数均值比较

所有制类型	人力资本	关系网络能力	社会责任能力	战略领导能力
国有绝对控股公司	29.6751	5.6645	57.4401	26.2709
国有强相对控股公司	30.0620	5.0209	57.4175	24.7944
国有弱相对控股公司	30.4639	6.5519	56.4107	25.0674
国有参股公司	28.7752	7.2684	57.9195	25.4147
无国有股份公司	28.6531	6.9630	58.9240	24.9935
总 体	29.1210	6.6635	58.1174	25.1748

从表 13 -4 可以看出，五类所有制上市公司的四个企业家能力分项指数存在一定差异。图 13 -2 更直观地反映了不同所有制上市公司企业家能力四个分项指数的差异。可以看出，五类所有制上市公司中，四个分项指数中最高的都是社会责任能力分项指数，关系网络能力分项指数则普遍很低。随着第一大股东中国有股比例的降低，人力资本分项指数呈现先上升后下降态势，三类国有控股公司相对于两类非国有控股公司，有较好的人力资本优势，且国有弱相对控股公司的人力资本优势最强；在关系网络能力分项指数上，两类非国有控股公司高于三类国有控股公司，这意味着非国有控股公司有较强的意愿建立关系网络；在社会责任能力分项指数上，随着第一大股东中国有股比例的降低，呈现先下降后上升的 "U" 形趋势，两类非国有控股公司比三类国有控股公司有更好的社会责任表现；在战略领导能力分项指数上，国有强相对控股公司的表现相对比较差。总体看，国有绝对控股公司和国有弱相对控股公司更偏重于企业家人力资本和战略领导能力，而国有参股公司和无国有股份公司则更偏重于关系网络能力和社会责任能力。

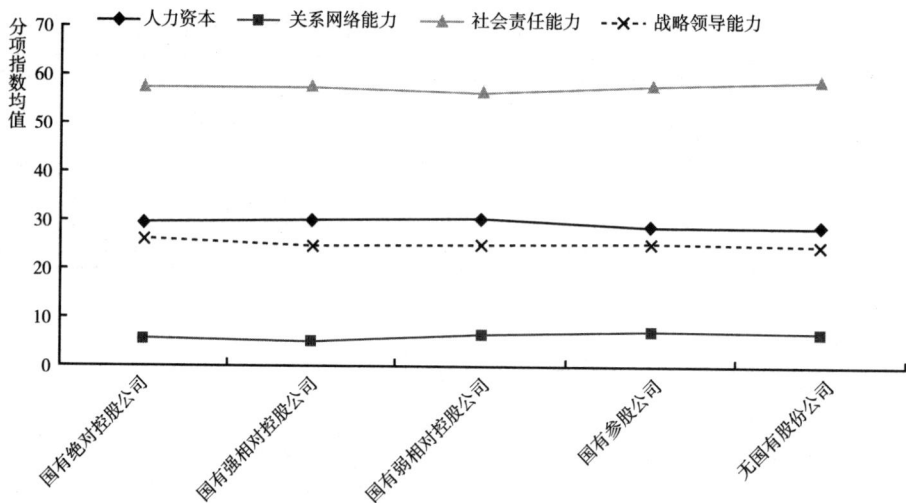

图 13 -2 2018 年不同所有制上市公司企业家能力分项指数均值比较

我们进一步将国有绝对控股公司、国有强相对控股公司和国有弱相对控股公司归类为国有控股公司，将国有参股公司和无国有股份公司归类为非国有控股公司，两者的比较见表 13 -5 和图 13 -3。可以看出，在人力资本和战略领导能力两个分项指数上，国有控股公司高于非国有控股公司；在关系网络能力和社会责任能力两个分项指数上，则是国有控股公司低于非国有控股公司。在四个分项指数上，两大类公司之间差距并不是很大。

表 13－5　2018 年国有控股与非国有控股上市公司企业家能力分项指数均值比较

所有制类型	人力资本	关系网络能力	社会责任能力	战略领导能力
国有控股公司	30.1089	5.7144	57.0698	25.2491
非国有控股公司	28.6964	7.0713	58.5676	25.1429
总　体	29.1210	6.6635	58.1174	25.1748

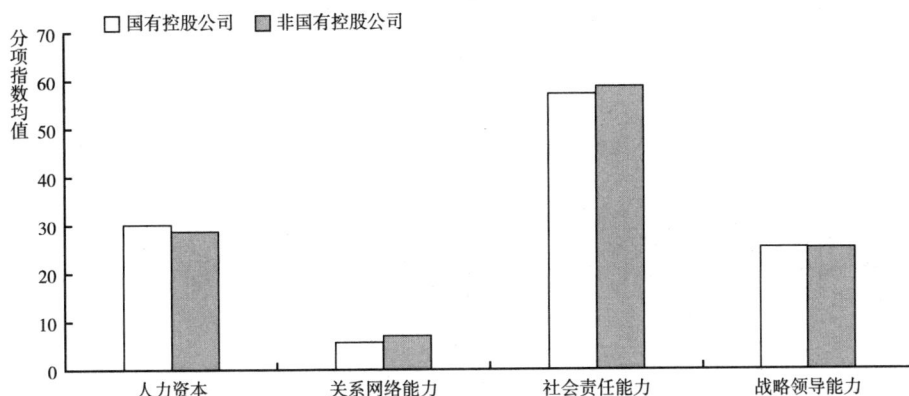

图 13－3　2018 年国有控股与非国有控股上市公司企业家能力分项指数均值比较

按照三类最终控制人划分，三类最终控制人控制的上市公司企业家能力的四个分项指数均值的比较参见表 13－6 和图 13－4。可以看到，中央企业（或监管机构）最终控制的上市公司在人力资本和战略领导能力两个分项指数上高于地方国企（或监管机构）最终控制的上市公司，而且这两类上市公司在人力资本分项指数上都高于民营企业（或个人）最终控制的上市公司；在关系网络能力和社会责任能力这两个分项指数上，则是中央企业（或监管机构）最终控制的上市公司低于地方国企（或监管机构）最终控制的上市公司，并且这两类上市公司都低于民营企业（或个人）最终控制的上市公司。三类最终控制人不同的上市公司在每个分项指数上的差距都不太大。

表 13－6　2018 年不同最终控制人上市公司企业家能力分项指数均值比较

最终控制人	人力资本	关系网络能力	社会责任能力	战略领导能力
中央企业(或监管机构)	30.5801	5.2910	56.5321	26.5853
地方国企(或监管机构)	29.7925	5.9317	57.5056	24.3878
民营企业(或个人)	28.6933	7.0953	58.5473	25.1852
总　体	29.1210	6.6635	58.1174	25.1748

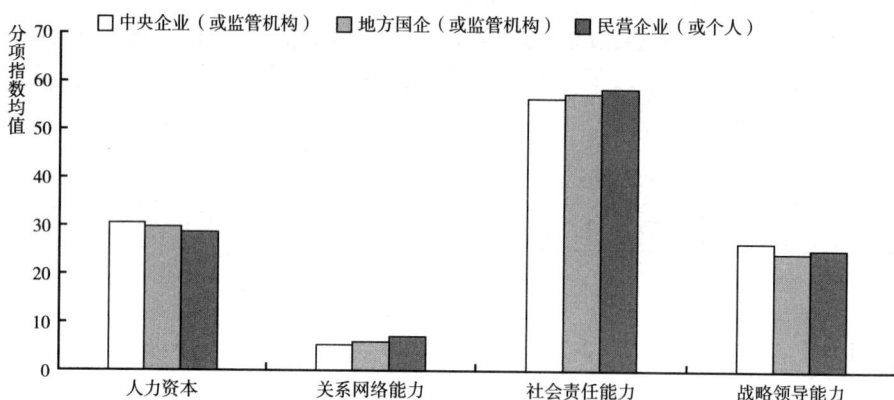

图 13－4　2018 年不同最终控制人上市公司企业家能力分项指数均值比较

13.2　分地区企业家能力指数的所有制比较

根据四个地区的划分，我们对各个地区不同所有制上市公司企业家能力指数及其分项指数进行比较分析。

13.2.1　分地区企业家能力总体指数比较

根据四个地区的划分，我们对四个地区上市公司企业家能力总体指数进行了统计，参见表 13－7。

表 13－7　2018 年不同地区国有与非国有控股公司企业家能力指数比较

地区	所有制类型	公司数目	平均值	中位值	最大值	最小值	标准差
东部	国有控股公司	599	31.9116	32.0755	51.9054	13.2858	5.3955
	非国有控股公司	1819	31.9298	32.2039	48.4316	9.4259	5.7474
	总　体	2418	31.9253	32.1702	51.9054	9.4259	5.6623
中部	国有控股公司	185	31.2229	31.6878	44.3587	12.1047	6.0078
	非国有控股公司	269	32.2134	32.5354	47.9625	11.3019	6.4094
	总　体	454	31.8098	32.2479	47.9625	11.3019	6.2678
西部	国有控股公司	204	30.3305	31.1048	46.0263	17.2303	5.5778
	非国有控股公司	265	30.1122	30.5301	46.3162	10.2914	5.9835
	总　体	469	30.2072	30.7621	46.3162	10.2914	5.8115
东北	国有控股公司	61	30.0310	30.6294	49.1816	10.3990	6.4473
	非国有控股公司	88	29.4699	29.4014	43.5405	16.1749	5.9633
	总　体	149	29.6996	30.1619	49.1816	10.3990	6.1722

从表13-7可以看出，西部和东北地区国有控股公司的企业家能力指数的均值和中位值高于非国有控股公司，东部和中部地区国有控股公司的企业家能力指数的均值和中位值低于非国有控股公司，东北地区企业家能力指数总体落后于其他三个地区。

图13-5直观地反映了四个地区不同所有制上市公司企业家能力指数均值的差异。可以看出，中部地区非国有控股公司企业家能力最高，东北地区非国有控股公司企业家能力最低。

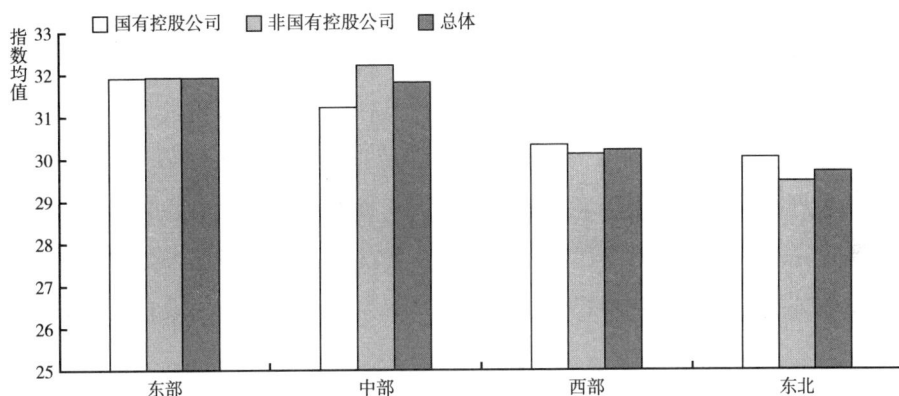

图13-5　2018年不同地区国有与非国有控股公司企业家能力指数均值比较

13.2.2　分地区企业家能力分项指数比较

接下来，我们对四个地区国有控股与非国有控股上市公司的企业家能力分项指数均值进行比较分析，参见表13-8。

表13-8　2018年不同地区国有与非国有控股公司企业家能力分项指数均值比较

地区	所有制类型	人力资本	关系网络能力	社会责任能力	战略领导能力
东部	国有控股公司	30.4066	5.3886	57.8314	26.2391
	非国有控股公司	28.5439	6.6734	59.3479	25.5980
	总　体	29.0054	6.3551	58.9722	25.7568
中部	国有控股公司	29.4247	6.6967	56.5801	25.1137
	非国有控股公司	29.0335	9.8720	58.2415	25.2845
	总　体	29.1929	8.5781	57.5645	25.2149
西部	国有控股公司	29.7094	5.9096	56.2220	22.9377
	非国有控股公司	29.6604	6.5618	55.5349	22.5129
	总　体	29.6817	6.2781	55.8338	22.6977
东北	国有控股公司	30.5972	5.2823	53.9118	23.6672
	非国有控股公司	27.9140	8.2702	52.5690	23.2240
	总　体	29.0125	7.0470	53.1187	23.4054

由表 13 - 8 可知，四个地区两类所有制上市公司在企业家能力指数四个分项指数上的排序并不一致。为了便于比较，我们计算出四个地区非国有控股公司企业家能力四个分项指数均值与对应的国有控股公司企业家能力四个分项指数均值的差值，由此可以反映四个地区两类所有制上市公司企业家能力四个分项指数的差异，如图 13 - 6 所示。可以看出，在人力资本分项指数上，四个地区都是国有控股公司好于非国有控股公司，且东北地区国有控股公司比非国有控股公司有较大的领先优势；在关系网络能力分项指数上，四个地区都是非国有控股公司好于国有控股公司；在社会责任能力分项指数上，东部和中部地区非国有控股公司好于国有控股公司，而西部和东北地区则是国有控股公司好于非国有控股公司；在战略领导能力分项指数上，东部、西部和东北三个地区均是国有控股公司好于非国有控股公司，而中部地区则是非国有控股公司好于国有控股公司。此外，需要指出的是，中部地区上市公司在除人力资本分项指数以外的其他三个分项指数上，都是非国有控股公司好于国有控股公司；西部和东北地区上市公司在除关系网络能力分项指数外的其他三个分项指数上，都是国有控股公司好于非国有控股公司。

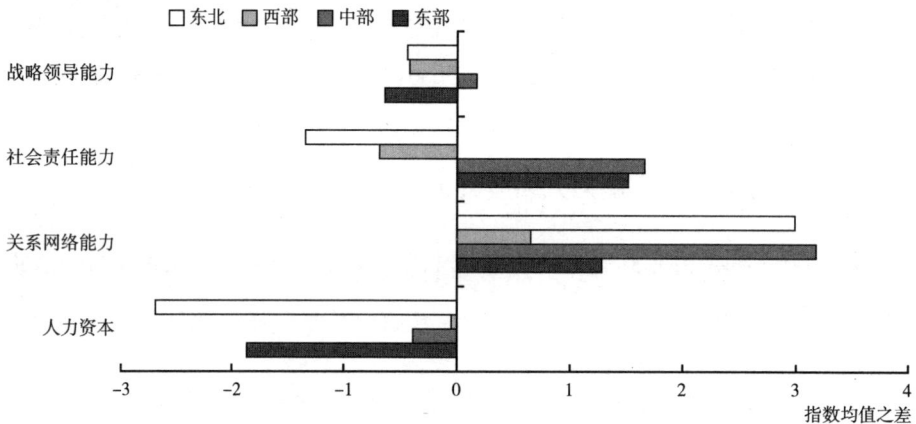

图 13 - 6　2018 年不同地区国有与非国有控股公司企业家能力分项指数均值之差比较

注：指数均值之差 = 非国有控股公司企业家能力分项指数均值 - 国有控股公司企业家能力分项指数均值。

13.3　分行业企业家能力指数的所有制比较

我们选择上市公司较多且具有代表性的六个行业，即制造业（C）、电力、热力、燃气及水生产和供应业（D）、交通运输、仓储和邮政业（G）、信息传输、软件和信息技术服务业（I）、金融业（J）和房地产业（K），从所有制角度对这六个行业上市公司的企业家能力指数以及分项指数进行比较分析。

13.3.1 分行业企业家能力总体指数比较

六个代表性行业不同所有制上市公司的企业家能力指数比较参见表 13-9。

表 13-9 2018 年不同行业国有与非国有控股公司企业家能力指数比较

行业	所有制类型	公司数目	平均值	中位值	最大值	最小值	标准差
制造业（C）	国有控股公司	489	32.0504	32.3921	49.1816	15.2176	5.1377
	非国有控股公司	1689	32.1816	32.3667	47.9625	12.2926	5.7138
	总 体	2178	32.1521	32.3697	49.1816	12.2926	5.5899
电力、热力、燃气及水生产和供应业（D）	国有控股公司	79	30.2993	29.7169	38.9346	12.1047	4.9283
	非国有控股公司	26	28.6933	29.5982	36.6979	16.1620	5.0286
	总 体	105	29.9016	29.6962	38.9346	12.1047	5.0016
交通运输、仓储和邮政业（G）	国有控股公司	67	29.9810	30.5120	40.5304	12.4058	5.4323
	非国有控股公司	30	30.4005	31.0248	48.4316	20.1575	5.7037
	总 体	97	30.1107	30.5120	48.4316	12.4058	5.5211
信息传输、软件和信息技术服务业（I）	国有控股公司	39	30.1625	29.4701	51.9054	10.3990	7.3337
	非国有控股公司	228	30.7347	31.0112	43.9970	11.1158	5.5432
	总 体	267	30.6511	30.9132	51.9054	10.3990	5.8426
金融业（J）	国有控股公司	58	30.5221	31.3473	46.7885	13.1090	7.2517
	非国有控股公司	30	30.1400	28.9832	41.1488	21.4574	5.3921
	总 体	88	30.3918	31.2957	46.7885	13.1090	6.8787
房地产业（K）	国有控股公司	57	30.5092	31.0409	38.7250	14.9545	5.4166
	非国有控股公司	67	29.5169	30.6711	44.7509	10.1801	6.9215
	总 体	124	29.9731	30.9034	44.7509	10.1801	6.2942

从表 13-9 可以看出，六个代表性行业中，制造业（C），交通运输、仓储和邮政业（G），信息传输、软件和信息技术服务业（I）国有控股公司企业家能力指数均值低于非国有控股公司，另外三个行业的国有控股公司企业家能力指数均值高于非国有控股公司，但差异都不是很大。

图 13-7 更直观地反映了六个行业国有控股公司与非国有控股公司企业家能力指数均值的差异。可以看出，六个行业中，国有控股公司企业家能力指数均值最高的是制造业（C），最低的是交通运输、仓储和邮政业（G）；非国有控股公司企业家能力指数均值最高的是制造业（C），最低的是电力、热力、燃气及水生产和供应业（D）。

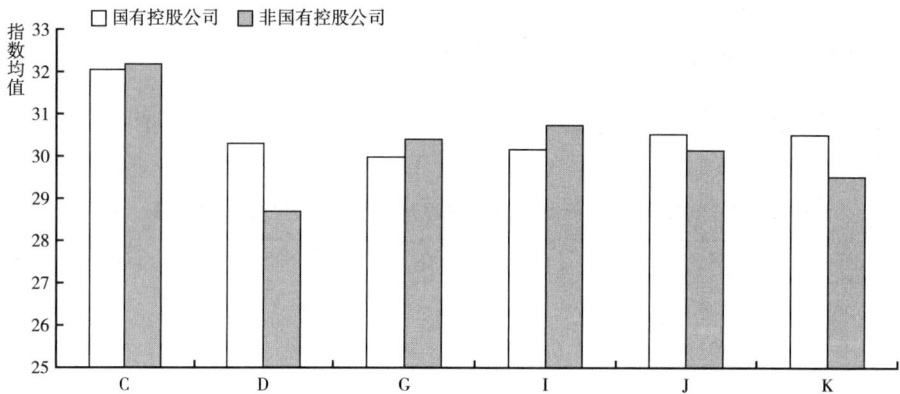

图 13-7 2018 年不同行业国有与非国有控股公司企业家能力指数均值比较

13.3.2 分行业企业家能力分项指数比较

六个行业国有控股与非国有控股上市公司的企业家能力分项指数比较结果参见表 13-10。

表 13-10 2018 年不同行业国有与非国有控股公司企业家能力分项指数比较

行业	所有制类型	人力资本	关系网络能力	社会责任能力	战略领导能力
制造业（C）	国有控股公司	29.5355	5.7146	58.3461	26.6447
	非国有控股公司	28.4623	7.2298	59.4277	26.0470
	总　体	28.7033	6.8896	59.1849	26.1812
电力、热力、燃气及水生产和供应业（D）	国有控股公司	31.9078	6.3994	54.8187	22.2501
	非国有控股公司	27.4176	5.9829	58.1812	17.8599
	总　体	30.7959	6.2963	55.6513	21.1630
交通运输、仓储和邮政业（G）	国有控股公司	30.4584	4.0630	56.5873	22.0874
	非国有控股公司	28.1667	5.7407	57.5235	23.2117
	总　体	29.7496	4.5819	56.8768	22.4351
信息传输、软件和信息技术服务业（I）	国有控股公司	30.2564	7.1225	56.1101	21.4886
	非国有控股公司	29.1447	5.5312	58.3937	22.9736
	总　体	29.3071	5.7636	58.0602	22.7567
金融业（J）	国有控股公司	32.0074	6.3218	52.5549	24.7543
	非国有控股公司	32.2857	4.4444	57.2529	20.5922
	总　体	32.1023	5.6818	54.1565	23.3354
房地产业（K）	国有控股公司	33.1830	4.8733	57.0881	21.0121
	非国有控股公司	27.5480	6.3018	56.2069	21.7137
	总　体	30.1382	5.6452	56.6119	21.3912

为了便于比较，我们计算出六个行业非国有控股公司企业家能力四个分项指数均值与对应的国有控股公司企业家能力四个分项指数均值的差值，由此可以反映六个行业两类所有制上市公司企业家能力四个分项指数的差异，参见图 13-8。

由图 13-8 可以看出，在人力资本分项指数上，除了金融业（J）之外，其余五个行业的国有控股公司均高于非国有控股公司；在关系网络能力分项指数上，制造业（C），交通运输、仓储和邮政业（G），房地产业（K）三个行业的国有控股公司低于非国有控股公司，其他三个行业都是国有控股公司高于非国有控股公司；在社会责任能力分项指数上，除了房地产业（K）之外，其他五个行业的国有控股公司均低于非国有控股公司；在战略领导能力分项指数上，交通运输、仓储和邮政业（G），信息传输、软件和信息技术服务业（I）和房地产业（K）的非国有控股公司好于国有控股公司，其他三个行业则是国有控股公司好于非国有控股公司。总体看，六个代表性行业中，在人力资本分项指数上，房地产业（K），电力、热力、燃气及水生产和供应业（D）的国有控股公司相比非国有控股公司较为突出；在关系网络能力分项指数上，金融业（J），信息传输、软件和信息技术服务业（I）的国有控股公司相比非国有控股公司较为突出；在社会责任能力分项指数上，金融业（J）的非国有控股公司相比国有控股公司较为突出；在战略领导能力分项指数上，电力、热力、燃气及水生产和供应业（D），金融业（J）的国有控股公司相比非国有控股公司较为突出。

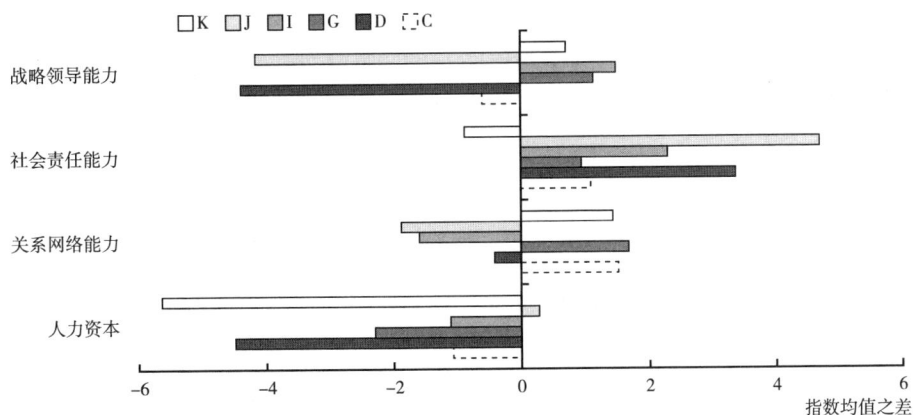

图 13-8　2018 年不同行业国有与非国有控股公司企业家能力分项指数均值之差比较

注：指数均值之差 = 非国有控股公司企业家能力分项指数均值 - 国有控股公司企业家能力分项指数均值。

13.4　本章小结

本章从所有制角度对 2018 年沪深两市 3490 家上市公司企业家能力指数及 4 个分项指数进行了统计和分析，结论如下。

关于企业家能力总体指数：（1）随着第一大股东中国有持股比例的降低，企业家能力指数均值先下降后上升，国有绝对控股公司和无国有股份公司的企业家能力是两个"波峰"，这意味着，国有绝对控股公司和无国有股份公司有相对较多的优秀企业家。（2）总体上，国有控股公司企业家能力指数的均值和中位值与非国有控股公司都非常接近，均值和中位值都是非国有控股公司略高。（3）中央企业（或监管机构）最终控制的上市公司的企业家能力指数均值高于民营企业（或个人）和地方国企（或监管机构）最终控制的上市公司，民营企业（或个人）最终控制的上市公司的企业家能力指数的中位值高于中央企业（或监管机构）和地方国企（或监管机构）最终控制的上市公司。不过，它们之间的差距并不大。（4）从地区看，西部和东北地区国有控股公司的企业家能力指数的均值和中位值高于非国有控股公司，东部和中部地区国有控股公司的企业家能力指数的均值和中位值低于非国有控股公司，东北地区企业家能力指数总体落后于其他三个地区。（5）从行业看，六个代表性行业中，制造业（C），交通运输、仓储和邮政业（G），信息传输、软件和信息技术服务业（I）国有控股公司企业家能力指数均值低于非国有控股公司，其他三个行业国有控股公司企业家能力指数均值高于非国有控股公司，但差异都不是很大。

关于企业家能力分项指数：（1）总体上看，国有绝对控股公司和国有弱相对控股公司更偏重于企业家人力资本和战略领导能力；而国有参股公司和无国有股份公司则更偏重于关系网络能力和社会责任能力。（2）中央企业（或监管机构）控制的公司在人力资本和战略领导能力两个分项指数上高于地方国企（或监管机构）控制的公司，前者也高于民营企业（或个人）控制的公司；在关系网络能力和社会责任能力这两个分项指数上，则是中央企业（或监管机构）控制的公司低于地方国企（或监管机构）控制的公司，并且这两类公司都低于民营企业（或个人）控制的公司。（3）从地区看，中部地区上市公司在除人力资本分项指数以外的其他三个分项指数上，都是非国有控股公司好于国有控股公司；西部和东北地区上市公司在除关系网络能力分项指数外的其他三个分项指数上，都是国有控股公司好于非国有控股公司；东部在关系网络能力和社会责任能力两个分项指数上非国有控股公司好于国有控股公司，而在其他两个分项指数上则是国有控股公司好于非国有控股公司。（4）从行业看，在六个代表性行业中，在人力资本分项指数上，房地产业（K），电力、热力、燃气及水生产和供应业（D）国有控股公司相比非国有控股公司较为突出；在关系网络能力分项指数上，金融业（J），信息传输、软件和信息技术服务业（I）国有控股公司相比非国有控股公司较为突出；在社会责任能力分项指数上，金融业（J）非国有控股公司相比国有控股公司较为突出；在战略领导能力分项指数上，电力、热力、燃气及水生产和供应业（D），金融业（J）国有控股公司相比非国有控股公司较为突出。

第 14 章　企业家能力指数的年度比较 (2011~2018)

2012~2018 年，我们对 2011 年、2013 年、2015 年、2016 年和 2017 年五个年度的中国上市公司企业家能力水平进行了测度，今年是第六次测度。本章将从总体、地区、行业、所有制和上市板块等多个角度，比较分析六个年度中国上市公司企业家能力水平，以便了解企业家能力水平是否有所提高以及提高程度，以期对企业家能力的完善有所启示。需要说明的是，由于评价对象是 CEO（或总经理），而很多公司的 CEO 可能有变化，所以这种比较不是对同一 CEO 的纵向比较，而是一定程度上反映公司选择 CEO 方式的变化。

14.1　企业家能力指数总体的年度比较

六次评估的样本公司不断增加，2011 年有 1939 家，2013 年有 2293 家，2015 年有 2655 家，2016 年有 2840 家，2017 年有 3147 家，2018 年有 3490 家，基本上是对全部上市公司 CEO 的评价。比较六年样本上市公司的企业家能力指数，以及人力资本、关系网络能力、社会责任能力和战略领导能力四个分项指数，结果见表 14-1 和图 14-1。这里需要指出的是，因为 2011 年、2013 年我们在计算企业家能力指数时使用的是均值法，而我们在计算 2015~2018 年企业家能力指数时则使用 AHP 方法，所以本章涉及的所有 2011 年和 2013 年企业家能力指数都是利用第 1 章里提到的 AHP 方法重新计算的。

由表 14-1 和图 14-1 可知，上市公司企业家能力总体指数均值在 2011~2017 年连续下降，2018 年有所上升。相比 2011 年，2018 年下降 4.1305 分；相比 2017 年，2018 年上升 1.8066 分。

表 14-1　2011～2018 年上市公司企业家能力指数均值比较

年份	样本量	总体指数	分项指数			
			人力资本	关系网络能力	社会责任能力	战略领导能力
2011	1939	35.7148	31.1754	12.7898	65.0234	27.3325
2013	2293	34.8096	29.2561	8.4286	67.3003	26.3960
2015	2655	34.0589	28.4504	6.9136	61.1558	30.5138
2016	2840	30.6948	27.7907	6.0452	61.9025	20.6075
2017	3147	29.7777	28.0476	6.3323	60.3379	18.7740
2018	3490	31.5843	29.1210	6.6635	58.1174	25.1748

从四个分项指数看，人力资本和关系网络能力两个分项指数在 2011～2016 年连续下降，2017～2018 年连续上升；社会责任能力和战略领导能力两个分项指数处于波动状态。相比 2011 年，2018 年四个分项指数都是下降的，降幅在 2.0～6.91 分，降幅最大的是社会责任能力分项指数，下降 6.9060 分；相比 2017 年，2018 年除了社会责任能力分项指数下降 2.2205 分外，其他三个分项指数都是上升的，升幅在 0.33～6.41分，升幅最大的是战略领导能力分项指数，上升 6.4008 分。

在六个年度中，企业家社会责任能力分项指数都是最高的，人力资本和战略领导能力两个分项指数比较接近，而关系网络能力则都是最低的，2018 年只有 6.6635 分，这与政府的强力反腐行动应该有一定关联。

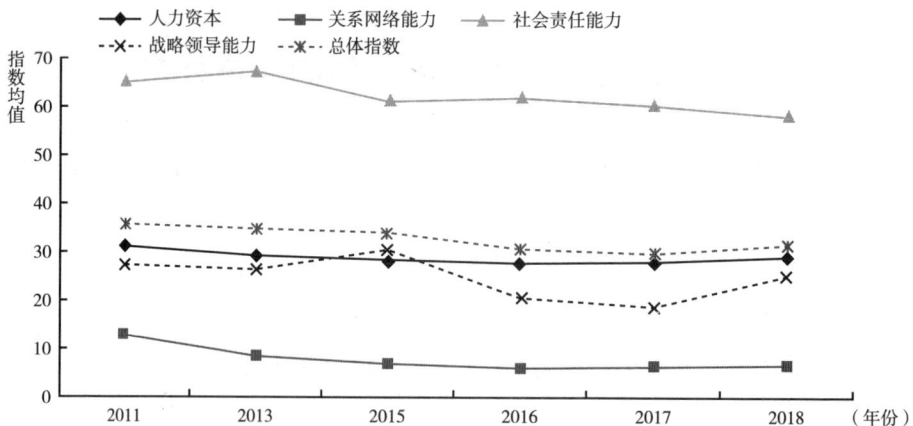

图 14-1　2011～2018 年上市公司企业家能力总体指数及分项指数的变化

14.2　分地区企业家能力指数的年度比较

为体现不同地区上市公司企业家能力情况，我们统计了各地区上市公司企业家能力指数，以及人力资本、关系网络能力、社会责任能力和战略领导能力四个分项指数的平均值，分别用来比较不同地区 2011 年、2013 年，以及 2015～2018 年企业家能力的差异，结果见表 14-2。

表 14-2　2011～2018 年不同地区中国上市公司企业家能力指数均值比较

地区	年份	总体指数	分项指数				总体指数排名
			人力资本	关系网络能力	社会责任能力	战略领导能力	
东部	2011	37.0764	31.8740	13.3074	66.9994	29.0979	1
	2013	35.2368	29.4781	8.2526	68.2440	26.8683	1
	2015	34.5315	28.4254	6.6235	61.9865	31.4443	1
	2016	31.1775	27.7371	5.7790	62.9578	21.3912	1
	2017	29.9032	27.9301	6.0786	60.6884	19.0860	2
	2018	31.9253	29.0054	6.3551	58.9722	25.7568	1
中部	2011	33.9689	29.2953	12.7987	62.6896	25.1964	2
	2013	34.5201	28.0449	10.0252	67.5119	25.2811	2
	2015	34.3358	28.0531	8.9871	61.8937	29.8810	2
	2016	31.0231	27.8429	7.9472	62.0490	20.4075	2
	2017	30.4743	28.1904	8.7247	60.7675	19.1316	1
	2018	31.8098	29.1929	8.5781	57.5645	25.2149	2
西部	2011	32.9734	29.9420	11.2642	61.0806	23.8978	4
	2013	33.3583	29.1603	6.8552	64.0466	25.5780	4
	2015	32.3076	28.9519	6.1198	58.1052	27.7916	3
	2016	28.8794	28.0542	5.5405	58.4952	17.9840	3
	2017	28.8755	28.6210	5.2855	59.1122	17.2272	3
	2018	30.2072	29.6817	6.2781	55.8338	22.6977	3
东北	2011	33.0709	31.8843	11.3815	60.5721	23.2441	3
	2013	34.3554	30.0510	10.5247	64.1865	25.8840	3
	2015	32.2167	28.4658	7.0970	57.1713	28.0703	4
	2016	28.6188	27.6093	5.6803	57.3679	18.3365	4
	2017	28.5537	27.6482	6.0469	57.5842	17.7351	4
	2018	29.6996	29.0125	7.0470	53.1187	23.4054	4

由表 14-2 可以看出以下几点。

第一，从企业家能力总体指数看，六个年度中，东部地区 2011～2017 年连续下降，2018 年有所上升；中部、西部和东北三个地区 2013 年上升，2015～2017 年间连续下降，2018 年又开始上升。相比 2011 年，2018 年四个地区都下降，东部下降幅度最大，下降 5.1511 分；相比 2017 年，2018 年四个地区都上升，东部升幅最大，上升 2.0221 分。

第二，从人力资本分项指数看，相比 2011 年，2018 年四个地区都下降，东北降幅最大，下降 2.8718 分；相比 2017 年，2018 年四个地区都上升，东北升幅最大，上升

1. 3643 分。

第三，从关系网络能力分项指数看，相比 2011 年，2018 年四个地区都下降，东部降幅最大，下降 6.9523 分；相比 2017 年，2018 年除中部外，其他三个地区都上升，但升幅都没有超过 1.1 分。

第四，从社会责任能力分项指数看，相比 2011 年，2018 年四个地区都下降，东部降幅最大，下降 8.0272 分；相比 2017 年，2018 年四个地区也都下降，东北降幅最大，下降 4.4655 分。

第五，从战略领导能力分项指数看，相比 2011 年，2018 年东部、西部下降，东部降幅较大，下降 3.3411 分，中部和东北都略有上升，升幅都没有超过 0.2 分；相比 2017 年，2018 年四个地区都是上升的，东部升幅最大，上升 6.6708 分。

图 14 - 2 显示了四个地区企业家能力总体指数的变化。从总体指数排名看，2011 年和 2013 年的排名是相同的，自高到低依次是东部、中部、东北和西部；2015 年、2016 年和 2018 年的排名是相同的，自高到低依次是东部、中部、西部和东北；2017 年的排名自高到低依次是中部、东部、西部和东北。东部和中部地区六个年度都排在前两位。

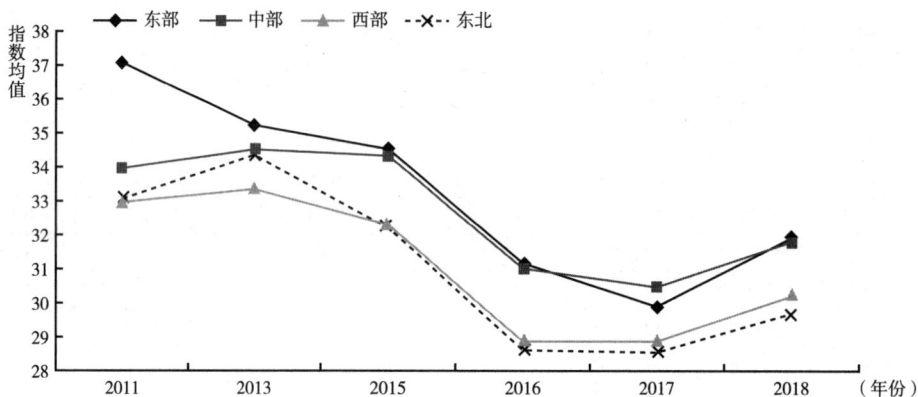

图 14 - 2　2011~2018 年不同地区上市公司企业家能力总体指数的变化

14.3　分行业企业家能力指数的年度比较

用各行业上市公司企业家能力总体指数，以及人力资本、关系网络能力、社会责任能力和战略领导能力四个分项指数的平均值来代表各行业上市公司企业家能力情况，分别比较不同行业不同年度企业家能力水平的差异。需要说明的是，由于《中国上市公司企业家能力指数报告 2012》使用的是《上市公司行业分类（2001 年）》，与之后报告使用的《上市公司行业分类（2012 年）》有所不同，因此，2011 年企业家能力指数不再纳入本年度比较分析，只比较 2013 年以及 2015～2018 年五个年度的企业家能力指数，结果参见表 14－3。

表 14－3　2013～2018 年不同行业上市公司企业家能力指数均值比较

行业	年份	总体指数	分项指数			
			人力资本	关系网络能力	社会责任能力	战略领导能力
农、林、牧、渔业（A）	2013	35.4346	30.8776	12.7302	67.3980	24.7712
	2015	32.8621	27.2959	10.2249	61.3434	25.6870
	2016	32.6173	28.9935	10.9722	65.4099	20.0702
	2017	29.7496	27.1259	10.8466	60.8899	16.3825
	2018	30.7025	27.7700	11.7886	54.5958	23.4772
采矿业（B）	2013	33.8269	30.5300	6.3710	65.3802	25.2571
	2015	33.2365	30.9198	3.9041	62.0402	27.2870
	2016	30.0147	29.9902	3.3409	60.1597	19.9760
	2017	29.4619	29.1795	4.1291	59.2397	19.1619
	2018	31.1255	29.9060	4.4591	55.8156	26.3463
制造业（C）	2013	35.2253	28.3266	8.8984	68.7298	26.8539
	2015	35.0164	27.8084	7.5701	62.6837	32.2409
	2016	31.3063	27.4962	6.5427	62.7810	21.6700
	2017	30.2219	27.6314	6.8126	61.1016	19.5135
	2018	32.1521	28.7033	6.8896	59.1849	26.1812
电力、热力、燃气及水生产和供应业（D）	2013	33.2295	30.9524	6.8357	65.9679	22.4249
	2015	31.2371	28.7560	6.1486	58.2017	24.5782
	2016	28.5166	26.9866	5.2025	58.7826	17.5476
	2017	28.2160	29.2926	4.9083	57.1963	16.5491
	2018	29.9016	30.7959	6.2963	55.6513	21.1630
建筑业（E）	2013	32.7491	27.5370	9.7031	61.2377	25.5546
	2015	32.1820	28.5714	8.1612	54.2603	29.6930
	2016	29.8184	27.2727	8.6219	57.9894	20.0842
	2017	28.7725	27.4603	6.7901	56.9375	18.6473
	2018	29.6572	28.8413	7.0370	52.8182	23.6428
批发和零售业（F）	2013	33.9472	30.8424	7.2682	62.4754	27.2980
	2015	34.0337	29.2906	5.0076	59.9260	31.9244
	2016	30.7258	29.0299	4.4144	60.0068	22.3155
	2017	29.6670	28.4268	4.5007	57.7603	21.2961
	2018	31.8114	30.4443	5.6233	56.5709	26.8126
交通运输、仓储和邮政业（G）	2013	33.9336	31.1317	5.0072	63.4045	24.5052
	2015	32.2609	30.6526	5.0480	60.0899	25.4735
	2016	29.0787	27.9228	4.2593	59.6759	18.4127
	2017	28.4385	29.8016	5.7407	58.3700	15.4674
	2018	30.1107	29.7496	4.5819	56.8768	22.4351

续表

行业	年份	总体指数	分项指数			
			人力资本	关系网络能力	社会责任能力	战略领导能力
住宿和餐饮业（H）	2013	33.9200	31.4286	5.8025	65.4762	25.1705
	2015	31.2901	34.2857	6.8182	52.3120	25.4861
	2016	24.9495	26.6883	6.5657	46.6133	16.1283
	2017	27.1153	32.7778	4.3210	48.8005	18.0632
	2018	28.6287	33.2540	4.3210	47.2351	23.6192
信息传输、软件和信息技术服务业（I）	2013	35.0535	30.3480	9.0313	67.5214	25.8937
	2015	33.4360	27.9902	5.6475	61.8588	29.0493
	2016	29.7844	27.6231	4.3252	62.5047	18.4054
	2017	28.8666	27.8847	4.8879	59.8190	17.3328
	2018	30.6511	29.3071	5.7636	58.0602	22.7567
金融业（J）	2013	37.0652	37.7992	8.4384	63.6583	30.4940
	2015	29.1822	33.0904	4.4785	44.9430	27.1982
	2016	30.7738	33.3459	4.3762	60.5586	19.1390
	2017	28.4293	32.3377	4.7619	55.9856	16.2271
	2018	30.3918	32.1023	5.6818	54.1565	23.3354
房地产业（K）	2013	32.5684	29.8229	5.5005	63.6659	23.7895
	2015	31.1584	29.4456	4.1915	57.9848	25.1266
	2016	28.2079	28.5200	4.5378	59.2513	15.5638
	2017	29.7686	29.0971	5.3778	63.2934	16.1481
	2018	29.9731	30.1382	5.6452	56.6119	21.3912
租赁和商务服务业（L）	2013	35.3286	27.9643	10.8333	69.0179	26.1149
	2015	31.0658	28.3242	6.2179	52.9344	28.6190
	2016	29.6661	26.0893	4.7500	64.4093	17.2829
	2017	28.1306	27.1429	6.6138	55.2155	18.4166
	2018	30.4401	25.6604	6.7086	58.5092	23.6744
科学研究和技术服务业（M）	2013	37.6685	31.2338	10.4040	71.4286	29.2905
	2015	35.4892	29.5238	11.4815	63.9329	29.3629
	2016	30.0951	25.7764	5.3623	57.6518	23.9881
	2017	28.7492	28.5938	8.1597	58.5216	15.7710
	2018	30.9068	30.0446	8.3333	55.7333	23.5352
水利、环境和公共设施管理业（N）	2013	36.0363	31.2500	9.2361	74.4792	22.4685
	2015	33.5916	30.9762	7.8333	62.5295	25.7750
	2016	28.7023	28.8745	7.7946	62.1871	12.6414
	2017	30.0726	29.5893	8.0556	62.7335	15.7326
	2018	31.4500	30.7286	8.6667	59.5066	21.4564
教育（P）	2013	37.7685	60.0000	0.0000	57.1429	27.7064
	2015	40.5919	31.4286	5.5556	75.0000	37.7381
	2016	30.9630	16.4286	10.7407	66.6849	22.5502
	2017	33.3152	30.8929	8.3333	62.6271	24.6381
	2018	31.2741	25.4464	10.4167	57.8264	24.8776

行业	年份	总体指数	分项指数			
			人力资本	关系网络能力	社会责任能力	战略领导能力
卫生和社会工作（Q）	2013	37.4562	27.6190	6.2963	76.1905	29.4217
	2015	31.4771	31.4286	3.7778	57.5447	25.3521
	2016	34.3330	30.2041	5.3968	67.8772	25.5022
	2017	30.4832	28.0357	5.5556	57.9393	23.3115
	2018	31.9487	35.7143	7.8704	53.1346	25.2791
文化、体育和娱乐业（R）	2013	37.5355	36.9156	9.8485	67.2890	28.7712
	2015	33.9998	31.8056	9.4290	61.8405	26.1486
	2016	30.4291	27.8746	6.3550	63.1432	18.5601
	2017	30.3603	29.1369	6.9444	64.4430	16.1189
	2018	32.7474	29.1502	8.7165	61.2225	25.0214
综合（S）	2013	32.8815	31.8012	6.7150	57.2981	27.9592
	2015	28.7070	29.0571	2.8000	49.5269	25.6269
	2016	27.5760	25.9627	3.7198	54.9167	19.3530
	2017	26.8156	23.7888	2.4155	58.7906	16.0460
	2018	26.7759	27.7211	5.5556	42.8603	24.6048

注：（1）由于教育（P）在2013年和2015年只有1家上市公司，2016～2018年各有3家、4家和8家上市公司，所以，2013年和2015年该行业数据难以反映该行业的实际平均水平，故只比较2016～2018年；（2）居民服务、修理和其他服务业（O）只有1家上市公司，难以代表该行业整体水平，故排名时剔除。

从表14-3可以看出以下几点。

第一，从企业家能力总体指数看，18个行业中，有10个行业2013～2017年连续下降，2018年有所上升。相比2013年，2018年18个行业都是下降的，其中降幅最大的是科学研究和技术服务业（M），下降6.7617分；相比2017年，2018年有16个行业上升，其中文化、体育和娱乐业（R）升幅最大，上升2.3871分；有2个行业下降，分别是教育（P）和综合（S），教育行业下降2.0411分，但教育行业上市公司很少，说明意义不大，另外一个行业降幅很小。

第二，从人力资本分项指数看，相比2013年，2018年只有制造业（C）等5个行业是上升的，其中卫生和社会工作（Q）升幅最大，上升8.0953分；其他13个行业都是下降的，除了代表意义有限的教育（P）外，降幅最大的是文化、体育和娱乐业（R），下降7.7654分。相比2017年，2018年有14个行业上升，升幅最大的是卫生和社会工作（Q），上升7.6786分；另外4个行业是下降的，除了教育，降幅最大的是租赁和商务服务业（L），下降1.4825分。

第三，从关系网络能力分项指数看，相比2013年，2018年有15个行业下降，其中租赁和商务服务业（L）降幅最大，下降4.1247分；另外3个行业是上升的，除了教育

（P）外，卫生和社会工作（Q）上升 1.5741 分，房地产业（K）仅上升 0.1447 分。相比 2017 年，2018 年有 16 个行业上升，升幅最大的是综合（S），上升 3.1401 分；只有交通运输、仓储和邮政业（G）是下降的，降幅为 1.1588 分，住宿和餐饮业（H）持平。

第四，从社会责任能力分项指数看，相比 2013 年，2018 年除了教育（P）外，其他 17 个行业都是下降的，降幅最大的是卫生和社会工作（Q），下降 23.0559 分。相比 2017 年，2018 年除了租赁和商务服务业（L）上升 3.2937 分外，其他 17 个行业都是下降的，降幅最大的行业是综合（S），下降 15.9303 分。

第五，从战略领导能力分项指数看，相比 2013 年，2018 年有 17 个行业下降，其中降幅最大的行业是金融业（J），下降 7.1586 分，只有采矿业（B）是上升的，升幅不大，为 1.0892 分。相比 2017 年，2018 年 18 个行业都是上升的，其中升幅最大的行业是文化、体育和娱乐业（R），上升 8.9025 分。

图 14-3 显示了 18 个行业企业家能力总体指数的变化。除了代表性有限的教育行业（P）外，2013 年科学和技术服务业（M），文化、体育和娱乐业（R），卫生和社会工作（Q）排名前三；2015 年科学和技术服务业（M）、制造业（C）、批发和零售业（F）排名前三；2016 年卫生和社会工作（Q），农、林、牧、渔业（A），制造业（C）排名前三；2017 年，卫生和社会工作（Q），文化、体育和娱乐业（R），制造业（C）排名前三；2018 年，文化、体育和娱乐业（R），制造业（C），卫生和社会工作（Q）排名前三。

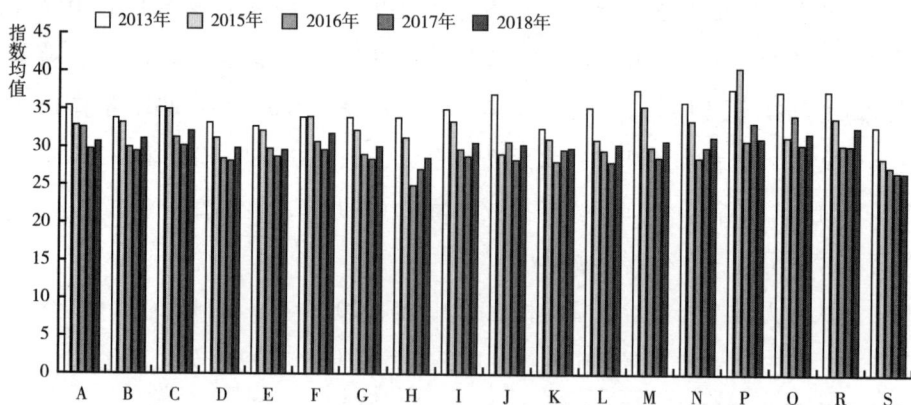

图 14-3　2013～2018 年不同行业上市公司企业家能力指数的变化

14.4　分所有制企业家能力指数的年度比较

按照五类所有制或控股类型的划分，用各所有制上市公司企业家能力总体指数，以及人力资本、关系网络能力、社会责任能力和战略领导能力四个分项指数的平均值来代表各所有制上市公司企业家能力情况，分别比较2011年、2013年，以及2015～2018年不同所有制上市公司的企业家能力水平的差异，结果参见表14-4Panel A。另外，进一步将样本按照国有控股公司和非国有控股公司分类，统计信息见表14-4Panel B。

表14-4　2011～2018年不同所有制上市公司企业家能力指数均值比较

所有制类型	年份	总体指数	分项指数				总体指数排名
			人力资本	关系网络能力	社会责任能力	战略领导能力	
Panel A 按照五类所有制公司分类							
国有绝对控股公司	2011	36.6200	30.8870	11.9411	66.6021	29.4469	2
	2013	35.0605	31.2867	7.7628	65.5724	27.5756	2
	2015	33.5482	29.4649	5.9379	60.2598	29.5511	3
	2016	31.1328	28.8857	5.6622	60.4623	22.5915	2
	2017	30.3042	29.5970	5.9014	59.6134	20.1631	1
	2018	31.7049	29.6751	5.6645	57.4401	26.2709	1
国有强相对控股公司	2011	34.6124	29.8701	12.2300	62.1758	27.4967	4
	2013	34.3110	30.4860	7.4047	64.0029	27.3169	3
	2015	33.2207	28.6551	5.8896	60.2390	29.1427	4
	2016	30.3597	28.3908	5.2671	59.9801	21.1870	4
	2017	29.8292	28.8425	5.0595	60.5392	18.9303	3
	2018	31.1817	30.0620	5.0209	57.4175	24.7944	5
国有弱相对控股公司	2011	33.5773	30.0183	13.4119	59.8940	25.4746	5
	2013	33.8378	29.2576	7.5459	64.1803	26.4809	5
	2015	32.9314	28.6846	6.9366	58.6606	28.9628	5
	2016	29.5753	27.3618	5.9226	59.7691	19.3089	5
	2017	29.3766	28.1253	6.3356	58.8970	18.6815	5
	2018	31.3652	30.4639	6.5519	56.4107	25.0674	4
国有参股公司	2011	36.0996	32.0099	14.5207	65.3461	26.7294	3
	2013	34.2035	28.8689	8.4327	66.3176	25.6172	4
	2015	34.6433	29.1045	7.3125	61.7948	31.1083	1
	2016	31.2702	28.2294	6.7668	62.9059	20.8444	1
	2017	30.0960	27.8159	7.0321	60.7474	19.1772	2
	2018	31.6428	28.7752	7.2684	57.9195	25.4147	3
无国有股份公司	2011	36.6351	31.9971	12.2375	67.8597	27.5576	1
	2013	35.3275	28.4158	9.1546	69.9090	25.9994	1
	2015	34.5358	27.6232	7.3950	62.1225	31.4610	2
	2016	30.7007	27.1487	6.0173	63.0071	20.1673	3
	2017	29.5881	27.5959	6.4499	60.5559	18.2584	4
	2018	31.6927	28.6531	6.9630	58.9240	24.9935	2

续表

所有制类型	年份	总体指数	分项指数				总体指数排名
			人力资本	关系网络能力	社会责任能力	战略领导能力	
Panel B 按照国有控股公司和非国有控股公司分类							
国有控股公司	2011	34.8450	30.2017	12.5250	62.6886	27.3994	2
	2013	34.4258	30.4028	7.5642	64.5760	27.1650	2
	2015	33.2349	28.8968	6.1942	59.8068	29.2106	2
	2016	30.2914	28.1751	5.5772	60.0283	20.9150	2
	2017	29.7952	28.7890	5.6873	59.7697	19.1485	1
	2018	31.3733	30.1089	5.7144	57.0698	25.2491	2
非国有控股公司	2011	36.4528	32.0015	13.0145	67.0043	27.2757	1
	2013	35.0540	28.5261	8.9789	69.0349	25.9064	1
	2015	34.5755	28.1705	7.3645	62.0014	31.3307	1
	2016	30.9240	27.5724	6.3111	62.9674	20.4327	1
	2017	29.7689	27.6742	6.6571	60.6241	18.5854	2
	2018	31.6750	28.6964	7.0713	58.5676	25.1429	1

从表 14-4 Panel A 可以看出以下几点。

第一，从企业家能力总体指数看，六个年度中，国有绝对控股公司、国有强相对控股公司和无国有股份公司 2011~2017 年连续下降，2018 年有所上升；国有弱相对控股公司 2013 年上升，然后 2013~2017 年连续下降，2018 年有所上升；国有参股公司呈波动状态。相比 2011 年，2018 年五类公司企业家能力总体指数都是下降的，其中降幅最大的是无国有股份公司，下降了 4.9424 分；相比 2017 年，2018 年五类公司企业家能力总体指数都是上升的，升幅最大的是无国有股份公司，上升了 2.1046 分。

第二，从人力资本分项指数看，相比 2011 年，2018 年国有绝对控股公司、国有参股公司、无国有股份公司下降，其中降幅最大的是无国有股份公司，下降 3.3440 分；国有强相对控股公司和国有弱相对控股公司上升，但升幅都很小。相比 2017 年，2018 年五类公司都上升，但升幅都不大，升幅最大的是国有弱相对控股公司，上升 2.3386 分。

第三，从关系网络能力分项指数看，相比 2011 年，2018 年五类公司全部下降，其中降幅最大的是国有参股公司，下降 7.2523 分；相比 2017 年，2018 年国有绝对控股公司和国有强相对控股公司略有下降，其他三类公司上升，但升幅都不大，升幅最大的是无国有股份公司，也只上升 0.5131 分。

第四，从社会责任能力分项指数看，相比 2011 年，2018 年五类公司全部下降，其中降幅最大的是国有绝对控股公司，下降 9.1620；相比 2017 年，2018 年五类公司也是全部下降，其中降幅最大的是国有强相对控股公司，下降 3.1217 分。

第五，从战略领导能力分项指数看，相比 2011 年，2018 年五类公司全部下降，其中降幅最大的是国有绝对控股公司，下降 3.1760 分；相比 2017 年，2018 年五类公司全部上升，其中升幅最大的是无国有股份公司，上升 6.7351 分。

图 14 - 4 显示了五类所有制上市公司企业家能力总体指数的变化。可以看出，2015～2017 年五类所有制公司均连续下降，2018 年都有所上升。

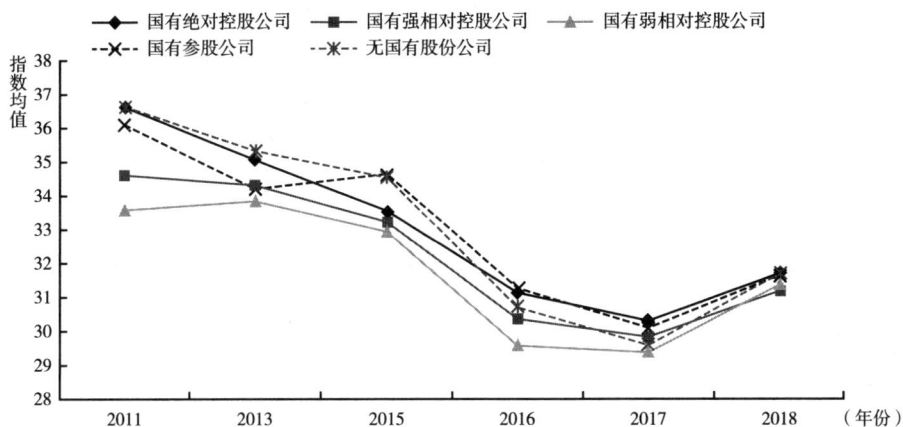

图 14 - 4　2011～2018 年不同所有制上市公司企业家能力指数的变化

从表 14 - 4 Panel B 可以看出，国有控股公司和非国有控股公司都是 2011～2017 年连续下降，2018 年有所上升。相比 2017 年，2018 年非国有控股公司升幅大于国有控股公司。

从四个分项指数上看，国有控股公司和非国有控股公司人力资本分项指数 2018 年比 2011 年都下降，非国有控股公司降幅大于国有控股公司；相比 2017 年，2018 年两类公司都略有上升。关系网络能力分项指数 2018 年比 2011 年也都下降，但国有控股公司降幅略大于非国有控股公司；相比 2017 年，2018 年两类公司都略有上升。社会责任能力分项指数 2018 年比 2011 年也都下降，非国有控股公司降幅大于国有控股公司；相比 2017 年，2018 年两类公司也都下降，国有控股公司降幅大于非国有控股公司。战略领导能力分项指数 2018 年比 2011 年同样都下降，两类公司降幅都略超 2 分；相比 2017 年，两类公司都上升，升幅也非常接近，略超 6 分。

14.5　分上市板块企业家能力指数的年度比较

用各板块上市公司企业家能力指数，以及人力资本、关系网络能力、社会责任能力和战略领导能力四个分项指数的平均值来代表各板块上市公司企业家能力情况，分别比较不同板块 2011 年、2013 年、2015 年、2016 年、2017 年与 2018 年企业家能力的差异，结果见表 14 - 5。

表 14 - 5 2011 ~ 2018 年不同板块上市公司企业家能力指数均值比较

板块	年份	总体指数	分项指数				总体指数排名
			人力资本	关系网络能力	社会责任能力	战略领导能力	
深市主板（不含中小企业板）	2011	32.4615	29.6929	13.0458	58.6690	23.5082	4
	2013	34.0280	31.2929	7.0513	62.5215	27.3226	4
	2015	32.5809	30.5303	5.3433	57.2759	28.6676	4
	2016	29.7675	29.8130	5.6354	59.5395	18.5951	4
	2017	29.4276	30.6691	5.7618	57.9093	18.2543	4
	2018	30.7806	31.1599	5.7850	55.4938	23.9964	4
深市中小企业板	2011	38.6635	30.2065	15.5903	71.2896	30.2729	1
	2013	35.5365	26.4512	9.0651	72.7881	25.6435	1
	2015	35.4605	26.9912	8.3124	64.6691	32.1059	1
	2016	31.5897	26.9406	7.5184	63.7877	21.5447	1
	2017	30.1005	27.5488	7.8280	61.0226	18.7090	1
	2018	31.9549	28.4446	7.7974	58.5580	25.7715	1
深市创业板	2011	37.5760	36.3633	10.0835	73.9613	23.6763	2
	2013	35.4176	27.8615	11.2732	70.4787	25.0179	2
	2015	35.1422	28.9903	8.0556	62.8472	31.4313	2
	2016	31.4809	28.4793	6.6556	64.8129	19.8171	2
	2017	29.7976	27.9615	6.7821	61.0468	18.0659	2
	2018	31.6931	28.8079	6.9252	59.0603	24.8002	2
沪市主板	2011	35.2654	31.6598	11.3264	62.8061	28.2592	3
	2013	34.4077	30.9134	7.5433	64.2635	27.0349	3
	2015	33.2549	28.3376	6.1291	59.6516	29.8088	3
	2016	30.0818	27.2172	4.8742	60.2048	21.1612	3
	2017	29.6775	27.4565	5.2985	60.4189	19.3657	3
	2018	31.5522	29.0507	6.0830	58.2077	25.3686	3

从表 14 - 5 可以看出以下几点。

第一，从企业家能力总体指数看，六个年度中，深市主板（不含中小企业板）2013 年上升，此后连续下降，2018 年有所上升；深市中小企业板、深市创业板和沪市主板都在 2011 ~ 2017 年连续下降，2018 年有所上升；相比 2011 年，2018 年四个板块都是下降的，降幅最大的是深市中小企业板，下降 6.7086 分；相比 2017 年，2018 年四个板块都小幅上升，其中深市创业板升幅最大，上升 1.8955 分。

第二，从人力资本分项指数看，相比 2011 年，2018 年除了深市主板（不含中小企业板）外，其他三个板块都是下降的，降幅最大的是深市创业板，下降 7.5554 分；相比 2017 年，2018 年四个板块都略有上升，沪市主板上升 1.5942 分，其他三个板块升幅都没有超过 1 分。

第三，从关系网络能力分项指数看，相比 2011 年，2018 年四个板块都下降，降幅最大的是深市中小企业板，下降 7.7929 分；相比 2017 年，2018 年除深市中小企业板外，其他三个板块都略有上升，升幅都没有超过 0.8 分。

第四，从社会责任能力分项指数看，相比 2011 年，2018 年四个板块都下降，降幅最大的是深市创业板，下降 14.9010 分；相比 2017 年，2018 年四个板块也都下降，降幅都没有超过 2.5 分。

第五，从战略领导能力分项指数看，相比 2011 年，2018 年深市主板（不含中小企业板）和深市创业板略有上升，升幅都没有超过 1.5 分；深市中小企业板和沪市主板下降，降幅都没有超过 4.6 分。相比 2017 年，2018 年四个板块都是上升的，升幅最大的是深市中小企业板，上升 7.0625 分。

图 14-5 显示了四个板块六个年度中的企业家能力总体指数变化情况。从排名中看到，在六个年度中，不同上市板块的企业家能力指数排名没有变化，由大到小依次保持为深市中小企业板、深市创业板、沪市主板和深市主板（不含中小企业板）。

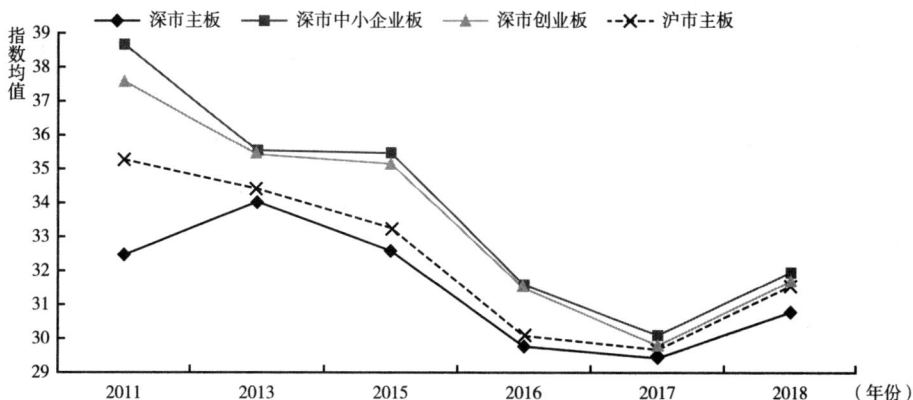

图 14-5　2011～2018 年不同板块上市公司企业家能力指数的变化

注：深市中小企业板是深市主板的一部分，但本图中深市主板不含中小企业板。

14.6　本章小结

本章从总体、地区、行业、所有制和上市板块等角度分别比较了 2011 年、2013 年，以及 2015～2018 年中国上市公司的企业家能力水平，主要结论如下。

（1）从总体看，企业家能力总体指数在 2011～2017 年连续下降，2018 年有所上升。从四个分项指数看，人力资本和关系网络能力两个分项指数在 2011～2016 年连续下降，2017～2018 年连续上升；社会责任能力和战略领导能力两个分项指数处于波动状态。相比 2011 年，2018 年四个分项指数都是下降的；相比 2017 年，2018 年除了社会责任能力分项指数下降 2.2205 分外，其他三个分项指数都是上升的，其中升幅最大的是战略领导能力分项指数，上升 6.4008 分。

（2）从地区看，就企业家能力总体指数来说，相比 2011 年，四个地区都下降，东部下降幅度最大；相比 2017 年，四个地区都上升，东部升幅最大。从分项指数看，相比 2011 年，2018 年四个地区人力资本、关系网络能力和社会责任能力三个分项指数都是下降的；在战略领导能力分项指数上，东部、西部下降，中部和东北部上升；四个分项指数下降和上升的幅度都不大。相比 2017 年，2018 年在人力资本和战略领导能力两个分项指数上，四个地区都上升；关系网络能力分项指数除中部外，其他三个地区都上升；社会责任分项指数下降。

（3）从行业看，就企业家能力总体指数来说，18 个行业中，有 10 个行业 2013～2017 年连续下降，2018 年有所上升；相比 2017 年，2018 年有 16 个行业上升，只有 2 个行业下降。从分项指数看，人力资本分项指数上，相比 2013 年，2018 年有 13 个行业下降；相比 2017 年，2018 年有 14 个行业上升。关系网络能力分项指数上，相比 2013 年，2018 年有 15 个行业下降；相比 2017 年，2018 年有 16 个行业上升。社会责任能力分项指数上，相比 2013 年，2018 年有 17 个行业下降；相比 2017 年，2018 年也是 17 个行业下降。战略领导能力分项指数上，相比 2013 年，2018 年有 17 个行业下降；相比 2017 年，2018 年 18 个行业全部上升。

（4）从所有制看，国有控股公司和非国有控股公司都是 2011～2017 年连续下降，2018 年有所上升。相比 2017 年，2018 年非国有控股公司升幅大于国有控股公司。从分项指数上看，人力资本分项指数 2018 年比 2011 年都下降，非国有控股公司降幅大于国有控股公司；相比 2017 年，2018 年两类公司都略有上升。关系网络能力分项指数 2018 年比 2011 年也都下降，但国有控股公司降幅略大于非国有控股公司；相比 2017 年，两类公司都略有上升。社会责任能力分项指数 2018 年比 2011 年也都下降，非国有控股公司降幅大于国有控股公司；相比 2017 年，2018 年两类公司也都下降，国有控股公司降幅大于非国有控股公司。战略领导能力分项指数与 2011 年相比 2018 年同样都下降，两类公司降幅都略超 2 分；相比 2017 年，两类公司都上升，升幅也非常接近，略超 6 分。

（5）从上市板块看，就企业家能力总体指数来说，相比 2011 年，2018 年四个板块都是下降的，降幅最大的是深市中小企业板；相比2017年，2018年四个板块都小幅上升，其中深市创业板升幅最大。从分项指数看，人力资本分项指数上，相比2011年，2018年除了深市主板（不含中小企业板）外，其他三个板块都是下降的；相比2017年，2018年四个板块都略有上升。关系网络能力分项指数上，相比2011年，2018年四个板块都下降；相比2017年，2018年除深市中小企业板外，其他三个板块都略有上升。社会责任能力分项指数上，相比2011年和2017年，2018年四个板块都是下降的。战略领导能力分项指数上，相比2011年，2018年深市主板（不含中小企业板）和深市创业板略有上升，深市中小企业板和沪市主板下降；相比2017年，2018年四个板块都是上升的。

第五篇　财务治理指数

第15章　财务治理总体指数排名及比较

根据第 1 章确定的财务治理指数评价方法，以及我们评估获得的 2018 年度 3490 家样本上市公司治理指数数据，本章将对这些公司的财务治理指数进行排名分析，然后分别从地区、行业及上市板块三个角度进行比较分析。

15.1　财务治理指数总体分布及排名

基于上市公司 2018 年的公开数据，根据第 1 章构建的财务治理指标体系和指数计算方法，我们对 3490 家上市公司的财务治理指数进行了计算，得到 2018 年中国上市公司财务治理指数的总体排名情况（详见电子版）。

15.1.1　财务治理指数总体分布

在 3490 家上市公司中，财务治理指数最大值为 72.7764 分，最小值为 10.9722 分，平均值为 52.0315 分，中位值为 52.3528 分。整体而言，全部样本的绝对差距较大，最大值高出最小值 61.8042 分，详见表 15-1。

表 15-1　2018 年上市公司财务治理指数总体情况

项目	公司数目	平均值	中位值	最大值	最小值	标准差	偏度系数	峰度系数
数值	3490	52.0315	52.3528	72.7764	10.9722	6.9889	-0.3579	0.6442

为进一步了解财务治理指数在各个得分区间的分布情况，我们将财务治理指数在有分布的区域按 5 分一个区间划分为 [0, 10)、[10, 15)、[15, 20)、[20, 25)、[25, 30)、[30, 35)、[35, 40)、[40, 45)、[45, 50)、[50, 55)、[55, 60)、[60,

65）、［65，70）、［70，75）以及［75，100］共15个区间（其中［0，10）和［75，100］的公司数目为0，因此将指数区间合并），每个得分区间的企业数目和所占比重参见表15-2和图15-1。

表 15-2　2018 年上市公司财务治理指数分布情况

指数区间	公司数目	占比（%）	累计占比（%）
［0,10）	0	0.00	0.00
［10,15）	1	0.03	0.03
［15,20）	0	0.00	0.03
［20,25）	2	0.06	0.09
［25,30）	10	0.29	0.37
［30,35）	40	1.15	1.52
［35,40）	102	2.92	4.44
［40,45）	359	10.29	14.73
［45,50）	786	22.52	37.25
［50,55）	1011	28.97	66.22
［55,60）	740	21.20	87.42
［60,65）	359	10.29	97.71
［65,70）	74	2.12	99.83
［70,75）	6	0.17	100.00
［75,100]	0	0.00	100.00
总计	3490	100.00	100.00

由表 15-2 可知，财务治理指数分值主要集中在［45，60）区间，共有 2537 家公司，占全部样本的 72.69%。其中在［50，55）区间的公司数最多，有 1011 家，占样本总数的 28.97%。及格（大于或等于 60 分）的公司有 439 家，占比为 12.58%，比 2017 年下降 7.95 个百分点（2017 年及格率为 20.53%），这反映了 2018 年中国上市公司财务治理水平不升反降，也在一定程度上反映了 2018 年上市公司财务状况不甚理想。

图 15-1 直观地反映了 2018 年上市公司财务治理指数的分布。可以看出，2018 年上市公司财务治理指数的区间分布相对比较集中，财务治理指数及格的只有右侧的一小部分，整体财务治理水平并不高。从表 15-1 可知，上市公司财务治理指数的偏度系数为 -0.3579，峰度系数为 0.6442，财务治理指数整体分布基本满足正态分布，指数分布为负偏态，分布曲线较标准正态分布稍微陡峭。

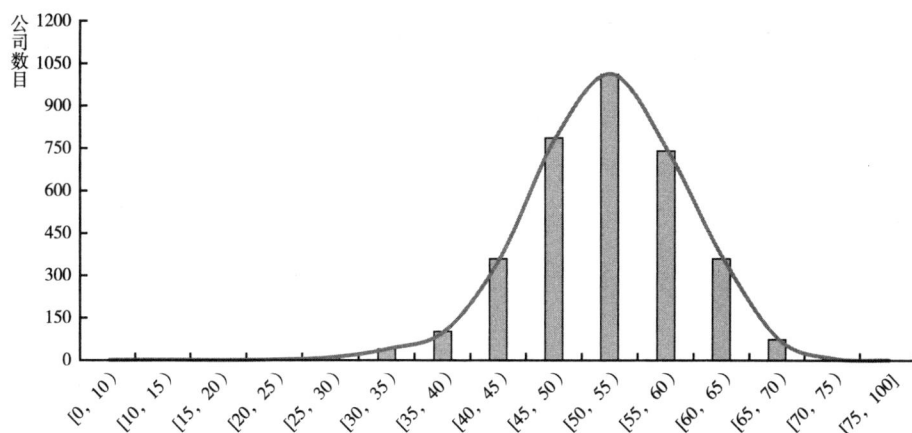

图 15-1 2018 年上市公司财务治理指数区间分布

15.1.2 财务治理指数前100名

表 15-3 给出了 3490 家上市公司中排名前 100 位公司的财务治理指数基本统计数据。可以看出，前 100 名公司的财务治理指数均值为 66.5937 分，较 2017 年下降 1.9579 分；指数中位值为 66.0545 分，较上年降低 1.9627 分。

表 15-3 2018 年上市公司财务治理指数前 100 名情况

	平均值	中位值	最大值	最小值	标准差
前 100 名	66.5937	66.0545	72.7764	64.4983	1.8059
总　体	52.0315	52.3528	72.7764	10.9722	6.9889

我们对 3490 家上市公司的财务治理指数从大到小进行降序排列，财务治理指数越大，说明上市公司财务治理水平越高。表 15-4 是财务治理指数排名前 100 的上市公司情况。

由表 15-4 可以看出，财务治理指数最高的三家公司分别是创业慧康、丽珠集团和铁汉生态。有 18 家公司近两年连续出现在前 100 名中，它们是丽珠集团、铁汉生态、中国中铁、国元证券、中集集团、大冷股份、华西股份、北化股份、国星光电、深振业 A、新界泵业、深天地 A、美亚柏科、伟星股份、徐家汇、三诺生物、上海凯宝和超声电子。有 7 家公司近三年连续出现在前 100 名中，他们是中国中铁、中集集团、华西股份、深振业 A、美亚柏科、伟星股份和超声电子。

从地区分布来看，前 100 名中，东部、中部、西部和东北地区各有 78 家、10 家、10 家和 2 家，分别占各地区上市公司总数的 3.23%、2.20%、2.13% 和 1.34%。其中，

表 15 - 4　2018 年上市公司财务治理指数总体排名——前 100 名

排名	代码	公司简称	指数值	排名	代码	公司简称	指数值
1	300451	创业慧康	72.7764	36	300596	利安隆	66.7652
2	000513	丽珠集团	72.6923	37	002643	万润股份	66.7159
3	300197	铁汉生态	70.9077	38	601107	四川成渝	66.6093
4	600030	中信证券	70.6937	39	300102	乾照光电	66.6082
5	600548	深高速	70.6401	40	002651	利君股份	66.5978
6	601390	中国中铁	70.4116	41	000023	深天地 A	66.5923
7	000728	国元证券	69.8267	42	002019	亿帆医药	66.4916
8	300217	东方电热	69.3985	43	002582	好想你	66.4727
9	000039	中集集团	69.3343	44	000973	佛塑科技	66.3533
10	002345	潮宏基	68.9601	45	300188	美亚柏科	66.2504
11	601333	广深铁路	68.7416	46	002033	丽江旅游	66.2463
12	002765	蓝黛传动	68.7097	47	600797	浙大网新	66.1762
13	000530	大冷股份	68.7023	48	603181	皇马科技	66.0874
14	002523	天桥起重	68.6796	49	300168	万达信息	66.0831
15	002026	山东威达	68.6788	50	002701	奥瑞金	66.0709
16	600837	海通证券	68.4941	51	002003	伟星股份	66.0381
17	600196	复星医药	68.4435	52	000615	京汉股份	65.9765
18	002156	通富微电	68.2927	53	000035	中国天楹	65.9761
19	000066	中国长城	68.1146	54	002358	森源电气	65.9699
20	000936	华西股份	67.9862	55	002116	中国海诚	65.9658
21	002246	北化股份	67.9846	56	002540	亚太科技	65.9639
22	002660	茂硕电源	67.9788	57	000599	青岛双星	65.9371
23	601688	华泰证券	67.8176	58	002732	燕塘乳业	65.9370
24	002449	国星光电	67.7351	59	300049	福瑞股份	65.9122
25	300001	特锐德	67.6959	60	002561	徐家汇	65.9075
26	000006	深振业 A	67.4386	61	300265	通光线缆	65.8965
27	300176	派生科技	67.3054	62	601288	农业银行	65.8960
28	002051	中工国际	67.2738	63	002053	云南能投	65.7835
29	600028	中国石化	67.2612	64	300187	永清环保	65.7428
30	600282	南钢股份	67.1502	65	002277	友阿股份	65.6555
31	300284	苏交科	67.0540	66	002463	沪电股份	65.6461
32	002153	石基信息	66.9547	67	601939	建设银行	65.5797
33	002532	新界泵业	66.8837	68	300279	和晶科技	65.5639
34	002557	洽洽食品	66.8057	69	601988	中国银行	65.5463
35	300498	温氏股份	66.7846	70	002905	金逸影视	65.5136

排名	代码	公司简称	指数值	排名	代码	公司简称	指数值
71	300586	美联新材	65.3808	86	600584	长电科技	64.7779
72	300298	三诺生物	65.3775	87	002325	洪涛股份	64.7358
73	601238	广汽集团	65.3725	88	002466	天齐锂业	64.7306
74	000738	航发控制	65.3347	89	000661	长春高新	64.6290
75	300128	锦富技术	65.2918	90	603979	金诚信	64.6006
76	300699	光威复材	65.2852	91	000402	金融街	64.5979
77	300144	宋城演艺	65.2641	92	002514	宝馨科技	64.5615
78	600012	皖通高速	65.2415	93	000823	超声电子	64.5486
79	300039	上海凯宝	65.2233	94	300043	星辉娱乐	64.5411
80	300083	劲胜智能	65.2148	95	300145	中金环境	64.5380
81	002233	塔牌集团	64.9349	96	002443	金洲管道	64.5249
82	002093	国脉科技	64.8974	97	002350	北京科锐	64.5180
83	002165	红宝丽	64.8761	98	601866	中远海发	64.5178
84	300228	富瑞特装	64.8565	99	002498	汉缆股份	64.5136
85	000557	西部创业	64.8545	100	300022	吉峰科技	64.4983

排在前10名的公司中有9家来自东部地区,有1家来自中部地区。从行业来看,制造业有60家,信息传输、软件和信息技术服务业以及金融业各7家,交通运输、仓储和邮政业6家,水利、环境和公共设施管理业4家,分别占所在行业上市公司总数的2.75%、2.62%、7.95%、6.19%和8.00%。从所有制看,国有控股公司有34家,非国有控股公司有66家,分别占两类所有制公司总数的3.24%和2.70%。从最终控制人看,中央企业(或监管机构)控制的有17家,地方国企(或监管机构)控制的有20家,民营企业(或个人)控制的有63家,分别占三类控制人控制公司总数的3.96%、2.82%和2.62%。从上市板块来看,深市主板(不含中小企业板)、深市中小企业板、深市创业板和沪市主板分别有17家、37家、26家和20家,分别占所在板块全部上市公司数的3.70%、4.08%、3.60%和1.43%。

需要注意的是,财务治理指数前100名在地区、行业和控股类型中的分布,并不能完全说明某个地区、行业和控股类型表现更好,因为各地区、行业和控股类型的上市公司数量不同。比如,制造业进入前100名的公司数多于水利、环境和公共设施管理业,但后者进入前100名的比例更高,无疑水利、环境和公共设施管理业的表现更好。

图15-2为前100名上市公司财务治理指数分布情况。从图15-2可以看出,指数

排在前几位的分值下降很快，之后下降趋势逐步平缓。最高分为 72.7764 分，最低分为 64.4983 分，绝对差距为 8.2781 分。

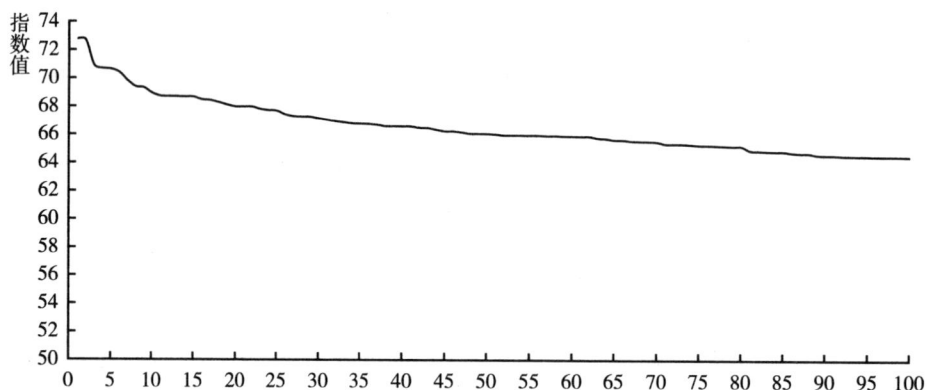

图 15 - 2　2018 年上市公司财务治理指数分布情况——前 100 名

15.2　分地区财务治理指数排名及比较

根据东部、中部、西部和东北四大地区的划分，比较四个地区上市公司财务治理指数情况，结果参见表 15 - 5。

表 15 - 5　2018 年不同地区上市公司财务治理指数比较

排名	地区	公司数目	平均值	中位值	最大值	最小值	标准差
1	东部	2418	52.2457	52.5243	72.7764	21.9739	6.8857
2	中部	454	51.9231	52.7055	69.8267	25.1966	7.1821
3	西部	469	51.5188	51.8501	68.7097	10.9722	7.2950
4	东北	149	50.4978	51.2693	68.7023	28.2128	6.7829
总　体		3490	52.0315	52.3528	72.7764	10.9722	6.9889

由表 15 - 5 可见，各地区上市公司财务治理指数均值由大到小分别为东部 （52.2457）、中部 （51.9231）、西部 （51.5188） 和东北 （50.4978）。各地区之间财务治理指数略有差异。

图 15 - 3 将四个地区财务治理指数的差异体现得更加直观。可以明显看到，只有东部地区的财务治理指数均值高于总体均值，其他三个地区都低于总体均值，尤其是东北地区明显低于其他三个地区。

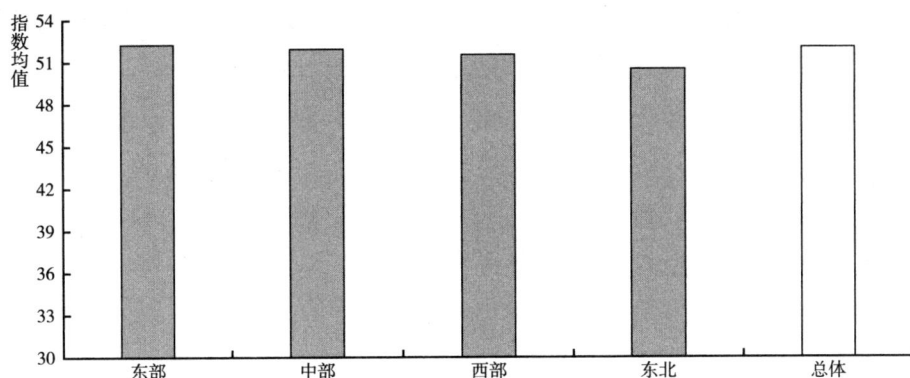

图 15 - 3　2018 年不同地区上市公司财务治理指数均值比较

15.3　分行业财务治理指数排名及比较

以各行业上市公司财务治理指数的平均值来代表各个行业的上市公司财务治理指数，然后将各行业的上市公司财务治理指数按照从高到低的顺序进行排名，排名结果见表 15 - 6。

表 15 - 6　2018 年不同行业上市公司财务治理指数比较

排名	行业名称	公司数目	平均值	中位值	最大值	最小值	标准差
1	金融业(J)	88	55.9357	56.1377	70.6937	35.5136	6.7877
2	文化、体育和娱乐业(R)	58	54.6103	54.8765	65.5136	38.1234	5.9696
3	卫生和社会工作(Q)	12	54.2863	53.6977	63.7951	45.2347	5.9423
4	交通运输、仓储和邮政业(G)	97	53.8242	54.4618	70.6401	37.4241	6.6611
5	水利、环境和公共设施管理业(N)	50	53.3088	53.3641	70.9077	37.5302	6.7559
6	房地产业(K)	124	52.9165	53.3849	67.4386	25.7954	6.8558
7	建筑业(E)	90	52.6761	53.1191	70.4116	33.5648	6.9280
8	信息传输、软件和信息技术服务业(I)	267	52.3871	52.7034	72.7764	21.9739	7.0186
9	科学研究和技术服务业(M)	48	52.2642	51.8759	67.0540	40.4733	6.5370
10	采矿业(B)	76	51.8609	50.8717	67.2612	39.2990	6.4021
11	制造业(C)	2178	51.7881	52.0328	72.6923	10.9722	7.0384
12	批发和零售业(F)	164	51.3520	51.4954	65.9075	28.2128	6.5561
13	租赁和商务服务业(L)	53	51.1779	50.6590	63.9426	31.8822	7.6926
14	电力、热力、燃气及水生产和供应业(D)	105	50.9979	52.0090	64.3309	31.8595	6.4519
15	住宿和餐饮业(H)	9	50.9520	52.1269	56.9260	34.5593	6.4112
16	农、林、牧、渔业(A)	41	49.9439	49.5299	66.7846	39.1801	6.1252
17	教育(P)	8	48.9604	48.3827	59.1752	39.6008	6.2729
18	综合(S)	21	47.1910	46.7983	60.1657	37.9484	5.8727
	总　体	3490	52.0315	52.3528	72.7764	10.9722	6.9889

注：居民服务、修理和其他服务业（O）只有 1 家上市公司，难以代表该行业整体水平，故排名时剔除。

从表 15 - 6 可以看出，在 18 个行业中，有 9 个行业的上市公司财务治理指数均值高于总体均值，这 9 个行业的最大均值与总体均值的绝对差距是 3.9042 分；另外 9 个行业的上市公司财务治理指数均值低于总体均值，总体均值与这 9 个行业的最小均值的绝对差距是 4.8405 分。显然，财务治理指数高分区行业的内部差距小于低分区行业。上市公司财务治理水平最高的三个行业是金融业（J），文化、体育和娱乐业（R），卫生和社会工作（Q）；财务治理水平最差的三个行业是综合（S），教育（P），农、林、牧、渔业（A）。

图 15 - 4 进一步显示了行业间上市公司财务治理水平的差别。可以看出，各行业上市公司财务治理指数主要集中在［50，54］这一范围内，各行业财务治理水平整体而言波动不大，行业指数均值最高的金融业（J）与最低的综合行业（S）只相差 8.7447 分。

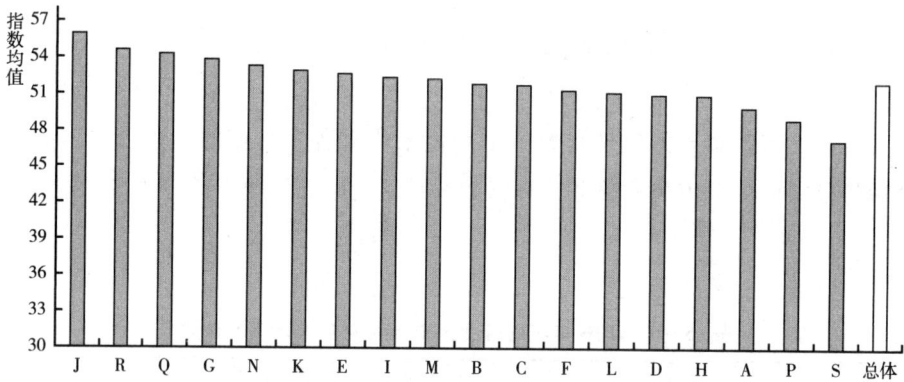

图 15 - 4　2018 年不同行业上市公司财务治理指数均值比较

15.4　分上市板块财务治理指数排名及比较

根据沪市主板、深市主板（不含中小企业板）、深市中小企业板、深市创业板四个上市板块的划分，比较不同上市板块的上市公司财务治理指数，结果参见表 15 - 7。

表 15 - 7　2018 年不同板块上市公司财务治理指数比较

排名	板块	公司数目	平均值	中位值	最大值	最小值	标准差
1	深市主板(不含中小企业板)	460	53.5749	53.6421	72.6923	34.2960	6.6397
2	深市中小企业板	907	53.4498	53.4007	68.9601	27.3866	6.6191
3	深市创业板	722	53.4451	53.1053	72.7764	36.7401	6.0094
4	沪市主板	1401	49.8780	50.1083	70.6937	10.9722	7.2440
	总　体	3490	52.0315	52.3528	72.7764	10.9722	6.9889

由表 15-7 可知，深市主板（不含中小企业板）、深市中小企业板和深市创业板上市公司的财务治理水平非常接近，而沪市主板上市公司的财务治理水平在所有板块中最差，且明显低于其他板块。

图 15-5 更直观地反映了不同板块上市公司财务治理指数的差异。可以看到，深市主板（不含中小企业板）、深市中小企业板和深市创业板上市公司财务治理指数均值都高于总体均值，而只有沪市主板上市公司财务治理指数均值低于总体均值，这说明沪市上市公司财务治理水平与深市上市公司相比有一定差距。

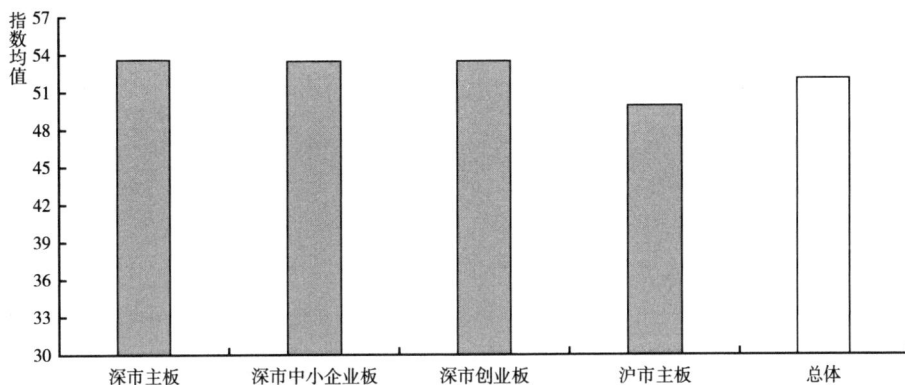

图 15-5　2018 年不同板块上市公司财务治理指数均值比较

注：深市中小企业板是深市主板的一部分，但本图中的深市主板不含中小企业板。

15.5　本章小结

本章从总体、地区分布、行业属性以及上市板块等多角度全面评价了 2018 年中国上市公司财务治理水平。主要结论如下。

（1）总体看，3490 家上市公司样本中，财务治理指数最大值为 72.7764 分，最小值为 10.9722 分，平均值为 52.0315 分。大部分公司的财务治理指数分布在 [45，60) 区间，占全部样本的 72.69%。其中，只有 439 家上市公司的财务治理指数分值高于 60 分，占比为 12.58%，相比于 2017 年，及格率下降 7.95 个百分点。

（2）从地区看，东部地区上市公司财务治理指数均值最高，最低的是东北地区。四个地区上市公司财务治理水平整体上差距不大。

（3）从行业看，在 18 个行业中（剔除居民服务、修理和其他服务业），上市公司财务治理水平最好的三个行业是金融业（J），文化、体育和娱乐业（R），卫生和社会工作（Q）；上市公司财务治理水平最差的三个行业是综合（S），教育（P），农、林、牧、渔业（A）。各行业间差距总体上不大。

（4）从上市板块来看，财务治理指数均值从大到小依次是深市主板（不含中小企业板）、深市中小企业板、深市创业板和沪市主板。深市上市公司财务治理水平总体上好于沪市上市公司。

第16章 财务治理分项指数
排名及比较

第15章从总体上对中国上市公司财务治理指数作了排名，并从地区、行业以及上市板块三个角度进行了比较分析。本章按照对财务治理指数四个维度的划分，把财务治理指数分解为财权配置、财务控制、财务监督和财务激励四个分项指数，对这四个分项指数进行排名和比较分析。

16.1 财务治理分项指数总体比较

本报告选取2018年沪深两市3490家上市公司作为评价对象。财务治理分项指数按照财务治理指标体系中的四个一级指标来划分。2018年中国上市公司财务治理四个分项指数的描述性统计结果参见表16-1。

表16-1 2018年上市公司财务治理分项指数描述性统计

分项指数	公司数目	平均值	中位值	最大值	最小值	标准差
财权配置	3490	45.6415	48.3333	84.6046	3.8889	12.3906
财务控制	3490	66.6148	68.7362	91.9937	0.0000	10.0005
财务监督	3490	69.8030	62.5000	93.7500	6.2500	15.8011
财务激励	3490	26.0665	25.0069	66.6832	0.0000	12.6074

从表16-1可以看出，财务治理四个分项指数中，财务监督分项指数均值最大，财务激励分项指数均值最小。财务控制和财务监督两个分项指数得分均达到65分以上，但与上年相比均有所下降；而财权配置和财务激励两个分项指数距离及格线甚远，尤其是财务激励，均值只有26.0665分，这说明，中国上市公司财务控制和财务监督相对于财权配置和财务激励表现更好，财权配置和财务激励需要加大改进力度。

图16-1更直观地反映了财务治理四个分项指数的差异。可以看到，四个分项指数

的平均值和中位值的排序稍有差异，财务监督分项指数的均值最高，财务控制分项指数的中位值最高，而财务激励分项指数的均值和中位值都是最低的。

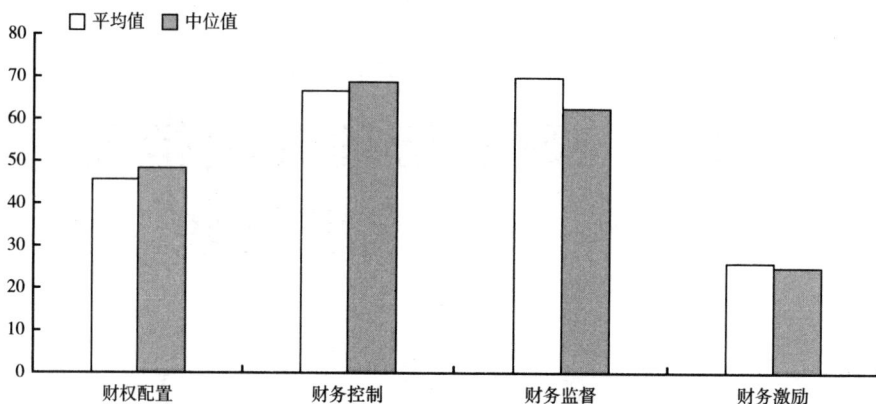

图 16－1　2018 年上市公司财务治理四个分项指数比较

16.2　财权配置分项指数排名及比较

财权配置分项指数主要考察企业的各利益相关者是否能够行使好自己的财务决策权。本节主要是对财权配置分项指数排名的各种情况进行比较分析。

16.2.1　财权配置分项指数总体分布

基于 3490 家上市公司财权配置的各项指标，我们得到了每家上市公司的财权配置分项指数。以 10 分为间隔，可以将财权配置分项指数划分为 10 个得分区间，各得分区间的分布情况参见表 16－2。

表 16－2　2018 年上市公司财权配置分项指数区间分布

编号	得分区间	公司数目	占比（%）	累计占比（%）
1	[0,10)	2	0.06	0.06
2	[10,20)	63	1.81	1.86
3	[20,30)	359	10.29	12.15
4	[30,40)	917	26.28	38.42
5	[40,50)	1168	33.47	71.89
6	[50,60)	724	20.74	92.64
7	[60,70)	102	2.92	95.56
8	[70,80)	151	4.33	99.89
9	[80,90)	4	0.11	100.00
10	[90,100]	0	0.00	100.00
总　计		3490	100.00	—

图 16 - 2 更直观地显示了财权配置分项指数的区间分布情况。

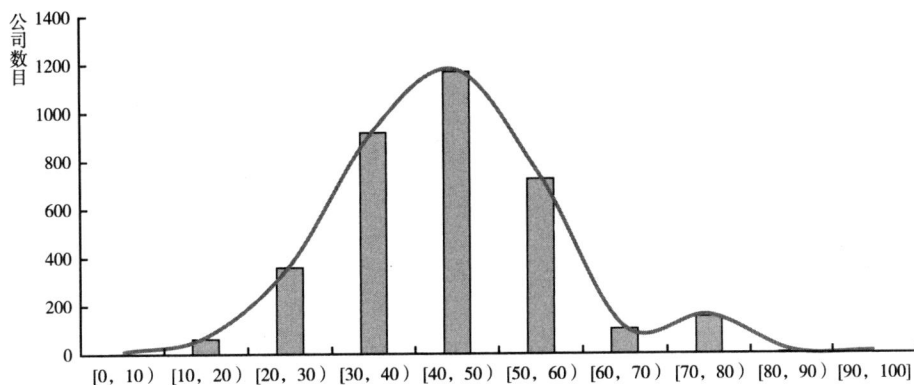

图 16 - 2　2018 年上市公司财权配置分项指数区间分布

表 16 - 2 和图 16 - 2 显示，2018 年上市公司财权配置分项指数在除了 ［90，100］以外的各个区间均有分布。大多数上市公司都集中在 ［30，60） 区间，共有 2809 家公司，占比 80.49%。60 分以上的公司仅有 257 家，及格率仅为 7.36%，相比上年7.69% 的及格率略有下降。

16.2.2　分地区财权配置分项指数比较

按照东部、中部、西部和东北四个地区的划分标准，我们统计了四个地区上市公司的财权配置分项指数，并按照均值从高到低降序排列，结果参见表 16 - 3。

表 16 - 3　2018 年不同地区上市公司财权配置分项指数排名及比较

排名	地区	公司数目	平均值	中位值	最大值	最小值	标准差
1	中部	454	48.6101	48.3333	81.6667	15.0000	12.4230
2	西部	469	47.6435	48.3333	72.5911	15.0000	11.7347
3	东北	149	46.8740	48.3333	74.4444	15.0000	12.0376
4	东部	2418	44.6198	48.3333	84.6046	3.8889	12.3858
总　体		3490	45.6415	48.3333	84.6046	3.8889	12.3906

从表 16 - 3 可以看出，四个地区财权配置分项指数从高到低依次为中部、西部、东北和东部，均值最大值与最小值之间的绝对差距为 3.9903 分，差距并不很大。

图 16 - 3 更直观地反映了四个地区上市公司财权配置分项指数的差异。可以看到，中部、西部和东北的上市公司财权配置分项指数高于总体均值，只有东部地区的上市公司财权配置分项指数低于总体均值，而且中部、西部和东北明显高于东部。

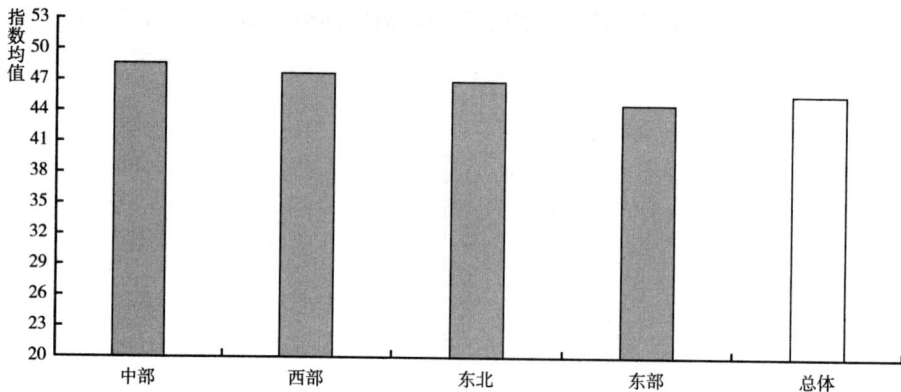

图 16 - 3   2018 年不同地区上市公司财权配置分项指数比较

16.2.3   分行业财权配置分项指数比较

根据中国证监会 2012 年修订的《上市公司行业分类指引》，我们对 18 个行业的上市公司财权配置分项指数进行了比较，并按均值从高到低降序排列，结果参见表 16 - 4。

表 16 - 4   2018 年不同行业上市公司财权配置分项指数排名及比较

排名	行业	公司数目	平均值	中位值	最大值	最小值	标准差
1	交通运输、仓储和邮政业（G）	97	51.2498	50.9007	70.5556	18.8889	11.7025
2	采矿业（B）	76	50.9897	48.3333	74.4444	26.1111	12.5296
3	卫生和社会工作（Q）	12	50.6782	56.6667	63.3333	26.1111	11.4231
4	电力、热力、燃气及水生产和供应业（D）	105	49.3765	48.3333	70.5556	15.0000	12.5914
5	建筑业（E）	90	49.1903	48.3333	71.2600	26.1111	10.7844
6	房地产业（K）	124	48.7524	48.3333	74.4444	15.0000	11.0958
7	综合（S）	21	48.7507	48.3333	70.5556	37.2222	10.6154
8	文化、体育和娱乐业（R）	58	47.6769	48.3333	70.5556	26.1111	10.9547
9	住宿和餐饮业（H）	9	47.6498	48.3333	70.5556	37.2222	10.6090
10	金融业（J）	88	47.4689	48.3333	63.3333	26.1111	9.9817
11	水利、环境和公共设施管理业（N）	50	47.1011	48.3333	81.6667	15.0000	12.8397
12	批发和零售业（F）	164	46.8663	48.3333	71.7545	15.0000	11.3536
13	科学研究和技术服务业（M）	48	45.8882	48.3333	70.5556	15.0000	12.3374
14	农、林、牧、渔业（A）	41	45.8813	48.3333	70.5556	15.0000	14.0784
15	制造业（C）	2178	44.8502	48.3333	84.6046	3.8889	12.5840
16	租赁和商务服务业（L）	53	44.4769	48.3333	59.4444	15.0000	10.4863
17	教育（P）	8	42.7778	48.3333	48.3333	26.1111	7.8567
18	信息传输、软件和信息技术服务业（I）	267	42.0853	41.1111	70.5556	3.8889	11.6268
	总 体	3490	45.6415	48.3333	84.6046	3.8889	12.3906

注：居民服务、修理和其他服务业（O）只有 1 家上市公司，难以代表该行业整体水平，故排名时剔除。

从表 16-4 可以看出，18 个行业中，财权配置指数均值的最大值和最小值之间的绝对差距为 9.1645 分，存在一定差距。财权配置分项指数均值高于总体均值的有 14 个行业，这 14 个行业的最大均值与总体均值之间的绝对差距为 5.6083 分；低于总体均值的有 4 个行业，总体均值与这 4 个行业的最小均值的绝对差距为 3.5562 分。显然高分区行业内部的差距大于低分区行业。财权配置分项指数均值排名前三位的行业分别是交通运输、仓储和邮政业（G），采矿业（B），卫生和社会工作（Q）；排名最后三位的行业分别是信息传输、软件和信息技术服务业（I），教育（P），租赁和商务服务业（L）。

图 16-4 更直观地反映了不同行业上市公司财权配置分项指数的差异。可以看到，各行业上市公司财权配置分项指数均值呈阶梯状分布，相对差距比较均匀。

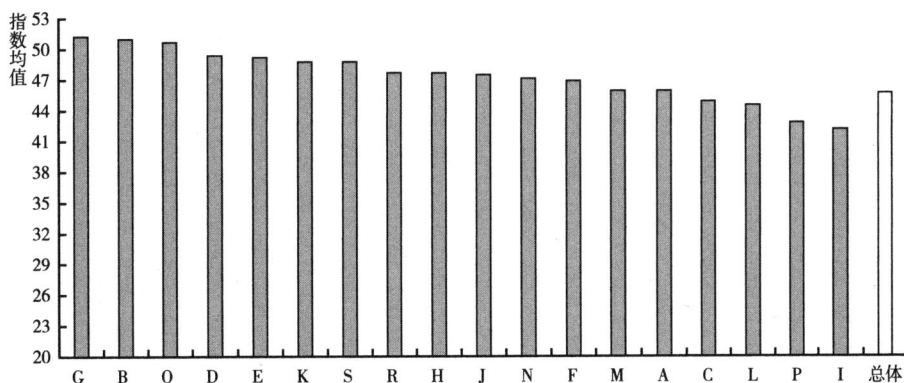

图 16-4　2018 年不同行业上市公司财权配置分项指数比较

16.3　财务控制分项指数排名及比较

财务控制分项指数包含三方面的内容：一是对上市公司内部控制体系和风险控制体系建设的评估；二是对董事会风险委员会设立的评估；三是对上市公司财务风险状况的评估。本节主要对财务控制分项指数排名的各种情况进行比较分析。

16.3.1　财务控制分项指数总体分布

基于 3490 家上市公司财务控制的各项指标，我们得到了每家上市公司的财务控制分项指数。以 10 分为间隔，可以将财务控制分项指数划分为 10 个得分区间，各得分区间的分布情况参见表 16-5。

表 16 – 5　2018 年上市公司财务控制分项指数区间分布

编号	指数区间	公司数目	占比（%）	累计占比（%）
1	[0,10)	1	0.03	0.03
2	[10,20)	0	0.00	0.03
3	[20,30)	6	0.17	0.20
4	[30,40)	49	1.40	1.60
5	[40,50)	112	3.21	4.81
6	[50,60)	807	23.12	27.94
7	[60,70)	939	26.91	54.84
8	[70,80)	1483	42.49	97.34
9	[80,90)	89	2.55	99.89
10	[90,100]	4	0.11	100.00
总　计		3490	100.00	—

图 16 – 5 更直观地显示了财务控制分项指数的区间分布情况。

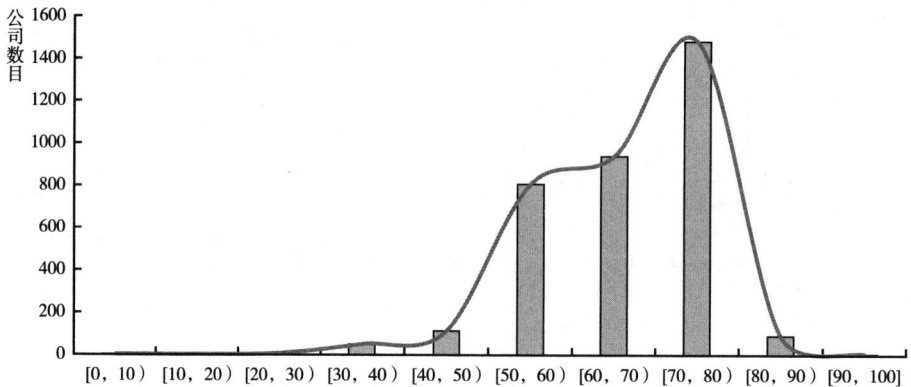

图 16 – 5　2018 年上市公司财务控制分项指数分布情况

表 16 – 5 和图 16 – 5 显示，2018 年上市公司财务控制分项指数共有 9 个得分区间。财务控制分项指数主要分布在 [50，80) 区间，总计有 3229 家公司，占比高达 92.52%。财务控制分项指数在 60 分以上的上市公司共 2515 家，及格率为 72.06%，相比上年 83.10% 的及格率有较大幅度的下降，反映了本年度上市公司财务控制水平退步明显。

16.3.2　分地区财务控制分项指数比较

比较四个地区上市公司财务控制分项指数，并按均值大小进行排序，结果参见表16 – 6。

表16-6 2018年不同地区上市公司财务控制分项指数排名及比较

排名	地区	公司数目	平均值	中位值	最大值	最小值	标准差
1	东部	2418	67.1256	68.8106	91.9937	24.9799	9.6752
2	中部	454	66.2206	66.3056	81.5925	24.9401	9.8566
3	西部	469	65.1659	63.8956	91.5402	0.0000	11.1983
4	东北	149	64.0880	62.5467	81.2897	31.0382	10.7209
总 体		3490	66.6148	68.7362	91.9937	0.0000	10.0005

从表16-6可以看出,四个地区上市公司财务控制分项指数均值从高到低依次为东部、中部、西部和东北。最大均值和最小均值之间的绝对差距为3.0376分,差距不大。

图16-6更直观地反映了四个地区上市公司财务控制分项指数均值的差异。可以看到,只有东部地区财务控制分项指数均值超过总体均值,其他三个地区的财务控制分项指数均值都低于总体均值。

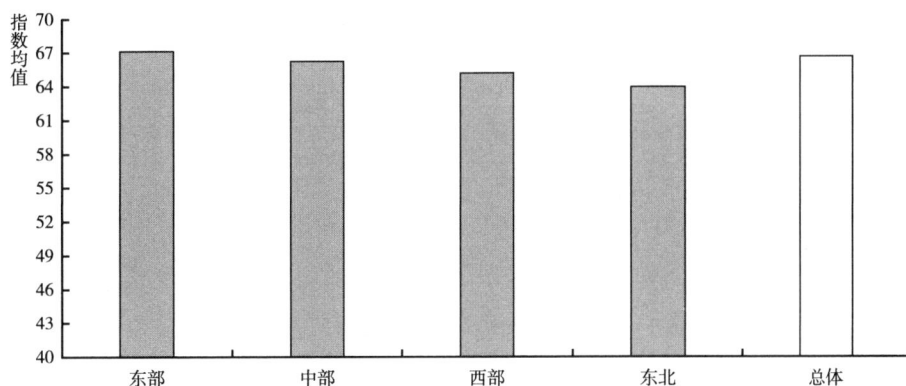

图16-6 2018年不同地区上市公司财务控制分项指数比较

16.3.3 分行业财务控制分项指数比较

2018年18个行业上市公司财务控制分项指数比较参见表16-7,表中按均值从大到小进行了排序。

从表16-7可以看出,18个行业中,财务控制指数均值的最大值和最小值之间的绝对差距为11.7741分,差距较大。有6个行业的财务控制分项指数均值高于总体均值,这6个行业的最大均值与总体均值之间的绝对差距为6.2002分;有12个行业低于总体均值,总体均值与这12个行业的最小均值之间的绝对差距为5.5739分。可以看出,高分区行业内部的差距略大于低分区行业。财务控制分项指数均值排名前三位的行业分别为金融业(J)、信息传输、软件和信息技术服务业(I),租赁和商务服务

表 16 - 7 2018 年不同行业上市公司财务控制分项指数排名及比较

排名	行业	公司数目	平均值	中位值	最大值	最小值	标准差
1	金融业(J)	88	72.8150	75.0224	91.5231	43.6942	10.1524
2	信息传输、软件和信息技术服务业(I)	267	68.4437	74.9784	84.7121	24.9840	10.2568
3	租赁和商务服务业(L)	53	67.9925	69.3752	82.5818	31.2787	9.5559
4	科学研究和技术服务业(M)	48	67.5902	68.7451	79.0051	49.9888	8.1833
5	制造业(C)	2178	66.8370	68.7368	91.9937	0.0000	9.7173
6	卫生和社会工作(Q)	12	66.8015	66.6308	81.2568	31.2399	13.4254
7	文化、体育和娱乐业(R)	58	66.4333	68.7372	82.8699	37.4894	9.1772
8	水利、环境和公共设施管理业(N)	50	66.3963	66.3056	78.6492	31.2411	9.2334
9	住宿和餐饮业(H)	9	66.0948	62.5356	76.2334	49.9443	9.0822
10	建筑业(E)	90	65.6501	63.0690	83.5230	31.1407	10.3501
11	农、林、牧、渔业(A)	41	64.8905	62.9965	81.2365	43.6404	11.2410
12	批发和零售业(F)	164	64.8085	64.1342	81.6489	31.1845	10.0239
13	交通运输、仓储和邮政业(G)	97	64.5213	63.3863	84.3690	37.4825	10.3337
14	房地产业(K)	124	64.1446	63.0110	83.4742	29.6943	11.2381
15	采矿业(B)	76	63.9959	63.6567	83.9547	24.9575	10.3271
16	电力、热力、燃气及水生产和供应业(D)	105	63.5879	62.4896	81.7996	37.4836	9.4482
17	教育(P)	8	63.4619	64.1001	75.7530	50.8907	8.1948
18	综合(S)	21	61.0409	62.4709	81.2405	43.7380	9.8209
	总　体	3490	66.6148	68.7362	91.9937	0.0000	10.0005

注：居民服务、修理和其他服务业（O）只有 1 家上市公司，难以代表该行业整体水平，故排名时剔除。

业（L）；排名最后三位的行业分别为综合（S），教育（P）和电力、热力、燃气及水生产和供应业（D）。

　　图 16 - 7 更直观地反映了不同行业上市公司财务控制分项指数均值的差异。可以看到，金融业（J）较大幅度领先于其他行业，最后一名综合（S）较明显落后于其他行业，其他各行业之间的变化相对比较平缓。值得注意的是，本年度财务控制分项指数排名前五的行业与上年相同，但是这五个行业的财务控制分项指数均值与上年相比有明显下降。

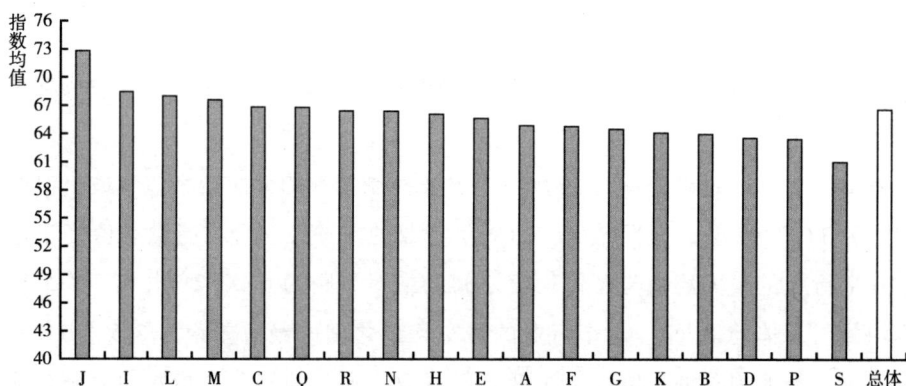

图 16 - 7 2018 年不同行业上市公司财务控制分项指数比较

16.4　财务监督分项指数排名及比较

财务监督分项指数主要考察企业各个职能部门及其他利益相关者对财务权力执行过程的监督，包括企业的内部监督机制以及外部监督机制。本节主要对财务监督分项指数排名的各种情况进行比较分析。

16.4.1　财务监督分项指数总体分布

基于 3490 家上市公司财务监督的各项指标，我们得到了每家上市公司的财务监督分项指数。以 10 分为间隔，可以将财务监督分项指数划分为 10 个得分区间，各得分区间的分布情况参见表 16 - 8。

表 16 - 8　2018 年上市公司财务监督分项指数区间分布

编号	指数区间	公司数目	占比（％）	累计占比（％）
1	[0,10)	1	0.03	0.03
2	[10,20)	6	0.17	0.20
3	[20,30)	46	1.32	1.52
4	[30,40)	174	4.99	6.50
5	[40,50)	26	0.74	7.25
6	[50,60)	315	9.03	16.28
7	[60,70)	1421	40.72	56.99
8	[70,80)	253	7.25	64.24
9	[80,90)	1157	33.15	97.39
10	[90,100]	91	2.61	100.00
总　计		3490	100.00	—

图 16 - 8 更直观地显示了财务监督分项指数的区间分布情况。

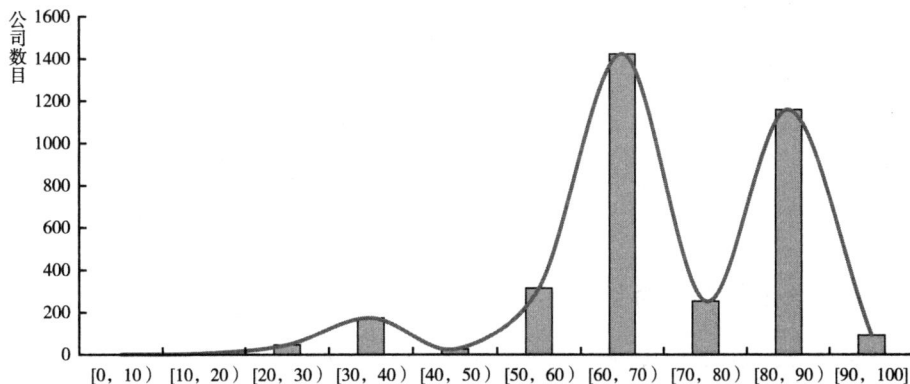

图 16 - 8　2018 年上市公司财务监督分项指数分布情况

表 16 - 8 和图 16 - 8 显示，2018 年上市公司财务监督分项指数共有 10 个得分区间。财务监督分项指数主要集中在 ［60，70）和 ［80，90）区间，共有 2578 家公司，占比为 73.87%。财务监督分项指数在 60 分以上的公司有 2922 家，及格率为 83.72%，相比上年 88.75% 的及格率有所下降。

16.4.2　分地区财务监督分项指数比较

从东部、中部、西部和东北四个地区的划分来看，上市公司财务监督分项指数均值从高到低依次为东部、西部、中部和东北。最高的东部与最低的东北之间的绝对差距为 5.4804 分，具体结果参见表 16 - 9。

表 16 - 9　2018 年不同地区上市公司财务监督分项指数排名及比较

排名	地区	公司数目	平均值	中位值	最大值	最小值	标准差
1	东部	2418	70.8747	68.7500	93.7500	12.5000	15.4336
2	西部	469	67.7639	62.5000	93.7500	6.2500	16.4939
3	中部	454	67.6487	62.5000	93.7500	12.5000	16.3051
4	东北	149	65.3943	62.5000	93.7500	18.7500	15.8399
总体		3490	69.8030	62.5000	93.7500	6.2500	15.8011

图 16 - 9 更直观地反映了四个地区上市公司财务监督分项指数均值的差异。可以看出，只有东部地区上市公司的财务监督分项指数均值高于总体均值，其他三个地区都低于总体均值。

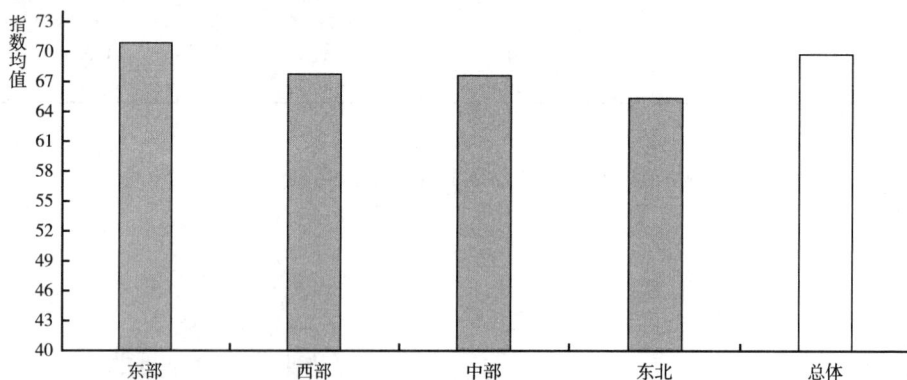

图 16 - 9　2018 年不同地区上市公司财务监督分项指数比较

16.4.3　分行业财务监督分项指数比较

2018 年 18 个行业上市公司财务监督分项指数的比较参见表 16 - 10，表中按均值大小进行了排序。

表 16 - 10　2018 年不同行业上市公司财务监督分项指数排名及比较

排名	行业	公司数目	平均值	中位值	最大值	最小值	标准差
1	金融业（J）	88	74.3608	81.2500	93.7500	25.0000	17.7038
2	交通运输、仓储和邮政业（G）	97	73.7113	75.0000	93.7500	25.0000	14.5524
3	文化、体育和娱乐业（R）	58	73.7069	75.0000	93.7500	25.0000	14.7153
4	房地产业（K）	124	72.5806	71.8750	93.7500	31.2500	14.8436
5	科学研究和技术服务业（M）	48	72.0052	62.5000	93.7500	37.5000	13.9165
6	卫生和社会工作（Q）	12	71.8750	75.0000	87.5000	37.5000	13.8585
7	信息传输、软件和信息技术服务业（I）	267	71.2313	68.7500	93.7500	18.7500	16.0188
8	建筑业（E）	90	70.6250	62.5000	93.7500	37.5000	15.0361
9	水利、环境和公共设施管理业（N）	50	70.0000	62.5000	93.7500	25.0000	14.0868
10	批发和零售业（F）	164	69.6265	62.5000	93.7500	25.0000	15.5085
11	制造业（C）	2178	69.5736	62.5000	93.7500	12.5000	15.6047
12	采矿业（B）	76	67.5987	62.5000	93.7500	25.0000	15.0967
13	电力、热力、燃气及水生产和供应业（D）	105	67.0238	62.5000	93.7500	25.0000	16.5808
14	住宿和餐饮业（H）	9	65.9722	62.5000	87.5000	25.0000	17.9484
15	租赁和商务服务业（L）	53	64.3868	62.5000	93.7500	6.2500	18.1543
16	教育（P）	8	62.5000	62.5000	87.5000	37.5000	17.9518
17	农、林、牧、渔业（A）	41	61.7378	62.5000	93.7500	25.0000	17.9555
18	综合（S）	21	58.3333	62.5000	87.5000	25.0000	16.7409
总　体		3490	69.8030	62.5000	93.7500	6.2500	15.8011

注：居民服务、修理和其他服务业（O）只有1家上市公司，难以代表该行业整体水平，故排名时剔除。

由表 16 - 10 可知，18 个行业中，排名第一的金融业（J）和排名最后一位的综合（S）的均值绝对差距为 16.0275 分，差距较大。有 9 个行业的财务监督分项指数均值高于总体均值，这 9 个行业的最大均值与总体均值之间的绝对差距为 4.5578 分；另外 9 个行业的财务监督分项指数均值低于总体均值，总体均值与这 9 个行业的最小均值之间的绝对差距为 11.4697 分。显然，高分区行业的内部差距小于低分区行业。财务监督分项指数均值排名前三位的行业分别是金融业（J），交通运输、仓储和邮政业（G），文化、体育和娱乐业（R）；排在最后三位的分别是综合（S），农、林、牧、渔业（A），教育（P）。

图 16 - 10 更直观地反映了不同行业上市公司财务监督分项指数均值的差异。可以看到，不同行业上市公司财务监督分项指数均值呈阶梯状分布，排名后四位的行业财务监督分项指数均值较明显低于其他行业。

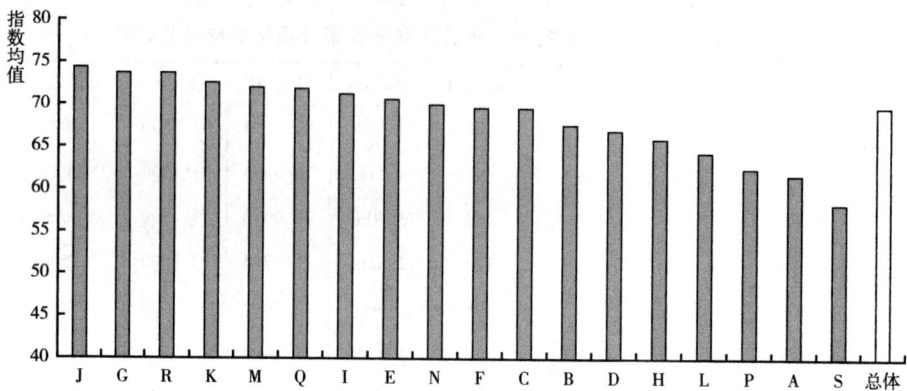

图 16 - 10   2018 年不同行业上市公司财务监督分项指数比较

16.5   财务激励分项指数排名及比较

财务激励分项指数主要考察企业是否具有足够有效的财务激励机制。本节就财务激励分项指数从不同角度进行比较和分析。

16.5.1   财务激励分项指数总体分布

基于 3490 家上市公司财务激励的各项指标，我们得到了每家上市公司的财务激励分项指数。以 10 分为间隔，可以将财务激励分项指数划分为 8 个得分区间（公司数目为 0 的指数区间合并），各得分区间的分布情况参见表 16 - 11。

表 16 - 11   2018 年上市公司财务激励分项指数区间分布

编号	指数区间	公司数目	占比（%）	累计占比（%）
1	[0,10)	711	20. 37	20. 37
2	[10,20)	247	7. 08	27. 45
3	[20,30)	1391	39. 86	67. 31
4	[30,40)	305	8. 74	76. 05
5	[40,50)	684	19. 60	95. 64
6	[50,60)	148	4. 24	99. 89
7	[60,70)	4	0. 11	100. 00
8	[70,100]	0	0. 00	100. 00
总　计		3490	100. 00	—

图 16 - 11 更直观地显示了财务激励分项指数的区间分布情况。

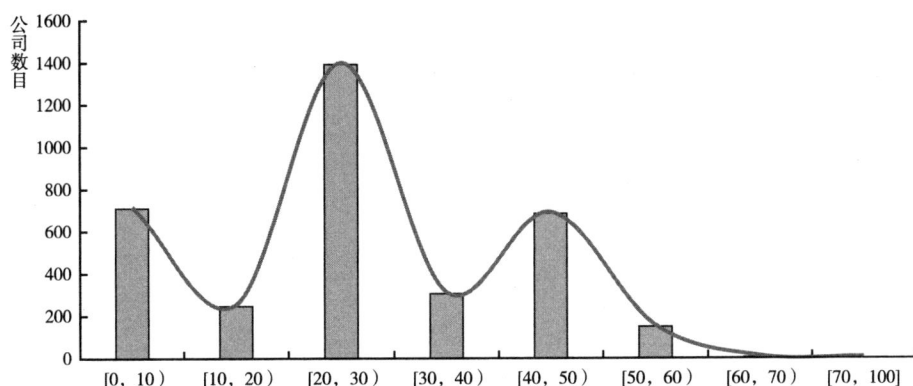

图 16-11　2018 年上市公司财务激励分项指数分布情况

从表 16-11 和图 16-11 可以看出，财务激励分项指数主要分布在［0，10）、［20，30）和［40，50）三个区间，共有 2786 家公司，占比 79.83%。财务激励分项指数在 60 分以上的公司有 4 家，及格率仅为 0.11%，相比上年 0.38% 的及格率出现下降。其中，有 13 家上市公司财务激励分项指数为 0 分。

16.5.2　分地区财务激励分项指数比较

将上市公司按照东部、中部、西部和东北四个地区划分，不同地区上市公司财务激励分项指数的比较参见表 16-12，表中按均值大小进行了排序。

表 16-12　2018 年不同地区上市公司财务激励分项指数排名及比较

排名	地区	公司数目	平均值	中位值	最大值	最小值	标准差
1	东部	2418	26.3628	25.0077	66.6832	0.0000	12.6530
2	东北	149	25.6348	25.0051	58.3365	0.0469	12.2002
3	西部	469	25.5022	25.0040	58.3366	0.0000	12.6802
4	中部	454	25.2131	25.0048	58.3379	0.0000	12.3546
总体		3490	26.0665	25.0069	66.6832	0.0000	12.6074

由表 16-12 可知，财务激励分项指数均值从高到低依次为东部、东北、西部和中部，各地区差距不大，但整体偏低。

图 16-12 更直观地反映了不同地区上市公司财务激励分项指数均值的差异。可以看出，只有东部地区财务激励分项指数均值高于总体均值，其他三个地区的财务激励分项指数均值都低于总体均值。

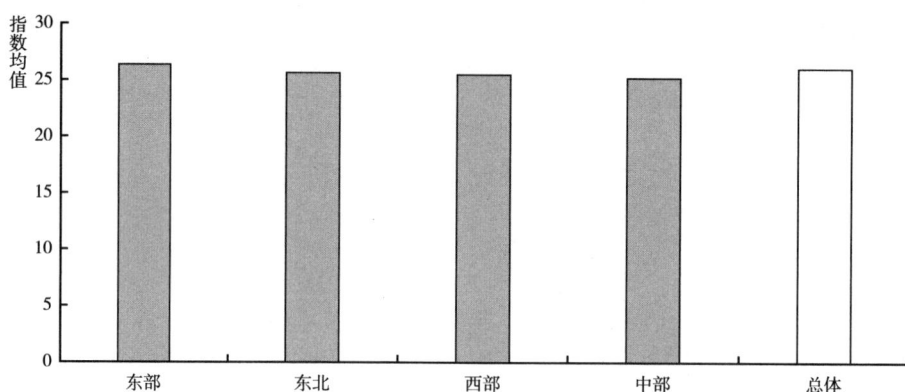

图 16 - 12　2018 年不同地区上市公司财务激励分项指数比较

16.5.3　分行业财务激励分项指数比较

2018 年 18 个行业上市公司财务激励分项指数的比较参见表 16 - 13，表中按均值大小进行了排序。

表 16 - 13　2018 年不同行业上市公司财务激励分项指数排名及比较

排名	行业	公司数目	平均值	中位值	最大值	最小值	标准差
1	文化、体育和娱乐业（R）	58	30.6242	25.0929	50.0314	8.3344	11.6150
2	水利、环境和公共设施管理业（N）	50	29.7380	25.0183	58.3542	0.0059	13.2722
3	金融业（J）	88	29.0979	27.3115	50.5856	0.0155	12.8350
4	租赁和商务服务业（L）	53	27.8552	25.0171	58.3413	8.3333	13.6254
5	卫生和社会工作（Q）	12	27.7906	25.0148	50.0146	8.3333	12.4233
6	信息传输、软件和信息技术服务业（I）	267	27.7881	25.0056	66.6832	0.0066	13.0922
7	农、林、牧、渔业（A）	41	27.2660	25.0071	50.0061	8.3333	12.3583
8	教育（P）	8	27.1019	25.0030	50.0000	8.3338	12.3257
9	房地产业（K）	124	26.1882	25.0172	58.3379	0.3829	11.8530
10	制造业（C）	2178	25.8915	25.0059	66.6808	0.0000	12.4229
11	交通运输、仓储和邮政业（G）	97	25.8143	25.0480	58.3509	0.0000	13.9705
12	建筑业（E）	90	25.2390	25.0079	50.0010	0.0203	12.0181
13	采矿业（B）	76	24.8594	25.0123	50.0261	0.1464	12.5287
14	批发和零售业（F）	164	24.1067	25.0043	58.3333	0.0186	12.3392
15	住宿和餐饮业（H）	9	24.0913	25.0000	41.6802	0.0070	14.9178
16	电力、热力、燃气及水生产和供应业（D）	105	24.0034	25.0109	58.3427	0.2660	12.6615
17	科学研究和技术服务业（M）	48	23.5732	25.0010	50.0183	8.3333	14.3921
18	综合（S）	21	20.6393	25.0000	41.6707	8.3333	8.3798
	总　体	3490	26.0665	25.0069	66.6832	0.0000	12.6074

注：居民服务、修理和其他服务业（O）只有 1 家上市公司，难以代表该行业整体水平，故排名时剔除。

从表 16-13 中可以看出，18 个行业中，行业最大均值与最小均值的绝对差距为 9.9849 分，行业间有一定差距。有 9 个行业的财务激励分项指数均值高于总体均值，这 9 个行业的行业最大均值与总体均值之间的绝对差距为 4.5577 分；另外 9 个行业的财务激励分项指数均值低于总体均值，总体均值与这 9 个行业的最小均值之间的绝对差距为 5.4272 分。显然，低分区行业内部的差距大于高分区行业。财务激励分项指数均值排名前三的行业分别是文化、体育和娱乐业（R），水利、环境和公共设施管理业（N），金融业（J）；排名最后三位的行业分别是综合（S），科学研究和技术服务业（M），电力、热力、燃气及水生产和供应业（D）。

图 16-13 更直观地反映了不同行业上市公司财务激励分项指数均值的差异。可以看出，财务激励分项指数均值按从大到小的顺序整体上呈平缓的梯形分布，综合（S）行业上市公司财务激励分项指数均值得分最低，且与其他行业差距较大。

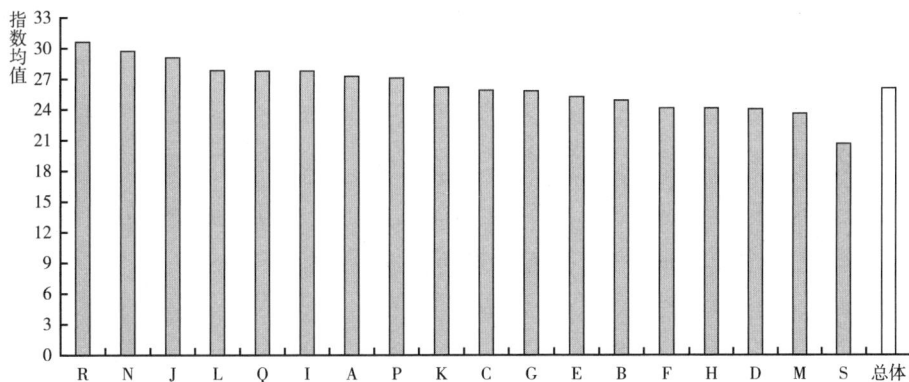

图 16-13　2018 年不同行业上市公司财务激励分项指数比较

16.6　本章小结

本章从指数分布以及地区、行业三个角度，对财务治理指数的四个维度，即财权配置、财务控制、财务监督和财务激励进行了全面分析。主要结论如下。

（1）财务治理四个分项指数中，财务监督分项指数均值最大，财务激励分项指数均值最小。财务控制和财务监督两个分项指数得分均达到 65 分以上，而财权配置和财务激励两个分项指数距离及格线甚远。财权配置分项指数主要集中在 [30，60) 区间，占比 80.49%；财务控制分项指数主要集中在 [50，80) 区间，占比高达 92.52%；财务监督分项指数主要集中在 [60，70) 和 [80，90) 区间，占比为 73.87%；财务激励分项指数主要集中在 [0，10)、[20，30) 和 [40，50) 三个区间，占比 79.83%。从及格率来看，财务监督分项指数及格率最高，为 83.72%；其次为财务控制分项指数，为 72.06%；而财权配置和财务激励两个分项指数及格率非常低，分别为 7.36% 和 0.11%。

（2）从地区来看，财权配置分项指数均值从高到低依次为中部、西部、东北和东部；财务控制分项指数均值从高到低依次为东部、中部、西部和东北；财务监督分项指数均值从高到低依次为东部、西部、中部和东北；财务激励分项指数均值从高到低依次是东部、东北、西部和中部。总体来看，东部地区上市公司在除财权配置之外的三个分项上都表现相对较好，而其他三个地区在四个分项上表现互有上下。需要指出的是，四个地区在财务激励分项指数上的得分都非常低。

（3）从行业来看，上市公司财权配置分项指数均值排名前三位的行业分别是交通运输、仓储和邮政业（G），采矿业（B），卫生和社会工作（Q）；财务控制分项指数均值排名前三位的行业分别为金融业（J）、信息传输、软件和信息技术服务业（I），租赁和商务服务业（L）；财务监督分项指数均值排名前三位的行业分别是金融业（J），交通运输、仓储和邮政业（G），文化、体育和娱乐业（R）；财务激励分项指数均值排名前三位的行业分别是文化、体育和娱乐业（R），水利、环境和公共设施管理业（N），金融业（J）。金融业（J）表现相对比较好。四个分项指数中，各个行业之间的差距都较大，行业最大均值与最小均值的差距接近或超过 10 分。

第17章 财务治理指数的
所有制比较

根据第 1 章的控股或所有制类型划分，本章对 2018 年 3490 家样本上市公司的财务治理指数及四个分项指数从所有制角度进行比较分析，以了解国有控股公司和非国有控股公司在财务治理方面存在的异同。

17.1 财务治理指数总体的所有制比较

17.1.1 财务治理指数总体比较

不同的所有制会对上市公司财务治理产生影响，表 17-1 比较了不同所有制上市公司的财务治理指数，并按照均值从高到低的顺序进行了排序。

表 17-1 2018 年分所有制上市公司财务治理指数排名及比较

排名	所有制类型	公司数目	平均值	中位值	最大值	最小值	标准差
1	国有绝对控股公司	255	53.6337	54.0925	70.4116	33.2720	6.3717
2	国有强相对控股公司	426	53.3740	53.5132	68.7416	35.2830	6.1499
3	国有弱相对控股公司	368	52.5647	52.4355	70.6937	22.1577	7.1187
4	国有参股公司	866	52.2659	52.7185	72.6923	21.9739	7.2517
5	无国有股份公司	1575	51.1554	51.5952	72.7764	10.9722	6.9934
总 体		3490	52.0315	52.3528	72.7764	10.9722	6.9889

从表 17-1 可以看出，五类所有制公司的财务治理指数均值都没有达到 60 分的及格水平。国有绝对控股公司的财务治理指数均值最高，为 53.6337 分，无国有股份公司的财务治理指数均值最低，为 51.1554 分。最大值与最小值之间的绝对差距为 2.4783

分，差距不大。从中位值看，最高的也是国有绝对控股公司，最低的也是无国有股份公司。从标准差看，国有参股公司的标准差最大，国有强相对控股公司的标准差最小，五类公司的标准差差异不大，反映了五类公司财务治理指数的离散程度相近。

图 17 - 1 更直观地反映了不同所有制上市公司财务治理指数的差异。可以看出，国有绝对控股公司、国有强相对控股公司、国有弱相对控股公司、国有参股公司的财务治理指数均值高于总体均值，无国有股份公司的财务治理指数均值低于总体均值。

如果按照第一大股东中的国有股份比例从大到小进行排列，可以看出，随着第一大股东中国有持股比例的降低，财务治理指数均值呈现出依次递减的现象，这可能意味着，随着国企改革的不同深化，国有股份在财务治理中的作用不断显现，在中国目前资本市场和法律制度尚不健全的情况下，股权适度集中对财务治理改善是有一定益处的。

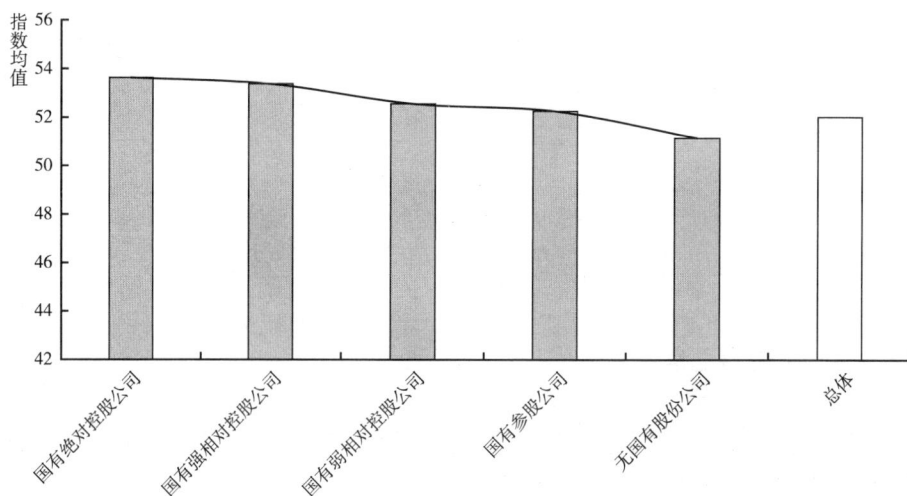

图 17 - 1　2018 年不同所有制上市公司财务治理指数均值比较

我们进一步将国有绝对控股公司、国有强相对控股公司和国有弱相对控股公司归类为国有控股公司，将国有参股公司和无国有股份公司归类为非国有控股公司。表17 - 2比较了国有控股公司和非国有控股公司的财务治理指数，并按照均值大小进行了排序。

表 17 - 2　2018 年国有控股和非国有控股上市公司财务治理指数排名及比较

排名	所有制	公司数目	平均值	中位值	最大值	最小值	标准差
1	国有控股公司	1049	53. 1532	53. 2265	70. 6937	22. 1577	6. 5729
2	非国有控股公司	2441	51. 5494	52. 0093	72. 7764	10. 9722	7. 1060
	总　体	3490	52. 0315	52. 3528	72. 7764	10. 9722	6. 9889

从表17-2可以看出，2018年上市公司中，国有控股公司财务治理指数的均值和中位值都高于非国有控股公司，两类公司财务治理指数均值的绝对差距为1.6038，差距比较小。

根据实际控制人的性质，我们将上市公司进一步划分为中央企业（或监管机构）、地方国企（或监管机构）和民营企业（或个人）最终控制的三类上市公司。表17-3比较了三类公司的财务治理指数。

表17-3 2018年不同最终控制人上市公司财务治理指数排名及比较

排名	最终控制人	公司数目	平均值	中位值	最大值	最小值	标准差
1	中央企业（或监管机构）	378	53.7931	53.7447	70.6937	32.2122	6.7856
2	地方国企（或监管机构）	709	52.8334	52.9273	70.6401	22.1576	6.5724
3	民营企业（或个人）	2403	51.5177	51.9945	72.7764	10.9722	7.0759
总 体		3490	52.0315	52.3528	72.7764	10.9722	6.9899

从表17-3可以看出，中央企业（或监管机构）控制的上市公司的财务治理指数的均值和中位值都高于地方国企（或监管机构）控制的上市公司，同时也高于民营企业（或个人）控制的上市公司，但差距不是很大；地方国企（或监管机构）控制的上市公司的财务治理指数的均值和中位值都高于民营企业（或个人）控制的上市公司。

17.1.2 财务治理分项指数总体比较

财务治理指数包括财权配置、财务控制、财务监督和财务激励四个分项指数，表17-4对五类所有制上市公司的四个财务治理分项指数进行了比较。

表17-4 2018年不同所有制上市公司财务治理分项指数均值比较

所有制类型	财权配置	财务控制	财务监督	财务激励
国有绝对控股公司	51.6211	65.4281	73.6275	23.8581
国有强相对控股公司	51.0791	65.2764	71.2882	25.8524
国有弱相对控股公司	48.5637	66.2617	68.9538	26.4796
国有参股公司	44.7690	68.0841	70.0852	26.1254
无国有股份公司	42.9995	66.4436	68.8254	26.3531
总 体	45.6415	66.6148	69.8030	26.0665

从表17-4可以看出，五类所有制上市公司的四个财务治理分项指数存在一定差异。图17-2更直观地反映了不同所有制上市公司财务治理四个分项指数的差异。

可以看出，五类所有制上市公司中，都是财务监督分项指数最高，而财务激励分项指数在五类公司中都是最低的。随着第一大股东中国有股比例的降低，财权配置分项指数呈逐渐降低趋势，这说明在目前制度和市场条件下，适度提高国有股比例对于公司财权配置水平的提升具有一定作用。随着第一大股东中国有股比例的降低，财务控制和财务监督两个分项指数先降低后上升再下降，略呈"S"形。财务激励分项指数则先上升再下降再上升，也略呈"S"形。国有绝对控股公司的财权配置、财务监督高于其他四类公司，这说明该类公司中来自国有大股东的监督力度较大。总体看，在财权配置分项指数上，三类国有控股公司好于两类非国有控股公司；而在财务控制分项指数方面，则是两类非国有控股公司好于三类国有控股公司；财务监督和财务激励分项指数，并不能直观反映国有控股公司和非国有控股公司孰优孰劣，还需要具体分析。

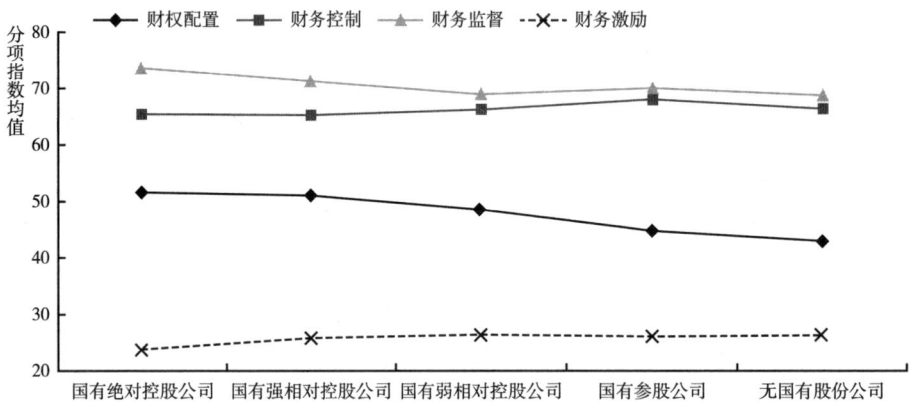

图 17 - 2 2018 年不同所有制上市公司财务治理分项指数均值比较

我们进一步将国有绝对控股公司、国有强相对控股公司和国有弱相对控股公司合并，视为国有控股公司，将国有参股公司和无国有股份公司合并，视为非国有控股公司，两者的比较见表 17 - 5 和图 17 - 3。可以看出，在财权配置和财务监督两个分项指数上，国有控股公司不同幅度高于非国有控股公司，另外两个分项指数均是国有控股公司低于非国有控股公司，两者差距并不大。

表 17 - 5 2018 年国有控股与非国有控股上市公司财务治理分项指数均值比较

所有制类型	财权配置	财务控制	财务监督	财务激励
国有控股公司	50.3284	65.6589	71.0379	25.5877
非国有控股公司	43.6273	67.0256	69.2723	26.2723
总 体	45.6415	66.6148	69.8030	26.0665

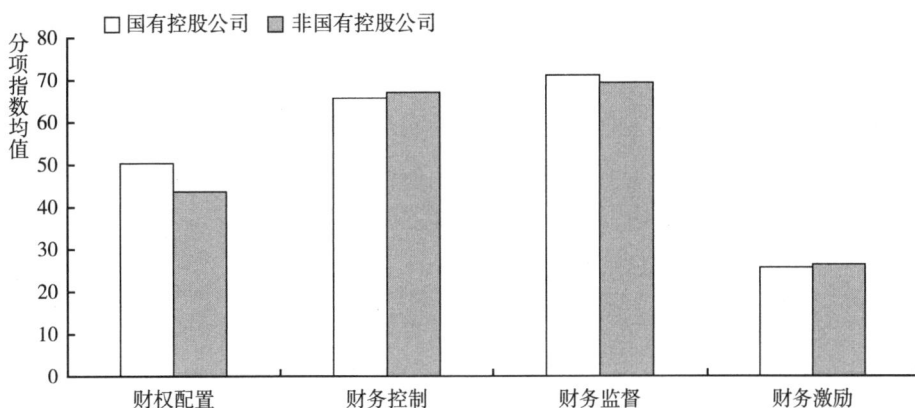

图 17 - 3　2018 年国有控股与非国有控股公司财务治理分项指数均值比较

根据实际控制人的类型，我们将上市公司划分为中央企业（或监管机构）、地方国企（或监管机构）和民营企业（或个人）控制的三类上市公司，它们在财务治理四个分项指数均值上的比较参见表 17 - 6 和图 17 - 4。可以看出，中央企业（或监管机构）控制的上市公司在财权配置、财务控制、财务激励三个分项指数上都高于地方国企（或监管机构）控制的上市公司；在财权配置分项指数上，两类国企（或监管机构）控

表 17 - 6　2018 年不同最终控制人上市公司财务治理分项指数均值比较

最终控制人	财权配置	财务控制	财务监督	财务激励
中央企业（或监管机构）	50.9068	66.4136	70.4530	27.3988
地方国企（或监管机构）	50.3121	65.1609	71.2976	24.5629
民营企业（或个人）	43.4351	67.0754	69.2598	26.3006
总　体	45.6415	66.6148	69.8030	26.0665

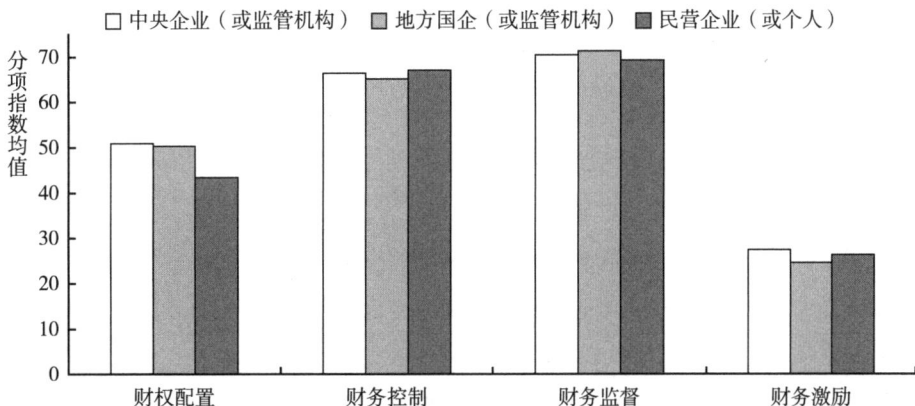

图 17 - 4　2018 年不同最终控制人上市公司财务治理分项指数均值比较

制的上市公司明显高于民营企业（或个人）控制的上市公司；在财务控制分项指数上，两类国企（或监管机构）控制的上市公司低于民营企业（或个人）控制的上市公司；在财务监督分项指数上，地方国企（或监管机构）控制的上市公司高于中央企业（或监管机构）和民营企业（或个人）控制的上市公司；在财务激励分项指数上，中央企业（或监管机构）控制的上市公司高于其余两类公司，并且民营企业（或个人）控制的上市公司高于地方国企（或监管机构）控制的上市公司。

17.2 分地区财务治理指数的所有制比较

17.2.1 分地区财务治理总体指数比较

按照国家统计局四个地区的划分，我们统计了四个地区国有控股与非国有控股上市公司的财务治理指数，参见表 17 - 7。

表 17 - 7 2018 年不同地区国有控股与非国有控股上市公司财务治理指数比较

地区	所有制类型	公司数目	平均值	中位值	最大值	最小值	标准差
东部	国有控股公司	599	53.5729	53.7428	70.6937	31.6961	6.4729
	非国有控股公司	1819	51.8087	52.0741	72.7764	21.9739	6.9648
	总体	2418	52.2457	52.5243	72.7764	21.9739	6.8872
中部	国有控股公司	185	52.6030	52.7439	69.8267	36.0327	6.3981
	非国有控股公司	269	51.4556	52.5125	66.8056	25.1966	7.6640
	总体	454	51.9231	52.7055	69.8267	25.1966	7.1900
西部	国有控股公司	204	52.8363	53.1432	67.9846	22.1576	7.0732
	非国有控股公司	265	50.5047	51.0370	68.7097	10.9722	7.3279
	总体	469	51.5188	51.8501	68.7097	10.9722	7.3028
东北	国有控股公司	61	51.7606	52.0090	64.6290	32.9028	6.1591
	非国有控股公司	88	49.6224	50.3919	68.7023	28.2128	7.1232
	总体	149	50.4978	51.2693	68.7023	28.2128	6.8058

从表 17 - 7 可以看出，四个地区都是国有控股公司的财务治理指数均值和中位值高于非国有控股公司。

图 17 - 5 直观地反映了四个地区不同所有制上市公司财务治理指数均值的差异。可以看出，国有控股公司的财务治理指数均值从高到低是东部、西部、中部和东北，非国有控股公司财务治理指数均值从高到低是东部、中部、西部和东北；不论是国有控股公司还是非国有控股公司，东部上市公司财务治理的表现均相对最好，而东北上市公司财务治理的表现则相对最差。

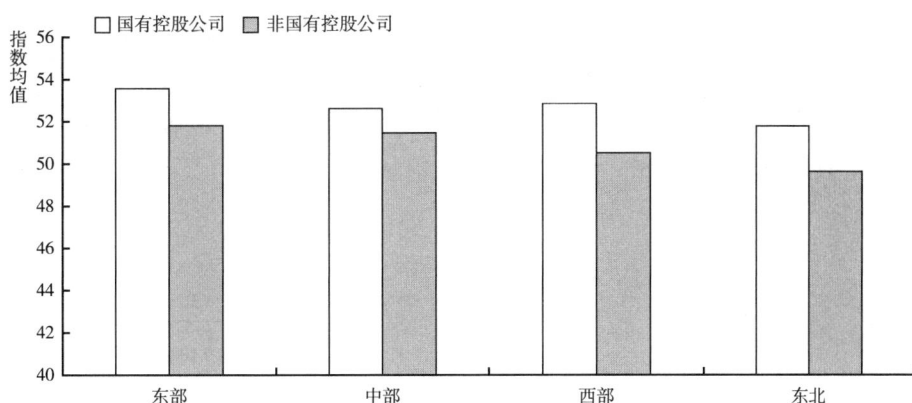

图17-5 2018年不同地区不同所有制上市公司财务治理指数均值比较

17.2.2 分地区财务治理分项指数比较

接下来，我们对四个地区国有控股与非国有控股上市公司的财务治理分项指数均值进行比较分析，参见表17-8。

表17-8 2018年不同地区国有控股与非国有控股上市公司财务治理分项指数均值比较

地区	所有制类型	财权配置	财务控制	财务监督	财务激励
东部	国有控股公司	49.1827	66.2732	73.1845	25.6512
	非国有控股公司	43.1172	67.4063	70.1141	26.5971
	总 体	44.6198	67.1256	70.8747	26.3628
中部	国有控股公司	52.1903	65.2421	67.9392	25.0404
	非国有控股公司	46.1479	66.8936	67.4489	25.3319
	总 体	48.6101	66.2206	67.6487	25.2131
西部	国有控股公司	51.7332	64.7452	68.7500	26.1167
	非国有控股公司	44.4952	65.4897	67.0047	25.0291
	总 体	47.6435	65.1659	67.7639	25.5022
东北	国有控股公司	51.2339	63.9464	67.0082	24.8538
	非国有控股公司	43.8518	64.1861	64.2756	26.1762
	总 体	46.8740	64.0880	65.3943	25.6348

由表17-8可以看出，四个地区两类所有制上市公司在财务治理四个分项指数上并没有一致的排序。为了便于比较，我们计算出四个地区非国有控股公司财务治理四个分项指数均值与对应的国有控股公司财务治理四个分项指数均值的差值，由此可以反映四个地区两类所有制上市公司财务治理四个分项指数的差异，如图17-6所示。可以看出，在财权配置和财务监督两个分项指数上，四个地区均为国有控股公司高于非国有控

股公司，财权配置分项指数中两类公司差距最大的是东北，为 7.3822 分；财务监督分项指数中两类公司差距最大的是东部，为 3.0704 分。在财务控制分项指数上，四个地区均为国有控股公司低于非国有控股公司，两类公司差距较小，都在 2 分以下；在财务激励分项指数上，除西部以外，其他三个地区都是国有控股公司低于非国有控股公司，东北地区两类公司差距最大，为 1.3224 分。

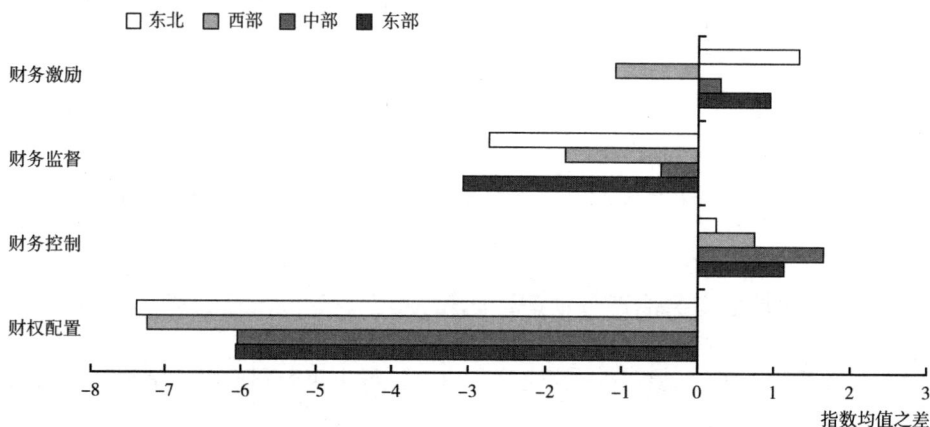

图 17-6　2018 年不同地区国有与非国有控股公司财务治理分项指数均值之差值比较

注：指数均值之差 = 非国有控股公司财务治理分项指数均值 - 国有控股公司财务治理分项指数均值。

17.3　分行业财务治理指数的所有制比较

17.3.1　分行业财务治理总体指数比较

这里，我们选择上市公司较多且具有代表性的六个行业，分别是制造业（C）、电力、热力、燃气及水生产和供应业（D）、交通运输、仓储和邮政业（G）、信息传输、软件和信息技术服务业（I）、金融业（J）、房地产业（K），上述六个行业财务治理指数比较参见表 17-9。

从表 17-9 可以看出，六个行业的国有控股公司财务治理指数均值都高于非国有控股公司，这基本上可以说明，国有控股公司的财务治理水平好于非国有控股公司。

图 17-7 更直观地反映了六个行业国有控股公司与非国有控股公司财务治理指数的差异。可以看出，六个行业中，两类公司财务治理指数均值最高的都是金融业（J），国有控股公司最低的是电力、热力、燃气及水生产和供应业（D），非国有控股公司最低的是交通运输、仓储和邮政业（G）。

表 17-9　2018 年不同行业国有与非国有控股上市公司财务治理指数比较

行业	所有制类型	公司数目	平均值	中位值	最大值	最小值	标准差
制造业（C）	国有控股公司	489	52.8371	52.5923	68.6796	22.1576	6.6397
	非国有控股公司	1689	51.4844	51.8963	72.6923	10.9722	7.1248
	总　体	2178	51.7881	52.0328	72.6923	10.9722	7.0400
电力、热力、燃气及水生产和供应业（D）	国有控股公司	79	51.0823	51.3803	64.3309	36.7403	6.1044
	非国有控股公司	26	50.7413	54.0968	60.3457	31.8595	7.6473
	总　体	105	50.9979	52.0090	64.3309	31.8595	6.4829
交通运输、仓储和邮政业（G）	国有控股公司	67	55.3625	56.0866	68.7415	42.1216	6.1426
	非国有控股公司	30	50.3885	50.0715	70.6401	37.4241	6.6980
	总　体	97	53.8242	54.4618	70.6401	37.4241	6.6957
信息传输、软件和信息技术服务业（I）	国有控股公司	39	52.8044	53.4012	64.2304	32.9028	6.9491
	非国有控股公司	228	52.3157	52.6970	72.7764	21.9739	7.0585
	总　体	267	52.3871	52.7034	72.7764	21.9739	7.0317
金融业（J）	国有控股公司	58	56.8893	56.8814	70.6937	40.2069	6.9024
	非国有控股公司	30	54.0918	55.2795	63.9016	35.5136	6.3897
	总　体	88	55.9357	56.1377	70.6937	35.5136	6.8266
房地产业（K）	国有控股公司	57	53.6787	53.3729	67.4386	42.9721	5.9058
	非国有控股公司	67	52.2680	53.3969	65.9764	25.7954	7.6016
	总　体	124	52.9165	53.3849	67.4386	25.7954	6.8836

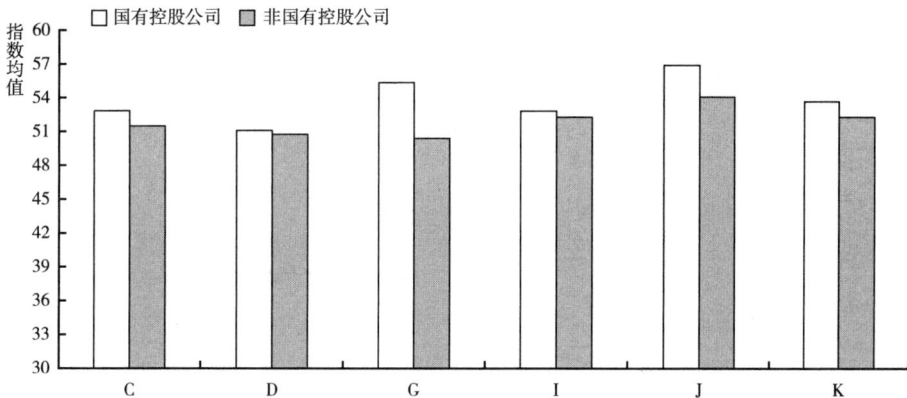

图 17-7　2018 年不同行业国有与非国有控股上市公司财务治理指数均值比较

17.3.2　分行业财务治理分项指数比较

表 17-10 对六个行业国有控股与非国有控股上市公司财务治理四个分项指数进行了比较。

由表 17-10 可以看出，与地区一样，六个代表性行业两类所有制上市公司在财务治理四个分项指数上的排序也不一致。为了便于比较，我们计算出六个行业非国有控股

表 17 – 10　2018 年不同行业国有与非国有控股上市公司财务治理分项指数均值比较

行业	所有制类型	财权配置	财务控制	财务监督	财务激励
制造业（C）	国有控股公司	50. 0465	65. 8242	70. 1431	25. 3344
	非国有控股公司	43. 3457	67. 1303	69. 4087	26. 0528
	总　体	44. 8502	66. 8370	69. 5736	25. 8915
电力、热力、燃气及水生产和供应业（D）	国有控股公司	50. 7333	63. 6004	68. 1962	21. 7994
	非国有控股公司	45. 2539	63. 5498	63. 4615	30. 7000
	总　体	49. 3765	63. 5879	67. 0238	24. 0034
交通运输、仓储和邮政业（G）	国有控股公司	53. 7974	65. 2130	75. 3731	27. 0666
	非国有控股公司	45. 5602	62. 9765	70. 0000	23. 0174
	总　体	51. 2498	64. 5213	73. 7113	25. 8143
信息传输、软件和信息技术服务业（I）	国有控股公司	48. 7227	63. 3222	72. 4359	26. 7366
	非国有控股公司	40. 9499	69. 3198	71. 0252	27. 9680
	总　体	42. 0853	68. 4437	71. 2313	27. 7881
金融业（J）	国有控股公司	48. 5737	73. 1705	74. 2457	31. 5675
	非国有控股公司	45. 3330	72. 1276	74. 5833	24. 3234
	总　体	47. 4689	72. 8150	74. 3608	29. 0979
房地产业（K）	国有控股公司	49. 4060	64. 0818	74. 5614	26. 6657
	非国有控股公司	48. 1964	64. 1980	70. 8955	25. 7820
	总　体	48. 7524	64. 1446	72. 5806	26. 1882

公司财务治理四个分项指数均值与对应的国有控股公司财务治理四个分项指数均值的差值，由此可以反映六个行业的两类所有制上市公司在财务治理四个分项指数上的差异，参见图 17 – 8。可以看出，在财权配置分项指数上，六个行业都是国有控股公司高于非

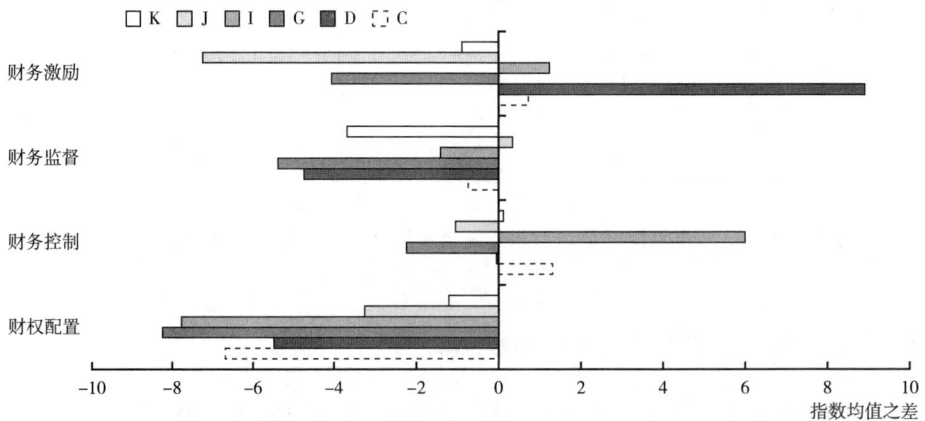

图 17 – 8　2018 年不同行业国有与非国有控股公司财务治理分项指数均值之差值比较

注：指数均值之差 = 非国有控股公司财务治理分项指数均值 − 国有控股公司财务治理分项指数均值。

国有控股公司；在财务控制分项指数上，电力、热力、燃气及水生产和供应业（D），交通运输、仓储和邮政业（G），金融业（J）三个行业的国有控股公司高于非国有控股公司，其他三个行业都是非国有控股公司高于国有控股公司；在财务监督分项指数上，除金融业（J）是国有控股公司低于非国有控股公司外，其余五个行业都是国有控股公司高于非国有控股公司；在财务激励分项指数上，交通运输、仓储和邮政业（G），金融业（J），房地产（K）三个行业是国有控股公司高于非国有控股公司，其他三个行业都是非国有控股公司高于国有控股公司。

17.4　本章小结

本章从所有制角度对2018年沪深两市3490家上市公司财务治理指数及四个分项指数进行了统计和分析，主要结论如下。

关于财务治理总体指数：（1）随着第一大股东中国有持股比例的降低，财务治理指数呈现出依次递减的现象，这可能意味着，随着国企改革的不断深化，国有股份在财务治理中的作用不断显现，在目前资本市场和法律制度不健全的情况下，股权适度集中对财务治理改善是有一定益处的。（2）总体上，国有控股公司财务治理指数均值略高于非国有控股公司。（3）中央企业（或监管机构）控制的上市公司的财务治理指数均值高于地方国企（或监管机构）和民营企业（或个人）控制的上市公司，地方国企（或监管机构）控制的上市公司的财务治理指数均值高于民营企业（或个人）控制的上市公司。（4）从地区看，四个地区的国有控股公司的财务治理指数均值和中位值都高于非国有控股公司，不论是国有控股公司还是非国有控股公司，东北地区财务治理指数都是最低的。（5）从行业看，六个行业的国有控股公司财务治理指数均值都高于非国有控股公司。

关于财务治理分项指数：（1）随着第一大股东中国有股比例的降低，财权配置分项指数呈逐渐降低趋势，这说明目前制度和市场条件下，适度提高国有股比例对于公司财权配置水平的提升具有一定作用。随着第一大股东中国有股比例的降低，财务监督和财务控制两个分项指数先降低后上升再下降，略呈"S"形。财务激励分项指数则先上升再下降再上升，也略呈"S"形。国有绝对控股公司的财权配置、财务监督高于其他四类公司，这说明该类公司中来自国有大股东的监督力度较大。（2）中央企业（或监管机构）控制的上市公司在财权配置和财务控制两个分项指数上都高于地方国企（或监管机构）控制的上市公司；在财务监督分项指数上，地方国企（或监管机构）控制的上市公司高于中央企业（或监管机构）和民营企业（或个人）控制的上市公司；在财务激励分项指数上，中央企业（或监管机构）控制的上市公司高于其余两类公司，民营企业（或个人）控制的上市公司高于地方国企（或监管机构）控制的上市公司。（3）从地区看，在财权配置和财务监督两个分项指数上，四个地区均为国有控股公司高于非国有控股公司；在财务控制分项指数上，四个地区均为国有控股公司低于非国有控股公司，在财务激励分项指数上，除西部以外，其他三个地区都是国有控股公司低于非国有控股公司。（4）从行业看，在六个代表性行业中，在财权配置分项指数上，六个行业都是国有控股公司高于非国有控股公司；在财务控制分项指数上，电力、热力、燃气及水生产和供应业（D），交通运输、仓储和邮政业（G），金融业（J）三个行业的国有控股公司高于非国有控股公司；在财务监督分项指数上，除金融业（J）外，其余五个行业都是国有控股公司高于非国有控股公司；在财务激励分项指数上，交通运输、仓储和邮政业（G），金融业（J），房地产（K）三个行业的国有控股公司高于非国有控股公司。

第18章 财务治理指数的年度 比较 (2010 ~ 2018)

2011 ~ 2018 年，我们对 2010 年、2012 年，以及 2014 ~ 2017 年的中国上市公司财务治理水平进行了六次测度，今年是第七次测度。本章将从总体、地区、行业和所有制等多个角度，比较分析七个年度中国上市公司财务治理水平，以便了解财务治理水平是否有所提高以及提高程度，以期对财务治理的完善有所启示。

18.1 财务治理指数总体的年度比较

对 2010 年、2012 年，以及 2014 ~ 2018 年七个年度财务治理进行评价，样本公司数分别是 1722 家、2314 家、2514 家、2655 家、2840 家、3147 家和 3490 家，基本上是对全部上市公司的评价。比较七个年度样本上市公司的财务治理指数，以及财权配置分项指数、财务控制分项指数、财务监督分项指数和财务激励分项指数，结果见表 18 - 1。

表 18 - 1　2010 ~ 2018 年上市公司财务治理指数均值比较

年份	样本量	总体指数	分项指数			
			财权配置	财务控制	财务监督	财务激励
2010	1722	53.5458	51.2195	55.3971	75.8711	31.6957
2012	2314	57.6130	50.0502	56.6335	76.1884	47.5799
2014	2514	52.7871	41.1152	45.2939	72.3846	52.3548
2015	2655	53.1157	41.1131	66.2514	75.8498	29.2487
2016	2840	53.5234	41.2217	70.5093	73.2240	29.1386
2017	3147	53.6690	42.4202	72.3981	72.0349	27.8230
2018	3490	52.0315	45.6415	66.6148	69.8030	26.0665

由表 18 - 1 可知，从财务治理总体指数看，七个年度中，2012 年是最高水平。2014 年下降，2015 ~ 2017 年连续上升，但 2017 年尚未达到 2012 年的最高水平，2018

年比 2017 略微下降（见图 18 - 1）。2018 年，上市公司财务治理指数均值为 52.0315 分，比 2010 年下降 1.5143 分，相比最高年份 2012 年下降 5.5815 分，比 2017 年下降 1.6375 分。

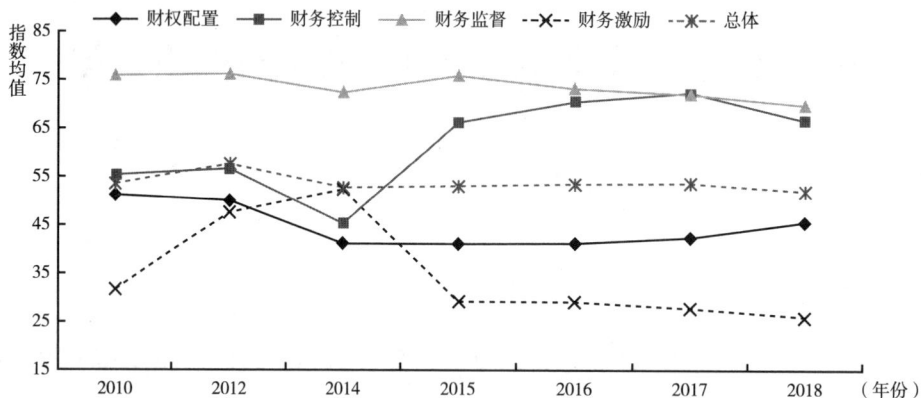

图 18 - 1　2010 ~ 2018 年上市公司财务治理总体指数及分项指数比较

从分项指数看，七个年度中，财权配置分项指数在 2010 年和 2012 年较高，此后三个年度基本稳定在 41 分略高的水平，2016 ~ 2018 年连续小幅提升；相比 2010 年和 2012 年，2018 年分别下降 5.578 分和 4.4087 分；相比 2017 年，2018 年上升 3.2213 分。财务控制分项指数在 2014 年出现较大幅度下降，此后 2015 ~ 2017 年连续上升；相比 2010 年和 2012 年，2018 年分别上升 11.2177 分和 9.9813 分；相比 2017 年，2018 年下降 5.7833 分。财务监督分项指数在 2014 年出现较大幅度下降，在 2015 年有所回升，但此后 2016 ~ 2018 年连续下降；相比 2010 年和 2012 年，2018 年分别下降 6.0681 分和 6.3854 分；相比 2017 年，2018 年下降 2.2319 分；财务激励分项指数在 2012 ~ 2014 年连续较大幅度上升，但 2015 ~ 2018 年连续下降，尤其是 2015 年下降幅度很大；相比 2010 年和 2012 年，2018 年分别下降 5.6292 分和 21.5134 分；相比 2017 年，2018 年下降 1.7565 分，创下七个年度的最低得分。

18.2　分地区财务治理指数的年度比较

为体现不同地区上市公司财务治理情况，我们统计了各地区上市公司财务治理指数，以及财权配置、财务控制、财务监督和财务激励四个分项指数的平均值，用来比较不同地区 2010 年、2012 年，以及 2014 ~ 2018 年财务治理的差异，结果见表 18 - 2。

表 18-2　2010～2018 年不同地区上市公司财务治理指数均值比较

地区	年份	总体指数	分项指数				总体指数排名
			财权配置	财务控制	财务监督	财务激励	
东部	2010	54.2146	51.1283	56.4676	77.4541	31.8085	1
	2012	58.3986	48.9966	57.2510	77.5151	49.8318	1
	2014	53.3793	40.6038	45.1748	73.8298	53.9088	1
	2015	53.6273	40.4942	67.0381	77.5093	29.4675	1
	2016	54.0767	40.4768	71.3229	74.6324	29.8747	1
	2017	54.2155	41.6053	73.1176	73.5363	28.6027	1
	2018	52.2457	44.6198	67.1256	70.8747	26.3628	1
中部	2010	53.2077	52.7984	54.8148	73.7731	31.4444	2
	2012	57.0858	52.3318	54.7187	74.9110	46.3818	2
	2014	52.0075	42.7339	45.1805	70.0613	50.0545	2
	2015	52.4275	42.1399	65.1865	73.5983	28.7853	2
	2016	53.0566	42.8824	70.2286	71.2656	27.8498	2
	2017	52.9763	44.6983	71.1333	69.2263	26.8472	2
	2018	51.9231	48.6101	66.2206	67.6487	25.2131	2
西部	2010	52.1861	50.6011	52.8689	74.1598	31.1148	3
	2012	55.4520	51.8691	55.6736	73.1988	41.0663	4
	2014	51.6890	42.2169	46.1749	69.6209	48.7432	3
	2015	52.2594	42.9271	64.7037	72.3890	29.0176	3
	2016	52.4414	42.9788	68.1501	70.8282	27.8085	3
	2017	52.5564	44.5665	70.7258	69.2998	25.6337	3
	2018	51.5188	47.6435	65.1659	67.7639	25.5022	3
东北	2010	51.9042	49.9508	53.8164	71.0177	32.8319	4
	2012	55.8248	51.0780	57.3077	72.4519	42.4615	3
	2014	50.6834	39.9672	44.6691	68.6121	49.4853	4
	2015	50.9549	41.1104	63.5670	70.7306	28.4115	4
	2016	50.6792	41.4111	67.3442	67.0918	26.8695	4
	2017	51.0432	41.2385	70.5879	66.5391	25.8071	4
	2018	50.4978	46.8740	64.0880	65.3943	25.6348	4

由表 18-2 可以看出以下几点。

第一，从财务治理总体指数看，七个年度中，东部、中部、西部和东北四个地区都是 2012 年为最高值，2014 年下降；之后东部、西部两个地区 2015～2017 年连续上升，2018 年有所下降；中部地区在 2015 年、2016 年上升后，2017 年和 2018 年连续下降；东北地区是 2015 年略有回升，2016 年又略有下降，2017 年有所回升，2018 年又略微下降，处于起伏变化中。相比最高值的 2012 年，2018 年东部、中部、西部和东北分别下降 6.1529 分、5.1627 分、3.9332 分和 5.3270 分。相比 2017 年，东部、中部、西部和东北分别下降 1.9698 分、1.0532 分、1.0376 分和 0.5454 分。

第二，从财权配置分项指数看，东部 2012～2016 年连续下降，2017 年和 2018 年连续上升；中部 2012～2015 年连续下降，2016～2018 年连续上升；西部是 2012 年上升，2014 年下降，此后 2015～2018 年连续上升；东北的变化与西部大体相同，只是 2017 年有过小幅下降。相比 2010 年，2018 年四个地区都是下降的，降幅在 2.95～6.51 分之间，东部降幅最大，下降 6.5085 分；相比 2017 年，四个地区都有所上升，升幅在 3.01～5.64 分之间，东北升幅最大，上升 5.6355 分。

第三，从财务控制分项指数看，东部、西部和东北三个地区都是 2012 年上升，2014 年下降，此后 2015～2017 年连续上升，2018 年又有所回落；中部地区在 2012 年和 2014 年连续下降，此后 2015～2017 年连续上升，2018 年又有所下降。相比 2010 年，2018 年四个地区都得以大幅提升，升幅在 10.65～12.30 分之间；相比 2017 年，2018 年四个地区都有所下降，降幅为 4.91～6.50 分，东北降幅最大。

第四，从财务监督分项指数看，东部、中部和东北三个地区均是 2012 年上升，2014 年下降，2015 年又上升，此后 2016～2018 年连续下降；西部地区则是 2012 年和 2014 年连续下降，2015 年上升，此后 2016～2018 年连续下降。相比 2010 年，2018 年四个地区都是下降的，降幅在 5.562～6.58 分之间；相比 2017 年，2018 年也都是下降的，降幅在 1.14～2.67 分之间，东部降幅最大，东北降幅最小。

第五，从财务激励分项指数看，四个地区在 2012 年和 2014 年都是连续上升的，2015 年出现大幅下滑，此后中部、西部和东北地区 2016～2018 年连续下滑，东部地区则在 2016 年略有回升，2017 年和 2018 年又连续下降。相比 2010 年，2018 年四个地区都下降，降幅在 5.44～7.20 分之间，东北降幅最大；相比 2017 年，2018 年也都下降，降幅在 0.13～2.24 分之间，也是东部降幅最大。

图 18-2 显示了四个地区财务治理总体指数的变化。从总体指数排名看，东部和中

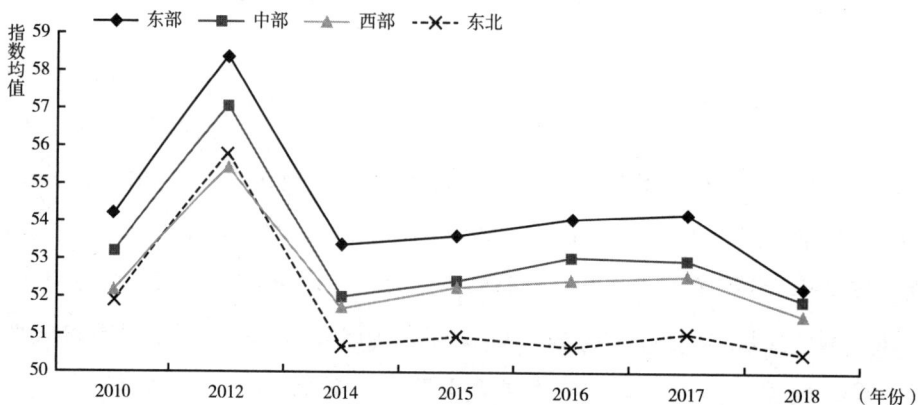

图 18-2 2010～2018 年不同地区上市公司财务治理总体指数的变化

部七个年度都位居第一和第二；西部除了 2012 年位居第四外，其他六个年度都位居第三；东北除了 2012 年位居第三外，其他六个年度都位居第四。总体看，东部上市公司财务治理表现最好，东北部较差。

18.3　分行业财务治理指数的年度比较

用各行业上市公司财务治理总体指数，以及财权配置、财务控制、财务监督和财务激励四个分项指数的平均值来代表各行业上市公司财务治理情况，分别比较不同行业 2010~2018 年间七个年度的财务治理水平的差异，结果参见表 18-3。需要注意的是，由于《中国上市公司财务治理指数报告 2011》使用的是《上市公司行业分类（2001年）》，而之后的报告使用的是《上市公司行业分类（2012 年）》，这两个行业分类标准存在差异，所以 10 个行业有七个年度的数据，8 个行业有六个年度的数据。为便于比较，我们只比较 2012~2018 年的财务治理指数。

表 18-3　2010~2018 年不同行业上市公司财务治理指数均值比较

行业	年份	总体指数	分项指数			
			财权配置	财务控制	财务监督	财务激励
农林牧渔业（A）	2010	49.2926	47.2868	50.8721	72.9651	26.0465
	2012	55.1089	48.6302	52.4306	74.6528	44.7222
	2014	49.1032	37.1629	44.2188	68.2813	46.7500
	2015	50.4630	37.7224	66.2174	72.4702	25.4420
	2016	52.3723	38.0457	71.5614	67.1875	32.6948
	2017	52.7094	40.7712	72.6102	65.4762	31.9802
	2018	49.9439	45.8813	64.8905	61.7378	27.2660
采矿业（B）	2010	57.3014	54.1667	62.6953	78.9063	33.4375
	2012	57.2542	53.6879	58.7719	76.2061	40.3509
	2014	54.6737	47.1914	52.0833	72.4638	46.9565
	2015	54.6107	47.5247	64.4930	75.5137	30.9114
	2016	52.5758	44.7274	67.4037	72.0034	26.1685
	2017	51.1777	46.3204	68.6776	69.8480	19.8647
	2018	51.8609	50.9897	63.9959	67.5987	24.8594
制造业（C）	2010	52.7870	51.0008	54.5460	74.9391	30.6621
	2012	57.3196	48.8504	56.1136	74.9829	49.3315
	2014	52.8116	40.7191	44.7772	71.8396	53.9106
	2015	52.9852	40.7726	66.7037	75.0935	29.3711
	2016	53.5459	40.9548	71.0868	72.7746	29.3672
	2017	53.7015	42.0299	72.8411	72.0145	27.9204
	2018	51.7881	44.8502	66.8370	69.5736	25.8915

续表

行业	年份	总体指数	分项指数			
			财权配置	财务控制	财务监督	财务激励
电力、热力、燃气及水生产和供应业（D）	2010	54.3403	51.7361	55.6641	77.1484	32.8125
	2012	58.9678	53.9231	59.3344	77.6786	44.9351
	2014	55.0902	43.5469	53.5061	74.1616	49.1463
	2015	54.8764	42.2115	63.9149	78.5815	34.7977
	2016	53.7206	42.9737	68.7831	76.7578	26.3679
	2017	53.2514	45.3511	69.8601	72.3301	25.4642
	2018	50.9979	49.3765	63.5879	67.0238	24.0034
建筑业（E）	2010	55.0878	58.0247	56.9444	73.4375	31.9444
	2012	60.8051	55.4524	58.5938	78.4598	50.7143
	2014	53.6685	45.0528	46.9697	73.8636	48.7879
	2015	53.9492	43.7992	65.9048	78.3451	27.7478
	2016	54.2788	44.2997	72.2280	73.0519	27.5356
	2017	53.9259	44.1703	71.3871	72.1528	27.9934
	2018	52.6761	49.1903	65.6501	70.6250	25.2390
批发和零售业（F）	2010	54.1386	51.1820	54.3883	76.1968	34.7872
	2012	57.5062	53.1666	60.8750	75.2500	40.7333
	2014	52.5888	41.2445	49.2030	70.8473	49.0604
	2015	53.2726	42.1279	64.1261	76.6156	30.2206
	2016	51.8932	41.2758	67.7222	72.8041	25.7707
	2017	52.3162	43.5221	69.6163	71.2421	24.8843
	2018	51.3520	46.8663	64.8085	69.6265	24.1067
交通运输、仓储和邮政业（G）	2010	58.2463	55.2239	62.2201	81.0634	34.4776
	2012	61.7665	56.6762	59.5779	82.6299	48.1818
	2014	55.1145	43.7452	50.5401	77.1605	49.0124
	2015	56.0587	45.3165	63.6881	81.9444	33.2857
	2016	54.3192	46.0027	66.2921	77.9454	27.0364
	2017	54.0626	47.9040	70.3897	73.5417	24.4150
	2018	53.8242	51.2498	64.5213	73.7113	25.8143
住宿和餐饮业（H）	2012	55.9314	49.1423	59.3750	71.8750	43.3333
	2014	46.6029	40.5026	43.7500	58.5227	43.6364
	2015	46.6809	34.8243	58.2862	62.5000	31.1130
	2016	47.0656	42.4816	59.0194	63.6364	23.1251
	2017	50.4527	44.6506	68.0188	66.6667	22.4748
	2018	50.9520	47.6498	66.0948	65.9722	24.0913
信息传输、软件和信息技术服务业（I）	2010	52.4614	48.0193	53.4783	76.5217	31.8261
	2012	55.8042	46.1252	48.5767	78.7129	49.8020
	2014	50.3246	38.2759	34.7481	72.5280	55.7463
	2015	52.8880	36.2358	69.5188	79.0086	26.7888
	2016	53.9917	38.1654	71.2074	75.0000	31.5942
	2017	54.6867	39.2779	73.8938	74.6513	30.9236
	2018	52.3871	42.0853	68.4437	71.2313	27.7881

行业	年份	总体指数	分项指数			
			财权配置	财务控制	财务监督	财务激励
金融业（J）	2010	62.1850	57.9365	69.6429	86.1607	35.0000
	2012	62.6992	50.4308	69.9695	87.9573	42.4390
	2014	53.9330	36.4297	56.5407	81.8314	40.9302
	2015	53.3176	42.8806	74.4261	77.1684	18.7953
	2016	55.7111	39.9407	79.0492	75.4386	28.4161
	2017	55.8318	43.3271	78.6650	74.6753	26.6598
	2018	55.9357	47.4689	72.8150	74.3608	29.0979
房地产业（K）	2010	55.1687	51.7460	54.8214	76.9643	37.1429
	2012	58.1007	52.8870	58.7148	78.8292	41.9718
	2014	52.1633	42.6305	44.0341	73.5795	48.4091
	2015	51.9559	43.4657	61.1955	75.6063	27.5561
	2016	53.3262	43.0907	67.2531	74.0000	28.9607
	2017	53.7800	45.0595	69.3932	70.6000	30.0674
	2018	52.9165	48.7524	64.1446	72.5806	26.1882
租赁和商务服务业（L）	2012	58.0943	49.0440	57.4405	80.6548	45.2381
	2014	54.7657	41.2503	46.0938	78.3854	53.3333
	2015	53.6921	37.3458	68.6568	76.2019	32.5638
	2016	53.4474	38.4302	71.4298	70.9375	32.9921
	2017	52.4975	38.3763	73.5386	71.2798	26.7953
	2018	51.1779	44.4769	67.9925	64.3868	27.8552
科学研究和技术服务业（M）	2012	56.3698	44.9235	52.0833	72.9167	55.5556
	2014	53.9702	38.7218	38.0682	77.2727	61.8182
	2015	54.4614	40.4106	68.3486	78.4722	30.6143
	2016	54.2613	41.4610	71.9294	73.3696	30.2852
	2017	53.9235	44.4577	72.9601	69.7266	28.5497
	2018	52.2642	45.8882	67.5902	72.0052	23.5732
水利、环境和公共设施管理业（N）	2012	54.2085	46.6709	48.3696	77.4457	44.3478
	2014	52.5266	40.4909	43.5096	71.8750	54.2308
	2015	53.1966	42.9241	67.5955	76.4583	25.8086
	2016	55.0095	41.4772	71.0954	76.1364	31.3289
	2017	54.2497	41.1034	72.0424	71.8750	31.9781
	2018	53.3088	47.1011	66.3963	70.0000	29.7380
教育（P）	2012	59.8958	33.3333	62.5000	93.7500	50.0000
	2014	47.3958	33.3333	37.5000	68.7500	50.0000
	2015	56.7766	48.3333	68.3564	68.7500	41.6667
	2016	49.0068	34.3742	57.4618	70.8333	49.0068
	2017	51.3908	32.9526	69.3161	71.8750	31.4195
	2018	48.9604	42.7778	63.4619	62.5000	27.1019

续表

行业	年份	总体指数	分项指数			
			财权配置	财务控制	财务监督	财务激励
卫生和社会工作（Q）	2012	56.9318	50.2272	45.8333	75.0000	56.6667
	2014	50.8067	43.2269	32.8125	67.1875	60.0000
	2015	51.9037	38.9519	68.1866	73.7500	26.7263
	2016	53.7651	40.7624	69.1012	71.4286	33.7683
	2017	52.3252	40.0480	70.1254	68.7500	30.3774
	2018	54.2863	50.6782	66.8015	71.8750	27.7906
文化、体育和娱乐业（R）	2012	59.3099	52.9273	55.6250	82.1875	46.5000
	2014	52.2369	39.8095	43.5345	76.2931	49.3103
	2015	52.9619	38.3229	64.9135	78.4722	30.1391
	2016	54.5302	41.6635	68.9940	75.9146	31.5486
	2017	54.9002	41.3676	72.1267	74.8698	31.2366
	2018	54.6103	47.6769	66.4333	73.7069	30.6242
综合（S）	2012	54.1662	55.3579	48.0114	73.2955	40.0000
	2014	51.9079	47.0067	42.4479	69.0104	49.1667
	2015	51.4724	41.1287	62.7573	72.2500	29.7538
	2016	52.2414	41.1376	66.7459	70.9239	30.1581
	2017	51.4838	42.0461	70.2843	65.2174	28.3875
	2018	47.1910	48.7507	61.0409	58.3333	20.6393

注：（1）由于教育（P）在 2012 年和 2015 年只有 1 家上市公司，2016～2018 年各有 3 家、4 家和 8 家上市公司，所以，2012 年和 2015 年该行业数据难以反映该行业的实际平均水平，故只比较 2016～2018 年；（2）居民服务、修理和其他服务业（O）只有 1 家上市公司，难以代表该行业整体水平，故排名时剔除。

从表 18-3 可以看出以下几点。

第一，从财务治理总体指数看，2012～2018 年，18 个行业中，有 17 个行业的上市公司财务治理指数均值在 2012 年属于最高水平。相比 2012 年，2018 年全部行业都出现了下降，降幅在 0.89～8.13 分之间，降幅最大的是建筑业（E），下降 8.1290 分。相比 2017 年，卫生和社会工作（Q）、金融业（J）、住宿和餐饮业（H）、采矿业（B）略有上升，升幅在 0.10～1.97 分之间。其他 14 个行业下降，降幅在 0.23～4.30 分之间，降幅最大的是综合（S），下降 4.2928 分。

第二，从财权配置分项指数看，相比 2012 年，2018 年除科学研究和技术服务业（M）、卫生和社会工作（Q）、水利、环境和公共设施管理业（N）三个行业外（剔除教育），其余 14 个行业都是下降的，降幅在 1.49～6.61 分之间，降幅最大的是综合（S），下降 6.6072 分，降幅最小的是住宿和餐饮业（H），下降 1.4925 分。相比 2017 年，2018 年 18 个行业全部上升，升幅在 1.43～10.64 分之间，卫生和社会工作（Q）

升幅最大。

第三，从财务控制分项指数看，相比 2012 年，2018 年 17 个行业（剔除教育）都是上升的，升幅在 2.84～20.97 之间，升幅最大的是卫生和社会工作（Q），升幅最小的是金融业（J）。相比 2017 年，2018 年 18 个行业全部下降，在 1.92～9.25 分之间，降幅最大的是综合（S），降幅最小的是住宿和餐饮业（H）。

第四，从财务监督分项指数看，相比 2012 年，2018 年 17 个行业（剔除教育）都是下降的，降幅在 0.91～16.27 分之间，降幅最大的是租赁和商务服务业（L），降幅最小的是科学研究和技术服务业（M）。相比 2017 年，有 4 个行业上升，升幅在 0.16～3.13 分之间，升幅最大的是卫生和社会工作（Q），升幅最小的是交通运输、仓储和邮政业（G）；有 14 个行业下降，降幅在 0.31～9.38 分之间，降幅最大的是教育（P），降幅最小的是金融业（J）。

第五，从财务激励分项指数看，相比 2012 年，2018 年 17 个行业（剔除教育）都是下降的，降幅在 7.07～31.99 分之间，降幅最小的是房地产业（K），降幅最大的是科学研究和技术服务业（M）。相比 2017 年，有 6 个行业上升，升幅在 5 分以下；有 12 个行业下降，降幅在 0.61～7.75 分之间，降幅最大的是综合（S），降幅最小的是文化、体育和娱乐业（R）。

图 18-3 显示了 18 个行业财务治理总体指数的变化。从总体指数排名看，2012 年排名前三位的行业是金融业（J），交通运输、仓储和邮政业（G），建筑业（E）；2018 年排名前三位的行业是金融业（J），文化、体育和娱乐业（R），卫生和社会工作（Q）。18 个行业各年度的排名不尽相同，但综合来看，七个年度里，金融业（J），交通运输、仓储和邮政业（G）有四年均处于前三名，表现较好。

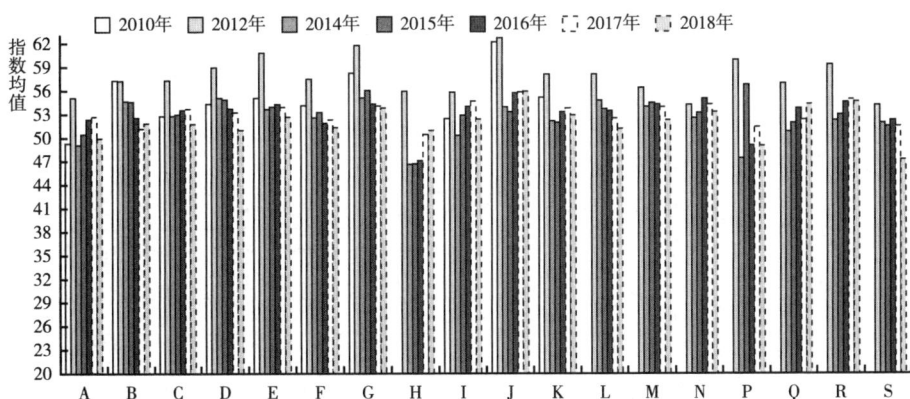

图 18-3　2010～2018 年不同行业上市公司财务治理总体指数的变化

18.4 分所有制财务治理指数的年度比较

按照五类所有制公司的划分，用各所有制上市公司财务治理总体指数，以及财权配置、财务控制、财务监督和财务激励四个分项指数的平均值来代表各所有制上市公司财务治理情况，分别比较 2010~2018 年七个年度不同所有制上市公司的财务治理水平的差异，结果参见表 18-4 Panel A。另外，进一步将样本按照国有控股公司和非国有控股公司分类，统计信息见表 18-4 Panel B。

表 18-4 2010~2018 年不同所有制上市公司财务治理指数均值比较

所有制类型	年份	总体指数	分项指数				总体指数排名
			财权配置	财务控制	财务监督	财务激励	
Panel A 按照五类所有制公司分类							
国有绝对控股公司	2010	56.9361	56.2882	58.0586	78.8919	34.5055	1
	2012	60.2658	56.1718	62.4774	79.5516	42.8623	1
	2014	55.8363	45.9251	51.4310	77.3359	48.6532	1
	2015	55.6342	45.3314	65.2675	79.4703	32.4673	1
	2016	54.4177	45.5535	68.3606	78.0000	25.7568	2
	2017	54.0869	47.0012	71.5693	73.8327	23.9444	2
	2018	53.6337	51.6210	65.4281	73.6275	23.8581	1
国有强相对控股公司	2010	54.0436	53.3522	54.8513	76.4695	31.5014	2
	2012	59.9686	54.3536	62.0605	78.4342	45.0260	2
	2014	54.1256	43.3430	50.1044	73.0310	50.0239	2
	2015	54.3197	44.0420	63.8879	76.9003	32.4487	2
	2016	53.1303	44.1244	68.3274	72.8837	27.1859	4
	2017	53.3406	46.3855	70.4295	71.5123	25.0352	4
	2018	53.3740	51.0791	65.2764	71.2881	25.8524	2
国有弱相对控股公司	2010	52.7225	51.5832	53.1736	74.5790	31.5544	4
	2012	57.7006	52.9208	58.7662	75.7711	43.3442	3
	2014	52.3055	42.0644	47.4743	70.8476	48.8356	3
	2015	52.4671	41.7287	64.2727	73.3055	30.5617	4
	2016	52.3695	43.0366	69.0926	69.8289	27.5198	5
	2017	53.0626	44.1147	70.9358	69.9140	27.2859	5
	2018	52.5647	48.5637	66.2617	68.9538	26.4796	3
国有参股公司	2010	52.1170	47.8697	54.3546	74.7650	31.4787	5
	2012	56.0275	46.5483	54.4527	75.0000	48.1088	5
	2014	52.0085	39.1030	45.3973	70.8979	52.6357	4
	2015	52.8823	40.3522	66.7156	76.2334	28.2280	3
	2016	54.5714	40.1255	72.7376	74.3310	31.0914	1
	2017	54.2392	41.1978	73.8211	72.8859	29.0518	1
	2018	52.2659	44.7690	68.0841	70.0852	26.1254	4

续表

所有制类型	年份	总体指数	分项指数				总体指数排名
			财权配置	财务控制	财务监督	财务激励	
无国有股份公司	2010	52.8073	49.4929	56.0144	75.1860	30.5357	3
	2012	56.5175	47.0559	52.9753	74.9349	51.1042	4
	2014	51.8716	39.4525	41.2589	71.7437	55.0313	5
	2015	52.1901	38.9159	67.8273	74.8360	27.1811	5
	2016	53.1548	39.2231	70.8705	72.5988	29.9268	3
	2017	53.5404	40.4659	72.8024	71.9445	28.9489	3
	2018	51.1554	42.9995	66.4436	68.8254	26.3531	5
Panel B 按照国有控股公司和非国有控股公司分类							
国有控股公司	2010	54.6964	53.9140	55.5250	76.8315	32.5153	1
	2012	59.3317	54.4161	61.1312	77.9055	43.8740	1
	2014	54.1024	43.7334	49.7334	73.6669	49.2758	1
	2015	54.1845	43.7716	64.3925	76.6435	31.9302	1
	2016	53.1947	44.1164	68.5853	73.1293	26.9477	2
	2017	53.4305	45.7837	70.8751	71.5489	25.5145	2
	2018	53.1532	50.3284	65.6589	71.0379	25.5877	1
非国有控股公司	2010	52.5023	48.7757	55.2810	75.0000	30.9524	2
	2012	56.3770	46.9103	53.3990	75.9536	50.2452	2
	2014	51.9068	39.3627	42.3224	71.5264	54.4157	2
	2015	52.4458	39.4466	67.4166	75.3523	27.5679	2
	2016	53.7102	39.5769	71.6025	73.2779	30.3834	1
	2017	53.7892	40.7264	73.1650	72.2796	28.9856	1
	2018	51.5494	43.6273	67.0256	69.2723	26.2723	2

从表18-4 Panel A 可以看出以下几点。

第一，从财务治理总体指数看，七个年度中，国有绝对控股公司在2012年上升后便逐年下降；国有强相对控股公司和国有弱相对控股公司升降波动比较频繁；国有参股公司和无国有股份公司2012年较大幅度上升，2014年较大幅度下降，此后无国有股份公司2015～2017年连续上升，2018年有所下降，国有参股公司在2015年和2016年连续两年上升后，2017年和2018年连续下降。2012年，五类所有制公司财务治理指数在五个年度中均处于最高水平。相比2012年的最高水平，2018年五类公司降幅在3.76～6.64分之间，降幅最大的是国有绝对控股公司，降幅最小的是国有参股公司。相比2017年，2018年国有强相对控股公司略有上升，其他公司都有不同程度的下降，下降幅度为0.45～2.39分。

第二，从财权配置分项指数看，七个年度中，国有绝对控股公司和无国有股份公司在2012～2015年连续下降，此后2016～2018年连续上升；国有强相对控股公司在2012年上升，2014 年大幅下降，此后 2015 ~ 2018 年连续上升；国有弱相对控股公司 2012 年有所上升，2014 年大幅下降，2015 年继续小幅下滑，此后 2016 ~ 2018 年连续上升；国有参股公司在 2012 ~ 2015 年呈现起伏式变化，此后 2016 ~ 2018 年连续上升。相比 2010 年，2018 年五类公司都是下降的，降幅在 2.27 ~ 6.50 分之间，降幅最大的是无国有股份公司，降幅最小的是国有强相对控股公司；相比 2017 年，2018 年五类公司都上升，升幅在 2.53 ~ 4.70 分之间，升幅最大的是国有强相对控股公司，升幅最小的是无国有股份公司。

第三，从财务控制分项指数看，三类国有控股公司和国有参股公司都是 2012 年上升，2014 年大幅下降，此后 2015 ~ 2017 年连续上升，2018 年下降；无国有股份公司 2012 年和 2014 年连续下降，此后 2015 ~ 2017 年连续上升，2018 年也出现了下降。相比 2010 年，2018 年五类公司都大幅上升，升幅在 7.36 ~ 13.73 分之间，升幅最大的是国有参股公司，升幅最小的是国有绝对控股公司。相比 2017 年，2018 年五类公司都是下降的，降幅在 4.67 ~ 6.36 分之间，降幅最大的是无国有股份控股公司，降幅最小的是国有弱相对控股公司。

第四，从财务监督分项指数看，国有绝对控股公司、国有强相对控股公司和国有参股公司都是 2012 年上升，2014 年下降，2015 年再上升，此后 2016 ~ 2018 年持续下降；国有弱相对控股公司升降交替出现；无国有股份公司 2012 年和 2014 年连续下降，2015 年上升，2016 ~ 2018 年又连续下降。相比 2010 年，2018 年五类公司都是下降的，降幅在 4.67 ~ 6.37 分之间，降幅最大的是无国有股份公司，降幅最小的是国有参股公司。相比 2017 年，2018 年五类公司都下降，降幅在 0.20 ~ 3.12 分之间，降幅最大的是无国有股份公司，降幅最小的是国有绝对控股公司。

第五，从财务激励分项指数看，五类公司都是 2012 年和 2014 年连续上升，尤其是 2012 年升幅较大，2015 年大幅下降。此后，国有绝对控股公司和国有弱相对控股公司都在 2015 ~ 2018 年连续下降。国有强相对控股公司除在 2018 年略微上升外，与其他两类国有控股公司的变化趋势一致。两类非国有控股公司则在 2016 年上升，此后 2017 年和 2018 年连续下降。相比 2010 年，2018 年五类公司都是下降的，降幅在 4.18 ~ 10.65 分之间，降幅最大的是国有绝对控股公司，降幅最小的是无国有股份公司。相比 2017 年，2018 年除国有强相对控股公司略有上升外，其余四类公司都是下降的，降幅在 0.08 ~ 2.93 分之间，降幅最大的是国有参股公司，降幅最小的是国有绝对控股公司。

图 18 - 4 显示了五类所有制公司财务治理总体指数的变化。从总体指数排名看，前四个年度位居第一和第二的都是国有绝对控股公司和国有强相对控股公司，2016 年和 2017 年位居第一和第二的是国有参股公司和国有绝对控股公司，2018 年位居第一和第二的是国有绝对控股公司和国有强相对控股公司。2010 年和 2012 年排名最后的都是国

有参股公司，2014 年和 2015 年排名最后的都是无国有股份公司，2016 年和 2017 年排名最后的是国有弱相对控股公司，2018 年排名最后的无国有股份公司。

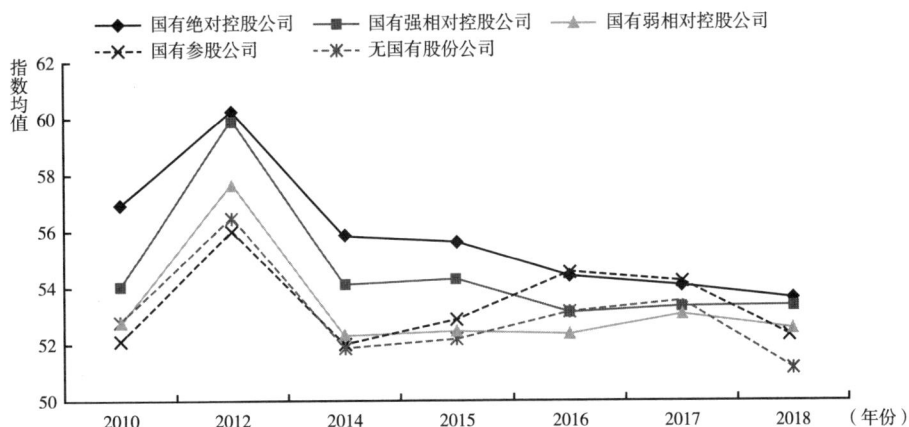

图 18 - 4　2010～2018 年不同所有制上市公司财务治理总体指数的变化

从表 18 - 4 Panel B 可以看出以下几点。

第一，从财务治理总体指数看，七个年度中，两类公司都在 2012 年达到最高水平。国有控股公司升降起伏变化较为频繁，非国有控股公司在 2015～2017 年连续上升。前四个年度，国有控股公司财务治理指数均值都大于非国有控股公司，但 2016 年和 2017 年被非国有控股公司反超，2018 年国有控股公司又超过了非国有控股公司。相比 2010 年，2018 年国有控股公司下降 1.5432 分，非国有控股公司下降 0.9529 分；相比最高时的 2012 年，国有控股公司和非国有控股公司分别下降 6.1785 分和 4.8276 分。相比 2017 年，2018 年国有控股公司和非国有控股公司分别小幅下降 0.2773 分和 2.2398 分。

第二，从财权配置分项指数看，国有控股公司在 2012 年小幅上升，2014 年大幅下降，此后的 2015～2018 年连续上升；非国有控股公司在 2012 年和 2014 年连续下降，此后的 2015～2018 年连续上升。相比 2010 年，2018 年国有控股公司和非国有控股公司分别下降 3.5856 分和 5.1484 分；相比 2017 年，2018 年国有控股公司和非国有控股公司分别上升 4.5446 分和 2.9009 分。

第三，从财务控制分项指数看，国有控股公司在 2012 年明显上升，2014 年大幅回落；非国有控股公司则在 2012 年和 2014 年连续下降。此后 2015～2017 年，两类公司都是连续上升，2018 年明显下降。相比 2010 年，2018 年国有控股公司和非国有控股公司分别上升 10.1339 分和 11.7446 分；相比 2017 年，2018 年国有控股公司和非国有控股公司分别下降 5.2162 分和 6.1394 分。

第四，从财务监督分项指数看，两类公司都在 2012 年上升，2014 年下降，2015 年又上升，此后的 2016～2018 年都是连续下降。相比 2010 年，2018 年国有控股公司和非国有控股公司分别下降 5.7936 分和 5.7277 分；相比 2017 年，2018 年国有控股公司和非国有控股公司分别下降 0.5110 分和 3.0073 分。

第五，从财务激励分项指数看，国有控股公司在 2012 年和 2014 年较大幅度上升，此后 2015～2017 年连续下降，2018 年略微上升；非国有控股公司处于升降起伏变化中。相比 2010 年，2018 年国有控股公司和非国有控股公司分别下降 6.9276 分和 4.6801 分；相比 2017 年，2018 年国有控股公司上升 0.0732 分，而非国有控股公司下降 2.7133 分。

18.5 分上市板块财务治理指数的年度比较

根据四个上市板块的划分，用各板块上市公司财务治理指数，以及财权配置、财务控制、财务监督和财务激励四个分项指数的平均值来代表各板块上市公司财务治理情况，分别比较不同板块 2010～2018 年财务治理的差异，结果见表 18－5。

表 18－5　2010～2018 年不同板块上市公司财务治理指数均值比较

板块	年份	总体指数	分项指数				总体指数排名
			财权配置	财务控制	财务监督	财务激励	
深市主板（不含中小企业板）	2010	53.4545	48.3660	57.5844	73.3796	34.4880	3
	2012	55.9850	48.4134	58.2314	75.3590	41.9362	3
	2014	50.9725	38.6493	47.5241	69.6868	48.0300	3
	2015	53.4103	40.7794	66.7587	74.4903	31.6127	2
	2016	54.6437	43.2707	74.4964	71.5531	29.2544	3
	2017	54.4191	44.3859	76.2008	69.8281	27.2617	3
	2018	53.5749	47.5724	71.1842	68.2201	27.3228	1
深市中小企业板	2010	53.8240	53.3458	59.0336	76.8382	26.0784	2
	2012	59.9762	47.2867	62.3549	74.5356	55.7276	1
	2014	54.7218	37.7500	49.7045	72.8790	58.5536	1
	2015	53.9587	39.4652	71.0613	76.3441	28.9643	1
	2016	55.0697	39.4526	75.8259	73.7245	31.2759	2
	2017	55.7968	41.4229	77.7624	73.6103	30.3918	2
	2018	53.4498	45.1842	71.4592	69.3771	27.7787	2
深市创业板	2010	60.3307	61.9586	66.9492	81.5678	30.8475	1
	2012	52.3863	44.6296	35.2758	76.5792	53.0605	4
	2014	47.8391	39.7698	23.4664	72.1306	55.9895	4
	2015	53.3254	37.8095	71.5965	77.8037	26.0919	3
	2016	55.8157	39.7167	74.7528	77.5918	31.2017	1
	2017	56.3712	41.5710	78.1426	75.2334	30.5378	1
	2018	53.4451	43.1685	71.9474	71.8317	26.8326	3

板块	年份	总体指数	分项指数				总体指数排名
			财权配置	财务控制	财务监督	财务激励	
沪市主板	2010	53.0055	51.1216	51.8743	76.4168	32.6092	4
	2012	58.3843	54.4969	58.3288	77.6581	43.0534	2
	2014	54.1904	45.4155	49.5719	73.4391	48.3351	2
	2015	52.2759	43.8618	60.2507	75.2888	29.7022	4
	2016	50.8625	42.3180	62.9909	71.5527	26.5884	4
	2017	50.5866	42.7949	64.4503	70.1806	24.9207	4
	2018	49.8780	46.5779	59.2301	69.5530	24.1507	4

从表18-5可以看出以下几点。

第一，从财务治理总体指数看，七个年度中，深市主板（不含中小企业板）2012年上升，2014年下降，此后两年连续回升，2017年和2018年又连续下降；深市中小企业板在2012年上升，此后连续两年下降，2016年、2017年又连续上升，2018年下降；深市创业板在2012年和2014年下降，此后2015～2017年连续上升，2018年又下降；沪市主板在2012年上升之后，于2014～2018年连续五年下降。相比2010年，深市主板（不含中小企业板）上升0.1204分；深市中小企业板、深市创业板和沪市主板则分别下降0.3742分、6.8856分和3.1275分。相比2017年，深市主板（不含中小企业板）、深市中小企业板、深市创业板和沪市主板，分别下降0.8442分、2.3470分、2.9261分、0.7086分。

第二，从财权配置分项指数看，深市主板（不含中小企业板）2012年略有上升，2014年较大幅度下降，此后2015～2018年连续上升；深市中小企业板在2012～2016年处于升降起伏变化中，2017年和2018年连续上升；深市创业板在2012～2015年连续下降，此后2016～2018年连续上升；沪市主板2012年上升后，2014～2016年连续下降，2017年和2018年又连续上升。相比2010年，2017年四个板块都下降，降幅最大的是深市创业板，下降18.7901分；降幅最小的是深市主板（不含中小企业板），下降0.7935分。相比2017年，2018年四个板块均上升，升幅最大的是沪市主板，上升3.7831分。

第三，从财务控制分项指数看，深市主板（不含中小企业板）、深市中小企业板和沪市主板都是2012年上升，2014年较大幅度下降，此后2015～2017年连续上升，2018年出现下降；深市创业板则在2012年和2014年连续下降，此后年度的变化与另外三个板块相同。相比2010年，2018年四个板块都有较大幅度上升，升幅最大的是深市主板（不含中小企业板），上升13.5998分；升幅最小的是深市创业板，上升4.9983分。相比2017年，2018年四个板块都出现了下降，降幅最大的是深市中小企业板，下降6.3032分。

第四，从财务监督分项指数看，深市主板（不含中小企业板）和沪市主板都是2012年上升，2014年下降，2015年又上升，此后2016～2018年连续下降；深市中小企业板和深市创业板在2012年和2014年下降，2015年上升，此后2016～2018年连续下降。相比2010年，2018年四个板块都下降，降幅最大的是深市创业板，下降9.7361分；降幅最小的是深市主板（不含中小企业板），下降5.1595分。相比2017年，2018年四个板块也都是下降的，降幅最大的深市中小企业板，下降4.2332分。

第五，从财务激励分项指数看，四个板块都是在2012年和2014年上升，2015年大幅下降；此后2015～2017年深市主板（不含中小企业板）连续下降，2018年略有回升；深市中小企业板和深市创业板都在2016年上升，此后两年连续下降；沪市主板则在2015～2018年连续下降。相比2010年，2018年四个板块中除了深市中小板外都是下降的，降幅最大的是沪市主板，下降8.4584分；降幅最小的是深市创业板，下降4.0149分。相比2017年，2018年除深市主板（不含中小企业版）外，其余三个板块也都是下降的，降幅最大的是深市创业板，下降3.7052分。

图18-5显示了四个板块七个年度财务治理总体指数变化情况。可以看到，深市中小企业板有3个年度都位居第一位；沪市主板有5个年度排在最后一位；另两个板块都有起伏。

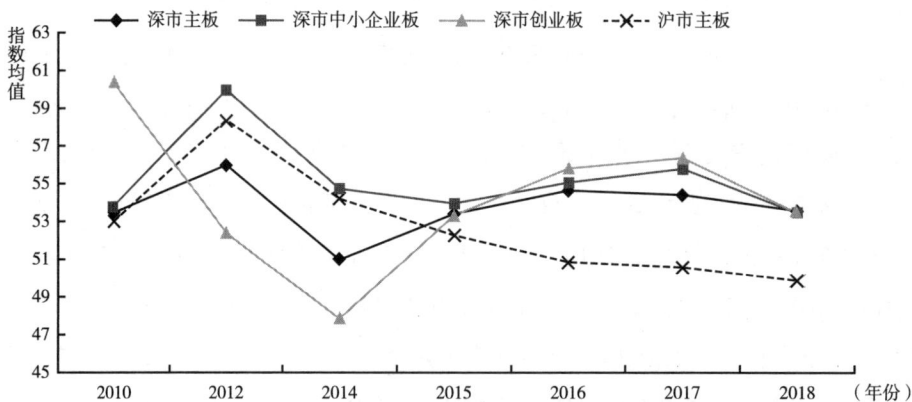

图18-5 2010～2018年不同板块上市公司财务治理总体指数的变化

注：深市中小企业板是包含在深市主板中的，但本图中深市主板不含中小企业板。

18.6 本章小结

本章从总体、地区、行业和所有制类型角度比较了2010～2018年中国上市公司的财务治理水平，主要结论如下。

第一，从财务治理总体指数看，七个年度中，2012年是最高水平。2014年下降，2015～2017年连续上升，但2017年尚未达到2012年的最高水平，2018年比2017略微下降。从分项指数看，财权配置分项指数在2010年和2012年较高，此后三个年度基本稳定在41分略高的水平，2016～2018年连续小幅提升；财务控制分项指数在2014年出现较大幅度下降，此后2015～2017年连续上升，2018年下降；财务监督分项指数在2014年出现较大幅度下降，在2015年有所回升，但此后2016～2018年连续下降；财务激励分项指数在2012～2014年连续较大幅度上升，但2015～2018年连续下降，尤其是2015年下降幅度很大。

第二，从地区看，在财务治理总体指数上，七个年度中，东部、中部、西部和东北四个地区都是2012年为最高值，2014年下降；之后东部、西部两个地区2015～2017年连续上升，2018年有所下降；中部地区在2015年、2016年上升后，于2017年和2018年两年连续下降；东北地区处于起伏变化中。在财权配置分项指数上，东部2012～2016年连续下降，2017年和2018年连续上升；中部2012～2015年连续下降，2016～2018年连续上升；西部是2012年上升，2014年下降，此后2015～2018年连续上升；东北的变化与西部大体相同。在财务控制分项指数上，东部、西部和东北三个地区都是2012年上升，2014年下降，此后2015～2017年连续上升，2018年又有所回落；中部地区在2012年和2014年下降，此后2015～2017年连续上升，2018年又有所下降。在财务监督分项指数上，东部、中部和东北三个地区均是2012年上升，2014年下降，2015年又上升，此后2016～2018年连续下降；西部地区则是2012年和2014年下降，2015年上升，此后2016～2018年连续下降。在财务激励分项指数上，四个地区在2012年和2014年都是上升的，2015年出现大幅下滑，此后中部、西部和东北地区2016～2018年连续下滑，东部地区则在2016年略有回升，2017年和2018年又连续下降。

第三，从行业看，在财务治理总体指数上，2012～2018年，18个行业中，有17个行业的财务治理指数均值在2012年处于最高水平。相比2012年，2018年全部行业都出现了下降；相比2017年，2018年有14个行业下降。在财权配置分项指数上，相比2012年，2018年有14个行业是下降的；相比2017年，2018年18个行业全部上升。在财务控制分项指数上，相比2012年，2018年17个行业（剔除教育）都是上升的；相比2017年，2018年18个行业全部下降。在财务监督分项指数上，相比2012年，2018年17个行业（剔除教育）都是下降的；相比2017年，有14个行业下降。在财务激励分项指数上，相比2012年，2018年17个行业（剔除教育）都是下降的；相比2017年，2018年有12个行业下降。

第四，从所有制看，在财务治理总体指数上，七个年度中，两类公司都在 2012 年达到最高水平。国有控股公司升降起伏变化较为频繁，非国有控股公司在 2015～2017 年连续上升。前四个年度，国有控股公司财务治理指数均值都大于非国有控股公司，但 2016 年和 2017 年被非国有控股公司反超，2018 年国有控股公司又超过了非国有控股公司。在财权配置分项指数上，两类公司都在 2015～2018 年连续上升。在财务控制分项指数上，两类公司都在 2015～2017 年连续上升，2018 年明显下降。在财务监督分项指数上，两类公司都在 2012 年上升，2014 年下降，2015 年又上升，此后的 2016～2018 年都是连续下降。在财务激励分项指数上，国有控股公司在 2012 年和 2014 年有较大幅度上升，此后 2015～2017 年连续下降，2018 年略微上升；非国有控股公司处于升降起伏变化中。

第五，从上市板块看，在财务治理总体指数上，七个年度中，深市主板 2012 年上升，2014 年下降，此后两年连续回升，2017 年和 2018 年又连续下降；深市中小企业板在 2012 年上升，此后连续两年下降，2016 年、2017 年又连续上升，2018 年下降；深市创业板在 2012 年和 2014 年下降，此后 2015～2017 年连续上升，2018 年又下降；沪市主板在 2012 年上升之后，于 2014～2018 年连续五年下降。在四个分项指数上，各板块变化各异。

第六篇　自愿性信息披露指数

第 19 章 自愿性信息披露
指数排名及比较

根据本报告第 1 章自愿性信息披露指数评价方法，以及我们评估获得的 2018 年度 3490 家样本上市公司指数数据，本章对这些上市公司的自愿性信息披露指数进行总体排名和分析，然后分别从地区、行业和上市板块三个角度进行比较分析。

19.1 自愿性信息披露指数总体分布及排名

基于上市公司和监管机构发布的各类公开数据，我们对 3490 家上市公司自愿性信息披露指数进行了计算，据此可以得到中国上市公司自愿性信息披露指数的总体排名情况（详见电子版）。

19.1.1 自愿性信息披露指数总体分布

2018 年上市公司自愿性信息披露指数的总体情况参见表 19 – 1。

表 19 – 1 2018 年上市公司自愿性信息披露指数总体情况

项目	公司数目	平均值	中位值	最大值	最小值	标准差	偏度系数	峰度系数
数值	3490	53.2397	53.6458	77.9514	24.8264	7.1019	– 0.1826	0.0572

从表 19 – 1 可以看出，总体上，2018 年中国上市公司自愿性信息披露水平普遍偏低。自愿性信息披露指数最大值为 77.9514 分，最小值为 24.8264 分，平均值为 53.2397 分，中位值为 53.6458 分。全部样本的绝对差距较大，最大值高出最小值 53.1250 分。

为了进一步了解上市公司自愿性信息披露指数的具体分布，我们将自愿性信息披露指数按 5 分为一个间隔，区分为 14 个区间。由于 20 分以下和 80 分以上的公司数为 0，可以把 ［0，20） 和 ［80，100］ 各作为一个区间，各区间公司数目和所占比重参见表 19－2。

表 19－2　2018 年上市公司自愿性信息披露指数区间分布

分值区间	公司数目	占比（%）	累计占比（%）
［0，20）	0	0.00	0.00
［20，25）	1	0.03	0.03
［25，30）	2	0.06	0.09
［30，35）	16	0.46	0.54
［35，40）	102	2.92	3.47
［40，45）	352	10.09	13.55
［45，50）	618	17.71	31.26
［50，55）	874	25.04	56.30
［55，60）	974	27.91	84.21
［60，65）	424	12.15	96.36
［65，70）	97	2.78	99.14
［70，75）	28	0.80	99.94
［75，80）	2	0.06	100.00
［80，100］	0	0.00	100.00
总　计	3490	100	—

图 19－1 更直观地显示了 2018 年上市公司自愿性信息披露指数分布情况。上市公司自愿性信息披露指数分布的偏态系数为 －0.1826，基本符合正态分布，为负偏态分布。

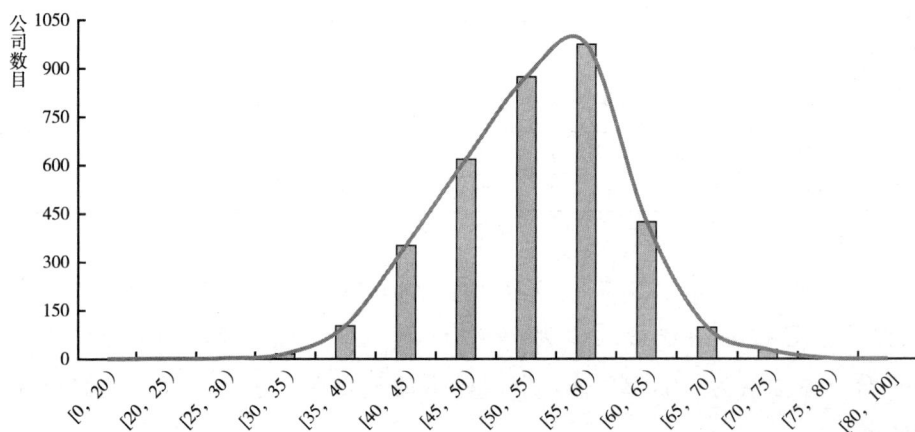

图 19－1　2018 年上市公司自愿性信息披露指数区间分布

由表 19 - 2 和图 19 - 1 可知，2018 年中国上市公司自愿性信息披露指数分布相对比较集中，绝大多数分布在［45，65）这个区间，有公司 2890 家，占比为 82.81%。其中，分布在［55，60）区间的公司最多，有 974 家，占比为 27.91%。达到及格线（60 分）的有 551 家，占比为 15.79%，相比 2017 年的 9.72% 上升了 6.07 个百分点，上升幅度较大。

结合之前年度的评价结果①，不难得出，中国上市公司披露信息的意愿仍是非常低的，除非对公司信息披露有强制性要求。

19.1.2　自愿性信息披露指数前100名

表 19 - 3 给出了 3490 家上市公司中排名前 100 名公司的自愿性信息披露指数的基本统计数据。可以看出，前 100 名公司的自愿性信息披露指数均值为 68.7401，较 2017 年上升 0.9024。

表 19 - 3　2018 年上市公司自愿性信息披露指数前 100 名

	平均值	中位值	最大值	最小值	标准差
前 100 名	68.7401	68.0556	77.9514	65.9722	2.5908
总　体	53.2397	53.6458	77.9514	24.8264	7.1019

注：因存在指数值相同的公司，故前 100 名公司实际是 105 家公司。

我们对 3490 家上市公司的自愿性信息披露指数从大到小进行降序排列，指数越大，说明上市公司自愿性信息披露水平越高。表 19 - 4 是自愿性信息披露指数排名前 100 的上市公司情况。

表 19 - 4　2018 年上市公司自愿性信息披露指数排名——前 100 名

排名	代码	公司简称	指数值	排名	代码	公司简称	指数值
1	000933	神火股份	77.9514	5	000539	粤电力 A	72.9167
2	000088	盐田港	76.3889	5	000883	湖北能源	72.9167
3	300430	诚益通	74.3056	9	000856	冀东装备	72.7431
4	300070	碧水源	73.2639	10	000031	中粮地产	72.3958
5	000039	中集集团	72.9167	10	002875	安奈儿	72.3958
5	000498	山东路桥	72.9167	10	300230	永利股份	72.3958

① 在对 2009 年和 2011 年两个年度的评估中，既有自愿性信息披露，也有强制性信息披露，自愿性信息披露水平和强制性信息披露水平存在巨大反差，前者大大低于后者。参见高明华等：《中国上市公司信息披露指数报告 2010》和《中国上市公司信息披露指数报告 2012》，经济科学出版社，2010 年版和 2012 年版。

续表

排名	代码	公司简称	指数值	排名	代码	公司简称	指数值
13	000301	东方盛虹	72.2222	53	000023	深天地 A	68.0556
14	000792	盐湖股份	72.0486	53	300217	东方电热	68.0556
14	000963	华东医药	72.0486	53	300284	苏交科	68.0556
14	002092	中泰化学	72.0486	56	002155	湖南黄金	67.7083
17	000061	农产品	71.8750	56	600548	深高速	67.7083
18	000598	兴蓉环境	71.3542	58	002598	山东章鼓	67.5347
19	000159	国际实业	71.1806	59	000638	万方发展	67.3611
19	000721	西安饮食	71.1806	60	000507	珠海港	67.1875
19	000809	铁岭新城	71.1806	60	002446	盛路通信	67.1875
19	002344	海宁皮城	71.1806	60	002466	天齐锂业	67.1875
19	002574	明牌珠宝	71.1806	60	002658	雪迪龙	67.1875
24	000002	万科 A	70.8333	60	002716	金贵银业	67.1875
24	002500	山西证券	70.8333	60	300303	聚飞光电	67.1875
24	300047	天源迪科	70.8333	60	300464	星徽精密	67.1875
24	600958	东方证券	70.8333	60	603555	贵人鸟	67.1875
28	002467	二六三	70.3125	68	002023	海特高新	67.0139
29	002153	石基信息	70.1389	68	600999	招商证券	67.0139
29	600012	皖通高速	70.1389	70	000851	高鸿股份	66.6667
31	000782	美达股份	69.9653	70	002212	南洋股份	66.6667
31	300232	洲明科技	69.9653	70	002596	海南瑞泽	66.6667
31	300282	三盛教育	69.9653	70	300091	金通灵	66.6667
34	000709	河钢股份	69.7917	70	300406	九强生物	66.6667
35	000776	广发证券	69.6181	75	000089	深圳机场	66.4931
35	002848	高斯贝尔	69.6181	75	000425	徐工机械	66.4931
37	000401	冀东水泥	69.2708	75	000735	罗牛山	66.4931
37	000968	蓝焰控股	69.2708	75	000806	银河生物	66.4931
37	002094	青岛金王	69.2708	75	000882	华联股份	66.4931
37	002110	三钢闽光	69.2708	75	002555	三七互娱	66.4931
41	000520	长航凤凰	69.0972	75	300136	信维通信	66.4931
41	000960	锡业股份	69.0972	75	600688	上海石化	66.4931
41	002847	盐津铺子	69.0972	75	601688	华泰证券	66.4931
41	300296	利亚德	69.0972	75	601901	方正证券	66.4931
41	601939	建设银行	69.0972	85	600123	兰花科创	66.3194
46	000756	新华制药	68.9236	86	000680	山推股份	66.1458
47	002758	华通医药	68.7500	86	300498	温氏股份	66.1458
47	002787	华源控股	68.7500	86	601186	中国铁建	66.1458
47	300432	富临精工	68.7500	86	601390	中国中铁	66.1458
47	300549	优德精密	68.7500	90	000719	中原传媒	65.9722
51	000582	北部湾港	68.4028	90	000823	超声电子	65.9722
52	300456	耐威科技	68.2292	90	002313	日海智能	65.9722

排名	代码	公司简称	指数值	排名	代码	公司简称	指数值
90	002444	巨星科技	65.9722	90	300306	远方信息	65.9722
90	002458	益生股份	65.9722	90	300402	宝色股份	65.9722
90	002903	宇环数控	65.9722	90	300612	宣亚国际	65.9722
90	300025	华星创业	65.9722	90	300660	江苏雷利	65.9722
90	300103	达刚路机	65.9722	90	300709	精研科技	65.9722
90	300285	国瓷材料	65.9722	90	300727	润禾材料	65.9722
90	300295	三六五网	65.9722				

注：因存在指数值相同的公司，故前100名公司实际是105家公司。

从表19-4可以看出，2018年中国上市公司自愿性信息披露指数前三名是神火股份、盐田港和诚益通，分数都超过了70分。有24家公司连续出现在近两年的前100名中，分别是神火股份、碧水源、中集集团、盐湖股份、华东医药、中泰化学、农产品、铁岭新城、海宁皮城、明牌珠宝、万科A、石基信息、高斯贝尔、蓝焰控股、建设银行、新华制药、富临精工、北部湾港、珠海港、贵人鸟、招商证券、高鸿股份、南洋股份和巨星科技；有5家公司连续出现在近三年的前100名中，分别是盐湖股份、华东医药、富临精工、贵人鸟和南洋股份。

从地区看，前100名（实为105家）公司中，东部、中部、西部和东北分别有75家、15家、13家和2家，分别占所在地区上市公司总数的3.10%、3.30%、2.77%和1.34%。从行业看，制造业（C），交通运输、仓储和邮政业（G），信息传输、软件和信息技术服务业（I），金融业（J），批发和零售业（F）分别有55家、7家、7家、7家和5家，分别占所在行业全部上市公司数的2.53%、7.22%、2.62%、7.95%和3.05%。从控股类型看，国有控股公司有42家，非国有控股公司有63家，分别占同类公司总数的4.00%和2.58%。从最终控制人看，中央企业（或监管机构）控制的公司有10家，地方国企（或监管机构）控制的公司有36家，民营企业（或个人）控制的公司有59家，分别占同类公司总数的2.65%、5.08%和2.46%。从上市板块来看，深市主板（不含中小企业板）、深市中小企业板、深市创业板和沪市主板分别有38家、27家、28家和12家，分别占所在板块全部上市公司数的8.26%、2.98%、3.88%和0.86%。

需要注意的是，自愿性信息披露指数得分前100名在某个地区、行业和控股类型中分布多，并不能完全说明该地区、行业和控股类型整体表现就好，因为各地区、行业和控股类型的上市公司数量不同。比如，制造业尽管有55家进入前100名，但比例却低于金融业（J），虽然后者只有7家公司进入前100名，但是比例更高，达到了7.95%。从这个角度看，金融业反而表现更好一些。

图 19 - 2 为前 100 名上市公司自愿性信息披露指数分布情况。可以看出，前 100 名（实为 105 家）上市公司自愿性信息披露指数分布比较平坦，除了前 16 名外，其他 89 家公司都处于 65. 9 ~ 71. 9 分之间差距 6 分的区间内。

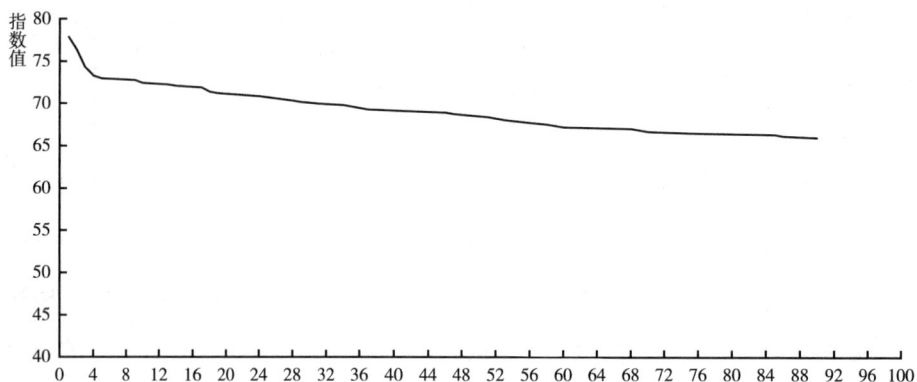

图 19 - 2 2018 年上市公司自愿性信息披露指数分布——前 100 名

19. 2 分地区自愿性信息披露指数比较

按照东部、中部、西部、东北的地区划分，对各地区上市公司的自愿性信息披露指数进行比较，结果参见表 19 - 5。

表 19 - 5 2018 年不同地区上市公司自愿性信息披露指数比较

排名	地区	公司数目	平均值	中位值	最大值	最小值	标准差
1	中部	454	53. 5388	53. 9931	77. 9514	30. 0347	7. 1886
2	东部	2418	53. 3806	53. 8194	76. 3889	25. 8681	7. 0629
3	西部	469	52. 9414	53. 1250	72. 0486	24. 8264	7. 0083
4	东北	149	50. 9799	51. 3889	71. 1806	31. 5972	7. 4273
总 体		3490	53. 2397	53. 6458	77. 9514	24. 8264	7. 1019

由表 19 - 5 可见，各地区上市公司自愿性信息披露指数平均值由大到小依次为中部、东部、西部和东北。中部和东部地区上市公司自愿性信息披露指数均值高于总体均值，西部和东北地区上市公司自愿性信息披露指数均值低于总体均值。

图 19 - 3 展示了不同地区上市公司自愿性信息披露指数分布。可以看出，西部、中部和东部地区的上市公司自愿性信息披露指数均值差异较小，东北地区的上市公司自愿性信息披露指数明显低于其他三个地区。

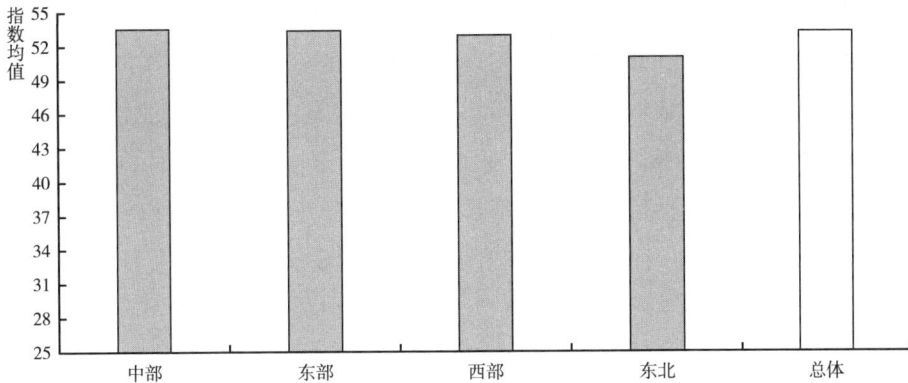

图 19-3 2018 年不同地区上市公司自愿性信息披露指数比较

19.3 分行业自愿性信息披露指数比较

用各个行业内的上市公司自愿性信息披露指数的平均值来代表各个行业的上市公司自愿性信息披露指数,然后将各行业的上市公司自愿性信息披露指数均值按照从高到低的顺序进行排名,结果见表 19-6。

表 19-6 2018 年不同行业上市公司自愿性信息披露指数比较

排名	行业名称	公司数目	平均值	中位值	最大值	最小值	标准差
1	卫生和社会工作(Q)	12	55.3241	56.3368	64.5833	40.4514	5.9937
2	住宿和餐饮业(H)	9	55.0154	52.2569	71.1806	43.0556	7.6233
3	金融业(J)	88	54.9025	54.8611	70.8333	35.2431	7.4546
4	水利、环境和公共设施管理业(N)	50	54.7674	55.7292	73.2639	37.8472	7.8659
5	交通运输、仓储和邮政业(G)	97	54.2347	54.1667	76.3889	35.0694	7.7656
6	租赁和商务服务业(L)	53	54.0487	53.9931	71.8750	33.6806	7.5025
7	信息传输、软件和信息技术服务业(I)	267	53.9931	54.5139	70.8333	35.0694	6.5068
8	文化、体育和娱乐业(R)	58	53.6907	53.5590	65.9722	36.2847	6.1893
9	科学研究和技术服务业(M)	48	53.6531	54.3403	68.0556	40.7986	6.4844
10	制造业(C)	2178	53.3103	53.8194	77.9514	24.8264	6.9465
11	电力、热力、燃气及水生产和供应业(D)	105	52.9481	52.6042	72.9167	34.3750	7.5596
12	农、林、牧、渔业(A)	41	52.8540	52.2569	66.4931	41.4931	6.6347
13	建筑业(E)	90	52.6196	53.2986	72.9167	35.5903	7.5221
14	采矿业(B)	76	52.6133	52.3438	69.2708	32.6389	7.1585
15	房地产业(K)	124	52.1225	51.6493	72.3958	25.8681	7.4043
16	批发和零售业(F)	164	50.7802	50.2604	72.0486	31.5972	7.7471
17	综合(S)	21	49.6941	49.4792	64.4097	40.2778	7.2767
18	教育(P)	8	48.7196	50.0868	58.6806	35.9375	7.1534
总 体		3490	53.2397	53.6458	77.9514	24.8264	7.1019

注:居民服务、修理和其他服务业(O)只有 1 家上市公司,难以代表该行业整体水平,故排名时剔除。

从表 19-6 可以看出，在 18 个行业中，有 10 个行业的自愿性信息披露指数均值高于总体均值，这 10 个行业的最大均值与总体均值之间的绝对差距为 2.0844，其他 8 个行业的自愿性信息披露指数均值低于总体均值，总体均值与这 8 个行业的最小均值之间的绝对差距为 4.5201。显然，高分区行业上市公司自愿性信息披露的内部差距小于低分区行业。上市公司自愿性信息披露水平最好的三个行业是卫生和社会工作（Q）、住宿和餐饮业（H）、金融业（J）；自愿性信息披露水平最差的三个行业是教育（P）、综合（S）、批发和零售业（F）。

图 19-4 进一步显示了行业间上市公司自愿性信息披露水平的差别。可以看出，各行业上市公司自愿性信息披露指数均值集中在［45，56］这一范围内，信息披露水平整体而言较为稳定。

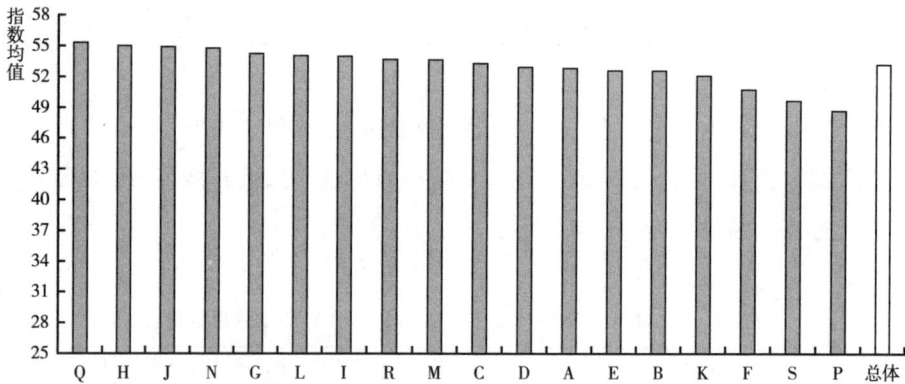

图 19-4   2018 年不同行业上市公司自愿性信息披露指数比较

19.4   分上市板块自愿性信息披露指数比较

中国上市板块可以划分为深市主板（不含中小企业板）、深市中小企业板、深市创业板和沪市主板，对这四个板块的上市公司自愿性信息披露指数进行比较分析，结果参见表 19-7。

表 19-7   2018 年不同板块上市公司自愿性信息披露指数比较

排名	上市板块	公司数目	平均值	中位值	最大值	最小值	标准差
1	深市创业板	722	56.3260	56.5972	74.3056	36.4583	5.2043
2	深市主板(不含中小企业板)	460	56.2530	56.0764	77.9514	35.0694	7.0542
3	深市中小企业板	907	55.8040	55.9028	72.3958	37.8472	5.6886
4	沪市主板	1401	48.9996	48.9583	70.8333	24.8264	6.6617
	总 体	3490	53.2397	53.6458	77.9514	24.8264	7.1019

由表 19 - 7 可知，不同板块的上市公司自愿性信息披露指数存在一定差异。深市创业板上市公司的自愿性信息披露指数均值最高，最低的是沪市主板。总体看，沪市上市公司自愿性信息披露水平远低于深市上市公司，这需要引起沪市和监管机构注意。

图 19 - 5 更直观地反映了不同板块上市公司自愿性信息披露指数的差异。

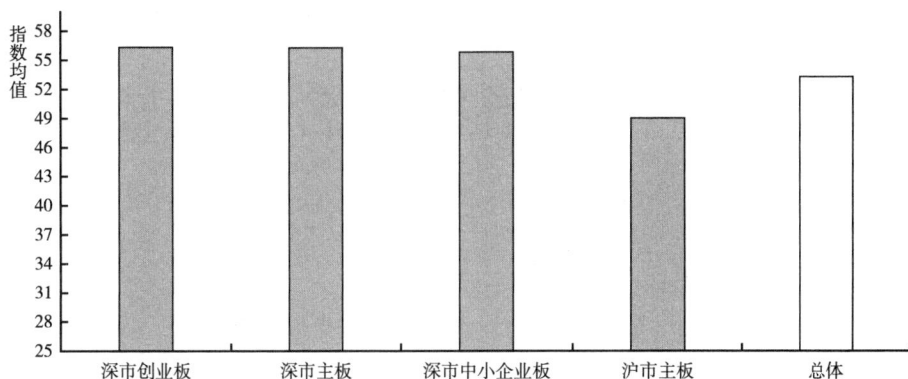

图 19 - 5　2018 年不同板块上市公司自愿性信息披露指数比较

注：深市中小企业板是深市主板的组成部分，但本图中深市主板不含中小企业板。

19.5　本章小结

本章分别从总体、地区、行业及上市板块方面对 2018 年上市公司自愿性信息披露指数进行了比较与分析，主要结论如下。

（1）从总体看，2018 年上市公司自愿性信息披露指数最大值为 77.9514 分，最小值为 24.8264 分，平均值为 53.2397 分，总体水平偏低。82.81% 的上市公司自愿性信息披露指数分值集中在［45，65）这个区间。超过 60 分的有 551 家，占样本上市公司总数的 15.79%。

（2）从地区看，上市公司自愿性信息披露指数均值由大到小依次为中部、东部、西部和东北。东北明显低于其他三个地区。

（3）从行业看，上市公司自愿性信息披露水平最好的三个行业是卫生和社会工作（Q）、住宿和餐饮业（H）、金融业（J）；自愿性信息披露水平最差的三个行业是教育（P）、综合（S）、批发和零售业（F）。不同行业有一定差距。

（4）从上市板块看，上市公司自愿性信息披露指数均值从高到低依次是深市创业板、深市主板（不含中小企业板）、深市中小企业板、沪市主板。沪市主板上市公司自愿性信息披露水平远低于深市上市公司。

第 20 章 自愿性信息披露分项
指数排名及比较

第 19 章从总体上对中国上市公司自愿性信息披露指数做了排名,并从地区、行业、上市板块等方面进行了比较分析。本章按照对自愿性信息披露指数四个维度的划分,即把自愿性信息披露指数分解为治理结构、治理效率、利益相关者、风险控制四个分项指数,对这四个分项指数进行排名和比较分析。

20.1 自愿性信息披露分项指数总体比较

本报告的上市公司自愿性信息披露指数指标体系包括四个维度(一级指标),即治理结构、治理效率、利益相关者和风险控制,从而形成四个自愿性信息披露分项指数,这四个分项指数的描述性统计参见表 20 – 1。

表 20 – 1 2018 年上市公司自愿性信息披露分项指数描述性统计

分项指数	公司数目	平均值	中位值	最大值	最小值	标准差
治理结构	3490	46.3968	50.0000	100.0000	12.5000	15.1395
治理效率	3490	62.8886	62.5000	87.5000	31.2500	8.9543
利益相关者	3490	52.4140	58.3333	100.0000	0.0000	14.0983
风险控制	3490	51.2592	55.5556	100.0000	11.1111	10.6816

从表 20 – 1 可以看出,2018 年上市公司自愿性信息披露各分项指数除治理效率分项指数外,平均值都没有超过 60 分的及格线。治理效率分项指数均值最高,平均值为 62.8886 分;治理结构分项指数均值最低,为 46.3968 分。治理效率分项指数尽管远高于其余三个分项指数,但仍然处于较低水平。从标准差来看,四个分项指数的标准差都

比较大，说明上市公司在每个分项指数上的差异都比较大，其中治理结构和利益相关者分项指数的标准差要远大于其他两项，说明各上市公司之间在治理结构和利益相关者自愿性信息披露方面的差异大于其他两个分项指数。

图 20 - 1 可以更直观地反映出四个分项指数的情况。

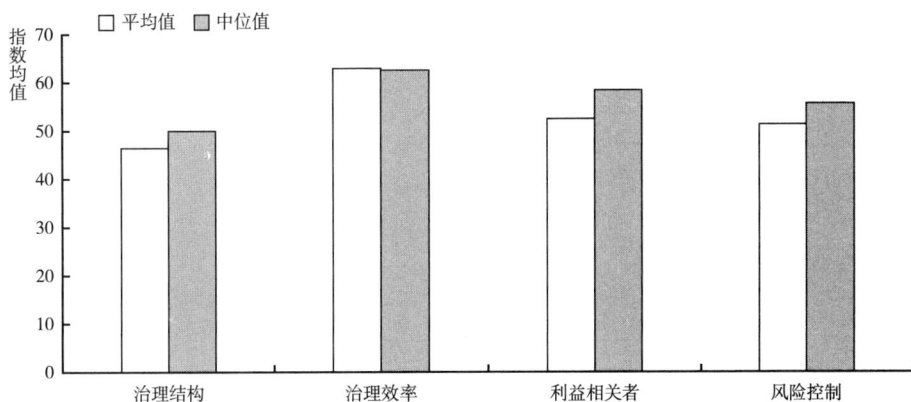

图 20 - 1　2018 年上市公司自愿性信息披露分项指数比较

需要注意的是，由于各分项指数指标的数量和赋值不同，四个分项指数的可比性有限。例如，治理效率自愿性信息披露分项指数高于其他三个分项指数，但这并不足以说明上市公司的治理效率是较高的，因为信息披露并不是治理效率的全部，况且本报告的自愿性信息披露并未涉及真实性和及时性问题。

20.2　自愿性信息披露治理结构分项指数排名及比较

治理结构方面的自愿性信息披露重在评价公司治理机关以及成员方面的信息披露情况。本节主要对自愿性信息披露治理结构分项指数进行比较分析。

20.2.1　自愿性信息披露治理结构分项指数总体分布

通过对 3490 家上市公司治理结构方面的自愿性信息披露进行评价，我们得出了每家上市公司自愿性信息披露治理结构分项指数，并进行了排名。按照每 10 分一个区间，可以将自愿性信息披露治理结构分项指数划分为 10 个区间段，每个区间段的公司数目和所占比重参见表 20 - 2。

表 20 - 2　2018 年上市公司自愿性信息披露治理结构分项指数分布情况

指数区间	公司数目	占比（%）	累计占比（%）
［0,10)	0	0.00	0.00
［10,20)	166	4.76	4.76
［20,30)	476	13.64	18.40
［30,40)	473	13.55	31.95
［40,50)	396	11.35	43.30
［50,60)	1339	38.37	81.66
［60,70)	389	11.15	92.81
［70,80)	200	5.73	98.54
［80,90)	46	1.32	99.86
［90,100]	5	0.14	100.00
总　体	3490	100.00	—

图 20 - 2 更直观地显示了自愿性信息披露治理结构分项指数的区间分布情况。

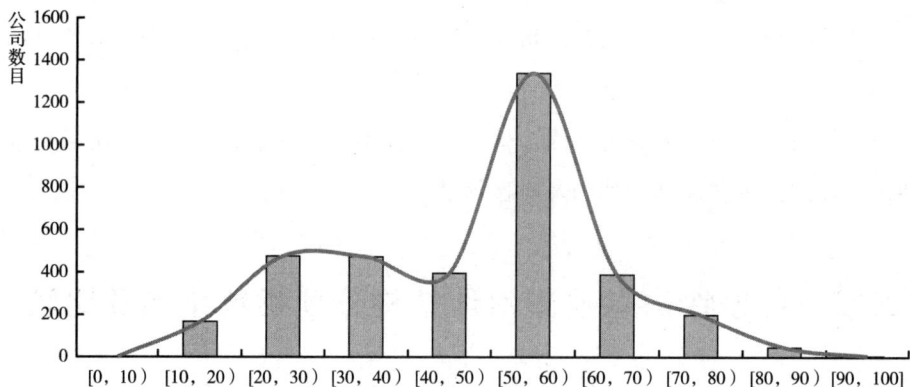

图 20 - 2　2018 年上市公司自愿性信息披露治理结构分项指数区间分布

从表 20 - 2 和图 20 - 2 可以看出，2018 年上市公司自愿性信息披露治理结构分项指数分布较为分散，很不规则。其中得分在［20，70）区间的公司最多，为 3073 家，占总体的 88.05%。达到及格线（60 分）的公司有 640 家，占总样本的 18.34%，相比上年（17.99%）略有提升，说明公司披露治理结构信息的意愿还不够强。

20.2.2　分地区自愿性信息披露治理结构分项指数比较

以各地区上市公司自愿性信息披露治理结构分项指数的平均值来代表各个地区的上

市公司自愿性信息披露治理结构分项指数，按照东部、中部、西部和东北四个地区对上市公司自愿性信息披露治理结构分项指数进行排序比较，结果参见表 20 – 3。

表 20 – 3　2018 年不同地区上市公司自愿性信息披露治理结构分项指数比较

排名	地区	公司数目	平均值	中位值	最大值	最小值	标准差
1	东部	2418	46.9784	50.0000	100.0000	12.5000	15.2309
2	西部	469	45.4158	50.0000	87.5000	12.5000	15.5680
3	中部	454	45.1542	50.0000	87.5000	12.5000	14.3711
4	东北	149	43.8339	43.7500	81.2500	18.7500	14.0129
总　体		3490	46.3968	50.0000	100.0000	12.5000	15.1395

图 20 – 3 更直观地显示了不同地区上市公司自愿性信息披露治理结构分项指数的差异。

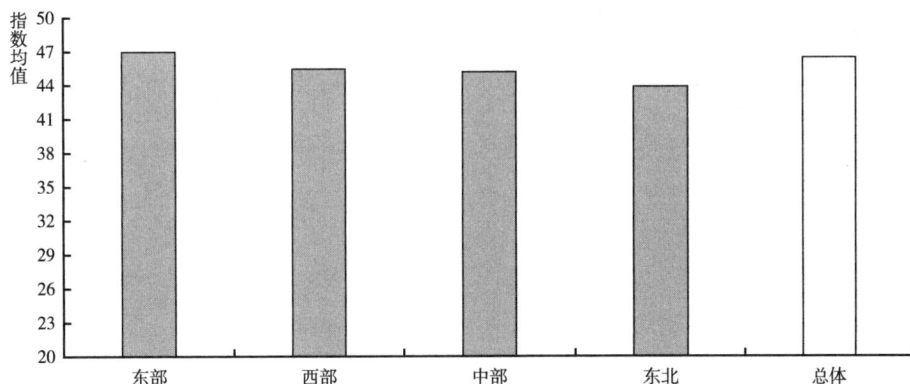

图 20 – 3　2018 年不同地区上市公司自愿性信息披露治理结构分项指数比较

从表 20 – 3 和图 20 – 3 可以看出，不同地区上市公司自愿性信息披露治理结构分项指数之间的绝对差异不大。东部地区指数均值最高，为 46.9784 分；东北地区指数均值最低，为 43.8339 分。只有东部地区指数均值高于总体均值。四个地区自愿性信息披露治理结构分项指数的标准差都比较大，说明各地区上市公司自愿性信息披露治理结构分项指数的内部差距较大。

20.2.3　分行业自愿性信息披露治理结构分项指数比较

用各个行业上市公司自愿性信息披露治理结构分项指数的平均值代表各个行业的上市公司自愿性信息披露治理结构分项指数，然后把各个行业的上市公司自愿性信息披露治理结构分项指数均值按照由高到低的顺序进行排名，结果参见表 20 – 4。

表 20 – 4 2018 年不同行业上市公司自愿性信息披露治理结构分项指数比较

排名	行业	公司数目	平均值	中位值	最大值	最小值	标准差
1	金融业（J）	88	62.2869	62.5000	100.0000	18.7500	18.5704
2	信息传输、软件和信息技术服务业（I）	267	49.7893	50.0000	81.2500	18.7500	14.4069
3	住宿和餐饮业（H）	9	49.3056	50.0000	68.7500	25.0000	16.5214
4	科学研究和技术服务业（M）	48	48.1771	50.0000	75.0000	18.7500	14.0890
5	文化、体育和娱乐业（R）	58	47.1983	50.0000	75.0000	18.7500	12.8806
6	水利、环境和公共设施管理业（N）	50	47.0000	50.0000	81.2500	18.7500	15.1678
7	制造业（C）	2178	46.5077	50.0000	81.2500	12.5000	14.6539
8	交通运输、仓储和邮政业（G）	97	45.7474	50.0000	81.2500	18.7500	16.4883
9	卫生和社会工作（Q）	12	45.3125	46.8750	68.7500	18.7500	12.5325
10	建筑业（E）	90	44.5833	50.0000	75.0000	18.7500	14.4398
11	租赁和商务服务业（L）	53	44.3396	43.7500	81.2500	18.7500	13.9630
12	农、林、牧、渔业（A）	41	44.2073	50.0000	75.0000	18.7500	14.0360
13	采矿业（B）	76	43.6678	46.8750	75.0000	18.7500	14.8835
14	电力、热力、燃气及水生产和供应业（D）	105	43.6310	43.7500	87.5000	18.7500	15.5739
15	房地产业（K）	124	42.6915	43.7500	81.2500	18.7500	14.3034
16	教育（P）	8	39.8438	40.6250	62.5000	18.7500	14.9666
17	批发和零售业（F）	164	39.6341	43.7500	75.0000	12.5000	14.1858
18	综合（S）	21	37.2024	31.2500	75.0000	18.7500	16.7568
	总　体	3490	46.3968	50.0000	100.0000	12.5000	15.1395

注：居民服务、修理和其他服务业（O）只有 1 家上市公司，难以代表该行业整体水平，故排名时剔除。

由表 20 – 4 可知，18 个行业中，有 7 个行业的自愿性信息披露治理结构分项指数均值高于总体均值，这 7 个行业的最大均值与总体均值之间的绝对差距为 15.8901 分，主要是排名第一的金融业远高于其他行业，其与第二位的均值差距就高达 12.4976 分；其他 11 个行业的自愿性信息披露治理结构分项指数均值低于总体均值，总体均值与这 11 个行业的最小均值之间的绝对差距为 9.1944 分。显然，高分区行业内部的差距大于低分区行业。18 个行业中，排名第一的金融业（J）的自愿性信息披露治理结构分项指数均值与排名最后的综合（S）的指数均值相差 25.0845 分，相差很大。自愿性信息披露治理结构分项指数均值排名前三位的行业分别为金融业（J），信息传输、软件和信息技术服务业（I），住宿和餐饮业（H）；而综合（S）、批发和零售业（F）、教育（P）则排名最后三位。

图 20 – 4 更直观地体现了不同行业上市公司自愿性信息披露治理结构分项指数均值的差异。可以看到，各个行业自愿性信息披露治理结构分项指数均值基本上都集中在 [37，50] 区间，只有排名第一的金融业除外。除了排名第一的行业和排名最后的三个行业外，其他行业的自愿性信息披露治理结构分项指数均值自大到小的变化比较平缓。

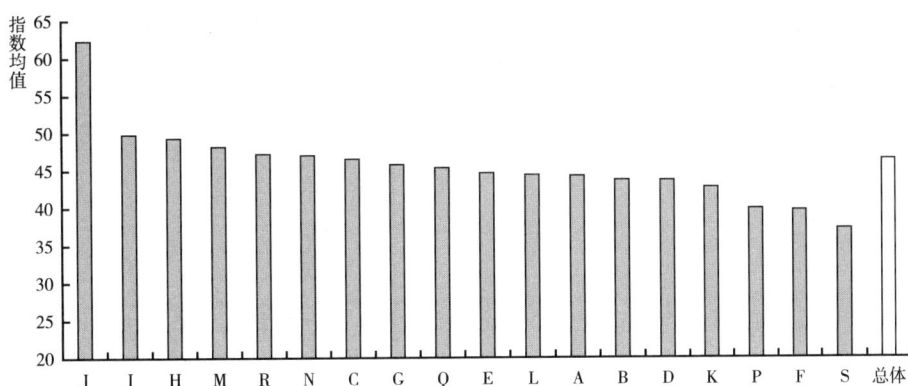

图 20 - 4　2018 年不同行业上市公司自愿性信息披露治理结构分项指数比较

20.3　自愿性信息披露治理效率分项指数排名及比较

治理效率方面的自愿性信息披露重在评价公司治理机关运作效率方面的信息披露情况。本节对治理效率分项指数进行比较分析。

20.3.1　自愿性信息披露治理效率分项指数总体分布

通过对 3490 家上市公司自愿性信息披露治理效率分项指数进行评价，我们得出了每家上市公司自愿性信息披露治理效率分项指数，并进行了排名。按照每 10 分一个区间，可以将上市公司自愿性信息披露治理效率分项指数划分为 8 个区间段（公司数目为 0 的指数区间合并），每个区间段的公司数目和所占比重参见表 20 - 5。

表 20 - 5　2018 年上市公司自愿性信息披露治理效率分项指数分布情况

指数区间	公司数目	占比（％）	累计占比（％）
[0,30)	0	0.00	0.00
[30,40)	39	1.12	1.12
[40,50)	88	2.52	3.64
[50,60)	1132	32.44	36.07
[60,70)	1582	45.33	81.40
[70,80)	612	17.54	98.94
[80,90)	37	1.06	100.00
[90,100]	0	0.00	100.00
总　　体	3490	100.00	—

图 20 - 5 更直观地显示了自愿性信息披露治理效率分项指数的区间分布情况。

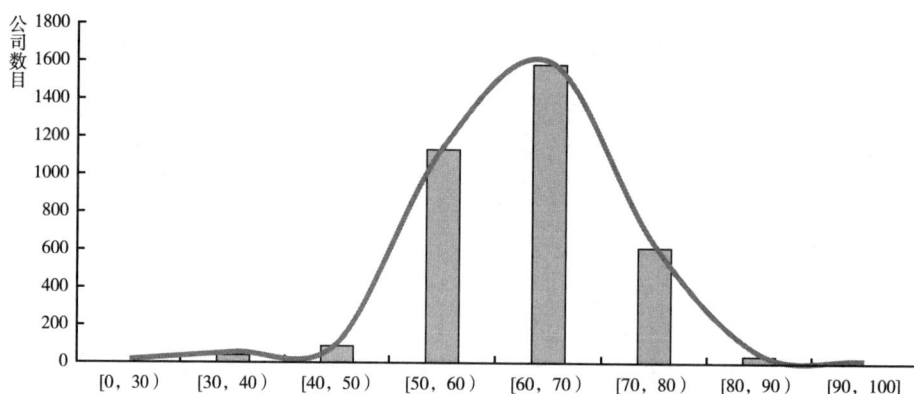

图 20 - 5　2018 年上市公司自愿性信息披露治理效率分项指数区间分布

从表 20 - 5 和图 20 - 5 可以看出，2018 年上市公司自愿性信息披露治理效率分项指数分布较为集中。其中，得分在 [50，80) 区间的公司最多，为 3326 家，占总样本的 95.30%。达到及格线（60 分）的公司有 2231 家，占总样本的 63.93%，相比上年（26.88%）有大幅度提高，说明公司披露治理效率信息的意识显著提升。

20.3.2　分地区自愿性信息披露治理效率分项指数比较

按照东部、中部、西部和东北四个地区的划分，用各地区上市公司自愿性信息披露治理效率分项指数的平均值来代表各个地区的上市公司自愿性信息披露治理效率分项指数，然后把各个地区的上市公司自愿性信息披露治理效率分项指数按照由高到低的顺序进行排名，结果参见表 20 - 6。

表 20 - 6　2018 年不同地区上市公司自愿性信息披露治理效率分项指数比较

排名	地区	公司数目	平均值	中位值	最大值	最小值	标准差
1	东部	2418	63.2160	62.5000	87.5000	31.2500	8.9074
2	中部	454	63.1333	62.5000	81.2500	31.2500	8.9904
3	西部	469	61.8603	62.5000	87.5000	31.2500	8.8722
4	东北	149	60.0671	62.5000	81.2500	37.5000	9.2106
	总 体	3490	62.8886	62.5000	87.5000	31.2500	8.9543

图 20 - 6 更直观地显示了不同地区上市公司自愿性信息披露治理效率分项指数的差异。

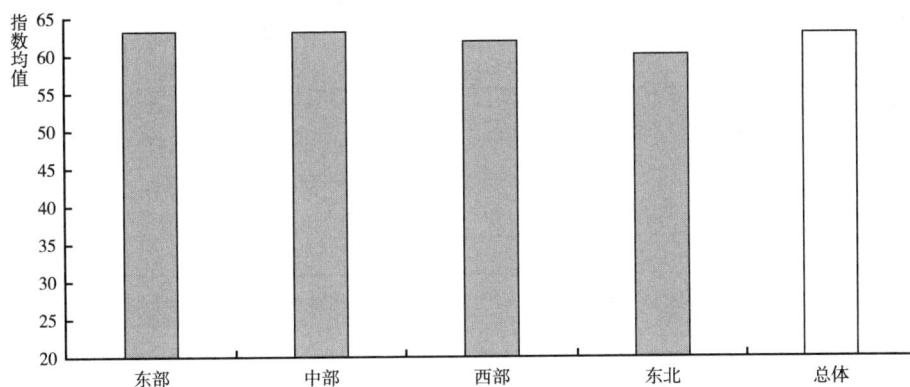

图 20 – 6 2018 年不同地区上市公司自愿性信息披露治理效率分项指数比较

由表 20 – 6 和图 20 – 6 可以看出，不同地区上市公司自愿性信息披露治理效率分项指数均值之间的差距不大。东部地区指数均值最高，为 63. 2160 分；东北地区指数均值最低，为 60. 0671 分。从标准差上来看，四个地区的标准差比较接近，说明各地区的治理效率分项指数内部差异性相似。

20.3.3 分行业自愿性信息披露治理效率分项指数比较

用各个行业内的上市公司自愿性信息披露治理效率分项指数的平均值来代表各个行业的上市公司自愿性信息披露治理效率分项指数，然后把各个行业的上市公司自愿性信息披露治理效率分项指数按照由高到低的顺序进行排名，结果参见表 20 –7。

表 20 –7 2018 年不同行业上市公司自愿性信息披露治理效率分项指数比较

排名	行业	公司数目	平均值	中位值	最大值	最小值	标准差
1	卫生和社会工作（Q）	12	65. 1042	65. 6250	75. 0000	50. 0000	7. 8471
2	信息传输、软件和信息技术服务业（I）	267	64. 7472	68. 7500	87. 5000	37. 5000	8. 6505
3	水利、环境和公共设施管理业（N）	50	64. 6250	68. 7500	75. 0000	50. 0000	8. 4419
4	租赁和商务服务业（L）	53	64. 6226	68. 7500	81. 2500	37. 5000	8. 4066
5	文化、体育和娱乐业（R）	58	63. 6853	62. 5000	75. 0000	43. 7500	8. 2441
6	制造业（C）	2178	63. 4011	62. 5000	87. 5000	31. 2500	8. 9204
7	科学研究和技术服务业（M）	48	63. 0208	62. 5000	81. 2500	50. 0000	8. 7308
8	农、林、牧、渔业（A）	41	62. 8049	62. 5000	81. 2500	43. 7500	9. 3573
9	建筑业（E）	90	61. 6667	62. 5000	81. 2500	43. 7500	9. 5106
10	房地产业（K）	124	61. 5423	62. 5000	81. 2500	37. 5000	8. 6604
11	交通运输、仓储和邮政业（G）	97	61. 3402	62. 5000	81. 2500	43. 7500	7. 3091
12	批发和零售业（F）	164	60. 0991	62. 5000	87. 5000	37. 5000	8. 8765
13	金融业（J）	88	59. 9432	62. 5000	87. 5000	37. 5000	8. 6683
14	电力、热力、燃气及水生产和供应业（D）	105	59. 8810	62. 5000	81. 2500	37. 5000	8. 9551

排名	行业	公司数目	平均值	中位值	最大值	最小值	标准差
15	采矿业（B）	76	59.6217	59.3750	87.5000	31.2500	9.6952
16	住宿和餐饮业（H）	9	59.0278	56.2500	75.0000	43.7500	8.8932
17	综合（S）	21	58.9286	56.2500	75.0000	43.7500	7.1056
18	教育（P）	8	57.8125	56.2500	68.7500	43.7500	9.7578
	总　体	3490	62.8886	62.5000	87.5000	31.2500	8.9543

注：居民服务、修理和其他服务业（O）只有1家上市公司，难以代表该行业整体水平，故排名时剔除。

由表20-7可以看出，18个行业中，有7个行业的上市公司自愿性信息披露治理效率分项指数均值高于总体均值，这7个行业的最大均值与总体均值之间的绝对差距达到2.2156；其他11个行业的上市公司自愿性信息披露治理效率分项指数均值低于总体均值，总体均值与这11个行业的最小均值之间的绝对差距为5.0761。显然，低分区行业内部的差距大于高分区行业。自愿性信息披露治理效率分项指数均值排名前三位的行业分别为卫生和社会工作（Q），信息传输、软件和信息技术服务业（I），水利、环境和公共设施管理业（N）；而教育（P）、综合（S）、住宿和餐饮业（H）则排名最后三位。

图20-7更直观地体现了不同行业上市公司自愿性信息披露治理效率分项指数均值的差异。可以看到，各个行业上市公司自愿性信息披露治理效率分项指数均值集中在区间［57，66］，行业之间的差距不是很大，变化比较平稳。

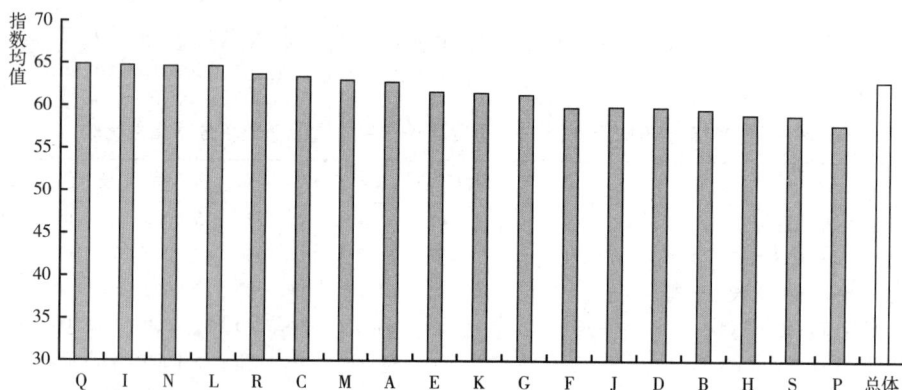

图20-7　2018年不同行业上市公司自愿性信息披露治理效率分项指数比较

20.4　自愿性信息披露利益相关者分项指数排名及比较

利益相关者方面的自愿性信息披露重在评价公司有关各利益相关者的信息披露情况。本节主要对利益相关者分项指数排名的各种情况进行比较和分析。

20.4.1 自愿性信息披露利益相关者分项指数总体分布

通过对 3490 家上市公司在利益相关者方面的自愿性信息披露进行评价，我们得出每家上市公司自愿性信息披露利益相关者分项指数，并进行了排名。按照每 10 分一个区间，可以将上市公司自愿性信息披露利益相关者分项指数划分为 10 个区间段，每个区间段的公司数目和所占比重参见表 20-8。

表 20-8　2018 年上市公司自愿性信息披露利益相关者分项指数分布情况

指数区间	公司数目	占比（%）	累计占比（%）
[0,10)	27	0.77	0.77
[10,20)	33	0.95	1.72
[20,30)	169	4.84	6.56
[30,40)	160	4.58	11.15
[40,50)	756	21.66	32.81
[50,60)	1724	49.40	82.21
[60,70)	467	13.38	95.59
[70,80)	51	1.46	97.05
[80,90)	28	0.80	97.85
[90,100]	75	2.15	100.00
总　体	3490	100.00	—

图 20-8 更直观地显示了自愿性信息披露利益相关者分项指数的区间分布情况。

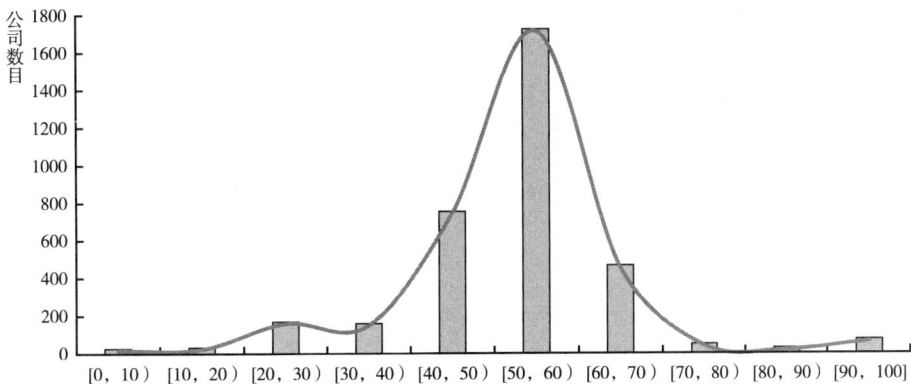

图 20-8　2018 年上市公司自愿性信息披露利益相关者分项指数区间分布

由表 20-8 和图 20-8 可以看出，自愿性信息披露利益相关者分项指数分布相对比较集中，主要分布在 [40,70) 区间，有公司 2947 家，占全部样本的 84.44%，其中

[50，60）区间公司数目达到 1724 家，占全部样本的 49.40% 。自愿性信息披露利益相关者分项指数超过 60 分的公司有 621 家，占 17.79% ，相比上年（23.10% ）有较大幅度的下降，说明公司披露利益相关者信息的意识很弱。

20.4.2 分地区自愿性信息披露利益相关者分项指数比较

按照东部、中部、西部和东北四大地区的划分，用各地区上市公司自愿性信息披露利益相关者分项指数的平均值来代表各个地区的上市公司自愿性信息披露利益相关者分项指数，然后把各个地区的上市公司自愿性信息披露利益相关者分项指数按照由高到低的顺序进行排名，结果参见 20 – 9。

表 20 – 9　2018 年不同地区上市公司自愿性信息披露利益相关者分项指数比较

排名	地区	公司数目	平均值	中位值	最大值	最小值	标准差
1	中部	454	54.1300	58.3333	100.0000	8.3333	14.0270
2	西部	469	53.9446	58.3333	100.0000	8.3333	13.2150
3	东部	2418	51.8645	58.3333	100.0000	0.0000	14.1431
4	东北	149	51.2864	50.0000	91.6667	8.3333	15.5518
总 体		3490	52.4140	58.3333	100.0000	0.0000	14.0983

图 20 – 9 更直观地显示了不同地区上市公司自愿性信息披露利益相关者分项指数的差异。

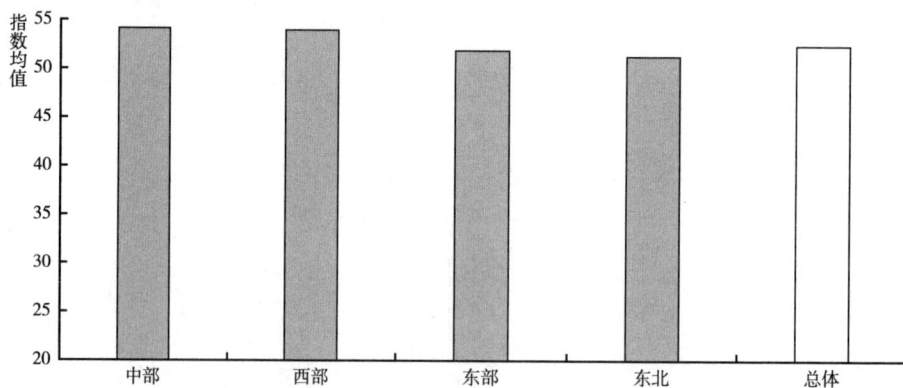

图 20 – 9　2018 年不同地区上市公司自愿性信息披露利益相关者分项指数比较

由表 20 – 9 和图 20 – 9 可以看出，中部地区上市公司自愿性信息披露利益相关者分项指数均值最高，为 54.1300 分；东北地区上市公司自愿性信息披露利益相关者分项指数均值最低，为 51.2864 分；最高与最低之间的绝对差距为 2.8436 分，相差比较小；

中部和西部两个地区超过总体均值，东部和东北两个地区低于总体均值。从标准差来看，四个地区的标准差都比较大，说明四个地区自愿性信息披露利益相关者分项指数内部差异较大。

20.4.3 分行业自愿性信息披露利益相关者分项指数比较

各行业上市公司在利益相关者方面的自愿性信息披露水平存在一定的差距。我们用各个行业内的上市公司自愿性信息披露利益相关者分项指数的平均值来代表各个行业的上市公司自愿性信息披露利益相关者分项指数，然后把各个行业的上市公司自愿性信息披露利益相关者分项指数按照由高到低的顺序进行排名，具体排名结果见表20-10。

表 20 - 10   2018 年不同行业上市公司自愿性信息披露利益相关者分项指数比较

	行业	公司数目	平均值	中位值	最大值	最小值	标准差
1	住宿和餐饮业（H）	9	64.8148	58.3333	91.6667	41.6667	14.8942
2	交通运输、仓储和邮政业（G）	97	58.0756	58.3333	100.0000	8.3333	15.7037
3	电力、热力、燃气及水生产和供应业（D）	105	56.7460	58.3333	100.0000	25.0000	16.3469
4	租赁和商务服务业（L）	53	56.6038	58.3333	100.0000	25.0000	13.7085
5	卫生和社会工作（Q）	12	56.2500	58.3333	66.6667	41.6667	8.7941
6	采矿业（B）	76	55.7018	58.3333	100.0000	8.3333	15.5284
7	文化、体育和娱乐业（R）	58	55.3161	58.3333	83.3333	33.3333	10.5523
8	水利、环境和公共设施管理业（N）	50	55.0000	58.3333	100.0000	8.3333	14.9640
9	房地产业（K）	124	54.5699	58.3333	91.6667	16.6667	14.0313
10	教育（P）	8	54.1667	58.3333	66.6667	41.6667	8.9087
11	农、林、牧、渔业（A）	41	53.4553	58.3333	66.6667	33.3333	9.6781
12	建筑业（E）	90	52.8704	58.3333	100.0000	16.6667	14.0869
13	科学研究和技术服务业（M）	48	52.6042	58.3333	91.6667	16.6667	14.0873
14	批发和零售业（F）	164	52.5406	50.0000	100.0000	8.3333	13.7962
15	信息传输、软件和信息技术服务业（I）	267	51.8102	58.3333	100.0000	8.3333	12.8186
16	制造业（C）	2178	51.7409	58.3333	100.0000	0.0000	13.8966
17	综合（S）	21	51.5873	50.0000	91.6667	25.0000	14.5819
18	金融业（J）	88	44.9811	41.6667	66.6667	8.3333	16.1579
	总 体	3490	52.4140	58.3333	100.0000	0.0000	14.0983

注：居民服务、修理和其他服务业（O）只有1家上市公司，难以代表该行业整体水平，故排名时剔除。

由表20-10可知，18个行业中，有14个行业的上市公司自愿性信息披露利益相关者分项指数均值高于总体均值，这14个行业的最大均值与总体均值之间的绝对差距为12.4008分；其他4个行业的上市公司自愿性信息披露利益相关者分项指数均值低于总体均值，总体均值与这4个行业的最小均值之间的绝对差距为7.4329分。显然，低分区行业内部的差距小于高分区行业。排名前三位的行业是住宿和餐饮业（H），交通运输、仓储和邮政业（G），电力、热力、燃气及水生产和供应业（D），排名后三位的行业是金融业（J）、综合（S）、制造业（C）。

图 20 - 10 更直观地显示了不同行业上市公司自愿性信息披露利益相关者分项指数均值的差异。可以看到，排名第一的住宿和餐饮业（H）与排名第二的交通运输、仓储和邮政业（G）之间差距较大，排名最后的金融业（J）与其他行业差别较大，中间排名的各行业间变化比较平缓。

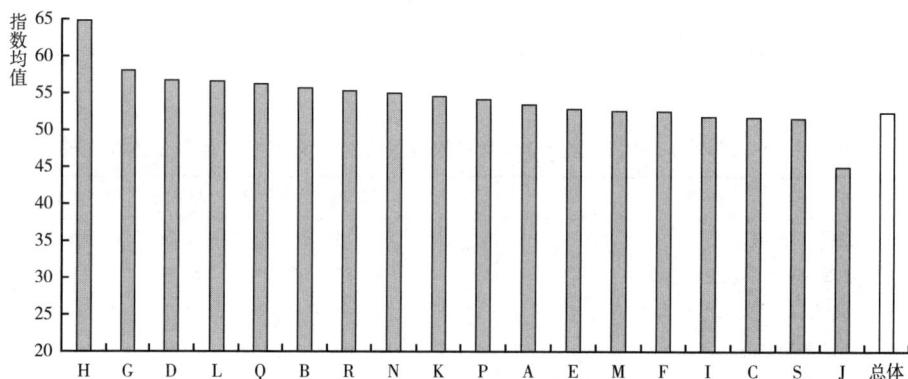

图 20 - 10　2018 年不同行业上市公司自愿性信息披露利益相关者分项指数比较

20.5　自愿性信息披露风险控制分项指数排名及比较

风险控制方面的自愿性信息披露重在评价公司对各利益相关者公开公司风险及其控制方面的信息披露情况。本节对风险控制分项指数进行比较分析。

20.5.1　自愿性信息披露风险控制分项指数总体分布

通过对 3490 家上市公司在风险控制方面的自愿性信息披露进行评价，我们得出了每家上市公司的自愿性信息披露风险控制分项指数，并进行了排名。按照每 10 分一个区间，可以将上市公司自愿性信息披露风险控制分项指数划分为 10 个区间段，每个区间段的公司数目和所占比重参见表 20 - 11。

表 20 - 11　2018 年上市公司自愿性信息披露风险控制分项指数分布情况

指数区间	公司数目	占比（%）	累计占比（%）
［0,10)	0	0.00	0.00

续表

指数区间	公司数目	占比（%）	累计占比（%）
［10,20）	6	0.17	0.17
［20,30）	87	2.49	2.66
［30,40）	324	9.28	11.95
［40,50）	972	27.85	39.80
［50,60）	1586	45.44	85.24
［60,70）	473	13.55	98.80
［70,80）	38	1.09	99.89
［80,90）	3	0.09	99.97
［90,100］	1	0.03	100.00
总　体	3490	100.00	—

图 20-11 更直观地显示了自愿性信息披露风险控制分项指数的区间分布情况

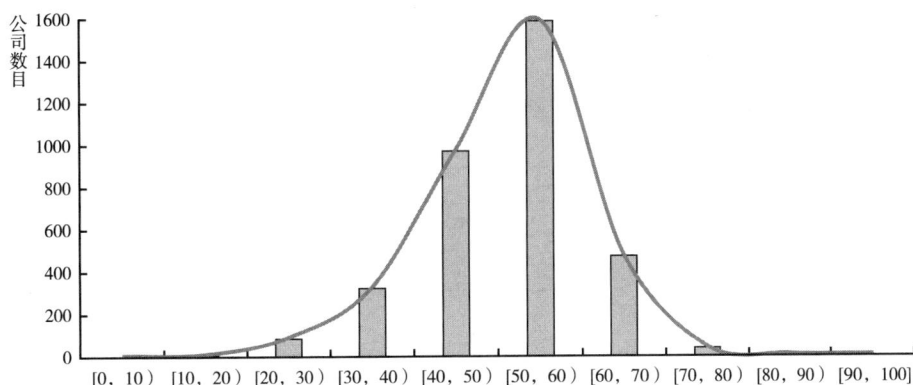

图 20-11　2018 年上市公司自愿性信息披露风险控制分项指数区间分布

从表 20-11 和图 20-11 可以看出，2018 年上市公司自愿性信息披露风险控制分项指数分布较为集中。其中［40，60）区间的上市公司最多，有 2558 家，占总样本的 73.30%。达到及格线 60 分的公司仅有 515 家，占总样本的 14.76%，比上年（10.74%）有所提升，说明公司披露自身风险信息的意愿还很低。

20.5.2　分地区自愿性信息披露风险控制分项指数比较

按照东部、中部、西部和东北四个地区的划分，用各地区上市公司自愿性信息披露风险控制分项指数的平均值来代表各个地区上市公司自愿性信息披露风险控制分项指数，然后把各个地区上市公司自愿性信息披露风险控制分项指数按照由高到低的顺序进行排名，结果参见表 20-12。

表 20 - 12   2018 年不同地区上市公司自愿性信息披露风险控制分项指数比较

排名	地区	公司数目	平均值	中位值	最大值	最小值	标准差
1	中部	454	51.7377	55.5556	77.7778	11.1111	10.6975
2	东部	2418	51.4636	55.5556	100.0000	11.1111	10.4985
3	西部	469	50.5449	55.5556	77.7778	11.1111	11.3388
4	东北	149	48.7323	44.4444	66.6667	22.2222	11.1134
总 体		3490	51.2592	55.5556	100.0000	11.1111	10.6816

图 20 - 12 可以更直观地显示出四个地区上市公司自愿性信息披露风险控制分项指数的差异。

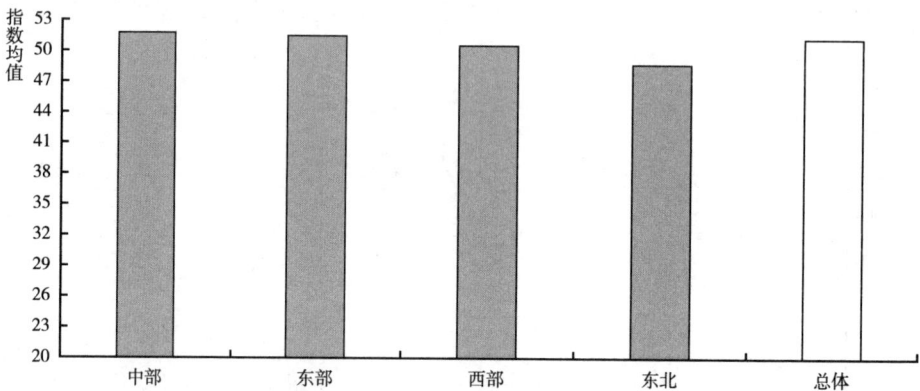

图 20 - 12   2018 年不同地区上市公司自愿性信息披露风险控制分项指数比较

由表 20 - 12 和图 20 - 12 可以看出，中部地区上市公司自愿性信息披露风险控制分项指数均值最高，为 51.7377 分；东北地区上市公司自愿性信息披露风险控制分项指数均值最低，为 48.7323 分。四个地区中，中部和东部地区的风险控制分项指数均值超过了总体均值，其他两个地区均未超过。总体看，四个地区的上市公司自愿性信息披露风险控制分项指数均值差别不大。

20.5.3　分行业自愿性信息披露风险控制分项指数比较

用各个行业上市公司自愿性信息披露风险控制分项指数的平均值来代表各个行业的上市公司自愿性信息披露风险控制分项指数，然后把各个行业的上市公司自愿性信息披露风险控制分项指数按照由高到低的顺序进行排名，结果参见表 20 - 13。

表 20-13　2018 年不同行业上市公司自愿性信息披露风险控制分项指数比较

	行业	公司数目	平均值	中位值	最大值	最小值	标准差
1	卫生和社会工作(Q)	12	54.6297	55.5556	66.6667	22.2222	13.7790
2	水利、环境和公共设施管理业(N)	50	52.4445	55.5556	66.6667	33.3333	8.7056
3	金融业(J)	88	52.3990	55.5556	66.6667	22.2222	9.9593
4	交通运输、仓储和邮政业(G)	97	51.7755	55.5556	88.8889	22.2222	10.4720
5	制造业(C)	2178	51.5917	55.5556	100.0000	11.1111	10.5812
6	电力、热力、燃气及水生产和供应业(D)	105	51.5344	55.5556	77.7778	22.2222	10.5211
7	采矿业(B)	76	51.4620	55.5556	77.7778	22.2222	13.0327
8	建筑业(E)	90	51.3580	55.5556	66.6667	33.3333	9.6878
9	综合(S)	21	51.0582	55.5556	66.6667	33.3333	9.5612
10	农、林、牧、渔业(A)	41	50.9485	55.5556	66.6667	33.3333	9.2882
11	批发和零售业(F)	164	50.8469	55.5556	77.7778	11.1111	11.2398
12	科学研究和技术服务业(M)	48	50.8102	55.5556	66.6667	33.3333	6.7790
13	租赁和商务服务业(L)	53	50.6289	55.5556	77.7778	22.2222	12.2135
14	房地产业(K)	124	49.6864	44.4444	66.6667	22.2222	12.8164
15	信息传输、软件和信息技术服务业(I)	267	49.6255	55.5556	77.7778	11.1111	10.3700
16	文化、体育和娱乐业(R)	58	48.5632	50.0000	66.6667	22.2222	10.9422
17	住宿和餐饮业(H)	9	46.9136	55.5556	66.6667	22.2222	14.4635
18	教育(P)	8	43.0556	38.8889	55.5556	33.3333	11.0115
	总　体	3490	51.2592	55.5556	100.0000	11.1111	10.6816

注：居民服务、修理和其他服务业（O）只有 1 家上市公司，难以代表该行业整体水平，故排名时剔除。

由表 20-13 可以看出，18 个行业中，有 8 个行业的上市公司自愿性信息披露风险控制分项指数均值高于总体均值，这 8 个行业的最大均值与总体均值之间的绝对差距为 3.3705 分；其他 10 个行业的上市公司自愿性信息披露风险控制分项指数均值低于总体均值，总体均值与这 10 个行业的最小均值之间的绝对差距为 8.2036 分。显然，高分区行业的内部差距小于低分区行业。上市公司自愿性信息披露风险控制分项指数排名前三位的行业分别为卫生和社会工作（Q），水利、环境和公共设施管理业（N），金融业（J）。教育（P），住宿和餐饮业（H），文化、体育和娱乐业（R）则排名最后三位。

图 20-13 更直观地体现了不同行业上市公司自愿性信息披露风险控制分项指数均值的差异。可以看到，排名第一的卫生和社会工作（Q）和排名最后两位的教育（P）、住宿和餐饮业（H）与其他行业有一定的差距，而排名中间部分的行业间差距较小。

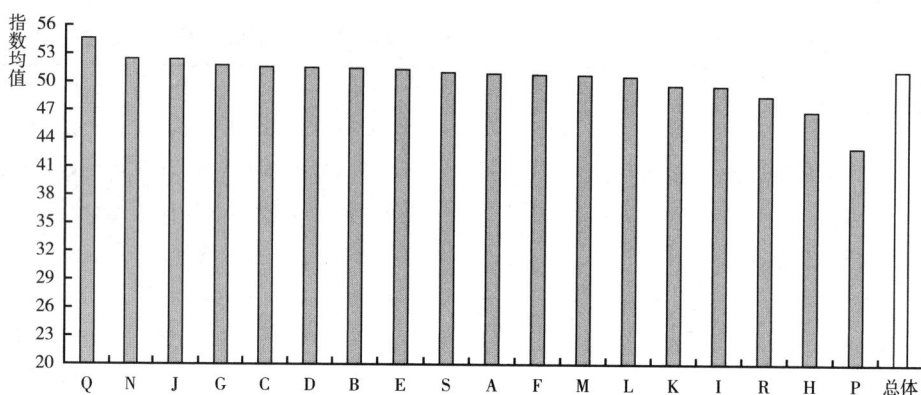

图 20 - 13　2018 年不同行业上市公司自愿性信息披露风险控制分项指数比较

20.6　本章小结

本章从指数总体分布以及地区和行业三个方面，对自愿性信息披露的四个分项指数，即治理结构、治理效率、利益相关者、风险控制进行了全面的分析，通过分析我们发现以下几点。

（1）从自愿性信息披露四个分项指数比较看，治理效率分项指数均值最高，治理结构分项指数均值最低。从指数分布区间看，治理结构分项指数的分布相对比较分散，其中得分在［20，70）区间的公司最多，占总体的 88.05%；治理效率分项指数的分布比较集中，其中在［50，80）区间的公司最多，占总样本的 95.30%；利益相关者分项指数的分布相对比较集中，其中分布在［40，70）区间的公司最多，占全部样本的 84.44%；风险控制分项指数的分布比较集中，其中分布在［40，60）区间的上市公司最多，占总样本的 73.30%。除治理效率分项指数外，其他三个分项指数的均值都没有超过 60 分，这说明公司在治理结构、利益相关者和风险控制方面的自愿性信息披露还很差。

（2）从地区来看，自愿性信息披露治理结构分项指数均值从高到低依次是东部、西部、中部和东北地区；治理效率分项指数均值从高到低依次是东部、中部、西部和东北地区；利益相关者分项指数均值从高到低依次是中部、西部、东部和东北地区；风险控制分项指数的均值从高到低依次中部、东部、西部和东北地区。总体看，在四个分项指数中，东北都居于最后一位。

（3）从行业来看，自愿性信息披露治理结构分项指数均值前三名是金融业（J），信息传输、软件和信息技术服务业（I），住宿和餐饮业（H）；治理效率分项指数均值前三名是卫生和社会工作（Q），信息传输、软件和信息技术服务业（I），水利、环境和公共设施管理业（N）；利益相关者分项指数均值前三名是住宿和餐饮业（H），交通运输、仓储和邮政业（G），电力、热力、燃气及水生产和供应业（D）；风险控制分项指数均值前三名是卫生和社会工作（Q），水利、环境和公共设施管理业（N），金融业（J）。总体看，信息传输、软件和信息技术服务业（I）在治理结构和治理效率方面的自愿性信息披露表现较好；金融业（J）在治理结构和风险控制两个方面的自愿性信息披露表现较好；住宿和餐饮业（H）在治理结构和利益相关者两个方面的自愿性信息披露表现较好；水利、环境和公共设施管理业（N），卫生和社会工作（Q）在治理效率和风险控制两个方面的自愿性信息披露表现较好。

第 21 章 自愿性信息披露指数的所有制比较

根据第 1 章的控股或所有制类型划分，本章对 2018 年 3490 家样本上市公司的自愿性信息披露指数及四个分项指数从所有制角度进行比较分析，以了解国有控股公司和非国有控股公司在自愿性信息披露方面存在的异同。

21.1 自愿性信息披露指数总体的所有制比较

21.1.1 自愿性信息披露总体指数比较

不同的所有制会对上市公司自愿性信息披露产生影响，表 21 - 1 比较了不同所有制上市公司总体的自愿性信息披露指数，并按照均值从高到低的顺序进行了排名。

表 21 - 1 2018 年不同所有制上市公司自愿性信息披露指数比较

排序	所有制类型	公司数目	平均值	中位值	最大值	最小值	标准差
1	国有参股公司	866	53.8996	54.5139	73.2639	25.8681	6.9254
2	国有绝对控股公司	255	53.3578	52.9514	76.3889	32.6389	7.0482
3	无国有股份公司	1575	53.1761	53.6458	74.3056	24.8264	6.8896
4	国有弱相对控股公司	368	52.6792	53.1250	77.9514	30.0347	7.8910
5	国有强相对控股公司	426	52.5463	52.2569	72.3958	31.5972	7.4175
	总 体	3490	53.2397	53.6458	77.9514	24.8264	7.1019

从表 21 - 1 可以看出，五类所有制公司的自愿性信息披露指数均值都没有达到及格水平，它们之间的差异不大，最大均值和最小均值之差仅为 1.3533 分。国有参股公司自愿性信息披露指数的均值和中位值都是最高的；国有强相对控股公司自愿性信息披露

指数的均值和中位值都是最低的。从标准差来看，国有弱相对控股公司最高，无国有股份公司最低，但相差也不大。

图 21 - 1 按照第一大股东中的国有股份比例从大到小进行了排序，从而更直观地反映不同所有制上市公司自愿性信息披露指数均值的差异。可以发现，从总体趋势看，随着第一大股东中国有股东持股比例的降低，自愿性信息披露指数先下降后上升，最后又下降，呈现出一个"S"形。国有参股公司的自愿性信息披露指数得分最高，说明国有股东控股与否，并不一定影响自愿性信息披露。

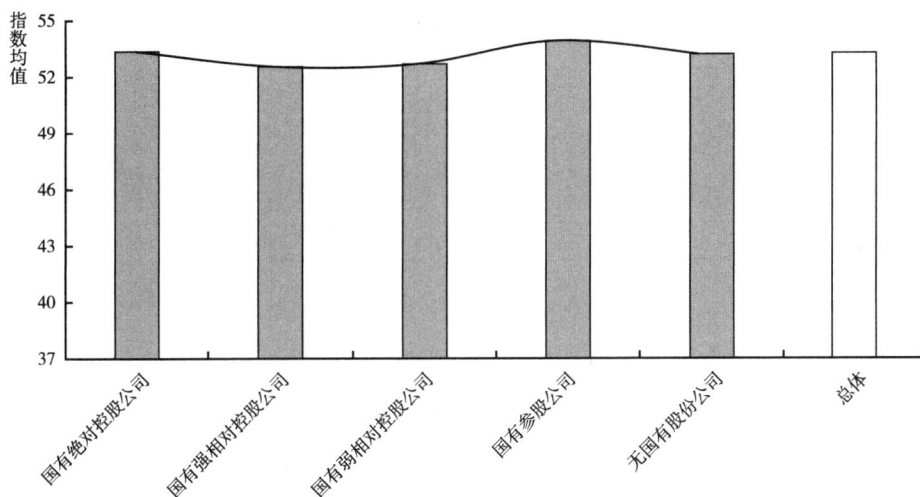

图 21 - 1　2018 年不同所有制上市公司自愿性信息披露指数均值的变化

我们进一步将国有绝对控股公司、国有强相对控股公司和国有弱相对控股公司归类为国有控股公司，将国有参股公司和无国有股份公司归类为非国有控股公司。表 21 - 2 比较了国有控股公司和非国有控股公司自愿性信息披露指数的差异。

表 21 - 2　2018 年国有控股与非国有控股公司自愿性信息披露指数比较

排序	控股类型	公司数目	平均值	中位值	最大值	最小值	标准差
1	非国有控股公司	2441	53.4328	53.9931	74.3056	24.8264	6.9110
2	国有控股公司	1049	52.7902	52.4306	77.9514	30.0347	7.5080
总　体		3490	53.2397	53.6458	77.9514	24.8264	7.1019

从表 21 - 2 可知，非国有控股公司自愿性信息披露指数均值大于国有控股公司，但差距不大，前者仅高出后者 0.6426 分。自愿性信息披露指数的最大值来自国有控股公司，而最小值来自非国有控股公司。

根据实际控制人的性质，我们还可以将上市公司进一步区分为中央企业（或监管机构）、地方国企（或监管机构）和民营企业（或个人）控制的上市公司三类，表21-3对三类上市公司进行了比较，并按照均值从高到低的顺序进行了排列。可以发现，中央企业（或监管机构）和地方国企（或监管机构）控制的上市公司的自愿性信息披露指数均值都低于民营企业（或个人）控制的上市公司，中央企业（或监管机构）控制的上市公司的自愿性信息披露指数均值略高于地方国企（或监管机构）控制的上市公司。

表 21-3　2018 年不同最终控制人上市公司自愿性信息披露指数比较

排序	最终控制人	公司数目	平均值	中位值	最大值	最小值	标准差
1	民营企业（或个人）	2403	53.4370	53.9931	74.3056	24.8264	6.8828
2	中央企业（或监管机构）	378	52.9156	53.4722	72.9167	33.3333	7.2547
3	地方国企（或监管机构）	709	52.7437	52.2569	77.9514	30.0347	7.6950
	总　体	3490	53.2397	53.6458	77.9514	24.8264	7.1019

21.1.2　自愿性信息披露分项指数总体比较

自愿性信息披露指数包括治理结构、治理效率、利益相关者和风险控制四个分项指数，表21-4对五类所有制上市公司的四个自愿性信息披露分项指数进行了比较。

表 21-4　2018 年不同所有制上市公司自愿性信息披露分项指数均值比较

所有制类型	治理结构	治理效率	利益相关者	风险控制
国有绝对控股公司	44.8284	59.0931	57.5490	51.9608
国有强相对控股公司	42.2388	59.6978	56.0837	52.1648
国有弱相对控股公司	45.3295	61.0394	53.3062	51.0417
国有参股公司	47.0699	64.5064	53.0023	51.0200
无国有股份公司	47.6548	63.9087	50.0582	51.0829
总　体	46.3968	62.8886	52.4140	51.2592

从表21-4可以看出，五类所有制公司自愿性信息披露指数的四个分项指数均值大部分未达到及格水平，仅在治理效率这一分项指数上，国有弱相对控股公司、国有参股公司和无国有股份公司的均值达到了及格水平，并且四个分项指数均值之间存在大小不等的差异。图21-2更直观地反映了不同所有制上市公司自愿性信息披露四个分项指数均值的差异。可以发现，随着第一大股东中的国有股比例的降低，治理结构分项指数先下降后逐步提高，在无国有股份公司达到最高；治理效率分项

指数先是逐步上升，在无国有股份公司出现了下降；利益相关者分项指数呈现逐步下降的趋势，说明国有控股对利益相关者的重要性；风险控制分项指数呈现先上升后下降再上升的形状，但国有绝对控股公司和国有强相对控股公司明显好于其他三类公司。

总体上看，无国有股份公司和国有参股公司更偏重于治理结构和治理效率方面的信息披露；国有绝对控股公司和国有强相对控股公司较为注重利益相关者和风险控制方面的信息披露。

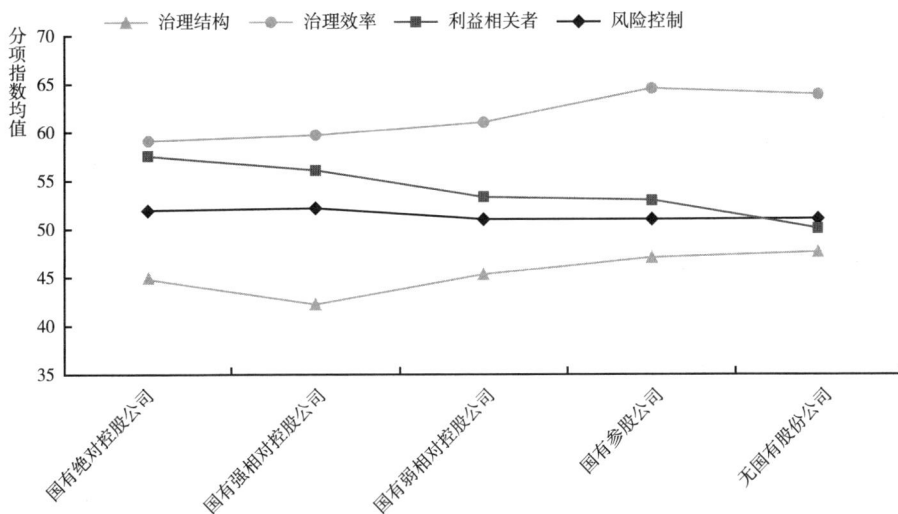

图 21 - 2　2018 年不同所有制上市公司自愿性信息披露分项指数变化趋势

我们进一步将国有绝对控股公司、国有强相对控股公司和国有弱相对控股公司归类为国有控股公司，将国有参股公司和无国有股份公司归类为非国有控股公司，两类所有制上市公司自愿性信息披露分项指数均值的比较参见表 21 - 5 和图 21 - 3。可以看到，在治理结构和治理效率分项指数上，非国有控股公司自愿性信息披露具有优势；在利益相关者分项指数上，国有控股公司自愿性信息披露优势明显；在风险控制分项指数上，国有控股公司自愿性信息披露水平略高于非国有控股公司。

表 21 - 5　2018 年国有控股与非国有控股公司自愿性信息披露分项指数均值比较

控股类型	治理结构	治理效率	利益相关者	风险控制
国有控股公司	43.9526	60.0214	55.4655	51.7212
非国有控股公司	47.4473	64.1207	51.1027	51.0606
总　体	46.3968	62.8886	52.4140	51.2592

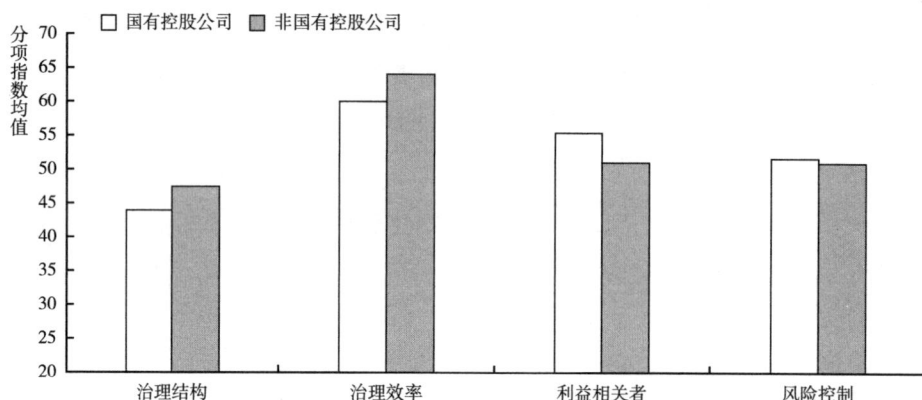

图 21 - 3　2018 年国有控股与非国有控股公司自愿性信息披露分项指数均值比较

　　根据实际控制人的划分，比较三类控制人控制的上市公司在自愿性信息披露指数上的差别，三者的比较参见表 21 - 6 和图 21 - 4。可以看出，在治理结构分项指数上，中央企业（或监管机构）控制的公司好于地方国企（或监管机构）控制的公司，但低于民营企业（或个人）控制的公司；在治理效率分项指数上，中央企业（或监管机构）控制的公司低于地方国企（或监管机构）控制的公司，并且两者都明显低于民营企业

表 21 - 6　2018 年不同最终控制人上市公司自愿性信息披露分项指数均值比较

最终控制人	治理结构	治理效率	利益相关者	风险控制
中央企业（或监管机构）	44. 1138	59. 5899	55. 7981	52. 1605
地方国企（或监管机构）	43. 8646	60. 3050	55. 3244	51. 4810
民营企业（或个人）	47. 5031	64. 1698	51. 0230	51. 0519
总　　体	46. 3968	62. 8886	52. 4140	51. 2592

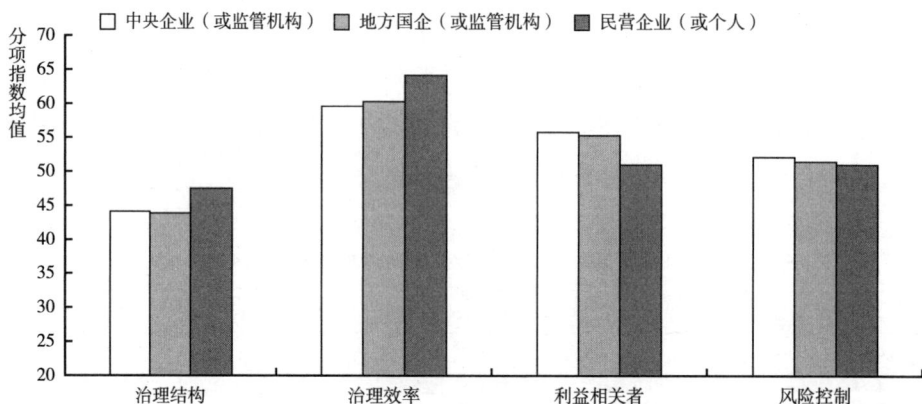

图 21 - 4　2018 年不同最终控制人上市公司自愿性信息披露分项指数均值比较

（或个人）控制的公司；在利益相关者分项指数上，中央企业（或监管机构）控制的公司好于地方国企（或监管机构）控制的公司，且这两类公司明显好于民营企业（或个人）控制的公司；在风险控制分项指数上，中央企业（或监管机构）控制的公司略好于地方国企（或监管机构）控制的公司，且都略好于民营企业（或个人）控制的公司。

21.2　分地区自愿性信息披露指数的所有制比较

21.2.1　分地区自愿性信息披露总体指数比较

按照四个地区的划分标准，我们进一步统计了不同地区国有控股和非国有控股上市公司的自愿性信息披露指数，参见表21-7。

表 21-7　2018 年不同地区国有控股与非国有控股公司自愿性信息披露指数比较

地区	所有制类型	公司数目	平均值	中位值	最大值	最小值	标准差
东部	国有控股公司	599	52.6743	52.4306	76.3889	33.3333	7.4943
	非国有控股公司	1819	53.6132	53.9931	74.3056	25.8681	6.8972
	总　体	2418	53.3806	53.8194	76.3889	25.8681	7.0614
中部	国有控股公司	185	53.5914	53.9931	77.9514	30.0347	7.7959
	非国有控股公司	269	53.5026	53.9931	69.6181	36.4583	6.7248
	总　体	454	53.5388	53.9931	77.9514	30.0347	7.1807
西部	国有控股公司	204	53.0042	52.9514	72.0486	33.3333	7.2494
	非国有控股公司	265	52.8931	53.2986	71.1806	24.8264	6.8029
	总　体	469	52.9414	53.1250	72.0486	24.8264	7.0009
东北	国有控股公司	61	50.7827	50.3472	71.1806	31.5972	7.1786
	非国有控股公司	88	51.1166	52.5174	67.3611	34.3750	7.5504
	总　体	149	50.9799	51.3889	71.1806	31.5972	7.4023

从表21-7可以看出，东部和东北地区，国有控股公司的自愿性信息披露指数均值都略低于非国有控股公司；中部和西部地区，国有控股公司的自愿性信息披露指数均值都略高于非国有控股公司。

图21-5直观地反映了四个地区国有控股上市公司与非国有控股上市公司自愿性信息披露指数均值的差异。可以看出，在国有控股公司自愿性信息披露上，中部最好，其后依次是西部和东部，东北最差。在非国有控股公司自愿性信息披露上，东部最好，其后依次是中部和西部，东北仍是最差。

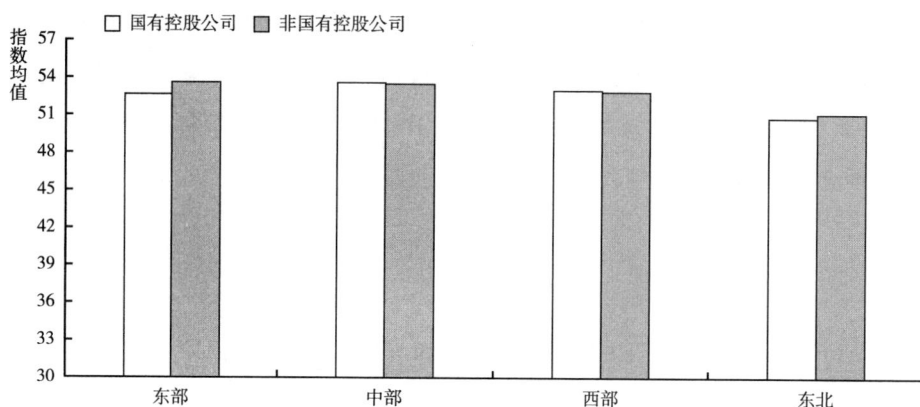

图 21 – 5　2018 年不同地区国有控股与非国有控股公司自愿性信息披露指数均值比较

21.2.2　分地区自愿性信息披露分项指数比较

接下来，我们对四个地区国有控股与非国有控股上市公司的自愿性信息披露分项指数均值进行比较分析，参见表 21 – 8。

表 21 – 8　2018 年不同地区国有控股与非国有控股公司自愿性信息披露分项指数均值比较

地区	所有制类型	治理结构	治理效率	利益相关者	风险控制
东部	国有控股公司	44. 2613	59. 5263	54. 9805	51. 9292
	非国有控股公司	47. 8731	64. 4310	50. 8384	51. 3103
	总　体	46. 9784	63. 2160	51. 8645	51. 4636
中部	国有控股公司	44. 1216	61. 6554	56. 4865	52. 1021
	非国有控股公司	45. 8643	64. 1496	52. 5093	51. 4870
	总　体	45. 1542	63. 1333	54. 1300	51. 7377
西部	国有控股公司	43. 8113	60. 5392	56. 4134	51. 2527
	非国有控股公司	46. 6509	62. 8774	52. 0440	50. 0000
	总　体	45. 4158	61. 8603	53. 9446	50. 5449
东北	国有控股公司	40. 8811	58. 1967	53. 9617	50. 0911
	非国有控股公司	45. 8807	61. 3636	49. 4318	47. 7904
	总　体	43. 8339	60. 0671	51. 2864	48. 7323

由表 21 – 8 可以看出，四个地区两类所有制上市公司自愿性信息披露在四个分项指数上并没有一致的排序。为了便于比较，我们计算出四个地区非国有控股公司自愿性信息披露四个分项指数均值与对应的国有控股公司自愿性信息披露四个分项指数均值的差值，由此可以反映四个地区两类所有制上市公司自愿性信息披露四个分项指数的差异，如图 21 – 6 所示。可以看出，在治理结构和治理效率两个分项指数上，四个地区都是非

国有控股公司优于国有控股公司；在利益相关者和风险控制分项指数上，四个地区均是
国有控股公司优于非国有控股公司。

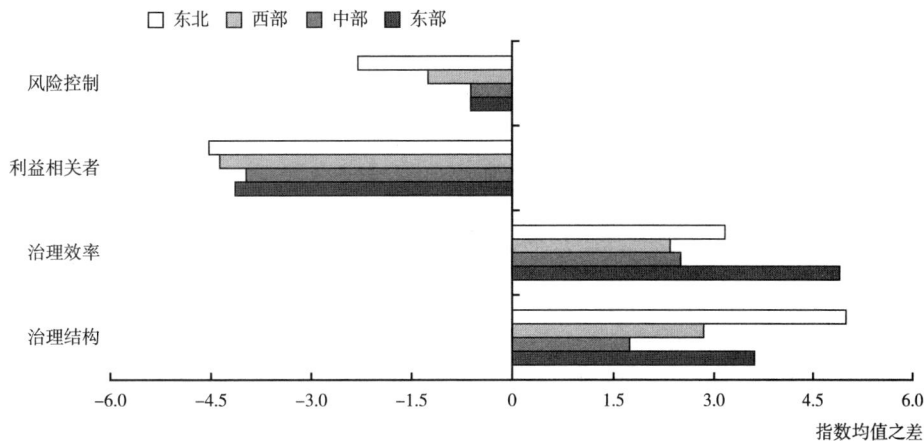

图 21 – 6　2018 年不同地区国有控股与非国有控股公司自愿性信息披露指数差值比较

注：指数均值之差 = 非国有控股公司自愿性信息披露分项指数均值 – 国有控股公司自愿性信息
披露分项指数均值。

21.3　分行业自愿性信息披露指数的所有制比较

21.3.1　分行业自愿性信息披露总体指数比较

由于上市公司涉及 19 个行业，各行业上市公司数目不等。这里，我们选择上市公
司较多且有较强代表性的六个行业：制造业（C），电力、热力、燃气及水生产和供应
业（D），交通运输、仓储和邮政业（G），信息传输、软件和信息技术服务业（I），金
融业（J）和房地产业（K），上述六个行业自愿性信息披露指数比较参见表 21 – 9。

表 21 – 9　2018 年不同行业国有控股与非国有控股公司自愿性信息披露指数比较

行业	所有制类型	公司数目	平均值	中位值	最大值	最小值	标准差
制造业（C）	国有控股公司	489	52.8672	53.4722	77.9514	30.0347	7.1376
	非国有控股公司	1689	53.4386	53.9931	74.3056	24.8264	6.8828
	总　体	2178	53.3103	53.8194	77.9514	24.8264	6.9449
电力、热力、燃气及水生产和供应业（D）	国有控股公司	79	52.4174	52.0833	72.9167	34.3750	7.5446
	非国有控股公司	26	54.5606	54.5139	65.7986	36.4583	7.3744
	总　体	105	52.9481	52.6042	72.9167	34.3750	7.5596

续表

行业	所有制类型	公司数目	平均值	中位值	最大值	最小值	标准差
交通运输、仓储和邮政业（G）	国有控股公司	67	55.2472	55.3819	76.3889	36.6319	7.1866
	非国有控股公司	30	51.9734	52.6042	69.0972	35.0694	8.4992
	总 体	97	54.2347	54.1667	76.3889	35.0694	7.7656
信息传输、软件和信息技术服务业（I）	国有控股公司	39	50.4852	49.8264	63.3681	35.5903	7.2131
	非国有控股公司	228	54.5931	55.0347	70.8333	35.0694	6.1668
	总 体	267	53.9931	54.5139	70.8333	35.0694	6.4946
金融业（J）	国有控股公司	58	55.8908	55.7292	70.8333	35.9375	7.7992
	非国有控股公司	30	52.9919	52.5174	69.6181	35.2431	7.1448
	总 体	88	54.9025	54.8611	70.8333	35.2431	7.7059
房地产业（K）	国有控股公司	57	52.1138	51.2153	72.3958	36.1111	7.7138
	非国有控股公司	67	52.1300	52.7778	64.9306	25.8681	7.1304
	总 体	124	52.1225	51.6493	72.3958	25.8681	7.4043

从表21-9可以看出，六个代表性行业中，除交通运输、仓储和邮政业（G）以及金融业（J）外，其余四个行业的国有控股公司自愿性信息披露指数均值都低于非国有控股公司。

图21-7更直观地反映了六个行业国有控股公司与非国有控股公司自愿性信息披露指数均值的差异。可以看到，六个行业中，国有控股公司自愿性信息披露指数均值最高的行业是金融业（J），最低的是信息传输、软件和信息技术服务业（I）。非国有控股公司自愿性信息披露指数均值最高的行业是信息传输、软件和信息技术服务业（I），最低的行业是交通运输、仓储和邮政业（G）。

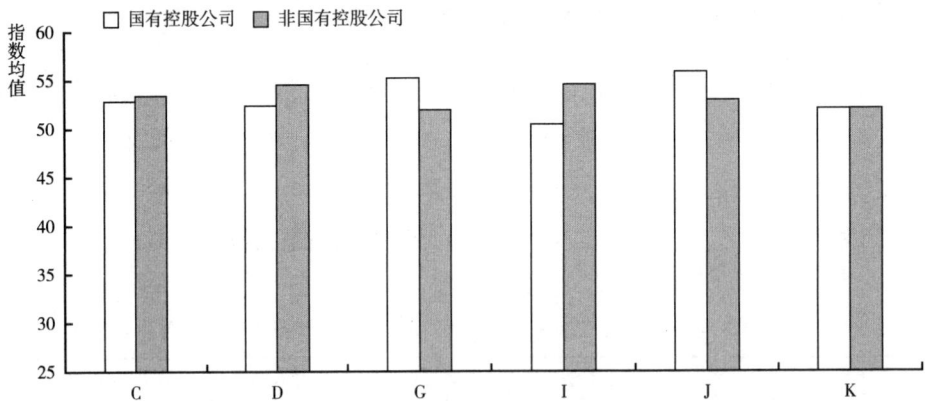

图21-7 2018年不同行业国有控股与非国有控股公司自愿性信息披露指数均值比较

21.3.2 分行业自愿性信息披露分项指数比较

接下来，我们对六个行业国有控股与非国有控股上市公司的自愿性信息披露分项指数进行比较，参见表21-10。

表 21-10 2018 年不同行业国有控股与非国有控股公司自愿性信息披露分项指数比较

行业	所有制类型	治理结构	治理效率	利益相关者	风险控制
制造业（C）	国有控股公司	43.4433	60.4422	55.8453	51.7383
	非国有控股公司	47.3949	64.2577	50.5526	51.5493
	总 体	46.5077	63.4011	51.7409	51.5917
电力、热力、燃气及水生产和供应业（D）	国有控股公司	40.9019	58.4652	57.4895	52.8129
	非国有控股公司	51.9231	64.1827	54.4872	47.6496
	总 体	43.6310	59.8810	56.7460	51.5344
交通运输、仓储和邮政业（G）	国有控股公司	46.3619	60.8209	61.0697	52.7363
	非国有控股公司	44.3750	62.5000	51.3889	49.6296
	总 体	45.7474	61.3402	58.0756	51.7755
信息传输、软件和信息技术服务业（I）	国有控股公司	39.5833	59.2949	53.2051	49.8576
	非国有控股公司	51.5351	65.6798	51.5716	49.5858
	总 体	49.7893	64.7472	51.8102	49.6255
金融业（J）	国有控股公司	65.9483	59.0517	43.3908	55.1724
	非国有控股公司	55.2083	61.6667	48.0556	47.0370
	总 体	62.2869	59.9432	44.9811	52.3990
房地产业（K）	国有控股公司	42.1053	60.3070	55.5556	50.4873
	非国有控股公司	43.1903	62.5933	53.7313	49.0050
	总 体	42.6915	61.5423	54.5699	49.6864

可以看出，与地区一样，六个行业两类所有制上市公司在自愿性信息披露四个分项指数上的排序也不一致。为了便于比较，我们计算了六个代表性行业非国有控股公司自愿性信息披露四个分项指数均值与对应的国有控股公司自愿性信息披露四个分项指数均值的差值，由此可以反映这六个代表性行业两类所有制上市公司自愿性信息披露四个分项指数的差异，如图 21-8 所示。

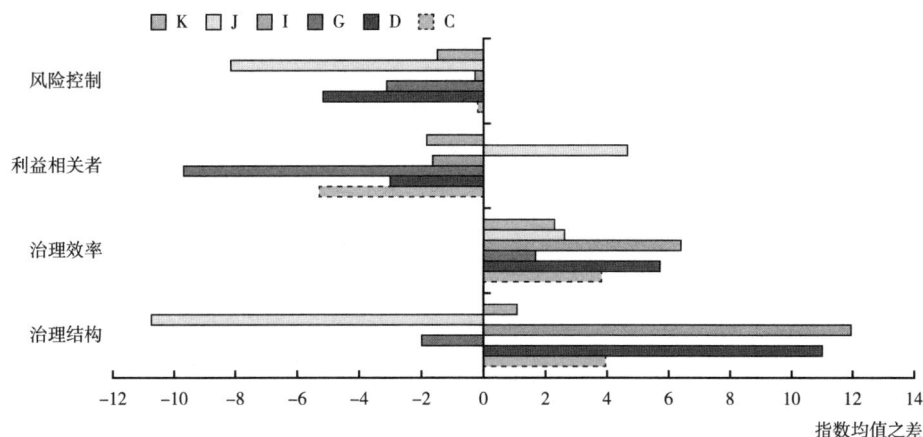

图 21-8 2018 年不同行业国有控股与非国有控股公司自愿性信息披露分项指数差值比较

注：指数均值之差 = 非国有控股公司自愿性信息披露分项指数均值 - 国有控股公司自愿性信息披露分项指数均值。

由图 21 - 8 可以看出，六个代表性行业中，在治理结构分项指数上，除交通运输、仓储和邮政业（G）以及金融业（J）国有控股公司优于非国有控股公司外，其他四个行业的非国有控股公司都优于国有控股公司；在治理效率分项指数上，六个行业的非国有控股公司都优于国有控股公司；在利益相关者分项指数上，除金融业（J）非国有控股公司优于国有控股公司外，其他五个行业均是国有控股公司好于非国有控股公司；在风险控制分项指数上，六个代表性行业均是国有控股公司好于非国有控股公司。总体看，在六个代表性行业中，国有控股公司在利益相关者和风险控制两个分项指数上表现较好；而非国有控股公司则更为注重治理结构和治理效率两个方面的自愿性信息披露。

21.4 本章小结

本章对 2018 年沪深两市非国有控股公司与国有控股公司的自愿性信息披露指数及四个分项指数进行了统计和比较分析，结论如下。

关于自愿性信息披露总体指数：（1）随着第一大股东中国有股东持股比例的降低，自愿性信息披露指数先下降后上升，最后又下降，呈现出一个"S"形。国有参股公司的自愿性信息披露指数得分最高，说明国有股东控股与否，并不一定影响自愿性信息披露。（2）非国有控股公司自愿性信息披露指数均值高于国有控股公司，但差距不大。（3）中央企业（或监管机构）和地方国企（或监管机构）控制的公司的自愿性信息披露指数均值都低于民营企业（或个人）控制的公司，中央企业（或监管机构）控制的公司的自愿性信息披露指数均值略高于地方国企（或监管机构）控制的公司。（4）从地区看，在国有控股公司自愿性信息披露上，中部最好，东北最差；在非国有控股公司自愿性信息披露上，东部最好，东北仍是最差。（5）从行业看，六个代表性行业中，除交通运输、仓储和邮政业（G）以及金融业（J）外，其余四个行业的国有控股公司自愿性信息披露指数均值都低于非国有控股公司。

关于自愿性信息披露分项指数：（1）从总体上看，在治理结构和治理效率分项指数上，非国有控股公司自愿性信息披露具有优势；在利益相关者分项指数上，国有控股公司自愿性信息披露优势明显；在风险控制分项指数上，国有控股公司自愿性信息披露水平略高于非国有控股公司。（2）在治理结构、利益相关者和风险控制三个分项指数上，都是中央企业（或监管机构）控制的公司好于地方国企（或监管机构）控制的公司；在治理效率分项指数上，中央企业（或监管机构）控制的公司低于地方国企（或监管机构）控制的公司，并且两者都明显低于民营企业（或个人）控制的公司。（3）从地区看，在治理结构和治理效率两个分项指数上，四个地区都是非国有控股公司优于国有控股公司；在利益相关者和风险控制分项指数上，四个地区均是国有控股公司优于非国有控股公司。（4）从行业看，在六个代表性行业中，国有控股公司在利益相关者和风险控制两个分项指数上表现较好；而非国有控股公司则更为注重治理结构和治理效率两个方面的自愿性信息披露。

第 22 章 自愿性信息披露指数的 年度比较 (2013 ~ 2018)

2014 ~ 2018 年,我们对 2013 年以及 2015 ~ 2017 年的中国上市公司自愿性信息披露水平进行了四次测度①,今年是第五次测度。本章将从总体、地区、行业、所有制和上市板块五个角度,比较分析 2013 年以及 2015 ~ 2018 年五个年度中国上市公司自愿性信息披露水平,以便了解自愿性信息披露质量是否有所改进以及改进程度,以期对自愿性信息披露制度的完善和水平的提高有所启示。

22.1 自愿性信息披露指数总体的年度比较

2013 年,样本上市公司共 2464 家;2015 ~ 2018 年,样本上市公司分别为 2655 家、2840 家、3147 家和 3490 家,样本上市公司数目逐年增加,且基本涵盖了全部上市公司。比较 2013 年以及 2015 ~ 2018 年五个年度的样本上市公司自愿性信息披露总指数,以及治理结构、治理效率、利益相关者和风险控制四个分项指数,结果参见表 22 - 1。

表 22 - 1 2013 ~ 2018 年中国上市公司自愿性信息披露指数均值比较

年份	样本量	总体指数	分项指数			
			治理结构	治理效率	利益相关者	风险控制
2013	2464	41.6970	34.8189	30.0502	66.3758	35.5429
2015	2655	41.0242	41.7420	41.3724	41.9240	39.0584

---

① 2010 年和 2012 年,我们也曾对 2009 年和 2011 年的上市公司信息披露水平进行测度,但这两次测度时,自愿性信息披露只是作为信息披露指数的一个维度,还有三个维度分别是强制性、真实性和及时性。由于这两次衡量自愿性信息披露水平的指标数量与 2014 年开始的专门针对自愿性信息披露指数的测度指标数量有很大差异,所以没有纳入年度比较。

续表

年份	样本量	总体指数	分项指数			
			治理结构	治理效率	利益相关者	风险控制
2016	2840	50.2542	43.4771	45.6294	64.9266	46.9836
2017	3147	49.5507	44.7510	54.8101	51.3214	47.3202
2018	3490	53.2397	46.3968	62.8886	52.4140	51.2592

由表22-1可知，2013～2018年，从自愿性信息披露总体指数看，2015年小幅下降，2016年大幅上升，2017年再次小幅下降，2018年再次上升，中国上市公司自愿性信息披露水平呈波动式上升趋势（见图22-1）。与2013年相比，2018年自愿性信息披露指数均值提高了11.5427分，有了较大程度的提升，但仍未突破60分及格线，中国上市公司自愿性信息披露水平仍整体偏低。

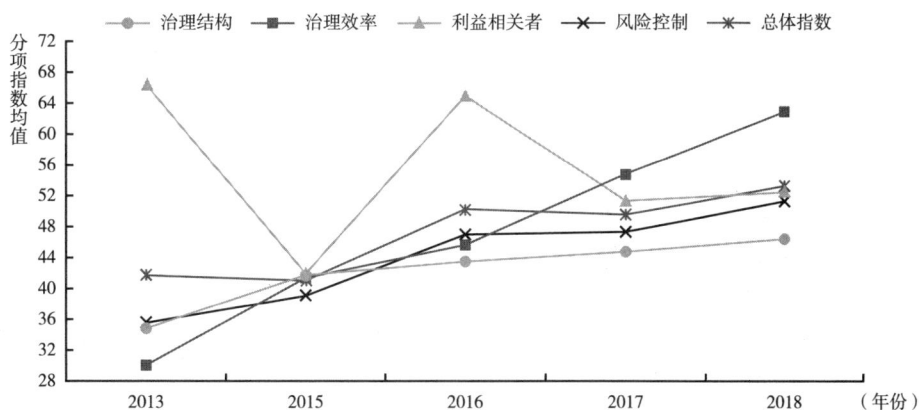

图22-1 2013～2018年上市公司自愿性信息披露总体指数和分项指数的变化

从四个分项指数来看，利益相关者分项指数历年波动程度较大，下降和上升交替出现；治理结构、治理效率和风险控制三个分项指数都是在2015～2018年连续上升。相比2013年，2018年治理结构、治理效率和风险控制三个分项指数分别提高11.5779分、32.8384分和15.7163分，治理效率分项指数提高幅度最大；利益相关者分项指数则大幅下降13.9618分。相比2017年，2018年四个分项指数都有所提高，提高幅度在1.09～8.08分之间，升幅最大的是治理效率分项指数，上升8.0785分。总的来看，上市公司越来越注重治理结构、治理效率、风险控制等方面的自愿性信息披露，但对于利益相关者方面的信息披露却存在弱化现象。

22.2　分地区自愿性信息披露指数的年度比较

按照四个地区的划分，对不同地区上市公司 2013 年以及 2015～2018 年五个年度自愿性信息披露总体指数和四个分项指数进行比较，结果见表 22－2。

表 22－2　2013～2018 年不同地区中国上市公司自愿性信息披露指数均值比较

地区	年份	总体指数	治理结构	治理效率	利益相关者	风险控制	总体指数排名
东部	2013	41.8026	35.4570	29.9633	65.9129	35.8772	2
	2015	41.6715	42.3365	42.0331	42.8469	39.4695	1
	2016	50.5258	43.9918	45.8963	65.1298	47.0853	1
	2017	49.4673	45.3601	55.1815	50.0234	47.3042	3
	2018	53.3806	46.9784	63.2160	51.8645	51.4636	2
中部	2013	42.0024	34.9174	30.7507	67.6309	34.7107	1
	2015	40.5480	41.0950	41.1280	40.8751	39.0941	2
	2016	50.4774	42.9844	45.3906	66.1042	47.4306	2
	2017	49.6468	43.6778	53.8251	53.6374	47.4468	2
	2018	53.5388	45.1542	63.1333	54.1300	51.7377	1
西部	2013	41.5980	33.6710	29.8592	67.6053	35.2564	3
	2015	39.9074	40.8616	39.6704	41.3403	37.7575	3
	2016	49.8918	42.9033	45.3202	64.4499	46.8938	3
	2017	50.2902	43.6777	54.4994	55.3627	47.6209	1
	2018	52.9414	45.4158	61.8603	53.9446	50.5449	3
东北	2013	39.8748	30.0373	29.7108	65.1741	34.5771	4
	2015	37.3252	38.5123	38.4683	34.9178	37.4022	4
	2016	47.1608	39.7959	43.7075	60.4308	44.7090	4
	2017	48.3052	42.2194	53.2313	51.4739	46.2963	4
	2018	50.9799	43.8339	60.0671	51.2864	48.7323	4

由表 22－2 可以得出以下结论。

从自愿性信息披露总体指数来看，东北地区在五个年度中都是最低的，另外三个地区指数值比较接近。东部和中部地区都呈波动式上升趋势，2015 年小幅下降，2016 年大幅上升，2017 年再次小幅下降，2018 年再次上升；西部和东北地区在 2015 年小幅下降之后，于 2016～2018 年连续上升，其中 2016 年上升幅度最大（见图 22－2）。相比 2013 年，2018 年四个地区都是上升的，升幅都略高于 11 分；相比 2017 年，2018 年四个地区也都是上升的，升幅都在 3 分左右。

具体到四个分项指数，四个地区的治理结构、治理效率和风险控制三个分项指数在

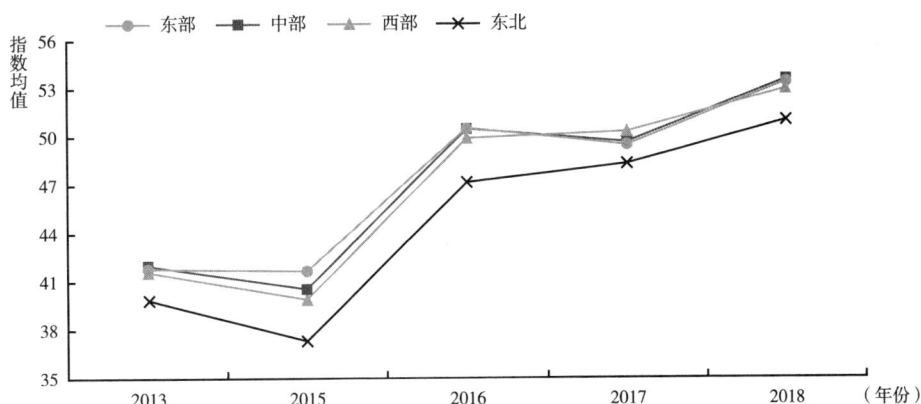

图 22-2　2013～2018 年不同地区上市公司自愿性信息披露总体指数的变化

2013～2018 年都是连续上升；相比 2013 年，2018 年四个地区三个分项指数分别上升 11 分左右、32 分左右和 15 分左右；相比 2017 年，2018 年四个地区三个分项指数分别上升 1.5 分左右、8 分左右和 3 分左右。利益相关者分项指数则具有较大的波动，东部和中部地区都是 2015 年大幅下降，2016 年大幅上升，2017 年再次较大幅度下降，2018 年再次小幅上升；西部和东北地区则是在 2015 年大幅下降和 2016 年大幅上升之后，在 2017 年、2018 年连续下降，其中 2017 年降幅较大，2018 年降幅较小。

22.3　分行业自愿性信息披露指数的年度比较

根据证监会行业分类标准，对不同行业上市公司 2013 年以及 2015～2018 年五个年度自愿性信息披露总体指数和四个分项指数进行比较，结果参见表 22-3。

表 22-3　2013～2018 年不同行业上市公司自愿性信息披露指数均值比较

行业	年份	总体指数	分项指数			
			治理结构	治理效率	利益相关者	风险控制
农、林、牧、渔业（A）	2013	42.3923	35.0962	31.4103	67.7350	35.3276
	2015	39.8975	39.2857	39.8810	42.0635	38.3598
	2016	50.5563	40.9091	48.4375	64.3939	48.4848
	2017	49.5453	43.8988	55.8036	53.7698	44.7090
	2018	52.8540	44.2073	62.8049	53.4553	50.9485
采矿业（B）	2013	41.1038	34.8485	30.1136	68.8131	30.6397
	2015	39.7760	40.9247	38.2706	41.3242	38.5845
	2016	48.6706	40.8390	42.1233	63.9269	47.7930
	2017	51.5531	41.8074	53.9696	59.9099	50.5255
	2018	52.6133	43.6678	59.6217	55.7018	51.4620

续表

行业	年份	总体指数	分项指数			
			治理结构	治理效率	利益相关者	风险控制
制造业（C）	2013	42. 2785	35. 4407	28. 8908	67. 9729	36. 8096
	2015	41. 8253	42. 0342	42. 0567	43. 9095	39. 3009
	2016	50. 7704	43. 9049	45. 8873	66. 1408	47. 1487
	2017	49. 2309	45. 0359	54. 9577	49. 4527	47. 4773
	2018	53. 3103	46. 5077	63. 4011	51. 7409	51. 5917
电力、热力、燃气及水生产和供应业（D）	2013	41. 3986	28. 9557	33. 2279	72. 4684	30. 9423
	2015	37. 0065	36. 8680	38. 0618	35. 5805	37. 5156
	2016	47. 7792	38. 8021	44. 2708	61. 1111	46. 9329
	2017	49. 6494	40. 0485	53. 1553	60. 5178	44. 8759
	2018	52. 9481	43. 6310	59. 8810	56. 7460	51. 5344
建筑业（E）	2013	43. 8575	35. 9127	34. 6230	71. 5609	33. 3333
	2015	42. 4907	42. 7817	42. 5176	43. 8967	40. 7668
	2016	51. 8331	44. 3994	46. 5909	65. 0433	51. 2987
	2017	50. 5035	43. 9583	54. 7222	53. 5185	49. 8148
	2018	52. 6196	44. 5833	61. 6667	52. 8704	51. 3580
批发和零售业（F）	2013	39. 3583	28. 0428	32. 2780	63. 2675	33. 8450
	2015	36. 5434	35. 5017	37. 5425	34. 2404	38. 8889
	2016	45. 9542	38. 5980	42. 6098	58. 5023	44. 1066
	2017	47. 1530	38. 4494	53. 0459	49. 8945	47. 2222
	2018	50. 7802	39. 6341	60. 0991	52. 5406	50. 8469
交通运输、仓储和邮政业（G）	2013	40. 6076	34. 2188	36. 0938	60. 3125	31. 8056
	2015	39. 3218	40. 8179	40. 5093	35. 6996	40. 2606
	2016	49. 3774	40. 8046	43. 6782	64. 5594	48. 4674
	2017	51. 0822	43. 0556	53. 4028	57. 5000	50. 3704
	2018	54. 2347	45. 7474	61. 3402	58. 0756	51. 7755
住宿和餐饮业（H）	2013	39. 9016	37. 5000	26. 0417	64. 5833	31. 4815
	2015	40. 5303	44. 3182	39. 7727	43. 1818	34. 8485
	2016	49. 6212	43. 7500	47. 1591	69. 6970	37. 8788
	2017	52. 0640	43. 7500	52. 7778	64. 8148	46. 9136
	2018	55. 0154	49. 3056	59. 0278	64. 8148	46. 9136
信息传输、软件和信息技术服务业（I）	2013	39. 8430	38. 7195	25. 1016	59. 6884	35. 8627
	2015	42. 9143	45. 6466	43. 5776	42. 8161	39. 6168
	2016	52. 4051	47. 5989	47. 0339	68. 7853	46. 2021
	2017	50. 9075	49. 8927	57. 2425	51. 4306	45. 0644
	2018	53. 9931	49. 7893	64. 7472	51. 8102	49. 6255
金融业（J）	2013	45. 5265	60. 3198	42. 0058	39. 7287	40. 0517
	2015	45. 0078	59. 0561	42. 8571	33. 3333	44. 7846
	2016	49. 1350	56. 9079	46. 1623	47. 9532	45. 5166
	2017	51. 5602	59. 1721	53. 4903	46. 1039	47. 4747
	2018	54. 9025	62. 2869	59. 9432	44. 9811	52. 3990

续表

行业	年份	总体指数	分项指数			
			治理结构	治理效率	利益相关者	风险控制
房地产业（K）	2013	39.4110	27.9851	32.9758	65.6716	31.0116
	2015	37.6153	39.2258	38.8060	38.4328	33.9967
	2016	49.1722	40.8000	45.0000	62.4000	48.4889
	2017	49.6139	40.3500	53.5500	57.5333	47.0222
	2018	52.1225	42.6915	61.5423	54.5699	49.6864
租赁和商务服务业（L）	2013	39.6660	34.2262	30.6548	63.0952	30.6878
	2015	41.0791	38.4615	44.2308	42.9487	38.6752
	2016	49.4488	40.1563	46.8750	63.5417	47.2222
	2017	48.5946	40.1786	53.2738	53.5714	47.3545
	2018	54.0487	44.3396	64.6226	56.6038	50.6289
科学研究和技术服务业（M）	2013	40.1910	36.4583	25.0000	54.8611	44.4444
	2015	44.5216	49.6528	44.7917	39.8148	43.8272
	2016	52.1890	51.0870	47.2826	66.6667	43.7198
	2017	50.6782	45.1172	56.6406	54.9479	46.0069
	2018	53.6531	48.1771	63.0208	52.6042	50.8102
水利、环境和公共设施管理业（N）	2013	41.9071	38.7019	29.5673	63.4615	35.8974
	2015	43.4491	45.0000	45.0000	42.5000	41.2963
	2016	50.3262	42.4242	48.8636	67.4242	42.5926
	2017	51.0937	43.5938	53.9063	58.9583	47.9167
	2018	54.7674	47.0000	64.6250	55.0000	52.4445
教育（P）	2013	34.2014	12.5000	43.7500	58.3333	22.2222
	2015	26.3889	18.7500	31.2500	16.6667	38.8889
	2016	40.3935	29.1667	41.6667	50.0000	40.7407
	2017	50.9983	42.1875	62.5000	52.0833	47.2222
	2018	48.7196	39.8438	57.8125	54.1667	43.0556
卫生和社会工作（Q）	2013	38.5995	31.2500	25.0000	61.1111	37.0370
	2015	39.1667	38.7500	41.2500	43.3333	33.3333
	2016	53.0506	41.0714	43.7500	79.7619	47.6190
	2017	47.2222	40.6250	50.0000	53.1250	45.1389
	2018	55.3241	45.3125	65.1042	56.2500	54.6297
文化、体育和娱乐业（R）	2013	39.9089	35.4167	33.5938	57.2917	33.3333
	2015	39.0818	43.0556	37.5000	37.5000	38.2716
	2016	49.2420	44.0549	46.9512	59.3496	46.6125
	2017	51.9459	47.7865	57.1615	57.1181	45.7176
	2018	53.6907	47.1983	63.6853	55.3161	48.5632
综合（S）	2013	39.0625	22.0109	35.3261	68.4783	30.4348
	2015	32.9722	32.0000	36.0000	29.6667	34.2222
	2016	44.8973	32.3370	41.5761	61.9565	43.7198
	2017	47.7732	35.0543	53.2609	55.4348	47.3430
	2018	49.6941	37.2024	58.9286	51.5873	51.0582

注：（1）由于教育（P）在2013年和2015年只有1家上市公司，2016～2018年各有3家、4家和8家上市公司，所以，2013年和2015年该行业数据难以反映该行业的实际平均水平，故只比较2016～2018年；（2）居民服务、修理和其他服务业（O）只有1家上市公司，难以代表该行业整体水平，故比较时剔除。

由表 22 - 3 可以得出以下结论。

从自愿性信息披露总体指数看，各行业上市公司自愿性信息披露水平大致可以分为两个阶段，2016 年是拐点，2013 年和 2015 年两个年度自愿性信息披露水平较低，2016~2018 年三个年度的自愿性信息披露水平达到了一个更高的梯度（见图 22 - 3）。相比 2013 年，2018 年 17 个行业（剔除教育）自愿性信息披露指数均值都是上升的，升幅在 8.76~16.73 分之间，升幅最大的是卫生和社会工作（Q），上升 16.7246 分；相比 2017 年，2018 年除教育（P）外的 17 个行业自愿性信息披露指数均值也都是上升的，升幅在 1.06~8.12 分之间，升幅最大的也是卫生和社会工作（Q），上升 8.1019分。

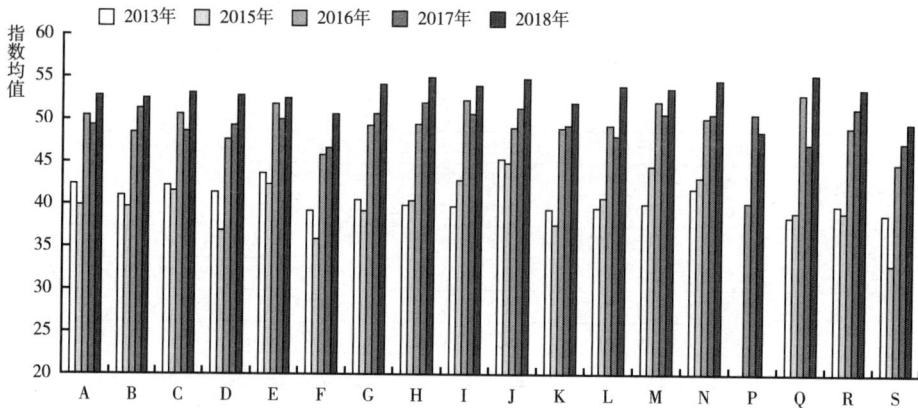

图 22 - 3 2013~2018 年不同行业上市公司自愿性信息披露总体指数的变化

从四个分项指数看，相比 2013 年，2018 年除教育（P）外的 17 个行业的治理结构、治理效率和风险控制三个分项指数均值都显著提高。治理结构分项指数均值升幅在 8.76~16.73 分之间，治理效率分项指数均值升幅在 14.06~40.11 分之间，风险控制分项指数均值升幅在 6.36~20.83 分之间。相比 2017 年，2018 年除教育（P）外的 17 个行业的治理结构、治理效率和风险控制三个分项指数均值也都是上升的，治理结构分项指数均值升幅在 1.06~8.11 分之间，治理效率分项指数均值升幅在 5.65~15.11 分之间，风险控制分项指数均值升幅在 0.93~9.50 分之间。另外，住宿和餐饮业（H）的风险控制分项指数均值与 2017 年持平。

与上述三个分项指数均值的变化不同，相比 2013 年，2018 年剔除教育后有 15 个行业的利益相关者分项指数均值是下降的，下降幅度在 1.97~18.70 分之间，只有金融业（J）、住宿和餐饮业（H）两个行业是上升的，金融业（J）上升 5.2524 分，住宿和餐饮业（H）仅上升 0.2315 分。相比 2017 年，2018 年有 10 个行业下降，降幅在

0.31~4.21 分之间；有 7 个行业上升，升幅在 0.37~3.13 分之间；住宿和餐饮业（H）与 2017 年持平。

22.4　分所有制自愿性信息披露指数的年度比较

依照第 1 章五种所有制类型的划分，对 2013 年以及 2015~2018 年五个年度自愿性信息披露总体指数和四个分项指数进行比较，结果见表 22-4 Panel A。另外，进一步将样本按照国有控股公司和非国有控股公司分类，比较结果见表 22-4 Panel B。

表 22-4　2013~2018 年不同所有制上市公司自愿性信息披露指数均值比较

所有制类型	年份	总体指数	分项指数				总体指数排名
			治理结构	治理效率	利益相关者	风险控制	
Panel A 按照五类所有制公司分类							
国有绝对控股公司	2013	41.3881	32.4962	33.3206	66.5389	33.1970	3
	2015	38.3369	38.6229	37.6059	37.6836	39.4350	5
	2016	48.6653	40.6000	42.3500	63.4000	48.3111	4
	2017	50.8302	41.5856	54.1586	57.5551	50.0216	1
	2018	53.3578	44.8284	59.0931	57.5490	51.9608	2
国有强相对控股公司	2013	41.3686	32.2945	32.9178	66.5993	33.6628	4
	2015	38.7039	39.6819	38.9077	36.9745	39.2517	4
	2016	48.5535	40.4769	43.9616	62.7351	47.0404	5
	2017	50.0949	41.0156	53.1948	58.2775	47.8919	2
	2018	52.5463	42.2389	59.6978	56.0837	52.1649	5
国有弱相对控股公司	2013	40.7636	30.9702	32.6959	65.5162	33.8723	5
	2015	38.7734	38.0502	38.6884	39.7594	38.5954	3
	2016	48.7754	41.3876	44.4382	62.6984	46.5774	3
	2017	49.9035	42.4427	53.6533	56.1605	47.3575	3
	2018	52.6792	45.3295	61.0394	53.3062	51.0417	4
国有参股公司	2013	42.2503	34.9275	30.2832	67.6335	36.1572	1
	2015	42.6392	43.0556	43.0348	45.3013	39.1653	1
	2016	52.0457	44.9296	47.2007	68.6268	47.4257	1
	2017	49.5766	45.3104	55.2181	50.2013	47.5764	4
	2018	53.8996	47.0699	64.5064	53.0023	51.0200	1
无国有股份公司	2013	41.9365	37.1812	27.4791	66.0583	37.0273	2
	2015	42.4706	43.7743	43.2823	43.8938	38.9321	2
	2016	50.5953	45.0386	46.3953	64.4490	46.4981	2
	2017	49.0202	46.8843	55.5453	47.1872	46.4639	5
	2018	53.1762	47.6548	63.9087	50.0582	51.0829	3

续表

所有制类型	年份	总体指数	分项指数				总体指数排名
			治理结构	治理效率	利益相关者	风险控制	
Panel B 按照国有控股公司和非国有控股公司分类							
国有控股公司	2013	41.2072	31.9948	32.9922	66.2781	33.5636	2
	2015	38.6174	38.9235	38.4714	37.9521	39.1224	2
	2016	48.6531	40.8042	43.7257	62.8847	47.1979	2
	2017	50.2108	41.6271	53.5816	57.4004	48.2342	1
	2018	52.7902	43.9526	60.0215	55.4655	51.7212	2
非国有控股公司	2013	42.0123	36.6369	28.1563	66.4387	36.8171	1
	2015	42.5329	43.5087	43.1909	44.4138	39.0182	1
	2016	51.1639	44.9559	46.7111	66.0869	46.8618	1
	2017	49.2182	46.3241	55.4288	48.2601	46.8599	2
	2018	53.4328	47.4473	64.1208	51.1027	51.0606	1

由表 22-4 Panel A 可知，从自愿性信息披露总体指数看，三类国有控股公司指数值历年比较接近，且变化趋势保持一致，2015 年下降，2016~2018 年连续上升，其中 2016 年上升幅度较大（10 分左右）；两类非国有控股公司指数值历年也比较接近，且变化趋势保持一致，2015~2018 年间除 2017 年下降外，其余三个年度均上升，其中 2016 年涨幅较大（见图 22-4）。相比 2013 年，2018 年五类所有制公司自愿性信息披露指数均值都上升 11 分多；相比 2017 年，2018 年五类所有制公司自愿性信息披露指数均值上升 2.45~4.33 分，其中国有参股公司升幅最大，为 4.3230分。

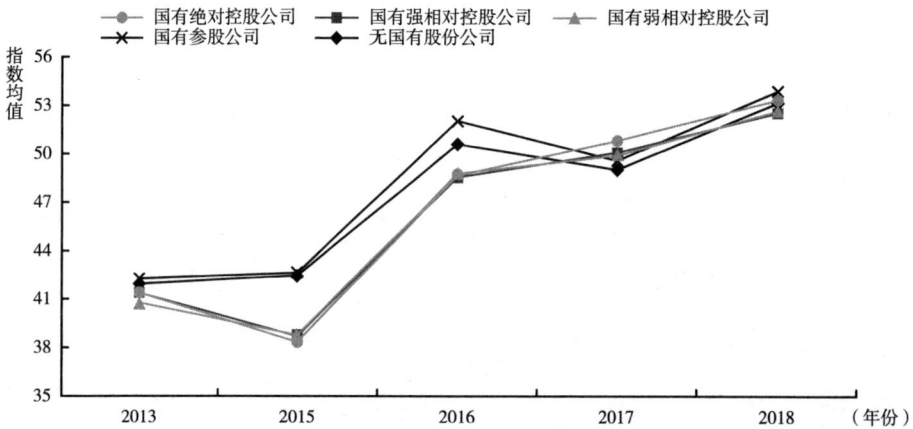

图 22-4 2013~2018 年不同所有制上市公司自愿性信息披露总体指数的变化

从四个分项指数看，对于治理结构、治理效率和风险控制三个分项指数，除了无国有股份公司在 2017 年风险控制指数均值略有下降（-0.0342 分）外，其余各类所有制公司在各个年度都呈上升趋势。相比 2013 年，2018 年三个分项指数均值升幅分别为9.94~14.36 分、25.77~36.43 分和 14.05~18.77 分；相比 2017 年，2018 年三个分项指数均值升幅分别为 0.77~3.25 分、4.93~9.29 分和 1.93~4.62 分。

利益相关者分项指数与上述三个分项指数有所不同。三类国有控股公司变化趋势一致，都是除了 2016 年大幅上升之外，其后年度连续下降；两类非国有控股公司变化趋势一致，都是下降和上升交替出现。相比 2013 年，2018 年五类所有制公司利益相关者分项指数均值都下降，降幅在 8.98~16.01 分之间，降幅最大的是无国有股份公司；相比 2017 年，2018 年三类国有控股公司均下降，降幅都没有超过 2.86 分，两类非国有控股公司均上升，升幅都接近 2.85 分。

由表 22-4 Panel B 可知，从自愿性信息披露总体指数看，国有控股公司在 2015 年小幅下降之后，于 2016~2018 年连续上升，其中 2016 年涨幅最大；非国有控股公司除2017 年小幅下降外，其余三个年度均呈上升趋势，其中 2016 年涨幅最大。两类公司中，非国有控股公司自愿性信息披露指数均值除 2017 年低于国有控股公司外，其余四个年度都高于国有控股公司。相比 2013 年，2018 年两类公司都上升 11 分多；相比2017 年，国有控股公司和非国有控股公司分别上升 2.5794 分和 4.2146 分。

从四个分项指数看，对于治理结构、治理效率和风险控制三个分项指数，除了非国有控股公司 2017 年风险控制指数略微下降（-0.0019）之外，两类公司在其他年度都呈上升趋势。相比 2013 年，2018 年两类公司三个分项指数均值升幅在 10.81~35.97 分之间；相比 2017 年，2018 年两类公司三个分项指数均值升幅在 1.12~8.70分之间。

对于利益相关者分项指数，国有控股公司除 2016 年大幅上涨之外，其余三个年度均下降；非国有控股公司在 2015 年和 2017 年都大幅下降，2016 年和 2018 年又上升。相比 2013 年，国有控股公司和非国有控股公司降幅分别是 10.8126 分和 15.3360 分；相比 2017 年，国有控股公司下降 1.9349 分，非国有控股公司上升 2.8426 分。

22.5　分上市板块自愿性信息披露指数的年度比较

按照四个上市板块的划分，对不同证券板块上市公司 2013 年以及 2015~2018 五个年度自愿性信息披露总体指数和四个分项指数进行比较，结果见表 22-5。

表 22 - 5   2013～2018 年不同板块上市公司自愿性信息披露指数均值比较

板块	年份	总体指数	分项指数				总体指数排名
			治理结构	治理效率	利益相关者	风险控制	
深市主板（不含中小企业板）	2013	43.3158	37.2591	25.8565	75.9101	34.2375	2
	2015	45.2823	46.1239	43.2135	54.8104	36.9814	2
	2016	55.1700	47.0359	48.7393	77.0386	47.8660	2
	2017	52.7827	47.3663	53.5207	63.8100	46.4338	1
	2018	56.2530	50.4755	64.7419	60.3261	49.4686	2
深市中小企业板	2013	47.0895	40.8256	28.9319	76.0105	42.5900	1
	2015	47.1809	47.0934	47.6563	53.9203	40.0537	1
	2016	55.4747	48.3179	49.9841	75.6590	47.9379	1
	2017	50.4395	47.3246	56.9634	50.1585	47.3114	3
	2018	55.8040	50.5857	67.6750	53.9324	51.0229	3
深市创业板	2013	37.0677	41.6197	19.4366	51.0329	36.1815	4
	2015	45.0501	49.7079	45.2249	46.1449	39.1225	3
	2016	54.4505	51.9593	50.1736	69.3618	46.3073	3
	2017	51.7443	55.4890	58.1169	47.5379	45.8333	2
	2018	56.3260	54.4841	68.1614	50.7502	51.9083	1
沪市主板	2013	38.6228	26.5675	36.9687	60.2551	30.7002	3
	2015	32.8748	32.4668	34.3105	25.4671	39.2549	4
	2016	42.4286	34.5189	39.0424	49.9233	46.2298	4
	2017	46.6456	36.6528	52.1662	49.3642	48.3992	4
	2018	48.9996	38.1781	56.4641	49.6907	51.6655	4

由表 22 - 5 可以得出以下结论。

从自愿性信息披露总体指数来看，沪市主板在 2015 年下降后，于 2016～2018 年连续上升；其他三个上市板块都是在 2017 年下降，其余三个年度上升。四个板块中，沪市主板自愿性信息披露指数均值除在 2013 年排名第三之外，其余年度都是最后一名；深市创业板的排名逐年攀升，从 2013 年的最后一名变成了 2018 年的第一名（见图22 - 5）。相比 2013 年，四个板块自愿性信息披露指数均值升幅为 8.71～19.26 分；相比 2017 年，四个板块自愿性信息披露指数均值升幅为 2.35～5.37 分。

从四个分项指数看，就治理结构分项指数而言，深市主板（不含中小企业板）和沪市主板都在 2013～2018 年连续上升；深市中小企业板在 2017 年有所下降，其余年份都呈上升趋势；深市创业板在 2015～2017 年连续上升之后，在 2018 年有所下降。就治理效率分项指数而言，除沪市主板在 2015 年有所下降之外，其余各板块上市公司在各个年度都呈上升趋势。就风险控制分项指数而言，沪市主板在 2013～2018 年连续上升；深市主板（不含中小企业板）和深市创业板除了 2017 年略微下降之外，其余年份都呈

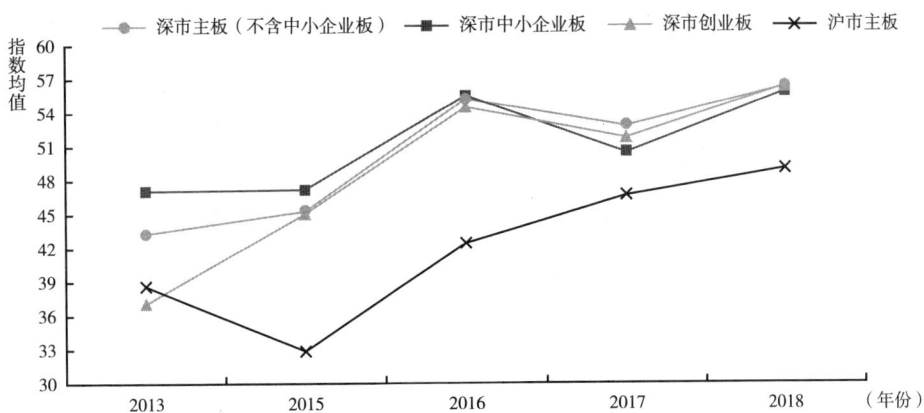

图 22 - 5　2013～2018 年不同板块上市公司自愿性信息披露总体指数的变化

上升趋势；深市中小企业板波动较大。就利益相关者分项指数而言，整体呈下降趋势，深市主板（不含中小企业板）除了 2016 年大幅上升之外，其余三个年度都在下降；其他三个板块都是在 2015 年和 2017 年下降，在 2016 年和 2018 年上升。

22.6　本章小结

本章从总体、地区、行业、所有制和上市板块五个角度比较了 2013 年以及 2015～2018 年五个年度的中国上市公司自愿性信息披露总体指数及四个分项指数，主要结论如下。

（1）从总体看，中国上市公司自愿性信息披露指数呈波动式上升趋势。与 2013 年相比，2018 年自愿性信息披露指数均值提高了 11.5427 分，但仍未突破 60 分及格线，自愿性信息披露水平仍整体偏低。从四个分项指数来看，利益相关者分项指数历年波动幅度较大，下降和上升交替出现；治理结构、治理效率和风险控制三个分项指数都是在 2015～2018 年连续上升。整体看，上市公司越来越注重治理结构、治理效率、风险控制等方面的自愿性信息披露，但对于利益相关者方面的信息披露却存在弱化现象。

（2）从地区看，就自愿性信息披露总体指数来说，东北地区在五个年度中都是最低的，另外三个地区指数值比较接近。东部和中部地区都呈波动式上升趋势；西部和东北地区在 2015 年小幅下降之后，于 2016～2018 年连续上升。就四个分项指数来说，四个地区的治理结构、治理效率和风险控制三个分项指数在 2013～2018 年都是连续上升；利益相关者分项指数则具有较大的波动。

（3）从行业看，就自愿性信息披露总体指数来说，各行业自愿性信息披露水平变动大致可以分为两个阶段，2016 年是拐点，2013 年和 2015 年两个年度自愿性信息披露水平较低，2016~2018 年三个年度的自愿性信息披露水平达到了一个更高的梯度。就四个分项指数来说，相比 2013 年和 2017 年，2018 年除教育（P）外的 17 个行业的治理结构、治理效率和风险控制三个分项指数均值基本都明显提高，只有住宿和餐饮业（H）的风险控制分项指数均值与 2017 年持平。相比 2013 年，2018 年 15 个行业的利益相关者分项指数均值是下降的；相比 2017 年，2018 年则有 10 个行业下降。

（4）从所有制看，就自愿性信息披露总体指数来说，国有控股公司在 2015 年小幅下降之后，于 2016~2018 年连续上升；非国有控股公司除 2017 年小幅下降外，其余三个年度均呈上升趋势。两类公司中，非国有控股公司自愿性信息披露指数均值除 2017 年低于国有控股公司外，其余四个年度均高于国有控股公司。就四个分项指数来说，对于治理结构、治理效率和风险控制三个分项指数，除了非国有控股公司 2017 年风险控制指数略微下降外，两类公司在其他年度都呈上升趋势。对于利益相关者分项指数，国有控股公司除 2016 年大幅上涨之外，其余三个年度均下降；非国有控股公司在 2015 年和 2017 年大幅下降，在 2016 年和 2018 年上升。

（5）从上市板块看，就自愿性信息披露总体指数来说，沪市主板在 2015 年下降后，于 2016~2018 年连续上升；其他三个上市板块都是在 2017 年下降，其余三个年度上升。四个板块中，沪市主板自愿性信息披露表现较差，深市创业板的排名逐年攀升。就四个分项指数来说，相比 2013 年和 2017 年，2018 年四个板块在治理结构、治理效率和风险控制三个分项指数上大都是上升的，而在利益相关者分项指数上则整体呈下降趋势。

第七篇　高管薪酬指数

第23章 高管薪酬指数排名及比较

根据第 1 章确定的高管薪酬指数评价方法，以及我们评估获得的 2018 年 3484 家样本上市公司指数数据，首先对这 3484 家公司的高管薪酬指数进行排名和比较，然后分别从地区、行业和上市板块三个角度依次进行分析和比较，最后对这些上市公司的高管薪酬绝对值进行总体描述。需要说明的是，由于总样本量与前面各篇略有差别，关于地区、行业、上市板块等方面的样本量统计均以 3484 家总样本量为基准。

23.1 高管薪酬指数总体分布及排名

根据第 1 章确定的高管薪酬指数评价方法，我们对 3484 家上市公司高管薪酬指数进行了测算，并以降序方式进行了排名（详见电子版）。然后，我们对高管薪酬指数的总体情况进行了统计，并根据四分之一分位法确定了高管薪酬激励过度、激励适中和激励不足的指数区间。最后，我们分别对激励过度、激励适中和激励不足的前 100 名公司进行了排名。

23.1.1 高管薪酬指数总体分布

2018 年上市公司高管薪酬指数的总体分布参见表 23 – 1。

表 23 – 1　2018 年上市公司高管薪酬指数总体分布

	公司数目	平均值	中位值	最大值	最小值	标准差
激励过度	871	614.8905	319.3295	31000.5758	183.4154	1604.7147
激励适中	1742	92.0925	84.1623	183.3065	34.5550	40.9545
激励不足	871	16.5849	15.9055	34.5355	0.1021	9.8796
总　体	3484	203.9151	84.1623	31000.5758	0.1021	837.7893

从表 23 – 1 可以看出，2018 年上市公司高管薪酬指数最大值为 31000.5758，最小值为 0.1021，平均值为 203.9151，中位值为 84.1623。高管薪酬指数在 183.3065 以上的属于薪酬激励过度，高管薪酬指数在 34.5550 ～ 183.3065 之间的属于薪酬激励适中，高管薪酬指数在 34.5550 以下的属于薪酬激励不足。在 3484 家上市公司中，激励过度和激励不足的公司各有 871 家，激励适中的公司有 1742 家。激励过度的公司的高管薪酬指数标准差很大，表明激励过度的 871 家公司高管薪酬指数离散程度很大。激励适中和激励不足的公司的高管薪酬指数标准差较小，尤其是激励不足的公司，表明薪酬激励不足的公司的高管薪酬指数更为集中，不同公司高管的薪酬差异性较小。

23.1.2　高管薪酬指数排名

表 23 – 2 列示了高管薪酬激励过度前 100 名公司，这些公司的高管薪酬指数越大，表明其薪酬激励越是过度。由于本报告对高管薪酬指数采取从大到小的降序排列，排序为 1 ～ 100 的公司即为薪酬激励过度前 100 名公司。

表 23 – 2　2018 年上市公司高管薪酬指数排名——激励过度前 100 名

排名	代码	公司简称	指数值	排名	代码	公司简称	指数值
1	000416	民生控股	31000.5758	22	000007	全新好	3282.9568
2	600421	ST 仰帆	19784.4811	23	000613	大东海 A	3271.2708
3	600890	中房股份	16921.9524	24	300028	金亚科技	3047.0157
4	600385	山东金泰	9651.7280	25	002575	群兴玩具	2596.0622
5	300029	天龙光电	9057.7522	26	300668	杰恩设计	2393.4829
6	600695	绿庭投资	8441.2987	27	000995	*ST 皇台	2238.7298
7	600647	同达创业	7501.5789	28	000068	华控赛格	2183.5197
8	600896	*ST 海投	6913.5056	29	300333	兆日科技	1984.8341
9	600621	华鑫股份	6675.2861	30	000504	南华生物	1974.5451
10	600816	安信信托	6311.6182	31	600275	ST 昌鱼	1936.3782
11	000502	绿景控股	5727.1686	32	002499	科林环保	1892.0415
12	600620	天宸股份	5648.6565	33	002417	深南股份	1889.9347
13	000611	天首发展	5282.6822	34	300156	神雾环保	1888.9205
14	600555	海航创新	4595.4239	35	600149	ST 坊展	1763.1874
15	600766	园城黄金	4579.9702	36	300125	易世达	1665.6513
16	000585	*ST 东电	4558.8257	37	603655	朗博科技	1651.4173
17	600730	中国高科	4396.1853	38	000820	神雾节能	1646.2791
18	000609	中迪投资	4303.4389	39	000670	盈方微	1644.3252
19	600155	华创阳安	3787.7176	40	300191	潜能恒信	1622.0744
20	600883	博闻科技	3497.9251	41	000608	阳光股份	1572.7439
21	000503	国新健康	3390.5155	42	000760	斯太尔	1566.0135

续表

排名	代码	公司简称	指数值	排名	代码	公司简称	指数值
43	600506	香梨股份	1542.3111	72	603860	中公高科	1003.3465
44	002306	*ST云网	1510.0663	73	300604	长川科技	993.5013
45	000567	海德股份	1484.7488	74	002887	绿茵生态	988.0446
46	002188	*ST巴士	1472.2729	75	000017	深中华A	984.5228
47	600817	ST宏盛	1415.3168	76	600643	爱建集团	959.0367
48	600345	长江通信	1375.2756	77	600652	游久游戏	954.1728
49	600838	上海九百	1360.6772	78	300711	广哈通信	951.3772
50	600892	大晟文化	1359.0606	79	600615	丰华股份	948.7968
51	300346	南大光电	1342.8467	80	603990	麦迪科技	948.3329
52	000532	华金资本	1336.4313	81	300557	理工光科	948.2055
53	603566	普莱柯	1323.5548	82	300609	汇纳科技	932.9300
54	600870	*ST厦华	1321.5174	83	002659	凯文教育	914.8273
55	600769	祥龙电业	1309.6823	84	002248	华东数控	906.3888
56	002058	威尔泰	1307.5849	85	300235	方直科技	905.9488
57	002213	特尔佳	1300.6034	86	300696	爱乐达	889.9249
58	000996	中国中期	1298.8944	87	600209	*ST罗顿	880.4485
59	000691	亚太实业	1287.6111	88	000668	荣丰控股	879.6840
60	300561	汇金科技	1279.3867	89	603041	美思德	878.0091
61	300548	博创科技	1247.6276	90	600530	交大昂立	869.1310
62	000633	合金投资	1225.6889	91	600539	*ST狮头	864.3090
63	601099	太平洋	1151.1368	92	000159	国际实业	862.8533
64	603721	中广天择	1148.3228	93	601558	ST锐电	856.4973
65	600868	梅雁吉祥	1145.4937	94	300404	博济医药	839.2642
66	300581	晨曦航空	1102.1310	95	603037	凯众股份	839.0320
67	300653	正海生物	1092.3726	96	000897	津滨发展	828.7020
68	300345	红宇新材	1066.7909	97	002843	泰嘉股份	820.0353
69	300620	光库科技	1063.9223	98	603183	建研院	820.0160
70	300445	康斯特	1061.3635	99	300076	GQY视讯	819.3670
71	300313	天山生物	1012.5445	100	002622	融钰集团	794.2184

　　在激励过度前100家公司中，ST公司有13家，在所有78家ST公司中的占比为16.67%，这个比例已经很高，说明这些ST公司的高管薪酬远超其绩效。从地区看，东部、中部、西部和东北各有70家、15家、13家和2家，分别占所在地区上市公司总数的2.90%、3.32%、2.80%和1.33%，从相对值（占比）看，中部上市公司高管激励过度问题较为突出；从行业看，制造业有44家，房地产业有9家，信息传输、软件和信息技术服务业有9家，金融业有8家，分别占所在行业上市公司总数的2.02%、7.26%、3.37%和9.09%，从相对值（占比）看，教育、住宿和餐饮业、综合行业尽

管分别只有 2 家、2 家和 4 家，但占所在行业上市公司总数的比重却分别达 25%、22.22% 和 19.05%，显然这三个行业上市公司高管激励过度问题较为突出；从控股类型看，国有控股公司有 17 家，非国有控股公司有 83 家，分别占同类型公司总数的 1.62% 和 3.41%，从相对值（占比）看，激励过度主要体现在非国有控股公司中；从上市板块看，深市主板（不含中小企业板）、深市中小企业板、深市创业板和沪市主板各有 24 家、12 家、24 家和 40 家，分别占各板块上市公司总数的 5.23%、1.32%、3.32% 和 2.87%，从相对值（占比），深市主板（不含中小企业板）上市公司高管激励过度问题较为突出。

图 23 – 1 显示了激励过度前 100 名公司高管薪酬指数的分布情况。可以看出，激励过度前 100 名公司的高管薪酬指数差异很大，最高值为 31000.5758，最低值为 794.2184，后面 90 家的高管薪酬指数与前面 10 家的高管薪酬指数差距很大。

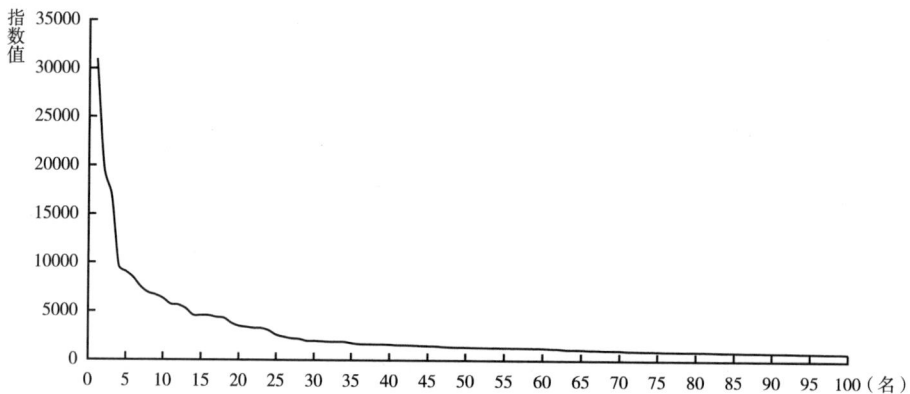

图 23 – 1　2018 年激励过度前 100 名上市公司高管薪酬指数分布情况

表 23 – 3 列示了高管薪酬激励适中前 100 名公司，这些公司的高管薪酬指数越接近 100，表明其薪酬激励越适中。

表 23 – 3　2018 年上市公司高管薪酬指数排名——激励适中前 100 名

排名	代码	公司简称	指数值	排名	代码	公司简称	指数值
1502	603050	科林电气	105.1808	1510	002698	博实股份	104.1066
1503	300202	聚龙股份	105.1590	1511	002847	盐津铺子	103.9649
1504	300398	飞凯材料	105.0217	1512	002504	弘高创意	103.9396
1505	600338	西藏珠峰	104.7599	1513	600229	城市传媒	103.8435
1506	000788	北大医药	104.5135	1514	002423	中原特钢	103.7895
1507	300716	国立科技	104.4858	1515	002259	ST 升达	103.7014
1508	600776	东方通信	104.3611	1516	300298	三诺生物	103.6323
1509	002125	湘潭电化	104.2869	1517	300413	芒果超媒	103.5196

排名	代码	公司简称	指数值	排名	代码	公司简称	指数值
1518	002350	北京科锐	103.4332	1560	002398	建研集团	99.3693
1519	300510	金冠股份	103.3763	1561	600658	电子城	99.2934
1520	000042	中洲控股	103.2836	1562	300374	恒通科技	99.2403
1521	600183	生益科技	103.2468	1563	603888	新华网	99.2070
1522	002149	西部材料	103.0149	1564	300495	美尚生态	99.1128
1523	600239	云南城投	103.0072	1565	300190	维尔利	98.9886
1524	600958	东方证券	102.9949	1566	000909	数源科技	98.8542
1525	300569	天能重工	102.9663	1567	603776	永安行	98.6857
1526	600177	雅戈尔	102.9567	1568	601882	海天精工	98.5128
1527	603678	火炬电子	102.8861	1569	002344	海宁皮城	98.3697
1528	600463	空港股份	102.8859	1570	600794	保税科技	98.2105
1529	002660	茂硕电源	102.6793	1571	603569	长久物流	98.1853
1530	300114	中航电测	102.6131	1572	601788	光大证券	98.1639
1531	603926	铁流股份	102.4127	1573	002026	山东威达	98.0592
1532	601377	兴业证券	102.3921	1574	300465	高伟达	97.9938
1533	300110	华仁药业	102.3769	1575	002494	华斯股份	97.8581
1534	002320	海峡股份	102.0647	1576	600565	迪马股份	97.8369
1535	000809	铁岭新城	102.0065	1577	601108	财通证券	97.5616
1536	600860	京城股份	101.8261	1578	603577	汇金通	97.4235
1537	600178	东安动力	101.7484	1579	300047	天源迪科	97.3533
1538	002523	天桥起重	101.5460	1580	603558	健盛集团	97.1874
1539	000011	深物业 A	101.3776	1581	002437	誉衡药业	96.9847
1540	300355	蒙草生态	101.3605	1582	600993	马应龙	96.8833
1541	000777	中核科技	101.3475	1583	002335	科华恒盛	96.7585
1542	002399	海普瑞	101.2029	1584	603339	四方科技	96.7425
1543	002305	南国置业	101.0275	1585	300308	中际旭创	96.6909
1544	300699	光威复材	100.9472	1586	603228	景旺电子	96.5714
1545	002453	华软科技	100.8432	1587	002855	捷荣技术	96.1377
1546	300541	先进数通	100.7178	1588	000727	华东科技	95.9547
1547	300721	怡达股份	100.7160	1589	603507	振江股份	95.9283
1548	600824	益民集团	100.7099	1590	002438	江苏神通	95.9019
1549	002516	旷达科技	100.6870	1591	300172	中电环保	95.8485
1550	002719	麦趣尔	100.6682	1592	002487	大金重工	95.5065
1551	603725	天安新材	100.6570	1593	002334	英威腾	95.4383
1552	603822	嘉澳环保	100.5775	1594	603958	哈森股份	95.2350
1553	002028	思源电气	100.4525	1595	000686	东北证券	95.2253
1554	300517	海波重科	100.3087	1596	600874	创业环保	95.1947
1555	600161	天坛生物	100.3050	1597	603818	曲美家居	95.1767
1556	300140	中环装备	100.0702	1598	300307	慈星股份	95.1534
1557	300255	常山药业	100.0426	1599	002678	珠江钢琴	95.1227
1558	603018	中设集团	99.9131	1600	300063	天龙集团	95.0083
1559	603319	湘油泵	99.5381	1601	002812	恩捷股份	94.9313

在激励适中前 100 名上市公司中，常山药业（300255）高管薪酬指数为 100.0426，最接近 100，激励最适中。从地区看，东部、中部、西部和东北各有 71 家、10 家、11 家和 8 家，分别占所在地区上市公司总数的 2.94%、2.21%、2.37% 和 5.33%，从相对值（占比）看，东北上市公司高管激励更适中一些；从行业看，制造业有 59 家，房地产业有 7 家，金融业有 6 家，水利、环境和公共设施管理业有 5 家，分别占所在行业上市公司总数的 2.71%、5.65%、6.82% 和 10%，从相对值（占比）看，水利、环境和公共设施管理业高管激励更适中一些；从所有制看，国有控股公司有 35 家，非国有控股公司有 65 家，分别占同类型公司总数的 3.34% 和 2.67%，从相对值（占比）看，国有控股公司高管激励适中的情况更多一些；从上市板块看，深市主板（不含中小企业板）、深市中小企业板、深市创业板和沪市主板各有 8 家、29 家、25 家和 38 家，分别占各板块上市公司总数的 1.74%、3.20%、3.46% 和 2.72%，从相对值（占比），深市创业板上市公司的高管激励更适中一些。

图 23-2 显示了激励适中前 100 名上市公司的高管薪酬指数的分布情况。可以看出，激励适中前 100 名上市公司的高管薪酬指数集中在 94.93~105.19，分布比较均匀。

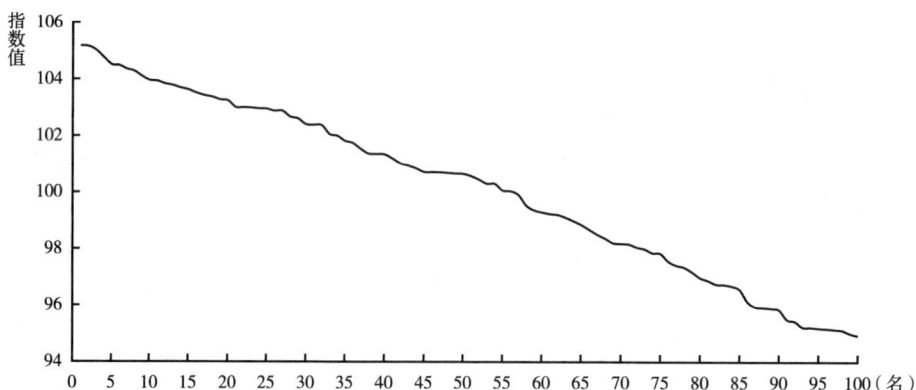

图 23-2　2018 年激励适中前 100 名上市公司高管薪酬指数分布情况

表 23-4 列示了高管薪酬激励不足前 100 名公司，这些公司的高管薪酬指数越小，表明其薪酬激励越不足。排序为 3385~3484 的公司为薪酬激励不足前 100 名公司。

表 23-4　2018 年上市公司高管薪酬指数排名——激励不足前 100 名

排名	代码	公司简称	薪酬指数	排名	代码	公司简称	薪酬指数
3385	600180	瑞茂通	3.9122	3387	002210	飞马国际	3.8496
3386	601231	环旭电子	3.8646	3388	600900	长江电力	3.8254

续表

排名	代码	公司简称	薪酬指数	排名	代码	公司简称	薪酬指数
3389	000878	云南铜业	3.8246	3428	000898	鞍钢股份	2.5939
3390	002157	正邦科技	3.8113	3429	600170	上海建工	2.5683
3391	000338	潍柴动力	3.7683	3430	600998	九州通	2.5574
3392	600939	重庆建工	3.7532	3431	600057	厦门象屿	2.5558
3393	601318	中国平安	3.7340	3432	600023	浙能电力	2.5314
3394	600569	安阳钢铁	3.6325	3433	0000932	华菱钢铁	2.5252
3395	601611	中国核建	3.6081	3434	600068	葛洲坝	2.4121
3396	000960	锡业股份	3.6035	3435	002589	瑞康医药	2.4101
3397	600096	云天化	3.5820	3436	601601	中国太保	2.3956
3398	600153	建发股份	3.5284	3437	600808	马钢股份	2.3543
3399	600585	海螺水泥	3.4982	3438	601898	中煤能源	2.3057
3400	601111	中国国航	3.4541	3439	600688	上海石化	2.2723
3401	000564	供销大集	3.4446	3440	002024	苏宁易购	2.2384
3402	000422	*ST宜化	3.4071	3441	600519	贵州茅台	2.2348
3403	002716	金贵银业	3.4068	3442	600027	华电国际	2.2184
3404	601727	上海电气	3.4030	3443	00825	太钢不锈	2.1199
3405	600741	华域汽车	3.3715	3444	300226	上海钢联	2.1182
3406	000959	首钢股份	3.3549	3445	600221	海航控股	2.1018
3407	600029	南方航空	3.3526	3446	601212	白银有色	2.0804
3408	600782	新钢股份	3.2756	3447	000626	远大控股	1.9582
3409	601258	庞大集团	3.2262	3448	601117	中国化学	1.8133
3410	600339	中油工程	3.2189	3449	600010	包钢股份	1.7116
3411	000703	恒逸石化	3.0964	3450	600546	山煤国际	1.6734
3412	601818	光大银行	3.0821	3451	601166	兴业银行	1.6109
3413	000625	长安汽车	3.0585	3452	600000	浦发银行	1.5086
3414	002493	荣盛石化	3.0043	3453	600690	青岛海尔	1.4853
3415	000627	天茂集团	3.0037	3454	601989	中国重工	1.4755
3416	600871	*ST油服	2.9669	3455	601991	大唐发电	1.4683
3417	600997	开滦股份	2.8488	3456	601006	大秦铁路	1.4048
3418	601992	金隅集团	2.8280	3457	600188	兖州煤业	1.4009
3419	600297	广汇汽车	2.8032	3458	000709	河钢股份	1.3834
3420	600839	四川长虹	2.7439	3459	000761	本钢板材	1.3375
3421	600019	宝钢股份	2.7312	3460	000630	铜陵有色	1.3072
3422	000701	厦门信达	2.7077	3461	600011	华能国际	1.3068
3423	600022	山东钢铁	2.6873	3462	601618	中国中冶	1.2091
3424	600418	江淮汽车	2.6740	3463	601766	中国中车	1.1078
3425	600346	恒力股份	2.6697	3464	601088	中国神华	1.0961
3426	601225	陕西煤业	2.6528	3465	601600	中国铝业	1.0222
3427	601015	陕西黑猫	2.6413	3466	601328	交通银行	0.9636

续表

排名	代码	公司简称	薪酬指数	排名	代码	公司简称	薪酬指数
3467	600104	上汽集团	0.8626	3476	601800	中国交建	0.4558
3468	601669	中国电建	0.7807	3477	601390	中国中铁	0.3971
3469	600704	物产中大	0.7673	3478	601288	农业银行	0.3730
3470	600362	江西铜业	0.7455	3479	601939	建设银行	0.3525
3471	601628	中国人寿	0.6714	3480	601186	中国铁建	0.3452
3472	600985	淮北矿业	0.6424	3481	601398	工商银行	0.3303
3473	600050	中国联通	0.5586	3482	601668	中国建筑	0.2760
3474	601988	中国银行	0.5297	3483	601857	中国石油	0.1146
3475	600751	海航科技	0.5034	3484	600028	中国石化	0.1021

在高管激励最不足的 100 家公司中，从地区看，东部、中部、西部和东北各有 64 家、18 家、14 家和 4 家，分别占所在地区上市公司总数的 2.65%、3.98%、3.01% 和 2.67%，从相对值（占比）看，中部上市公司高管激励不足的问题较为突出。从行业看，制造业有 42 家，批发和零售业有 13 家，金融业有 12 家，建筑业有 11 家，采矿业有 9 家，分别占所在行业上市公司总数的 1.93%、7.93%、13.64%、12.22% 和 12.00%，从相对值（占比）看，金融业、建筑业、采矿业上市公司高管激励不足的问题较为突出。从所有制看，国有控股公司有 75 家，非国有控股公司有 25 家，分别占同类型公司总数的 7.16% 和 1.03%，从相对值（占比）看，国有控股公司高管激励不足的问题较为突出。但需要注意的是，这里我们没有考虑一些国有企业因政府赋予的垄断资源而带来的绩效问题，从而可能高估公司高管的贡献，导致评估结果出现激励不足。从上市板块看，深市主板（不含中小企业板）、深市中小企业板、深市创业板和沪市主板各有 17 家、6 家、1 家和 76 家，分别占各板块上市公司总数的 3.70%、0.66%、0.14% 和 5.44%，从相对值（占比），沪市主板上市公司高管激励不足的问题较为突出。

图 23-3 为激励不足前 100 名上市公司高管薪酬指数的分布情况（按倒数顺序排列，即指数最后一位作为倒数第一位）。可以看出，激励不足前 100 名上市公司高管薪酬指数集中在 0.1021~3.9122，分布比较均匀。

23.2 分地区高管薪酬指数比较

按照东部、中部、西部和东北的地区划分，本节对不同地区的高管薪酬指数进行比较。

表 23-5 列示了 2018 年四个地区的上市公司高管薪酬指数。

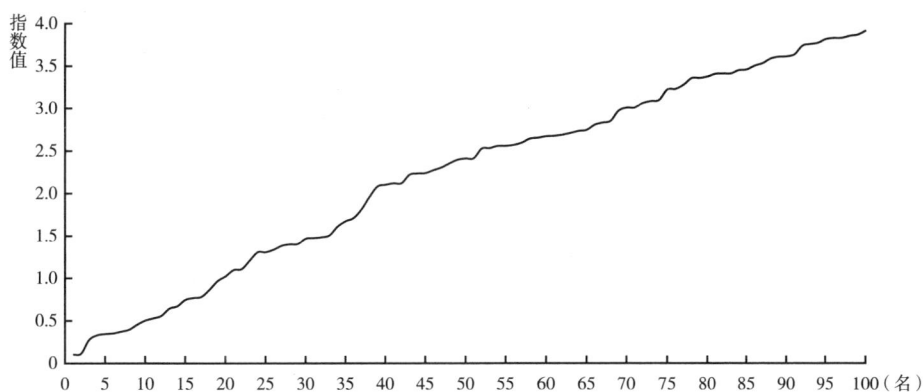

图 23 – 3　2018 年激励不足前 100 名上市公司高管薪酬指数分布情况

表 23 – 5　2018 年不同地区上市公司高管薪酬指数比较

区域	公司数目	平均值	中位值	最大值	最小值	标准差
东部	2417	217.1155	91.1672	31000.5758	0.1021	899.2636
中部	452	181.8999	58.7711	19784.4811	0.6424	957.3282
西部	465	178.9150	79.7536	5282.6822	1.7116	384.4932
东北	150	135.0523	61.9363	1665.6513	1.3375	203.0956
总体	3484	203.9151	84.1623	31000.5758	0.1021	837.7893

　　从表 23 – 5 可以看出，以均值排列，各地区高管薪酬指数由大到小依次为东部、中部、西部和东北，各地区上市公司高管薪酬指数均值存在较大差异；以中位值排列，各地区高管薪酬指数由大到小的顺序为东部、西部、东北和中部；从标准差来看，中部上市公司的高管薪酬指数离散程度最大，东北上市公司高管薪酬指数离散程度最小。

　　如第 1 章所述，我们按照四分之一分位法将高管薪酬指数划分为激励过度、激励适中和激励不足三个区间。表 23 – 6 列示了 2018 年不同地区上市公司高管薪酬激励情况。

表 23 – 6　2018 年不同地区上市公司高管薪酬激励情况比较

地区	公司数目	其中		
		激励适中	激励过度	激励不足
东部	2417	1254(51.88%)	626(25.90%)	537(22.22%)
东北	150	74(49.33%)	28(18.67%)	48(32.00%)
中部	452	209(46.24%)	88(19.47%)	155(34.29%)
西部	465	205(44.09%)	129(27.74%)	131(28.17%)
总体	3484	1742(50.00%)	871(25.00%)	871(25.00%)

　　注：括号中的数字为某地区上市公司中不同激励类型公司数占该地区全部公司数的比例。

　　从表 23 – 6 可以看出，各地区上市公司高管薪酬激励情况存在一定差异。

　　东部地区高管薪酬激励适中的公司所占比重最大，为 51.88%；其次为东北和中部；西部地区高管薪酬激励适中的上市公司所占比重最小，但也达到44.09%。四个地区中，东部激励适中的公司比例超过了50%的标准比例，其他三个地区激励适中的比例则低于50%的标准比例。与2017年评价结果相比，2018年东部和西部激励适中的比例出现了下滑，东北和中部激励适中的公司比例则有所上升，尤其是东北，比例上升了6.47个百分点。

西部地区高管薪酬激励过度的上市公司所占比重最大，其次为东部和中部，东北地区高管薪酬激励过度的上市公司所占比重最小。西部和东部地区薪酬激励过度的公司所占比重高于25%的标准比例，而中部和东北地区薪酬激励过度的公司所占比重都低于25%的标准比例。与2017年相比，2018年东部、东北和中部地区激励过度的公司比例均有所下降，而西部地区激励过度的公司比例则有所上升。

中部地区高管薪酬激励不足的公司所占比重最大，其次为东北和西部，东部地区高管薪酬激励不足的公司所占比重最小。中部、东北和西部三个地区薪酬激励不足的公司比例都超过25%的标准比例，尤其是中部和东北，超过了30%，只有东部地区高管薪酬激励不足的公司比例低于25%的标准比例，为22.22%。相比2017年，2018年东部和西部地区激励不足的公司比例均有所上升，东北和中部地区薪酬激励不足的公司比例出现下降。

总体来说，东部地区薪酬激励适中的公司所占比重较大，西部地区薪酬激励过度的公司所占比重较大，中部和东北地区薪酬激励不足的问题较为突出。

图23-4更直观地展现了东部、中部、西部、东北四个地区上市公司高管薪酬激励过度、激励适中和激励不足的情况。图中纵坐标列示的地区由下到上，依次对应薪酬激励适中比例由高到低，东部薪酬激励适中比例最高，西部薪酬激励适中比例最低。

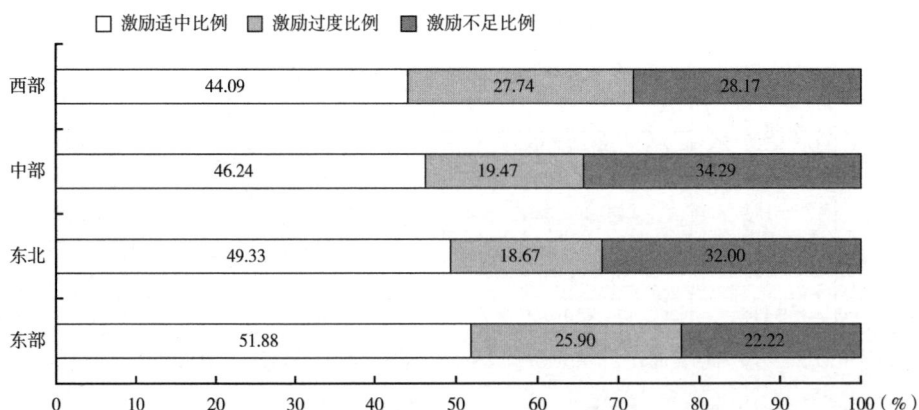

图23-4　2018年不同地区上市公司高管薪酬激励情况比较

23.3 分行业高管薪酬指数比较

表 23-7 按高管薪酬指数均值由大到小列示了 2018 年不同行业上市公司高管薪酬指数。可以看到，上市公司高管薪酬指数均值最高的三个行业是教育（P）、金融业（J）、综合（S）；最低的三个行业是交通运输、仓储和邮政业（G），建筑业（E），电力、热力、燃气及水生产和供应业（D）。

表 23-7 2018 年不同行业上市公司高管薪酬指数比较

行业	公司数目	平均值	中位值	最大值	最小值	标准差
教育（P）	8	796.3145	112.4767	4396.1853	11.2731	1398.1925
金融业（J）	88	775.1155	90.2221	31000.5758	0.3303	3510.8217
综合（S）	21	750.9563	123.8115	5648.6565	10.7700	1454.1520
卫生和社会工作（Q）	12	656.8951	66.4840	6913.5056	32.7091	1887.1672
住宿和餐饮业（H）	9	625.2946	171.2024	3271.2708	12.2755	1032.9411
房地产业（K）	124	396.2339	80.9720	16921.9524	5.7882	1661.0538
科学研究和技术服务业（M）	48	355.2939	153.2291	2393.4829	18.0144	491.9953
信息传输、软件和信息技术服务业（I）	267	245.6201	145.0853	3390.5155	0.5586	322.2925
农、林、牧、渔业（A）	41	184.4445	74.0211	1542.3111	6.4566	292.0764
制造业（C）	2174	175.1424	88.2340	19784.4811	0.7455	571.1784
采矿业（B）	75	172.6066	29.7040	4579.9702	0.1021	561.0953
租赁和商务服务业（L）	53	156.2304	82.4754	1472.2729	2.5558	233.4620
水利、环境和公共设施管理业（N）	50	155.6712	99.0507	988.0446	9.4095	162.3717
文化、体育和娱乐业（R）	58	149.9288	108.6167	1148.3228	10.5765	171.6595
批发和零售业（F）	164	134.1386	30.4201	7501.5789	0.5034	607.4137
电力、热力、燃气及水生产和供应业（D）	105	98.1714	45.0315	1892.0415	1.3068	220.5855
建筑业（E）	90	90.2970	39.7368	1309.6823	0.2760	178.3065
交通运输、仓储和邮政业（G）	96	83.6591	39.6176	509.8709	1.4048	113.6356
总 体	3484	203.9151	84.1623	31000.5758	0.1021	837.7893

注：居民服务、修理和其他服务业（O）只有 1 家上市公司，难以代表该行业整体水平，故排名时剔除。

图 23-5 直观地显示了不同行业上市公司高管薪酬指数均值的差异。

从图 23-5 可以看出，在 18 个行业中，教育（P）的上市公司高管薪酬指数均值最高，是最低的交通运输、仓储和邮政业（G）的 9.52 倍。

高管薪酬指数总体均值为 203.9151，18 个行业中高管薪酬指数均值高于总体均值

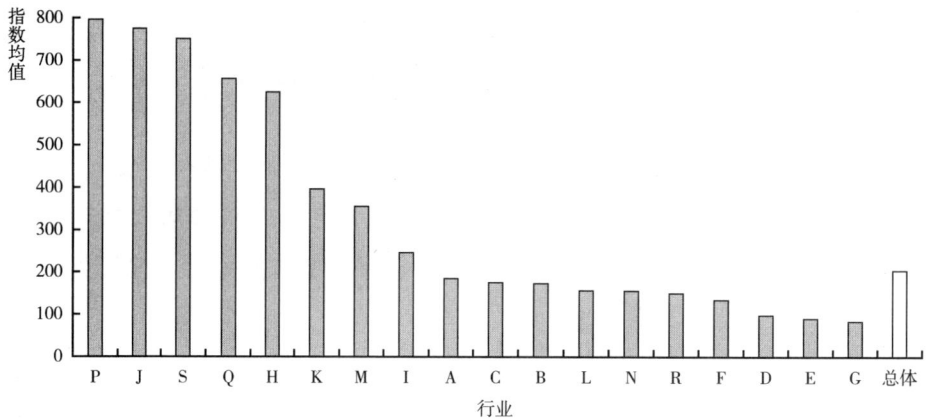

图 23 - 5　2018 年不同行业上市公司高管薪酬指数均值比较

的有 8 个，低于总体均值的有 10 个。

表 23 - 8 按激励适中的公司比例由高到低列示了 2018 年不同行业上市公司高管薪酬激励情况。

表 23 - 8　2018 年不同行业上市公司高管激励情况比较

行业	公司数目	其中		
		激励适中	激励过度	激励不足
卫生和社会工作（Q）	12	9（75.00%）	2（16.67%）	1（8.33%）
水利、环境和公共设施管理业（N）	50	30（60.00%）	16（32.00%）	4（8.00%）
文化、体育和娱乐业（R）	58	33（56.90%）	15（25.86%）	10（17.24%）
制造业（C）	2174	1149（52.85%）	552（25.39%）	473（21.76%）
信息传输、软件和信息技术服务业（I）	267	137（51.31%）	109（40.82%）	21（7.87%）
教育（P）	8	4（50.00%）	3（37.50%）	1（12.50%）
科学研究和技术服务业（M）	48	24（50.00%）	22（45.83%）	2（4.17%）
租赁和商务服务业（L）	53	25（47.17%）	12（22.64%）	16（30.19%）
电力、热力、燃气及水生产和供应业（D）	105	49（46.67%）	9（8.57%）	47（44.76%）
房地产业（K）	124	57（45.97%）	31（25.00%）	36（29.03%）
建筑业（E）	90	41（45.56%）	9（10.00%）	40（44.44%）
农、林、牧、渔业（A）	41	18（43.90%）	12（29.27%）	11（26.83%）
交通运输、仓储和邮政业（G）	96	42（43.75%）	11（11.46%）	43（44.79%）
综合（S）	21	9（42.86%）	9（42.86%）	3（14.29%）
金融业（J）	88	33（37.50%）	23（26.14%）	32（36.36%）
批发和零售业（F）	164	58（35.37%）	17（10.37%）	89（54.27%）
住宿和餐饮业（H）	9	3（33.33%）	4（44.44%）	2（22.22%）
采矿业（B）	75	21（28.00%）	14（18.67%）	40（53.33%）
总　体	3484	1742（50.00%）	871（25.00%）	871（25.00%）

注：居民服务、修理和其他服务业（O）只有 1 家上市公司，难以代表该行业整体水平，故排名时剔除。括号中的数字为某行业上市公司中不同激励类型公司数占该行业全部公司数的比例。

从表 23-8 可以看出，剔除样本量过少的居民服务、修理和其他服务业（O）后，激励适中比例最高的三个行业为卫生和社会工作（Q），水利、环境和公共设施管理业（N），文化、体育和娱乐业（R）；激励过度比例最高的三个行业为科学研究和技术服务业（M），住宿和餐饮业（H），综合（S）；激励不足比例最高的三个行业为批发和零售业（F），采矿业（B），交通运输、仓储和邮政业（G）。

高管薪酬激励适中比例超过 50%（含 50%）和低于 50% 标准比例的行业分别是 7个和 11 个；高管薪酬激励过度比例超过 25%（含 25%）标准比例的行业有 11 个，低于 25% 标准比例的行业有 7 个；高管薪酬激励不足比例超过 25%（含 25%）标准比例的行业有 9 个，低于 25% 标准比例的行业有 9 个。

进一步观察，我们发现，有的行业上市公司高管薪酬激励适中比例等于或大于50%，但激励过度比例远大于 25%，激励不足比例远小于 25%，如教育（P），科学研究和技术服务业（M），信息传输、软件和信息技术服务业（I）等，这意味着薪酬激励适中比例高的行业并不代表该行业上市公司高管薪酬激励都是合理的。

图 23-6 更直观地展示了 2018 年 18 个行业上市公司高管薪酬激励的不同情况。图中纵坐标列示的行业由下到上，依次对应薪酬激励适中比例由高到低，卫生和社会工作（Q）薪酬激励适中比例最高，采矿业（B）薪酬激励适中比例最低。

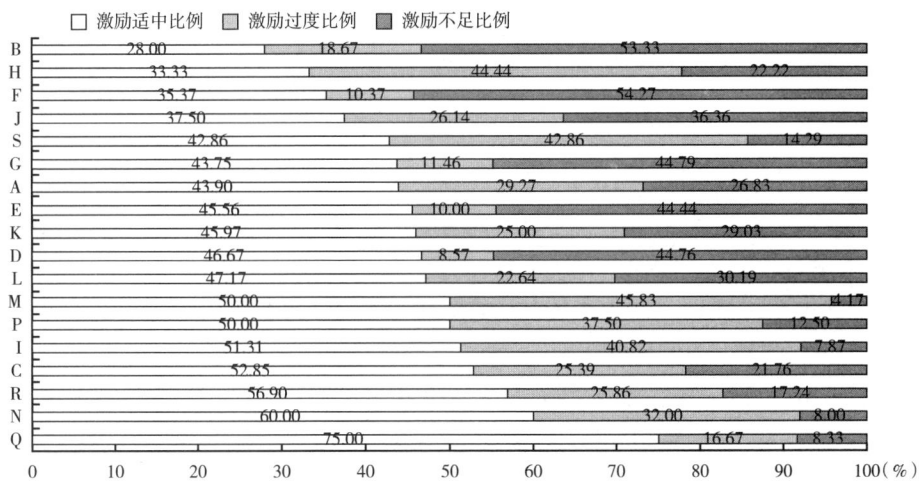

图 23-6　2018 年不同行业上市公司高管薪酬激励情况比较

23.4　分上市板块高管薪酬指数比较

根据上市公司四个板块的划分，不同板块上市公司高管薪酬指数情况如表 23-9 所示。

表 23 - 9　2018 年不同板块上市公司高管薪酬指数比较

上市板块	公司数目	平均值	中位值	最大值	最小值	标准差
深市主板（不含中小企业板）	459	265.4072	52.5943	31000.5758	1.3072	1552.4784
深市创业板	722	252.0559	161.3726	9057.7522	2.1182	421.8661
沪市主板	1396	200.3444	65.9141	19784.4811	0.1021	914.4280
深市中小企业板	907	139.9704	81.8738	2596.0622	2.2384	199.7110
总　体	3484	203.9151	84.1623	31000.5758	0.1021	837.9095

　　表 23 - 9 按照高管薪酬指数平均值由高到低进行排列，可以看出，深市主板（不含中小企业板）高管薪酬指数均值最高，为 265.4072，其后依次是深市创业板和沪市主板，深市中小企业板高管薪酬指数均值最低，为 139.9704。深市创业板的高管薪酬指数中位值最高，远高于其他三个板块。从标准差来看，深市主板（不含中小企业板）的离散程度远高于其他三个板块，不同板块上市公司高管薪酬指数离散程度存在较大差距。

　　表 23 - 10 按激励适中比例由高到低列示了 2018 年不同板块上市公司高管薪酬激励情况。

表 23 - 10　2018 年不同板块上市公司高管薪酬激励比较

上市板块	公司数目	其中		
		激励适中	激励过度	激励不足
深市中小企业板	907	533(58.77%)	188(20.73%)	186(20.51%)
深市创业板	722	358(49.58%)	328(45.43%)	36(4.99%)
沪市主板	1396	649(46.49%)	271(19.41%)	476(34.10%)
深市主板（不含中小企业板）	459	202(44.01%)	84(18.30%)	173(37.69%)
总　体	3484	1742(50.00%)	871(25.00%)	871(25.00%)

　　注：括号中的数字为某板块上市公司中不同激励类型公司数占该板块全部公司数的比例。

　　由表 23 - 10 可以看出，深市中小企业板激励适中的比例最高，为 58.77%，其后依次是深市创业板和沪市主板，深市主板（不含中小企业板）的比例最低，为 44.01%。深市创业板激励过度的比例最高，为 45.43%，明显高于其他三个板块，深市主板（不含中小企业板）最低，为 18.30%。深市主板（不含中小企业板）激励不足的比例最高，为 37.69%，其后依次是沪市主板和深市中小企业板，深市创业板激励不足的比例最低，仅为 4.99%，远低于其他三个板块。

　　总体而言，深市中小企业板上市公司高管薪酬激励最为适中，而深市创业板则有较多的上市公司高管薪酬存在激励过度问题，深市主板（不含中小企业板）和沪市主板存在高管薪酬激励不足问题比较严重。

图 23 - 7 更直观地显示了 2018 年不同板块上市公司高管薪酬激励的差异。图中纵坐标列示的板块由下到上，依次对应薪酬激励适中比例由高到低，深市中小企业板上市公司薪酬激励适中比例最高，深市主板（不含中小企业板）上市公司薪酬激励适中比例最低。

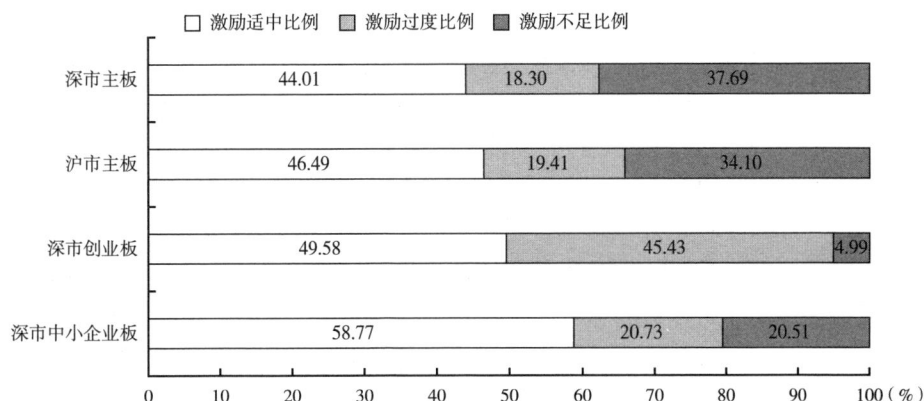

图 23 - 7　2018 年不同板块上市公司高管薪酬激励比较

注：深市中小企业板是深市主板的组成部分，但本图中深市主板不含中小企业板。

23.5　高管薪酬绝对值比较

我们选取 3484 家上市公司 2018 年年度报告披露的薪酬最高的三位高管的平均薪酬（其中股票期权折算成现金薪酬）来代表上市公司高管薪酬的总体情况，这 3484 家上市公司高管薪酬绝对值总体情况如表 23 - 11 所示。

表 23 - 11　2018 年上市公司高管薪酬绝对值总体情况

单位：万元

项目	公司数目	平均值	中位值	最大值	最小值	标准差
数值	3484	91.78	64.75	1566.65	5.40	101.95

在 3484 家上市公司中，2018 年度高管薪酬最高额为 1566.65 万元，最低额为 5.40 万元，最大值和最小值之间的差距非常大；中位值为 64.75 万元，平均值为 91.78 万元，标准差为 101.95，表明上市公司高管薪酬的离散程度很大。表 23 - 12 列示了 2018 年上市公司高管薪酬前 10 名。

表 23 - 12 2018 年上市公司高管薪酬最高前 10 名

代码	简称	省份	地区	行业	所有制	薪酬均值（万元）	薪酬指数	激励区间
600507	方大特钢	江西	中部	制造业	无国有股份公司	1566.65	235.0263	激励过度
600299	安迪苏	北京	东部	制造业	国有绝对控股公司	1460.33	331.6643	激励过度
601318	中国平安	广东	东部	金融业	国有弱相对控股公司	1406.56	3.7340	激励不足
600030	中信证券	广东	东部	金融业	国有弱相对控股公司	1278.31	89.0608	激励适中
600516	方大炭素	甘肃	西部	制造业	国有参股公司	1233.16	274.4687	激励过度
600887	伊利股份	内蒙古	西部	制造业	无国有股份公司	1062.70	34.8939	激励适中
000002	万科 A	广东	东部	房地产业	国有弱相对控股公司	1045.60	9.1086	激励不足
000961	中南建设	江苏	东部	房地产业	无国有股份公司	996.17	64.4042	激励适中
000656	金科股份	重庆	西部	房地产业	无国有股份公司	916.71	57.6520	激励适中
300146	汤臣倍健	广东	东部	制造业	国有参股公司	892.91	532.2027	激励过度

注：高管平均薪酬是指薪酬最高的三位高管的平均薪酬，下同。

从表 23 - 12 可以看出，2018 年排名前 10 位的上市公司薪酬最高的三位高管的平均薪酬都超过 890 万元，其中 890 万 ~ 1000 万元的公司有 3 家，1000 万 ~ 1200 万元的公司有 2 家，1200 万 ~ 1500 万元的公司有 4 家，超过 1500 万元的公司有 1 家，为方大特钢（600507）。从地区看，这 10 家公司东部地区有 6 家，西部地区有 3 家，中部地区有 1 家；从行业看，制造业有 5 家，房地产业有 3 家，金融业有 2 家；从控股类型看，4 家为国有控股公司，6 家为非国有控股公司；从激励情况看，4 家公司高管薪酬为激励过度，4 家公司高管薪酬为激励适中，2 家公司高管薪酬为激励不足。

2018 年上市公司高管薪酬最低的 10 家公司情况参见表 23 - 13。

表 23 - 13 2018 年上市公司高管薪酬最低前 10 名

代码	简称	省份	地区	行业	所有制	薪酬均值（万元）	薪酬指数	激励区间
300293	蓝英装备	辽宁	东北	制造业	无国有股份公司	9.71	14.5813	激励不足
600091	ST 明科	内蒙古	西部	制造业	国有参股公司	9.27	427.2136	激励过度
002477	雏鹰农牧	河南	中部	农、林、牧、渔业	无国有股份公司	8.85	6.4566	激励不足
600247	*ST 成城	吉林	东北	批发和零售业	无国有股份公司	8.84	724.6929	激励过度
600191	华资实业	内蒙古	西部	制造业	无国有股份公司	8.39	332.7875	激励过度
600722	金牛化工	河北	东部	制造业	国有弱相对控股公司	8.25	22.3739	激励不足
300106	西部牧业	新疆	西部	农、林、牧、渔业	国有强相对控股公司	8.25	31.5504	激励不足
000820	神雾节能	江西	中部	制造业	无国有股份公司	8.19	1646.2791	激励过度
600421	ST 仰帆	湖北	中部	制造业	无国有股份公司	7.65	19784.4811	激励过度
002072	凯瑞德	山东	东部	信息传输、软件和信息技术服务业	无国有股份公司	5.40	559.3352	激励过度

从表 23 – 13 可以看出，在 2018 年高管薪酬最低的 10 家公司中，薪酬最高的三位高管的平均薪酬都在 10 万元以下。在这些公司中，有 3 家为 ST 公司；从地区看，西部有 3 家，中部有 3 家，东部有 2 家，东北有 2 家；从行业看，制造业有 6 家，农、林、牧、渔业有 2 家，批发和零售业以及信息传输、软件和信息技术服务业各有 1 家；从控股类型看，国有强相对控股公司、国有弱相对控股公司和国有参股公司各有 1 家，无国有股份公司有 7 家，占比较大；从激励情况看，有 6 家公司高管薪酬激励过度，4 家公司高管薪酬激励不足。

结合表 23 – 12 和表 23 – 13，我们可以看出，上市公司高管薪酬差异很大。排名前 10 名的上市公司呈现出薪酬绝对值高的局面，而排名后 10 名的上市公司则呈现出薪酬绝对值低的局面，但都出现了高管薪酬激励过度和激励不足的情况，这也反映出衡量高管薪酬合理与否要结合公司业绩，即应该考虑相对薪酬。

为了进一步验证高管薪酬绝对值大小与高管薪酬所属激励区间的关系，并了解上市公司高管薪酬的总体分布，我们将高管薪酬以万元为单位划分为 7 个区间，统计了不同区间的公司数目和具体激励情况，详见表 23 – 14。

表 23 – 14　2018 年上市公司高管薪酬总体分布和激励情况

薪酬区间（万元）	公司数目	其中		
		激励适中	激励过度	激励不足
≥1500	1	0（0.00%）	1（100.00%）	0（0.00%）
[1000,1500)	6	2（33.33%）	2（33.33%）	2（33.33%）
[500,1000)	28	9（32.14%）	5（17.86%）	14（50.00%）
[100,500)	856	413（48.25%）	220（25.70%）	223（26.05%）
[50,100)	1459	733（50.24%）	369（25.29%）	357（24.47%）
[10,50)	1124	585（52.05%）	268（23.84%）	271（24.11%）
<10	10	0（0.00%）	6（60.00%）	4（40.00%）

注：括号中的数字为某区间上市公司中不同激励类型公司数占该区间全部公司数的比例。

图 23 – 8 更直观地反映了上市公司不同薪酬区间的激励情况。

从表 23 – 14 和图 23 – 8 可以看出，薪酬最高的三位高管的平均薪酬在 1500 万元及以上的上市公司只有 1 家，为激励过度；[1000，1500）区间段激励适中、激励过度和激励不足各占 33.33%，但此区间的公司只有 6 家，不具有普遍代表性；薪酬在 10 万元以下的上市公司有 10 家，其中 6 家激励过度，4 家激励不足；其他各个薪酬区间段都同时存在激励适中、激励过度和激励不足，因此薪酬绝对值的高低并不能代表激励程度的高低。在各区间中，[10，50）和 [50，100）这两个区间段的薪酬激励适中比例

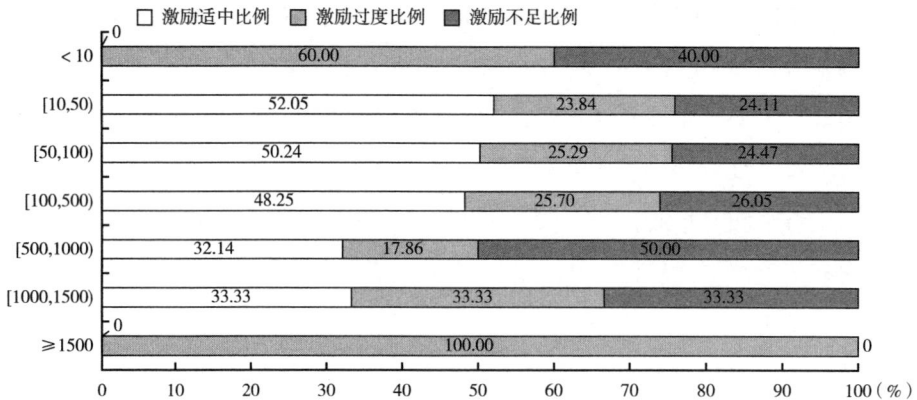

图 23 - 8　2018 年上市公司高管薪酬各区间激励比较

超过了 50%，其他均未达到 50%。

薪酬在小于 10 万元区间段的上市公司中，激励过度比例却达到了 60%，反映了该区间尽管薪酬总额少，但绩效更低。薪酬在 10 万元（含 10 万元）到 500 万元三个区间段的上市公司中，激励适中比例均在 50% 标准比例上下，激励过度和激励不足的比例也大都接近于 25% 的标准比例，分布比较均匀，说明该区间是目前中国上市公司高管薪酬激励相对适中的范围。薪酬在 500 万元（含 500 万元）以上的三个区间，分布不均匀。

图 23 - 9 进一步反映了 2018 年上市公司高管薪酬绝对值分布情况。

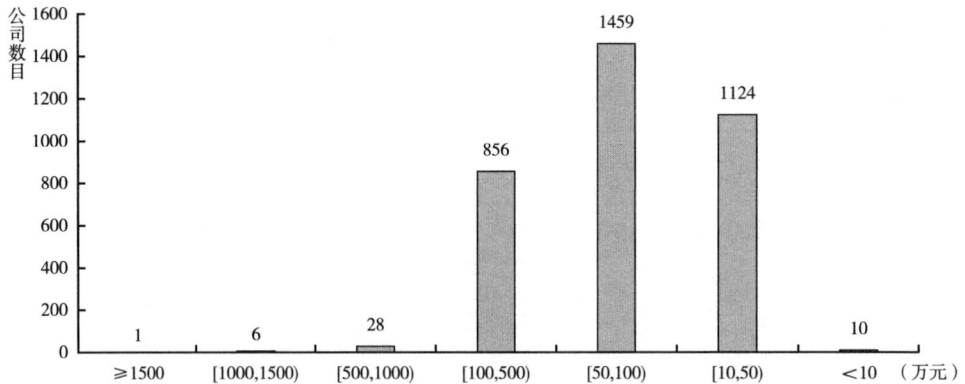

图 23 - 9　2018 年上市公司高管薪酬总体分布情况

从图 23 - 9 可以看出，绝大部分公司的高管薪酬处于 10 万 ~ 100 万元，反映出中国上市公司高管薪酬还不是很高，这与目前的激励制度不到位是有密切关系的。

接下来我们从地区、行业、上市板块三个角度来进一步分析高管薪酬的差异。

首先来分析不同地区上市公司高管薪酬的差异。表22－15比较了不同地区上市公司的高管薪酬，并按薪酬平均值从高到低进行了排序。

表23－15　2018年不同地区上市公司高管薪酬比较

单位：万元

地区	公司数目	平均值	中位值	最大值	最小值	标准差
东部	2147	97.75	70.19	1460.33	5.40	103.39
西部	465	84.06	56.49	1233.16	8.25	111.87
中部	452	74.88	53.30	1566.65	7.65	91.91
东北	150	70.36	61.30	449.33	8.84	53.81
总　体	3484	91.78	64.75	1566.65	5.40	101.95

从表23－15可以看出，东部地区上市公司薪酬最高三位高管平均薪酬的均值最大，其次是西部，中部排名第三，最后是东北，可见上市公司高管薪酬有明显的地区差异。从标准差来看，西部地区上市公司高管薪酬标准差最大，说明西部地区上市公司高管薪酬离散程度最大，其次是东部和中部地区，东北地区最小。四个地区中，只有东部上市公司高管薪酬高于总体均值，其他三个地区都低于总体均值。

其次分析不同行业上市公司高管薪酬的差异。表23－16比较了不同行业上市公司高管薪酬，并按薪酬平均值从高到低的顺序进行了排序。

表23－16　2018年不同行业上市公司高管薪酬比较

单位：万元

行业	公司数目	平均值	中位值	最大值	最小值	标准差
金融业（J）	88	226.99	165.02	1406.56	19.91	216.49
房地产业（K）	124	184.00	102.57	1045.60	18.73	199.94
租赁和商务服务业（L）	53	124.66	87.85	511.66	22.16	105.74
住宿和餐饮业（H）	9	113.11	61.60	563.73	36.23	159.94
批发和零售业（F）	164	100.70	78.76	381.50	8.84	72.04
交通运输、仓储和邮政业（G）	96	95.50	65.55	716.08	22.81	95.80
文化、体育和娱乐业（R）	58	94.18	70.25	689.46	12.99	97.73
卫生和社会工作（Q）	12	88.45	95.90	166.67	27.17	46.31
信息传输、软件和信息技术服务业（I）	267	88.27	68.64	449.33	5.40	71.16
科学研究和技术服务业（M）	48	84.72	72.08	315.41	14.69	55.79
制造业（C）	2174	83.71	61.96	1566.65	7.65	92.25
综合（S）	21	79.59	63.11	273.36	26.49	59.91
采矿业（B）	75	78.16	67.66	310.90	13.55	53.87
教育（P）	8	74.32	69.69	182.62	24.11	46.74
建筑业（E）	90	72.86	63.09	168.91	18.85	33.43

续表

行业	公司数目	平均值	中位值	最大值	最小值	标准差
农、林、牧、渔业（A）	41	66.66	41.09	407.48	8.25	79.60
水利、环境和公共设施管理业（N）	50	64.95	55.08	204.96	15.61	41.86
电力、热力、燃气及水生产和供应业（D）	105	64.31	57.52	337.68	12.79	38.11
总　体	3484	91.78	64.75	1566.65	5.40	101.95

注：居民服务、修理和其他服务业（O）只有 1 家上市公司，难以代表该行业整体水平，故排名时剔除。

从表 23 - 16 可以看出，上市公司薪酬最高的三位高管的平均薪酬具有明显的行业差异。18 个行业中，7 个行业的上市公司高管薪酬高于总体均值，另外 11 个行业低于总体均值。薪酬最高的三个行业是金融业（J）、房地产业（K）、租赁和商务服务业（L）；薪酬最低的三个行业是电力、热力、燃气及水生产和供应业（D），水利、环境和公共设施管理业（N），农、林、牧、渔业（A）。从标准差来看，各行业的标准差有很大差异，离散程度不一样，其中居民服务、修理和其他服务业（O）的上市公司仅有 1 家，其离散程度不纳入比较范围，除此行业之外，金融业（J）上市公司高管薪酬离散程度最大，标准差为 216.49，建筑业（E）上市公司高管薪酬离散程度最小，标准差为 33.43，不同行业的上市公司高管薪酬离散程度存在较大差异。

最后考察不同板块上市公司的高管薪酬。表 23 - 17 对不同板块上市公司高管薪酬进行了比较。

表 23 - 17　2018 年不同板块上市公司高管薪酬比较

单位：万元

上市板块	公司数目	平均值	中位值	最大值	最小值	标准差
深市主板（不含中小企业板）	459	106.05	72.11	1045.60	8.19	117.87
沪市主板	1396	101.26	67.62	1566.65	7.65	124.63
深市中小企业板	907	85.84	64.59	739.67	5.40	74.66
深市创业板	722	71.83	58.67	892.91	8.25	59.48
总　体	3484	91.78	64.75	1566.65	5.40	101.95

从表 23 - 17 可以看出，不同板块上市公司薪酬最高的三位高管的平均薪酬存在较大差别，其中深市主板（不含中小企业板）高管平均薪酬最高，为 106.05 万元，其后依次是沪市主板、深市中小企业板和深市创业板。从标准差来看，沪市主板的离散程度最大，其后依次是深市主板（不含中小企业板）、深市中小企业板和深市创业板。四个板块中，深市主板（不含中小企业板）和沪市主板上市公司高管薪酬均值高于总体均值，深市中小企业板和深市创业板上市公司高管薪酬均值低于总体均值。

23.6 本章小结

本章对 3484 家上市公司高管薪酬指数，从地区、行业、上市板块这三个角度进行了对比分析，并对高管薪酬绝对值进行了比较分析。主要结论如下。

（1）从总体看，2018 年上市公司高管薪酬指数最大值为 31000.5758，最小值为 0.1021，平均值为 203.9151，中位值为 84.1623。高管薪酬指数在 183.3065 以上的属于薪酬激励过度，高管薪酬指数在 34.5550 至 183.3065 之间的属于薪酬激励适中，高管薪酬指数在 34.5550 以下的属于薪酬激励不足。

（2）从地区来看，各地区上市公司高管薪酬指数均值存在较大差异，由大到小依次为东部、中部、西部和东北。从薪酬激励看，各地区上市公司高管薪酬激励存在一定差异，东部地区上市公司薪酬激励偏适中，西部地区薪酬激励过度和激励不足都较高，中部和东北地区薪酬激励偏不足。

（3）从行业来看，上市公司高管薪酬指数均值最高的三个行业是教育（P）、金融业（J）、综合（S）；最低的三个行业是交通运输、仓储和邮政业（G），建筑业（E），电力、热力、燃气及水生产和供应业（D）。从薪酬激励看，有的行业上市公司高管薪酬激励适中比例等于或大于 50%，但激励过度比例远大于 25%，激励不足比例远小于 25%，这意味着薪酬激励适中比例高的行业并不代表该行业上市公司高管薪酬激励都是合理的。

（4）从上市板块来看，上市公司高管薪酬指数均值从大到小依次是深市主板（不含中小企业板）、深市创业板、沪市主板和深市中小企业板。从薪酬激励看，深市中小企业板上市公司高管薪酬激励最为适中，深市创业板则有较多的上市公司高管薪酬存在激励过度问题，深市主板（不含中小企业板）和沪市主板高管薪酬激励偏不足。

（5）从高管薪酬绝对值与高管薪酬指数的比较看，上市公司高管薪酬差异显著。薪酬绝对值高的上市公司也存在激励不足，而薪酬绝对值相对低的公司也存在激励过度。因此，衡量高管薪酬合理与否要结合公司绩效，即应该考虑相对薪酬。

第 24 章　高管薪酬指数的所有制比较

本报告对高管薪酬的评价是在考虑企业经营绩效的基础上对高管薪酬进行比较研究，即用指数形式来反映高管薪酬相对于企业绩效的合理程度。国有企业和非国有企业是中国经济的两个基本组成部分，但二者具有各自鲜明的特点，对高管薪酬指数有着重要的、但却不同的影响。那么，国有企业与非国有企业的高管薪酬水平有何差异，两类所有制企业的高管薪酬激励是否与企业绩效吻合？本章将从所有制角度对 3484 家上市公司高管薪酬的合理性进行比较分析。

24.1　高管薪酬指数总体的所有制比较

本报告按所有制或控股类型，将上市公司分为国有绝对控股公司、国有强相对控股公司、国有弱相对控股公司、国有参股公司和无国有股份公司，本章将对这五类所有制上市公司的高管薪酬指数和绝对值进行比较分析。

24.1.1　高管薪酬指数和绝对值的总体比较

表 24-1 比较了 2018 年不同所有制上市公司的高管薪酬指数与高管薪酬绝对值，并按照均值从高到低的顺序进行了排序。

表 24-1　2018 年不同所有制上市公司高管薪酬指数和绝对值比较

排序	所有制类型	公司数目	平均值	中位值	最大值	最小值	标准差
高管薪酬指数							
1	无国有股份公司	1571	244.3831	118.8248	31000.5758	0.5034	1017.3211
2	国有参股公司	866	241.2293	88.8473	16921.9524	1.9582	866.7694
3	国有弱相对控股公司	368	162.5783	56.9165	6675.2861	0.3525	495.6071
4	国有强相对控股公司	426	95.9264	43.4808	7501.5789	0.3303	376.4482

排序	所有制类型	公司数目	平均值	中位值	最大值	最小值	标准差
5	国有绝对控股公司	253	66.8628	26.5450	1148.3228	0.1021	125.5733
总　体		3484	203.9151	84.1623	31000.5758	0.1021	837.7893
高管薪酬绝对值（单位：万元）							
1	国有弱相对控股公司	368	114.1383	72.0883	1406.5633	8.2500	144.7274
2	国有参股公司	866	102.3602	70.6217	1233.1567	9.2667	112.4876
3	国有绝对控股公司	253	96.4301	69.6567	1460.3333	13.5467	112.9141
4	国有强相对控股公司	426	87.3551	64.0783	563.7300	8.2467	74.5927
5	无国有股份公司	1571	81.1541	60.8333	1566.6467	5.4000	85.4618
总　体		3484	91.7767	64.7500	1566.6467	5.4000	101.9447

从表 24-1 可以看出，就高管薪酬指数而言，无国有股份公司的高管薪酬指数均值最高，为 244.3831，其后依次是国有参股公司、国有弱相对控股公司、国有强相对控股公司，高管薪酬指数均值最低的是国有绝对控股公司，为 66.8628。国有强相对控股公司相较于其他四类所有制上市公司，更接近 100，即其高管的平均激励程度相对更为适中。高管薪酬指数中位值从高到低的位次与平均值相同。从标准差来看，2018 年无国有股份公司的标准差明显高于其他四类所有制上市公司，为 1017.3211，离散程度最高。而国有绝对控股公司的标准差最小，仅为 125.5733。2018 年不同所有制上市公司高管薪酬指数的离散程度呈现明显的两极分化，而且两极内部之间的差别也都比较大。

就高管薪酬绝对值而言，不同所有制的上市公司，其高管薪酬绝对值存在较大差异。国有弱相对控股公司高管薪酬均值最高，其后分别为国有参股公司、国有绝对控股公司、国有强相对控股公司，无国有股份公司高管薪酬均值最低。从标准差来看，国有弱相对控股公司高管薪酬离散程度最大，国有强相对控股公司和无国有股份公司的高管薪酬标准差相对小一些。不同所有制上市公司高管薪酬绝对值离散程度也存在较大的差异。

图 24-1 更直观地反映了不同所有制上市公司高管薪酬指数均值的差异。可以发现，不同所有制上市公司的高管薪酬指数均值相差很大。两类非国有控股公司的高管薪酬指数均值相差不大，且都显著高于三类国有控股公司和总体的高管薪酬指数均值，而三类国有控股公司的高管薪酬指数均值则远低于总体均值，尤其是国有绝对控股公司和国有强相对控股公司。

特别需要关注的是，随着第一大股东中国有股份比例的降低，上市公司高管薪酬指数均值逐渐提高，也就是说，国有股份比例越高，其高管薪酬激励相对于企业绩效来说就越低。但需要注意的是，高管薪酬指数低，尽管从数字上看表明薪酬激励不足，但从客观角度，应该考虑企业业绩是否都是或主要是由高管贡献带来的，因为现实中，不少国有企业还有很强的垄断性质，很多业绩是由垄断特别是政府赋予的垄断资源（包括无形的垄断资源，如特殊政策）产生的。

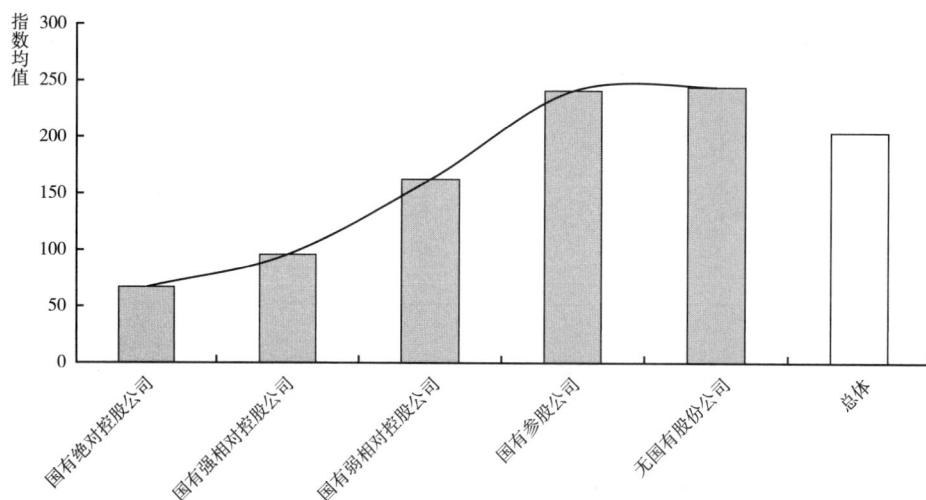

图 24 - 1　2018 年不同所有制上市公司高管薪酬指数均值比较

我们进一步将国有绝对控股公司、国有强相对控股公司和国有弱相对控股公司归类为国有控股公司，将国有参股公司和无国有股份公司归类为非国有控股公司。表 24 - 2 比较了 2018 年国有控股公司和非国有控股公司的高管薪酬指数和高管薪酬绝对值，并按照均值从高到低的顺序进行了排序。

表 24 - 2　2018 年国有和非国有控股公司高管薪酬指数和绝对值比较

排序	所有制类型	公司数目	平均值	中位值	最大值	最小值	标准差
高管薪酬指数							
1	非国有控股公司	2437	243.2624	109.8096	31000.5758	0.5034	966.5128
2	国有控股公司	1047	112.3302	43.3834	7501.5789	0.1021	386.3930
	总　体	3484	203.9151	84.1623	31000.5758	0.1021	837.7893
高管薪酬绝对值（单位：万元）							
1	国有控股公司	1047	98.9618	67.4300	1460.3333	8.2467	113.3322
2	非国有控股公司	2437	88.6898	63.6967	1566.6467	5.4000	96.4769
	总　体	3484	91.7767	64.7500	1566.6467	5.4000	101.9447

从表 24 - 2 可以看出，从 2018 年上市公司高管薪酬指数的平均值和中位值来看，非国有控股公司都远高于国有控股公司，其中非国有控股公司高管薪酬指数均值是国有控股公司高管薪酬指数均值的约 2.17 倍。就离散程度而言，非国有控股公司高管薪酬

指数的离散程度远高于国有控股公司。就高管薪酬绝对值而言，非国有控股公司高管薪酬的最大值高于国有控股公司，而平均值、中位值、最小值和标准差都小于国有控股公司。可以看出，非国有控股公司高管薪酬指数明显高于国有控股公司，而非国有控股公司高管薪酬绝对值略小于国有控股公司，这反映了两类所有制上市公司高管薪酬与其绩效的对应存在一定的差异。

进一步根据三类最终控制人的划分，比较 2018 年这三类最终控制人控制的上市公司的高管薪酬指数和高管薪酬绝对值，并按照均值从高到低的顺序进行了排序，参见表24 - 3。

表 24 - 3　2018 年不同最终控制人上市公司高管薪酬指数和绝对值比较

排序	最终控制人	公司数目	平均值	中位值	最大值	最小值	标准差
	高管薪酬指数						
1	民营企业（或个人）	2399	245.2668	110.3652	31000.5758	0.5034	973.4813
2	中央企业（或监管机构）	377	130.1231	44.9983	7501.5789	0.1021	496.8815
3	地方国企（或监管机构）	708	103.0915	40.8415	6675.2861	0.6424	304.1784
	总　体	3484	203.9151	84.1623	31000.5758	0.1021	837.7893
	高管薪酬绝对值（单位：万元）						
1	中央企业（或监管机构）	377	115.5937	79.0433	1460.3333	16.6667	130.2266
2	地方国企（或监管机构）	708	90.3473	61.1867	1045.6000	8.2467	91.7089
3	民营企业（或个人）	2399	88.4557	63.3600	1566.6467	5.4000	99.2222
	总　体	3484	91.7767	64.7500	1566.6467	5.4000	101.9447

从表24 - 3 可以看出，中央企业（或监管机构）控制的上市公司高管薪酬指数高于地方国企（或监管机构）控制的上市公司，前者的高管薪酬绝对值均值也高于后者。这意味着，中央企业（或监管机构）控制的上市公司的高管薪酬激励高于地方国企（或监管机构）控制的上市公司。另外，中央企业（或监管机构）和地方国企（或监管机构）控制的上市公司的高管薪酬指数都远低于民营企业（或个人）控制的上市公司，但两者的高管薪酬绝对值均高于后者。

24.1.2　高管薪酬激励区间的总体比较

根据本报告使用的四分之一分位法，我们将高管薪酬指数划分为激励过度、激励适中和激励不足三个区间。表24 - 4 列示了不同所有制上市公司的高管薪酬指数和绝对值情况，并分别按照激励适中的比例和高管薪酬绝对值从高到低的顺序进行了排序。

表 24 - 4　2018 年不同所有制上市公司高管薪酬激励比较

所有制类型	公司数目	其中		
		激励适中	激励过度	激励不足
高管薪酬指数				
无国有股份公司	1571	846（53.85%）	513（32.65%）	212（13.49%）
国有参股公司	866	433（50.00%）	236（27.25%）	197（22.75%）
国有弱相对控股公司	368	180（48.91%）	57（15.49%）	131（35.60%）
国有强相对控股公司	426	194（45.54%）	45（10.56%）	187（43.90%）
国有绝对控股公司	253	89（35.18%）	20（7.91%）	144（56.92%）
高管薪酬绝对值均值（单位：万元）				
国有弱相对控股公司	368	114.3288	116.7177	112.7542
国有参股公司	866	95.5385	102.1919	117.5558
国有绝对控股公司	253	93.3748	159.2078	89.5994
国有强相对控股公司	426	83.3823	87.8097	91.3671
无国有股份公司	1571	79.6604	86.1063	75.1316

注：括号中的数字为某类所有制上市公司中不同激励类型公司数占该类所有制公司总数的比例。

根据表 24 - 4，从高管薪酬指数来看，无国有股份公司高管薪酬激励适中的比例最高，其次是国有参股公司，这两类公司高管薪酬激励适中的比例都超过（或等于）50% 的标准比例；国有绝对控股公司高管薪酬激励适中的比例最低，为 35.18%，远低于 50% 的标准比例。无国有股份公司高管薪酬激励过度的比例最高，为 32.65%，高于 25% 的标准比例；国有弱相对控股公司、国有强相对控股公司和国有绝对控股公司这三类公司高管薪酬激励过度的比例都远低于 25% 的标准比例。国有绝对控股公司高管薪酬激励不足的比例最高，为 56.92%，远高于 25% 的标准比例；其后依次是国有强相对控股公司和国有弱相对控股公司，也都超过 25% 的标准比例；国有参股公司和无国有股份公司高管薪酬激励不足的比例则都远低于 25% 的标准比例。

图 24 - 2 更直观地展示了 2018 年不同所有制上市公司高管薪酬激励情况的差异。图中纵坐标列示的所有制顺序由下到上，依次对应薪酬激励适中比例由高到低，无国有股份公司高管薪酬激励适中比例最高，国有绝对控股公司高管薪酬激励适中比例最低。

从高管薪酬绝对值来看，在激励适中区间，国有弱相对控股公司高管薪酬均值最高，为 114.3288 万元，最低的是无国有控股公司，高管薪酬均值为 79.6604 万元；在激励过度区间，国有绝对控股公司高管薪酬均值最高，为 159.2078 万元，最低的是无国有股份公司，为 86.1063 万元；在激励不足区间，国有参股公司高管薪酬均值最高，

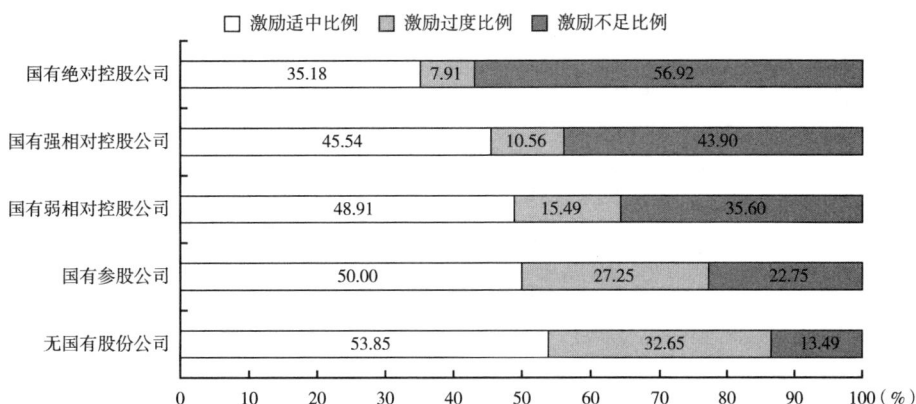

图 24 - 2　2018 年不同所有制上市公司高管薪酬激励区间比较

为 117.5558 万元，最低的是无国有股份公司，为 75.1316 万元。从数据可以看出，激
励过度区间的高管薪酬均比激励适中区间的高管薪酬高，但并不一定比激励不足区间的
高管薪酬高，激励不足区间的高管薪酬也不一定比另两个区间的高管薪酬低，因为高管
薪酬指数反映的是高管薪酬与其绩效的吻合度，只看高管薪酬绝对值是反映不出激励的
本质内涵的。

图 24 - 3 更直观地展示了 2018 年不同所有制上市公司不同激励区间的高管薪酬均
值的差异。可以看到，五类所有制上市公司存在于每个激励区间。

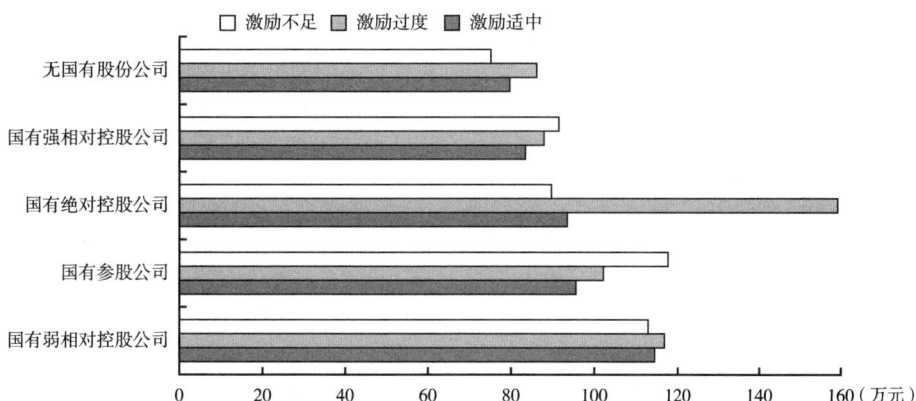

图 24 - 3　2018 年不同所有制上市公司不同激励区间高管薪酬均值比较

我们进一步把五种所有制上市公司归类为国有控股公司和非国有控股公司两种类
型，表 24 - 5 列示了两种类型上市公司的高管薪酬指数和绝对值情况。

表 24 – 5　2018 年国有和非国有控股公司高管薪酬激励比较

所有制类型	公司数目	其中		
		激励适中	激励过度	激励不足
高管薪酬指数				
国有控股公司	1047	463（44.22%）	122（11.65%）	462（44.13%）
非国有控股公司	2437	1279（52.48%）	749（30.73%）	409（16.78%）
高管薪酬绝对值均值（单位：万元）				
国有控股公司	1047	97.3341	113.0205	96.8804
非国有控股公司	2437	85.0359	91.1747	95.5658

注：括号中的数字为某类所有制上市公司中不同激励类型公司数占该类所有制公司总数的比例。

由表 24 – 5 可以看出，从高管薪酬指数角度比较，非国有控股公司高管薪酬激励适中比例较高，为 52.48%，略高于 50% 的标准比例，大于国有控股公司高管薪酬激励适中比例 44.22%；非国有控股公司高管薪酬激励过度的比例也较高，为 30.73%，高于国有控股公司高管薪酬激励过度的比例 11.65% 和 25% 的标准比例；国有控股公司高管薪酬激励不足比例较高，为 44.13%，远高于非国有控股公司薪酬激励不足的比例 16.78% 和 25% 的标准比例。

从高管薪酬绝对值角度比较，在激励适中区间，国有控股公司高管薪酬均值比非国有控股公司高出 12.30 万元；在激励过度区间，国有控股公司高管薪酬均值比非国有控股公司高出 21.85 万元；在激励不足区间，国有控股公司高管薪酬均值比非国有控股公司高出 1.31 万元。可以看出，不同的激励区间，国有控股公司高管薪酬均值都比非国有控股公司大。

再按三类最终控制人的不同，比较三类上市公司的高管薪酬激励情况，参见表 24 – 6。

表 24 – 6　2018 年不同最终控制人上市公司高管薪酬激励比较

最终控制人	公司数目	其中		
		激励适中	激励过度	激励不足
高管薪酬指数				
中央企业（或监管机构）	377	176（46.68%）	44（11.67%）	157（41.64%）
地方国企（或监管机构）	708	301（42.51%）	83（11.72%）	324（45.76%）
民营企业（或个人）	2399	1265（52.73%）	744（31.01%）	390（16.26%）
高管薪酬绝对值均值（单位：万元）				
中央企业（或监管机构）	377	113.3013	132.3076	113.4795
地方国企（或监管机构）	708	89.4552	102.2040	88.1388
民营企业（或个人）	2399	84.5530	91.0939	96.0819

注：括号中的数字为不同最终控制人上市公司中不同激励类型公司数占该类所有制公司总数的比例。

由表 24-6，从高管薪酬指数角度看，中央企业（或监管机构）控制的上市公司的高管薪酬激励适中的比例与地方国企（或监管机构）控制的上市公司相差不大，两者都低于 50% 的标准比例；两类企业高管激励过度和激励不足的比例也相差不大，但激励过度的比例远低于 25% 的标准比例，而激励不足的比例则远高于 25% 的标准比例。另外，两类企业高管激励适中和激励过度的比例都远低于民营企业（或个人）控制的上市公司，而激励不足的比例却远高于后者。这意味着，中央企业（或监管机构）和地方国企（或监管机构）控制的上市公司中有近一半的公司高管薪酬激励适中，同时也有相当多的公司存在激励不足问题。

从高管薪酬绝对值角度看，在三个激励区间，中央企业（或监管机构）控制的上市公司的高管薪酬均值都高于地方国企（或监管机构）控制的上市公司，而且存在较大差距；在激励适中和激励过度区间，中央企业（或监管机构）和地方国企（或监管机构）控制的上市公司的高管薪酬均值都高于民营企业（或个人）控制的上市公司；在激励不足区间，中央企业（或监管机构）控制的上市公司的高管薪酬均值高于民营企业（或个人）控制的上市公司，而地方国企（或监管机构）控制的上市公司的高管薪酬均值则低于后者。显然，中央企业（或监管机构）控制的上市公司在三个激励区间的高管薪酬均值都是最高的，而地方国企（或监管机构）控制的上市公司的高管薪酬则相对比较低。

24.2 分地区高管薪酬指数的所有制比较

按照东部、中部、西部和东北的地区划分，我们对不同地区不同所有制上市公司的高管薪酬指数和绝对值进行比较。

24.2.1 分地区高管薪酬指数和绝对值的比较

四个不同地区不同所有制上市公司的高管薪酬指数和绝对值的描述性统计参见表 24-7。

表 24-7 2018 年不同地区国有与非国有控股公司高管薪酬指数和绝对值比较

地区	所有制类型	公司数目	平均值	中位值	最大值	最小值	标准差
高管薪酬指数							
东部	国有控股公司	599	127.8173	43.3834	7501.5789	0.1021	485.9577
	非国有控股公司	1818	246.5377	109.8096	31000.5758	0.5034	996.9040
	总　体	2417	217.1155	91.1672	31000.5758	0.1021	899.2636

续表

地区	所有制类型	公司数目	平均值	中位值	最大值	最小值	标准差
中部	国有控股公司	184	95.8449	33.0327	1974.5451	0.6424	227.9058
	非国有控股公司	268	240.9824	84.6513	19784.4811	2.5574	1225.3426
	总 体	452	181.8999	58.7711	19784.4811	0.6424	957.3282
西部	国有控股公司	203	94.3564	48.2422	1542.3111	1.7116	147.4398
	非国有控股公司	262	244.4318	122.8170	5282.6822	2.0804	485.4929
	总 体	465	178.9150	79.7536	5282.6822	1.7116	384.4932
东北	国有控股公司	61	69.7933	37.8045	547.0003	1.3375	92.3420
	非国有控股公司	89	179.7803	85.0717	1665.6513	2.6697	242.3941
	总 体	150	135.0523	61.9363	1665.6513	1.3375	203.0956
高管薪酬绝对值（单位:万元）							
东部	国有控股公司	599	120.7600	82.6733	1460.3333	8.2500	137.0689
	非国有控股公司	1818	90.1686	65.7733	996.1667	5.4000	88.2583
	总 体	2417	97.7500	70.1900	1460.3333	5.4000	103.3909
中部	国有控股公司	184	71.8631	52.1283	385.6500	13.5467	59.4800
	非国有控股公司	268	76.9575	53.9267	1566.6467	7.6500	108.6612
	总 体	452	74.8836	53.2950	1566.6467	7.6500	91.9088
西部	国有控股公司	203	69.3054	56.4933	445.2233	8.2467	62.7181
	非国有控股公司	262	95.4861	56.3217	1233.1567	8.3933	137.1769
	总 体	465	84.0567	56.4933	1233.1567	8.2467	111.7515
东北	国有控股公司	61	65.3434	57.7867	157.1500	10.0400	35.5781
	非国有控股公司	89	73.8042	61.9400	449.3333	8.8400	63.1142
	总 体	150	70.3635	61.3017	449.3333	8.8400	53.8100

　　根据表 24－7，从高管薪酬指数来看，四个地区国有控股公司的高管薪酬指数均值和中位值都远低于非国有控股公司，说明各地区国有控股公司高管薪酬存在较多的激励不足问题，而非国有控股公司高管薪酬则存在较多的激励过度问题。图 24－4 直观地反映了四个地区不同所有制上市公司高管薪酬指数均值的差异。

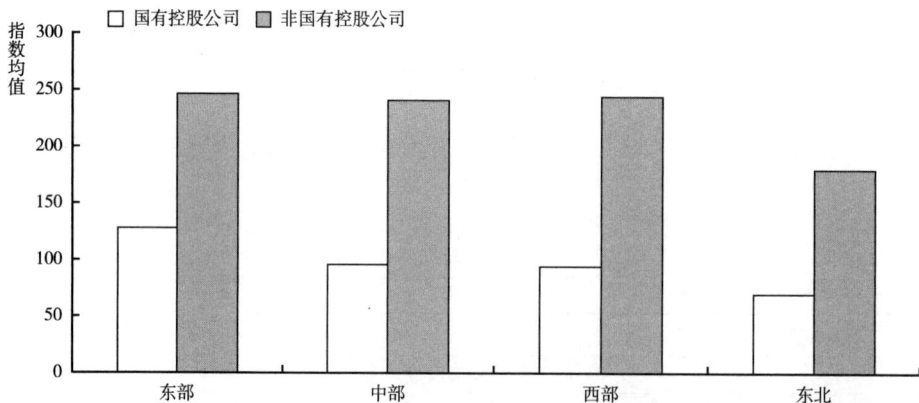

图 24－4　2018 年不同地区国有与非国有控股公司高管薪酬指数均值比较

从高管薪酬绝对值来看，东部地区的国有控股公司高管薪酬均值高于非国有控股公司，其他三个地区的国有控股公司高管薪酬均值则低于非国有控股公司；东部和西部国有控股公司高管薪酬的中位值高于非国有控股公司，而中部和东北国有控股公司高管薪酬的中位值则低于非国有控股公司。

为了更准确地判断四个地区国有与非国有控股上市公司高管薪酬指数的差异，我们将两种类型上市公司高管薪酬指数均值的倍数计算出来，如表24－8所示。

表24－8　2018年不同地区国有与非国有控股公司高管薪酬指数均值的倍数

	东部	中部	西部	东北
国有控股公司高管薪酬指数均值（1）	127.8173	95.8449	94.3564	69.7933
非国有控股公司高管薪酬指数均值（2）	246.5377	240.9824	244.4318	179.7803
（2）/（1）	1.9288	2.5143	2.5905	2.5759

由表24－8可知，中部、西部和东北三个地区非国有控股公司高管薪酬指数均值都是国有控股公司高管薪酬指数均值的2.5倍多，比值最高的是西部地区，达到2.59倍；最小的是东部地区，为1.93倍。

24.2.2　分地区高管薪酬激励区间的比较

表24－9列示了四个地区国有控股公司与非国有控股公司的高管薪酬激励情况。

表24－9　2018年不同地区国有与非国有控股公司高管薪酬激励比较

地区	所有制类型	公司数目	其中		
			激励适中	激励过度	激励不足
高管薪酬指数					
东部	国有控股公司	599	269（44.91%）	70（11.69%）	260（43.41%）
	非国有控股公司	1818	985（54.18%）	556（30.58%）	277（15.24%）
中部	国有控股公司	184	72（39.13%）	18（9.78%）	94（51.09%）
	非国有控股公司	268	137（51.12%）	70（26.12%）	61（22.76%）
西部	国有控股公司	203	92（45.32%）	31（15.27%）	80（39.41%）
	非国有控股公司	262	113（43.13%）	98（37.40%）	51（19.47%）
东北	国有控股公司	61	30（49.18%）	3（4.92%）	28（45.90%）
	非国有控股公司	89	44（49.44%）	25（28.09%）	20（22.47%）
高管薪酬绝对值均值（单位：万元）					
东部	国有控股公司	599	114.0521	131.3667	124.8443
	非国有控股公司	1818	85.2564	90.5717	106.8272

中部	国有控股公司	184	86.5632	73.9740	60.1992
	非国有控股公司	268	72.2540	90.9150	71.5041
西部	国有控股公司	203	68.8466	99.2524	58.2285
	非国有控股公司	262	100.8942	101.5676	71.8173
东北	国有控股公司	61	60.6413	61.4922	70.7940
	非国有控股公司	89	79.1700	64.5703	73.5420

注：括号中的数字为某地区某类所有制上市公司中不同激励类型公司数占该地区该类型所有制全部公司数的比例。

由表 24-9 可以看出，从高管薪酬指数角度比较，东部、中部、东北地区国有控股公司高管薪酬激励适中比例均低于非国有控股公司，只有西部地区国有控股公司高管薪酬激励适中比例略高于非国有控股公司，但四个地区国有控股公司薪酬激励适中比例都低于 50% 的标准比例，尤其是中部更低；四个地区国有控股公司高管薪酬激励过度比例均低于非国有控股公司，前者都远低于 25% 的标准比例，后者都高于 25% 的标准比例；四个地区国有控股公司高管薪酬激励不足比例均高于非国有控股公司，前者也都远高于 25% 的标准比例。西部和东北国有控股公司和非国有控股公司高管薪酬激励适中比例的差距较小，而四个地区激励过度和激励不足的比例相差都较大。

从高管薪酬绝对值角度比较，在激励适中区间，东部和中部两个地区国有控股公司高管薪酬均值高于非国有控股公司，而西部和东北两个地区国有控股公司高管薪酬均值则低于非国有控股公司；在激励过度和激励不足区间，东部地区国有控股公司高管薪酬均值都高于非国有控股公司，而中部、西部和东北三个地区国有控股公司高管薪酬均值则都低于非国有控股公司。

24.3 分行业高管薪酬指数的所有制比较

同前面各章一样，我们选择上市公司数目较多且具有代表性的六个行业，即制造业（C），电力、热力、燃气及水生产和供应业（D），交通运输、仓储和邮政业（G），信息传输、软件和信息技术服务业（I），金融业（J），房地产业（K），对这六个行业的上市公司高管薪酬激励进行比较分析。

24.3.1 分行业高管薪酬指数和绝对值的比较

表 24-10 列示了六个行业上市公司高管薪酬指数和绝对值的描述性统计结果。

表 24 – 10　2018 年不同行业国有与非国有控股公司高管薪酬指数和绝对值比较

行业	所有制类型	公司数目	平均值	中位值	最大值	最小值	标准差
高管薪酬指数							
制造业（C）	国有控股公司	488	83.3789	43.3884	1375.2756	0.7455	137.8737
	非国有控股公司	1686	201.7027	109.2904	19784.4811	1.4853	641.8949
	总　体	2174	175.1424	88.2340	19784.4811	0.7455	571.1784
电力、热力、燃气及水生产和供应业（D）	国有控股公司	79	57.0921	31.8809	499.4315	1.3068	73.3654
	非国有控股公司	26	222.9893	98.8554	1892.0415	15.1731	399.3018
	总　体	105	98.1714	45.0315	1892.0415	1.3068	220.5855
交通运输、仓储和邮政业（G）	国有控股公司	67	69.0298	36.8175	475.9713	1.4048	97.1107
	非国有控股公司	29	117.4579	49.6782	509.8709	2.1018	139.0041
	总　体	96	83.6591	39.6176	509.8709	1.4048	113.6356
信息传输、软件和信息技术服务业（I）	国有控股公司	39	222.5682	81.8489	3390.5155	0.5586	533.4140
	非国有控股公司	228	249.5632	157.8664	1984.8341	2.1182	269.9333
	总　体	267	245.6201	145.0853	3390.5155	0.5586	322.2925
金融业（J）	国有控股公司	58	214.2653	68.5350	6675.2861	0.3303	863.9779
	非国有控股公司	30	1859.4259	119.7773	31000.5758	3.0037	5738.3679
	总　体	88	775.1155	90.2221	31000.5758	0.3303	3510.8217
房地产业（K）	国有控股公司	57	113.5550	65.8347	828.7020	5.7882	144.0669
	非国有控股公司	67	636.7220	97.8369	16921.9524	5.8023	2227.7614
	总　体	124	396.2339	80.9720	16921.9524	5.7882	1661.0538
高管薪酬绝对值（单位：万元）							
制造业（C）	国有控股公司	488	88.8682	64.1500	1460.3333	8.2500	99.3051
	非国有控股公司	1686	82.2231	61.6150	1566.6467	7.6500	90.0474
	总　体	2174	83.7147	61.9633	1566.6467	7.6500	92.2481
电力、热力、燃气及水生产和供应业（D）	国有控股公司	79	61.8676	55.2833	190.7833	22.9833	27.6318
	非国有控股公司	26	71.7112	62.3750	337.6833	12.7933	58.9376
	总　体	105	64.3051	57.5233	337.6833	12.7933	38.1136
交通运输、仓储和邮政业（G）	国有控股公司	67	86.3192	60.3600	448.8513	22.8133	73.4938
	非国有控股公司	29	116.7140	73.2133	716.0800	26.1533	131.3567
	总　体	96	95.5010	65.5467	716.0800	22.8133	95.7955
信息传输、软件和信息技术服务业（I）	国有控股公司	39	93.4860	82.4500	261.6667	20.3333	49.2264
	非国有控股公司	228	87.3812	66.7517	449.3333	5.4000	74.2245
	总　体	267	88.2729	68.6433	449.3333	5.4000	71.1558
金融业（J）	国有控股公司	58	239.7107	160.9267	1406.5633	30.4867	242.5264
	非国有控股公司	30	202.3911	170.3367	606.8433	19.9100	151.1372
	总　体	88	226.9881	165.0150	1406.5633	19.9100	216.4884
房地产业（K）	国有控股公司	57	158.9082	95.1667	1045.6000	20.1500	175.8230
	非国有控股公司	67	205.3450	122.5333	996.1667	18.7300	216.0919
	总　体	124	183.9991	102.5700	1045.6000	18.7300	199.9417

由表 24 - 10 可以看出，从高管薪酬指数角度分析，六个代表性行业国有控股公司高管薪酬指数均值都远低于非国有控股公司，尤其是金融业（J）差距非常大。这说明各行业国有控股公司高管薪酬存在较多的激励不足问题，而非国有控股公司高管薪酬则存在较多的激励过度问题。图 24 - 5 直观地反映了六个代表性行业中不同所有制上市公司高管薪酬指数均值的差异。

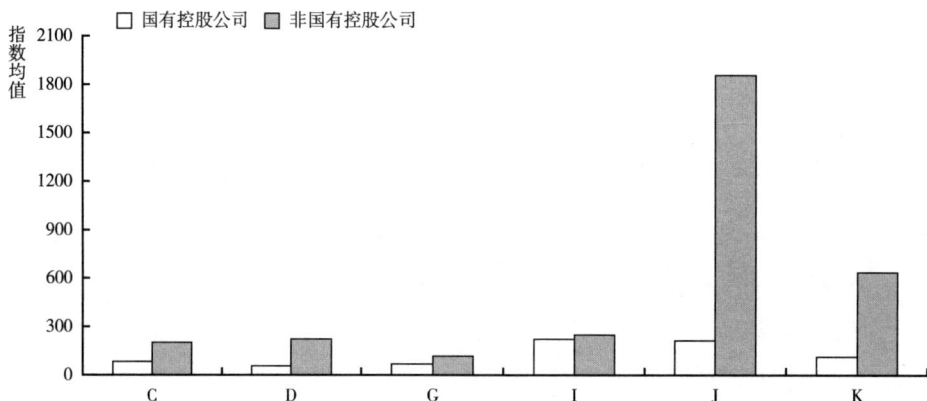

图 24 - 5　2018 年不同行业国有与非国有控股公司高管薪酬指数均值比较

从高管薪酬绝对值角度分析，制造业（C），信息传输、软件和信息技术服务业（I），金融业（J）三个行业的国有控股公司高管薪酬均值高于非国有控股公司，其他三个行业国有控股公司高管薪酬均值低于非国有控股公司。差距最大的行业是房地产业（K），非国有控股公司高管薪酬均值是国有控股公司的 1.29 倍，绝对差距达到 46.44 万元。差距最小的是信息传输、软件和信息技术服务业（I），国有控股公司高管薪酬均值只是非国有控股公司的 1.07 倍，绝对差距仅为 6.10 万元，而且两类公司高管薪酬均值都在 90 万元左右。

进一步比较六个行业国有与非国有控股公司高管薪酬指数均值的倍数，参见表 24 - 11。

表 24 - 11　2018 年不同行业国有与非国有控股公司高管薪酬指数均值的倍数

	C	D	G	I	J	K
国有控股公司高管薪酬指数均值(1)	83.3789	57.0921	69.0298	222.5682	214.2653	113.5550
非国有控股公司高管薪酬指数均值(2)	201.7027	222.9893	117.4579	249.5632	1859.4259	636.7220
(2)/(1)	2.4191	3.9058	1.7016	1.1213	8.6781	5.6072

由表 24 - 11 可知，金融业（J）非国有控股公司高管薪酬指数均值是国有控股公司的 8.68 倍，在六个行业中差距最大，但从其高达 5738.3679 的标准差可知，金融业非国有控

股公司高管薪酬指数两极差异很大，高管薪酬指数最大值为31000.5758，使得非国有控股公司高管薪酬指数均值显著增大；信息传输、软件和信息技术服务业（I）非国有控股公司高管薪酬指数均值是国有控股公司的1.12倍，在六个行业中差距最小，但该行业国有控股公司高管薪酬均值却略高于非国有控股公司。这说明，高管薪酬绝对值低，未必激励力度小。

24.3.2　分行业高管薪酬激励区间的比较

表24-12列示了六个行业国有控股和非国有控股上市公司的高管薪酬激励情况。

表24-12　2018年不同行业国有与非国有控股公司高管薪酬激励比较

行业	所有制类型	公司数目	其中		
			激励适中	激励过度	激励不足
高管薪酬指数					
制造业（C）	国有控股公司	488	226（46.31%）	50（10.25%）	212（43.44%）
	非国有控股公司	1686	923（54.74%）	502（29.77%）	261（15.48%）
电力、热力、燃气及水生产和供应业（D）	国有控股公司	79	34（43.04%）	3（3.80%）	42（53.16%）
	非国有控股公司	26	15（57.69%）	6（23.08%）	5（19.23%）
交通运输、仓储和邮政业（G）	国有控股公司	67	31（46.27%）	4（5.97%）	32（47.76%）
	非国有控股公司	29	11（37.93%）	7（24.14%）	11（37.93%）
信息传输、软件和信息技术服务业（I）	国有控股公司	39	22（56.41%）	10（25.64%）	7（17.95%）
	非国有控股公司	228	115（50.44%）	99（43.42%）	14（6.14%）
金融业（J）	国有控股公司	58	26（44.83%）	10（17.24%）	22（37.93%）
	非国有控股公司	30	7（23.33%）	13（43.33%）	10（33.33%）
房地产业（K）	国有控股公司	57	28（49.12%）	10（17.54%）	19（33.33%）
	非国有控股公司	67	29（43.28%）	21（31.34%）	17（25.37%）
高管薪酬绝对值均值（单位：万元）					
制造业（C）	国有控股公司	488	87.2246	111.5339	85.2747
	非国有控股公司	1686	80.4345	86.2274	80.8465
电力、热力、燃气及水生产和供应业（D）	国有控股公司	79	61.6874	50.8656	62.7993
	非国有控股公司	26	87.0640	64.2289	34.6313
交通运输、仓储和邮政业（G）	国有控股公司	67	77.2505	146.8058	87.5437
	非国有控股公司	29	112.2258	54.3705	160.8755
信息传输、软件和信息技术服务业（I）	国有控股公司	39	95.5570	92.8630	87.8671
	非国有控股公司	228	84.1861	94.6011	62.5721
金融业（J）	国有控股公司	58	265.4471	239.4677	209.4054
	非国有控股公司	30	103.4981	236.3188	227.5103
房地产业（K）	国有控股公司	57	138.0745	140.6307	199.2301
	非国有控股公司	67	197.3568	149.6412	287.7825

　　注：括号中的数字为某行业某类所有制上市公司中不同激励类型公司数占该行业该类型所有制全部公司数的比例。

从表 24 - 12 可以看出，从高管薪酬指数角度比较，制造业（C），电力、热力、燃气及水生产和供应业（D）国有控股公司高管薪酬激励适中比例低于非国有控股公司，且略低于 50% 的标准比例；交通运输、仓储和邮政业（G），信息传输、软件和信息技术服务业（I），金融业（J），房地产业（K）国有控股公司高管薪酬激励适中比例高于非国有控股公司，除了信息传输、软件和信息技术服务业（I）高于 50% 的标准比例，其他行业都略低于 50% 的标准比例。六个行业国有控股公司高管薪酬激励过度比例都远低于非国有控股公司，除了信息传输、软件和信息技术服务业（I）外，其余行业都低于或远低于 25% 的标准比例；六个行业国有控股公司高管薪酬激励不足比例都高于非国有控股公司，除了信息传输、软件和信息技术服务业（I）外，都高于或远高于 25% 的标准比例。

从高管薪酬绝对值角度比较，在激励适中区间，制造业（C），信息传输、软件和信息技术服务业（I），金融业（J）国有控股公司高管薪酬均值都高于非国有控股公司，其中，金融业（J）国有控股公司高管薪酬高出非国有控股公司 161.95 万元，高出的金额远超其他两个行业，另外三个行业则是非国有控股公司高管薪酬高于国有控股公司；在激励过度区间，制造业（C），交通运输、仓储和邮政业（G）和金融业（J）三个行业的国有控股公司高管薪酬均值都高于非国有控股公司，其他三个行业的国有控股公司高管薪酬均值都低于非国有控股公司；在激励不足区间，制造业（C），电力、热力、燃气及水生产和供应业（D），信息传输、软件和信息技术服务业（I）国有控股公司高管薪酬均值高于非国有控股公司，其他三个行业则相反。需要注意的是，在激励过度区间，电力、热力、燃气及水生产和供应业（D），信息传输、软件和信息技术服务业（I），金融业（J）国有控股公司高管薪酬均值低于同类公司激励适中区间的高管薪酬均值；电力、热力、燃气及水生产和供应业（D），交通运输、仓储和邮政业（G），房地产业（K）非国有控股上市公司激励过度区间的高管薪酬均值低于同类公司激励适中区间的高管薪酬均值，这与人们印象中激励过度区间的高管薪酬一般最高似乎不相符。其实，这不难理解，因为本报告的高管薪酬指数是基于企业业绩计算出来的。高管薪酬不高，却激励过度，实际反映了这些企业的业绩比较低下。

24.4　本章小结

本章从所有制层面对 3484 家上市公司的高管薪酬指数和绝对值进行了统计和比较分析，主要结论如下。

（1）从总体看，非国有控股公司高管薪酬指数高于国有控股公司。随着国有股份比例的降低，上市公司高管薪酬指数均值逐渐提高，也就是说，国有股份比例越高，其高管薪酬激励相对于企业绩效来说就越低。但需要注意的是，高管薪酬指数低，判断是否属于薪酬激励不足，还需要考虑垄断特别是政府赋予垄断资源的影响。

从高管薪酬指数看，无国有股份公司的高管薪酬指数均值最高，但就标准差来看，无国有股份公司高管薪酬指数的离散程度也最高。

从高管薪酬激励区间看，无国有股份公司高管薪酬激励适中的比例最高，国有绝对控股公司高管薪酬激励适中的比例最低；无国有股份公司高管薪酬激励过度的比例最高，三类国有控股公司高管薪酬激励过度的比例低于25%的标准比例；国有绝对控股公司高管薪酬激励不足的比例最高，三类国有控股公司高管薪酬激励不足的比例都超过或远超25%的标准比例。

从高管薪酬绝对值看，五类公司中国有弱相对控股公司高管薪酬最高。在激励适中区间，国有弱相对控股公司高管薪酬均值最高，最低的是无国有股份公司；在激励过度区间，国有绝对控股公司高管薪酬均值最高，最低的是无国有股份公司；在激励不足区间，国有参股公司高管薪酬均值最高，最低的是无国有股份公司。

（2）从地区看，从高管薪酬指数比较，四个地区国有控股公司的高管薪酬指数均值和中位值都远低于非国有控股公司；从高管薪酬绝对值比较，东部地区的国有控股公司高管薪酬均值高于非国有控股公司，其他三个地区的国有控股公司高管薪酬均值则低于非国有控股公司

从激励区间比较，东部、中部、东北三个地区国有控股公司高管薪酬激励适中比例都低于非国有控股公司；四个地区国有控股公司高管薪酬激励过度比例均低于非国有控股公司；四个地区国有控股公司高管薪酬激励不足比例均高于非国有控股公司。各地区国有控股公司和非国有控股公司高管薪酬激励过度和激励不足的比例相差都较大。

从高管薪酬绝对值角度比较，在激励适中区间，东部和中部两个地区国有控股公司高管薪酬均值高于非国有控股公司，而西部和东北两个地区则相反；在激励过度和激励不足区间，东部地区国有控股公司高管薪酬均值都高于非国有控股公司，而中部、西部和东北三个地区国有控股公司高管薪酬均值则都低于非国有控股公司。

（3）从行业看，六个代表性行业国有控股公司高管薪酬指数均值都低于非国有控股公司，制造业（C），信息传输、软件和信息技术服务业（I），金融业（J）三个行业的国有控股公司高管薪酬均值高于非国有控股公司。在不同的激励区间，六个行业国有控股公司和非国有控股公司的高管薪酬有不尽相同的表现。其中，在激励过度区间，制造业（C），交通运输、仓储和邮政业（G），金融业（J）三个行业的国有控股公司高管薪酬均值都高于非国有控股公司，其他三个行业则相反。需要注意的是，六个行业都出现了激励过度区间高管薪酬不高的现象，这实际反映了这些企业的业绩比较低下。

第 25 章　高管薪酬及指数的年度比较（2012～2018）

2009～2018 年，我们对中国上市公司高管薪酬合理化水平进行了六次测度，今年是第七次测度。本章将从总体、地区、行业、所有制四个角度，并结合四分之一分位法所划分的激励适中、激励过度和激励不足三个激励区间，来比较分析 2012 年以及 2015～2018 年五个年度中国上市公司高管薪酬合理化程度和绝对水平，以便了解高管薪酬合理化水平的变化情况，以期对高管薪酬有更加完善的认识。需要注意的是，在比较五个年度高管薪酬绝对额时，不考虑通货膨胀因素。

25.1　高管薪酬的年度比较

2012 年样本上市公司只有 2310 家，2018 年样本上市公司已增加至 3484 家，可见，我国上市公司数量在快速增长。本节将从总体、地区、行业和所有制这四个角度，来比较 2012 年以及 2015～2018 年样本上市公司高管薪酬的变化情况。需要说明的是，从 2017 年开始，在计算高管薪酬及指数时，对其中当年行权的股票期权，摒弃了以前简单计算期权收益总额的方法，而是按照行权人数，对行权的期权收益进行调整，以使计算出来的薪酬最高的三位高管的薪酬以及指数更加客观。为便于比较，对之前年度的高管薪酬和指数也进行了同样的调整。

25.1.1　高管薪酬总体的年度比较

表 25-1 列示了 2012 年以及 2015～2018 年高管薪酬的变化情况。

表 25 – 1　2012～2018 年上市公司高管薪酬比较

单位：万元

年份	样本量	平均值	中位值	最大值	最小值	标准差
2012	2310	63.61	46.73	1458.33	3.40	68.56
2015	2632	81.60	54.33	3462.22	0.28	119.09
2016	2829	83.60	56.60	2591.61	4.00	108.95
2017	3140	88.59	62.19	2062.00	5.60	98.08
2018	3484	91.78	64.75	1566.65	5.40	101.94
六年增幅		28.17	18.02	108.32	2.00	—
年均增长率（%）		6.30	5.59	1.20	8.02	—
比上年增幅		3.19	2.56	−495.35	−0.20	—
比上年增长率（%）		3.60	4.12	−24.02	−3.57	—

注：（1）薪酬增幅误差源于原始数据库的四舍五入；（2）"比上年增幅"和"比上年增长率"均指 2018 年与 2017 年的比较。

从表 25 – 1 可以看出，2012 年上市公司高管薪酬均值为 63.61 万元，2018 年为 91.78 万元，高管薪酬均值六年增幅为 28.17 万元，年均增长率为 6.30%。与 2017 年相比，2018 年上市公司高管薪酬均值增加 3.19 万元，增长 3.60%；但最大值降幅明显，减少 495.35 万元，下降 24.02%，最小值也出现了小幅下降，同比下降 3.57%，结合 2018 年标准差高于 2017 年，说明 2018 年不同公司高管薪酬离散程度有所加大。

25.1.2　分地区高管薪酬的年度比较

依然按照东部、中部、西部和东北四个地区的划分，我们对 2012 年以及 2015～2018 年上市公司高管薪酬的变化情况进行比较，如表 25 – 2 所示。

表 25 – 2　2012～2018 年不同地区上市公司高管薪酬比较

单位：万元

地区	年份	平均值	中位值	最大值	最小值	标准差
东部	2012	69.70	52.00	1458.33	3.40	73.77
	2015	90.00	60.02	3462.22	0.28	131.84
	2016	92.40	63.33	2591.61	4.10	119.90
	2017	95.47	66.92	2062.00	5.60	104.51
	2018	97.75	70.19	1460.33	5.40	103.39
	六年增幅	28.05	18.19	2.00	2.00	—
	年均增长率（%）	5.80	5.13	0.02	8.02	—
	比上年增幅	2.28	3.27	−601.67	−0.20	—
	比上年增长率（%）	2.39	4.89	−29.18	−3.57	—

续表

地区	年份	平均值	中位值	最大值	最小值	标准差
中部	2012	53.41	39.71	776.49	4.40	65.64
	2015	65.67	44.86	1233.70	5.90	87.50
	2016	67.08	45.70	923.76	6.25	81.70
	2017	73.95	51.60	800.84	7.65	75.89
	2018	74.88	53.30	1566.65	7.65	91.91
	六年增幅	21.47	13.59	790.16	3.25	—
	年均增长率（%）	5.79	5.03	12.41	9.66	—
	比上年增幅	0.93	1.70	765.81	0.00	—
	比上年增长率（%）	1.26	3.28	95.63	0.00	—
西部	2012	50.03	37.65	475.92	3.75	45.51
	2015	63.96	41.91	795.43	2.85	81.53
	2016	66.23	46.19	813.65	4.00	84.02
	2017	75.78	50.73	903.77	7.74	89.78
	2018	84.06	56.49	1233.16	8.25	111.75
	六年增幅	34.03	18.84	757.24	4.50	—
	年均增长率（%）	9.03	7.00	17.20	14.04	—
	比上年增幅	8.28	5.76	329.39	0.51	—
	比上年增长率（%）	10.93	11.35	36.45	6.59	—
东北	2012	57.54	41.20	318.63	5.57	55.77
	2015	68.02	43.33	922.81	4.55	99.19
	2016	63.73	46.76	477.08	9.77	64.78
	2017	69.10	50.15	496.78	9.98	66.61
	2018	70.36	61.30	449.33	8.84	53.81
	六年增幅	12.82	20.10	130.70	3.27	—
	年均增长率（%）	3.41	6.85	5.90	8.00	—
	比上年增幅	1.26	11.15	−47.45	−1.14	—
	比上年增长率（%）	1.82	22.23	−9.55	−11.42	—

注：（1）薪酬增幅误差源于原始数据库的四舍五入；（2）"比上年增幅"和"比上年增长率"均指 2018 年与 2017 年的比较。

从表 25 - 2 可以看出，2012～2018 年，四个地区上市公司高管薪酬均值都呈现上涨态势，西部地区高管薪酬均值年均增长率最高，达到 9.03%，增幅同样排名第一，达到 34.03 万元；东部地区年均增长率和增幅均排名第二，分别为 5.80% 和 28.05 万元；东北地区年均增长率和增幅均排名末尾。

图 25 – 1 更为直观地显示了四个地区在 2012～2018 年上市公司高管薪酬均值增幅和增长率的比较结果。很明显，四个地区上市公司高管薪酬都有所增长，增长幅度和年均增长率从高到低依次都是西部、东部、中部和东北。

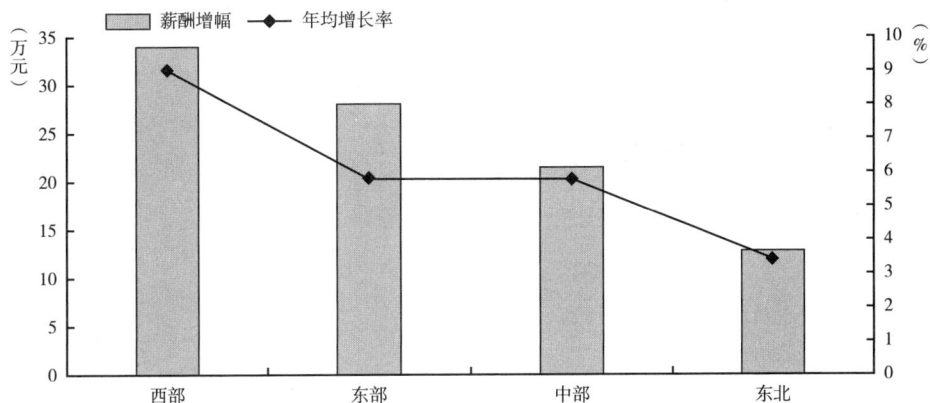

图 25 – 1　2012～2018 年不同地区上市公司高管薪酬均值增幅和年均增长率的变化

与 2017 年相比，2018 年四个地区上市公司高管薪酬均值都有所上升，增长幅度和增长率从高到低依次都是西部、东部、东北和中部。西部地区增幅最大，增加 8.28 万元，上升 10.93%；中部地区增幅最小，上升 1.26%（见图 25 – 2）。

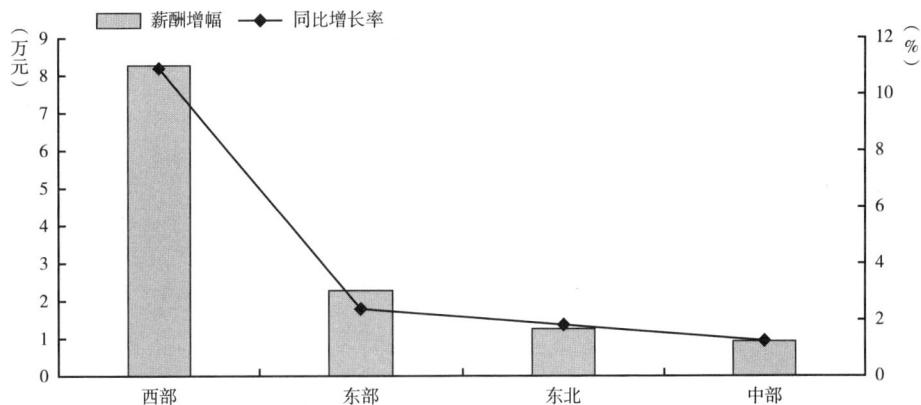

图 25 – 2　2018 年不同地区上市公司高管薪酬均值同比增幅和增长率的变化

25.1.3　分行业高管薪酬的年度比较

各行业在不同年度的经营状况不一，高管薪酬也会受到影响，我们比较了 2012 年以及 2015～2018 年上市公司高管薪酬在不同行业的变化情况，如表 25 – 3 所示。

表 25 - 3　2012 ~ 2018 年不同行业上市公司高管薪酬比较

单位：万元

行业	年份	平均值	中位值	最大值	最小值	标准差
农、林、牧、渔业（A）	2012	40.39	36.58	115.82	10.40	26.77
	2015	43.88	36.23	224.76	10.89	40.56
	2016	55.38	38.81	300.00	12.00	54.95
	2017	61.29	40.90	383.22	12.64	66.52
	2018	66.66	41.09	407.48	8.25	79.60
	六年增幅	26.27	4.51	291.66	-2.15	—
	年均增长率（%）	8.71	1.96	23.33	-3.79	—
	比上年增幅	5.37	0.19	24.26	-4.39	—
	比上年增长率（%）	8.76	0.46	6.33	-34.73	—
采矿业（B）	2012	77.63	61.05	606.52	6.67	85.07
	2015	59.80	50.14	322.98	7.33	46.39
	2016	58.88	47.24	298.78	5.67	44.08
	2017	70.31	59.08	460.73	5.67	58.10
	2018	78.16	67.66	310.90	13.55	53.87
	六年增幅	0.53	6.61	-295.62	6.88	—
	年均增长率（%）	0.11	1.73	-10.54	12.54	—
	比上年增幅	7.85	8.58	-149.83	7.88	—
	比上年增长率（%）	11.17	14.53	-32.52	138.98	—
制造业（C）	2012	55.25	42.55	776.49	4.06	52.23
	2015	73.53	50.27	3462.22	4.00	118.50
	2016	73.05	53.43	908.34	4.00	76.06
	2017	80.16	58.33	2062.00	7.65	89.11
	2018	83.71	61.96	1566.65	7.65	92.25
	六年增幅	28.46	19.41	790.16	3.59	—
	年均增长率（%）	7.17	6.46	12.41	11.14	—
	比上年增幅	3.55	3.63	-495.35	0.00	—
	比上年增长率（%）	4.43	6.22	-24.02	0.00	—
电力、热力、燃气及水生产和供应业（D）	2012	52.34	46.60	184.38	13.53	24.93
	2015	55.56	50.69	173.24	14.84	25.12
	2016	59.83	52.41	281.00	14.84	33.57
	2017	60.05	53.70	186.00	14.89	27.70
	2018	64.31	57.52	337.68	12.79	38.11
	六年增幅	11.97	10.92	153.30	-0.74	—
	年均增长率（%）	3.49	3.57	10.61	-0.93	—
	比上年增幅	4.26	3.82	151.68	-2.10	—
	比上年增长率（%）	7.09	7.11	81.55	-14.10	—

续表

行业	年份	平均值	中位值	最大值	最小值	标准差
建筑业（E）	2012	64.99	57.59	250.00	10.33	43.99
	2015	72.31	59.46	203.63	5.90	44.73
	2016	69.38	61.60	240.00	10.03	42.75
	2017	74.58	64.60	196.10	20.82	41.38
	2018	72.86	63.09	168.91	18.85	33.43
	六年增幅	7.87	5.50	-81.09	8.52	—
	年均增长率（%）	1.92	1.53	-6.33	10.54	—
	比上年增幅	-1.72	-1.51	-27.19	-1.97	—
	比上年增长率（%）	-2.31	-2.34	-13.87	-9.46	—
批发和零售业（F）	2012	71.47	55.29	318.63	3.40	59.00
	2015	76.66	63.42	275.59	9.00	53.89
	2016	91.34	68.72	923.76	14.71	88.63
	2017	98.89	78.62	637.86	9.98	79.75
	2018	100.70	78.76	381.50	8.84	72.04
	六年增幅	29.23	23.47	62.87	5.44	—
	年均增长率（%）	5.88	6.07	3.05	17.26	—
	比上年增幅	1.81	0.14	-256.36	-1.14	—
	比上年增长率（%）	1.83	0.18	-40.19	-11.42	—
交通运输、仓储和邮政业（G）	2012	66.22	59.97	242.03	21.35	37.78
	2015	78.41	53.90	774.17	20.47	91.22
	2016	70.29	54.98	300.18	6.25	50.17
	2017	90.77	59.44	603.65	21.15	89.02
	2018	95.50	65.55	716.08	22.81	95.80
	六年增幅	29.28	5.58	474.05	1.46	—
	年均增长率（%）	6.29	1.49	19.82	1.11	—
	比上年增幅	4.73	6.11	112.43	1.66	—
	比上年增长率（%）	5.21	10.28	18.63	7.85	—
住宿和餐饮业（H）	2012	57.95	46.76	145.59	17.34	36.45
	2015	55.54	65.88	97.80	24.22	22.50
	2016	89.48	53.20	420.94	22.70	107.15
	2017	106.71	59.74	501.57	45.67	139.84
	2018	113.11	61.60	563.73	36.23	159.94
	六年增幅	55.16	14.84	418.14	18.89	—
	年均增长率（%）	11.79	4.70	25.31	13.07	—
	比上年增幅	6.40	1.86	62.16	-9.44	—
	比上年增长率（%）	6.00	3.11	12.39	-20.67	—

续表

行业	年份	平均值	中位值	最大值	最小值	标准差
信息传输、软件和信息技术服务业（I）	2012	60.10	52.24	442.27	12.00	52.11
	2015	98.78	71.46	634.29	19.31	96.57
	2016	102.88	63.67	2591.61	4.13	203.65
	2017	83.88	65.17	577.33	5.60	70.92
	2018	88.27	68.64	449.33	5.40	71.16
	六年增幅	28.17	16.40	7.06	-6.60	—
	年均增长率（%）	6.62	4.66	0.26	-12.46	—
	比上年增幅	4.39	3.47	-128.00	-0.20	—
	比上年增长率（%）	5.23	5.32	-22.17	-3.57	—
金融业（J）	2012	232.95	212.83	701.33	37.80	135.01
	2015	297.09	244.06	1060.12	57.28	212.27
	2016	286.20	183.56	1097.75	13.67	241.94
	2017	245.21	185.13	1302.51	27.85	200.44
	2018	226.99	165.02	1406.56	19.91	216.49
	六年增幅	-5.96	-47.81	705.23	-17.89	—
	年均增长率（%）	-0.43	-4.15	12.30	-10.13	—
	比上年增幅	-18.22	-20.11	104.05	-7.94	—
	比上年增长率（%）	-7.43	-10.86	7.99	-28.51	—
房地产业（K）	2012	101.75	66.30	1458.33	6.33	144.63
	2015	137.69	73.23	1350.20	0.28	195.66
	2016	163.39	97.75	1506.81	5.13	218.42
	2017	173.12	106.67	999.27	7.74	171.32
	2018	184.00	102.57	1045.60	18.73	199.94
	六年增幅	82.25	36.27	-412.73	12.40	—
	年均增长率（%）	10.38	7.54	-5.39	19.82	—
	比上年增幅	10.88	-4.10	46.33	10.99	—
	比上年增长率（%）	6.28	-3.84	4.64	141.99	—
租赁和商务服务业（L）	2012	71.85	60.76	287.33	33.98	55.34
	2015	89.61	70.12	340.63	28.03	65.68
	2016	93.74	69.84	336.33	20.48	75.54
	2017	95.37	72.70	433.99	20.54	76.77
	2018	124.66	87.85	511.66	22.16	105.74
	六年增幅	52.81	27.09	224.33	-11.82	—
	年均增长率（%）	9.62	6.34	10.09	-6.88	—
	比上年增幅	29.29	15.15	77.67	1.62	—
	比上年增长率（%）	30.71	20.84	17.90	7.89	—

续表

行业	年份	平均值	中位值	最大值	最小值	标准差
科学研究和技术服务业（M）	2012	67.43	75.80	95.77	31.08	24.16
	2015	94.55	85.85	227.31	23.29	51.87
	2016	97.07	76.75	525.00	9.36	102.24
	2017	74.48	68.06	244.29	23.34	45.79
	2018	84.72	72.08	315.41	14.69	55.79
	六年增幅	17.29	-3.72	219.64	-16.39	—
	年均增长率（%）	3.88	-0.84	21.98	-11.74	—
	比上年增幅	10.24	4.02	71.12	-8.65	—
	比上年增长率（%）	13.75	5.91	29.11	-37.06	—
水利、环境和公共设施管理业（N）	2012	42.44	36.55	116.71	17.82	22.39
	2015	78.41	49.46	677.96	16.64	116.52
	2016	62.79	47.73	266.78	16.45	51.45
	2017	70.06	60.18	278.41	15.56	46.22
	2018	64.95	55.08	204.96	15.61	41.86
	六年增幅	22.51	18.53	88.25	-2.21	—
	年均增长率（%）	7.35	7.07	9.84	-2.18	—
	比上年增幅	-5.11	-5.10	-73.45	0.05	—
	比上年增长率（%）	-7.29	-8.47	-26.38	0.32	—
教育（P）	2012	30.29	30.29	30.29	30.29	0.00
	2015	58.33	58.33	58.33	58.33	0.00
	2016	54.57	44.17	86.67	32.87	23.16
	2017	66.71	67.77	98.92	32.39	26.35
	2018	74.32	69.69	182.62	24.11	46.74
	六年增幅	44.03	39.40	152.33	-6.18	—
	年均增长率（%）	16.14	14.90	34.91	-3.73	—
	比上年增幅	7.61	1.92	83.70	-8.28	—
	比上年增长率（%）	11.41	2.83	84.61	-25.56	—
卫生和社会工作（Q）	2012	60.33	48.67	92.33	40.00	28.05
	2015	71.50	72.31	112.81	28.55	31.23
	2016	100.77	126.31	203.76	18.91	62.32
	2017	113.09	89.03	263.89	24.80	80.39
	2018	88.45	95.90	166.67	27.17	46.31
	六年增幅	28.12	47.23	74.34	-12.83	—
	年均增长率（%）	6.58	11.97	10.34	-6.24	—
	比上年增幅	-24.64	6.87	-97.22	2.37	—
	比上年增长率（%）	-21.79	7.72	-36.84	9.56	—

续表

行业	年份	平均值	中位值	最大值	最小值	标准差
文化、体育和娱乐业（R）	2012	73.75	63.13	201.55	28.42	43.72
	2015	94.79	64.41	442.59	22.82	89.31
	2016	89.74	59.38	681.90	15.33	107.87
	2017	94.21	69.26	727.60	24.69	102.51
	2018	94.18	70.25	689.46	12.99	97.73
	六年增幅	20.43	7.12	487.91	-15.43	—
	年均增长率（%）	4.16	1.80	22.75	-12.23	—
	比上年增幅	-0.03	0.99	-38.14	-11.70	—
	比上年增长率（%）	-0.03	1.43	-5.24	-47.39	—
综合（S）	2012	57.60	59.34	125.35	16.57	32.34
	2015	65.40	61.23	229.76	2.85	46.19
	2016	80.62	59.25	381.49	17.75	74.50
	2017	91.76	63.00	443.43	23.10	89.79
	2018	79.60	63.11	273.36	26.49	59.91
	六年增幅	22.00	3.77	148.01	9.92	—
	年均增长率（%）	5.54	1.03	13.88	8.14	—
	比上年增幅	-12.16	0.11	-170.07	3.39	—
	比上年增长率（%）	-13.26	0.17	-38.35	14.69	—

注：（1）薪酬增幅误差源于原始数据库的四舍五入；（2）"比上年增幅"和"比上年增长率"均指 2018 年与 2017 年的比较；（3）居民服务、修理和其他服务业（O）只有 1 家上市公司，难以代表该行业整体水平，且之前年度也没有该行业的公司出现，无法比较，故予以剔除。

从表 25-3 可以看出，2012~2018 年，有 17 个行业的上市公司高管薪酬均值都有一定程度增长。其中，房地产业（K）薪酬增幅最大，为 82.25 万元，年均增长率也位居前列；教育（P）年均增长率最高，达到 16.14%；金融业（J）是唯一的薪酬增幅和年均增长率都为负值的行业。

图 25-3 更直观地描绘了不同行业 2012~2018 年上市公司高管薪酬均值增幅和年均增长率的比较结果，可以看出，薪酬增幅最大的三个行业分别是房地产业（K）、住宿和餐饮业（H）、租赁和商务服务业（L）；薪酬增幅最小的三个行业分别是金融业（J）、采矿业（B）、建筑业（E）。

与 2017 年相比，2018 年有 12 个行业的上市公司高管薪酬均值上升，有 6 个行业下降。其中，薪酬增幅和增长率最大的都是租赁和商务服务业（L），增幅达到 29.29 万元，增长率为 30.71%；薪酬增幅和增长率最小的都是卫生和社会工作（Q），降幅为 24.64 万元，下降 21.79%。

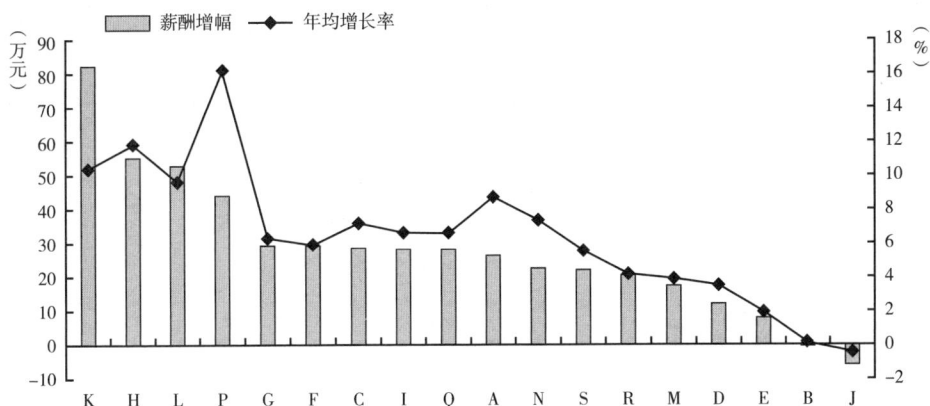

图 25 – 3　2012～2018 年不同行业上市公司高管薪酬均值增幅和年均增长率的变化

图 25 – 4 描绘了不同行业 2018 年上市公司高管薪酬均值同比增幅和增长率的比较结果，可以看出，18 个行业的高管薪酬增幅和增长率高低不一。

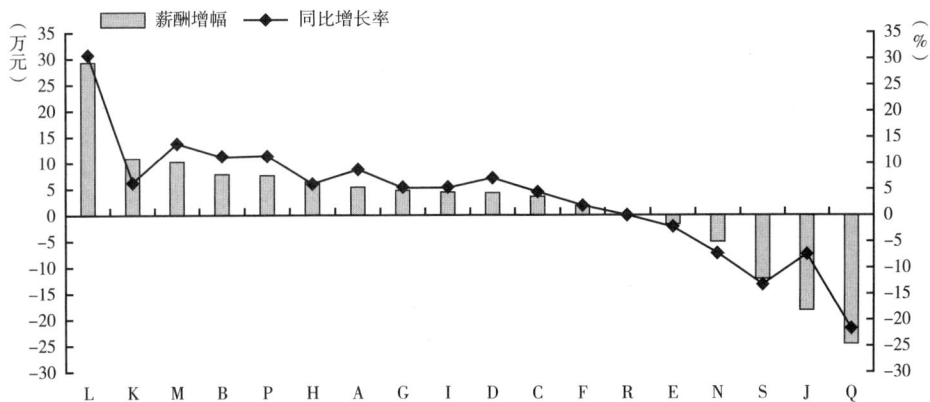

图 25 – 4　2018 年不同行业上市公司高管薪酬均值同比增幅和增长率比较

25.1.4　分所有制高管薪酬的年度比较

不同的所有制会对上市公司高管薪酬产生影响。表 24 – 4 比较了 2012 年以及 2015～2018 年不同所有制上市公司高管薪酬的变化情况。

由表 25 – 4 可知，2012～2018 年，五类所有制上市公司高管薪酬都处于增长态势。其中，国有弱相对控股公司高管薪酬均值增幅最大，为 38.98 万元；国有参股公司高管薪酬年均增长率最高，为 7.98%；高管薪酬均值增幅和年均增长率最低的是国有强相对控股公司，分别为 21.05 万元和 4.70%。

表 25 - 4　2012～2018 年不同所有制上市公司高管薪酬比较

单位：万元

所有制	年份	平均值	中位值	最大值	最小值	标准差
国有绝对控股公司	2012	64.55	55.79	275.74	7.42	42.10
	2015	75.22	58.51	774.17	4.55	71.71
	2016	74.13	61.28	466.51	6.10	60.84
	2017	84.29	65.94	542.33	13.58	70.17
	2018	96.43	69.66	1460.33	13.55	112.91
	六年增幅	31.88	13.87	1184.59	6.13	—
	年均增长率（%）	6.92	3.77	32.03	10.56	—
	比上年增幅	12.14	3.72	918.00	-0.03	—
	比上年增长率（%）	14.40	5.64	169.27	-0.22	—
国有强相对控股公司	2012	66.31	48.35	569.40	5.57	60.60
	2015	72.64	52.90	863.70	6.30	74.47
	2016	79.91	57.80	856.28	6.31	81.91
	2017	87.10	63.96	602.33	9.52	78.22
	2018	87.36	64.08	563.73	8.25	74.59
	六年增幅	21.05	15.73	-5.67	2.68	—
	年均增长率（%）	4.70	4.81	-0.17	6.77	—
	比上年增幅	0.26	0.12	-38.60	-1.27	—
	比上年增长率（%）	0.29	0.19	-6.41	-13.34	—
国有弱相对控股公司	2012	75.16	47.72	1458.33	6.00	109.49
	2015	85.39	55.01	856.53	7.63	106.89
	2016	92.97	54.06	1068.82	4.10	125.17
	2017	101.53	63.09	999.27	11.52	118.96
	2018	114.14	72.09	1406.56	8.25	144.73
	六年增幅	38.98	24.37	-51.77	2.25	—
	年均增长率（%）	7.21	7.12	-0.60	5.45	—
	比上年增幅	12.61	9.00	407.29	-3.27	—
	比上年增长率（%）	12.42	14.27	40.76	-28.39	—
国有参股公司	2012	64.58	46.52	530.00	3.40	65.45
	2015	99.87	58.53	3462.22	4.67	186.11
	2016	99.21	60.94	2591.61	5.20	157.33
	2017	103.26	65.75	2062.00	5.60	136.47
	2018	102.36	70.62	1233.16	9.27	112.49
	六年增幅	37.78	24.10	703.16	5.87	—
	年均增长率（%）	7.98	7.20	15.11	18.20	—
	比上年增幅	-0.90	4.87	-828.84	3.67	—
	比上年增长率（%）	-0.87	7.41	-40.20	65.54	—

续表

所有制	年份	平均值	中位值	最大值	最小值	标准差
无国有股份公司	2012	58.17	43.68	776.49	3.75	61.17
	2015	75.50	50.63	1271.91	0.28	94.61
	2016	74.30	54.49	923.76	4.00	77.63
	2017	78.42	58.07	800.84	5.67	72.42
	2018	81.15	60.83	1566.65	5.40	85.46
	六年增幅	22.98	17.15	790.16	1.65	—
	年均增长率(%)	5.71	5.68	12.41	6.27	—
	比上年增幅	2.73	2.76	765.81	-0.27	—
	比上年增长率(%)	3.48	4.75	95.63	-4.76	—

注：（1）薪酬增幅误差源于原始数据库的四舍五入；（2）"比上年增幅"和"比上年增长率"均指2018年与2017年的比较。

图25-5更加直观地描绘了2012～2018年不同所有制上市公司高管薪酬均值增幅和年均增长率的比较结果。可以看出，国有弱相对控股公司和国有参股公司的增幅和增长率排在前列，而国有强相对控股公司的薪酬增幅和增长率都是最低的。

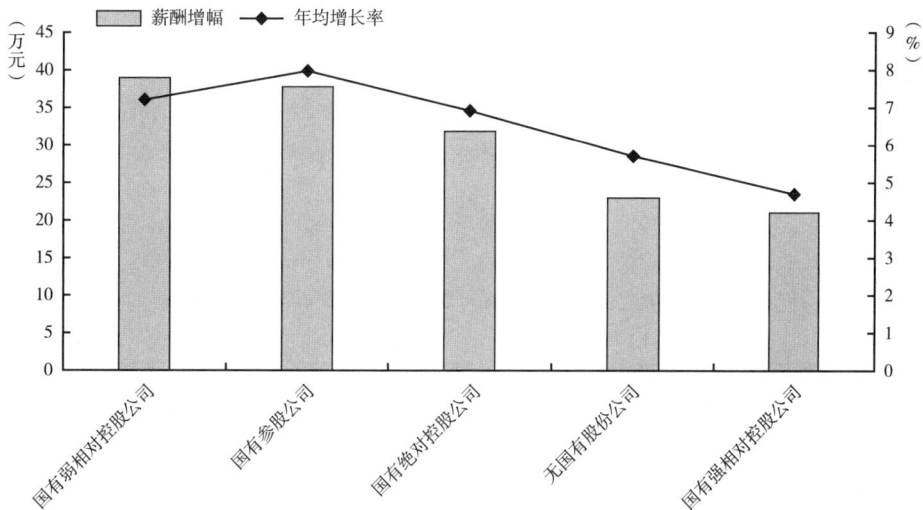

图25-5　2012～2018年不同所有制上市公司高管薪酬均值增幅和年均增长率的变化

与2017年相比，2018年除了国有参股公司外，其余四类所有制公司高管薪酬均值都是增长的，增幅最大的是国有弱相对控股公司，为12.61万元；增长率最高的是国有绝对控股公司，为14.40%；国有参股公司高管薪酬出现负增长，下降0.87%。

图 25 - 6 描绘了 2018 年不同所有制上市公司高管薪酬均值同比增幅和增长率的比较结果。可以看出，国有弱相对控股公司和国有绝对控股公司的高管薪酬无论是增幅还是增长率均排在前列，且明显高于其他三类公司。

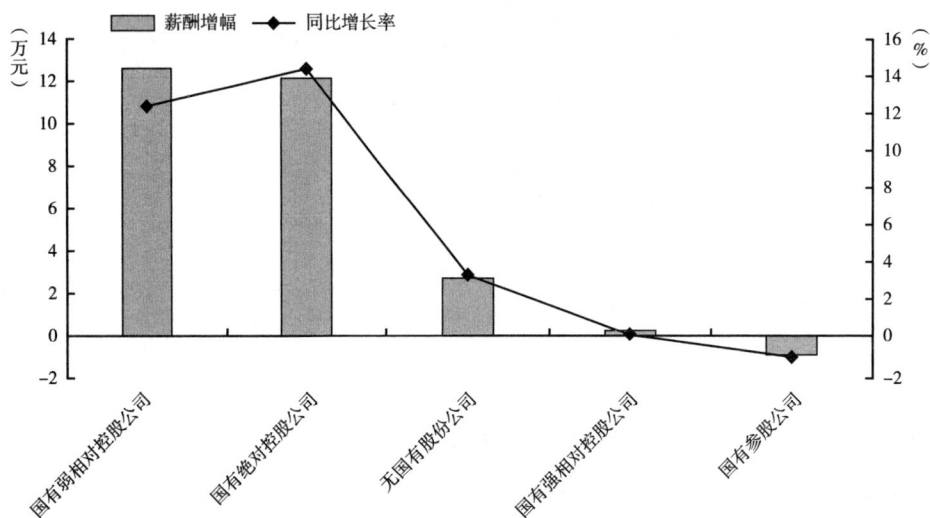

图 25 - 6　2018 年不同所有制上市公司高管薪酬均值同比增幅和增长率比较

我们进一步将国有绝对控股公司、国有强相对控股公司和国有弱相对控股公司归类为国有控股公司，将国有参股公司和无国有股份公司归类为非国有控股公司。表 25 - 5 比较了 2012～2018 年国有控股公司和非国有控股公司高管薪酬的变化情况。

表 25 - 5　2012～2018 年国有和非国有控股公司高管薪酬比较

单位：万元

所有制	年份	平均值	中位值	最大值	最小值	标准差
国有控股公司	2012	68.61	51.67	1458.33	45.57	75.97
	2015	76.93	55.33	863.70	4.55	84.25
	2016	82.78	56.65	1068.82	4.10	94.68
	2017	91.21	64.25	999.27	9.52	92.46
	2018	98.96	67.43	1460.33	8.25	113.33
	六年增幅	30.35	15.76	2.00	-37.32	—
	年均增长率（%）	6.29	4.54	0.02	-24.79	—
	比上年增幅	7.75	3.18	461.06	-1.27	—
	比上年增长率（%）	8.50	4.95	46.14	-13.34	—

续表

所有制	年份	平均值	中位值	最大值	最小值	标准差
非国有控股公司	2012	60.01	44.57	776.49	3.40	62.47
	2015	84.53	54.07	3462.22	0.28	136.40
	2016	84.07	56.38	2591.61	4.00	116.27
	2017	87.27	60.80	2062.00	5.60	100.77
	2018	88.69	63.70	1566.65	5.40	96.48
	六年增幅	28.68	19.13	790.16	2.00	—
	年均增长率(%)	6.73	6.13	12.41	8.02	—
	比上年增幅	1.42	2.90	-495.35	-0.20	—
	比上年增长率(%)	1.63	4.77	-24.02	-3.57	—

注：（1）薪酬增幅误差源于原始数据库的四舍五入；（2）"比上年增幅"和"比上年增长率"均指2018年与2017年的比较。

从表25-5可以看出，2012～2018年，国有控股公司高管薪酬增幅为30.35万元，高于非国有控股公司的28.68万元，但是前者年均增长率（6.29%）略低于后者（6.73%）。与2017年相比，2018年国有控股公司和非国有控股公司高管薪酬均值都出现增长，前者的增幅和增长率分别是7.75万元和8.50%，后者的增幅和增长率分别是1.42万元和1.63%，国有控股公司增幅和增长率都大于非国有控股公司。

25.2　高管薪酬指数的年度比较

本节将从总体、地区、行业和所有制四个角度，比较2012年以及2015～2018年样本上市公司高管薪酬指数的变化情况。

25.2.1　高管薪酬指数总体的年度比较

表25-6列示了2012年以及2015～2018年高管薪酬指数的变化情况。

表25-6　2012～2018年上市公司高管薪酬指数比较

年份	样本量	平均值	中位值	最大值	最小值	标准差
2012	2310	130.49	55.90	9915.94	0.08	388.89
2015	2632	210.07	82.53	13509.18	0.08	626.15
2016	2829	217.95	84.44	29407.56	0.06	903.69
2017	3140	211.14	88.35	34582.87	0.11	875.39
2018	3484	203.92	84.16	31000.58	0.10	837.79
六年增幅		73.43	28.26	21084.64	0.02	—

年份	样本量	平均值	中位值	最大值	最小值	标准差
年均增长率(%)		7.72	7.06	20.92	3.79	—
比上年增幅		-7.22	-4.19	-3582.29	-0.01	—
比上年增长率(%)		-3.42	-4.74	-10.36	-9.09	—

注：(1) 薪酬指数增幅误差源于原始数据库的四舍五入；(2) "比上年增幅"和"比上年增长率"均指 2018 年与 2017 年的比较。

从表 25 - 6 可以看出，上市公司高管薪酬指数均值从 2012 年的 130.49，逐步上升至 2016 年的 217.95，但是之后连续两年下降，在 2018 年已降至 203.92，总体呈先升后降的趋势。与 2017 年相比，2018 年上市公司高管薪酬指数均值降低 7.22，下降 3.42%。

25.2.2 分地区高管薪酬指数的年度比较

按照东部、中部、西部和东北四个地区的划分，我们对 2012 年以及 2015～2018 年上市公司高管薪酬指数的变化情况进行比较，如表 25 - 7 所示。

表 25 - 7　2012～2018 年不同地区上市公司高管薪酬指数比较

地区	年份	平均值	中位值	最大值	最小值	标准差
东部	2012	141.95	62.52	9915.94	0.08	447.87
	2015	202.40	92.52	13509.18	0.08	577.11
	2016	223.37	91.21	29407.56	0.06	980.57
	2017	223.46	95.45	34582.87	0.11	977.48
	2018	217.12	91.17	31000.58	0.10	899.26
	六年增幅	75.17	28.65	21084.64	0.02	—
	年均增长率(%)	7.34	6.49	20.92	3.79	—
	比上年增幅	-6.34	-4.28	-3582.29	-0.01	—
	比上年增长率(%)	-2.84	-4.48	-10.36	-9.09	—
中部	2012	92.76	38.16	2874.93	0.54	208.83
	2015	198.64	59.41	6371.48	0.75	623.69
	2016	173.01	61.02	5789.91	0.29	518.91
	2017	182.94	63.69	12249.10	1.01	680.30
	2018	181.90	58.77	19784.48	0.64	957.33
	六年增幅	89.14	20.61	16909.55	0.10	—
	年均增长率(%)	11.88	7.46	37.92	2.87	—
	比上年增幅	-1.04	-4.92	7535.38	-0.37	—
	比上年增长率(%)	-0.57	-7.72	61.52	-36.63	—

地区	年份	平均值	中位值	最大值	最小值	标准差
西部	2012	126. 19	52. 33	3120. 32	0. 50	299. 88
	2015	245. 42	75. 18	9876. 76	0. 81	774. 63
	2016	243. 23	80. 41	12777. 26	1. 24	915. 18
	2017	197. 26	84. 15	11118. 43	1. 41	606. 12
	2018	178. 91	79. 75	5282. 68	1. 71	384. 49
	六年增幅	52. 72	27. 42	2162. 36	1. 21	—
	年均增长率(%)	5. 99	7. 27	9. 17	22. 75	—
	比上年增幅	- 18. 35	- 4. 40	- 5835. 75	0. 30	—
	比上年增长率(%)	- 9. 30	- 5. 23	- 52. 49	21. 28	—
东北	2012	112. 43	56. 13	1424. 01	0. 72	188. 43
	2015	239. 61	66. 41	5677. 06	0. 94	748. 81
	2016	200. 84	57. 40	6800. 76	2. 12	618. 48
	2017	155. 72	66. 59	2161. 37	2. 00	267. 42
	2018	135. 05	61. 94	1665. 65	1. 34	203. 10
	六年增幅	22. 62	5. 81	241. 64	0. 62	—
	年均增长率(%)	3. 10	1. 66	2. 65	10. 91	—
	比上年增幅	- 20. 67	- 4. 65	- 495. 72	- 0. 66	—
	比上年增长率(%)	- 13. 27	- 6. 98	- 22. 94	- 33. 00	—

注：（1）薪酬指数增幅误差源于原始数据库的四舍五入；（2）"比上年增幅"和"比上年增长率"均指2018年与2017年的比较。

从表25-7可以看出，2012~2018年，四个地区上市公司高管薪酬指数均值都呈现上升态势。其中，中部地区高管薪酬指数均值增幅和年均增长率均最高，分别为89.14和11.88%；东北地区高管薪酬指数均值增幅和年均增长率均最低，分别为22.62和3.10%。

图25-7更为直观地显示了2012~2018年四个地区上市公司高管薪酬指数均值增幅和增长率的比较结果。很明显，四个地区上市公司高管薪酬指数均值增幅和年均增长率从高到低依次都是中部、东部、西部和东北。

与2017年相比，2018年四个地区的上市公司高管薪酬指数均值都在下降，其中东北地区下降幅度最大，为20.67，下降速度也最快，为13.27%；中部地区上市公司高管薪酬指数均值下降幅度最小，为1.04，同比下降0.57%。

图25-8显示了2018年四个地区上市公司高管薪酬指数均值同比增幅和增长率比较结果。薪酬指数下降幅度和下降速度从低到高依次都是中部、东部、西部和东北。其中，东北地区和西部地区下降的幅度和速度都显著高于其他两个地区。

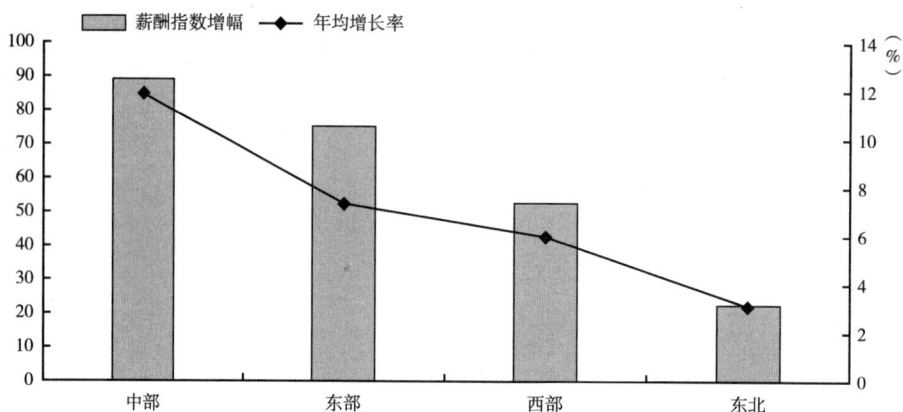

图 25 - 7　2012 ~ 2018 年不同地区上市公司高管薪酬指数均值增幅和年均增长率的变化

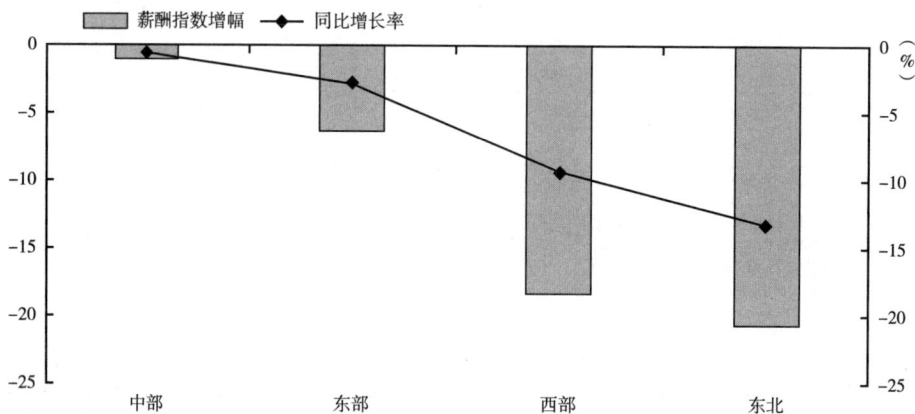

图 25 - 8　2018 年不同地区上市公司高管薪酬指数均值同比增幅和增长率比较

25.2.3　分行业高管薪酬指数的年度比较

各行业在不同年度的经营状况不一，高管薪酬指数也会受到影响，我们比较了 2012 年以及 2015 ~ 2018 年上市公司高管薪酬指数在不同行业的变化情况，如表 25 - 8 所示。

从表 25 - 8 可以看出，2012 ~ 2018 年，18 个行业中，有 17 个行业的上市公司高管薪酬指数均值都是增长的，其中教育（P）的高管薪酬指数均值增幅和年均增长率都是最高的，分别为 691.58 和 40.23%，这与该行业有一家公司畸高的高管薪酬指数以及公司数量少有关；金融业（J）的薪酬增幅和年均增长率都排名第二。只有综合（S）的上市公司高管薪酬指数均值是下降的，降幅为 99.74，年均下降 2.06%。

表25－8 2012～2018年不同行业上市公司高管薪酬指数比较

行业	年份	平均值	中位值	最大值	最小值	标准差
农、林、牧、渔业（A）	2012	94.69	71.93	367.25	5.54	87.54
	2015	153.20	77.88	1004.99	12.82	214.47
	2016	161.18	69.64	843.66	8.04	194.36
	2017	166.24	83.55	1008.06	16.52	225.88
	2018	184.44	74.02	1542.31	6.46	292.08
	六年增幅	89.75	2.09	1175.06	0.92	—
	年均增长率（%）	11.75	0.48	27.02	2.59	—
	比上年增幅	18.20	-9.53	534.25	-10.06	—
	比上年增长率（%）	10.95	-11.41	53.00	-60.90	—
采矿业（B）	2012	86.06	18.65	1093.37	0.08	191.12
	2015	222.81	34.77	3479.14	0.08	577.67
	2016	322.89	30.52	12777.26	0.10	1497.09
	2017	140.43	31.34	1610.04	0.11	285.60
	2018	172.61	29.70	4579.97	0.10	561.10
	六年增幅	86.55	11.05	3486.60	0.02	—
	年均增长率（%）	12.30	8.06	26.96	3.79	—
	比上年增幅	32.18	-1.64	2969.93	-0.01	—
	比上年增长率（%）	22.92	-5.23	184.46	-9.09	—
制造业（C）	2012	108.59	56.89	5002.34	0.46	250.43
	2015	181.59	88.66	9876.76	0.75	480.74
	2016	171.07	88.50	7907.86	0.46	357.00
	2017	181.15	93.06	12249.10	0.58	476.81
	2018	175.14	88.23	19784.48	0.75	571.18
	六年增幅	66.55	31.34	14782.14	0.29	—
	年均增长率（%）	8.29	7.59	25.75	8.49	—
	比上年增幅	-6.01	-4.83	7535.38	0.17	—
	比上年增长率（%）	-3.32	-5.19	61.52	29.31	—
电力、热力、燃气及水生产和供应业（D）	2012	77.13	32.63	1592.90	1.15	186.79
	2015	74.57	47.48	545.71	1.85	89.38
	2016	81.06	50.90	653.60	1.87	102.00
	2017	93.19	55.18	1607.74	1.47	179.03
	2018	98.17	45.03	1892.04	1.31	220.59
	六年增幅	21.04	12.40	299.14	0.16	—
	年均增长率（%）	4.10	5.51	2.91	2.19	—
	比上年增幅	4.98	-10.15	284.30	-0.16	—
	比上年增长率（%）	5.34	-18.39	17.68	-10.88	—

行业	年份	平均值	中位值	最大值	最小值	标准差
建筑业（E）	2012	38.78	28.37	207.01	0.27	39.91
	2015	100.14	34.52	2314.21	0.36	291.09
	2016	98.45	40.17	1545.98	0.28	205.99
	2017	82.90	40.96	1214.63	0.27	143.04
	2018	90.30	39.74	1309.68	0.28	178.31
	六年增幅	51.52	11.37	1102.67	0.01	—
	年均增长率（%）	15.13	5.78	36.00	0.61	—
	比上年增幅	7.40	-1.22	95.05	0.01	—
	比上年增长率（%）	8.93	-2.98	7.83	3.70	—
批发和零售业（F）	2012	74.44	23.77	1426.80	0.16	176.37
	2015	144.69	28.78	4727.00	0.52	506.15
	2016	128.87	30.09	5283.60	1.14	485.13
	2017	178.32	30.67	10882.19	0.39	899.26
	2018	134.14	30.42	7501.58	0.50	607.41
	六年增幅	59.70	6.65	6074.78	0.34	—
	年均增长率（%）	10.31	4.20	31.87	20.91	—
	比上年增幅	-44.18	-0.25	-3380.61	0.11	—
	比上年增长率（%）	-24.78	-0.82	-31.07	28.21	—
交通运输、仓储和邮政业（G）	2012	83.04	42.66	356.15	1.67	94.90
	2015	103.44	63.97	686.67	1.88	128.68
	2016	92.50	44.70	551.21	0.29	117.83
	2017	86.03	46.73	580.97	1.97	117.40
	2018	83.66	39.62	509.87	1.40	113.64
	六年增幅	0.62	-3.04	153.72	-0.27	—
	年均增长率（%）	0.12	-1.22	6.16	-2.90	—
	比上年增幅	-2.37	-7.11	-71.10	-0.57	—
	比上年增长率（%）	-2.75	-15.22	-12.24	-28.93	—
住宿和餐饮业（H）	2012	440.45	129.89	1898.26	28.23	626.64
	2015	887.74	249.10	5020.07	35.28	1443.43
	2016	1274.37	221.68	4813.91	12.37	1619.01
	2017	840.96	168.15	4901.28	13.48	1523.09
	2018	625.29	171.20	3271.27	12.28	1032.94
	六年增幅	184.84	41.31	1373.01	-15.95	—
	年均增长率（%）	6.01	4.71	9.49	-12.95	—
	比上年增幅	-215.67	3.05	-1630.01	-1.20	—
	比上年增长率（%）	-25.65	1.81	-33.26	-8.90	—

续表

行业	年份	平均值	中位值	最大值	最小值	标准差
信息传输、软件和信息技术服务业（I）	2012	232.35	169.83	3120.32	0.17	346.30
	2015	335.87	223.58	5238.96	0.37	529.43
	2016	249.98	154.91	2011.19	0.06	292.07
	2017	244.76	166.72	1874.96	0.58	248.60
	2018	245.62	145.09	3390.52	0.56	322.29
	六年增幅	13.27	-24.74	270.20	0.39	—
	年均增长率（%）	0.93	-2.59	1.39	21.98	—
	比上年增幅	0.86	-21.63	1515.56	-0.02	—
	比上年增长率（%）	0.35	-12.97	80.83	-3.45	—
金融业（J）	2012	135.37	66.92	531.35	0.35	156.37
	2015	140.79	40.32	1772.09	0.28	280.53
	2016	571.94	64.47	16053.99	0.22	2295.06
	2017	727.56	84.56	34582.87	0.39	3947.26
	2018	775.12	90.22	31000.58	0.33	3510.82
	六年增幅	639.75	23.30	30469.23	-0.02	—
	年均增长率（%）	33.75	5.11	96.94	-0.98	—
	比上年增幅	47.56	5.66	-3582.29	-0.06	—
	比上年增长率（%）	6.54	6.69	-10.36	-15.38	—
房地产业（K）	2012	323.97	88.12	7838.23	6.32	896.59
	2015	467.43	92.34	8518.44	5.86	1279.83
	2016	735.30	81.46	29407.56	3.05	3193.72
	2017	447.43	90.21	12034.83	6.49	1540.40
	2018	396.23	80.97	16921.95	5.79	1661.05
	六年增幅	72.26	-7.15	9083.72	-0.53	—
	年均增长率（%）	3.41	-1.40	13.69	-1.45	—
	比上年增幅	-51.20	-9.24	4887.12	-0.70	—
	比上年增长率（%）	-11.44	-10.24	40.61	-10.79	—
租赁和商务服务业（L）	2012	92.42	39.26	480.99	4.00	131.29
	2015	149.36	54.02	1671.17	3.55	319.90
	2016	141.22	86.60	1329.92	2.18	224.50
	2017	121.35	83.44	604.73	2.63	134.12
	2018	156.23	82.48	1472.27	2.56	233.46
	六年增幅	63.81	43.22	991.28	-1.44	—
	年均增长率（%）	9.14	13.17	20.50	-7.17	—
	比上年增幅	34.88	-0.96	867.54	-0.07	—
	比上年增长率（%）	28.74	-1.15	143.46	-2.66	—

续表

行业	年份	平均值	中位值	最大值	最小值	标准差
科学研究和技术服务业（M）	2012	231.02	126.89	483.28	29.71	170.83
	2015	252.88	158.04	591.91	45.66	184.01
	2016	349.85	262.88	1490.66	33.92	365.16
	2017	401.29	211.95	3588.78	27.22	636.79
	2018	355.29	153.23	2393.48	18.01	492.00
	六年增幅	124.27	26.34	1910.20	-11.70	—
	年均增长率（%）	7.44	3.19	30.56	-8.00	—
	比上年增幅	-46.00	-58.72	-1195.30	-9.21	—
	比上年增长率（%）	-11.46	-27.70	-33.31	-33.84	—
水利、环境和公共设施管理业（N）	2012	150.40	116.86	447.86	9.03	124.70
	2015	380.96	154.31	5442.17	11.99	956.65
	2016	380.22	133.84	6800.76	12.84	1144.70
	2017	218.58	120.58	2161.37	17.35	339.62
	2018	155.67	99.05	988.04	9.41	162.37
	六年增幅	5.27	-17.81	540.18	0.38	—
	年均增长率（%）	0.58	-2.72	14.10	0.69	—
	比上年增幅	-62.91	-21.53	-1173.33	-7.94	—
	比上年增长率（%）	-28.78	-17.86	-54.29	-45.76	—
教育（P）	2012	104.73	104.73	104.73	104.73	—
	2015	129.67	129.67	129.67	129.67	0.00
	2016	112.08	91.21	168.28	76.75	40.18
	2017	168.88	119.93	384.43	51.23	130.98
	2018	796.31	112.48	4396.19	11.27	1398.19
	六年增幅	691.58	7.75	4291.46	-93.46	—
	年均增长率（%）	40.23	1.20	86.42	-31.03	—
	比上年增幅	627.43	-7.45	4011.76	-39.96	—
	比上年增长率（%）	371.53	-6.21	1043.56	-78.00	—
卫生和社会工作（Q）	2012	193.76	118.85	420.36	42.07	199.96
	2015	136.28	84.92	305.33	69.98	98.16
	2016	161.03	85.20	406.74	39.36	132.94
	2017	1805.17	98.48	13753.16	33.07	4516.23
	2018	656.90	66.48	6913.51	32.71	1887.17
	六年增幅	463.14	-52.37	6493.15	-9.36	—
	年均增长率（%）	22.57	-9.23	59.47	-4.11	—
	比上年增幅	-1148.27	-32.00	-6839.65	-0.36	—
	比上年增长率（%）	-63.61	-32.49	-49.73	-1.09	—

续表

行业	年份	平均值	中位值	最大值	最小值	标准差
文化、体育和娱乐业（R）	2012	112.00	84.90	638.19	13.25	143.42
	2015	366.03	116.03	6371.48	15.22	1045.76
	2016	161.98	102.76	1488.54	8.94	236.97
	2017	144.06	117.67	533.46	11.02	110.91
	2018	149.93	108.62	1148.32	10.58	171.66
	六年增幅	37.93	23.72	510.13	-2.67	—
	年均增长率（%）	4.98	4.19	10.29	-3.68	—
	比上年增幅	5.87	-9.05	614.86	-0.44	—
	比上年增长率（%）	4.07	-7.69	115.26	-3.99	—
综合（S）	2012	850.70	118.05	9915.94	30.66	2171.55
	2015	1051.62	121.58	13509.18	24.06	2704.85
	2016	1076.38	160.54	9117.24	26.64	2405.87
	2017	669.70	156.83	6425.03	20.58	1370.73
	2018	750.96	123.81	5648.66	10.77	1454.15
	六年增幅	-99.74	5.76	-4267.28	-19.89	—
	年均增长率（%）	-2.06	0.80	-8.95	-16.00	—
	比上年增幅	81.26	-33.02	-776.37	-9.81	—
	比上年增长率（%）	12.13	-21.05	-12.08	-47.67	—

注：（1）薪酬指数增幅误差源于原始数据库的四舍五入；（2）"比上年增幅"和"比上年增长率"均指2018年与2017年的比较；（3）居民服务、修理和其他服务业（O）只有1家上市公司，难以代表该行业整体水平，且之前年度也没有该行业的公司出现，无法比较，故予以剔除。

图25-9更直观地描绘了2012～2018年不同行业上市公司高管薪酬指数均值增幅和年均增长率的变化情况，可以看出，增幅最大的三个行业分别是教育（P）、金融业（J）、卫生和社会工作（Q）；增幅最小的三个行业分别是综合（S），交通运输、仓储和邮政业（G），水利、环境和公共设施管理业（N）。

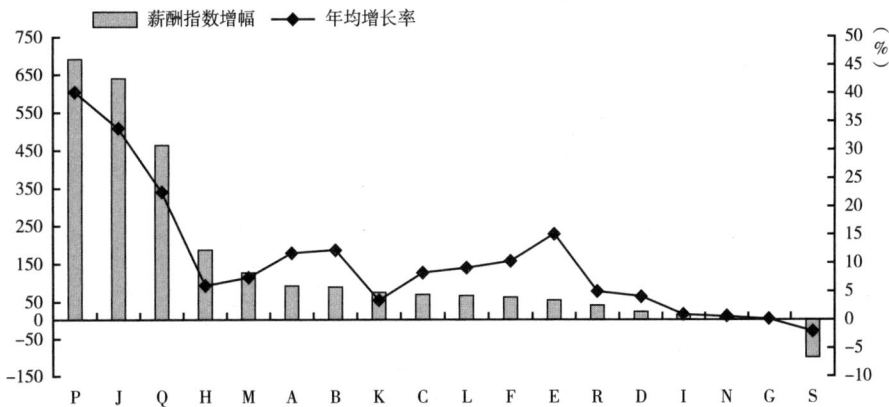

图25-9　2012～2018年不同行业上市公司高管薪酬指数均值增幅和年均增长率的变化

与 2017 年相比，2018 年有 10 个行业的上市公司高管薪酬指数均值上升，增幅最大的是教育（P），达到 627.43，增长率为 371.53%，原因已如上所述。其他 8 个行业的上市公司高管薪酬均值出现下降，降幅最大和下降速度最快的都是卫生和社会工作（Q），降低 1148.27，同比下降 63.61%（见图 25 - 10）。

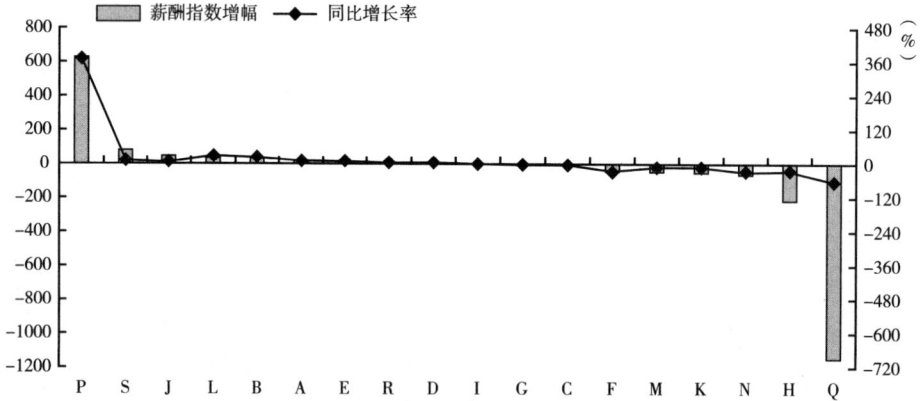

图 25 - 10　2018 年不同行业上市公司高管薪酬指数均值同比增幅和增长率比较

25.2.4　分所有制高管薪酬指数的年度比较

不同的所有制会对上市公司高管薪酬指数产生影响。表 25 - 9 比较了 2012 年以及 2015~2018 年不同所有制上市公司高管薪酬指数的变化情况。

表 25 - 9　2012~2018 年不同所有制上市公司高管薪酬指数比较

所有制	年份	平均值	中位值	最大值	最小值	标准差
国有绝对控股公司	2012	40.71	19.11	459.90	0.08	58.83
	2015	57.65	27.15	871.24	0.08	87.22
	2016	60.01	25.54	1219.46	0.06	111.39
	2017	65.13	25.60	1119.47	0.11	113.32
	2018	66.86	26.55	1148.32	0.10	125.57
	六年增幅	26.15	7.44	688.42	0.02	—
	年均增长率(%)	8.62	5.63	16.48	3.79	—
	比上年增幅	1.73	0.95	28.85	-0.01	—
	比上年增长率(%)	2.66	3.71	2.58	-9.09	—
国有强相对控股公司	2012	56.65	29.92	1050.79	0.35	86.49
	2015	116.18	45.51	5442.17	0.28	415.09
	2016	123.10	44.61	7641.01	0.22	505.06
	2017	113.97	48.59	10882.19	0.39	532.15
	2018	95.93	43.48	7501.58	0.33	376.45

续表

所有制	年份	平均值	中位值	最大值	最小值	标准差
国有强相对控股公司	六年增幅	39.28	13.56	6450.79	-0.02	—
	年均增长率（%）	9.18	6.43	38.76	-0.98	—
	比上年增幅	-18.04	-5.11	-3380.61	-0.06	—
	比上年增长率（%）	-15.83	-10.52	-31.07	-15.38	—
国有弱相对控股公司	2012	117.52	47.09	7838.23	1.18	476.85
	2015	225.22	61.45	13509.18	1.32	1041.49
	2016	228.05	56.68	29407.56	0.91	1669.42
	2017	145.55	64.91	3588.78	1.24	308.49
	2018	162.58	56.92	6675.29	0.35	495.61
	六年增幅	45.06	9.83	-1162.94	-0.83	—
	年均增长率（%）	5.56	3.21	-2.64	-18.24	—
	比上年增幅	17.03	-7.99	3086.51	-0.89	—
	比上年增长率（%）	11.70	-12.31	86.00	-71.77	—
国有参股公司	2012	177.91	70.16	4069.49	0.16	410.85
	2015	237.06	105.66	7708.84	0.52	544.16
	2016	281.72	94.07	16053.99	0.29	1145.30
	2017	218.79	98.22	13753.16	1.75	634.63
	2018	241.23	88.85	16921.95	1.96	866.77
	六年增幅	63.32	18.69	12852.46	1.80	—
	年均增长率（%）	5.21	4.01	26.81	51.83	—
	比上年增幅	22.44	-9.37	3168.79	0.21	—
	比上年增长率（%）	10.26	-9.54	23.04	12.00	—
无国有股份公司	2012	170.98	85.07	9915.94	1.39	461.96
	2015	274.23	122.04	9876.76	2.23	667.83
	2016	247.60	120.86	7127.59	1.78	538.95
	2017	284.03	125.86	34582.87	0.39	1196.75
	2018	244.38	118.82	31000.58	0.50	1017.32
	六年增幅	73.40	33.75	21084.64	-0.89	—
	年均增长率（%）	6.13	5.73	20.92	-15.57	—
	比上年增幅	-39.65	-7.04	-3582.29	0.11	—
	比上年增长率（%）	-13.96	-5.59	-10.36	29.21	—

注：（1）薪酬指数增幅误差源于原始数据库的四舍五入；（2）"比上年增幅"和"比上年增长率"均指2018年与2017年的比较。

由表25-9可知，2012～2018年，五类所有制上市公司高管薪酬指数均值都处于增长态势。其中，无国有股份公司高管薪酬指数均值增幅最高，为73.40，年均增长率排名第三，为6.13%；国有强相对控股公司年均增长率最高，为9.18%，六年增幅排名第四，为39.28；高管薪酬指数均值六年增幅最小的是国有绝对控股公司，为26.15，年均增长率为8.62%；年均增长率最低的是国有参股公司，为5.21%，六年增幅为63.32。

图 25 – 11 更加直观地描绘了 2012～2018 年不同所有制上市公司高管薪酬指数均值和年均增长率的变化情况。可以看出，高管薪酬指数均值增幅随着国有股份比例的增加而逐渐降低。

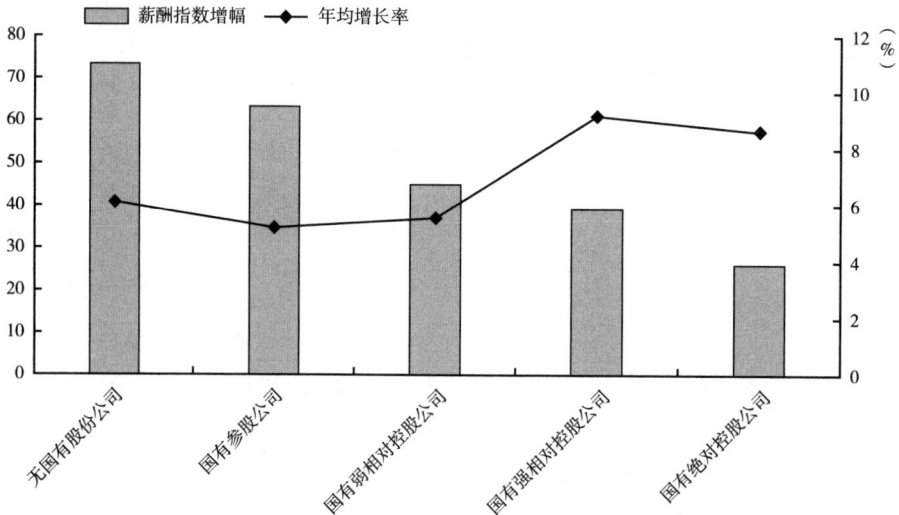

图 25 – 11　2012～2018 年不同所有制上市公司高管薪酬指数均值和年均增长率的变化

与 2017 年相比，2018 年国有参股公司高管薪酬指数增幅是最高的，达 22.44，同比增长率排名第二，为 10.26%；国有弱相对控股公司同比增长率位居首位，为 11.70%，增幅排名第二，为 17.03；国有绝对控股公司高管薪酬与上年相比只有微幅增加；无国有股份公司下降幅度最大，减少 39.65 分；国有强相对控股公司下降速度最快，下降 15.83%。

图 25 – 12 描绘了 2018 年不同所有制上市公司高管薪酬指数均值同比增幅和增长率的变化情况。可以看出，国有参股公司、国有弱相对控股公司以及国有绝对控股公司高管薪酬指数均值增加，其余两类公司高管薪酬指数均值下降。

我们进一步将国有绝对控股公司、国有强相对控股公司和国有弱相对控股公司归类为国有控股公司，将国有参股公司和无国有股份公司归类为非国有控股公司。表 25 – 10 比较了 2012～2018 年国有控股公司和非国有控股公司高管薪酬指数的变化情况。

从表 25 – 10 可以看出，2012～2018 年，国有控股公司高管薪酬指数增幅为 40.95，低于非国有控股公司的 70.29，但前者年均增长率（7.85%）高于后者（5.85%）。与 2017 年相比，2018 年国有控股公司和非国有控股公司高管薪酬指数均值都出现下降，非国有控股公司降幅大于国有控股公司；具体来看，非国有控股公司减少 17.52，降低 6.72%；国有控股公司降幅仅为 0.28，降低 0.25%，只是轻微减少。

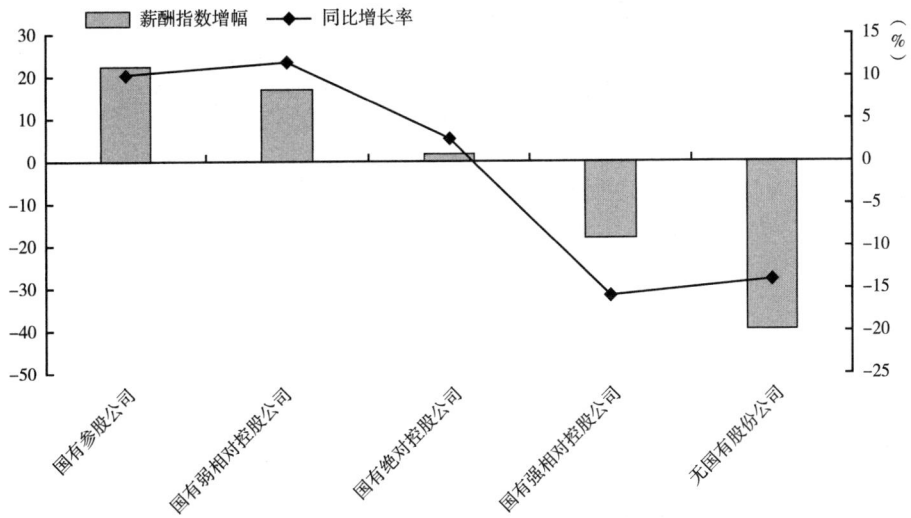

图 25 - 12　2018 年不同所有制上市公司高管薪酬指数均值同比增幅和增长率比较

表 25 - 10　2012～2018 年国有控股和非国有控股公司高管薪酬指数比较

所有制	年份	平均值	中位值	最大值	最小值	标准差
国有控股公司	2012	71.38	30.50	7838.23	0.08	277.23
	2015	129.80	43.69	13509.18	0.08	619.35
	2016	142.09	42.76	29407.56	0.06	1014.19
	2017	112.61	46.77	10882.19	0.11	395.21
	2018	112.33	43.38	7501.58	0.10	386.39
	六年增幅	40.95	12.88	-336.65	0.02	—
	年均增长率(%)	7.85	6.05	-0.73	3.79	—
	比上年增幅	-0.28	-3.39	-3380.61	-0.01	—
	比上年增长率(%)	-0.25	-7.25	-31.07	-9.09	—
非国有控股公司	2012	172.97	80.35	9915.94	0.16	447.74
	2015	260.46	115.21	9876.76	0.52	625.14
	2016	260.98	110.61	16053.99	0.29	831.46
	2017	260.78	117.26	34582.87	0.39	1032.65
	2018	243.26	109.81	31000.58	0.50	966.51
	六年增幅	70.29	29.46	21084.64	0.34	—
	年均增长率(%)	5.85	5.34	20.92	20.91	—
	比上年增幅	-17.52	-7.45	-3582.29	0.11	—
	比上年增长率(%)	-6.72	-6.35	-10.36	28.21	—

注：（1）薪酬指数增幅误差源于原始数据库的四舍五入；（2）"比上年增幅"和"比上年增长率"均指 2018 年与 2017 年的比较。

25.3 不同激励区间高管薪酬的年度比较

25.3.1 激励适中区间高管薪酬的年度比较

表 25 - 11 列示了 2012 ~ 2018 年激励适中区间上市公司高管薪酬的变化情况。

表 25 - 11 2012 ~ 2018 年激励适中区间上市公司高管薪酬比较

单位：万元

年份	样本量	激励适中比例（%）	平均值	中位值	最大值	最小值	标准差
2012	1156	50.04	61.73	45.83	1458.33	3.75	7.20
2015	1316	50.00	75.00	51.88	1350.20	0.28	90.68
2016	1415	50.02	76.02	54.33	1208.89	7.47	84.90
2017	1570	50.00	85.57	61.48	903.77	8.51	85.79
2018	1742	50.00	88.30	62.61	1278.31	10.42	91.56
六年增幅	—		26.57	16.78	-180.02	6.67	—
年均增长率（%）	—		6.15	5.34	-2.17	18.57	—
比上年增幅	—		2.73	1.13	374.54	1.91	—
比上年增长率（%）	—		3.19	1.84	41.44	22.44	—

注：（1）薪酬增幅误差源于原始数据库的四舍五入；（2）本表中激励适中比例是指激励适中公司数占全部样本公司数的比例；（3）"比上年增幅"和"比上年增长率"均指 2018 年与 2017 年的比较。

从表 25 - 11 可以看出，2012 ~ 2018 年，在激励适中区间，上市公司高管薪酬均值增加 26.57 万元，年均增长率为 6.15%。与 2017 年相比，2018 年处于激励适中区间的上市公司高管薪酬均值增加 2.73 万元，上升 3.19%。

25.3.2 激励过度区间高管薪酬的年度比较

表 25 - 12 列示了 2012 ~ 2018 年度处于激励过度区间上市公司高管薪酬的总体变化情况。

表 25 - 12 2012 ~ 2018 年激励过度区间上市公司高管薪酬比较

单位：万元

年份	样本量	激励过度比例（%）	平均值	中位值	最大值	最小值	标准差
2012	577	24.98	62.98	47.26	569.40	4.06	57.16
2015	658	25.00	99.65	58.83	3462.22	2.85	174.18
2016	707	24.99	100.78	62.69	2591.61	4.00	151.70
2017	785	25.00	92.52	63.12	2062.00	5.60	111.96
2018	871	25.00	94.23	68.03	1566.65	5.40	111.09

年份	样本量	激励过度比例(%)	平均值	中位值	最大值	最小值	标准差
六年增幅	—		31.25	20.77	997.25	1.34	—
年均增长率(%)	—		6.95	6.26	18.37	4.87	—
比上年增幅	—		1.71	4.91	−495.35	−0.20	—
比上年增长率(%)	—		1.85	7.78	−24.02	−3.57	—

注：（1）薪酬增幅误差源于原始数据库的四舍五入；（2）本表中激励过度比例是指激励过度公司数与全部样本公司数的比例；（3）"比上年增幅"和"比上年增长率"均指2018年与2017年的比较。

从表25-12可以看出，2012～2018年，在激励过度区间，上市公司高管薪酬均值增加31.25万元，年均增长率为6.95%。与2017年相比，2018年处于激励过度区间的上市公司高管薪酬均值增加1.71万元，上升1.85%。

25.3.3　激励不足区间高管薪酬的年度比较

表25-13列示了2012～2018年激励不足区间上市公司高管薪酬的变化情况。

表25-13　2012～2018年激励不足区间上市公司高管薪酬比较

单位：万元

年份	样本量	激励不足比例(%)	平均值	中位值	最大值	最小值	标准差
2012	577	24.98	67.99	48.70	606.52	3.40	71.37
2015	658	25.00	76.74	55.71	1060.12	4.55	97.50
2016	707	24.99	81.59	56.60	1097.75	4.10	98.21
2017	785	25.00	90.69	61.99	1302.51	9.52	105.76
2018	871	25.00	96.26	66.24	1406.56	8.25	111.41
六年增幅	—		28.27	17.54	800.04	4.85	—
年均增长率(%)	—		5.97	5.26	15.05	15.92	—
比上年增幅	—		5.57	4.25	104.05	−1.27	—
比上年增长率(%)	—		6.14	6.86	7.99	−13.34	—

注：（1）薪酬增幅误差源于原始数据库的四舍五入；（2）本表中激励不足比例是指激励不足公司数占全部样本公司数的比例；（3）"比上年增幅"和"比上年增长率"均指2018年与2017年的比较。

从表25-13可以看出，2012～2018年，激励不足区间的上市公司高管薪酬均值增加了28.27万元，年均增长5.97%。与2017年相比，2018年激励不足区间上市公司高管薪酬均值增加5.57万元，上升6.14%。

25.4　本章小结

本章从总体、地区、行业、所有制四个角度，比较了2012～2018年中国上市公司高管薪酬及指数的变化情况，主要结论如下。

（1）从高管薪酬总体来看，2012～2018年，高管薪酬均值增幅为28.17万元，年均增长率为6.30%；相比2017年，2018年上市公司高管薪酬均值增加3.19万元，增长3.60%。从地区看，2012～2018年，四个地区上市公司高管薪酬均值都呈现上涨趋势，增长幅度和年均增长率从高到低依次都是西部、东部、中部和东北；相比2017年，2018年四个地区上市公司高管薪酬均值都上升，西部地区增幅最大，中部地区增幅最小。从行业看，2012～2018年，17个行业上市公司高管薪酬均值都有所增长，只有金融业（J）下降；相比2017年，2018年各行业上市公司高管薪酬均值有增有降，12个行业上升，6个行业下降。从所有制看，2012～2018年，国有控股公司高管薪酬增幅高于非国有控股公司，但是年均增长率小于非国有控股公司；相比2017年，2018年国有控股公司和非国有控股公司高管薪酬均值都出现增长，国有控股公司增幅和增长率都高于非国有控股公司。

（2）从高管薪酬指数总体来看，2012～2018年，高管薪酬指数均值呈先升后降的趋势；相比2017年，2018年上市公司高管薪酬指数均值降低3.42%。从地区看，2012～2018年，四个地区上市公司高管薪酬指数都有所增长，增长幅度和年均增长率从高到低依次都是中部、东部、西部和东北；相比2017年，2018年四个地区的上市公司高管薪酬指数均值都在下降，其中东北地区下降幅度最大。从行业看，2012～2018年，17个行业的上市公司高管薪酬指数均值都有所增长，只有综合（S）下降；相比2017年，2018年有10个行业的上市公司高管薪酬指数均值上升，8个行业下降。从所有制看，2012～2018年，国有控股公司高管薪酬指数均值增幅低于非国有控股公司，但年均增长率高于非国有控股公司；相比2017年，2018年国有控股公司和非国有控股公司高管薪酬指数均值都出现下降，非国有控股公司降幅和降低速度都高于国有控股公司。

（3）2012～2018年，在激励适中区间，上市公司高管薪酬均值年均增长6.15%；相比2017年，2018年上市公司高管薪酬均值增加3.19%。在激励过度区间，上市公司高管薪酬均值年均增长6.95%；相比2017年，2018年上市公司高管薪酬均值增长1.85%。在激励不足区间，上市公司高管薪酬均值年均增长5.97%；相比2017年，2018年上市公司高管薪酬均值增长6.14%。

第八篇　政策建议

第 26 章　完善公司治理的政策建议

近几年，基于每年的中国公司治理分类指数数据，我们先后提出强调规范化退市、加强制衡机制建设、"去形式化"等政策建议，并针对中小投资者权益保护、董事会治理、企业家能力建设、财务治理、自愿性信息披露和高管薪酬合理化，提出了一些具体的改进措施。目前，这些方面都取得了一定的成效，但公司治理的规范化仍在路上，距离目标仍相差很多。本章主要从案例和政策等角度，结合本报告公司治理指数的部分数据，谈一些启示和看法。

26.1　上市国企典型调研的启示

近些年，我们一方面对中国上市公司治理分类指数进行测度，以通过大数据来发现中国上市公司存在的问题；同时也通过大量典型调研来进一步验证发现的问题。这里只选取几个上市国企治理的案例，以期为完善上市公司治理提供启示。出于保护企业的考虑，我们隐去这些案例企业的名称。

26.1.1　子公司具有独立法人地位吗？

案例：某大型上市国有企业集团有近 600 家各种形式的子公司，包括独资、合资和混合所有制企业等，其中大都是国有控股企业，包括绝对控股企业和相对控股企业。不论是国有绝对控股企业还是国有相对控股企业，它们共同的、普遍的特点是：（1）财务上全部与母公司并表；（2）母公司对子公司拥有绝对的控制权。子公司既无独立的意志，一切听命于母公司；也少有独立的财产可以支配。尽管存在其他股东的投资，但投资项目和计划都由母公司进行决策，子公司基本没有独立决策权。由此带来的后果是：决策审批时间过长，市场机会丧失。尽管投资资金经常是子公司自筹，但仍然需要母公司审批，从而严重影响企业效率，导致股东之间产生矛盾。

启示：拥有独立意志和独立财产是一个法人企业独立性的前提条件，这两个条件的丧失，意味着企业不再具有独立的法人地位。尽管是子公司，但不管是从理论上还是从法律上，子公司与母公司都是平等的法律主体。尊重企业的独立法人地位，是企业活力的重要源泉。剥夺子公司的独立意志和独立财产，一方面与公司法相背离；另一方面导致公司经营僵化、动力不足，侵害民资股东的权益，最终也会造成国有股东利益受损。在当前国企混改进程中，正确处理母子公司关系，减少甚至消除母公司的过度干预，对于国企混改成功是至关重要的。

26.1.2 如何正确看待国有资产流失？

案例：某上市国有相对控股公司是一家具有高度竞争性的商业企业，2015 年时曾欲通过出售部分国有股份，进一步实现股权多元化。通过招募受让方，最终只有一家民企符合设置的门槛。根据政策，国有控股上市公司出售国有股份的价格不能低于前一个月平均股价的 90%，否则就是国资流失。交易时恰逢 2015 年上半年的股价高企（下半年是股灾，股价剧烈下跌），该民企不认同按 90% 确定的价格，结果交易不成，混改失败。

启示：平等保护各类股东权益是公司治理的基本原则，国有股东并没有高于其他股东的特别权利，这是企业发展的基本保障。但目前对国资流失规定存在教条化的理解，主观性较强，从而对国资流失责任存在放大的倾向，背离股东权利保护平等原则，民资也承受巨大风险，本报告的中小投资者权益保护指数偏低也证明了这一点。现有政策规定其实隐含着一个假设，即二级市场价格与公司业绩是相吻合的，不存在外部因素和操纵，审计也是独立的，但现实还做不到，二级市场价格还很不稳定，波动较大，难以和公司绩效相吻合，而且外部操纵和审计不合规也经常发生。因此，在现有市场和法律条件下，政府不宜定价，只要信息透明，充分竞价，交易双方谈判确定的价格就是符合法律规定的，就不能认为存在国资流失。而且，国资交易不能仅看短期账目，看其成效要立足长远，对于国企混改更是如此。过度放大国资流失责任造成很多交易机会丧失，从当期看，似乎没有国资流失；但从长远看，由于市场机会丧失，企业发展放缓，反而造成更多的流失。

26.1.3 董事会和经理层为什么要具有独立性？

案例一：某上市国企的一家子公司是合资企业。根据该公司股东会通过的章程，各方股东分别派出董事长、总经理、副总经理、财务总监等，参与公司决策和经营管理，其中董事长、总经理、两位副总经理和财务总监组成董事会。这些派出人员分别代表各自股东利益，而不是立足于公司本身的利益。他们彼此之间不是相互合作关系，而是相互监视关系，形成了一种互不信任的机制。在这种机制下，既无法保证董事会独立决策，也无法保证经理层独立经营，导致很多决策久而不决，贻误很多市场机会，严重影响企业发展。

案例二：某上市国企的一家子公司全球招聘总经理，最终从海外招聘了一位成功人士。由于他在海外企业的成功经营，其要求的高薪得以允诺。但该总经理任职不到3个月便辞职离去。查究原因发现，在该总经理就职后不久，便有人告状，告其"拿高薪不干事"。母公司派人核查，该总经理诉苦说，属下所有副总经理都是集团委派，都对母公司负责，他的决策得不到有效贯彻，能力无法施展。

启示：董事会独立性是世界各国公司治理的基本规范，目的就是不受某些股东的过度干扰，通过独立决策并独立承担责任，实现公司的可持续发展，进而实现各方股东的最大化利益。经理层作为公司日常经营者，同样应该立足于公司自身的发展，即在经营上要保持中立和独立，而不仅仅满足于某一个或几个股东的利益。公司发展了，对各方股东都是一种利好。在调研中，一些股东（尤其是中小股东）也强烈反映了这种诉求，即希望由董事会聘请职业化的经理人来独立地经营企业，特别是在东部发达地区，这种诉求更加强烈，认为职业经理人制度对于缓解公司中不同股东之间的矛盾具有重要作用。但这种诉求在现实制度下却难以如愿，阻力主要来自国有大股东，因为他们担心造成国资流失。其实，董事会聘请的职业经理人（经营者），是应该拥有独立经营权的，包括独立的用人权，这在法律上是很明确的。不过这种独立性必须有两个约束条件：一是遵纪守法；二是服从董事会的战略决策。在两个约束条件下，经理人的经营权完全可以无限大。如此，经理层尤其是总经理的潜能才能充分发挥，进而才能促进企业长效发展，并为各方股东带来最大化利益。从我们的企业家（总经理或CEO）能力指数评价看，多年来，企业家能力指数一直处于30分左右的低水平，恰恰反映了企业家缺乏独立性的现实。

26.1.4　工资总额控制符合市场规律吗？

案例：某大型上市国企集团层次很多，且跨全国多个地区。集团逐层下达工资总额指令，不考虑地区差别，工资按集团平均水平确定，使得一些地区的员工工资水平低于该地区职工平均工资水平，导致人才流失严重，经常出现员工在培训两年之后跳槽的情况，浪费财力物力。在集团对子公司的考核中，对于效益好的企业，由于再提高效益的难度远比扭亏为盈难，所以会出现一些本该在当前实现的效益故意推迟到未来实现的情况，这是为了满足考核指标确定的每年利润增长率不低于上一年的要求。于是就出现了一种怪现象：企业在上年盈利的基础上再盈利可能拿不到奖励，而在上年亏损的基础上实现盈利却可以拿到奖励。

启示：工资总额控制不是一个科学的概念，带有计划色彩。在存在充分竞争的环境下，企业为了保证自身的竞争力和活力，会根据市场变化、企业规模布局和绩效水平，以及现有竞争力自主调整工资水平，以吸引人才、留住人才，而不需要政府或集团母公司人为地事前确定工资总额。市场在变化、企业在变化、竞争格局在变化，企业必须随机应变，而不能靠计划来束缚自己的手脚。对于董事、高管和员工的工资额度和奖励，股东会、董事会和经理层分别拥有独立的决策权力。

目前的工资总额控制措施，是竞争不充分、企业缺乏独立经营权的产物，政府或集团母公司希望借此控制成本，但结果可能与决策者的初衷背道而驰。尽管成本得以控制，但员工积极性却下降了，导致人才流失和企业绩效下降。当然，按照政策设计者的想法，在不突破工资总额的情况下，工资在不同员工之间是可以调节的，这似乎不影响员工积极性的发挥。但现实中，调整的空间是比较小的，除非较大规模裁减员工。在调研中发现，员工的收入水平差距是比较小的。另外，集团母公司在确定工资总额时，是从整个集团考虑的，而很少考虑不同地区的发展水平，原因在于他们担心如果给予发达地区的员工高工资，那么落后地区就没人愿意去了，结果造成越是发达地区，国企人才流失越严重。

该案例企业的考核制度，则存在"鞭打快牛"的现象。起点高的不如起点低的，发展好的员工收入却难以同步增长，甚至可能下降。因为发展水平越高，增长速度就可能越慢，也容易出现下降。"鞭打快牛"在20世纪80年代非常普遍，现在这个词几乎看不到和听不到了，但一些决策者却仍然存在这样的思维方式，这与市场规律极不吻合。

26.1.5 信息披露对大股东和中小股东要一视同仁吗？

案例：某地区一家上市的国有相对控股公司，曾向海内外招聘总经理，并得偿所愿，该总经理也被选为公司董事。这位总经理来自海外，法律规则意识非常强。其上任后发现一件对他来说非常难以理解的事情，即公司发布的信息（尤其是年报、半年报和季报），都会提前披露给当地国资委，在国资委审核批准后，方可对其他投资者发布。对此做法该总经理强烈反对，认为这对其他投资者不公平，所有投资者获得信息的机会应该一视同仁，大股东提前获得信息是违法的。但该总经理无法扭转这种做法，于是愤而辞职。

启示：这位总经理无疑是在依法行事，应该积极支持。尽管中国的法律制度还不完善和成熟，但投资者权益平等却是明明白白写进法律和政策中的，就这点来说，中国和发达国家并无不同，甚至证监会还有专门的中小投资者权益保护机构。但在执行中却偏差很大。在现实实践中，人们不得不接受大股东的强势地位，不论是在股东大会，还是在董事会和经理层中，大股东往往都有较大的人数优势或决策投票权优势，体现在信息披露上，他们也总是享有优先知情权，而最终发布的信息可能已经融入了他们的意志，这就可能对其他投资者造成侵害。

26.2 澄清对国有资本授权经营的模糊认识

2019 年 4 月 19 日，国务院印发《改革国有资本授权经营体制方案》（以下简称《方案》），这是对十八届三中全会以来出台的各种国资国企改革政策中关于"改革国有资本授权经营体制"的具体化。2019 年国企改革的重要任务之一就是要着力改革国有资本授权经营体制，推进混改和股权多元化。授权的本质是明确各级各类决策主体的权利，并独立承担责任，权利和责任是对应的关系，明确这种关系是完善公司治理的重要方面，它直接关系着国企改革的深化，尤其是国企混改的成功。然而，不论是在理论上还是在实践上，关于国有资本授权，都还存在一些模糊认识。

26.2.1 谁来授权

谁来授权，就是要确定授权主体。而要回答这个问题，就要弄清国有资本经营的委托—代理链条，这个链条其实很清楚，就是全体人民—全国人大—国务院及其下属监管机构—国有资本投资公司（或运营公司或集团母公司）（以下简称"三类国资公司"）—所出资企业。在这个链条中，全国人大、国务院及其下属监管机构都是国有资本出资人代表机构。从这个链条中不难看出，授权主体是相对的。由于存在多个层级，每个层级对于下个层级都是授权主体，最顶层的授权主体是全体人民，最低层级不再是授权主体，而是被授权者。不过，对于企业形式的三类国资公司及其所出资企业来说，还存在董事会对经营层的授权关系。

实践中，经常存在一种误解，即把国务院甚至国务院国资委或财政部等机构作为最终的授权者，这显然是错误的，它们只是全国人大授权的出资人代表机构。《中共中央国务院关于深化国有企业改革的指导意见》明确指出，国有企业属于全民所有。但是，全民是一个集合和抽象的概念，尽管在法律上他们拥有国有资本所有权，但不可能直接行使国有资本所有权，这和自然人不同。在这种情况下，就只能委托给全民的代表。这个代表只能是全国人大，不可能是国务院，更不可能是国务院的某个下属机构，因为全国人大是全民选举产生的，是直接代表全民的，而国务院则是全国人大选举产生的。全民与全国人大之间是国有资本所有权行使的第一层委托—代理关系，而全国人大与国务院之间则是国有资本所有权行使的第二层委托代理关系，自 2018 年开始实施的国务院向全国人大常委会报告国有资产经营和管理情况，便基本体现了这两层委托—代理关系。不过，从严格意义上讲，应该是国务院向全国人大报告国有资产经营和管理情况，而不是向全国人大常委会，因为全国人大常委会是隶属于全国人大的，只是代表全国人大行使部分职权，不是全民的直接代表。

26.2.2 授什么权

从国有资本（或资产）授权的委托—代理链条看，不同层级的授权是不同的。

第一，全民对全国人大的授权是国有资本所有权行使的立法权和法律执行的监督权。《方案》明确提出，要加快推动国有资本授权经营体制涉及的法律法规的立改废释工作。尽管全国人大是全民的直接代理人，但它不可能直接行使国有资本所有权，因为它是一种代议和立法机构。但不直接行使所有权并不意味着放弃对所有权行使的监督，只是这种监督不是日常监督，而是规则监督，即它要负责国有资本监管和所有权行使的法律、规则起草，以及相应的守法、守规的检查工作，行使国有资产"处置权"，决定利润的分配与使用。

第二，全国人大对政府的授权是国有资本法律和规则的执行权。中央政府就是国务院，具体执行机构就是相应的国务院组成机构，如国资委、财政部，甚至还有其他部门，这是因为目前国有资产规模庞大，分布广泛，既有营利性的，也有非营利性的，前者就是国有资本，后者只能称为国有资产，而不是资本，因为资本是要增值的，而非营利性意味着不能增值。

目前营利性质的国有资本的监管机构主要是国资委和财政部（针对金融资本），非营利性质的国有资产的监管机构则主要是财政部。两类国资的授权差异很大。对于营利性部分，监管重点是国有资本是否在合规经营中创造更多利润，即重在监督资本增值，少管甚至不管人和事；对于非营利性部分，则是全面监管，既要管资产，也要管人和管事，以保证这部分国有资产得到合理配置和有效利用，如果追求盈利，则会损害公众利益。所谓国有资本经营授权，其实就应该是针对营利性部分的。由于两类国有资本（资产）经营的授权不同，出资人代表机构就必须制定不尽相同的监管权力清单，采取不尽相同的履职方式。以下分析就限于营利性部分，即国有资本。

第三，政府（国务院及其下属监管机构）对三类国资公司的授权是国有资本价值的经营权。国有资本所有权是一种财产权利，而不是行政权力，因此政府及其下属监管机构不能直接经营国有资本。财产权利体现的是所有人与非所有人之间对财产的占有和支配关系，它可以分解和转移，可以进入市场进行平等交易，而行政权力体现的则是政府机构对个人和社会组织的支配关系，它具有强制性，不能进入市场进行交易。如果让政府机构行使国有财产权，则极可能使国有财产权的行使具有某种行政强制性质，加之政府机构不是真正的国有资本所有者，从而极易侵害市场交易主体双方的利益。[①] 因此，对国有资本的经营权只能交给企业形式存在的三类国资公司。三类国资公司通过控股、参股其他企业（所出资企业），从事国有股权经营及金融资本的营运，谋求国有资本增值的最大化，其具体经营决策除了应符合国家颁布的法律、法规和政策，并接受有关监督部门依法监督检查外，不受任何部门的行政干预。

第四，三类国资公司对其所出资企业的授权是国有资本实体经营权。前者主要履行股东权利，即根据其股权比例在后者的重大决策（含人事）和收益分配上享有与其股权对应的权利。

26.2.3 如何授权

全民对全国人大、全国人大对政府的授权相对简单，一般通过法律来确定。而政府及其下属监管机构对三类国资公司的授权，以及三类国资公司对其所出资企业的授权，则由于传统思维的影响，很容易越权、管得过多过细，导致被授权者缺乏足够的激励和动力。

政府及其下属监管机构作为国有资本所有者的代理人，其监督对象是其直接的授权对象，即三类国资公司，而不能越权监督三类国资公司所投资的企业，后者应由三类国资公司直接监督。全国人大应通过立法明确政府及其下属监管机构以下监管权力：一是定期或不定期检查三类国资公司的各种报告，尤其是财务报告；二是要参与（但不干预）三类国资公司董事会的战略决策，一旦发现三类国资公司董事会违反法规或程序，及时给予提醒，以尽可能提高企业决策的科学性；三是对三类国资公司任何人员，尤其是董事会和高管人员，依法依规提出质询，以及时发现国有资本投资公司可能存在的问题，以及国有资本运营目标实现情况。但这种质询不能超越全国人大对政府及其下属监管机构授予的权力清单。监督报告可以公开，以接受大众监督。

法律还应明确政府及其下属监管机构的监督责任，责任要落实到人，对于因监督不力而造成国有资本损失或低效，有相应的问责制度和程序，问责力度要足够大，以对监督者的监督产生压力。同时，对于监管成效，也要有相应的评价和激励制度。

---

① 高明华：《关于建立国有资产运营体系的构想》，《南开学报》1994年第3期。

政府及其下属监管机构对三类国资公司的监督，以及三类国资公司对所出资企业的监督主要包括三个方面，即对"资本"的监督、对"人"的监督和对"事"的监督，但这三个方面中，对"资本"的监督是核心。

十八届三中全会提出，要"以管资本为主加强国有资产监管"，这是对过去"管资产与管人、管事相结合"国有资产监管体制的新突破。这种突破包括两个方面：一是从管理向监督的转变；二是从全面监管向重点管资本的转变。①

实际上，"管资本"与"管人"和"管事"三者之间并没有严格的界限。从现代企业出资人角度，"管资本"涵盖"管人"和"管事"，就是说，出资额度的大小决定着出资人在企业中的话语权，这是公司治理的基本原则。但这并不意味着，出资人或授权者直接决定所出资企业或被授权者的所有人、财（资本）、物（事）。对于具有营利性质的国有资本来说，管资本的核心是价值管理，即主要考虑国有资本增值而不必太在意采取何种方式实现这种增值。至于对"人"的监督，则是按照法律程序选择自己的代理人进入企业董事会，所谓对"人"监督实际上就是对所派代理人的监督，通过这个代理人把自己的意志传导给董事会。董事会职权必须得到保障和有效落实。

需要注意的是，对于国有独资的三类国资公司，政府及其下属监管机构的意志基本上都会得到贯彻，甚至是全面贯彻。但也不尽然，比如，如果法律明确规定三类国资公司是营利性的，那么，政府及其下属监管机构就不能够把非营利性的政策性项目强行交给三类国资公司，除非给予足够补偿，否则，就剥夺了三类国资公司的独立法人地位。但三类国资公司的盈利，是必须要分红给政府的，然后再通过政府回报给全民。

就三类国资公司对所出资企业来说，前者通过委派的代理人传导给后者董事会的意志的落实程度，取决于后者是独资公司还是混合所有制企业，以及混合到多大程度。换言之，取决于后者所有董事在法律地位平等基础上的充分讨论，只有如此，才能既尊重各方股东，又保证企业的独立性，使得企业能够真正实现自主经营。

对于总经理的选聘，不论是三类国资公司还是其所出资企业，上层授权者均无权直接决定。按照公司法，总经理应由董事会聘任，董事会甚至可以聘任有能力的民营企业家。而如果上层授权者直接任命总经理，则既不合法，又使董事会不必承担选错经营者的风险和责任。

至于对"事"的监督，上层授权者应特别慎重，应该通过相关法律规则严格界定清楚"管事"的范围，出资人代表机构制定权力清单时应特别关注这一点。从严格意义上说，对于三类国资公司及其所出资企业，它们的行为只要合法合规，上层授权者是

---

① 高明华：《国有资产监督目标模式与外派监事会监督机制创新》，《天津社会科学》2017年第5期。

不能随意干预的。上层授权者可以根据法律法规列出负面清单，即哪些事不可以做，但不应规定哪些事企业可以做，那是企业自主经营范畴。

26.2.4　如何接受授权

实践中存在一个比较突出的问题，就是被授权者不敢接受授权，或者不敢接受全部授权，这主要体现在政府及其下属监管机构对三类国资公司的授权、三类国资公司对其所出资企业的授权，以及公司中董事会对总经理的授权方面。究其原因，是职权界定不清、授权者经常越权，以及规则不太符合市场规律。

国有资本经营有条红线，即不能造成国资流失，而且一旦发现造成国资流失，将被终身问责。严禁国资流失本没有问题，但在责任不清、授权者经常越权的情况下，接受授权的风险是很大的。以董事会对总经理的授权为例，从公司法看，二者的职权界限是很清晰的，即董事会作为投资者的代理人，负责公司的战略决策；以总经理为首的经理层则负责落实董事会做出的战略决策，拥有日常经营决策权。但现实中二者的职权却经常出现交叉。在我国，董事长被明确为公司"一把手"，这种做法导致的一个结果就是董事长变成了经理人，他可以全面干预总经理的日常经营决策，而在日常决策出现错误或失误时，董事长却又可以推脱责任，认为这是总经理的权力范围，这无疑会严重影响总经理独立行使权力并独立承担责任，致使其应该获得的授权不敢接受，严重影响其经营动力。在这种情况下，即使没有在账面上造成国资流失，但经营不力，也是一种国资流失。

如何使总经理愿意接受授权，并通过这种授权，保证企业经营活力，进而使国资实现最大化增值？基本路径是：一是放权。这里的"权"是指经营权，总经理的经营权可以无限大，但要符合两个条件，其一是总经理经营行为要合法合规；其二是总经理行为要符合董事会的战略决策。二是激励。这里的激励包括物质激励和声誉激励。激励的程度应该达到使总经理感到努力工作的收益大于成本。三是合规和责任。规则尤其是法律规则的程度要达到使总经理感到违规违法不值得；而且责任要清晰，清晰到使总经理能够准确预知违规违法需要自己承担怎样的处罚。

这里需要特别注意，规则一定要符合市场规律，目前对国资流失的判断就经常存在主观性较强的问题，这源于国资交易规则的不尽合理。比如国资交易价格的确定，既有规则基本事前确定了价格，其实交易价格的确定应该是在充分信息、充分竞价的基础上基于交易双方的谈判来确定，而不是事前人为规定一个价格或价格区间。在此规则下，决策者是不敢接受相应的授权的，即使接受，在实际决策时也会瞻前顾后，从而可能贻误市场机会。

以上关于董事会对总经理授权的论述同样适用于政府及其下属监管机构授权方面，如果政府动用行政权力，在授权后把对企业的监督变成干预，则被授权者就会存在很大的顾虑。如上所述，政府及其下属监管机构是作为出资人代表存在的，履行的是财产权利，而非行政权力。

26.3　董事会有权限制大股东权利吗

2019 年 6 月 21 日，＊ST 康得董事会以赞成 4 票、反对 1 票、弃权 0 票审议通过了《关于公司限制康得投资集团有限公司股东权利的议案》：鉴于公司控股股东康得投资集团有限公司存在非经营性资金占用及信息披露违规行为，根据有关法律及《公司章程》第 39 条规定，公司董事会决定依法冻结康得投资集团及其一致行动人的股票，依法限制其相关权利，同时责成公司管理层依法提起司法冻结程序。康得集团称康得新董事会冻结其股票属非法无效决议。深交所发布关注函，要求＊ST 康得说明董事会审议通过上述议案的法律依据，是否超越董事会职权，是否存在不当限制股东权利的情形，董事会决议是否合法有效。

＊ST 康得董事会是否有权做出上述限制大股东权利的决议？回答是肯定的，但前提是必须有大股东违法侵害的事实。

我们来看看公司法是如何规定董事会权力的，《公司法》第 46 条规定："董事会对股东会负责"。如何理解"董事会对股东会负责"？股东会是全体股东的会议，不是部分股东的会议，更不是大股东的会议。在世界各国的立法中，甚至也不存在股东代表大会。也就是说，所有股东都有法定权利参与股东大会，并拥有决策权、监督权和收益权等各种权利。尽管股东中有大股东和中小股东之分，且前者权利也确实大于后者，但大股东并没有侵害中小股东和其他利益相关者的权利，在行使权利方面，各个股东是平等的。

但是，对于股份制公司尤其是上市公司来说，股东人数众多，不可能做到让每个股东都派出代表进入董事会，于是，就出现按股份比例（含合并持有）提名董事的制度。为避免小股东在董事会中可能无代理人的情况发生，很多国家制定了累积投票制度，而且这种投票制度已在世界很多国家得到采纳，有的国家或交易所还实施强制性累积投票制度。但累积投票制度仍不能保证小股东权益不受大股东侵害，于是，从 20 世纪 70 年代以后，越来越多的独立董事进入董事会，而且成为西方发达国家较普遍的制度设计，尤其是美国，目前绝大部分上市公司尤其是标准普尔 500 强公司，独立董事基本上都达到 2/3 至 4/5 的比例，且独立董事在很多公司还担任董事长职务，或者有自己单独的召集人。

董事会制度的发展和变迁，意味着董事会需要独立地代表全体股东和公司利益来进行决策。董事会独立性已是世界各国公司治理的基本规范，反映了投资者维护自身权益的诉求，是公司治理发展的必然结果。董事会独立性的本质是要求董事会立足于公司发展，而不是仅仅代表其背后某方或某几方股东的利益，避免董事会受某些股东的过度干扰，通过独立决策并独立承担责任，实现公司的可持续发展，进而实现各方股东的最大化利益，因为只有公司发展了，对各方股东才是最大的利好。

股东派生诉讼也可以佐证董事会的独立决策权力。股东派生诉讼是英美法系和一些大陆法系国家的一种重要制度安排。当公司合法权益遭受侵害时，公司可以向侵害者发起诉讼。但当董事会独立性很差，公司诉讼权被控制在公司董事或控股股东手中时，这种诉讼就不可能发生，从而公司其他股东和利益相关者利益就无法得到保障。在这种情况下，受到侵害的其他股东（包括小股东）就可以代表公司提起诉讼。显然，股东派生诉讼是董事会不独立情形下保护公司和股东利益的一种重要补充制度。但我国长期以来缺乏股东派生诉讼的法律制度。2004年，莲花股份小股东因大股东莲花集团违法占用莲花股份巨额资金而发起诉讼，莲花集团竟因属于派生诉讼，于法无据而拒绝出庭。尽管2005年修订的《公司法》确立了股东派生诉讼制度（没有直接称之为"派生诉讼"），但没有对必要的程序和条件做出更细致的规定，实践上仍缺乏可操作性。

由上述分析不难得出，在＊ST康得事件中，如果大股东康得集团被指控的非经营性资金占用及信息披露违规行为是客观事实的话，那么，＊ST康得董事会作为整个公司和全体股东的代理人和独立的决策主体，出于维护公司和全体股东利益的考虑，应该有权做出冻结大股东权利的决议。但目前法律制度的缺失和不完善使大股东仍有较大的责任逃避空间。

大股东侵害、董事会不独立、公司法人地位难以保证，是我国目前较为普遍的现象，其重要原因之一就是法律尚不完善。尽管有关于大股东侵害的相关制度，但缺少明确的程序法（即明确诉讼主体、程序和条件的法律制度）和严肃处罚的法律制度（即违法成本高于违法收益的法律制度）；对于董事会不独立，公司法的表述仍显模糊，没有明确董事会是代表整个公司和全体股东利益的独立主体，而且缺少保证董事会独立性的具体制度安排（如独立董事如何做到独立）；对于公司法人地位，尽管公司是具有独立法人地位的法律实体，但现实中，不少公司却经常既无独立意志（听命于大股东），也不能保证独立的财产（与作为大股东的母公司并表，或者由大股东随意支配），大股东干预经常被认为是正常现象，这也成为大股东侵害的重要原因。因此，尽快立法或修法，明确董事会作为公司和全体股东的代理人的独立法律地位，以及公司和其他利益主体的诉讼权利，是解决目前董事会尴尬处境和避免大股东侵害的重要措施。

26.4　中国企业家的时代担当

中国改革开放已经走过40年，这40年的成就无疑是巨大的，而成就的取得首先应归功于企业家，因为企业是经济活动的细胞，是创造财富的主体，而企业家则是保证企业高效发展的核心。

何谓企业家？熊彼特意义上的企业家是创新者，因为实现生产要素的新组合就是诸多创新行为。但是，随着社会文明的进步，以及全球经济一体化的国际背景，企业家的时代担当就增加了一些新的含义，除了创新之外，社会责任、战略领导能力和合规意识也是企业家所必须具备的素养。

26.4.1　企业家创新能力：企业发展的永恒主题

企业的发展需要创新，创新越活跃，企业发展就越充满生机和活力。企业家通过创新来衡量自身作为革新者所必须具备的品格和素质，并以此来体现企业家与一般管理者的不同。可以这样认为，创新是企业家精神的核心。

谈到创新，人们第一直觉可能就是技术创新。中美贸易争端和中兴通讯事件更为我国企业的技术创新滞后敲响了警钟。

其实，技术创新仅仅是创新的一个方面。熊彼特把创新分为技术创新、产品创新、市场创新、原材料供应或生产方式的创新，以及组织创新五个方面，其中组织创新也可以被称为制度创新。这五种创新是彼此联系而不是彼此独立的，尤其随着技术的发展，五种创新越来越紧密地联系在一起。其中，制度创新和技术创新是最为关键的，没有制度保障，其他方面的创新就可能只是昙花一现，难以为继。试想，华为如果没有一以贯之的员工持股制度，就不可能有那么多的高端人才，在技术上也就不可能有"进入无人区"的豪言；阿里巴巴如果没有其独创的合伙人制度，就不可能有持续和稳定的市场扩张。当然，华为的员工持股制度并非唯一支撑其技术提升的制度；同样，阿里巴巴的合伙人制度也并非唯一支撑其市场扩张的制度，因为制度通常是一个相互作用的体系。

但是，技术创新确实最容易衡量，也是经常被拿来评价一个企业持续发展能力的指标，同时技术创新也反映着一个企业家的长远战略眼光。需要注意，企业家技术创新并非企业家身体力行进行技术创新，而是他们所领导的企业或团队的技术创新。技术创新通常采用企业研发投入占企业营业收入的比例（研发投入强度）来衡量。以上市公司为例，根据我们的统计，截至 2018 年 12 月 31 日，3013 家上市公司样本中，研发投入强度平均为 4.86%，其中国有控股公司为 3.72%，非国有控股公司为 5.29%，国有控股公司明显低于非国有控股公司，这与国有控股公司规模通常大于非国有控股公司有一定关系。研发投入强度达到 5% 以上的公司占比为 31.16%，达到 10% 以上的公司占比为 10.16%，达到 15% 以上的公司占比为 4.45%，达到 20% 以上的公司占比为 2.39%。在研发投入强度达到 5% 以上的公司中，非国有控股公司占 80.30%。从发达国家尤其是日本和美国看，公司研发投入强度超过 20% 是比较普遍的现象，有的甚至高达 40% 以上。例如，专注于互联网风投的凯鹏华盈（KPCB）发布的一份研究报告显示，美国科技公司研发支出占营业收入的平均比重已经超过 18%，且呈现不断上升趋势。① 显然，不论从总体看，还是从不同所有制企业看，我国企业家技术创新水平都很低，尤其是国有控股公司更低一些，低水平的技术创新很难适应全球经济一体化的竞争格局。

企业家技术创新水平的提升，除了自身因素外，更重要的因素还有两个方面：一是竞争压力，没有足够大的竞争压力，就难以产生技术创新的动力。但竞争压力未必一定会导致技术创新，也可以通过移植别人的技术来缓解。然而，在越来越强化知识产权保护的国际环境下，移植别人技术的空间越来越狭小，而且不可能完全依赖于别人的技术而立于不败之地。在这方面，中兴通讯事件所引发的冲击波是一个深刻的教训。这就要求有第二个方面，即国家有足以激发企业家技术创新欲望的制度安排。技术创新需要企业具有很强的创新能力和创新欲望，创新能力可以通过教育培养出来，而创新欲望则不是靠教育培养出来的。我国企业不缺创新能力，缺的是创新欲望。为什么缺少创新欲望？是因为现有制度环境对人的创新欲望还有太多的禁锢，使得创新成本过高，高过创新的收益。那么如何激发创新欲望呢？一是需要活跃的、自由的创新氛围，允许"试错"，甚至允许可能带来的损失；二是需要改变"官本位"意识，要使有限的智力资源流向市场；三是需要建立起一套鼓励创新的知识产权保护制度，要使技术创新的收益远高于由此付出的成本；四是需要鼓励合作创新，因为合作创新可以缩短创新时间，提高创新速度，可以降低创新成本和创新风险，为此应当改革现有研究成果评价制度，要承认创新人才对创新收益具有平等的所有权。②

26.4.2　企业家社会责任：企业可持续的重要支撑

食品药品安全、环境污染、员工权益受侵等问题的发生，比如长生生物疫苗造假事

---

① 数据来源：玛丽·米克尔：《互联网趋势报告》，新浪科技，2018 年 5 月 31 日。
② 高明华：《创新能力与创新欲望——"钱学森之问"的思考》，《经济学家茶座》2009 年第 6 期。

件轰动全国，告诉我们企业的生存发展不能仅仅以企业利益最大化为第一考量，不能为了盲目赚钱，突破道德底线和法律红线，不能以牺牲公众的生命财产安全为代价。企业在发展过程中之所以会产生企业利益和社会利益之间的冲突，一个很重要的方面是企业家社会责任意识的缺失。长期以来，法规不到位和执法不力，使得不少企业家看重"热钱""快钱"，过度追求短期利润，而不惜牺牲其他利益相关者的利益。

根据本报告的企业家（总经理）能力指数中的社会责任能力分项指数，该分项指数从企业是否捐赠慈善事业、总经理是否在非营利组织兼职（如担任理事）、总经理个人有没有被监管机构谴责、有没有产品质量或安全或环境等问题的重大投诉事件、员工的收入增长率是否不低于公司利润增长率、有无现金分红、有无债权人和股东诉讼等 8 个方面进行评价，结果显示（见表 26 - 1），我国上市公司企业家社会责任指数不仅没有明显的上升态势，相反出现了下降态势。

表 26 - 1　中国上市公司企业家社会责任指数

年份	国有控股公司	非国有控股公司	年份	国有控股公司	非国有控股公司
2011	62.6886	67.0043	2016	60.0283	62.9674
2013	64.5760	69.0349	2017	59.7697	60.6241
2015	59.8068	62.0014	2018	57.0698	58.5676

资料来源：北京师范大学公司治理与企业发展研究中心（高明华主持）"中国公司治理分类指数数据库"之"企业家能力数据库"。

目前，国际社会越来越多地关注企业的社会责任。近些年兴起的 ESG 评估，就特别突出了社会责任的地位。所谓 ESG，就是环境保护、社会责任和公司治理的简称。其实，广义的公司治理就包括社会责任，而企业的社会责任又涵盖环境保护。之所以单列出来，就是因为社会责任在企业可持续发展中至关重要。

企业家在企业提升社会责任水平方面起着核心作用。长期以来，包括不少企业家在内的很多人都对履行社会责任存在一种错误的认识，只简单地把纳税和吸收劳动力就业等少数几个方面看作自己履行社会责任的重要标准，认为比其他企业纳税多、吸收劳动力多，就是比其他企业履行了更多的社会责任。这种观点是非常狭隘的。企业的社会责任可以分为两种情况：一是义务性质的社会责任，如严禁破坏生态环境，提供高质量的、安全的产品和服务，照章纳税等；二是非义务性质的社会责任，如赈灾捐款捐物、资助教育事业等。前者是强制性的，后者是自愿性的（也可以称之为狭义的社会责任）。[①] 然而，问题在于，由于法律空白较多，或者弹性较大，处罚较轻，使得一些本属于义务性质的社会

---

① 高明华：《国企不能为"表率"不顾程序、法规》，《董事会》2017 年第 8 期。

责任，在一些企业家眼中却成为自愿性的社会责任。如环境保护、产品质量、员工工作环境等，缺乏清晰的判断合法与否的界限，一些企业甚至聘用专门人员寻找法律空白地带，这是这些年环境污染、产品质量低劣、员工工作环境恶劣等问题频出的重要原因。

企业承担社会责任是一种成本支出，那么这是否意味着社会责任与企业发展存在冲突？并不尽然。从长期看，企业发展与社会责任是一致的，但短期看，则可能出现不一致。如果企业发展是建立在损害社会公众和员工利益基础上，如环境污染、员工工作环境无安全保障设施等，尽管企业利润提升了，但这种提升难以维持长久，从长期看，并不利于企业的持续健康发展。因此，企业应立足于企业的长期可持续发展，实现企业发展与社会责任的统一。这是成熟企业家应该秉持的基本理念。

26.4.3　企业家战略领导力：企业家能力的综合体现

企业家战略领导能力是企业家各种能力的综合体现，企业家其他方面的能力最终要落实在其战略领导能力上。在存在一个成熟的经理人市场的情况下，企业家必须本着对企业利益相关者高度负责的精神，以其敏锐的市场和战略意识，恪尽职守，尽最大努力制定出科学的和可行的企业经营决策。

根据本报告的企业家（总经理）能力指数中的战略领导能力分项指数，该分项指数从总经理贡献、国际化程度、企业员工数、企业总资产、企业在行业中的地位、企业ERP系统、企业战略目标和计划7个方面进行评价，结果显示（见表26-2），我国上市公司企业家战略领导指数非常不理想，历年平均指数基本上都在30分以下（只有非国有控股公司在2015年略超过30分），这表明我国企业家战略领导能力并没有得到充分的彰显和发挥。

表 26-2　中国上市公司企业家战略领导能力指数

年份	国有控股公司	非国有控股公司	年份	国有控股公司	非国有控股公司
2011	27.3994	27.2757	2016	20.9150	20.4327
2013	27.1650	25.9064	2017	19.1485	18.5854
2015	29.2106	31.3307	2018	25.2491	25.1429

资料来源：北京师范大学公司治理与企业发展研究中心（高明华主持）"中国公司治理分类指数数据库"之"企业家能力数据库"。

企业家战略领导能力对企业发展具有关键作用，尤其是在当今企业内外部环境瞬息万变的时代，企业家是否具有战略领导能力成为企业能否获得持续发展的决定性因素。企业家的战略领导能力影响着战略决策创造性的广度和深度，决定着不同企业在动员、配置资源以及机会甄别效率上的认知差异。在动态和高度不确定的商业环境中，企业面临的问题大多是非结构化的，无法通过简单模仿或者延续旧方法来解决，需要企业家根据对内外部环境的认知，包括分析外部环境的机会和威胁，以及企业内部的优势和劣势，再结合个人精准判断做出最优的战略决策。因此，我国企业家只有不断提升其战略领导能力，才能保持企业的竞争优势，保持持久的活力。而企业家战略领导能力的提升，有赖于高度自觉的学习、竞争环境中的历练和国际化的视野。

最后，需要特别强调一下企业家的合规问题。近年来，一些严重的不合规事件不断向我们发出警示：中兴通讯为什么被美国制裁？长生生物各种治理机构都有设立，为何仍出现严重的疫苗造假？近些年来，进入世界500强的企业（包括中央企业）中，已有多家企业的高管因腐败问题而被查处，中农工建四大国有银行的一些海外机构都因反洗钱不力等原因而被国外监管机构查处。根据我们的统计，2017年和2018年建立合规委员会的上市公司分别只有30家和56家，占比分别仅为0.95%和1.60%。有的公司尽管设置了合规委员会，但却以"如何规避规则"为工作方向。显然，在当前复杂的国际竞争环境下，强化企业合规性，避免企业合规风险，已经成为我国企业家不能不重视的问题，这是企业持续稳健发展的不可忽视的重要因素。

26.5　本章小结

本章主要从案例和政策等角度，结合本报告公司治理指数的部分数据，谈了一些启示和看法。

从部分上市国企调研案例中，不难得出结论：（1）子公司必须具有的独立法人地位；（2）国资流失责任不应扩大化；（3）董事会和经理层都要具有独立性；（4）工资和奖励要符合市场规律；（5）信息披露对大股东和中小股东应一视同仁。

授权经营是政府推动国企改革的重要制度安排。授权的本质是明确各级各类决策主体的权利，并独立承担责任，明确决策主体权利和责任是完善公司治理的重要方面，它直接关系着国企改革的深化，尤其是国企混改的成功。

基于＊ST康得案例，根据董事会独立性原则，董事会是有权做出限制大股东权利的决议的，但前提是必须有大股东违法侵害的事实。

企业家的时代担当，除了创新能力之外，还包括社会责任、战略领导能力和合规意识，这是企业家所必须肩负的使命。企业家必须本着对企业利益和社会利益高度负责的精神，以其敏锐的市场和战略意识，恪尽职守，履行社会责任，强化企业合规性，避免企业合规风险。

附：中国公司治理分类指数报告系列

[1]《中国上市公司高管薪酬指数报告2009》，经济科学出版社，2010年2月；

[2]《中国上市公司信息披露指数报告2010》，经济科学出版社，2010年12月；

[3]《中国上市公司高管薪酬指数报告2011》，"十二五"国家重点图书，经济科学出版社，2011年11月；

[4]《中国上市公司财务治理指数报告2011》，"十二五"国家重点图书，经济科学出版社，2011年11月；

[5]《中国上市公司信息披露指数报告2012》，"十二五"国家重点图书，经济科学出版社，2012年12月；

[6]《中国上市公司企业家能力指数报告2012》，"十二五"国家重点图书，经济科学出版社，2012年12月；

[7]《中国上市公司高管薪酬指数报告2013》，"十二五"国家重点图书，经济科学出版社，2013年12月；

[8]《中国上市公司财务治理指数报告2013》，"十二五"国家重点图书，经济科学出版社，2013年12月；

[9]《中国上市公司董事会治理指数报告2013》，"十二五"国家重点图书，经济科学出版社，2013年12月；

[10]《中国上市公司自愿性信息披露指数报告2014》，"十二五"国家重点图书，经济科学出版社，2014年11月；

[11]《中国上市公司企业家能力指数报告2014》，"十二五"国家重点图书，经济科学出版社，2014年11月；

[12]《中国上市公司财务治理指数报告2015》，"十二五"国家重点图书，经济科学出

版社，2015 年 11 月；

［13］《中国上市公司董事会治理指数报告2015》，"十二五"国家重点图书，经济科学出版社，2015 年 11 月；

［14］《中国上市公司中小投资者权益保护指数报告2015》，"十二五"国家重点图书，经济科学出版社，2015 年 11 月；

［15］《中国公司治理分类指数报告 No. 15（2016）》，中国出版集团东方出版中心，2016 年 12 月。

［16］《中国公司治理分类指数报告 No. 16（2017）》，中国出版集团东方出版中心，2018 年 1 月。

［17］《中国上市公司治理分类指数报告 No. 17（2018）》，社会科学文献出版社，2018 年 11 月。

后　记

本报告得到了国家社会科学基金重大项目（14ZDA025）和北京师范大学"双一流"建设项目的支持，是"中国公司治理分类指数报告系列"的第18部报告。

自2007年开始，我们开发"中国公司治理分类指数"已历经13个年头。中间经历了2007年和2008年因初次开发经验不足而导致数据库丢失的失败，有首部《中国上市公司高管薪酬指数报告No.1（2008）》因不成熟和时间错失而未能出版的遗憾，有每年研究人员和数据采集人员更替（研究力量以在校博士生和硕士生为主，数据采集人员以硕士生和高年级本科生为主）以及上市公司规模大幅扩张导致工作量加大而产生的焦虑，有缺少稳定的数据库系统专业开发人员导致数据库系统不稳定而产生的彷徨，有每年公司治理论坛的各种程序问题而引发的不安，有经费筹集及报账占用大量时间而产生的苦恼……各种痛苦，难以言表。但我们还是快乐着，坚持着，因为我们每年都有收获：当我们每年看到指数报告正式出版的时候，当我们看到研究成果得到社会认可的时候，当我们看到研究团队使用自己开发的数据库在国内外重要期刊发表论文的时候，当我们看到指数数据被政府和企业采用的时候，当看到那么多人在支持和期待我们的时候……各种各样的喜悦，使我们不能不坚持。

本报告是第四次集六类指数（中小投资者权益保护指数、董事会治理指数、企业家能力指数、财务治理指数、自愿性信息披露指数和高管薪酬指数）之大成的一部公司治理指数报告，从中可以多维度、全景式了解中国上市公司的治理水平。从本年度开始，在六类公司治理分类指数的基础上，计算了中国上市公司治理总指数。由于公司治理涉及面很广，不同方面的界限又很难清晰界定，因此，公司治理总指数只能是一个"大约数"。

本报告是集体智慧的结晶。由我设计研究框架、基本思路、指标体系和数据库构架，通过研究团队深入讨论确定；然后开发数据库、采集和录入数据、计算各类指数和总指数，撰写初稿。由于把原先每类指数报告单独出版的六类公司治理指数整合在一部报告中，受篇幅所限，将已进行多年的对指数的有效性检验部分（经多年检验，我们的六类指数是可靠的和客观的，无须再重复）以及文献综述部分予以删除，排名部分由电子版代替，主要保留指标体系说明、数据统计分析和政策建议部分。基于多年的已相对成熟的研究范式，参与开发和研究的人员有所减少，基本上是我已毕业和仍在读的博士生和硕士生。但由于上市公司数量大幅增加，数据采集和录入人员随之增多，他们主要是北京师范大学经济与工商管理学院的研究生，还吸收了数位优秀的高年级本科生。

初稿撰写具体分工如下：导论、第26章，高明华；第1章，高明华、李国文、刘波波；第2、24章，刘波波；第3章，朱玥；第4章，周炳羽；第5、21章，高婷；第6、22章，苏然；第7、8章，郭传孜；第9、10章，高方喆；第11、12章，王得文；第13、14章，任辉；第15、16章，邵梦影；第17、18章，王健忠；第19、20章，王远东；第23章，万真真；第25章，程恒森；数据库开发和维护：于学德、李茂良、郎志强。为保证统计质量，每完成一章，便由两人一组彼此核实，以把统计错误降至最低。

中国公司治理分类指数报告的评价对象是全部A股上市公司。上市公司数目每年递增，本年度评价的上市公司数目已经达到3490家，占全部A股上市公司的97.98%，只剔除了上市时间短而年报信息不全、未披露年报和退市停牌的公司。由于同时开发六类指数，数据又全部是第一手资料，且均是手工采集和整理，并录入数据库系统，可以想象，数据量和工作量都非常庞大，每年数据采集和录入的持续时间都长达近半年。以下同学为此做出了很大贡献。

数据试录入（按姓氏字母顺序）：程恒森、高婷、郭传孜、刘波波、彭圣、任辉、邵梦影、王得文、王远东。试录入人员必须是之前参与过数据采集和录入的有经验人员。在试录入过程中，试录入人员彼此核查，以保证把问题发现在正式录入之前。

数据采集和录入（按工作量多少排序）：万真真、龙琳、杨博星、马睿、郑凯文、邵梦影、杨慧瑶、王远东、丁大程、侯玉娟、原博、杨珂、彭圣、霍子怡、郝苗、李妍姝、杨季枫、周炳羽、徐滢、潘凡雨、王师禹、刘波波、高雪、程恒森、陆萍、邓方暄、马迪、汪玥、朱玥、金宇珂、戴雨晴、高婷、董彦辰、李琳、郭传孜、史翼豪、李国文。

数据核实（按工作量多少排序）：程恒森、王得文、郭传孜、刘波波、王远东、高婷、任辉、万真真、彭圣。

特别要指出的是，博士生刘波波以及硕士生王远东和王得文作为数据采集及培训的"正副总指挥"，在数据录入培训、核实和协调等工作中付出了大量心血。他们在最终数据库的完善、指数计算和核实等工作中，不辞辛苦，任劳任怨，着实让人动容。

本年度开始尝试对少部分数据通过AI技术获得。由于是初次尝试，尽管只针对极少数指标，但开发人员李茂良、郎志强和史岩仍付出了大量心血，初步积累了一定的经验。

初稿完成后，我开始"闭关"，对初稿进行修改、补充、完善。由于数据量庞大，且同时开发6类指数，本年度还编制了总指数，并有不同维度、不同行业、不同所有制、不同上市板块、不同年度的比较，稍有不慎就会出错，因此，统计分析需要高度的细心和耐心，我几乎对每个数字都做了核实，每天工作都几乎超过16小时，有时甚至是通宵。每年"闭关"期间的高强度工作已经延续了11年。对此，要感谢家人对我这段时间不管家事、不陪他们外出度假（正赶上暑假）的理解！

在研究过程中，研究团队就数据采集、录入、数据库开发、写作思路，甚至后续的数据运用，都多次进行深入讨论，每周二晚是雷打不动的讨论时间，同时通过邮件、微信反复进行沟通和校正，几易其稿才最终定稿。实际上，每一章都不是独自某个人的贡献，而是包含着整个团队的辛劳、智慧和思想，研究团队的团结和协作精神使我非常欣慰和感动！

感谢社会科学文献出版社的恽薇女士，她一直关心本报告的出版。本年度报告的纸质版和电子版继续同步出版，电子版将包含2016~2018年六类公司治理指数和总指数数据，尤其是六类指数和总指数的总体排名，以及按行业、按地区、按所有制的排名，还有高管薪酬排名（含评价年度行权的股票期权）。

北京师范大学经济与工商管理学院、北京师范大学公司治理与企业发展研究中心各位同仁对本研究给予了大力支持，在此也谨表谢意！

感谢北京师范大学经济与工商管理学院院长戚聿东教授、党委书记孙志军教授、副书记葛玉良老师、副院长张平淡教授和崔学刚教授对本报告系列的大力支持！

"中国公司治理分类指数报告系列"已历经近13年，出版了6类18部报告（包括本书）。长期以来，该系列报告已经形成了自己的特色和研究范式，这些特色和研究范式的形成，与之前参与过该项研究的同仁的贡献是分不开的，值本报告出版之际，特向他们表示衷心的感谢！他们是（排名不分先后）：张平淡、蔡卫星、杜雯翠、朱松、吕兆德、孙运传、赵峰、李欲晓、曾诚、曾广录、张海燕、肖松、焦豪、张会丽、杨丹、方芳、葛伟、任缙、苏然、谭玥宁、万峰、柯希嘉、于换军、黄晓丰、原玉杰、赵璐、崔磊、郑飞、柴俊超、王慧、孙银英、张文艳、刘常魁、包璐璐、张艳楠、贾鑫、唐小凤、谭世杰、张瑶、宋盼盼、张祚禄、付亚伟、李国文、杨一新、赵旋、刘敏佳、张惠琳、国伊宁、曹沥方、曹向东等。还要感谢近13年来不同时段参与过数据采集、录入和数据库开发的老师和同学。参与过该项研究的多位同事和博士，都已经成长为教授、副教授和业务骨干，对于他们的成长，我由衷地表示祝贺！

　　此外，还要感谢每年为了主办"中国公司治理论坛"而奔波的诸君，包括李国文、范智展、刘志民、徐丽、靳伟、杨裴、陈显龙、贾洪图等（人员太多，恕不能一一列举）。当然，更要感谢为"中国公司治理论坛"慷慨解囊的企业家们。

　　本报告作为对中国上市公司治理水平的全景式、多维度和客观性的评估，做了诸多尝试性工作。如果本报告的评估，能够对中国公司治理水平的提高有所裨益，将是对我们的极大鼓励。当然，本报告难免存在纰漏甚至错误，希望广大读者批评指正，并电邮至 mhgao@ bnu. edu. cn。

北京师范大学公司治理与企业发展研究中心

北京师范大学经济与工商管理学院

高明华

2019 年 8 月 15 日

图书在版编目（CIP）数据

中国上市公司治理分类指数报告. No. 18，2019 / 高
明华等著. -- 北京：社会科学文献出版社，2019.11
　ISBN 978 - 7 - 5201 - 5755 - 1

　Ⅰ. ①中⋯　Ⅱ. ①高⋯　Ⅲ. ①上市公司 - 企业管理 -
研究报告 - 中国 - 2019　Ⅳ. ①F279. 246

中国版本图书馆 CIP 数据核字（2019）第 242326 号

中国上市公司治理分类指数报告 No. 18（2019）

著　　者 / 高明华　刘波波 等

出 版 人 / 谢寿光
组稿编辑 / 恽　薇
责任编辑 / 王楠楠

出　　版 / 社会科学文献出版社·经济与管理分社（010）59367226
　　　　　　地址：北京市北三环中路甲 29 号院华龙大厦　邮编：100029
　　　　　　网址：www. ssap. com. cn
发　　行 / 市场营销中心（010）59367081　59367083
印　　装 / 北京市松源印刷有限公司

规　　格 / 开　本：787mm × 1092mm　1/16
　　　　　　印　张：29. 25　字　数：586 千字
版　　次 / 2019 年 11 月第 1 版　2019 年 11 月第 1 次印刷
书　　号 / ISBN 978 - 7 - 5201 - 5755 - 1
定　　价 / 188. 00 元